Brigitte Hamann
Elisabeth

Zu diesem Buch

Das übliche süße Sisi-Klischee wird man in diesem Buch vergeblich suchen: Elisabeth, Kaiserin von Österreich, Königin von Ungarn, war eine der gebildetsten und interessantesten Frauen ihrer Zeit; eine Königin, die sich von den Vorurteilen ihres Standes zu befreien vermochte. Häufig entfloh sie der verhaßten Wiener »Kerkerburg«, weil sie nicht bereit war, sich von den Menschen »immer anglotzen« zu lassen. Statt dessen war sie monatelang auf Reisen, lernte Sprachen und trieb – im Rittersaal der Hofburg! – Sport. Schon vor dem Attentat, das 1898 ihr Leben beendete, war sie eine legendäre Figur geworden. Brigitte Hamann schildert in dieser bereits zum Standardwerk gewordenen Biographie die Kaiserin, wie sie wirklich war. Dabei kam ihr zugute, daß sie vieles bis dahin unbekanntes Material verwenden konnte. Die Autorin »schreibt ebenso unterhaltsam wie sie ausgewogen urteilt und stellt eine der schillerndsten Persönlichkeiten in das Spannungsfeld eines halben Jahrhunderts« (Kölnische Rundschau).

Brigitte Hamann lebt als Historikerin in Wien. Durch ihre großen Biographien über Elisabeth von Österreich und deren Sohn Rudolf hat sie sich als eine der besten Kennerinnen des ausgehenden 19. Jahrhunderts in Österreich ausgewiesen. Veröffentlichungen u. a.: »Rudolf – Kronprinz und Rebell« (1978), »Majestät, ich warne Sie…« (Hg., 1979), »Bertha von Suttner« (1985), »Lexikon der Habsburger« (1988), »Meine liebe, gute Freundin« (Hg., 1992), »Elisabeth – Bilder einer Kaiserin« (Hg., 1992).

Brigitte Hamann
Elisabeth
Kaiserin wider Willen

Mit zahlreichen Abbildungen

Piper München Zürich

Von Brigitte Hamann liegen in der Serie Piper außerdem vor:
Rudolf – Kronprinz und Rebell (800)
»Majestät, ich warne Sie...« (Hg., 824)

Unveränderte Taschenbuchausgabe
R. Piper GmbH & Co. KG, München
1. Auflage April 1989
9. Auflage September 1996
© 1981 Amalthea-Verlag, Wien–München
Umschlag: Büro Hamburg
Simone Leitenberger, Susanne Schmitt
Umschlagabbildung: Franz Xaver Winterhalter, um 1865
(© Artothek, Peißenberg)
Foto Umschlagrückseite: Kurier Foto, Wien
Satz: Ludwig Auer, Donauwörth
Druck und Bindung: Clausen & Bosse, Leck
Printed in Germany   ISBN 3-492-20990-4

INHALT

Zeittafel 8

Vorwort 11

1. Kapitel: *Verlobung in Ischl* 19

   Die kleine Sisi – Österreich um 1853 – Erzherzogin Sophie – Kaiserliche Heiratspläne – Ludovika und Max in Bayern – Liebe auf den ersten Blick – Verspätetes Bildungsprogramm – Orientkrise – Aussteuersorgen

2. Kapitel: *Hochzeit in Wien* 60

   Hoffnungen und Erwartungen – Abschied von München – Donaufahrt – Empfang in Wien – Hochzeitsfeierlichkeiten – Traurige Flitterwochen – Reise nach Mähren und Böhmen – Erste Konflikte

3. Kapitel: *Die junge Ehe* 103

   Die Kaiserkinder Sophie und Gisela – Das Konkordat – Streit um die kaiserliche Kindskammer – Italienreise – Ungarnreise – Tod der kleinen Sophie – Der Kronprinz – Schwester Marie – Krieg in Oberitalien

4. Kapitel: *Die Flucht* 142

   Familienzwist – Krankheiten – Madeira – Korfu – Venedig – Kissingen – Geheimnisse der Königin von Neapel – Hilfe für den kranken Kronprinzen

5. Kapitel: *Schönheitskult* 189

   Wachsendes Selbstbewußtsein – Schönheitenalbum – Pauline Metternich – Legende der »schönen Sisi« – Die Friseurin Fanny Feifalik – Turnübungen in der Hofburg

6. Kapitel: *Ungarn* 216

Der Wiener Hof und Ungarn – Ida Ferenczy – Gyula Andrássy – Königgrätz – Politische Verhandlungen in Budapest – Max Falk – Ringen um den Dualismus – Königskrönung – Das »ungarische Kind«

7. Kapitel: *Die Last der Repräsentation* 281

Trauer um Max von Mexiko – Treffen mit Napoleon III. – Besuch von Irrenanstalten – Deutsch-Französischer Krieg – Abneigung gegen Wien – Andrássy wird Außenminister – Giselas Verlobung – Der Tod der Erzherzogin Sophie – Wiener Weltausstellung – 25jähriges Regierungsjubiläum – Kritik an der Kaiserin

8. Kapitel: *Die Königin hinter der Meute* 326

Gödöllö – Erste Englandreise 1874 – Plötzlicher Reichtum – Unfall in Sassetôt – Bay Middleton – Konflikt mit dem Kronprinzen – Rustimo – Irlandreisen – Silberhochzeit – Meinung über das Militär – Wanderleidenschaft

9. Kapitel: *Die Fee Titania* 373

Tratsch und sein Wahrheitsgehalt – Enttäuschte Liebe – Das Abenteuer des gelben Domino – Ausflug in London – Frau Ritter Blaubart – Titania und die Esel – Skandal um die Schwester Sophie – Alfred

10. Kapitel: *Adler und Möve* 412

Ludwig II. – Eine unglückliche Verlobung – Romantische Begegnungen – Ähnlichkeiten – Ludwigs Tod – Spiritismus – Phantasien

11. Kapitel: *Die Jüngerin Heines* 440

Die Hermesvilla – Dichtungen für die Zukunftsseelen – Nachlaßverfügungen in der Schweiz – Der »Meister« Heinrich Heine – Griechenlandbegeisterung – Carmen Sylva – Kritik an der Habsburger Verwandtschaft – Ansichten über die Monarchie – Das Achilleion – Tumulte um das Heine-Denkmal

12. Kapitel: *Die Freundin« Katharina Schratt* 499

Folgenreiche Audienz – Hilfe der Kaiserin – Der König Wiswamitra – Die Haltung Marie Valeries – Komplikationen

13. Kapitel: *Rudolf und Valerie* 522

Ähnlichkeiten zwischen Mutter und Sohn – Andrássy und Taaffe – Treffen von Kremsier – Meinungen über die Dreibundpartner – Mißverständnisse in der deutschen Frage – Kritik Rudolfs – Das »einzige« Kind Valerie – Verlobung der Kaisertochter – Auswanderungspläne – Mayerling – Depressionen

14. Kapitel: *Die Odyssee* 571

Reisen ohne Etikette – Religiöses Naturerleben – Flucht vor der Öffentlichkeit – Gerüchte über eine Geisteskrankheit – Hungerkuren – Die letzten Tage in der Schweiz – Das Attentat – Der Nachlaß

Quellenverzeichnis 611

Anmerkungen 613

Abkürzungen 650

Register 651

Abbildungsnachweis 659

Stammtafeln 660

Zeittafel

Um die wichtigsten Probleme besser herausarbeiten zu können, habe ich gelegentlich auf eine streng chronologische Ordnung verzichtet und statt dessen das reichliche Material nach sachlichen Gesichtspunkten zusammengefaßt. Die wichtigsten Daten sind daher an den Anfang gestellt, um die Orientierung zu erleichtern.

18. 8. 1830	Franz Joseph in Wien geb.
24. 12. 1837	Elisabeth in München geb.
2. 12. 1848	Regierungsantritt Kaiser Franz Josephs
1849	Niederwerfung Ungarns mit russischer Militärhilfe
Juli 1853 bis März 1856	Krimkrieg. Folge: Rußland verliert seine europäische Vormachtstellung an Frankreich, Feindschaft Österreich-Rußland
18. 8. 1853	Verlobung in Ischl
24. 4. 1854	Hochzeit in der Augustinerkirche in Wien
5. 3. 1855	Geburt der Erzherzogin Sophie (gest. 1857)
15. 7. 1856	Geburt der Erzherzogin Gisela
21. 8. 1858	Geburt des Kronprinzen Rudolf
Juni 1859	Krieg Österreichs gegen Sardinien und Frankreich mit den Niederlagen von Magenta und Solferino
Nov. 1859	Friede von Zürich: Österreich verliert die Lombardei
Febr. 1861	Flucht des Königspaares aus Neapel-Sizilien
März 1861	Viktor Emanuel nimmt den Titel eines Königs von Italien an
Sept. 1862	Bismarck preußischer Ministerpräsident
Aug. 1863	Frankfurter Fürstentag
April 1864	Erzherzog Max nimmt die Kaiserkrone von Mexiko an
1864	Schleswig-Holsteinischer Krieg Österreichs und Preußens gegen Dänemark
Juni/Juli 1866	Preußisch-Österreichischer Krieg, Niederlage bei Königgrätz am 3. 7. 1866

Juni/Juli 1866	Krieg Österreichs gegen Italien mit den Siegen bei Custozza und Lissa
Aug. 1866	Friede von Prag: Auflösung des Deutschen Bundes. Keine Gebietsabtretungen Österreichs an Preußen. Verlust Venetiens an Italien
1867–1871	Beust Ministerpräsident und Reichskanzler
8. 6. 1867	Krönung Franz Josephs zum König von Ungarn
19. 6. 1867	Hinrichtung Kaiser Max' von Mexiko
Aug. 1867	Salzburger Treffen zwischen Franz Joseph und Napoleon III.
22. 4. 1868	Geburt der Erzherzogin Marie Valerie
1870/71	Deutsch-französischer Krieg, Frankreich wird Republik, Errichtung des deutschen Kaiserreichs
1871–79	Andrássy k. u. k. Außenminister
27. 5. 1872	Tod der Erzherzogin Sophie
1873	Wiener Weltausstellung
1875	Tod Kaiser Ferdinands I., Franz Joseph ist Haupterbe
1878	Okkupation der türkischen Provinzen Bosnien und Herzegowina
Okt. 1879	Abschluß des Zweibundes zwischen Deutschland und Österreich
1879–93	Eduard Taaffe Ministerpräsident
1881	Heirat des Kronprinzen Rudolf mit Stephanie von Belgien
Mai 1882	Dreibund zwischen Deutschland, Österreich und Italien
13. 6. 1886	Tod Ludwigs II. von Bayern
Juni 1888	Regierungsantritt Wilhelms II.
31. 1. 1889	Selbstmord des Kronprinzen in Mayerling
18. 2. 1890	Tod Gyula Andrássys
Juli 1890	Hochzeit Valeries mit Erzherzog Franz Salvator
1897	Badeni – Krise mit gefährlichen Nationalitätenkämpfen
10. 9. 1898	Ermordung der Kaiserin Elisabeth in Genf
21. 11. 1916	Tod Kaiser Franz Josephs in Wien

Gegenstand dieser Biographie ist eine Frau, die sich weigerte, sich ihrem Stand gemäß zu verhalten. Mit beachtlichem Selbstbewußtsein erstrebte und erreichte sie jenes Ziel, das erst die Frauenbewegung des 20. Jahrhunderts mit ihrem Schlagwort »Selbstverwirklichung« formulierte.
Sie spielte keine der Rollen, die ihr Tradition und Umwelt zuerteilten: nicht die Rolle der liebend-ergebenen Ehefrau, nicht die Rolle der Familienmutter, nicht die Rolle der ersten Repräsentationsfigur eines Riesenreiches. Sie pochte auf ihr Recht als Individuum – und setzte dieses Recht durch. Daß diese ihre »Selbstverwirklichung« nicht zu ihrem Glück führte, macht die Tragik ihrer Lebensgeschichte aus – ganz abgesehen von den Tragödien im engsten Familienkreis, die sie durch ihre Verweigerung auslöste.
Elisabeth, Kaiserin von Österreich, Königin von Ungarn und Böhmen (um hier nur die wichtigsten Würden anzuführen) war im Herzen Republikanerin, bezeichnete die altehrwürdige Monarchie als »vergang'ner Pracht Skelett« und als Eichbaum, der fallen müsse, da er »sich überlebt« habe (S. 481). Sie geißelte die Auswüchse des aristokratischen Systems, verhöhnte Könige und Fürsten, so wie sie es von ihrem verehrten Vorbild und »Meister« Heinrich Heine gelernt hatte.
»Klassenbewußtsein« war ihr fremd, und zwar in solchem Ausmaß, daß die Person der Kaiserin-Königin am Wiener Hof schließlich als Fremdkörper und als Provokation für die nach den althergebrachten Regeln lebende Hofgesellschaft wirkte – und diese Wirkung beabsichtigte Elisabeth.
Einerseits stellt Kaiserin Elisabeth als Anhängerin demokratischer Ideen eine Besonderheit (ja ein Kuriosum) dar, andererseits zeigt sich gerade am Beispiel ihrer Person die Macht der antimonarchischen Ideen im späten 19. Jahrhundert. Diese Ideen machten keinen Halt vor den Fürsten, die nun an der Rechtmäßigkeit ihrer (ererbten und nicht erworbenen) elitären Stellung zu zweifeln begannen. Die Bemerkung, die Graf Alexander Hübner am 18. 11.

1884 in sein Tagebuch schrieb, hat wohl ihre Berechtigung: »Tatsache ist, dass kein Mensch mehr an Könige glaubt und ich weiss nicht, ob sie an sich selbst glauben«. Und Elisabeths Dichterfreundin Carmen Sylva (Königin Elisabeth von Rumänien) drückte es noch krasser aus: »Die republikanische Staatsform ist die einzig rationelle; ich begreife immer die törichten Völker nicht, daß sie uns noch dulden«. (S. 463)

Diese Ansicht führte zu erheblichen Standeskonflikten. Denn das Bewußtsein ihrer »Individualität« machte die von den modernen Ideen infizierten Aristokraten zwar willens, sich als einer unter vielen gleichen zu profilieren (vor allem durch die bürgerlichen Tugenden der »Leistung« und »Bildung«). Nur zu oft aber mußten sie erkennen, daß sie in dieser Konkurrenz nicht mithalten konnten (jedenfalls nicht in dem Ausmaß, wie es ihrer elitären Herkunft entsprochen hätte), daß ihr Wert als Individuum also mit der außerordentlichen Stellung in der Gesellschaft nicht übereinstimmte und letzten Endes doch nichts von ihnen bleiben würde als ein Titel, den sie sich nicht erarbeitet hatten, und eine Funktion, deren Wert sie nicht anerkannten. Dies war die Tragödie der Kaiserin Elisabeth ebenso wie die ihres Sohnes Rudolf.

Elisabeths Leben ist voll krampfhafter, ja verbissener Anstrengungen, sich als Individuum zu profilieren. Der erste und zugleich erfolgreichste Versuch war der, schön zu sein. Diese sagenhafte Schönheit der Kaiserin Elisabeth war keineswegs nur eine Gabe der Natur, sondern auch das Ergebnis eiserner Selbstbeherrschung und lebenslanger Disziplin, schließlich sogar körperlicher Quälerei. Ganz ähnlich entstand ihr Ruhm als Spitzensportlerin – als erster Parforce-Reiterin Europas in den siebziger Jahren – ein Ruhm, der mit zunehmendem Alter zwangsläufig verblassen mußte, trotz aller Disziplin – ebenso wie der Ruhm der Schönheit. Den größten Ruhm erwartete sie sich von der Nachwelt: eine begnadete Dichterin zu sein. Die Zeugnisse ihrer Anstrengungen – bisher unbekannte Gedichte im Umfang von über fünfhundert Seiten aus den achtziger Jahren – bilden die Grundlage dieses Buches. Sie stellen intimste und persönlichste Aussagen Elisabeths über sich selbst, ihre Umwelt und ihre Zeit dar, zeigen aber auch deutlich ihr Scheitern: denn diese Gedichte begründen keineswegs Elisabeths Nachruhm als große Dichterin, den sie sich ersehnte. Nicht wegen ihres Kunstwertes sind diese Verse für uns interessant (der Dilettantismus in der Heine-Nachfolge ist kaum zu übersehen und zu beschönigen). Wir beschäftigen uns mit diesen Gedichten, weil sie von einer Kaiserin-Königin stammen und Quellen darstellen zur Geschichte der Habsburgermonarchie wie zur Geschichte des Denkens einer »aufgeklärten« Aristokratin, einer gebildeten Frau des 19. Jahrhunderts. Schließlich dienen uns Elisabeths Verse zur Illustration des »nervösen Jahrhunderts«, eines die Grenzen der Realität oft überschreitenden Gefühlslebens.

Ich bin der Schweizer Bundesregierung und der Direktion des Schweizer Bundesarchivs in Bern zu tiefstem Dank verpflichtet, daß sie mir die Erlaubnis zur erstmaligen Einsicht in diese bisher streng geheimgehaltenen Quellen gegeben haben. Für die Erteilung dieser Genehmigung setzte sich in dankenswerter Weise unser väterlicher Freund, Prof. Dr. Jean-Rudolf von Salis ein. Daß die Kaiserin das, was ihr am wertvollsten erschien, eben ihren literarischen Nachlaß, ausgerechnet einer Republik vertrauensvoll in Verwahrung gab (einer Republik freilich, die sie als Muster und Ideal empfand), kennzeichnet am besten ihre Haltung gegenüber der Monarchie Österreich-Ungarn, aber auch gegenüber der Familie der Habsburger.

Neben dem literarischen Nachlaß der Kaiserin habe ich noch weitere neue Quellen verarbeitet, so die auf Elisabeth bezüglichen Schriften aus den Nachlässen
des Erzherzogs Albrecht (Ungarisches Staatsarchiv Budapest),
des Staatsrats Baron Adolf von Braun (Haus-Hof und Staatsarchiv Wien),
des kaiserlichen Generaladjutanten Graf Carl Grünne (Privatbesitz),
dann das Tagebuch der Erzherzogin Sophie (mit freundlicher Genehmigung Dr. Otto von Habsburgs)
und des Fürsten Carl Khevenhüller (mit freundlicher Genehmigung des Fürsten Max von Khevenhüller-Metsch).

Überaus viel Neues verdanke ich dem Nachlaß des Münchener Archivars und Historikers Richard Sexau. Sexau machte ausführliche und zuverlässige Abschriften von Quellen, die sich im Privatbesitz befinden und mir leider nicht im Original zugänglich waren: so vor allem vom Tagebuch der jüngsten Kaisertochter, Erzherzogin Marie Valerie, und vom Tagebuch von Elisabeths Nichte, Herzogin Amélie von Urach, sowie von den ausführlichen Korrespondenzen der Mutter, Schwiegermutter und der Tanten der Kaiserin untereinander.

Im Nachlaß des Historikers Heinrich Friedjung (Stadtbibliothek Wien, Handschriftensammlung) fand ich wertvolle Gesprächsaufzeichnungen mit Elisabeths Hofdame Gräfin Festetics.

Auch im Nachlaß Egon Caesar Conte Cortis (Haus-, Hof- und Staatsarchiv Wien) fand ich einige, allerdings sehr verstreute Quellenabschriften (so vor allem der Briefe Elisabeths an ihren Mann, ihre Tochter Marie Valerie und ihre Mutter Herzogin Ludovika). In allen jenen Fällen, in denen mir die schon von Corti zitierten Quellen jedoch zugänglich waren, benützte ich sie im Original, wobei mir indes durchwegs anderes zitierfähig erschien als Corti (dessen Verdienste um die Aufarbeitung neuer Quellen ich keineswegs schmälern möchte). Gerade dieser neuerlichen Durchsicht folgender Originalquellen verdanke ich viele neue Ergebnisse:

Tagebuch der Hofdame Gräfin Marie Festetics (Széchényi-Bibliothek, Budapest)

und des österreichischen Diplomaten Graf Alexander Hübner (Historisches Institut der Universität Padua),

Nachlaß des kaiserlichen Generaladjutanten Graf Franz Folliot de Crenneville (Haus-, Hof- und Staatsarchiv, Wien)

und der Hofdame Landgräfin Therese Fürstenberg (Fürstenberg-Familienarchiv in Weitra, Waldviertel, mit freundlicher Genehmigung des Prinzen und Landgrafen Johannes von und zu Fürstenberg).

Selbstverständlich benützte ich die Diplomatische Korrespondenz, so weit sie sich auf die Kaiserin bezieht, und zwar im Haus-, Hof- und Staatsarchiv Wien, im Schweizer Bundesarchiv Bern und im Bundesarchiv Bonn. Auch die zeitgenössischen Tageszeitungen in der Druckschriftensammlung der Österreichischen Nationalbibliothek waren ergiebig.

Die hier verarbeiteten neuen Quellen ergeben ein neues Bild der Kaiserin, das dem traditionellen (aus der 1934 erschienenen Biographie Egon Caesar Conte Cortis) in vielem widerspricht.
In der Konfrontation mit der Arbeit Cortis (die späteren Bücher über Elisabeth fußen auf seinem Werk und werden deshalb hier nicht eigens erwähnt) wird das Hauptproblem deutlich, das ich während des Schreibens empfand, als sich allmählich aufgrund der neuen Quellen ein anderes Bild der Kaiserin herausschälte. Meine Bedenken, ob diese oft sehr privaten und persönlichen Dinge in die Öffentlichkeit gehören, gingen gelegentlich bis zum Bedürfnis, die Arbeit abzubrechen. Denn ohne Zweifel werden manche Empfindlichkeiten verletzt, ein schönes Denkmal nicht nur in Frage gestellt, sondern zerstört.
Indes: So sehr auch immer Elisabeth darauf pochte, eine Privatperson zu sein, so wenig war sie es. Denn ihre Funktion als Kaiserin war eine öffentliche und eine historische. Die Verweigerung, eine solche Funktion mit Pflichten auszufüllen, war zwar ein privater Entschluß, brachte aber Konsequenzen von öffentlicher Bedeutung: Denn sie hinterließ ein Vakuum an der Stelle, wo traditionsgemäß eine Kaiserin zu stehen hatte: im gesellschaftlichen, sozialen wie familiären Leben (und dieses familiäre Leben war eben bei einer Kaiserin keine Privatsache).
Besonders folgenreich war Elisabeths Haltung gegenüber ihrem Mann und ihrem Sohn (immerhin Kaiser und Kronprinz des nach Rußland größten europäischen Staates). Diese Überlegung war es dann auch, die mich zum Abschluß dieses Buches bewog. Denn eine gerechte Beurteilung der Person Kaiser Franz Josephs (und diese Person war eben nicht privat) ist nur möglich, wenn auch jene Persönlichkeit wahrheitsgetreu und abseits eines süßlichen Klischees miteinbezogen wird, die für sein Leben von nicht zu unterschätzender Bedeutung war – auch und gerade durch ihre Verweigerung: Elisabeth, seine »geliebte Engels-Sisi«. Ähnliches gilt, wenn auch in anderem Maßstab, vom Kronprinzen Rudolf,

Elisabeths einzigem, unglücklichen Sohn. Es hieße gerade diesen beiden, für die reelle wie die potentielle Geschichte Österreichs so wichtigen Männern unrecht tun, wollte man das bisherige idyllische Bild der Kaiserin mit Gewalt und allzu ängstlicher Quellenauswahl, ja Quellenunterschlagung, beibehalten.

Die Zeiten der Hofberichterstattung sind ebenso vorbei wie die Zeiten der Verunglimpfung der alten Monarchie. Ich fühle mich dem wissenschaftlichen Anspruch auf Wahrheitsfindung verpflichtet und halte darüber hinaus die Gestalt der Kaiserin Elisabeth – in all ihrer Problematik, aber auch ihren überraschend »modernen«, nie alltäglichen Besonderheiten – für die Endzeit der österreichisch-ungarischen Monarchie für typisch. Der nüchterne, pflichtgetreue »Beamte« Kaiser Franz Joseph und die unorthodoxe, hochintelligente, sich in Phantasien verlierende Kaiserin Elisabeth, diese beiden sind wie Plus und Minus, wie Tag und Nacht: gegensätzlich und doch einander bedingend, der eine des anderen Unglück. Eine private Tragödie an der Spitze eines zerfallenden Reiches im fin de siècle.

Allen Damen und Herren, die mir bei der Arbeit behilflich waren, gilt mein Dank – vor allem den Herren Dr. O. Gauye und Dr. Ch. Graf (Schweizer Bundesarchiv Bern), der Schweizer Botschaft in Wien, Frau Dr. Elisabeth Springer (Haus-, Hof- und Staatsarchiv Wien) und Frau Dr. von Moisy (Bayerische Staatsbibliothek München) ebenso wie den Damen Nischer-Falkenhof. Herrn István von Szöts danke ich für seine Vermittlung in ungarischen Archiven und Übersetzungen aus dem Ungarischen, Gräfin und Graf László Szápáry für Informationen aus ihrem Familienarchiv, meinem Mann für das Lesen des Manuskriptes und Hilfe bei den Korrekturen.

Wien, im Sommer 1981   Brigitte Hamann

Elisabeth
Kaiserin wider Willen

Kaiserin Elisabeth (1887)

Liberty

Ja, ein Schiff will ich mir bauen!
Schön'res sollt ihr nimmer schauen
Auf dem hohen weiten Meer;
»Freiheit« wird vom Maste wehen,
»Freiheit« wird am Buge stehen,
Freiheitstrunken fährt's einher.

»Freiheit«! Wort aus gold'nen Lettern,
Flattert stolz in allen Wettern
Von des Mastes schlankem Baum,
Freiheit atmen meine Nüstern,
Freiheit jauchzt der Wellen Flüstern,
Freiheit! Dann bist du kein Traum.

Sucht es dann ihr Telegraphen,
Für ein Hoffest mich zu schaffen
In die Kerkerburg zurück;
Fischt im Klaren, fischt im Trüben,
Fangt die Möve nach Belieben;
Hurrah! wir sind frei und flügg'!

Von den Spitzen meiner Finger
Send' ich euch, ihr lieben Dinger,
Die mich einst gequält so sehr,
Einen Kuss und meinen Segen,
Schert euch nimmer meinetwegen;
Ich bin frei auf hohem Meer!

(Winterlieder 152 f.)

1. Kapitel

Verlobung in Ischl

An Kaisers Geburtstag, Sonntag, dem 18. August 1853, trat ein fünfzehnjähriges Landmädchen aus Possenhofen in Bayern in die österreichische Geschichte ein: Kaiser Franz Joseph I. hielt um die Hand seiner Cousine, Herzogin Elisabeth in Bayern, an und, wie nicht anders zu erwarten, erhielt er sie auch.
Die Braut war bisher niemandem sonderlich aufgefallen. Sie war ein kaum entwickeltes, noch längst nicht ausgewachsenes schüchternes Kind mit dunkelblonden langen Zöpfen, überschlanker Gestalt und hellbraunen, etwas melancholisch dreinblickenden Augen. Wie ein Naturkind war sie aufgewachsen inmitten von sieben temperamentvollen Geschwistern, abseits jeden höfischen Zwanges. Sie konnte gut reiten, schwimmen, angeln, bergsteigen. Sie liebte ihre Heimat, vor allem die bayrischen Berge und den Starnberger See, an dessen Ufer das Sommerschlößchen der Familie, Possenhofen, lag. Sie sprach bayrischen Dialekt und hatte unter den Bauernkindern der Nachbarschaft gute Freunde. Ihre Bildung und ihre Umgangsformen waren dürftig. Wie ihr Vater und ihre Geschwister hielt sie nichts von Zeremoniell und Protokoll – was am Münchener Königshof aber nicht viel ausmachte. Denn der herzogliche Zweig der Wittelsbacher Familie hatte dort ohnehin keine offizielle Funktion, konnte sich also ein reiches Privatleben leisten.
Die Mutter Herzogin Ludovika war schon geraume Zeit auf der Suche nach einer passenden Partie für ihre zweite Tochter Elisabeth. Sie hatte schon vorsichtig und wenig zuversichtlich in Sachsen angefragt: »Sisi bei Euch zu wissen, würde ich freilich als ein grosses Glück ansehen ... aber leider ist es nicht wahrscheinlich – denn der einzige, der zu hoffen wäre [wohl Prinz Georg, der zweite Sohn des sächsischen Königs Johann], wird schwerlich an

sie denken; erstens ist sehr die Frage, ob sie ihm gefiele und dann wird er wohl auf Vermögen sehen... hübsch ist sie, weil sie sehr frisch ist, sie hat aber keinen einzigen hübschen Zug«.[1] Aus Dresden kam Sisi im Frühjahr 1853 ohne Bräutigam zurück.

Sie stand ganz im Schatten ihrer viel schöneren, viel gebildeteren, viel ernsthafteren und bewunderten älteren Schwester Helene, die zu Höherem – einer Ehe mit dem Kaiser von Österreich – ausersehen war. Neben Helene war Sisi das häßliche Entlein der Familie. Daß gerade die kleine Elisabeth die glänzendste Partie des 19. Jahrhunderts machte, überraschte niemanden mehr als sie selbst.

Der Bräutigam, Kaiser Franz Joseph, war damals 23 Jahre alt. Er war ein außergewöhnlich hübscher junger Mann mit blonden Haaren, einem weichen Gesicht und einer sehr zarten, schmalen Gestalt, die durch die enge Generalsuniform, die er stets trug, vorteilhaft betont wurde. Kein Wunder, daß er der Schwarm der Wiener Komtessen war, zumal er sich bei den Bällen des Hochadels als leidenschaftlicher und guter Tänzer erwies.

Dieser hübsche junge Mann mit den außergewöhnlich guten Manieren war einer der mächtigsten Männer seiner Zeit. Sein »großer« Titel lautete: Franz Joseph I. von Gottes Gnaden Kaiser von Österreich; König von Ungarn und Böhmen; König der Lombardei und Venedigs, von Dalmatien, Croatien, Slawonien, Galizien, Lodomerien und Illyrien; König von Jerusalem etc.; Erzherzog von Österreich; Großherzog von Toskana und Krakau; Herzog von Lothringen, von Salzburg, Steyer, Kärnten, Krain und Bukowina; Großfürst von Siebenbürgen, Markgraf von Mähren; Herzog von Ober- und Niederschlesien, von Modena, Parma, Piacenza und Guastalla, von Auschwitz und Zator, von Teschen, Friaul, Ragusa und Zara; gefürsteter Graf von Habsburg und Tirol, von Kyburg, Görz und Gradiska; Fürst von Trient und Brixen; Markgraf von Ober- und Niederlausitz und in Istrien; Graf von Hohenembs, Feldkirch, Bregenz, Sonnenberg etc; Herr von Triest, von Cattaro und auf der windischen Mark; Großwoiwod der Wojwodschaft Serbien etc. etc.

Im Revolutionsjahr 1848 war er als Achtzehnjähriger auf den

Thron gelangt, nachdem sein geisteskranker Onkel, Kaiser Ferdinand I., abgedankt und sein Vater, der willensschwache Erzherzog Franz Carl der Thronfolge entsagt hatte. Nach dem jämmerlichen Bild, das sein Vorgänger geboten hatte, gewann der junge Kaiser sehr rasch Sympathien, selbst bei Bismarck, der ihn 1852 kennenlernte und von ihm schrieb: »Der junge Herrscher dieses Landes hat mir einen sehr angenehmen Eindruck gemacht: zwanzigjähriges Feuer gepaart mit der Würde und Bestimmtheit reifen Alters, ein schönes Auge, besonders wenn er lebhaft wird, und ein gewinnender Ausdruck von Offenheit, namentlich beim Lächeln. Wenn er nicht Kaiser wäre, würde ich ihn für seine Jahre etwas zu ernst finden«.[2]

Franz Joseph herrschte absolut: Er war oberster Kriegsherr, er regierte ohne Parlament und ohne Verfassung, ja selbst ohne Ministerpräsident. Seine Minister waren nicht mehr als Ratgeber ihres hohen Herrn, der die Politik allein verantwortete. Es ist wohl nicht falsch, den jungen Kaiser als Haupt einer Militärmonarchie zu bezeichnen, freilich einer von »von Gottes Gnaden«.

Mit starker Militär- und Polizeigewalt hielt der junge Kaiser seine Länder zusammen, unterdrückte die demokratischen und nationalen Kräfte. Der alte Witz der Metternichzeit traf auch auf die frühe Franz-Joseph-Zeit zu: die Herrschaft beruhe auf einem stehenden Heer von Soldaten, einem sitzenden Heer von Beamten, einem knienden Heer von Priestern und einem schleichenden Heer von Denunzianten.

Österreich war 1853 der nach Rußland größte europäische Staat: Es hatte rund 40 Millionen Einwohner, nicht mitgerechnet die 600000 Soldaten. Es war ein Vielvölkerstaat mit 8,5 Millionen Deutschen, 16 Millionen Slawen, sechs Millionen Italienern, fünf Millionen Magyaren, 2,7 Millionen Rumänen, etwa einer Million Juden und etwa 100000 Zigeunern. Der nördlichste Punkt des Reiches war Hilgersdorf in Nordböhmen (heute Tschechoslowakei), der südlichste der Ostrawizza-Berg in Dalmatien (heute Jugoslawien), der westlichste bei Rocca d'Angera am Lago Maggiore in der Lombardei (heute Italien), der östlichste bei Chilischeny in der Bukowina (heute Sowjetunion).[3]

Die meisten Einwohner des Reiches (29 Millionen) lebten von der Landwirtschaft, die die wichtigste Erwerbsquelle des Landes war. Im Anbau von Flachs und Hanf war Österreich auf der ganzen Welt führend, im Weinanbau stand es nach Frankreich an zweiter Stelle. Ackerbau und Viehzucht wurden noch nach jahrhundertealtem Muster betrieben. Die technische Entwicklung stand weit hinter der der westlichen Staaten zurück.

Dank tüchtiger Generäle überstand Österreich die Revolution von 1848 ohne territoriale Einbußen. Die verfassungsgebende Versammlung in Kremsier, eine intellektuelle Elite der »Achtundvierziger«, war mit Waffengewalt auseinandergetrieben. Viele Abgeordnete konnten ins Ausland fliehen, viele saßen in den Gefängnissen. Der junge Kaiser brach seine eigenen feierlichen Versprechungen, dem Land endlich eine Verfassung zu geben.

Aber trotz des anhaltenden Belagerungszustandes und der starken Militärgewalt zeigten sich auch 1853 noch immer Feuerzeichen am politischen Horizont, vornehmlich in Ungarn und in Oberitalien. Anfang Februar versuchte der italienische Revolutionsführer Giuseppe Mazzini, in Mailand einen Volksaufstand anzuzetteln. Italienische Nationalisten griffen beim Mailänder Fasching österreichische Soldaten mit Dolchen an. Zehn Österreicher wurden getötet, 59 verwundet. Einige von ihnen wurden lebend mit langen Nägeln an die Haustüren genagelt – als Warnzeichen für die Wiener Zentralregierung. Der Putsch wurde in wenigen Stunden niedergeschlagen, 16 Italiener hingerichtet, weitere 48 zu schweren Kerkerstrafen »in Eisen« verurteilt.

Auch die Ruhe in Wien täuschte: zur Zeit der Mailänder Wirren wurde in Wien ein gefährliches Attentat auf den jungen Kaiser ausgeübt. Der ungarische Schneidergeselle Johann Libenyi stach ihn während eines Spazierganges auf der Bastei mit einem dolchartigen Messer in den Hals und verletzte ihn schwer. Franz Joseph zeigte auch in dieser Situation seine ungewöhnliche Kaltblütigkeit und Tapferkeit. Die ersten Worte zu seiner Mutter waren: »Jetzt bin ich mit meinen Soldaten blessiert, das ist mir lieb«.[4]

Libenyi fühlte sich als politischer Überzeugungstäter und schrie bei seiner Festnahme laut: »Eljen Kossuth«. Er ließ also den Habsburgischen Erzfeind hochleben, den ungarischen Revolutionär, der 1849 die ungarische Republik ausgerufen hatte und nun vom Exil aus die Loslösung Ungarns von Österreich propagierte. Libenyi wurde hingerichtet. Seine Tat aber mußte den jungen Kaiser warnen, daß der Thron nicht so fest gegründet war, wie es schien.

So weit das Majestätsgefühl den Kaiser auch über alle anderen Menschen erhaben machte, so innig war seine Beziehung zu dem einzigen Menschen, der für ihn eine Autorität darstellte: zu seiner Mutter, Erzherzogin Sophie.
Sie war 1824 als 19jährige bayrische Prinzessin an den Wiener Hof gekommen. Metternich regierte damals. Kaiser Franz war alt, sein ältester Sohn und Nachfolger Ferdinand krank und geistesschwach. Die junge, ehrgeizige und politisch interessierte Prinzessin stieß am Wiener Hof in ein Vakuum, das sie bald ganz mit ihrer starken Persönlichkeit ausfüllte. Sie wurde ein Faktor, mit dem bald auch Metternich rechnen mußte. Sophie ging der Ruf voraus, an diesem an Schwächlingen reichen Hof »der einzige Mann« zu sein. Sie war es, die 1848 energisch dazu beitrug, Metternich zu stürzen. Sie warf ihm vor, »daß er eine unmögliche Sache wollte: Die Monarchie ohne Kaiser führen und mit einem Trottel als Repräsentanten der Krone«[5], womit ihr geistesschwacher und epileptischer Schwager, Kaiser Ferdinand »der Gütige«, gemeint war.
Sophie hielt auch ihren Mann davon ab, die Thronfolge anzunehmen, verzichtete also darauf, Kaiserin zu werden und durch ihren ihr ganz ergebenen Mann zu regieren. Sie stellte die Weichen für die Thronbesteigung ihres »Franzi« im Dezember 1848 in Olmütz. Ihr mütterlicher Stolz war grenzenlos. Immer wieder sagte sie, daß es »eine große Wohltat war, das gute, aber arme kleine Wesen – das wir während beinahe 14 Jahren als unseren Kaiser anerkennen mußten – nicht mehr ungestört herumbandeln zu sehen und statt ihm die einnehmende Erscheinung unseres lieben jungen Kaisers, die jeden beglückte«.[6]
Franz Joseph war seiner Mutter für ihre Dienste sein Leben lang dankbar. Von ihrer sicheren Hand ließ er sich führen, wenn Sophie

auch eifrig versicherte, daß »ich mir bei der Thronbesteigung meines Sohnes fest vorgenommen [habe], mich in keine Staatsangelegenheiten zu mischen; ich fühle mir kein Recht dazu und weiß sie auch in so guten Händen nach 13jähriger herrenloser Zeit – daß ich innig froh bin, nach dem schwerdurchkämpften Jahre 48 ruhig und mit Vertrauen das jetzige Gebahren mitanzusehen zu können!«[7] Sophie hielt ihre guten Vorsätze nicht. Die gnadenlosen Blutgerichte für die Revolutionäre, die widerrechtliche Aufhebung der versprochenen (und kurze Zeit verwirklichten) Verfassung, die enge Verbindung Österreichs mit der Kirche, die im Konkordat von 1855 gipfelte – das alles wurde in der Öffentlichkeit nicht als Werk des unsicheren jungen Kaisers angesehen, sondern als das der Erzherzogin Sophie, die in den fünfziger Jahren Österreichs heimliche Kaiserin war.

Daß Sophie sich auch um die künftige Gattin ihres Sohnes Gedanken machte und dabei keineswegs nur an das Herz des jungen Kaisers, sondern vor allem an die Politik dachte, war nur zu natürlich. Österreich machte nach der Revolution von 1848 eine betont deutsche Politik: Es versuchte, die führende Kraft im Deutschen Bund zu bleiben, beziehungsweise die immer mehr schwindende Macht gegenüber Preußen zu behaupten und zurückzugewinnen. Diesem großen Ziel – das den preußischen Vorstellungen direkt entgegengesetzt war – wollte Sophie auch mit Hilfe der Heiratspolitik näherkommen.
Am Hof war viel von einer Heiratsverbindung des Kaisers mit Erzherzogin Elisabeth aus der ungarischen Linie des Hauses Habsburg die Rede[8]. Dieser Plan hatte jedoch bei der starken Abneigung Sophies gegen alles, was aus Ungarn kam, keine Chance. Sie zog eindeutig eine deutsche Verbindung vor. Zuerst dachte sie an das Haus Hohenzollern, um auch auf diesem Wege die problematischen Beziehungen Österreichs zu Preußen zu verbessern und Österreichs Vormachtstellung in Deutschland wieder zu festigen. Für dieses politische Ziel hätte sie sogar eine protestantische Schwiegertochter in Kauf genommen, die vor der Heirat hätte konvertieren müssen.

Im Winter 1852 fuhr also der junge Kaiser, selbstverständlich unter einem politischen und familiären Vorwand, nach Berlin und verliebte sich prompt in eine Nichte des preußischen Königs, die gleichaltrige Prinzessin Anna. Das Mädchen war freilich schon verlobt. Aber Sophie gab nicht so schnell auf. Sie fragte ihre Schwester, Königin Elise von Preußen, »ob es keine Hoffnung gibt, daß diese traurige Heirat, die man dieser reizenden Anna auferlegt und die keinerlei Aussicht auf Glück für sie übrigläßt, vermieden werden könnte.« Sophie schrieb offen, wie sehr der junge Kaiser bereits engagiert war. Sie erwähnte das »Glück, das sich ihm wie ein flüchtiger Traum gezeigt hat und sein junges Herz – hélas – viel stärker und viel tiefer beeindruckt hat, als ich es zunächst glaubte... Du kennst ihn genug, daß man seinem Geschmack nicht so leicht entsprechen kann und ihm nicht die nächste beste genügt, daß er das Wesen lieben können muß, die seine Gefährtin werden soll, daß sie ihm gefalle, ihm sympathisch sei. Allen diesen Bedingungen scheint Eure liebe Kleine zu entsprechen, beurteile selbst, wie ich sie also für einen Sohn ersehne, der sosehr des Glückes bedarf, nachdem er so schnell auf die Sorglosigkeit und die Illusionen der Jugend hat verzichten müssen«.[9]

Königin Elise konnte sich gegenüber den preußischen Politikern nicht durchsetzen. Eine Heiratsverbindung mit Österreich paßte ganz und gar nicht in das preußische Konzept. Der junge Kaiser mußte eine persönliche Niederlage einstecken, außerdem wurde sein Berlinbesuch wenig schmeichelhaft kommentiert, so zum Beispiel von Prinz Wilhelm, dem späteren Wilhelm I.: »Wir in Preußen beglückwünschen uns, daß Österreich seine Unterwerfung in unserer Hauptstadt bezeugt hat, ohne daß wir nur einen Fußbreit politischen Bodens preisgegeben haben«.[10].

Auch nach Dresden erstreckten sich die Vorarbeiten Sophies für eine kaiserliche Eheschließung und eine gleichzeitige Verstärkung des österreichischen Einflusses in Deutschland. Diesmal ging es um die junge sächsische Prinzessin Sidonie, die allerdings kränklich war und dem Kaiser nicht gefiel.

Wie hartnäckig Sophie an ihrem Plan festhielt, eine deutsche Prinzessin an den Wiener Hof zu bekommen, zeigt ihr dritter Plan, diesmal mit ihrer Schwester, der Herzogin Ludovika in Bayern: Ludovikas älteste Tochter Helene paßte im Alter zum Kaiser, wenn sie auch eine weit weniger vornehme Partie als die beiden ersten Mädchen war. Sie stammte ja nur aus einer bayrischen Nebenlinie, nicht wie Sophie aus dem bayrischen Königshaus. Aber immerhin war Bayern neben Sachsen der treueste Partner Österreichs im Deutschen Bund, eine neuerliche Verbindung zwischen Österreich und Bayern politisch durchaus nützlich.

Bisher hatte es nicht weniger als 21 Verbindungen zwischen dem bayrischen und dem österreichischen Haus gegeben. Die prominenteste Heirat der letzten Jahre war die des Kaisers Franz mit Karoline Auguste, der ältesten Schwester Sophies. (Durch ihre Ehe mit dem zweiten Sohn des Kaisers Franz aus erster Ehe, Erzherzog Franz Carl, wurde also Sophie die Schwiegertochter ihrer Schwester Karoline Auguste).

Herzogin Ludovika war so etwas wie die arme Verwandte ihrer mächtigen Schwestern. Als einzige der neun Töchter des bayrischen Königs Max I. hatte sie nur eine bescheidene Heirat gemacht, mit ihrem Vetter zweiten Grades, Herzog Maximilian in Bayern, der erst 1845 den Titel »Königliche Hoheit« erhielt. Die Ehe war unglücklich, obwohl ihr acht schöne, aber höchst anstrengende Kinder entwuchsen.

Ludovika liebte ihre um drei Jahre ältere Schwester Sophie in einer demütigen, ja unterwürfigen Weise, pries sie stets als Muster für ihre Kinder, folgte ihren Ratschlägen geradezu ängstlich, um nur ja Sophies Gunst zu behalten. Die Aussicht, ihre älteste Tochter mit dem begehrtesten Junggesellen ihrer Zeit verheiraten zu können, machte sie vollends zur gefügigen Dienerin ihrer energischen Schwester.

Die beiden Schwestern hatten wenig gemeinsam. Zur Zeit der Ischler Verlobung sei sie ganz »verbauert« gewesen, erzählte Ludovika später. Sie liebte das Land und die freie Natur, kümmerte sich nicht um standesgemäße Kleidung und standesgemäße Gesellschaft. Vor dem Wiener Hof hatte Ludovika Angst. Auch mit dem Münchener Hof hatte sie wenig zu tun. Dort herrschte ihr Neffe Max II., und die herzogliche Linie der Wittelsbacher hatte keine offizielle Funktion. Ludovika war also keine höfische Repräsentationsfigur, sondern reine Privatperson. Sie lebte für ihre Kinder, die sie selbst erzog – für aristokratische Verhältnisse außergewöhnlich.

Im Gegensatz zur streng katholischen, ja bigotten Sophie war Ludovika wenig religiös. Mit Stolz betonte sie ihre liberale Erziehung im bayrischen Königshaus: »In unserer Jugend, da waren wir angeprotestantelt!« Zum Zeitvertreib sammelte Ludovika Uhren, beschäftigte sich mit Geographie, bezog ihre Kenntnisse allerdings, wie ihr Mann höhnte, zum Großteil aus Missionskalendern. Von Politik hatte sie keine Ahnung.[11]

Der künftige Brautvater, Herzog Max in Bayern, war nicht nach Sophies Geschmack. Er war zwar der populärste Wittelsbacher dieser Zeit. Aber Volkstümlichkeit war nicht gerade ein Mittel, um die Achtung der streng dynastisch denkenden Sophie zu erringen. Max war ein weitgereister und sehr belesener Mann. (Seine Bibliothek umfaßte etwa 27 000 Bände, vor allem historischen Inhalts). Er hatte eine völlig un-aristokratische Ausbildung hinter sich: Denn er besuchte sieben Jahre lang ein Erziehungsinstitut in München, lernte also im Kreis Gleichaltriger (und nicht allein mit einem Hofmeister, wie es für Aristokraten üblich war). An der Universität München hörte er dann Vorlesungen, vor allem in Geschichte und Naturgeschichte.

Seinen Vorlieben aus der Studentenzeit blieb Max zeitlebens treu: Er hielt gar nichts von Etikette, umgab sich vielmehr mit einem Kreis bürgerlicher Gelehrter und Künstler, seiner berühmten »Artusrunde«. Bei Max wurde viel getrunken, gedichtet, gesungen und komponiert, aber auch auf hohem Niveau diskutiert. Es ging ähnlich zu wie bei den berühmten »Symposien« des bayrischen Königs Max II., der sich freilich vor allem an Gelehrte aus dem Norden, die »Nordlichter« hielt, während Herzog Max eine ur-bayrische Runde um sich versammelte.

Das neue Palais Max' an der Ludwigstraße, in dem auch die kleine Elisabeth geboren wurde, hatte als Attraktion ein »Café chantant« nach Pariser Vorbild und einen Tanzsaal mit einem überdimensionalen, 44 Meter langen, sehr freizügigen »Bacchusfries« von

Schwanthaler. Im Hof des Palais war ein Zirkus eingerichtet mit Logen und Sperrsitzen, von denen aus die Münchener Gesellschaft den Herzog Max bei seinen Reiterkunststücken bewunderte, die er voll Stolz – umgeben von Pantomimen, wüsten Clownszenen und Soldatenspektakeln – vorführte.

Ein weiteres Hobby war das Zitherspiel. Sogar auf seine Reisen nahm Max die Zither mit und ließ es sich auch auf der Cheops-Pyramide nicht nehmen, seine Lieblingsweisen, bayrische Schnadahüpfl, zu spielen – zum Erstaunen seiner ägyptischen Begleiter. 1846 gab Herzog Max seine »Sammlung oberbayerischer Volksweisen und Lieder« heraus.

Wie so viele Wittelsbacher hatte auch Herzog Max Anflüge von Weltflucht und Menschenverachtung, dichtete er doch zum Beispiel über »Meine Zither«:

> Drum ist mir wohl bei ihr allein
> weil sie, die einzge, mich versteht.
> Ich laß die Menschen Menschen sein
> Und spiel auf ihr von früh bis spät.
> Die Menschen treiben auch ein Spiel
> Doch ists ein ander Instrument
> Sie spielen auf dem Menschen viel
> Der ihre Falschheit noch nicht kennt.

Die Ähnlichkeit dieser Verse mit denen Elisabeths dreißig Jahre später ist frappierend.

Herzog Max war in keiner Hinsicht ein Kostverächter und hielt nicht viel von Familienleben. Nur an einer Zeiteinteilung hielt er strikt fest: Mittags war er niemals zu sprechen, schon gar nicht für seine Frau oder seine acht ehelichen Kinder. Denn da speiste er in seinen Gemächern mit seinen beiden unehelichen Töchtern, die er innig liebte.[13]

Max trug offen demokratische Ansichten zur Schau, schon um seine Umgebung zu reizen. »Aber wenn er gemeint hat, daß ihm jemand auf die Hühneraugen tritt, dann war der Teufel los«, bemerkte dazu einer seiner Verwandten.

Der Geist des Hauses offenbarte sich im Revolutionsjahr 1848: Vor den Unruhen und Straßentumulten in München flüchtete die königliche Familie in das Palais des Herzogs Max, weil hier wegen der Popularität des Hausherrn am wenigstens mit Übergriffen zu rechnen war. Die kleine, damals 14jährige Helene soll während der Wirren einen vielbelachten Versuch gemacht haben, die Aufständischen zu beruhigen, und zwar mit dem Zuruf: »Brüder gegen Brüder!«, ein Satz, der sie als würdige Tochter ihres Vaters Max auswies.[14] Im Lauf der nächsten fünf Jahre jedoch wurde Helene zu einem ernsten, religiösen Mädchen. In Hinblick auf eine mögliche Verbindung mit Franz Joseph war sie besonders gut erzogen worden – weit besser als ihre sieben Geschwister.

Auch in seinen zahlreichen historischen Artikeln, die anonym in Zeitschriften erschienen, erwies sich Max als freiheitlich. In seinem Buch »Wanderungen nach dem Orient« (München 1839) zeigte er auch seinen Humor: er ließ zuweilen einige Zeilen frei und deklarierte sie als »Censur-Lücken«. Solche Späße waren nicht dazu angetan, ihn bei seiner Schwägerin Sophie beliebt zu machen. Die Existenz des Herzogs Max wurde in der Anfangsphase des Heiratsplans so gut wie verleugnet. Er hätte zu leicht mit seinen grotesken Einfällen, seiner antihöfischen Einstellung die Familie der Braut kompromittieren und das ganze Projekt zu Fall bringen können.

Das zukünftige Paar – also Franz Joseph und Helene – sollte sich in der kaiserlichen Sommerfrische Ischl kennenlernen und verloben, so wollten es die beiden Mütter. Denn die zwanglose, eher familiäre Atmosphäre Ischls würde das Unternehmen erleichtern. Auf die bedeutsame Reise ins Salzkammergut nahm Ludovika auch ihre zweite Tochter, die damals fünfzehnjährige Elisabeth mit, die gerade viel Sorgen machte. Denn sie hatte sich in einen indiskutablen Mann verliebt, einen Grafen Richard S., der in herzoglichen Diensten stand. Der Idylle wurde ein rasches Ende gemacht, der junge Mann mit irgendeinem Auftrag fortgeschickt. Er kehrte zwar noch einmal zurück, war aber krank und starb kurze Zeit später. Sisi war untröstlich:

Die Würfel sind gefallen,
Ach, Richard ist nicht mehr!
Die Trauerglocken schallen –
Oh, hab Erbarmen, Herr!
Es steht am kleinen Fenster
Die blondgelockte Maid.
Es rührt selbst die Gespenster
Ihr banges Herzeleid.

Sisis Liebeskummer wuchs sich zur Melancholie aus. Sie schloß sich stundenlang in ihrem Zimmer ein, um zu weinen und zu dichten. (Das kleine Buch mit vielen Liebesgedichten aus dem Winter 1852/53 ist im Familienbesitz erhalten.) Herzogin Ludovika wollte mit dieser Reise nach Ischl die Fünfzehnjährige aus ihrer Melancholie reißen. Außerdem hoffte sie, Sisi dem jüngeren Bruder Franz Josephs, Erzherzog Karl Ludwig, nahezubringen. Diese Hoffnung war nicht grundlos. Denn die beiden jungen Leute wechselten schon seit Jahren Briefe. Sie schickten sich Geschenke, ja sogar kleine Ringe. Karl Ludwig war offensichtlich in seine Cousine verliebt. Ludovika rechnete sich Chancen aus.

Die politische Lage im August 1853 war allerdings außerordentlich kritisch und romantischen Verlobungsplänen nicht hold: Der Krimkrieg war ausgebrochen, die internationale Lage verworren. Es ging um handfeste politische und wirtschaftliche Interessen in der sich der Auflösung nähernden Türkei. Im Juli 1853 besetzten russische Truppen die Donaufürstentümer (das Kerngebiet des späteren Rumänien). Zar Nikolaus rechnete mit österreichischer Unterstützung – als Dank für die russische Hilfe 1849 gegen die ungarischen Aufständischen. Als Lohn bot er Österreich die türkischen Provinzen Bosnien und die Herzegowina an, außerdem seinen Schutz bei einer eventuellen neuerlichen Revolution in Österreich, also eine militärische Intervention zugunsten der Monarchie wie 1849 in Ungarn.

Die Ratgeber des jungen Kaisers waren nicht einig: der alte Radetzky wollte auf russischer Seite kämpfen, hatte aber auch nichts gegen eine strenge österreichische Neutralität, der Außenminister

Buol und manche Wirtschaftskreise wollten sich auf der Seite Englands und Frankreichs gegen Rußland stark machen. Der junge Kaiser war unentschlossen und der schwierigen Situation nicht gewachsen. Er klagte gegenüber Sophie »ob der immer komplizierter werdenden orientalischen Komplikationen«,[16] informierte sich noch während der Fahrt nach Ischl über die Lage, ließ sich dann aber kaum mehr von der hohen Politik stören. Das Zögern und monatelange Unschlüssigsein des unerfahrenen und durch seine Verlobung abgelenkten Kaisers wirkte sich für Österreich verhängnisvoll aus.

Herzogin Ludovika hatte andere Sorgen, als sie am 16. August 1853 mit ihren Töchtern in Ischl anreiste. Sie hatte wegen einer Migräne die Reise unterbrechen müssen, kam verspätet in Ischl an und brachte Sophies Pläne für den ersten Tag ziemlich durcheinander. Zudem kam sie zwar mit ihren Töchtern, aber ohne Gepäck und ohne Kammerfrauen in Ischl an. Alle drei Damen waren in Trauerkleidern, weil eine Tante gestorben war. Da der Wagen mit der hellen Garderobe noch nicht eingetroffen war, konnten sie sich vor der entscheidenden Begegnung nicht umziehen. Erzherzogin Sophie schickte ihnen eine Kammerfrau ins Hotel.

Während sich alle Sorgfalt darauf richtete, die vorgesehene Braut Helene wenigstens erstklassig zu kämmen, wenn sie schon im staubigen schwarzen Reisekleid vor dem Kaiser erscheinen mußte, richtete sich die kleine Sisi selbst die Haare – einfache lange Zöpfe. Sie merkte gar nicht, daß Erzherzogin Sophie ein wachsames Auge nicht nur für Helene, sondern auch für sie hatte. Sophie jedenfalls beschrieb diese Frisierszene später ausführlich ihrer Schwester Marie von Sachsen, betonte, welche »Anmut und Grazie« die Kleine in all ihren Bewegungen hatte, »desto mehr, da sie sich so gar nicht bewußt war, einen so angenehmen Eindruck hervorgebracht zu haben. Trotz der Trauer ... war Sissy reizend in ihrem ganz einfachen, hohen, schwarzen Kleid«.[14] Neben dieser völlig unbefangenen, kindlichen Schwester wirkte Helene nun auf einmal sehr streng. Das schwarze Kleid war für sie unvorteilhaft – und entschied vielleicht wirklich ihr Leben, wie manche später wissen wollten.

Sophie lud ihre Schwester Ludovika mit den beiden Mädchen zum Tee ein. Hier trafen sie den Kaiser. Auch Königin Elise von Preußen war bei diesem ersten Treffen anwesend, zwei jüngere Brüder des Kaisers und andere Verwandte. Niemand der Anwesenden hatte die Gabe zu zwangloser Unterhaltung. Es herrschte steife, verlegene Stimmung, denn jeder der Anwesenden wußte, um was es ging.

Es war Liebe auf den ersten Blick, jedenfalls was Franz Joseph betraf. Der jüngere Bruder Erzherzog Karl Ludwig beobachtete scharf und eifersüchtig und sagte seiner Mutter Sophie, »daß in dem Augenblick, als der Kaiser Sisi erblickte, ein Ausdruck so großer Befriedigung in seinem Gesicht erschien, daß man nicht mehr zweifeln konnte, auf wen seine Wahl fallen würde.«
Sophie an Marie von Sachsen: »Er strahlte und Du weißt, wie sein Gesicht strahlt, wenn er sich freut. Die liebe Kleine ahnte nichts von dem tiefen Eindruck, den sie auf Franzi gemacht hatte. Bis zum Augenblick, da ihre Mutter ihr davon sprach, war sie nur von Scheu und Schüchternheit erfüllt, die ihr die vielen sie umringenden Menschen einflößten«. Sie aß vor Aufregung nichts und erklärte der Kammerfrau: »Die Néné [also Helene] hat es gut, denn sie hat schon so viele Menschen gesehen, aber ich nicht. Mir ist so bang, daß ich gar nicht essen kann«. In ihrer Verwirrung merkte Elisabeth noch nicht einmal, wie intensiv sich der Kaiser mit ihr, und nicht mit Helene beschäftigte.
Am nächsten Morgen, dem 17. August, erschien in aller Frühe der Kaiser bei seiner Mutter, die gerade erst aufgestanden war. Sophie an Marie von Sachsen: »Er sagte mir mit strahlender Miene, daß er Sisi reizend fände. Ich bat ihn, die Sache nicht zu überstürzen, es genau zu überlegen, aber er meinte, man dürfe es auch nicht in die Länge ziehen«.
In ihrem Tagebuch schilderte Erzherzogin Sophie diesen Morgen noch ausführlicher. Der Kaiser schwärmte: »Nein, wie süß Sisi ist, sie ist frisch wie eine aufspringende Mandel und welch herrliche Haarkrone umrahmt ihr Gesicht! Was hat sie für liebe, sanfte Augen und Lippen wie Erdbeeren«. Die Mutter versuchte, ihn auf

die von ihr gewünschte Braut hinzuweisen: »Findest Du nicht, daß Helene klug ist, daß sie eine schöne, schlanke Gestalt besitzt?« – »Nun ja, etwas ernst und schweigsam, gewiß nett und lieb, ja aber Sisi – Sisi – dieser Liebreiz, diese kleinmädchenhafte und doch so süße Ausgelassenheit!«[18] Es war nichts mehr zu ändern. Franz Joseph lehnte es an diesem Tag sogar ab, auf die Jagd zu gehen, ein Vergnügen, das er sich sonst nie entgehen ließ. Elise von Preußen, die das hörte, machte gleich ihrer Schwester Sophie ein Zeichen, das hieß: »der hat Feuer gefangen«.[19] Königin Elise war mit der Entwicklung der Dinge durchaus zufrieden. Denn die kleine Elisabeth war ihr Patenkind. Es herrschte allgemeine Verwirrung. Die beiden Mädchen waren verstört. Nur der Kaiser strahlte.

Am Vorabend des kaiserlichen Geburtstages fand ein Ball statt. Helene erschien in einem prachtvollen Kleid aus weißer Seide. Sie trug Efeuranken über der Stirn, was ihrer hohen, ein wenig herben Erscheinung einen Hauch biedermeierlicher Romantik gab. Auf diesen Abend hatte sich schon bei der Vorbereitung in München alle Aufmerksamkeit konzentriert. Die kleine Sisi war in einem einfachen weißrosa Kleidchen bescheidener angezogen und wirkte neben der schönen Gestalt ihrer Schwester sehr kindlich.

Der Kaiser nahm am ersten Tanz nicht teil – wie die beiden bayrischen Prinzessinnen. Beim zweiten Tanz, einer Polka, bat Erzherzogin Sophie Franz Josephs Flügeladjutanten, Hugo von Weckbecker, er »möge mit Prinzessin Elisabeth tanzen, die bisher nur beim Tanzmeister gelernt hatte und für ihr erstes Debüt eines sicheren Führers bedürfe.« Weckbecker: »Sie stellte mich der in äußerster Verlegenheit befangenen, liebreizenden Prinzessin vor, die mir schüchtern sagte, sie wisse gar nicht, ob und wie es ohne Tanzmeister gehen werde.« Weckbecker beruhigte die Kleine, war aber doch »etwas ängstlich, denn ich wußte, daß im allgemeinen – trotz Tanzmeister – bayrische Prinzessinnen nicht gut tanzten... Zum Glück war Prinzessin Elisabeth musikalisch und hielt daher wenigstens gut Takt«. Erstaunt beobachtete Weckbecker allerdings den jungen Kaiser, der gegen seine sonstige Gewohnheit auch diesmal wieder nicht tanzte und stattdessen nur Sisi beim Tanz beobachtete, die »sylphengleich an meinem Arme vorüberschwebte«. Nach dem Tanz flüsterte Weckbecker einem Freund zu: »Mir scheint, ich habe jetzt mit unserer künftigen Kaiserin getanzt«.[20]

Den Kotillon tanzte der Kaiser mit der kleinen Sisi und überreichte ihr nachher sein Bukett – ein traditionelles Zeichen dafür, daß sie seine Auserwählte war. Dieses Zeichen verstanden alle Augenzeugen – nur Sisi selbst nicht. Auf die Frage, ob ihr denn diese Aufmerksamkeit nicht aufgefallen sei, sagte sie: »Nein, es hat mich nur geniert«.

Sophie beschrieb Sisis Aussehen ausführlich ihrer Schwester Marie: »In ihren schönen Haaren hatte sie einen großen Kamm stecken, der die Zöpfe rückwärts zurückhielt, sie trägt die Haare nach der Mode aus dem Gesicht gestrichen. Die Haltung der Kleinen ist so anmutsvoll, so bescheiden, so untadelig, so graziös ja beinahe demutsvoll, wenn sie mit dem Kaiser tanzt. Sie war wie eine Rosenknospe, die sich unter den Strahlen der Sonne entfaltet, als sie neben dem Kaiser beim Kotillon saß. Sie erschien mir so anziehend, so kindlich bescheiden und doch ihm gegenüber ganz unbefangen. Es waren nur die vielen Menschen, die sie einschüchterten.«

Am 18. August wurde Franz Josephs Geburtstag im großen Familienkreis gefeiert. Erzherzogin Sophie schrieb an Marie von Sachsen: »Beim Familiendiner war der Kaiser so stolz, daß Sisi, die neben ihm sitzen durfte, mit sehr gutem Appetit gegessen hatte! Nachmittags machten wir einen Ausflug nach Wolfgang. Wir gingen auch ein Stückerl zu Fuß. Ich war in meiner Kalesche mit den zwei Kleinen und dem Kaiser. Er muß sie wohl sehr gern haben, daß er es so lange in der geschlossenen Kalesche ausgehalten hat! Helene erzählte sehr viel und unterhaltend, das Mädchen hat einen großen Charme für mich...«

Nach der Promenade bat der Kaiser seine Mutter, bei Sisis Mutter vorzufühlen, »ob sie ihn haben wolle«, sagte aber auch, die beiden Mütter sollten keinen Druck ausüben. »Meine Lage ist so schwer, daß es, weiß Gott, keine Freude ist, sie mit mir zu teilen«. Darauf Sophie: »Aber liebes Kind, wie kannst Du glauben, daß eine Frau nicht zu glücklich ist, durch Anmut und Heiterkeit Dir Deine Lage zu erleichtern?«

Sophie setzte ihre Schwester Ludovika daraufhin ganz offiziell von Franz Josephs Wunsch in Kenntnis: Ludovika »drückte mir bewegt die Hand, denn sie hatte in ihrer großen Bescheidenheit immer gezweifelt, daß der Kaiser wirklich an eine ihrer Töchter denken würde.« Sisi habe ihrer Mutter auf die Frage, ob sie den Kaiser lieben könne, geantwortet (laut Aussage der Erzherzogin Sophie): »Wie soll man *den* Mann nicht lieben können?«. Dann sei sie in Tränen ausgebrochen und habe versichert, sie würde alles tun, um den Kaiser glücklich zu machen und für die Tante Sophie »das zärtlichste Kind zu sein«. »Aber«, sagte sie, »wie kann er nur an mich denken? Ich bin ja so unbedeutend!« Und kurze Zeit später: »Ich habe den Kaiser so lieb! Wenn er nur kein Kaiser wäre!« Sophies Kommentar: »Das ist es, was sie scheu macht, diese künftige Stellung. Der Kaiser war buchstäblich entzückt, als ich ihm diesen rührenden Ausspruch von seiner Braut erzählte, da er so viel tiefes und anspruchsloses Verständnis für ihn enthält«. Wie die Unterredung zwischen Mutter und Tochter wirklich verlief, ob Ludovikas und Sophies Erzählungen zu glauben ist, bleibe dahingestellt. Wenn man Ludovika später fragte, ob man denn wirklich bei dieser Entscheidung nach den Gefühlen des Mädchens gefragt habe, antwortete sie stets nur das eine: »Dem Kaiser von Österreich gibt man keinen Korb«.[21]

Jede der neun bayrischen Schwestern hatte ihre Herzenstragödie hinter sich. Jede von ihnen wußte, daß sie als heiratsfähige Prinzessin zum Objekt der Politik wurde und den Mann nehmen mußte, den man ihr gab. Um die jungen Mädchen nicht zu verwirren, sie nicht in Konflikte zu stürzen, war im bayrischen Königshaus das Lesen von Liebesgeschichten streng verboten. Sogar die deutschen Klassiker waren deswegen verpönt.
Sie selber, Ludovika, war in ihrer Jugend eine außergewöhnliche Schönheit. Manche sagten sogar, sie sei schöner gewesen als jede ihrer Töchter, einschließlich Elisabeth. Sie hatte eine Romanze mit Prinz Miguel von Braganza, dem späteren König von Portugal, durchlitten, den sie (aus politischen Gründen) nicht heiraten durfte. Die Familie beschloß die Heirat mit dem Vetter Max. Er

erklärte ihr offen, er liebe sie nicht und heirate sie nur aus Angst vor seinem energischen Großvater. Er hatte eine unglückliche Liebe zu einer Bürgerlichen, die er (aus Standesrücksichten) nicht heiraten durfte.

Die Ehe der beiden war vom ersten Tag an unglücklich. Ludovika erzählte ihren Kindern später, daß sie den ersten Jahrestag ihrer Ehe von morgens bis abends in Tränen zugebracht habe. Erst allmählich lernte sie es, die Unruhe und die vielen Affären ihres Mannes zu tolerieren und mit der wachsenden Kinderschar allein zu bleiben. Als Witwe erzählte sie ihren Enkelkindern, von der goldenen Hochzeit an sei Max gut zu ihr gewesen. Fünfzig bittere Jahre, ein unglückliches Eheleben, lagen dazwischen. Auch die kleine Elisabeth war mit den Klagen ihrer Mutter über die unglückliche Ehe aufgewachsen, auch sie hatte immer wieder Ludovikas bitteren Satz gehört: »Wenn man verheiratet ist, fühlt man sich so verlassen«.

Erzherzogin Sophie hatte kaum mehr Glück. Sie mußte den »an Körper und Geist schwachen« Erzherzog Franz Carl, den Bruder des schwerkranken Kaisers Ferdinand heiraten. In Bayern erzählte man sich, Sophie habe aus Verzweiflung und Angst vor dieser Heirat Nächte durch geweint. Als ihre Erzieherin dies ihrer Mutter erzählte, sagte diese ungerührt: »Was wollen Sie? Die Sache ist beim Wiener Kongreß entschieden worden!«

Als Sophie sah, daß ihr Schicksal unabänderlich besiegelt war, erklärte sie tapfer, nun wolle und werde sie auch mit dem Erzherzog glücklich werden. Kaiser Franz sagte ihr, »sie müsse bei dem Zustand seines Sohnes alles selbst in die Hand nehmen«. Das tat sie auch und wurde eine selbständige, energische Frau. Sie liebte ihren gutmütigen Mann »wie ein Kind, das man verpflegt« und erzog ihre vier Söhne gut. Als junge Frau erlebte sie die innige Freundschaft mit Napoleons Sohn, dem Herzog von Reichstadt, den sie während seiner Todeskrankheit rührend pflegte. Der Wiener Tratsch machte den Jüngling zum Vater ihres zweiten Sohnes, Erzherzog Ferdinand Max. Dieser Tratsch stimmt aller Wahrscheinlichkeit nach nicht, zeigt aber, daß man dieser hübschen Erzherzogin durchaus eine Romanze zutraute.

Die Mütter des Brautpaares hatten also, wie die meisten Prinzessinnen ihrer Zeit, der Liebe entsagen müssen. Sie waren ihrer Pflicht selbstverständlich gefolgt, wenn auch mit Tränen. Sie mußten die Ischler Verlobung als großes, seltenes Glück ansehen: Franz Joseph liebte seine Braut, wie jeder sehen konnte. Er war jung und gut aussehend, nicht geistesschwach wie sein Vater und Onkel. Er war der Kaiser von Österreich. Die Kleine würde sich schon in ihre Situation finden, die, verglichen mit dem Schicksal beider Mütter, beneidenswert war. Nein wirklich, »einem Kaiser von Österreich gibt man keinen Korb«.
Erzherzogin Sophie war noch ganz im Denken des 18. Jahrhunderts befangen. Von Individualismus, schon gar Gefühlen in der höfischen Politik hielt sie nichts – im Gegensatz zu ihrer neuen Schwiegertochter. Sophie schrieb einmal der Fürstin Metternich, man solle nie glauben, »daß die Individualitäten irgendeine Bedeutung hätten. Sie habe immer gesehen, daß man einen Menschen durch den anderen ersetzte, ohne daß das den geringsten Unterschied in der Welt machte«.[22] Ob nun die künftige Kaiserin Helene oder Elisabeth hieß, machte nach dieser Auffassung nicht viel aus. Beide kamen aus derselben Familie, waren ebenbürtig, katholisch und Nichten Sophies – nur darauf kam es letztlich an.

Ludovika gab ihrer Schwester Sophie schriftlich Sisis Zustimmung. Am 19. August morgens um acht Uhr erschien der glückstrahlende Kaiser bei seiner Braut im Ischler Hotel. Ludovika schrieb darüber an eine Verwandte: »Ich ließ ihn mit Sisi allein, denn er wollte selbst mit ihr reden, und als er wieder zu mir hereintrat, sah er recht zufrieden, recht heiter aus, und sie auch – wie es einer glücklichen Braut ziemt«.[23]
Ludovikas Aufregung war ebenso groß wie ihre Dankbarkeit für Sophie: »Es ist ein so ungeheures Glück und doch eine so wichtige und schwere Stellung, daß ich in jeder Beziehung sehr bewegt bin. Sie ist so jung, so unerfahren, ich hoffe aber, man hat Nachsicht mit dieser großen Jugend! . . . Tante Sophie ist gar so gut und lieb für sie, und welch ein Trost für mich, sie einer so lieben Schwester als zweyte Mutter übergeben zu können«.

Elisabeth allerdings kam später stets voll Bitterkeit auf diese Situation zurück und sagte: »Die Ehe ist eine widersinnige Einrichtung. Als fünfzehnjähriges Kind wird man verkauft und tut einen Schwur, den man nicht versteht und dann 30 Jahre oder länger bereut und nicht mehr lösen kann«.[24]

Im August 1853 freilich empfanden die Augenzeugen die kaiserliche Verlobung, wie Graf Hübner schrieb, als »eine einfache, liebliche und edle Idylle«.[25]

Arm in Arm verließ das junge Paar das Hotel, um bei der Erzherzogin zu frühstücken, selbstverständlich im Kreis der ganzen Familie, die das Paar neugierig und wohlgefällig beobachtete – mit Ausnahme Erzherzog Karl Ludwigs, der seine Jugendliebe verloren hatte. Franz Joseph stellte der Fünfzehnjährigen nun auch seine Adjutanten vor, vor allem den Grafen Grünne, auf dessen Urteil er sehr viel gab – auch was Frauen betraf.

Um 11 Uhr ging man gemeinsam in die Pfarrkirche. Die Gemeinde beobachtete ehrfürchtig, wie Erzherzogin Sophie vor der Eingangstür zurückblieb und der kleinen Nichte den Vortritt ließ: Sisi war Kaiserbraut und von nun an höher im Rang als die Kaisermutter. Mit dieser noblen Geste erwies Sophie der kaiserlichen Hierarchie ihre Reverenz. Sisi freilich verstand diese Geste kaum. Verlegen und scheu betrat sie die Kirche, unangenehm berührt von der großen Aufmerksamkeit, die sie erregte. Sophie: »Der Pfarrer empfing uns mit dem Weihwasser, die Augen voll Tränen! Im Moment, als wir die Kirche betraten, sang man die Volkshymne«. Nach dem Segen nahm Kaiser Franz Joseph das Mädchen behutsam an der Hand, führte es zum Pfarrer und bat ihn: »Ich bitte, Hochwürden, segnen Sie uns, das ist meine Braut«.

Dem Segen des Geistlichen folgten die Glückwünsche aller jener, die bei diesem historischen Augenblick anwesend waren.[26] Graf Grünne hielt dann eine Ansprache an das junge Paar. Weckbecker: »Die Prinzessin war so ergriffen und verlegen, daß sie kaum zu antworten vermochte«.[27] Es herrschte allgemeine Rührung. Der Kaiser hatte Mühe, seine Braut dem herzlichen Getümmel zu entziehen.

Herzogin Ludovika allerdings machte sich solche Sorgen um die

Zukunft ihrer Tochter, daß sie selbst an diesem Tag einem ihr völlig Fremden, dem Flügeladjutanten Weckbecker, klagte, »wie ängstlich sie die schwere Aufgabe mache, welche ihrer Tochter Elisabeth bevorstehe, da diese den Thron doch förmlich von der Kinderstube weg besteige. Sie hegte auch Besorgnisse wegen des scharfen Urteiles der Damen aus der Wiener Aristokratie«. Daß diese Ängste nur zu berechtigt waren, sollte sich bald zeigen.
Das Diner wurde in Hallstatt eingenommen. Anschließend gab es eine Spazierfahrt. Nach dem Regen der vorigen Tage war die Sicht wunderschön. Berge und Felsen waren von der untergehenden Sonne beleuchtet. Der See schimmerte. Der Kaiser nahm seine Braut an die Hand und erklärte ihr die Umgebung. Königin Elise von Preußen war entzückt: »Es ist so schön, ein so junges Glück in einer so wunderbaren Landschaft«.[28] Sophie schrieb ihrer Schwester Marie nach Sachsen, wie fürsorglich der Kaiser seine Braut in seinen Militärmantel hüllte, aus lauter Angst, sie könne sich verkühlen und wie er ihr gestand: »Ich kann dir gar nicht ausdrücken, wie glücklich ich bin!«
Am Abend war Ischl von zehntausenden Kerzen beleuchtet und von Lampen in den österreichischen und bayrischen Farben. Auf dem Siriuskogel war mit vielfarbigen Lampen ein klassischer Tempel in den Himmel gezeichnet mit den Initialen FJ und E, von einem Brautkranz umgeben. Zum erstenmal erlebte die kleine Sisi den Jubel einer wohlwollenden, treuen Bevölkerung, die sich auf den Straßen eingefunden hatte, um ihre zukünftige Kaiserin zu begrüßen. In glückstrahlender, wenn auch noch etwas verwirrter Stimmung ging dieser Tag zu Ende.
Die freudige Reaktion des Kaisers wird in allen Berichten über diese Ischler Tage deutlich. Von den Reaktionen der Braut wissen wir leider sehr wenig, außer daß sie sehr verlegen, sehr still und immer in Tränen war. Sophies Kommentar an ihre Schwester: »Du kannst dir nicht vorstellen, wie reizend Sisi ist, wenn sie weint!«
Ein Fest folgte dem anderen. Die Kleine erhielt Geschenke von allen Seiten. Der Kaiser gab ihr Geschmeide und Juwelen, darunter eine prachtvolle Blütenranke aus Diamanten und Smaragden, die sie ins Haar flechten konnte. Die zusehends eleganter werden-

de Sisi war der Mittelpunkt des gesellschaftlichen Lebens in Ischl. Man staunte sie an und rühmte ihre Anmut.
Fürsorglich, sehr behutsam und großzügig nahm der junge Kaiser Rücksicht auf seine kindliche Braut. Um ihr eine Freude zu machen, ließ er im Garten der Sommervilla sogar eine Schaukel aufstellen, die das Mädchen voll kindlichem Eifer benützte. Da sah, wie groß Sisis Angst vor immer neuen fremden Gesichtern war, ließ der Kaiser den prächtigen, von fünf Schecken gezogenen Wagen nicht von einem Kutscher lenken, sondern von seinem Generaladjutanten Carl Graf Grünne.[29] Er hatte bemerkt, daß sich das Mädchen an diesen seinen engsten Vertrauten bereits gewöhnt hatte und ihn gern mochte.
Grünne war damals 45 Jahre alt und eine der einflußreichsten Persönlichkeiten der Monarchie, ein wichtiges Mitglied der vielgeschmähten »Kamarilla« am Wiener Hof. Als Vorstand der Militärkanzlei war er der erste Mann der österreichischen Armee nach dem Kaiser. Grünne begleitete seinen jungen Herrn auf allen Reisen, war sein engster politischer Berater, hatte aber auch wie kein anderer Einblick in das kaiserliche Privatleben. In der Wiener Gesellschaft erzählt man sich noch heute, daß Grünne es war, der für den jungen Kaiser Liebesabenteuer arrangierte. (Franz Joseph war ja keineswegs ein unerfahrener Jüngling, als er sich verlobte.) Daß Sisi auf Anhieb Vertrauen zu Grünne faßte, war für den Kaiser eine Freude, und mit Vergnügen machte er seinen Generaladjutanten bei diesen Wagenfahrten zu dritt in die Ischler Umgebung zum Schutzpatron seiner jungen Liebe.
Noch drei Bälle standen auf dem Ischler Programm. Sisi war laut Sophies Tagebuch weiterhin schüchtern und brav. Als Gräfin Sophie Esterházy, die bald ihre Obersthofmeisterin werden sollte, gratulierte und sagte: »Wir sind Eurer königlichen Hoheit so dankbar, daß Sie den Kaiser so glücklich machen«, antwortete Sisi: »Ich bedarf für den Anfang noch so viel Nachsicht!«[30]
Die anderen jungen Leute der kaiserlichen Verwandtschaft waren im Gegensatz zur Braut in recht ausgelassener Stimmung. Einmal warfen sie beim Kotillon mit Leucht- und Knallkugeln. Die arme Ludovika, deren Nerven in diesen Tagen arg strapaziert waren,

flüchtete voll Schrecken in das Schlafzimmer ihrer Schwester. Ludovika wußte immer noch nicht, ob sie erfreut sein sollte wegen der großen Ehre oder besorgt wegen der seelischen Belastungen, die auf die Fünfzehnjährige zukamen. Auch um Helene mußte sie sich große Sorgen machen. Das Mädchen war verstört und unglücklich. Sie war schon achtzehn, also für die Vorbereitung einer neuen »Partie« relativ alt. Selbst das prächtige Geschenk Sophies, ein Kreuz in Diamanten und Türkisen, und die Gewißheit, daß Sophie sie nach wie vor außerordentlich reizend fand, konnte Helene nicht trösten. Sie sehnte sich zurück nach Bayern, ebenso wie ihre Mutter Ludovika, die besorgt an ihre bayrischen Verwandten schrieb: »Das hiesige Leben ist äußerst belebt. Sisi besonders ist das noch gar nicht gewohnt, besonders das späte Schlafengehen. Ich bin angenehm überrascht, wie sie sich darein findet, mit den vielen fremden Menschen zu reden und daß sie trotz ihrer Verlegenheit eine so ruhige Haltung hat«.[31]

Der Brautvater Max wurde telegraphisch von der Verlobung informiert, ebenso der König von Bayern. Er mußte ja als Chef der Wittelsbacher seine offizielle Genehmigung zur Verlobung seiner Cousine geben. Franz Joseph dankte ihm »unter den Regungen eines vollkommen befriedigten Herzens. Ich bin doppelt glücklich, daß ich bei der Wahl meiner zukünftigen Lebensgefährtin zugleich mein eigenes innigstes Gefühl zu Rathe ziehen konnte, und gebe mich vollkommen der freudigen Hoffnung hin, in den vortrefflichen Eigenschaften meiner Braut mein Lebensglück zu finden. Ich brauche Dir wohl nicht hinzuzufügen, daß ich mich um so mehr zu Deinem Hause hingezogen fühle, als das Theuerste, was ich bis jetzt besaß – meine Mutter – und das Theuerste, was ich fortan besitzen werde – meine zukünftige Frau – demselben angehören und ich kann nur hoffen, daß diese Verbindung, wenn dieß anders noch möglich ist, die Bande welche unsere Familien umfasst, um so dauernder und fester knüpfen werde.«[32]

Auch Franz Josephs Brief an Zar Nikolaus ist bemerkenswert, offenbart er doch eine Vertrautheit und Zuneigung zwischen den beiden Souveränen, die die baldige Enttäuschung des Zaren über Franz Josephs Haltung im Krimkrieg verständlich macht:

»Im Überschwang meiner Freude, teuerer, lieber Freund, beeile ich mich Dir von meinem Glück zu sprechen. Ich sage von meinem Glück, denn ich bin überzeugt, daß meine Braut alle Tugenden und alle Eigenschaften des Geistes und des Herzens besitzt, um mich glücklich zu machen«.[33]

Schließlich mußte auch noch um päpstliche Dispens für die Eheschließung angesucht werden. Denn die Brautleute waren ja Vetter und Cousine ersten Grades. Niemand scheint sich über diesen Umstand Gedanken gemacht zu haben. Auch die Eltern Elisabeths waren ja schon nah verwandt – beide waren Wittelsbacher und Vetter und Cousinen zweiten Grades. Daß die Kinder aus dieser Kaiserehe, vor allem der erhoffte Kronprinz, einmal durch diese Häufung von Verwandtenehen die ganze Last des Wittelsbacher Erbes tragen müßten – darüber war man sich bei dem damaligen Stand der Medizin noch nicht im klaren.

Die Wittelsbacher waren kein erbgesundes Geschlecht. Es gab mehrere Fälle von Geisteskrankheiten. Selbst der Vater von Herzog Max, Herzog Pius (also Sisis Großvater), war geistesschwach und ein Krüppel. Er führte zeitweise ein wildes Leben, landete einmal nach einer Schlägerei in Polizeigewahrsam und beschloß sein trauriges Leben als Eremit in völliger Einsamkeit.[34] (Daß auch die beiden Söhne des bayrischen Königs, Kronprinz Ludwig und Otto, geistig nicht gesund waren, wußte man 1853 noch nicht, denn die beiden waren noch Kinder. Außerdem wurde dieses Erbteil eher der mütterlichen Seite zugeschrieben, mit der die herzogliche Linie nicht verwandt war.)

Am 24. August war offiziell in der Wiener Zeitung zu lesen: »Seine k. k. Apostolische Majestät unser allergnädigster Herr und Kaiser, Franz Joseph I., haben während Allerhöchst Ihres Aufenthaltes zu Ischl Ihre Hand der durchlauchtigsten Prinzessin Elisabeth Amalie Eugenie, Herzogin in Bayern, Tochter Ihrer königlichen Hoheiten des Herzogs Maximilian Josef und der Herzogin Ludovica, geborenen königlichen Prinzessin von Bayern, nach eingeholter Zustimmung Seiner Majestät des Königs Maximilian II. von Bayern, sowie der durchlauchtigsten Eltern der Prinzessin-Braut anverlobt. Der Segen des Allmächtigen möge auf diesem für das Aller-

IM NAMEN
der allerheiligsten und untheilbaren
DREIEINIGKEIT!

Nachdem zwischen dem Allerdurchlauchtigsten und Großmächtigsten Fürsten und Herrn **Franz Joseph I. Kaiser von Oesterreich** einerseits und dem Durchlauchtigsten Fürsten und Herrn **Maximilian Herzoge in Baiern,** Königliche Hoheit andererseits unter göttlichem Beistand und zur Befestigung und Vermehrung der zwischen beiden Häusern glücklich bestehenden Bande enger Verwandtschaft und Freundschaft ein Ehebündniß Allerhöchst Seiner Kaiserlichen Königlichen Apostolischen Majestät mit der Durchlauchtigsten Prinzessin und Frau **Elisabeth-Amalie-Eugenie, Herzogin in Baiern,** zweiten Tochter Höchstgedacht Seiner Königlichen Hoheit des Herzogs Maximilian in Baiern, verabredet, und hierzu sowohl die freie Einwilligung der

höchste Kaiserhaus und das Kaiserreich beglückenden, freudenvollen Ereignisse ruhen«.
Die Nachricht war eine Sensation. Lange hatte man sich schon, vor allem in der Gesellschaft, den Kopf über die mögliche neue Kaiserin zerbrochen. Viele Prinzessinnen waren im Gespräch gewesen. Die kleine Elisabeth war niemals in den Heiratsspekulationen vorgekommen. Ungeduldig wartete man auf die ersten Porträts der Kaiserbraut. Bei den langen Sitzungen für Maler und Zeichner leistete der verliebte Bräutigam der kleinen Sisi Gesellschaft. Stundenlang saß er neben ihr und beobachtete sie voller Stolz.
Da in Wien so wenig über die zukünftige Kaiserin bekannt war, blühte der Klatsch. Das erste, was bei Neuankömmlingen am Wiener Hof geschah, war der kritische Blick in den Gotha. Und hier hielt die Kaiserbraut der Kritik nicht stand: In ihrer Ahnenreihe befand sich nämlich eine Prinzessin Arenberg (die Mutter ihres Vaters Max). Und diese Arenbergs waren zwar ein hochadeliges, aber kein souveränes Haus, also kein Haus, das habsburgische Ehepartner stellen durfte. Diese Großmutter Arenberg war wiederum mit allen möglichen anderen adeligen, aber nicht souveränen Häusern verwandt: den Schwarzenberg, Windischgrätz, Lobkovic, Schönburg, Neipperg, Esterházy. Somit war also die zukünftige Kaiserin nicht über die aristokratische Gesellschaft gestellt, sondern auch ein Teil von ihr – durch mannigfache verwandtschaftliche Beziehungen mit nicht-souveränen Häusern. Die wichtigste Voraussetzung, um am Wiener Hof unangefochten zu sein, eine lupenreine Ahnenreihe, erfüllte Elisabeth also nicht. Sie sollte diesen Makel nur zu bald spüren.
Auch Brautvater Max gab reichlich Anlaß zu Tratschereien. Seine Zirkusreiterei, sein allzu freundschaftlicher Umgang mit Bürgern und Bauern, seine Mißachtung der aristokratischen Welt, seine wenig feinen Herrenfeste in Possenhofen und München wurden reichlich beredet. Man erzählte sich, wie Herzog Max seine Kinder verwildern ließ, daß sie zwar reiten konnten wie kleine Zirkusartisten, aber kaum einen vernünftigen französischen Satz, schon gar keine »Konversation« zustandebrachten. Das Parkett des Wiener Hofes war berüchtigt glatt.

Selbstverständlich wurden auch die Schlösser des Herzogs Max kritisch gemustert. Das neue Palais an der Ludwigstraße, gebaut vom berühmten Architekten Klenze, war durchaus standesgemäß. Das Sommerschlößchen Possenhofen am Starnbergersee aber war weit weniger vornehm. Bald schon fiel in Wien das Wort von der »Bettelwirtschaft«, der die zukünftige Kaiserin entstammte.
Noch zwanzig Jahre später regte sich Elisabeths Hofdame Gräfin Marie Festetics über diese Verleumdungen auf. Ihr gefiel Possenhofen: »Das Haus ist einfach, aber gut geführt, sauber, nett, gute Küche, ich fand keinen Prunk, es ist alles wohltuend altmodisch, aber vornehm und nichts von einer Bettelwirtschaft, wie meine Colleginnen von einst und jetzt vorerzählten«.
Die Hofdame schwärmte vor allem von der Lage des Schlößchens am Starnberger See. Sie pries das Mondlicht im ruhigen Wasser und das Vogelgezwitscher, das sie morgens aus dem Schlaf weckte: »sie jubelten, als ob es Frühjahr wäre – ich stürzte ans Fenster – der Anblick ist köstlich, tief – tiefblau die Fluth – ein Paradies von Bäumen u. grün all over u. über dem See drüben schöne Berge – alles Lieblichkeit und Sonne – der Garten voll Blumen – das alte Haus umrankt von wilder Rebe u. Epheu – so poetisch – so schön«. Und die Hofdame, die ihre Kaiserin liebte, schrieb weiter: »ja so mußte ihre Heimat sein, damit der träumerische Sinn, die Liebe zur Natur – sich so entwickeln konnte!«[35]
Träumerischen Sinn und Liebe zur Natur zeigte Elisabeth schon als Kind. Alle romantischen Geschichten von Sisis Kindheitssommern in Possenhofen halten kritischer Prüfung stand. Die Liebe zur Natur war eine der wenigen Gemeinsamkeiten, die Franz Joseph und Elisabeth verband.

Der nach Franz Josephs Worten »göttliche Ischler Séjour« dauerte bis zum 31. August. Im festlich geschmückten Salzburg wurde »sehr zärtlich«, wie Sophie in ihrem Tagebuch festhielt, Abschied genommen. Zur Erinnerung an die Verlobung beschloß Erzherzogin Sophie, die Mietvilla, in der sich das Brautpaar begegnet war, zu kaufen und sie zur »Kaiservilla« für die alljährliche Ischler Sommerfrische der kaiserlichen Familie auszubauen. Die Villa er-

hielt durch zwei neue Flügel einen neuen Grundriß in Gestalt eines »E« – wie Elisabeth.
Franz Josephs Glück hielt auch nach seiner Rückkehr »in die hiesige papierne Schreibtischexistenz mit ihren Sorgen und Mühen« an. Sogar die Sitzungen beim Maler Schwager machten ihm Freude: »so langweilig mir sonst das Gemaltwerden ist, so freue ich mich jetzt doch auf jede Sitzung, da es mich an die Sitzungen Sisis in Ischl erinnert und mir Schwager immer ihr Porträt mitbringt«. Seiner Mutter Sophie gestand er, »mit unendlicher Sehnsucht nach Westen« zu denken.[36] Die glückliche Stimmung des jungen Kaisers wirkte sich auch in der Innenpolitik aus: Der seit dem Revolutionsjahr 1848 bestehende Belagerungszustand wurde nun wenigstens in den drei Städten Wien, Graz und Prag aufgehoben.
Wie ein Zeichen für die Zukunft mag es erscheinen, daß kurz nach dem Eintritt Elisabeths in die österreichische Geschichte die Stephanskrone wiedergefunden wurde. Sie war 1849 von Kossuth vergraben worden. Das größte Heiligtum der ungarischen Nation wurde feierlich nach Ofen zurückgebracht – für manche ein Mahnzeichen zur Versöhnung zwischen Österreich und Ungarn, die freilich erst durch die Krönung des österreichischen Kaisers mit diesem ungarischen Symbol besiegelt werden konnte. Dieses Ziel setzte Elisabeth 1867 durch – ihre einzige politische Tat.
Sisi mußte nun ein umfangreiches Lernprogramm absolvieren, vor allem so schnell wie möglich Sprachen lernen: Französisch und Italienisch. Alles, was jahrelang in der Erziehung und Ausbildung der kleinen Sisi versäumt worden war, sollte nun, in den wenigen Monaten bis zur Hochzeit, nachgeholt werden. Herzogin Ludovika machte sich Sorgen, weil es mit dem Lernen nicht sehr gut ging: »leider haben meine Kinder keine Leichtigkeit zum Erlernen der fremden Sprachen, und das Französisch sprechen nimmt hier in der Gesellschaft auffallend ab«.[37]
Das wichtigste, das Sisi lernen mußte, war österreichische Geschichte. Dreimal in der Woche kam nun der Historiker Graf Johann Mailáth zu ihr, um ihr aus seinem Hauptwerk, der »Geschichte des österreichischen Kaiserstaates« persönlich vorzu-

tragen. Mailáth war ein kleiner, sehr lebhafter und unterhaltsamer Mann nahe den siebzig. Er lebte in München in sehr bescheidenen, ja ärmlichen Verhältnissen vom Ertrag seiner Bücher. (Schon ein Jahr später nahm er sich wegen finanzieller Not im Starnberger See das Leben). Als Historiker war er nicht unangefochten, weil seine Darstellung der Geschichte reichlich poesievoll und unkritisch war. Bei den liberalen Ungarn war er wegen seiner allzu österreichfreundlichen Haltung wenig beliebt.

Aber die kleine Sisi mochte ihn. Die Geschichtsstunden zogen sich meist bis in die Abende hin, und der Kreis der Zuhörer wurde immer größer: Die Geschwister Helene und Carl Theodor (»Gakkel«) nahmen daran teil, einige der anderen Lehrer, die Mutter Ludovika. Doch Mailáth hielt seine Lektion nur »pour les beaux yeux de Sisi«.[38] Elisabeth sprach noch Jahrzehnte später voll Anerkennung von diesem Lehrer. Trotz seiner starken Loyalität für die Wiener Zentralregierung war Mailáth doch immerhin ein so stolzer Ungar, daß er der zukünftigen Königin von Ungarn die österreichische Geschichte im ungarischen Sinne vortrug. Er warb um Verständnis für die ungarischen Sonderrechte, erklärte der kleinen Sisi die alte ungarische Verfassung, die von Kaiser Franz Joseph ja 1849 aufgehoben worden war. Er, der bei den alten Achtundvierzigern im Ruf stand, ein Altkonservativer zu sein, brachte der kleinen Sisi sogar die Vorzüge der republikanischen Staatsform näher. Elisabeth berief sich jedenfalls später auf Mailáth, wenn sie ihre höfische Umgebung in Wien mit dem Satz schockierte: »Ich hörte, daß die zweckmäßigste Regierungsform die Republik sei«.[39] Diese gemütlichen Geschichtslektionen im Kreis der herzoglichen Familie in Possenhofen legten bei der fünfzehnjährigen Kaiserbraut die Basis für ihre spätere politische Anschauung. Sie können in ihrer Bedeutung kaum überschätzt werden.

Eine Korrespondenz zwischen Wien und München setzte ein – über die Ausstattung der Braut, den »Trousseau«, der nun in Windeseile zusammengestellt werden mußte und an dem Dutzende von bayrischen Schneiderinnen, Stickerinnen, Schumachern und Putzmachern von morgens bis abends arbeiteten. Erzherzogin Sophie gab schriftlich Ratschläge, so zum Beispiel, Sisi solle sich die Zähne besser putzen. Mit aller Macht sollte aus dem kleinen bayrischen Landmädchen eine repräsentable Erscheinung gemacht werden.

Die Angst der Fünfzehnjährigen vor der Wiener Hofburg und dem neuen prächtigen Leben wuchs. Sie kümmerte sich kaum um die vielen neuen Kleider, haßte das ständige Anprobieren, war achtlos gegenüber den Juwelen, die aus Wien kamen. Sie war ja noch ein Kind und freute sich über keines der kostbaren Geschenke so sehr wie über einen Papagei, den der Kaiser ihr nach Bayern schickte.

Sisi war es nicht gewöhnt, von morgens bis abends in ein starres Programm eingespannt zu sein. Ihre Familie beobachtete mit Sorge, daß das Mädchen zwar einerseits geschmeichelt war über ihren Erfolg und die übergroße Beachtung, die sie plötzlich fand, andererseits aber immer stiller und melancholischer wurde. Sie schrieb elegische Verse auf ihr geliebtes Possenhofen, trauerte immer noch ihrer alten Liebe nach und fürchtete sich vor der neuen.

> *Lebet wohl, ihr stillen Räume,*
> *Lebe wohl, du altes Schloß.*
> *Und ihr ersten Liebesträume,*
> *Ruht so sanft in Seesschoß.*
>
> *Lebet wohl, ihr kahlen Bäume,*
> *Und ihr Sträucher, klein und groß.*
> *Treibt ihr wieder frische Keime,*
> *Bin ich weit von diesem Schloß.*[40]

Ludovikas Sorgen waren nur zu begründet – und auch bekannt. Der belgische Gesandte berichtete nach Brüssel: »Um ihrer Tochter die aus den Festlichkeiten erstehenden Mühen zu ersparen, soll die Mutter den Aufschub der Trauung bis Juni wünschen. Wenn die Zeremonie in einer vorgeschrittenen Jahreszeit stattfände und der größte Teil des Adels Wien bereits verlassen hätte, könnte man sich von den mit der Hochzeit verbundenen Feiern dispensie-

ren«,⁴¹ Dieser für Wiener Verhältnisse eigenartige Wunsch wurde nicht erfüllt. Ein Kaiser von Österreich heiratet schließlich nicht unter Ausschluß der Öffentlichkeit, nur weil die zukünftige Kaiserin sich vor der Aristokratie fürchtet.
Auch über den Ort der Hochzeit, ob München oder Wien, wurde lange verhandelt. Ludovika: »Von einer Prokurationsheirath ist keine Rede, und hierher kann der Kaiser leider nicht kommen. Dass die Heirath hier wäre, ginge leider nicht an, obgleich es immer das angenehmste ist! Ich bedaure das sehr, denn wenn wir Sisi nach Wien begleiten, ist das ein großes Unternehmen, ein so grosser Hof, die zahlreiche sich versammelnde Familie, die Wiener Gesellschaft, die Feste etc... für all das passe ich nicht... ich mag gar nicht daran denken, und bis jetzt weiß ich selbst nicht, was geschieht. Überhaupt denke ich nicht gern an Sisis Entfernung und möchte die Zeit immer hinaus schieben«.⁴²

Ungeachtet der kaiserlichen Verliebtheit wurde die Orientkrise immer komplizierter. Am 1. November erklärte die Türkei Rußland den Krieg. Die Balkanfrage trat in eine entscheidende Phase. Die Bedeutung dieses Konfliktes für Österreich wurde in Wien nicht erkannt. Denn noch im Oktober wurde die österreichische Armee drastisch reduziert, weil kein Geld mehr vorhanden war. Die österreichische Politik bot in diesen Monaten ein überaus konfuses Bild.
Es hat den Anschein, daß dieser politisch unerfahrene, doch allmächtige junge Kaiser die Konsequenzen seiner unsicheren Aktionen überhaupt nicht übersah. Seine Minister, vor allem sein Außenminister Buol, waren schwach, hatten auch keinerlei Verantwortung, sondern nur Beraterfunktion. Da die Meinungen sowohl der Minister als auch des Hofes geteilt waren, schwankte Franz Joseph in seinem Urteil hilflos hin und her, vertraute sich aber keinem erfahrenen Politiker an, weil er zu sehr von seiner kaiserlichen Majestät überzeugt war.
Seine Gedanken waren nicht so sehr bei der Politik als bei seiner jungen Braut. Er machte sich Gedanken über immer wieder neue und immer prächtigere Geschenke, trieb in Wien wie in Ischl die

Umbauten voran, mahnte aber seine Mutter, die die Arbeiten in der Ischler Villa überwachte, »daß das Ganze womöglich nicht mehr koste, als vorangeschlagen ist, da es mir mit meinen Finanzen sehr knapp geht«.⁴³

Die häufigen Klagen Franz Josephs über fehlendes Geld erstaunen bei dem Herrscher eines so mächtigen Reiches. Doch verfügte die kaiserliche Familie in Wien wirklich nur über relativ knappe Finanzen. Denn Kaiser Ferdinand der Gütige hatte zwar 1848 auf den Thron verzichtet und sich auf den Prager Hradschin zurückgezogen, sein Vermögen aber behalten. Die immens reichen kaiserlichen Güter, die jährlich viele Millionen Gulden Ertrag brachten, gehörten nicht dem regierenden Kaiser, sondern dem abgedankten Kaiser Ferdinand. Erst nach Ferdinands Tod 1875 ging das Vermögen in Franz Josephs Besitz über. Von 1848 bis 1875, also eine beträchtlich lange Zeit, konnte die Kaiserfamilie in Wien keinesfalls aus dem vollen schöpfen, mußte auch beim Ankauf und Umbau einer Sommervilla vorsichtig sein.

Außerdem schlitterte die österreichische Wirtschaft in dieser Zeit von einer Finanzkrise in die andere, und dafür waren die überaus hohen Kosten für das Militär bei jahrelangem Belagerungszustand verantwortlich. All diese Sorgen verdrängte der verliebte Kaiser, als er seiner Mutter schrieb: »Ich kann den Augenblick gar nicht mehr erwarten, wo ich nach Possenhofen reisen kann, um Sisi wieder zu sehen, an die ich unaufhörlich denken muß«.⁴⁴

Da es ja noch keine direkte Eisenbahnverbindung zwischen Wien und München gab, war die Reise beschwerlich: Sie ging über Prag, Dresden, Leipzig und Hof nach München und dauerte weit mehr als einen Tag. Diese Reise machte der Kaiser während der Brautzeit dreimal.

Herzogin Ludovika sorgte sich, daß sich der Kaiser im Kreis ihrer Familie langweilen könnte.⁴⁵ Doch Franz Joseph hatte nur Augen für die kleine Sisi und schrieb voll Dankbarkeit aus München an seine Mutter in Wien: »Nie werde ich es Ihnen, liebe Mama, genug danken können, mir so ein inniges Glück gegründet zu haben. Alle Tage liebe ich Sisi mehr und immer überzeuge ich mich mehr, daß keine für mich besser passen kann als sie«.

Eingedenk der Ratschläge Sophies schrieb der Kaiser über seine Braut: »Nebst vielen wichtigeren guten Eigenschaften reitet sie scharmant, wovon ich mich jedoch, Ihrem Wunsche gemäß, erst einmal überzeugte. Ich habe, wie Sie es mir rieten, die Schwiegermama gebeten, daß Sisi nicht zu viel reiten möge, doch, glaube ich, wird es schwer durchzusetzen sein, da Sisi es ungerne aufgibt. Es schlägt ihr übrigens sehr gut an; denn sie hat seit Ischl noch recht zugenommen und sieht jetzt nie übel aus. Ihre Zähne sind auch, dank Ihrer Fürsorge, ganz weiß geworden, so daß sie wirklich allerliebst ist«.[46]

Mit der Repräsentation ging es noch gar nicht besser. Der Kaiser schrieb seiner Mutter, daß der stürmische Empfang im Münchener Theater »Sisi sehr embarassierte«. Er beruhigte Sophie aber damit, daß es beim Hofball (den er »wirklich brillant« und »sehr animiert« fand) besser klappte: »Der armen Sisi wurde das ganze diplomatische Corps vorgestellt, wobei sie den Cercle scharmant machte und mit Allen sprach«.[47]

Sisis Verlobung hatte die herzogliche Familie aufgewertet. Auch der König von Bayern war stolz darauf, daß wieder eine Wittelsbacherin an der Seite eines Habsburger-Kaisers stehen würde. Nachdem es zwischen der königlichen und der herzoglichen Linie der Wittelsbacher jahrzehntelang Zwistigkeiten gegeben hatte, bemühte sich nun das Königshaus ganz ostentativ um die herzoglichen Verwandten. Die kleine Elisabeth war der Mittelpunkt der Aufmerksamkeit. Sie aber ließ sich nicht blenden. Im Gegenteil: Immer deutlicher zeigte sie Furcht vor der Zukunft. »Wenn er nur ein Schneider wäre«, klagte sie über ihren Bräutigam bei ihrer ebenfalls ängstlichen Mutter.[48]

Sisis Zuneigung zu Franz Joseph wuchs. Doch seine Sorgen verstand sie nicht. Selbst wenn er in München war, kam täglich ein Kurier aus Wien mit den neuesten Nachrichten. Der belgische Gesandte: »Die ernste Lage zwingt den Kaiser, seine Rückkehr zu beschleunigen... Die politische Situation gibt ihm viele Sorgen«.[49] Bei dieser verfrühten Abreise Franz Josephs weinte die kleine Sisi so, daß »ihr Gesicht ganz verschwollen war«.

Zu Weihnachten, das ja gleichzeitig Sisis Geburtstag war (sie wurde sechzehn) brachte der Kaiser die schon obligaten Juwelen nach München, die er selbst ausgewählt hatte, dazu ein Porträt von sich, ein kleines silbernes Frühstücksservice für die Reise, in das ein E mit Kaiserkrone graviert war[50] und als Geschenk der Erzherzogin Sophie einen Kranz und ein Bukett aus frischen Rosen, »der hier, wo solche Blumen nicht zu finden sind, sehr viel Effekt machen wird« – wohlgemerkt mitten im Winter. Der Kaiser schrieb seiner Mutter, er habe Sisi »sehr wohl und blühend wiedergefunden. Sie ist immer gleich lieb und anziehend und lernt jetzt auch viel und Verschiedenes.«[51]

Auch das Briefeschreiben mußte die Braut noch lernen, vor allem die Briefe an ihre Schwiegermutter und Tante Sophie, zu der sie selbstverständlich »Sie« sagen mußte. Es ist anzunehmen, daß Franz Joseph seiner kleinen Sisi beim Abfassen des folgenden Dankbriefes half. Die ganze Unsicherheit und Gespreiztheit des Mädchens ist daraus abzulesen: »Empfangen Sie auch, liebe Tante, meine besten, innigsten Wünsche zum neuen Jahre, das mich in Ihre liebe Nähe führen soll, und glauben Sie, liebe Tante, daß es immer mein sehnlicher Wunsch sein wird, mich der vielen Liebe, die Sie mir stets bewiesen, würdig zu machen und daß ich mich freue, Ihnen eine liebevolle Tochter zu sein und was in meinen Kräften steht, zum Glück Ihres Lebens beitragen zu dürfen. Erhalten Sie stets, liebe Tante, Ihre nachsichtsvolle Liebe Ihrer ganz ergebenen Nichte Sißi«.[52]

Ludovika hatte immer noch Zweifel, ob Sisi den hohen Wiener Anforderungen auch gerecht werden könne. Sie schrieb an Marie von Sachsen: »Wenn ihm nur Sisi in Allem genügt, seine Liebe zu ihr macht mich sehr glücklich, und er scheint sie recht innig zu lieben«.[53] Zum Abschluß des Kaiserbesuches in München gab es den »Faust«. Ludovika freilich meinte, dieses Stück sei »nicht für junge Damen«.

Auch bei diesem Besuch zwang die Orientpolitik den Kaiser zu vorzeitiger Heimkehr. Er klagte sehr, »daß meine Zeit zwischen Liebe und den leidigen Geschäften, die mich auch hier unendlich plagen, ganz in Anspruch genommen war«.[54]

Wenige Tage nach Franz Josephs Rückkehr kam die Nachricht,

daß die französisch-englische Flotte nach dem Schwarzen Meer ausgelaufen war. Die Wiener Börse reagierte mit Panik. Österreichs Haltung in diesem Konflikt war immer noch nicht klar. Der Kaiser ließ seinen »treuen, lieben Freund«, den Zaren weiter im ungewissen und kränkte ihn damit zutiefst.

Erstaunlich ist, wie unbeeindruckt die höfische Gesellschaft von den kriegerischen Verwicklungen blieb. Wer nicht gerade Politiker war oder persönliche Interessen am Balkan hatte, blieb von den Ereignissen unberührt. Die kaiserlichen Ehevorbereitungen beanspruchten einen großen Teil des öffentlichen Interesses.

Die Wiener Komtessen, die bisher den Fasching vor allem deshalb genossen hatten, weil sie einen feschen jungen Kaiser als Tänzer gewinnen konnten, erlebten in diesem Winter eine herbe Enttäuschung: Franz Joseph tanzte nicht, »was seinen ritterlichen Gefühlen entspricht«, kommentierten sie, klagten aber schon bald über den »Karneval, der bis jetzt sehr flau ist. Da der Kaiser nicht tanzt, fällt das größte Interresse weg. Bis jetzt waren erst drei Bälle von untergeordnetem Glanz. Alles scheint die Vermählungsfeierlichkeiten abzuwarten.« und: »Die Komtessen vermissen den besten glanzvollen Tänzer unendlich!«[55]

Freilich gab es neben der Verliebheit noch einen handfesteren Grund dafür, daß Franz Joseph nicht tanzte: Es hatten sich wieder »die in Folge des Attentats eingetretenen Leiden der Gehirn-Affekzion und des Halbsehens«, also Sehstörungen, eingestellt, die den Kaiser zu größerer Schonung zwangen.[56]

Anfang März wurde der Ehepakt unterzeichnet. Herzog Max in Bayern versprach darin der »durchlauchtigsten Frau Tochter« ein Heiratsgut von 50 000 Gulden, »welche dem von Seiner kaiserlichen Majestät hiezu besonders Bevollmächtigten gegen gehörigen Empfangsschein noch vor der Heirath in München ausgehändigt werden.« Elisabeth sollte auch »mit allen Erfordernissen an Kleinodien, Kleidern, Geschmeide, goldenen und silbernen Geräthen Ihrem hohen Stande gemäß« ausgestattet werden. Der Kaiser verpflichtete sich, das Heiratsgut mit weiteren 100 000 Gulden zu widerlegen. Das hieß, daß er das Privatkapitel der Kaiserin damit um ein wesentliches Stück erhöhte. Außerdem versprach er, seiner

Braut 12 000 Stück Dukaten »nach vollzogenem Ehebündnisse als eine Morgengabe« zu schenken. Eine solche Morgengabe war im Kaiserhaus seit alten Zeiten üblich. Als Apanage – selbst noch für eine eventuelle Witwenzeit – sollte die Kaiserin jährlich 100 000 Gulden erhalten, und zwar ausschließlich für »Putz, Kleider, Almosen und kleinere Ausgaben«. Denn alles andere, also »Tafel, Wäsche und Pferde, Unterhalt und Besoldung der Dienerschaft und sämtliche Hauseinrichtung« wurde selbstverständlich vom Kaiser bezahlt.[57]

Diese Apanage war fünfmal so hoch wie die der Erzherzogin Sophie, die nur 20 000 Gulden jährlich erhielt. Drei Tage vor seiner Hochzeit allerdings erhöhte der Kaiser die Bezüge seiner Mutter auf jährlich 50 000 Gulden.[58] (Ein Arbeiter verdiente zu dieser Zeit, falls er bei der herrschenden Arbeitslosigkeit überhaupt Arbeit fand, höchstens 200 bis 300 Gulden jährlich, Frauen nur die Hälfte bei zwölf bis vierzehn Arbeitsstunden täglich, Kinder nur einen Bruchteil dieser Summe. Ein Leutnant hatte 24 Gulden monatlicher Gage, die untergeordneten Soldaten entsprechend weniger).

Bei seinem letzten Besuch in München vier Wochen vor der Hochzeit brachte der Kaiser ein prunkvolles Diamantendiadem mit, das mit großen Opalen verziert war, dazu passend noch ein Collier und Ohrringe. Es war das Geschenk der Erzherzogin Sophie, die das Diadem einst bei ihrer Hochzeit getragen hatte. Dieser Schmuck stellte einen Wert von über 60 000 Gulden dar – selbst für den Kaiser ein enormer Wert. Noch aus München schrieb Franz Joseph seiner Mutter nach Wien, sie brauche sich nicht zu beunruhigen, der Schmuck »wird gewiß sehr gut aufgehoben und gleich versperrt werden«.[59] Offensichtlich hatte Sophie nicht viel Vertrauen in die Ordnung des schwesterlichen Haushaltes.

Der Dankbrief Sisis an Sophie klang wieder äußerst unbeholfen: »... seien Sie aber überzeugt, liebe Tante, daß ich Ihre große Güte für mich recht tief fühle und daß es ein wohltuender Gedanke für mich ist, stets und in allen Lagen meines Lebens mich vertrauensvoll Ihrer mütterlichen Liebe hingeben zu dürfen«.[60]

Von den vielen Bevormundungen und indiskreten Ratschlägen

abgesehen, konnte sich Elisabeth zunächst kaum über ihre Schwiegermutter beschweren. Sophie kümmerte sich um den Umbau der Ischler Kaiservilla, sie überschüttete das junge Mädchen mit Schmuck und Kostbarkeiten aller Art. In ihren Briefen an ihre Schwester in Sachsen kritisierte sie das Mädchen nie, sie pries jede Kleinigkeit, die sie als positiv empfand – vor allem Sisis Bescheidenheit und Schüchternheit.
Sophie verbrachte Monate damit, die Wohnung des Kaiserpaares auf das geschmackvollste einzurichten. Diese Wohnung in der Hofburg bestand aus Vorzimmer, Speisesaal, Spiegelsaal, Salon, Kabinett und Schlafzimmer – wenn man die prunkvolle Ausstattung und die Größe der Salons nicht berücksichtigt, eine eher großbürgerliche Wohnung, allerdings ohne Badezimmer, Toiletten (es war noch die Zeit der Leibstühle in der Hofburg) und ohne eigene Küche. Denn die Mahlzeiten wurden im Familienkreis eingenommen. Es kam der Erzherzogin nicht in den Sinn, daß eine junge Frau vielleicht lieber einen eigenen Haushalt haben wolle. Die Tapisserien und Vorhänge, Teppiche und Möbel wählte Sophie selbst aus und legte auch Wert darauf, daß alles im Inland gekauft wurde, um dem Handel Auftrieb zu geben.
Sisi sollte nur das teuerste und beste haben. Ihre Toilettengarnitur zum Beispiel bestand aus massivem Gold.[61] Sophie ließ Pretiosen, Bilder, Silber, chinesisches Porzellan, Statuen, Uhren aus den verschiedenen Sammlungen des Kaiserhauses, auch aus der Schatzkammer und der Ambraser Sammlung, in die kaiserlichen Appartements bringen. Die Verzeichnisse haben sich erhalten,[62] sogar über die Wäscheausstattung des Kaisers, die sehr reichhaltig war. Sophie wußte ja, daß die Braut keine entsprechende Aussteuer mitbrachte.
Sophie stellte ihr Licht nicht unter den Scheffel. Ihre Schwestern bewunderten die Tatkraft der Kaisermutter, so etwa Königin Marie von Sachsen: »Meine gute Sophie ist ... wie immer die personificirte Selbstverläugnung, will Alles hingeben und entbehren für die zukünftige Schwiegertochter und bedenkt jede Kleinigkeit, die zum Glück und Comfort des jungen Paares beytragen kann. Auch schrieb mir Luise [Ludovika] neulich mit Recht, es sey wohl

noch nie so liebevoll für eine Braut gesorgt worden, wie für ihre Tochter«.[63]

Einen Monat vor der Hochzeit fand in München der feierliche »Renunziationsakt« statt, Sisis Verzichterklärung auf die Erbfolge im Königreich Bayern. Die Mitglieder des königlichen und des herzoglichen Hauses, die Hofwürdenträger und Staatsminister beachteten die Sechzehnjährige, die neben dem König unter einem Baldachin auf der Estrade des Thronsaales saß, zum ersten Mal in ihrem Leben. Viele Augenpaare sahen, wie die kleine Sisi »nach gemachten Verbeugungen vor Ihren Majestäten und den Durchlauchtigsten Eltern sich nach dem Tisch begeben, auf welchem das Evangelium liegt, welches Ihrer königlichen Hoheit von dem Herrn Erzbischof vorgehalten wird«.[64] Die Verzichtserklärung wurde verlesen, Sisi vereidigt. Dann unterschrieb sie das Dokument. Die düstere Feierlichkeit war ein kleiner Vorgeschmack auf das förmliche Leben in Wien.

Die Brautausstattung, der »Trousseau«, traf in 25 Koffern pünktlich vor der Braut in Wien ein. Die genaue Aufstellung aller Dinge, die Sisi mit nach Wien brachte, ist erhalten geblieben und zeigt deutlich, daß die Kaiserbraut wirklich keine »gute Partie« war. Zwar ist in dem Inventar Schmuck im Wert von immerhin einhunderttausend Gulden verzeichnet. Bei näherer Betrachtung freilich sieht man, daß über neunzig Prozent der hier verzeichneten Juwelen Geschenke des Bräutigams und der Erzherzogin Sophie während der Brautzeit waren.

Die Silberausstattung, zu dieser Zeit der Stolz jeder »besseren« Braut, war mehr als bescheiden und hatte insgesamt nur den Wert von rund siebenhundert Gulden. Jede Waschkanne, jeder noch so kleine Silberteller, Spiegel, Kaffeekanne waren in diesem Betrag eingeschlossen.

Von standesgemäßer Ausstattung, wie im Ehepakt verlangt, konnte wahrlich nicht die Rede sein. Wenn man bedenkt, mit welchem Stolz in dieser Zeit selbst Bräute aus dem Großbürgertum ihr Heiratsgut vor den neugierigen Augen der neuen Verwandtschaft ausbreiteten (noch Sisis spätere Schwiegertochter Stephanie sollte dies später mit Genugtuung tun), wird man manchen

abschätzigen Blick der Wiener Hofdamen, manches abfällige Urteil in der so reichen österreichischen Aristokratie verstehen. Geld und Besitz spielten am Wiener Hof – selbstverständlich neben einem untadeligen Stammbaum, der Voraussetzung für die Zugehörigkeit zum Hof war – eine überaus große Rolle.
Die Garderobe machte mit 50 000 Gulden einen beträchtlichen Wert aus, wobei freilich auch wieder das wertvollste Stück, ein blauer Samtmantel mit Zobelbesatz und Zobelmuff, ein Geschenk des Kaisers war. Die künftige Kaiserin besaß vier Ballkleider (zwei weiße, ein rosa und ein himmelblaues mit weißen Rosen), 17 »Putzkleider«, also festliche Schleppenkleider (voran das Brautkleid mit Manteaux aus Silber-moiré-Stoff, dann Atlas- und Tüllkleider in den bevorzugten Farben weiß und rosa, aber selbstverständlich auch ein schwarzes für allfällige Hoftrauer), vierzehn Seidenkleider und neunzehn Sommerkleider, die nach der Mode der Zeit vornehmlich mit Blütenstickereien verziert waren oder Garnituren aus Rosen, Veilchen, Stroh und Kornähren trugen.
Es war ja noch die Zeit der Krinolinen, von denen Sisi drei besaß. Zu den weitausladenden Krinolinen gehörte eine schlanke Taille, die selbst bei so zarten Mädchen wie der kleinen Sisi durch festes Schnüren und Korsetts betont wurde (Sisi besaß davon vier Stück, außerdem drei Spezial- Reitkorsetts, denn selbst beim Sport mußte sich eine Dame schnüren lassen).
Die Kleider wurden durch passende »Putz-Gegenstände« ergänzt, so zwölf »Coiffuren« aus Federn, Rosenblättern, Apfelblüten, Spitzen, Bändern und Perlen, aber auch Blumengarnituren und Blumenkränzen, die die Damen als Aufputz und Ergänzung ihrer Kleider in der Hand trugen. Es gab sechzehn Hüte: weiße und rosa Federhüte, mehrere Spitzen- und Strohhüte, sogar einen Gartenhut mit einer Feldblumengirlande. Es war jener Hut, den Sisi zum großen Entzücken des Kaisers in Ischl getragen hatte.
Auch die Unterwäsche ist genau verzeichnet: Zwölf Dutzend (also 144 Stück) Hemden, meist aus Batist mit Spitzen, drei Dutzend Nachthemden. Die vierzehn Dutzend Strümpfe waren aus Seide, aber auch aus Baumwolle. Es gab zehn Nachtjäckchen aus Musselin und Seide, zwölf gestickte Nachthauben, drei Negligé-Häub-

chen aus gesticktem Musselin, 24 Nachthalstücher und sechs Dutzend Unterröcke aus Piqué, Seide und Flanell, fünf Dutzend »Beinkleider«, 24 Frisiermäntel und drei Badehemden.
Die Anzahl der Schuhe war beträchtlich. Es gab aber nur sechs Paar Lederstiefelchen, alle anderen Schuhe (insgesamt 113 Paar) waren aus Samt, Atlas oder Seide oder »Zeug«, also kaum für längere Zeit zu tragen. Es scheint, daß Sisi gerade mit Schuhen nicht besonders gut ausgestattet war. Denn kaum war sie in Wien, mußten schon neue Schuhe gekauft werden – für den ungewöhnlich hohen Betrag von 700 Gulden. Die Kaiserin von Österreich durfte Schuhe nur einen Tag lang tragen. Sie wurden dann verschenkt – eine Sitte, mit der sich die junge Elisabeth gar nicht anfreunden konnte und die sie später abschaffte.
Die letzte Gruppe des Inventars bildeten »Andere Gegenstände«. Darunter befanden sich zwei Fächer, zwei Regenschirme, drei große und drei kleine Sonnenschirme, drei Paar Gummigaloschen. Sogar Kämme aus Schildkröt, Kleider-, Haar-, Nagel-, Zahnbürsten und Schuhanzieher sind verzeichnet und ein Karton mit Steck- und Haarnadeln, Bändern und Knöpfen.
Unschwer ist dieser Aufstellung anzumerken, in welcher Eile, ja in welcher Aufregung dieser »Trousseau« zusammengetragen wurde. Für die erhoffte große »Partie« Helenes hatte Ludovika ja schon lange vorgesorgt und geplant. Für die kleine Sisi mußte improvisiert werden. Da konnte man auf nichts schon vorhandenes zurückgreifen, mußte sich auf das nötigste konzentrieren, und das waren eben die »Putzkleider« für die festlichen Anlässe. Alles andere war Nebensache.
Für die Sechzehnjährige stellte diese Ausstattung einen bisher unbekannten Luxus dar. Sie mußte sich, nach den bescheidenen Maßstäben, die sie gewöhnt war, mit den vielen neuen Kleidern außerordentlich reich vorkommen und ahnte nicht, daß das alles für Wiener Verhältnisse nichts war und man sie nur zu bald wegen dieser Bescheidenheit bespötteln sollte. Selbst der verliebte Kaiser hatte im Oktober aus München an seine Mutter geschrieben: »Mit dem Trousseau geht es, scheint mir, nicht recht vorwärts und ich kann mir nicht recht denken, daß es hübsch wird«.[65]

Daß die kluge Ludovika, die ihre Kinder liebte, Angst vor Sisis Zukunft hatte, war nur zu verständlich. Sie kannte ihre Tochter und deren Flucht in die Innerlichkeit, deren Abscheu vor Äußerlichkeiten, und sie kannte den Wiener Hof, der vornehmlich auf Äußerlichkeiten, Rangfragen, aber auch Geldfragen achtete. Andererseits vertraute die Familie auf Elisabeths »guten Stern«. Sie war als Glückskind geboren: Zu Weihnachten, an einem Sonntag, und außerdem hatte sie bei der Geburt schon einen Zahn, einen »Glückszahn«, wie man in Bayern sagte. Elisabeth:

Ich bin ein Sonntagskind, ein Kind der Sonne;
Die goldnen Strahlen wand sie mir zum Throne,
Mit ihrem Glanze flocht sie meine Krone,
In ihrem Lichte ist es, dass ich wohne.[66]

2. Kapitel

Hochzeit in Wien

Zum Empfang der kaiserlichen Braut in Wien wurden Hunderte von Gedichten gemacht. Viele von diesen dilettantischen Versen zeigen, welch große Hoffnungen man auf die Sechzehnjährige setzte, zum Beispiel:

> Die Menschheit ist zerfallen und zersplittert
> Zum Todeskampfe steht die Welt bereit,
> Der West erhebt sich gegen Ost zum Streit
> Die Völker rüsten und Europa zittert,
> Zerfahren sind die Herzen und verbittert.
> O glänzt kein Stern von künft'ger Seligkeit,
> Kein Stern des Friedens durch die Nacht der Zeit,
> Als Hoffnungsstern, wenn's endlich ausgewittert?
> *Ein* Stern erglänzt, es ist die Lieb und Treue
> Der Völker, wenn sie jubelnd ihre neue,
> Geliebte Herrscherin begeistert grüßen,
> Wenn sie die Kraft erkennen und die Milde,
> Vereint in einem hohen Doppelbilde,
> Und dankend sinken zu der Herrscher Füßen.[1]

Es herrschte akute Kriegsgefahr für Österreich im Krimkrieg. 1853 war eine große Mißernte gewesen. Es gab Hungersnot, Arbeitslosigkeit, Armut von heute nicht mehr vorstellbarem Ausmaß, politische Unfreiheit. Der Glanz einer Kaiserhochzeit sollte all dieses Elend für kurze Zeit vergessen machen und die Hoffnung auf ein milderes Regiment nähren. Der Appell an die junge Kaiserin, zwischen Volk und Herrscher zu vermitteln, ist in vielen Festschriften unübersehbar, wie zum Beispiel in jenem, wo es in deutlicher Anspielung auf 1848 hieß: »Dir ist's vom Himmel bestimmt, zu krönen die Versöhnung zwischen Fürst und Volk und die entzweiten Liebenden für immer aneinander zu ketten. Was dem Manne, der das Schwert der Gerechtigkeit handhabt, nicht gelingen kann, das gelingt dem Weibe, welches den Palmzweig der Gnade trägt.« und: »In einer zerfahrenen, stürmischen Zeit sollst Du und Dein Haus der Leuchtturm werden, der den Schiffbrüchigen vor Verzweiflung rettet, der Altar, an dem wir gläubig knien, von dem wir Hilfe hoffen«.² Das durch Not und Armut gepeinigte Volk von Österreich (in allen seinen nationalen Stämmen) hoffte auf eine gerechtigkeitsliebende, mildtätige Herrscherin: »Wir glauben, daß Du die Vermittlerin werden wirst zwischen ihm und uns,

itgenössische Illustration: das junge, mildtätige Kaiserpaar inmitten seiner Völker.

daß Du, was wir scheu nicht zu gestehen wagen, für uns ihm sagen wirst, daß Manches durch Deine zarte Hand zum Guten gelenkt werden wird«.[3]

Die kleine Sisi hatte in den letzten Monaten »viel und verschiedenes« gelernt, die Sprache der vornehmen Gesellschaft, Protokollprobleme, ein wenig österreichische Geschichte. Sie hatte gelernt, sich vorschriftsmäßig zu kleiden und besser zu tanzen. Sie putzte ihre Zähne gründlicher als vorher. Aber sie hatte weder eine Ahnung, wie es den Menschen in Österreich außerhalb des Hofes ging, ob sie Arbeit hatten oder nicht, ob Kinder in ihrem neuen Kaiserreich genug zu essen hatten oder nicht. Sie wußte kaum etwas vom drohenden Krieg im Osten.

Elisabeth war ihrer Natur nach warmherzig und gerechtigkeitsliebend. Sie war wie ihre Geschwister von klein auf dazu angehalten worden, sich um Arme und Kranke zu kümmern. Sie hatte keinen aristokratischen Stolz, kannte die Häuser der Armen in der Umgebung von Possenhofen. Vor allem war sie nicht oberflächlich im Denken, ganz im Gegenteil: Sie hatte schon früh den Hang zum Grübeln, gab sich nicht mit Formalitäten ab, sondern versuchte das »Natürliche«, die »Wahrheit« der Dinge zu ergründen, kindlich noch, aber immerhin war das ein Charakterzug, der sich schon früh ausbildete und den sie sich immer bewahrte.

All diese guten Eigenschaften, die Sisi durch ihre ungezügelte, aber liebevolle Kindheit und durch ihre sensible Veranlagung aufwies, waren nun nichts wert, ja störend. Keinen aristokratischen Stolz zu haben, galt in Wien nicht als Vorzug, sondern als Makel. Die Formalitäten zu mißachten, ebenfalls. Denn der Wiener Hof, ja die Majestät des Kaisers und die hohe Stellung der Kaiserfamilie beruhten zum großen Teil auf Protokoll und Zeremonie. Um Wahrheit und Echtheit ging es hier nicht. Diese von Sisi als reine Formalitäten aufgefaßten Dinge hatten in der Zeit nach 1848 große politische Bedeutung: sie hoben die Herrscherfamilie weit über alle »gewöhnlichen« Menschen hinaus, machten sie unnahbar, unangreifbar, waren ein sichtbarer Ausdruck des Gottesgnadentums. Vom Tag der Verlobung an wurde aus einem warmherzigen Wesen, das sich die Völker Österreichs erhofften, eine Repräsentationsfigur für den Wiener Hof gemacht – freilich die schönste, die Österreich je hatte. Alle Konflikte der späteren Zeit waren schon in diesen Monaten vor der Hochzeit vorgezeichnet. Sie alle entsprangen der Diskrepanz zwischen einem aufrichtig denkenden, sensiblen Menschen und dessen ausschließlicher Verwendung als höfischer Figur.

Am 20. April 1854 verließ Herzogin Elisabeth in Bayern ihre Vaterstadt München. Daß gerade an diesem Tag eine wichtige Entscheidung im Krimkrieg fiel, erfuhr die zukünftige Kaiserin nicht. Österreich und Preußen schlossen einen Bund, um den Abzug der Russen aus den Donaufürstentümern zu erzwingen. Franz Joseph ging damit auf antirussischen Kurs, schloß sich aber nicht den Westmächten an und machte sich damit beide Parteien zu Feinden. Österreichische Truppen wurden an die russische Grenze verlegt.
Nach einer Messe in der herzoglichen Hauskapelle im Münchener Palais nahm Sisi zunächst Abschied vom Personal. Für jeden einzelnen hatte sie ein Abschiedsgeschenk, jedem einzelnen reichte sie zum Abschied die Hand. Als Kaiserin von Österreich sollte ihr so etwas nicht mehr erlaubt sein. Diesen familiären Umgang mit allen Menschen ihrer Umgebung, auch den Bauern und den Dienstmädchen, sollte sie in der dünnen höfischen Luft des Wiener Hofes schon bald vermissen. Denn dort durfte sie ja nur ganz bestimmten, ausgewählten und privilegierten Angehörigen der Aristokratie »die Hand zum Kusse reichen« und nicht einfach jedem Menschen, der ihr gefiel, die Hand geben, wie sie es von Bayern her gewöhnt war. Schon bei diesem Abschied flossen viele Tränen – auf beiden Seiten.
Darauf erschienen der regierende König von Bayern, Max II., und sein Vorgänger Ludwig I. (der 1848 wegen des Lola Montez-Skandals abdanken mußte) in der Uniform österreichischer Regimenter, mit ihren Gattinnen und der Verwandschaft aus dem königlichen Zweig der Wittelsbacher. Auf der Ludwigstraße vor dem herzoglichen Palais hatte sich eine riesige Menschenmenge zum Abschied eingefunden. Gerührt über die tosenden Jubelrufe

der Münchner stellte sich Sisi im Wagen auf, ihr Gesicht tränenüberströmt, und winkte mit ihrem Taschentuch der Menge zu.
Die Reise dauerte drei volle Tage (mit zwei Übernachtungen). Es ging zunächst mit Kutschen von München bis Straubing. In Straubing erwarteten sie ein Donaudampfschiff und der erste Empfang durch die Behörden, Musikkapellen, weißgekleidete Mädchen. Glückwünsche und Festreden, Fahnenschwenken, Blumensträuße. Diese Szene sollte sich nun bei jeder Station wiederholen.
Am 21. April gegen 14 Uhr erreichte der Dampfer Passau. An der bayrischen Grenze war eine Triumphpforte errichtet. Eine kaiserliche Deputation begrüßte die künftige Kaiserin. Zwei festlich geschmückte Dampfschiffe gaben der Braut von der Grenze an das Geleit durch Oberösterreich. Um 18 Uhr abends trafen die Schiffe in Linz ein, der ersten Station auf österreichischem Boden. Statthalter, Bürgermeister, Militärs, die Zünfte und die Schuljugend, die Geistlichkeit und der Adel, ein Musikchor hatten einen prächtigen Empfang vorbereitet. Unvorhergesehen war, daß der Kaiser persönlich seine Braut schon in Linz begrüßte. Er war in aller Frühe mit dem Dampfboot von Wien nach Linz gefahren, um seine Braut zu überraschen – außerhalb des Protokolls.
Am Abend gab es eine Festvorstellung im Linzer Schauspielhaus: »Die Rosen der Elisabeth«, dann eine Beleuchtung der Stadt, einen Fackelzug und Chorgesang. Der Kaiser verließ Linz um 4 Uhr 30 früh am 22. April, um der Braut voranzueilen und sie beim offiziellen Empfang in Wien neuerlich zu begrüßen.
Der große Raddampfer »Franz Joseph« mit der Hochzeitsgesellschaft legte um 8 Uhr morgens in Linz ab. Er war wohl das prächtigste Schiff, das jemals die Donau befahren hat. Seine 140 Pferdestärken starken Maschinen waren in London gefertigt und eine Sensation, die in den zeitgenössischen Zeitungen gebührend gewürdigt wurde. Die Ausstattung des Schiffes war kaiserlich: die Kajüte der Braut mit Purpursamt verkleidet, das Deck in einen lebenden Blumengarten verwandelt mit einer Rosenlaube, in die Sisi sich zurückziehen konnte. Die Schiffswände waren mit Rosengirlanden überzogen, die bis zum Wasserspiegel reichten. Blau-

weiße bayrische Flaggen wehten neben den rotweißroten österreichischen und den schwarzgelben habsburgischen. Jeder andere Schiffsverkehr war an diesem Festtag untersagt. (Die für heutige Verhältnisse sehr schnell anmutende Fahrt ist damit zu erklären, daß es ja 1854 noch keine Kraftwerks-Schleusen gab, die heute die Dampferfahrten verzögern).

Das Barockstift Melk, die Burg Dürnstein, die Wachaustädte Stein, Krems, Tulln, schließlich Kosterneuburg – eine idyllische, geschichtsträchtige Landschaft war festlich für die junge »Rose aus Baiernland« geschmückt. Die Arbeit ruhte überall. Schulkinder, Bauern, Arbeiter, Frauen säumten die Ufer. Bei jeder Anlegestelle waren die Honoratioren versammelt, die Bürgermeister, die Lehrer, die Geistlichen. Die Kaiserhymne wurde allerorten von Böllerschüssen übertönt.

Jeder von diesen Zehntausenden, die die Ufer säumten, wollte die Braut sehen. Es war der dritte Reisetag. Sisi war von all den neuen Eindrücken erschöpft. Doch harrte sie tapfer aus, winkte mit ihrem Spitzentaschentuch, lächelte. Noch hatte sie ja ihre Mutter bei sich, ihre Stütze und Zuflucht. Noch waren die Geschwister an ihrer Seite, die manchmal einen Spaß machten, um ihre Nervosität zu lindern. Aber Sisi war sehr blaß, sehr still, sehr ängstlich.

Vor der Ankunft in Nußdorf bei Wien kleidete sich die Hochzeitsgesellschaft um. Ein pompöser Empfang erwartete sie. Die Würdenträger des Reiches, sämtliche Mitglieder des Hauses Habsburg-Lothringen, die Aristokratie, Gemeindevertreter – alle standen schon unter einem prächtigen Triumphbogen bereit, um die künftige Kaiserin standesgemäß zu empfangen. Sisi schlüpfte aus ihrer Reisegarderobe und zog eines ihrer »Putzkleider« an – ein duftiges, rosafarbenes Seidenkleid mit weitausladender Krinoline, dazu eine weiße Spitzenmantille und ein kleines weißes Hütchen.

Kanonendonner und das Glockengeläute aller Wiener Kirchen kündeten die Ankunft der Kaiserbraut am 22. April gegen 16 Uhr in Nußdorf an. Kaiser Franz Joseph sprang, noch bevor das Schiff richtig anlegte, mit einem Satz vom Ufer auf das Schiff, um seine Sisi zu begrüßen. Er sah in seiner Marschallsuniform mit dem großen Band des bayrischen Hubertus-Ordens sehr gut aus. Zehn-

tausende sahen zu, wie der junge Kaiser seine Braut in die Arme nahm und herzhaft küßte.
Nie früher und nie später wurde eine Habsburgerbraut derart festlich und dabei derart herzlich empfangen. Bei dieser Liebesszene dachte mancher an die in Österreich so sprichwörtlich gute Ehe Maria Theresias und ihres »Franzl«. Chronisten vergaßen jedenfalls nicht zu erwähnen, daß es ihnen so vorkam, »als ob diesmal der milde Geist Maria Theresias über ihrem erlauchten Enkel schwebte«.[4] Die Freude darüber war offen und ehrlich – ebenso das Entzücken über die mädchenhafte, wenn auch blasse Erscheinung der Braut.
Die Wiener hatten lange genug auf eine junge, repräsentative Kaiserin warten müssen. Im Vorjahr hatte Napoleon III. die schöne Eugénie geheiratet und Paris zum Zentrum der europäischen Eleganz gemacht. Nun würde Wien den Pariser Vorsprung endlich aufholen, so hoffte man. Eine junge schöne Kaiserin würde das gesellschaftliche Leben in Wien, das so lange gestockt hatte, neu beleben und internationale Anziehungskraft ausüben. Vielleicht würde Wien dadurch zu einem zweiten Zentrum der Mode – neben Paris – werden. Das hieß vor allem Hoffnung auf einen Aufschwung des darniederliegenden Handels und der Gewerbe in Österreich, und auf zusätzliche Arbeitsplätze.
Die künftige Kaiserin konnte sich nicht darüber beschweren, vom »Volk« kühl empfangen worden zu sein. Die einfachen Leute, die die Donauufer säumten und bis zu den Höhen des Leopoldsberges standen, um die Herzogin in Bayern zu sehen, kamen ihr vertrauensvoll entgegen. Die Verliebtheit des Kaisers bestärkte sie in der Hoffnung auf bessere Zeiten und auf einen gütigeren Herrn, wohl auch darauf, daß der »reaktionäre« Einfluß der Erzherzogin Sophie von der jungen Kaiserin zurückgedämmt werden und einer liberaleren Strömung weichen möge.
Erzherzogin Sophie, die »heimliche Kaiserin«, betrat gleich nach dem Kaiser das Schiff. Der offizielle Teil des Empfanges begann. Handkuß der Braut für die Schwiegermutter und Tante. Begrüßung der übrigen Familie – die Brüder des Kaisers, unzählige neue Tanten und Onkel, Vettern und Cousinen. Dann das Verlassen des

Schiffes am Arm des Bräutigams. Tosende Jubelrufe, Böllerschüsse, Musik, Fahnenschwenken. Kurzer Aufenthalt in der goldverzierten Triumphhalle, die im Innern mit »Spiegelwänden, Blumen, Draperien gleich einem Zaubertempel herrlich verziert« war. Ein Ruheplatz zwischen Blumen für die durchlauchtigste Kaiserbraut, an den Seiten die Tribünenplätze der Würdenträger, rechts die Vertreter der ausländischen Staaten mit ihren Damen, links der Wiener Gemeinderat, dann die hohe Geistlichkeit, der hohe Adel, die hohen Militärs, die Minister und Statthalter der Provinzen. Fürsterzbischof Kardinal Rauscher hielt die Begrüßungsrede. Der Kaiser stellte dann »die übrigen in Function begriffenen Herren« einzeln seiner Braut vor.
Dann formierte sich der Wagenzug von Nußdorf nach Schönbrunn: zuerst der Kaiser mit Herzog Max, im zweiten Wagen Sisi mit Sophie, im dritten Ludovika mit Erzherzog Franz Carl, dem Vater des Kaisers. Anschließend die übrigen »durchlauchtigsten Familienmitglieder«. Durch mehrere Triumphbögen hindurch fuhr die Kolonne durch Döbling, Währing, Hernals und über die Schmelz zur Mariahilferstraße nach Schönbrunn. Franz Joseph öffnete persönlich den Wagenschlag und führte seine Braut in seine Sommerresidenz, dieses prächtige Barockschloß aus Maria Theresias Zeiten – mit über 1 400 Räumen in prunkvollster Ausstattung.
Im Großen Salon begann eine ziemlich komplizierte Zeremonie: zuerst stellte Sophie der kleinen Sisi die Erzherzoginnen vor, anschließend der Kaiser die männlichen Mitglieder des Hauses Habsburg. (Sophie vermerkte in ihrem Tagebuch nicht ohne Stolz, daß es außer ihren drei jüngeren Söhnen und ihrem Gatten noch fünfzehn Erzherzöge waren. Erzherzog Ferdinand Max, der jüngere Bruder des Kaisers, übernahm die gegenseitige Bekanntmachung der Wittelsbacher und Habsburger Verwandtschaft. Dann kam die Vorstellung der hohen Hofbeamten. Das alles nahm geraume Zeit in Anspruch.
Mit großer Feierlichkeit überreichte der Kaiser dann die Hochzeitsgeschenke, zuerst sein Brautgeschenk, eine Diamantenkrone mit passender Diamanten-Corsage. Es war eine prächtige alte

Goldschmiedearbeit mit Smaragden, und die moderne Umarbeitung hatte allein 100 000 Gulden gekostet.[5] (Diese Krone war einige Tage vor Sisis Ankunft durch eine Ungeschicklichkeit auf den Boden gefallen, was manche als böses Omen ansahen, und noch in aller Eile repariert worden). Ein weiteres Diamantendiadem kam von Exkaiser Ferdinand aus Prag. Auch die Witwe von Kaiser Franz, (ebenfalls eine Tante von Braut und Bräutigam) schenkte standesgemäß Diamanten.

Die beiden bayrischen »Damen« Sisis, die nun in Wien nicht mehr gebraucht wurden, erhielten kostbare Abschiedsgeschenke. An ihre Stelle trat nun ein eigener Hofstaat: Obersthofmeisterin war Gräfin Sophie Esterházy, geborene Fürstin Liechtenstein, eine enge Vertraute Sophies. Sie war damals 56 Jahre alt, also sechs Jahre älter als Sophie, eine sittenstrenge, zeremoniöse Frau, die bei der jungen Kaiserin praktisch die Aufgabe einer Gouvernante hatte. Sisi faßte vom ersten Augenblick an eine tiefe Abneigung gegen Gräfin Esterházy, die auch von anderen Zeitgenossen, wie zum Beispiel vom kaiserlichen Flügeladjutanten Weckbecker kritisiert wurde: »denn auf der einen Seite behandelte sie die junge Kaiserin ein bißchen zu gouvernantengemäß, auf der anderen erblickte sie eine ihrer Hauptaufgaben darin, die angehende Herrscherin in allen möglichen Familienklatsch der Hocharistokratie einzuweihen, wofür die bayrische Prinzessin natürlich nur geringes Interesse aufbrachte«.[6]

Zu ihrem Obersthofmeister, dem Fürsten Lobkowitz, faßte Elisabeth mehr Vertrauen. Auch die beiden jungen Hofdamen, die Gräfinnen Bellegarde und Lamberg, waren ihr nicht unsympathisch. Sophie machte ihr aber gleich anfangs klar, daß sie als Kaiserin mit diesen jungen Frauen keine persönlichen Bande knüpfen dürfe. Sisis »Haushalt« bestand aus einem Sekretär, einer Kammerfrau, zwei Kammerdienerinnen, zwei Kammermädchen, einem Kammerdiener, einem Kammertürhüter, vier Leiblakaien, einem Hausknecht und einem Kammerweib. Dieses Personal war wohlgemerkt nur für die Kaiserin zuständig. Der Kaiser hatte seinen eigenen weit größeren und streng von dem der Kaiserin getrennten »Haushalt«.

Die Chronisten berichten, daß sich noch an diesem Abend »die holdselige Prinzessin dem hoch aufjubelnden Publikum in anmutiger Herablassung und Freundlichkeit zu zeigen geruhte« – und zwar vom großen Balkon des Schlosses Schönbrunn. Am Abend fand ein großes Hof-Gala-Diner statt mit allem Prunk des alten Kaiserreiches.

Von ihrer Ankunft am Nachmittag bis in die späte Nacht war die von der Reise erschöpfte Sechzehnjährige in ständiger Beobachtung wildfremder, nicht durchwegs wohlgesinnter Menschen. Die Zuneigung, die ihr von den vielen am Ufer Winkenden entgegenschlug, war hier – im Kreis der höfischen Aristokratie – einer eher skeptischen Neugier gewichen. Sisi hatte ja noch nicht die Schönheit ihrer späteren Jahre; sie war ungelenk, verängstigt, war so gar nicht das, was sich der Wiener Hof unter einer künftigen »Kaiserin« vorgestellt haben mochte. Die Strapazen dieses Ankunftstages waren aber nur der Anfang!

Denn schon am nächsten Tag, dem 23. April, fand der traditionelle feierliche Einzug der Kaiserbraut in Wien statt. Dieser Einzug ging aber nicht vom Schloß Schönbrunn aus, sondern vom alten Stadtschloß Maria Theresias, der ansonsten von der Kaiserfamilie kaum noch benützten »Favorita«, dem heutigen Theresianum. Die feierliche Toilette für dieses Ereignis dauerte Stunden – auch daran mußte sich Sisi nun gewöhnen. Viele Wagen mit der Verwandtschaft, den hohen Hofchargen fuhren morgens von Schönbrunn zum Theresianum und sammelten sich dort zum feierlichen Einzug, für den ein höchst kompliziertes Zeremoniell galt.

Als es am späten Nachmittag endlich so weit war und die Braut mit ihrer Mutter in die von acht Lipizzanern gezogene Prunkkarosse stieg – wieder in einem ihrer »Putzkleider«: silberdurchwirktes Rosa mit Schleppe, Rosengirlanden, das neue Diamantendiadem auf dem Kopf – war ihre Erschöpfung für jedermann sichtbar. In ihrer gläsernen Kutsche weinte sie unaufhörlich. Und statt einer strahlenden Kaiserbraut begrüßten die Spalier stehenden Wiener ein schluchzendes junges Mädchen neben einer ebenfalls verängstigten Brautmutter Ludovika.

Die Schimmel hatten geflochtene Mähnen mit roten und goldenen

Quasten, weiße Federbüsche am Kopf und goldgesticktes Geschirr. An jedem Wagenschlag und zu Seiten der Pferde gingen je zwei Leiblakaien in voller Gala und mit weißen Perücken. Dem Brautwagen folgten die sechsspännigen Hofwagen der Obersthofmeister, der diensthabenden Kämmerer und Palastdamen, der Geheimen Räte – alle jeweils mit ihrer vor und neben dem Wagen gehenden Dienerschaft. Alles war bis in Einzelheiten nach dem Hofrang geordnet. Sechs »k. k. Hoftrompeter zu Pferde«, Hoffourriere und Edelknaben, die Garde-Gendarmerie, die Trabanten-Leibgarde »mit der Fahne und klingendem Spiele«, Grenadiere, Kürassiere und Hofbüchsenspanner begleiteten die allerhöchste Braut, die die Herrlichkeiten ringsum kaum zu schätzen wußte.
Mit ihrem Einzug nach Wien weihte die Kaiserbraut gleich eine neue Brücke ein, die »Elisabethbrücke« über den damals noch nicht regulierten Wienfluß vor der Karlskirche. (Diese Brücke stand bis zum Todesjahr der Kaiserin 1898 und wurde dann demoliert).
Als sich der Zug den Stadtwällen näherte, verstummten die Artilleriesalven, und alle Glocken der Stadt begannen zu läuten. Kärntner Straße – Stock im Eisen – Graben – Kohlmarkt – Michaelerplatz: jedes Haus war geschmückt mit Draperien und Blumen. Überall am Weg waren Tribünen für die Schaulustigen aufgebaut. Im Festzug fiel vor allem die Eleganz der ungarischen Magnaten auf. Sie trugen ihre von Gold und Edelsteinen strotzenden Nationaltrachten. Selbst die Livrée ihrer Diener war von unerreichter Eleganz, ebenso die sechsspännigen Prunkwagen. Der Schweizer Gesandte Tschudi schrieb, daß man eine solch »außerordentliche Pracht« in der österreichischen Hauptstadt »mit Ausnahme des Kongresses noch niemals gesehen hat«.[7] Noch nicht einmal fünf Jahre waren verstrichen, seit die Revolution ebendort Barrikaden errichtete, wo jetzt die Tribünen für die Schaulustigen standen. »Pressefreiheit«, »Constitution« waren Forderungen, die der junge Kaiser nicht erfüllte. Die Revolutionäre von damals waren hingerichtet, in der Emigration oder im Gefängnis, oder sie hatten sich mit dem absolutistischen Regime arrangiert. An der Hofburg hing längst nicht mehr das drohende Schild »National-Eigentum«.

Der Absolutismus feierte mit dem Pomp einer Kaiserhochzeit Triumphe – und das Volk jubelte.
Allerdings hatte der Kaiser das frohe Ereignis auch zum Anlaß genommen, den Revolutionären des Jahres 1848 versöhnlich entgegenzukommen. In der »Wiener Zeitung« vom 23. April erschien eine amtliche Verlautbarung, nach der über 200 »in Folge politischer Verbrechen der Freiheitsstrafe verfallene Festungssträflinge« begnadigt wurden. Weiteren hundert wurde die Hälfte der Strafe erlassen. Außerdem gab es eine allgemeine Amnestie »für alle Verbrechen der Majestätsbeleidigung und Vergehen gegen die öffentliche Ordnung« und die »hochverräterischen Umtriebe« 1848 in Galizien und des im November 1848 ausgebrochenen Aufstandes in Lemberg. In Ungarn, der Lombardei und Venetien wurde der Belagerungszustand aufgehoben.
Das wertvollste Geschenk des Kaisers für sein verarmtes Land war jedoch die Summe von 200 000 Gulden, die er »zur Linderung des bestehenden Notstandes« aus Anlaß seiner Hochzeit bestimmte: 25 000 Gulden für Böhmen, speziell für die Bewohner des Erz- und Riesengebirges und die Armen Prags, 6000 Gulden für die mährischen Fabrikbezirke und die Armen Brünns, 4000 für die Armen Schlesiens, 25 000 für die Armen Galiziens. Tirol erhielt 50 000 Gulden zur Erleichterung des Getreide-Ankaufs und für die Geschädigten der Traubenkrankheit in Südtirol, Kroatien 10 000, Dalmatien und das Küstenland je 15 000, »Meine Haupt- und Residenzstadt Wien« zur Unterstützung »der arbeitenden Klasse und der in der gegenwärtigen Theuerung besonders leidenden verschämten Armuth« 50 000. Die unruhigen Provinzen Ungarn und Oberitalien erhielten nichts.
Ein wahrer Ordensregen ging auf verdiente Beamte der Monarchie nieder. Daß alle diese Huldbeweise sich mit der Hochzeit und der Person der neuen Kaiserin verbanden, macht den herzlichen Empfang der Braut verständlicher.
Ob Sisi allerdings dies alles zur Kenntnis nahm, ist mehr als fraglich. Schluchzend kam sie in ihrem neuen Heim, der Wiener Hofburg an. Beim Ausstieg aus der Karosse strauchelte sie, da ihr Diadem an der Türfassung des Wagens hängen blieb. Dieses Miß-

geschick passierte ihr ausgerechnet angesichts der versammelten kaiserlichen Familie, die sie vor der Hofburg feierlich empfing. Immerhin aber fand Erzherzogin Sophie die kleine Sisi »ravissante« – entzückend, wie sie in ihr Tagebuch schrieb. »Das Benehmen des lieben Kindes war vollendet, voll süßer und graziöser Würde«. Im Amalienhof-Appartement warteten »die k. k. Generalität und das Offizierskorps, dann der männliche Hofstaat und die Damen«, die beim Vorbeigehen der allerhöchsten Herrschaft ihre Aufwartung machten. Damit waren die Feiern dieses Tages beendet, und Sisi mußte sich für den Höhepunkt vorbereiten: die Trauung am nächsten Tag, um sieben Uhr abends in der Augustinerkirche.

In allen Kirchen der Monarchie wurden feierliche Gottesdienste aus Anlaß der kaiserlichen Vermählung abgehalten. Im Stephansdom fand schon am Morgen des großen Tages ein »solemner« Gottesdienst statt, dem »die Elite aller Stände« beiwohnte. Eine Geldsammlung aus Anlaß der Hochzeit ergab ein solches Ergebnis, daß 40 Brautpaare, die am selben Tag wie das Kaiserpaar heirateten, eine Ausstattung von jeweils 500 Gulden erhielten – etwa das zweifache Jahreseinkommen eines Arbeiters. In vielen Städten und Gemeinden wurden an diesem Tag bedürftige Kinder eingekleidet, die Armen gespeist, Brennholz und Brot verteilt. Die österreichische Hymne erhielt eine neue zweite Strophe:

> An des Kaisers Seite waltet,
> Ihm verwandt durch Stamm und Sinn,
> Reich an Reiz, der nie veraltet,
> Unsre holde Kaiserin.
> Was das Glück zuhöchst gepriesen,
> Ström auf sie der Himmel aus!
> Heil Franz Joseph, Heil Elisen,
> Segen Habsburgs ganzem Haus!

Es gab eine Inflation dichterischer Erzeugnisse über die »Engelsgleichheit« und Schönheit der neuen Kaiserin. Außer Tausenden von festlichen Flugblättern in verschiedenen Sprachen kamen 1854

83 Festschriften zu Elisabeths Ehren heraus, davon 61 in deutscher Sprache, elf in italienischer, zwei in magyarischer, vier in tschechischer, zwei in polnischer und je eine in serbokroatischer, lateinischer und englischer Sprache.[8]

Das k. k. Hofburgtheater gab (nach einem langen Huldigungsprolog für die neue Kaiserin) eine Festvorstellung mit der dramatisierten Fassung von Schillers »Glocke« als Lobpreisung häuslichen Glückes.

Es war ein selten schönes Paar, das in der von 15 000 Kerzen taghell erleuchteten und mit rotem Samt drapierten Augustinerkirche zusammenfand. Die Chronisten überbieten sich in der Schilderung all des Pompes rundum: »Alles was der Luxus auf seinem Höhepunkte, vereint mit dem größten Reichthum und wahrhaft kaiserlichem Pompe zu bieten vermag, blendete hier das Auge. Namentlich was das Geschmeide anbelangt, kann man wohl sagen, daß ein Meer von Edelsteinen und Perlen an dem staunenden Blicke der Versammelten vorüberwogte. Besonders schienen die Diamanten in dem Glanze der reichen Beleuchtung sich zu vertausendfachen, und machten durch ihre Farbenpracht einen magischen Eindruck«.[9]

Der belgische Gesandte berichtete nach Brüssel etwas suffisant: »In einer Stadt, wo unlängst der revolutionäre Geist so viele Verheerungen angerichtet hat, war es nicht unnütz, die ganze monarchische Herrlichkeit zu entfalten«.[10]

Der Erzbischof von Wien, Kardinal Rauscher, nahm die Trauung unter der Assistenz von über 70 Bischöfen und Prälaten vor. Im Moment des Ringwechsels gab ein auf der Augustinerbastei aufgestelltes Grenadierbataillon die erste Salve, der ein wahrer Kanonendonner folgte und damit verkündete, daß aus der Herzogin Elisabeth in Bayern die Kaiserin von Österreich geworden war.

Die schier endlose, blumenreiche Trauansprache brachte dem Wiener Erzbischof Rauscher den Spottnamen »Kardinal Plauscher« ein. Die Liebe der Kaiserin solle dem Kaiser »in Mitte der Herrschersorgen gleich einem Eilande sein, welches in Mitte des Wogensturmes, friedlich grünend, daliegt und die lächelnde Rose und das anmuthige Veilchen keimen läßt ... Neben Franz Joseph, dem Retter und Helden Österreichs, dem Erneuerer durch gesetzgebende Weisheit, dem Vorkämpfer überall, wo es die Ehre Gottes und das Heil des Menschengeschlechtes gilt, glänze die kaiserliche Gemahlin als die erste der Frauen nicht nur durch die Krone, welche ihre Stirn bekränzt, sondern mehr noch durch Tugenden, welche von den Höhen des Thrones herab ihren milden Schein einladend über die Völker verbreiten.«

Auch bei dieser Gelegenheit konnte Kardinal Rauscher, der Vertraute der Erzherzogin Sophie, es nicht lassen, mit Abscheu auf das Jahr 1848 hinzuweisen: »In der ersten Jugendblüte warf er [Franz Joseph] sich jenen dämonischen Gewalten entgegen, welche allen Heiligthümern der Menschheit Zerstörung drohten. Der Sieg blieb an seine Schritte geheftet«. Ab nun solle der Kaiser auch Vorbild im christlichen Familienleben sein.[11]

Als die religiösen Zeremonien endlich überstanden waren und der feierliche Zug mit dem Brautpaar in die Hofburg zurückkehrte, setzte sich die Maschinerie des höfischen Protokolls in Gang. Die siegreichen Generäle des Jahres 1848 waren die ersten, die zur Audienz beim Kaiserpaar zugelassen waren: Radetzky, Windischgrätz, Nugent, Jellačić.

Im Audienzzimmer warteten die Botschafter und Gesandten. Außenminister Buol hatte die große Ehre, jeden von ihnen der neuen Kaiserin vorzustellen. Nach Beendigung dieser langen Audienz gingen die Majestäten ins Spiegelzimmer. Dort warteten schon die Gesandtenfrauen in voller Gala darauf, der Kaiserin vorgestellt zu werden.

»Hierauf begaben sich Ihre Majestäten mit der kaiserlichen Familie und dem zum Dienste gehörigen Hofstaate nach dem Ceremoniensaale, um die Gratulationscour zu empfangen«. Kaiserin und Kaiser »geruhten nun sich mit den Anwesenden zu unterhalten. Die Obersthofmeisterin stellte vor: »die Palast- und appartementmäßigen Damen, ferner die k. k. ersten Obersthofmeister und die Kavaliere des Hofstaates«. »Die Damen wurden hierauf zum Handkuß zugelassen«.[12]

Beim Anblick der vielen Unbekannten geriet die junge Kaiserin in Panik, flüchtete in ein Nebenzimmer und brach dort in Tränen aus. Das Getuschel der in voller Gala auf die Braut wartenden Damen im Audienzsaal mag sich jeder vorstellen.[13] Als Sisi dann endlich den »Cercle« begann, verweint, erschöpft und unsicher, gab sie dem Tratsch neue Nahrung. Denn sie war zu schüchtern, um mit jeder der ihr vorgestellten Damen Konversation zu machen. Laut Protokoll durfte niemand die Kaiserin ansprechen, nur auf Fragen antworten. Eine höchst peinliche Situation, die Gräfin Esterházy schließlich dadurch rettete, daß sie die Damen bat, einige Worte an die junge Kaiserin zu richten.

Das war noch nicht das schlimmste. Als Sisi in der unübersehbaren Schar von Unbekannten ihre beiden Cousinen Adelgunde und Hildegard aus Bayern erblickte, verwehrte sie ihnen den obligatorischen Handkuß und wollte sie stattdessen umarmen. Als sie an den entsetzten Mienen der Umstehenden sah, daß sie wieder etwas falsch gemacht hatte, verteidigte sie sich: »Wir sind ja Cousinen!« Erzherzogin Sophie ließ diesen Grund für die Protokollverletzung freilich nicht gelten, wies Sisi auf ihre hohe Stellung hin und bestand darauf, das Protokoll, eben den Handkuß für die Kaiserin, zu wahren.[14]

Die ersten Konfliktstoffe waren in der kaiserlichen Familie unübersehbar. Zu groß waren die Unterschiede in der bisherigen Lebensweise der Brautleute. Für Franz Joseph und seine Mutter war das starre Zeremoniell alltäglich, ja unabdingbar zur Demonstration der kaiserlichen Macht. Daß die junge Kaiserin sich in dieses Zeremoniell einleben mußte, war selbstverständlich. Die meisten jungen Mädchen hätten diese glanzvolle Bürde gerne in Kauf genommen, ja genossen.

Elisabeth dagegen hatte die wittelsbachischen Familieneigenschaften in extremem Ausmaß mitbekommen: hohe Intelligenz bei übermäßiger Empfindsamkeit und starkem Freiheitsdrang. Sie hatte bisher ihre Neigungen frei ausleben können und so gut wie keine Pflichten gehabt. Eigentlich hatte sie außer dem Dienstpersonal auch noch niemanden arbeiten gesehen. Denn ihr Vater Max gehörte zwar als General der bayrischen Armee an, war aber dadurch keineswegs ausgefüllt oder beansprucht. Er lebte von einer großzügigen Apanage von 250000 Gulden jährlich, vernachlässigte seine Familien- und Vaterpflichten und tat ausschließlich das, was ihm Spaß machte. Einer Sechzehnjährigen, die aus solchen Verhältnissen kam, konnte man kaum mit Recht mangelndes Pflichtgefühl vorwerfen.

»Ich habe ihn ja sehr lieb. Wenn er doch nur ein Schneider wäre!«: dieser Stoßseufzer Sisis kennzeichnet am besten die Situation. Titel, Würden, Geld – das waren Begriffe, die für die junge Elisabeth keine Rolle spielten. Sie war nichts als Gefühl und stellte in ihrer kindlichen Phantasie auch an ihre zukünftige Ehe nichts anderes als rein »sentimentale« Ansprüche. Ein unsanftes Aufwachen in Wien war nur zu natürlich.

Die Strapazen des Protokolls am Hochzeitstag endeten mit der für höchste Feste obligaten Beleuchtung der »Haupt- und Residenzstadt«. Große Volksmassen kamen aus den Vorstädten in die innere Stadt, um dieses Volksfest mitzuerleben. Ein Chronist berichtet, »die Umgebung der Thore war fortwährend mit dichten Staubwolken, verursacht durch die Bewegung so vieler Tausender bedeckt«. Die prächtigste Beleuchtung hatten Kohlmarkt und Michaelerplatz, wo am Abend der offene zweispännige Wagen mit dem jungen Paar erschien. »Man glaubte die ganze Straße in einen Ballsaal verwandelt zu sehen«.[15]

Kenner der höfischen Verhältnisse bemerkten allerdings schon an diesem Hochzeitstag, daß nicht alles so rosig war, wie es schien. So schrieb der Augenzeuge Baron Kübeck am 24. 4. in sein Tagebuch: »Auf dem Podium und bei den Zuschauern Jubel und hoffnungsvolle Freude. Hinter der Szene aufsteigende trübe, sehr trübe Zeichen«.[16]

Zwischen 22 und 23 Uhr war ein festliches Diner. Erst danach endeten die Feierlichkeiten. Sophie: »Louise [Ludovika] und ich führten die junge Braut in ihre Räume. Ich ließ sie mit ihrer Mutter und blieb im kleinen Zimmer neben dem Schlafzimmer, bis sie im Bett war. Ich holte dann meinen Sohn und führte ihn zu seiner jungen Frau, die ich noch sah, um ihr eine gute Nacht zu wünschen. Sie versteckte ihr hübsches, von einer Fülle schönem Haar umflossenes Gesicht in ihrem Kopfpolster, wie ein erschreckter Vogel sich in seinem Nest versteckt«.[17]

Diese sonst mit großem Zeremonienaufwand umgebene »Bettlegeszene« war für höfische Verhältnisse ausgesprochen familiär und intim. Andere Brautpaare der europäischen Höfe mußten in dieser Situation weitaus mehr Protokoll ertragen. So schrieb zum Beispiel König Johann von Sachsen, wie seine Brautnacht mit Sisis Tante Amélie vor sich ging: »Sämtliche verheirateten Prinzessinnen mit ihren Obersthofmeisterinnen begleiteten die Braut nach Hause, wohnten ihrer Toilette bei und hielten ein Gebet, worauf sie zu Bett gebracht wurde. Jetzt mußte die Obersthofmeisterin der Braut mich benachrichtigen, daß ich kommen könne. In Begleitung sämtlicher verheirateter Prinzen kam ich nun in das Schlafzimmer und mußte mich nun in Gegenwart dieser sämtlichen Prinzen, Prinzessinnen und Damen ins Bett legen. Als die Familien und Umgebungen verschwunden waren, stand ich noch einmal auf, um die eigentliche Nachttoilette zu machen«.[18] Beim jungen Kaiserpaar wehrten die beiden Mütter zu komplizierte und peinliche Zeremonien ab. Aber selbst das wenige, das übrigblieb, war für das sensible Mädchen nach diesem anstrengenden Tag zu viel.

Das junge Paar blieb am nächsten Morgen nicht lange allein. Schon beim Frühstück wurde es von Erzherzogin Sophie gestört, die auch Herzogin Ludovika mitbrachte. Sophie schrieb in ihr Tagebuch: »Wir fanden das junge Paar beim Frühstück im hübschen Schreibkabinett, mein Sohn strahlend und ganz ein Bild süßen Glückes (Gott sei gepriesen!), Sisi bewegt, als sie ihre Mutter umarmte. Wir wollten sie zuerst wieder verlassen, aber der Kaiser hielt uns mit einem rührenden Eifer zurück«.
Ob diese Aussage ernst genommen werden kann, sei dahingestellt. Die beiden Mütter – für den jungen, überhöflichen Kaiser Respektspersonen – waren mitten in das erste Frühstück des Paares geplatzt, hatten neugierig die Mienen der Brautleute gemustert, und sagten nun plötzlich aus Höflichkeit, sie wollten wieder gehen. Was blieb dem jungen Kaiser anderes übrig, als sie zu bitten, doch zu bleiben. Für den Kenner der Wiener Sitten eine ziemlich eindeutige Situation. In Sophies Tagebuch folgt der verräterische

Satz: »Danach vertrauliche Unterredung eines jeden Kindes mit seiner Mutter«. Das hieß nichts anderes, als daß Sophie ihren Sohn noch während des Frühstückes detailliert ausfragte. Sie wird dabei erfahren haben, daß es mit der Erfüllung der ehelichen Pflichten noch nicht geklappt hatte – eine Tatsache, die schon am selben Tag am ganzen Hof bekannt war. Lakaien und Kammerzofen waren verläßliche Informanten.

Selbst für das kaiserliche Schlafzimmer gab es kaum Intimität. Alle wußten auch, in welcher Nacht (der dritten) Sisi zur Frau wurde. Die junge Kaiserin mußte an diesem Morgen zum gemeinsamen Frühstück bei ihrer Schwiegermutter erscheinen, obwohl sie sich voll Scham und Verlegenheit weigerte. Laut Sophies Tagebuch stieg der Kaiser an diesem Morgen zunächst allein die Stiegen zu den Appartements seiner Eltern hinauf und »wartete, daß seine liebe Sisi aufstehen würde«.[19] Er verstand nicht den Wunsch seiner jungen Frau, allein zu bleiben und sich nicht vor der versammelten, ja schon seit Tagen jede Regung des Brautpaares musternden Verwandtschaft zu präsentieren.

Elisabeth erklärte später ihrer Hofdame Gräfin Festetics diese peinliche Situation: »Der Kaiser war so gewohnt, zu folgen, daß er sich auch darein ergab. Aber mir war das gräßlich. Ihm zu lieb ging auch ich«.[20] Immer wieder kam Elisabeth in ihren späteren Jahren auf diesen Morgen zurück.

Tagsüber hatte sie Deputationen von Nieder- und Oberösterreich, Steiermark, Kärnten, Krain und der Bukowina zu empfangen, zwischen ihrem Mann und ihrer Schwiegermutter stehend. Selbst Sophie fand all diese Empfänge so anstrengend, daß sie »nicht mehr konnte« und zwischendurch eine Stärkung brauchte. Alle Mahlzeiten waren offizielle Veranstaltungen mit vorhergehendem Kleiderwechsel.

Beim Empfang der ungarischen Deputation trug Sisi zum erstenmal ungarische Tracht, ein rosa Kleid mit schwarzem Samtmieder und prachtvoller Spitzengarnierung, das ihr pikanterweise ihre Schwiegermutter geschenkt hatte. Auch Erzherzogin Sophie, die den Ungarn alles andere als wohlgesinnt war, bewunderte die Schönheit ihrer Schwiegertochter gerade in diesem Kostüm.: »Sie

und der Kaiser in seiner Husarenuniform waren ein so schönes und graziöses Paar«, schrieb sie in ihr Tagebuch.
Am Abend des 27. April fand der große Hofball statt. Die junge Frau mußte den neugierigen Blicken der »hoffähigen« aristokratischen Gesellschaft standhalten. Die Kunde, wie es nun mit dem Vollzug der kaiserlichen Ehe stand, hatte sich schon herumgesprochen. »Ihre Majestät«, diesmal ganz in weiß, mit dem neuen Brillantgürtel um die Taille, ein Diadem und einen weißen Rosenkranz im Haar, saß mit »Seiner Majestät« unter einem Baldachin aus rotem Samt und hörte zu, wie »Meister Strauß seine Weisen ertönen« ließ. Beide Majestäten tanzten einigemale, selbstverständlich nicht miteinander, sondern mit eigens vom Protokoll ausgesuchten Persönlichkeiten. Erzherzogin Sophie vergaß nicht, in ihrem Tagebuch zu vermerken, daß der Kaiser seiner jungen Frau die Figuren des Tanzes »soufflieren« mußte.[21] Sisis Tanzkünste waren dem Wiener Hof noch nicht gemäß. Am Höhepunkt des Balles, dem Kotillon, erklangen dann die von Strauß komponierten »Elisabethsklänge« zum erstenmal. Als Huldigung für das Brautpaar waren sowohl die Kaiserhymne wie das Bayernlied in die Komposition verwoben.
Herzogin Ludovika blieb ob all des Glanzes erstaunlich nüchtern und berichtete nach Bayern: »Der gestrige Hofball war sehr schön, ungeheuer voll, glänzend, aber die Lokalitäten sind für hier zu klein, es war ein solches Drängen, daß man beinahe verquetscht wurde. Viele schöne Frauen und viel Schmuck machen alle Feste brillant«. Ludovika sah sehr wohl, daß dieser Prunk für ihre Tochter nichts als Arbeit bedeutete: »Ich sehe Sisi wenig, sie ist sehr in Anspruch genommen, und ich fürchte sehr, den Kaiser zu genieren, ein junges Ehepaar soll ungestört bleiben«.[22] Ungestört freilich war das junge Paar tagsüber keine Minute.
Der wie immer pflichtbewußte Kaiser erledigte neben den Festen diszipliniert seine Akten und gab Audienzen. Der österreichische Botschafter in Paris, Graf Hübner, sprach zum Beispiel an diesem Tag länger als eine Stunde mit dem Kaiser über die Orientfrage. Er fand ihn »physisch und geistig gereift« und schrieb in sein Tagebuch: »Wie heiter, glücklich und so ganz ungeniert verliebt sah er

aus! Es war eine Freude ihm zuzusehen. Gott erhalte!«[23] Ganz ähnlich äußerte sich Erzherzogin Sophie in ihrem Tagebuch. Immer wieder betonte sie, wie verliebt und glücklich ihr »Franzi« war.

Was der Hofball für die »Gesellschaft«, das war das Praterfest für das »Volk« tags darauf. Die offenen Hofwagen mit der kaiserlichen und der herzoglichen Familie fuhren durch den Pratertrubel, über die lampiongeschmückte Hauptallee und den Wurstelprater zum Feuerwerksplatz, wo der Zirkus Renz eine Galavorstellung gab. Das Vergnügen der Kaiserin war diesmal für alle sichtbar. Sie freute sich über die Künste der Akrobaten, vor allem über die der Dressurreiter in mittelalterlichen Kostümen und über die berühmt schönen Pferde der Familie Renz. Elisabeths Liebe zum Zirkus Renz, die an diesem Abend begann, blieb jahrzehnte-, ja lebenslang bestehen.

Vier Tage nach der Hochzeit war Elisabeth durch die vielen Festlichkeiten derartig erschöpft, daß der Kaiser ihr zuliebe alle geplanten Empfänge für einen Tag absagte und stattdessen mit ihr mittags in den Prater fuhr – mit einem Phaeton, den er selbst kutschierte.

Den meisten Trost aber gaben die bayrischen Geschwister, die noch einige Tage in Wien waren, vor allem die ältere Schwester Helene, mit der Sisi sich aussprechen konnte. Ludovika schrieb an Marie von Sachsen: »Solange die Schwestern [also Sisi und Helene] vereinigt waren, steckten sie immer beisammen und sprachen immer englisch, nahmen aber gar keinen Antheil an unseren Gesprächen, wodurch sie durchaus nicht liebenswürdig wurden... obgleich es ihnen manchen Verdruss... zuzog«.[24]

Englisch war für die beiden Mädchen so etwas wie eine Geheimsprache. Am Wiener Hof war es nicht üblich, Englisch zu sprechen. Weder der Kaiser noch Erzherzogin Sophie konnten englisch. Der Verdruß über die geheimnisvollen Gespräche der Schwestern war also durchaus verständlich. Jedermann aber konnte mitansehen, wie unerschütterlich die Liebe zwischen Helene und Sisi war – auch nach der für Helene so unglücklichen Ischler Verlobungsgeschichte.

Die Festwoche klang mit einem städtischen Ball in der Winterreitschule und den Redoutensälen aus, die eigens für dieses Fest durch Mauerdurchbrüche verbunden worden waren. Wieder spielte Johann Strauß auf. Wieder fühlte sich Sisi im Mittelpunkt von Tausenden von Augenpaaren. Die neue Kaiserin sollte ja von möglichst vielen Menschen möglichst bald gesehen werden.
Das Zeremoniell beherrschte sogar die »Flitterwochen«, die das junge Paar nach Abschluß der Feierlichkeiten im Schloß Laxenburg bei Wien verlebte. Da der Kaiser jeden Morgen pünktlich in die Hofburg nach Wien an seinen Schreibtisch fuhr, war die junge Frau in Laxenburg den ganzen Tag allein – das heißt isoliert in einem ganzen Kreis von Menschen, die zu ihrer Erziehung und Bedienung bereitstanden. Erzherzogin Sophie kam jeden Tag, um ihrer Schwiegertochter »Gesellschaft zu leisten«.
Die Geschwister, auch Helene, waren nach Bayern zurückgekehrt. Sisi hatte Heimweh und schrieb in ihren Laxenburger Flitterwochen traurige Gedichte wie dieses, »Sehnsucht«:

> *Es kehrt der junge Frühling wieder*
> *Und schmückt den Baum mit frischem Grün*
> *Und lehrt den Vögeln neue Lieder*
> *Und macht die Blumen schöner blüh'n.*
>
> *Doch was ist mir die Frühlingswonne*
> *Hier in dem fernen, fremden Land?*
> *Ich sehn' mich nach der Heimat Sonne,*
> *Ich sehn' mich nach der Isar Strand.*
>
> *Ich sehn' mich nach den dunklen Bäumen,*
> *Ich sehn' mich nach dem grünen Fluß,*
> *Der leis in meinen Abendträumen*
> *Gemurmelt seinen Abschiedsgruß.*[25]

Das immer wiederkehrende Motiv war ab nun »der gefangene Vogel« oder »der Schmetterling«, der in die Fremde fliegt und dort nur Unglück findet und Unfreiheit. Dieser verzweifelte Ruf nach »Freiheit« durchzieht alle diese Verse der jungen Kaiserin. Mit Sisis handschriftlichem Vermerk: »Dieses Gedicht verfasste ich im April 1854« ist auch folgendes Gedicht, »Theilnahme«, erhalten geblieben:

Es strahlt der Mond ober nächtigen Bergen
Auch auf mein trübes Auge her,
Als hätt' mein Schmerz ihn angezogen
Als frug er mich was mir denn wär!

Als wollt' er mir verwundert sagen:
»Sonst fand ich Dich nie traurig;
Du dachtest noch der frohen Tage,
Als ich den Himmel schon bestieg.

Du hattest immer 1000 Grüße
An Deinen blonden Schatz bereit
Und träumtest kommende Genüsse
Der Freiheit, der Du Dich geweiht«.[26]

Vierzehn Tage nach der Hochzeit, am 8. Mai 1854, schrieb sie:

Oh, daß ich nie den Pfad verlassen,
Der mich zur Freiheit hätt' geführt.
Oh, daß ich auf der breiten Straßen
Der Eitelkeit mich nie verirrt!

Ich bin erwacht in einem Kerker,
Und Fesseln sind an meiner Hand.
Und meine Sehnsucht immer stärker –
Und Freiheit! Du, mir abgewandt!

Ich bin erwacht aus einem Rausche,
Der meinen Geist gefangenhielt,
Und fluche fruchtlos diesem Tausche,
Bei dem ich Freiheit! Dich – verspielt«.[27]

Aber die junge Kaiserin weinte nicht nur ihrer Heimat und ihrer Freiheit nach, sondern auch ihrer ersten Liebe. Daß sie das noch in den Flitterwochen mit Franz Joseph tat, deutet auf weitere Schwierigkeiten hin, die man nur ahnen kann:

> *Nur einmal konnt ich wahrhaft lieben*
> *Es war das erstemal.*
> *Nichts konnte meine Wonne trüben*
> *Bis Gott mein Glück mir stahl.*
>
> *Geknüpfet war der Liebesknoten*
> *Wir sahn uns jeden Tag;*
> *Doch nun gehört er zu den Toten*
> *Hart war des Schicksals Schlag!* . . .
>
> *Den ganzen Tag konnt ich mich freuen*
> *Auf einen einzgen Blick!*
> *Soll in der Trübsal ich bereuen*
> *Was damals war mein Glück?*
>
> *Nur kurz warn diese schönsten Stunden,*
> *Nur kurz die schönste Zeit.*
> *Nun ist mein Hoffen all entschwunden,*
> *Ihn geb ich nicht in Ewigkeit.*[28]

Widerwillig und traurig begann Sisi, die Regeln des Hofes zu beachten, wenn sie auch die Berechtigung einer derart strengen Etikette nie anerkannte. Später erzählte sie ihrer Hofdame, »wie bange ihr in der Welt der Fremden, der Großen gewesen – wie so Alles anders erschien! – wie ihr Heimat und Geschwister fehlten! – das ganze sorgenlose, harmlose Sein in Possenhofen! – Das Natürliche, das Einfache verschwinden sollte unter dem unnatürlichen Druck der übertriebenen Etiquette – mit einem Worte – wie Alles sich nur um das ›Scheinen‹ und nicht um das ›Sein‹ handelte – und wie hart oft Alles gewesen sei«.[29]

Sisis Gesundheit wurde in Wien sehr labil. Sie litt monatelang unter starken Hustenanfällen, bekam Angstzustände, wenn sie enge Stiegen hinuntersteigen sollte.[30] Es ist durchaus wahrscheinlich, daß dieses ständige Kränkeln psychische Ursachen hatte.

Schon vierzehn Tage nach der Hochzeit war Sisis Sehnsucht nach den Geschwistern so groß, daß sie den Kaiser geradezu flehentlich bat, ihren Lieblingsbruder Carl Theodor (»Gackel«) für einige Tage einzuladen. Als der Kaiser zusagte, weinte sie vor Freude.

Sie fühlte sich gefangen wie in einem goldenen Käfig. Der Schmuck, die schönen Kleider – das alles war ihr nur eine Last. Denn das bedeutete Anprobieren, Auswählen, ständiges Umkleiden. Es gab Kämpfe um Kleinigkeiten. Elisabeth weigerte sich, ihre Schuhe nach einmaligem Tragen zu verschenken. Die Kammerdienerinnen rümpften die Nase: Die neue Kaiserin kannte nicht die simpelsten Regeln, die am Wiener Kaiserhof seit etlicher Zeit üblich waren. Sie ließ sich nicht gerne von den Zofen anziehen. Sie war ja selbständig erzogen, außerdem sehr scheu, die Zofen waren ihr noch fremd. Auch in diesem Punkt konnte sie sich nicht durchsetzen.

Konflikte mit der »heimlichen Kaiserin« Erzherzogin Sophie drehten sich meist, wie Sisi meinte, um Kleinigkeiten dieser Art, die sie aber um so mehr verletzten. So machte es dem jungen Ehepaar Spaß, allein durch die Säle und verwinkelten Gänge der Hofburg ins alte Burgtheater am Michaelerplatz zu gehen, das ja ein Teil der Burg war. Diese harmlose Freude wurde allerdings sofort von Erzherzogin Sophie verboten. Denn dem Kaiser und der Kaiserin stand es zu, von ganz bestimmten Hofbeamten ins Burgtheater geführt zu werden.[31] Sophie war es stets um Wahrung der kaiserlichen Würde zu tun. Daß der Kaiser hier keinen Einwand wagte, verletzte die ohnehin schon übernervöse Sisi zunehmend.

Sophie war es gewöhnt, in familiären wie politischen Angelegenheiten zu entscheiden. Sie war auch Gehorsam gewöhnt. Ihr Ehemann war geistig von ihr abhängig. Die vier Söhne – Franz Joseph, Ferdinand Maximilian, Karl Ludwig und Ludwig Viktor – erkannten von frühester Kindheit Sophies Autorität als die höchste an und wagten keinen Widerspruch. Sophie war es, der Franz Joseph seinen Thron verdankte. Sie hatte ihren Mann, den rechtmäßigen Thronfolger, zum Verzicht bewogen. Sie hatte ihren Sohn zu dem gemacht, was er nun war – ein vollendet erzogener, pflichtbewußter und überaus arbeitsamer, persönlich integrer junger Mann, der politisch ihre Linie vertrat: Gottesgnadentum der Könige, alleinige Herrschaft des Monarchen, Niederringen jeden »Volkswillens«, Ablehnung des Parlamentarismus, enge Verbindung zwischen Staat und Kirche. Nun fühlte sie die Verpflichtung, ihre sechzehnjährige Nichte zu einer Kaiserin *ihrer* Vorstellung zu machen, zum Nutzen des Kaiserreiches und der Dynastie.

Elisabeth sah in späteren Jahren ein, daß Sophie keineswegs aus Böswilligkeit handelte und erklärte einer Hofdame, »wie die Erzherzogin Sophie gewiß Alles so gut gemeint habe – aber wie die Wege mühsam und die Art schroff war – wie auch der Kaiser darunter litt und wie sie immer lenken wollte... und wie vom ersten Tag sie ihrer Zufriedenheit und dem Glücke hinderlich war und sich in Alles mischte und ihnen das Beisammensein – das Ungestörte – erschwerte!«[32]

Erzherzogin Sophie hatte ihr Leben lang eine solche Stellung herbeigesehnt, wie sie ihre sechzehnjährige Nichte nun einnahm. Ihr mußte die Art, wie die junge Kaiserin ihre hohe Würde ausschließlich als Bürde und Beraubung ihrer persönlichen Freiheit auffaßte, kränken, ja empören. Auf die ganz offensichtlichen Depressionen Sisis ging Sophie gar nicht ein, ja sie nahm sie nicht ernst. Sie sah nur die glückstrahlende Miene ihres verliebten »Franzl«.

Königin Marie von Sachsen versicherte: »Die Nachrichten von Wien lauten unbeschreiblich glücklich und beglückend... Beide glücklichen Mütter haben mir wahre *Bücher* darüber geschrieben«.[33] Sophie schrieb auch nach Bayern über »unser liebes junges Ehepaar«, das in der »ländlichen Abgeschiedenheit« Laxenburgs »die glücklichsten Flitterwochen verlebt. Ein herzerquickender Anblick ist das wahrhaft christlich häusliche Glück meiner Kinder!«[34]

Von häuslichem Glück ist allerdings in den späteren Aussagen der Kaiserin nichts zu spüren. Bei keinem ihrer späteren Besuche in

Laxenburg vergaß Sisi, auf ihre traurigen »Flitterwochen« hinzuweisen, so etwa gegenüber ihrer jüngsten Tochter Valerie, die in ihr Tagebuch schrieb: »Mama zeigte uns den Schreibtisch, wo sie viel nach Possi [Possenhofen] schrieb und viel viel weinte, weil sie Heimweh hatte«.[35]

Ähnliches schrieb die spätere Hofdame Marie Festetics in Laxenburg in ihr Tagebuch: »Elisabeth ging von Zimmer zu Zimmer – sagte von jedem, was es war – aber ohne näheren Commentar, bis Sie endlich in einem Eckzimmer stehen blieb, wo ein Schreibtisch zwischen Fenstern stand u. ein Schreibsessel davor; lange stand sie mäuschenstill da – plötzlich sagte sie. . . : ›Hier habe ich viel geweint, Marie. Allein der Gedanke an diese Zeit preßt mein Herz zusammen. Hier war ich nach meiner Hochzeit. . . Ich fühlte mich so verlassen, so einsam. Der Kaiser konnte tagsüber natürlich nicht hier sein, er ist täglich in der Früh nach Wien gegangen. Um sechs Uhr ist er zum Diner zurückgekehrt. Bis dahin war ich den ganzen Tag allein und hatte Angst vor dem Augenblick, da Erzherzogin Sophie kam. Denn sie kam jeden Tag, um jede Stunde zu spionieren, was ich tue. Ich war ganz à la merci dieser ganz bösartigen Frau. Alles war schlecht, was ich tat. Sie urteilte abfällig über jeden, den ich liebte. Alles hat sie herausbekommen, weil sie ständig gespitzelt hat. Das ganze Haus hat sie so gefürchtet, daß alle zitterten. Natürlich haben sie ihr alles mitgeteilt. Die kleinste Sache war eine Staatsaffäre‹.«[36]

In dieser Tonart gingen die Klagen Elisabeths weiter. Sie waren sicherlich übertrieben, was Sophies »Bösartigkeit« betraf. Denn daß die Erzherzogin es gut meinte, wenn sie auch die falschesten Mittel anwandte, wird aus Sophies Tagebuch hinlänglich deutlich. Andererseits zeigen Elisabeths Erzählungen sehr anschaulich die überragende Stellung Sophies in der kaiserlichen Familie der fünfziger Jahre. Erzherzogin Sophie habe die junge Kaiserin, »aber auch den Kaiser wie ein Schulkind gescholten«, erfuhr die erstaunte Gräfin Festetics von Elisabeth: »Einmal habe ich den Kaiser gebeten, mich nach Wien mitzunehmen. Dort war ich mit ihm den ganzen Tag. Einen Tag habe ich sie nicht gesehen. . . aber kaum waren wir abends zuhause, kam sie schon herübergerannt. Sie hat mir verboten, so etwas noch einmal zu tun. Sie hat mich so beschimpft, weil es für eine Kaiserin unschicklich ist, ihrem Mann nachzulaufen und hin und her zu kutschieren wie ein Fähnrich. Natürlich ist es dann unterblieben«.

Auch hier in Laxenburg, in den sogenannten »Flitterwochen« war das junge Paar während der einzigen gemeinsamen Mahlzeit keineswegs allein. Zum Beispiel hatte einer der kaiserlichen Flügeladjutanten, Hugo von Weckbecker, neben der Kaiserin zu sitzen und sollte »trachten, sie zu einem Gespräche zu bewegen, da sie noch gar so schüchtern war und nun gesellschaftlich geschult werden sollte«.[37] Auch die Obersthofmeisterin Gräfin Esterházy wich in Sophies Auftrag nicht von Sisis Seite, um jeden Fauxpas sofort korrigieren zu können.

Die erste Reise des Kaiserpaares Anfang Juni galt Mähren und Böhmen. Das war ein Akt der Dankbarkeit und der Anerkennung für erwiesene Hilfe und Treue. Denn 1848 war die kaiserliche Familie aus dem aufständischen Wien nach Olmütz in Mähren geflohen. Dort spielte sich ein wichtiges Ereignis der österreichischen Geschichte ab: der Thronverzicht Kaiser Ferdinands (»ich hab's gern getan«) und die Thronbesteigung des damals 18jährigen Franz Joseph.

Die bevorzugte Stellung der böhmischen Länder in dieser Zeit ist auch daran zu erkennen, daß die erste neue Sprache, die Sisi lernen sollte, böhmisch war. Erzherzogin Sophie vermerkte einmal in ihrem Tagebuch, Sisi könne nun schon »böhmisch zählen«, später hörte man allerdings sehr wenig von Sisis Fortschritten in dieser Sprache.

Das Kaiserpaar fuhr, woran Sisi sich wohl oder übel gewöhnen mußte, stets mit zahlreichem Gefolge: Flügeladjutanten, Militärs, Leibgarden, Geistliche, der Leibarzt Dr. Seeburger, Generaladjutant Grünne, dann Sisis engste Umgebung: Obersthofmeister und Obersthofmeisterin, zwei Hofdamen, ein Sekretär. Alle diese Personen brachten noch eigenes Dienstpersonal mit, Diener, Friseure, Badefrauen, Lakaien.

Auf der wirtschaftlich so wichtigen Strecke Wien-Brünn-Prag gab

es schon eine Eisenbahnlinie, die Nordbahn. Die blumenbekränzte Lokomotive Proserpina brachte das Kaiserpaar in knapp vier Stunden in die Hauptstadt Mährens – Triumphbögen, weißgekleidete Mädchen, Fahnenschwenken, Reden von Honoratioren und des Kaisers in deutsch und tschechisch, Illumination, Festvorstellungen im Theater, ein Volksfest im Augarten von Brünn mit Sacklaufen und Seiltänzern, Fackelzug. Ein mährischer Trachtenzug brachte als Hauptattraktion ein Brautpaar mit der ganzen ländlichen Hochzeitsgesellschaft auf einem bunten Bauernwagen. Sie überreichten dem Kaiserpaar Geschenke – unter anderem eine Bouteille Bisenzer Wein aus dem Jahre 1746.
Hier in Mähren trat die junge Elisabeth zum erstenmal als Landesmutter auf. Sie besuchte Waisenhäuser, Schulen, ein Armenspital und ließ »überall durch die huldvolle Herablassung und Milde den beglückendsten Eindruck zurück«, wie es am Tag darauf in der Wiener Zeitung stand. Die einfache und natürliche Art, wie die junge Kaiserin mit Leuten aus den unteren Schichten zu reden vermochte, fiel auf und nährte die Hoffnung, daß sich diese Frau einmal der sozialen Probleme annehmen würde.
Zwei Tage später Ankunft in Prag: Spalier der Bergleute, der Zünfte und Gewerbe dieses hochindustrialisierten Landes. Franz Joseph und Elisabeth wohnten im Hradschin, dem alten Sitz der Könige von Böhmen, und nahmen hier die Huldigungen des Adels, der Stadt, der Universität, der Militärs und der ländlichen Deputationen entgegen. Der neuen Königin von Böhmen wurden auch die »hoffähigen Damen« vorgestellt, also alle jene, die die berühmten 16 hocharistokratischen Ahnen aufweisen konnten und daher für würdig befunden wurden, bei höfischen Veranstaltungen anwesend zu sein.
Ganz wie in der Wiener Hofburg, standen auch im Prager Hradschin stundenlange Audienzen und offizielle Diners auf dem Programm. Aus den Zeitungen ist der Stundenplan des Kaiserpaares in Prag genau zu rekonstruieren. Der Kaiser gönnte sich keine Ruhe, war an seine Pflichten von klein an gewöhnt. Er erwartete von seiner jungen Frau, die gesundheitlich nicht in bester Verfassung war, dieselbe Pflichterfüllung.

So empfing die Sechzehnjährige Delegationen und Hilfesuchende, wie zum Beispiel aus dem Erzgebirge. Die Wiener Zeitung notierte gerührt: »Als aber der Herr Präsident in ergreifenden Worten die Armuth der Gebirgsbewohner schilderte, da füllten die schönen Augen der lieblichen Landesmutter sich mit Thränen, und kaum vermochte Ihre Majestät die innere Bewegung zu bewältigen. Welch erschütternden Eindruck dieser neue Beweis von Engelsmilde unserer allergnädigsten Kaiserin auf die Anwesenden ausübte, läßt sich nicht wiedergeben, es war ein feierlicher Augenblick«.[38]

Das junge Kaiserpaar legte den Grundstein für eine Kirche, eröffnete ein Festschießen, besichtigte ein Taubstummenheim, ein Irrenhaus und eine landwirtschaftliche Ausstellung. Dort ließen sie sich einen neuen Backofen vorführen (der Bäcker buk für sie Brezel in der Gestalt des österreichischen Adlers), eine neue Zentrifugalpumpe, und sie sahen sich dann die Hornviehrassen an. Hier sollen »Allerhöchst dieselben alle Anwesenden durch Ihre Leutseligkeit und Theilnahme entzückt« haben.

Trotz mancher volkstümlicher Veranstaltungen gab aber der mächtige böhmische Adel eindeutig den Ton bei diesem Kaiserbesuch an: Kaiser Franz Joseph hob in seinen Ansprachen die Bedeutung des böhmischen Adels ausdrücklich hervor: »Ich bin überzeugt, daß der böhmische Adel auch künftighin eine Stütze Meines Thrones und Reiches bleiben wird«.[39] Seit Monaten schon hatten die ersten Familien Böhmens keine Mühe und keine Kosten gescheut, um eine der prunkvollsten Veranstaltungen des alten Österreich zu arrangieren: ein Pferdekarussell mit Festturnier in spätmittelalterlichen Kostümen in der großen Reitschule des Palais Waldstein. Der böhmische Adel stellte die Turnierreiter. Das Herzstück dieses Turniers war die Darstellung des Einzuges Ferdinands III. und seiner Gemahlin in Prag im Jahre 1637. Die nach alten Darstellungen angefertigten Kostüme und Rüstungen hatten mehr als 100 000 Gulden gekostet.

Elisabeth hatte zeitlebens eine starke Abneigung gegen die böhmische Aristokratie. Ob das mit diesem ersten Prag-Besuch zusammenhing, wissen wir nicht. Aber der böhmische Adel – Schwarzenberg, Waldstein, Lobkowitz, Mittrowsky, Khevenhüller, Liechtenstein, Auersperg, Kinsky, Kaunitz, Nostitz, Clam-Martinitz – gab auch in Wien den höfischen Ton an. Die Verachtung, die der kleinen Herzogin aus Bayern in Wien entgegenschlug, kann sich durchaus in Prag wiederholt haben.

Wie bei jedem Besuch des Kaisers waren auch in Prag große Militärparaden angesetzt und sogar ein Feldmanöver. Die Wiener Zeitung vermerkte: »Auch Ihre Majestät die Kaiserin verfolgten das schöne kriegerische Schauspiel mit unverkennbarem Interesse und harrten, ungeachtet wiederholten Regenschauers, im offenen Wagen bis zum Schlusse aus«.[40] Während der Kaiser zu Pferd die Parade abnahm, wurde Sisi in einem zweispännigen Hofwagen umhergefahren – genau so, wie es in Wien auch Erzherzogin Sophie tat, die ja genau wußte, daß ihr »Franzl« nichts so liebte wie diese glänzenden Militäraufmärsche. In ihrer fünfwöchigen Ehe hatte Sisi schon mehr Paraden und Exerzierübungen gesehen als in ihrem ganzen Leben zuvor, obwohl ihr Vater Max General war.

Von Prag aus wurde auch ein Familienbesuch unternommen: bei dem abgedankten Kaiser Ferdinand und Kaiserin Maria Anna, die auf Schloß Ploschkowitz nahe Prag ihren Sommersitz hatten. Kaiserin Maria Anna sorgte hingebungsvoll für ihren schwer an Epilepsie und Geistesschwäche leidenden Mann, der von der Hofdame Landgräfin Therese Fürstenberg so beschrieben wurde: »er war klein, trug den großen Kopf etwas schief, die kleinen Augen blickten unsicher und die Lippe hing tief herab; er nickte stets freundlich und wohlwollend und frug 20 Mal dasselbe; ein trauriger Anblick«. Um die Langeweile seiner einsamen Tage zu lindern, spielte der abgedankte Kaiser täglich stundenlang Domino.[41]

Die familiären Bande zwischen dem ehemaligen und dem regierenden Kaiser, die ja Onkel und Neffe waren, waren eher förmlich. Ferdinand hatte sich seit der Olmützer Thronübergabe völlig aus der Politik zurückgezogen, um allen Schwierigkeiten mit dem jungen Kaiser wie mit der »heimlichen Kaiserin« Erzherzogin Sophie aus dem Wege zu gehen. Selbst zur Hochzeit des jungen Paares war er nicht in Wien erschienen, sondern hatte nur ein großzügiges Geschenk gemacht. Kaiser Ferdinand, der persönlich integer und wirklich »gütig« war, hatte in der Monarchie immer noch eine starke Anhängerschaft. Sein Erscheinen in Wien hätte sehr wohl zu Sympathiekundgebungen führen können. Daß der erste auswärtige Familienbesuch dem ehemaligen Kaiserpaar galt, war auch ein Akt der Dankbarkeit des jungen Kaisers gegenüber seinem Vorgänger.

Zum Abschluß des Böhmenbesuches traf Kaiser Franz Joseph mit den Königen von Preußen und Sachsen im Schloß des Grafen Thun in Tetschen-Bodenbach zusammen. Beide Könige waren durch ihre Gemahlinnen mit Franz Joseph, aber auch Elisabeth verwandt und kannten beide von Jugend auf. Das Treffen der drei Monarchen hatte aber neben der familiären auch eine politische Bedeutung: Der König von Sachsen legte dem jungen Kaiser ein umfassendes Memoire zur orientalischen Krise vor und warnte ihn, an der russenfeindlichen Politik festzuhalten – erfolglos. Im zahlreichen Gefolge des Königs von Preußen befand sich auch Otto von Bismarck, damals preußischer Bundestagsgesandter in Frankfurt.

Nach zwei anstrengenden Wochen in Böhmen konnte sich das Kaiserpaar keineswegs ausruhen. Am Tag nach der Rückkehr war Fronleichnam, ein Fest, das zur Regierungszeit Franz Josephs eine politische Demonstration war: Der Kaiser ging als erster in der Prozession hinter dem »Himmel«, um seine enge Verbundenheit mit der katholischen Kirche zu zeigen gegen alle liberalen und antiklerikalen Tendenzen des Jahres 1848. Auch die Armee spielte eine wichtige Rolle. Die Wiener Zeitung: »In allen Straßen, durch welche der Zug ging, war Militär in Reihen aufgestellt; auch paradierte dasselbe in Massen auf mehreren Plätzen.«[42] Nach Beendigung der Prozession defilierten die Truppen vor dem Kaiser auf dem Burgplatz. Für empfindliche liberale Gemüter stellte diese gemeinsame Veranstaltung von Staat, Kirche und Armee eine Provokation dar.

Die junge Kaiserin zeigte für die kaiserliche Pracht anläßlich eines Kirchenfestes kein Verständnis. Denn ihre vom Elternhaus bezogene religiöse Einstellung stimmte ganz und gar nicht mit dem überein, was sie hier zur Schau stellen sollte. Sisi entstammte ja einem zwar katholischen, aber doch sehr toleranten und eher liberalen Haus. Die Verflechtung von Religion und Politik war ihr völlig fremd.

»Aber würde es nicht genügen, wenn ich nur in der Kirche erscheinen würde«, zögerte sie. »Ich glaube, ich bin noch zu jung und zu unerfahren, um mit voller Würde den Platz einer Kaiserin bei einer derartigen öffentlichen Feier einnehmen zu können; um so mehr, als man mir geschildert hat, welch imposanten majestätischen Eindruck die frühere Kaiserin [Maria Anna, die Gemahlin Ferdinands] bei diesem Anlasse gemacht hat. Vielleicht gelingt es mir in ein paar Jahren, mich zu dieser Höhe emporzuschwingen«.[43]

Doch die Einwände halfen nichts. Sisi war die Hauptattraktion des Kirchenfestes – in großer Staatstoilette, langem Schleppkleid, ein Brillantendiadem auf dem Kopf. Zehntausende Menschen waren für dieses Ereignis sogar aus den Provinzen nach Wien gekommen. Schon die Auffahrt des mit acht Schimmeln bespannten Hofgalawagens von der Bellaria über Kohlmarkt und Graben zum Stephansdom war ein Triumphzug. Über Sisis Auftreten an diesem Tag schrieb Erzherzogin Sophie: »Die Haltung der Kaiserin war entzückend, fromm, gesammelt, beinahe demütig«.[44]

Doch Sisis Mißmut wuchs. Im Juni wurde über ihren Kopf hinweg die Entscheidung getroffen, ihren Obersthofmeister Fürst Lobkowitz zu verabschieden und an seine Stelle den Fürsten Thurn und Taxis zu setzen. Selbst Ludovika war nun konsterniert und schrieb aufgeregt an Marie von Sachsen: »Wir begreifen alle diese Versetzung nicht, da Fürst Lobkowitz erst seit zwey Monaten bei Sisi ist u. uns allen so gefallen hat«.[45] Der Grund dieser plötzlichen Versetzung gegen den Willen der jungen Kaiserin ist den Quellen nicht zu entnehmen. Es besteht allerdings kein Zweifel, daß dieses Vorgehen eine Brüskierung der jungen Frau bedeutete.

Sisi hatte keinen Menschen, mit dem sie sich hätte aussprechen können. Sie durfte sich nach Sophies ausdrücklichem Willen niemandem anvertrauen, denn das hätte ihre überragende Stellung als Kaiserin beeinträchtigt. Kaiser Franz Joseph konnte die Einsamkeit seiner Frau, unter der sie so bitter litt, nicht als außergewöhnlich empfinden. Denn er war diese Isolierung von klein auf gewöhnt. Er akzeptierte sie als selbstverständliche Begleiterscheinung, mehr noch: als Ausdruck seiner kaiserlichen Stellung, wie er es von seiner Mutter gelernt hatte. Eine Verwandte, Erzherzogin Marie Rainer, erklärte viele Jahre später Sisis jüngster Tochter Marie Valerie, es sei Sophies »System« gewesen, »Papa und seine Brüder zu isolieren, von jeder Intimität mit der übrigen Familie fernzuhalten; sie wie auf einer Insel haltend, meinte sie, ihnen mehr Autorität vor den andern zu verschaffen, sie vor Einflüssen zu schützen«. Valeries Reaktion auf diese Mitteilung ist in ihrem Tagebuch ebenfalls erhalten: »Nun also sehe ich die Ursache, warum Papa so ganz allein steht, keine Freude hat am Umgang mit Verwandten, daher angewiesen ist auf den Rat fremder oft unverläßlicher Menschen. Immer hatte ich geglaubt, Mama die Schuld geben zu müssen«.[46]

Bei diesem Gespräch ging es nur um die Kontakte mit Verwandten, also dem »allerhöchsten Erzhaus«. Um wieviel schwerer Beziehungen zu Menschen mit niedrigerem Gesellschaftsrang, gar mit dem sogenannten »Volk«, möglich waren, bedarf keiner Erläuterung. Mit dieser völligen Isolation, diesem Hinausgehobensein über gewöhnliche Menschen, kam die junge Kaiserin überhaupt nicht zurecht. Die Diskrepanz zwischen einem turbulenten, aber liebevollen Familienleben in Bayern und dem allerhöchsten Leben einer kaiserlichen Majestät war für sie unüberwindbar.

Ihrer Erziehung und ihrer Persönlichkeit nach wäre Sisi wie kaum eine andere geeignet gewesen, eine mildtätige »Mutter des Volkes« zu sein. Daß ihre besten Eigenschaften nun mit Gewalt unterdrückt wurden, ist dem strengen »System« der Erzherzogin Sophie und deren übertriebener Auffassung vom Gottesgnadentum der Habsburger zuzuschreiben. Der Habsburger Hof des späten 18. Jahrhunderts (unter Maria Theresia, Joseph II. und Leopold II.) hätte eine Persönlichkeit wie die junge Elisabeth vermutlich mit viel weniger Schwierigkeiten aufgenommen, da er wesentlich »fortschrittlicher«, volksnäher und aufgeklärter war als der Hof der fünfziger Jahre des 19. Jahrhunderts.

Die Schwierigkeiten wären auch nicht so groß geworden, wenn sich irgend jemand die Mühe gegeben hätte, die junge Kaiserin zumindest über die aktuellen politischen Ereignisse zu unterrichten, damit sie sich hätte dazugehörig fühlen können. Es hätte genug zu berichten gegeben: Im August marschierten österreichische Truppen in die Walachei und zwangen die Russen zur Räumung der besetzten Gebiete. Die politische Lage spitzte sich von Woche zu Woche zu. Die Kaiserin jedoch wußte darüber nichts. Sie hatte Tanzstunden zu absolvieren, Fremdsprachen zu lernen, Konversation zu üben und ihrer Obersthofmeisterin zuzuhören, die, wie Weckbecker schrieb, stundenlang über den Tratsch der höfischen Gesellschaft sprach. Ganz offenkundig war, daß man die unsichere und ungebildete junge Kaiserin für wenig intelligent hielt – womit man ihr bitter Unrecht tat.
Es gab in dieser ersten Zeit für Sisi nur einen Menschen, der sich ernsthaft mit ihr beschäftigte: den Grafen Carl Grünne, Franz Josephs väterlichen Freund und Generaladjutant, einen der mächtigsten und gehaßtesten Menschen der Monarchie. Er war ein Mann gesetzten Alters, der die Welt – und die Frauen – kannte und der jungen, unsicheren Kaiserin Vertrauen einflößte. Burgtheaterdirektor Heinrich Laube versuchte, die Diskrepanz zwischen Grünnes öffentlicher Unbeliebtheit und persönlicher Vertrauenswürdigkeit zu erklären: »Es war ihm ersichtlich große Ruhe angeboren oder angeeignet. Er hörte sehr gut zu, wenn man mit ihm sprach, er erwiderte in wenig Worten, sehr mäßig im Ausdrucke und mit schwacher Stimme, und zeigte sich alle Tage im Prater, ein stattlicher Mann, als trefflicher Reiter auf hohen Pferden. Wenn man mit ihm verkehrte, hatte man den Eindruck, die feindselige öffentliche Stimme verleumdete ihn«.[47]
Mit Grünne, der wohl der beste Pferdekenner der damaligen Zeit und auch Chef der kaiserlichen Stallungen war, ritt die junge Kaiserin aus – stets ein Lichtblick in ihrem unglücklichen Wiener Hofleben. Um so schmerzlicher war es, daß sie das Reiten schon wenige Wochen nach der Hochzeit aufgeben mußte: Es stellten sich Anzeichen einer Schwangerschaft ein.
Auch in dieser psychisch schwierigen Situation blieb Sisi allein.

Stundenlang beschäftigte sie sich nun mit den Tieren, die sie aus Possenhofen mitgebracht hatte und die allein geeignet waren, ihr Heimweh zu lindern, vor allem mit ihren Papageien. Sophie war auch diese Beschäftigung der kindlichen Kaiserin nicht recht. Sie empfahl dem Kaiser, Sisi die Papageien wegzunehmen, damit sie sich nicht »versah« und ihr Baby Ähnlichkeit mit einem Papagei bekommen könnte.[48] Dieses und ähnliche Verbote ihrer Schwiegermutter, denen sich der Kaiser wie gewöhnlich widerspruchslos fügte, verstärkten Elisabeths große Empfindlichkeit. Nun redete sie sich in eine Feindschaft gegenüber ihrer Tante und Schwiegermutter geradezu hinein, übertrieb dabei, fühlte sich verfolgt.

Die Beschwerden der ersten Schwangerschaftsmonate trafen die zarte Sechzehnjährige in vollem Ausmaß. Kaiser Franz Joseph berichtete seiner Mutter: »Sisi konnte nicht erscheinen, da sie gestern recht miserabel war. Sie mußte schon aus der Kirche weg und erbrach sich dann mehrere Male, auch litt sie an Kopfweh und brachte fast den ganzen Tag auf ihrem Bette liegend zu; nur abends nahm sie mit mir den Tee auf unserer Terrasse beim herrlichsten Abend. Seit Mittwoch war sie ganz wohl gewesen, so daß ich schon fürchtete, es sei nichts mit den Hoffnungen, doch nun bin ich wieder ganz getröstet, wenn es mir gleich wehe tut, sie so leiden zu sehen«.[49]

Mutter Ludovika war in Possenhofen in großer Sorge um ihre Tochter, traute sich aber nicht, sie zu besuchen, aus Angst, Sisis Heimweh noch mehr anzufachen. Sie schrieb eifrig Briefe und schickte schon Ende Juni »Die besorgten Ratschläge und Vorsorge-Empfehlungen eines Mutterherzens für die kleine bereits hoffende Tochter«.[50]

Erst im Sommer in Ischl sah sie Sisi wieder, schrieb aber vorher noch unschlüssig an Marie von Sachsen: »Eingeladen hat mich Sophie und der gute Kaiser. Ich weiss aber nicht, ob es in so mancher Hinsicht vernünftig wäre, mir selbst würde es in pekuniärer Hinsicht schwer. Ob es gut für Sisi wäre, sobald wieder mit uns zusammen zu kommen? . . . Deswegen habe ich noch keinen Entschluß gefaßt, obgleich ich oft eine große Sehnsucht nach ihr habe!!!«[51]

Die Ankunft der bayrischen Verwandtschaft in Ischl entbehrte nicht der Komik. »Kaiserin Elisabeth, Ischl. Eintreffe mit Spatz und Gackel. Mimi« – so lautete der Text des Telegrammes aus Possenhofen mit der Zeitangabe, wann der Zug in der nächsten Bahnstation von Ischl, Lambach, eintreffen würde. Von dort aus sollten die Reisenden mit einem Wagen abgeholt werden. Als Ludovika (von Sisi stets »Mimi« genannt) mit ihren Kindern Mathilde (»Spatz«) und Carl Theodor (»Gackel«) und der Dienerschaft in Lambach eintraf, stand kein Hofwagen bereit. Große Aufregung. Nach einiger Zeit näherte sich der ratlosen Reisegesellschaft schüchtern ein Diener des Hotels »Elisabeth« in Ischl. Er trug in jeder Hand einen Käfig für die erwarteten beiden Vögel (Spatz und Gackel), die von einer Reisenden namens »Mimi« angekündigt waren. Das Mißverständnis klärte sich bald auf. Und mit einem grellackierten Hotelwagen fuhr Ludovika vor der Kaiservilla in Ischl vor und wurde mit großem Erstaunen empfangen, da man von ihrer Ankunft ja nichts geahnt hatte.[52]
Ludovikas Selbstbewußtsein wurde durch diese Umstände nicht gestärkt. Sie hatte nur noch mehr Angst vor der energischen Schwester Sophie, der sie wegen der Heiratsvermittlung zu großem Dank verpflichtet war. Ludovika war devot und unsicher und verließ sich völlig auf das schwesterliche Urteil. Als Sophie nach Dresden fuhr, der Kaiser zu seinen Geschäften nach Wien und Ludovika mit Sisi in Ischl zurückließ, war Ludovika hilflos: »Ich möchte jetzt doppelt, Sophie wäre hier; denn sie ist doch die Seele von allem, und ohne sie weiss man nicht, an wen sich wenden. Man sieht auch, mit welcher Liebe der Kaiser an seiner Mutter hängt, es ist ein herrliches Verhältnis«.[53]
Über ihre Tochter schrieb Ludovika nach Bayern: »Sisi fand ich größer und stärker geworden, obgleich man ihr ihren Zustand noch nicht viel ansieht, sie ist im ganzen wohl, nur viel mit Übelkeit geplagt, was sie manchmal etwas herabstimmt, sie klagt zwar nie und sucht nur zu sehr dieses Unbehagen zu verbergen; das macht aber, daß sie oft stiller ist, das nicht zu verbergende Farbewechseln verräth aber ihren Zustand am meisten«.[54]
Die junge Kaiserin hatte in Ischl keinen eigenen Haushalt. Auch

wenn ihre Schwiegermutter verreist war, stand sie unter Beobachtung. Der zwölfjährige Bruder Franz Josephs, Erzherzog Ludwig Viktor, schrieb der Erzherzogin Sophie einmal entsetzt: »Liebe Mama, seit Du weg bist, geht es hier zur Verzweiflung von Papa [Franz Carl] eigens zu, nämlich die Kaiserin und Lenza [Joseph Legrenzi, erster Kammerdiener des Kaisers] machen, was sie wollen. Der arme Papa klagt mir alle Morgen beim Frühstück ... der arme Zehkorn [Hofkonzipist im Dienst Sophies] läuft ganz toll herum ... Gräfin Esterházy und Paula [Bellegarde] ringen die Hände«.[55] Aus diesem Brief kann man auf den Ton innerhalb der Familie über die junge Kaiserin schließen.

Während der Schwangerschaft wurde die Sechzehnjährige noch depressiver, vor allem, weil Sophie sie immer wieder nötigte, sich in der Öffentlichkeit zu zeigen. Elisabeth später zu Marie Festetics: »Kaum war sie da, schleppte sie mich schon hinunter in den Garten und erklärte, es sei meine Pflicht, meinen Bauch zu produzieren, damit das Volk sehe, daß ich tatsächlich schwanger bin. Es war schrecklich. Dagegen erschien es mir als Wohltat, allein zu sein und weinen zu können«.[56]

Erzherzogin Sophie nahm alle nötigen Vorbereitungen für das zu erwartende frohe Ereignis fest in ihre Hand. Sie bestimmte, wo die Kinderzimmer eingerichtet wurden: nicht in der Nähe des Kaiserpaares, sondern neben ihren eigenen Appartements, die sie sich ebenfalls neu einrichten ließ. Damit bestimmte sie schon Monate vor der Geburt, daß Elisabeth von ihrem Kind getrennt sein würde. Denn die »Kindskammer« war von den kaiserlichen Appartements nur über einige enge Stiegen und zugige Gänge zu erreichen und außerdem mit Sophies Appartements so eng verbunden, daß die junge Mutter ihr Kind nicht ohne Beisein der Schwiegermutter besuchen konnte.

Auch bei der Wahl der »Aja« hatte Elisabeth nicht mitzureden. Sophie wählte Baronin Welden aus, die Witwe des Feldzeugmeisters, der sich 1848/49 bei der Niederwerfung des Aufstandes in Ungarn einen Namen gemacht hatte. Baronin Welden hatte keine Kinder und auch keinerlei Erfahrung mit Kindererziehung. Ihre Wahl war eine rein politische Entscheidung und eine Würdigung

der Verdienste ihres verstorbenen Gatten. Die Hauptarbeit in der Kindskammer hatte die Kinderfrau Leopoldine Nischer, die Sophie in mehreren Gesprächen für ihre Aufgabe vorbereitete.
Bei all diesen Entscheidungen wurde die junge Frau nicht nur umgangen, sondern wie ein unmündiges Kind behandelt. Sie hatte ihre Pflicht zu tun: Repräsentieren bis zur Erschöpfung und so bald wie möglich ein Kind bekommen, obwohl sie erst sechzehn war. Daß sie Wünsche und Bedürfnisse hatte, als Person zur Kenntnis genommen werden wollte, erkannte noch nicht einmal der verliebte Kaiser. Die Orientkrise war immer noch akut. Die Truppen an der russischen Grenze wurden verstärkt, der russische Zar endgültig zum Feind gemacht. Franz Joseph an seine Mutter: »Es ist hart, gegen frühere Freunde auftreten zu müssen, allein in der Politik ist dies nicht anders möglich und im Oriente ist Rußland jederzeit unser natürlicher Feind«.[57]
Österreich verlor den alten Verbündeten Rußland und gewann im Westen keine neuen Partner. Die politische Isolierung sollte sich in den nächsten Kriegen, die Franz Joseph führte, 1859 um die Lombardei, 1866 um Venetien und die Vorherrschaft in Deutschland, schließlich noch 1914 bitter rächen. Daß diese so ungemein komplizierte politische Lage ausgerechnet mit der Heirat des Kaisers und seinen ersten Ehejahren zusammenfiel, entbehrt sicherlich nicht der Tragik. Denn die nervliche und geistige Überlastung des Kaisers ließ ihm viel zu wenig Zeit für seine in der neuen Wiener Umgebung vereinsamte junge Frau. Die Differenzen zwischen Sophie und Elisabeth wuchsen durch die ständige Abwesenheit des Kaisers zu unüberbrückbaren Gegensätzen an, die voll auf die kaiserliche Ehe durchschlugen.
Das Geld für die Mobilisierung konnte der bankrottreife Staat nicht aufbringen. Es wurde eine »Nationalanleihe« von 500 Millionen Gulden aufgelegt. Franz Joseph schrieb voller Stolz und Selbstbewußtsein an seine Mutter: »Mit der gefürchteten Revolution werden wir auch ohne Rußland fertig werden, und ein Land, welches in einem Jahre 200 000 Rekruten ohne Anstand aushebt und ein Anlehen von über 500 Millionen fl. im Inland zustandebringt, ist noch nicht gar so revolutionskrank«.[58] Kenner der Ver-

hältnisse wie Baron Kübeck allerdings beklagen zutiefst, daß der Kaiser und seine Mutter sich völlig falsche Vorstellungen über die Methoden machten, wie das Geld zwangsweise den Provinzen abgepreßt wurde, was große Verbitterung im ganzen Reich auslöste: »Der Kaiser schien mir sehr froher Dinge zu seyn und den Täuschungen völlig hingegeben, die man um ihn verbreitet«. Und: »Wie in allen Kreisen der Bevölkerung von den Mitteln der Subskriptions-Ergebnisse gesprochen wird, scheint in diesen Regionen nicht bekannt zu sein«.[59]

Der neue Finanzminister Bruck stand im Frühjahr 1855 vor der ungewöhnlichen Situation, daß für die Erhaltung des Militärs allein um 36 Millionen Gulden im Jahr mehr ausgegeben wurde, als die gesamten Einnahmen des Staates ausmachten.[60]

Um für die Mobilisierung im Krimkrieg neben den Steuern, der Anleihe und zweifelhaften Bankmanipulation noch mehr Geld aufzubringen, verkaufte Österreich sogar seine Eisenbahnen und Kohlenwerke an einen französischen Bankier – ein höchst zweifelhaftes Geschäft, denn man erhielt nur etwa die Hälfte der Summe, die die Eisenbahnen gekostet hatten. (Der Verkauf sollte sich vor allem in den oberitalienischen Provinzen bald als verhängnisvoll herausstellen. Denn im Krieg mit Frankreich 1859, also drei Jahre später, konnte Österreich bei seinen Truppentransporten nicht auf die Zuverlässigkeit des französischen Eisenbahnpersonals rechnen, Napoleon III. aber um so mehr. Die Bahnen mußten von Österreich später zu einem weit höheren Preis zurückgekauft werden.[61])

In allen Provinzen Österreichs herrschten Teuerung und Hungersnot. Die Cholera brach aus, zuerst bei den in der Walachei zusammengezogenen Truppen. Die Kaiserfamilie wußte nicht, was bei den einfachen Leuten vor sich ging. Erzherzogin Sophie war von den Ideen eines absoluten Herrschertums ebenso überzeugt wie ihr Sohn, der zwar fleißig Akten las, aber die Menschen nicht kannte und es auch nicht für nötig hielt, sie zu kennen.

Für die uninformierte junge Kaiserin war der Krimkrieg nichts als ein Anlaß zur Eifersucht. Denn der Kaiser beriet oft stundenlang mit seiner Mutter die politische Lage, während sich die kleine Sisi als zu unreif zurückgesetzt und vernachlässigt fühlte. Später erzählte Elisabeth ihren Kindern immer wieder, wie zur Entschuldigung, über diese schwierigen ersten Ehejahre. Auch Sisis jüngste Tochter Marie Valerie wußte »von Mamas trauriger Jugend, wie Großmama Sophie zwischen ihr und Papa gestanden, immer sein Vertrauen beansprucht und dadurch ein Sichkennenlernen und Verstehen zwischen Papa und Mama für immer unmöglich gemacht habe«.[62] Da die junge Frau jedoch, wie alle ihre Briefe aus dieser ersten Zeit und auch Sophies Tagebuch zeigen, außerordentlich schüchtern und unsicher war, ja geradezu demütig gegenüber ihrem kaiserlichen Gemahl, kamen diese Differenzen nicht zur Entladung. Sisi litt still vor sich hin, weinte, dichtete melancholische Verse. Franz Joseph hingegen glaubte an »mein so vollkommenes häusliches Glück«[63].

Daß das junge Ehepaar nicht nur im Temperament und der Erziehung, sondern auch im Geschmack verschieden war, wurde täglich deutlicher. Als Beispiel sei hier nur Shakespeares »Sommernachtstraum«, Sisis Lieblingsstück, erwähnt, das sie später über große Partien auswendig kannte. Franz Joseph an Sophie: »Gestern war ich mit Sisi im Sommernachtstraum von Shakespeare im Burgtheater... Es war ziemlich langweilig und ungeheuer dumm. Nur Beckmann mit einem Eselskopfe ist amüsant«.[64]

Schon als Kind hatte Sisi sehr viel gelesen. Und wenn sie auch für höfische Verhältnisse ungebildet war (was das Zeremoniell und französische Konversation anging), so hatte sie doch – im Gegensatz zu Franz Joseph – ein lebhaftes Interesse für Literatur und Geschichte. Der Flügeladjutant Weckbecker erzählte aus dieser ersten Zeit, er habe der jungen Kaiserin während einer Eisenbahnfahrt erzählt, »was ich Geschichtliches von den Orten der Gegend wußte, besonders von Wiener Neustadt. Das hörte sie mit Anteil an, und es interessierte sie sichtlich mehr als der Tratsch der Gräfin Esterházy«[65]

Nur wenige Monate nach der prunkvollen Hochzeit war der Rausch der Neuheit verflogen. Die junge Kaiserin mußte sich bewähren und der Kritik standhalten, so jung sie auch war – als »Landesmutter«, obwohl sie über dieses »ihr« Land so gut wie nichts wußte, vor allem aber als erste Dame des österreichischen

Adels. Und hier versagte Elisabeth. Der Wiener Adel kritisierte diese so wenig »gut erzogene« Kaiserin scharf. Selbst Verwandte, wie Prinz Alexander von Hessen, hielten Sisi für schön, aber dumm. Er schrieb im November 1854 in sein Tagebuch, die Kaiserin sei zwar trotz ihrer fortgeschrittenen Schwangerschaft sehr schön, aber: »Nach ihren stereotypen Fragen ›Sind Sie schon lange hier? Wie lange werden Sie in Wien blieben?‹ scheinbar ein wenig bûche, ein Wort, mit dem Franzosen wenig intelligente Menschen zu bezeichnen pflegen.«[66]

Stets war von mangelnden Fertigkeiten der Kaiserin die Rede: daß sie das Protokoll nicht beherrsche, nicht gut genug tanze, sich nicht elegant genug kleide. Kein einziges Mal ging es bei all den Rügen um intellektuelle oder soziale Fähigkeiten. Bücher und Bildung gehörten nicht zur Welt des Hofes. Der amerikanische Gesandte John Motley schrieb, »Wien ist vielleicht die Stadt in der Welt, in der im Verhältnis zur Einwohnerzahl am wenigsten gelesen wird und am meisten getanzt«.

Der »einzige Paß« für diese Gesellschaft sei der Stammbaum: »Ohne diesen Nachweis kann ein Eingeborener so wenig in den Mond gelangen wie in diese Gesellschaft. Deshalb ist sie auch so klein an Zahl, nicht mehr als dreihundert oder so, alle unter sich verheiratet und verwandt: Jeder kennt Jeden, so daß ein Hinzudrängen unmöglich und ein Absperren unnöthig ist... selbst, wenn ein Österreicher Shakespeare, Galilei, Nelson und Raphael in einer Person wäre, so könnte er nicht in die gute Gesellschaft von Wien zugelassen werden, wenn er nicht sechzehn Ahnen aufzuweisen hat.«

Der berühmte »Cercle« bei Hof war nach Motleys Aussage keineswegs ein Gradmesser für Intelligenz: »Aber ich meine, kein vernünftiges Wesen sollte freiwillig in einen Salon gehen. Da gibt es nur drei Themata: die Oper, den Prater und das Burgtheater; wenn diese erschöpft sind, bist Du auf dem Trockenen. Conversazioni, wo das, was man unter Konversation versteht, nicht existiert, sind eine mißverstandene Einrichtung.«[67]

Daß der Hauptgesprächsstoff der Aristokraten der Tratsch war – denn jeder kannte jeden und war praktisch mit jedem verwandt –

erwähnte der amerikanische Gesandte nicht. Er gehörte ja als Diplomat ebensowenig in die innersten Zirkel des Hofes wie die junge Kaiserin, die kraft ihrer Stellung über diese Familienredereien erhaben sein mußte und auch kraft ihrer Herkunft und Erziehung keinerlei Anknüpfungspunkte an solcherlei Gespräche hatte. Sie stand außerhalb und mußte sich, ob sie wollte oder nicht, kritisieren und an den Normen des Wiener Hofes messen lassen.

3. Kapitel

Die junge Ehe

So problematisch Sisis Stellung am Wiener Hof und gegenüber ihrer Schwiegermutter Sophie auch war, so gut war das Verhältnis des jungen Ehepaares zueinander. Die Verliebtheit Franz Josephs war nicht zu übersehen. Und es besteht kaum ein Zweifel, daß die junge Sisi die Liebe ihres Mannes erwiderte und mit ihm glücklich war.
Später, als die Liebe erloschen war und sie als einsame »Titania« Zuflucht in der Dichtung suchte, schrieb die Kaiserin in Erinnerung an die harmonischen Stunden ihrer Ehe »schwermutsvolle Abendgangerinnerungen«, die sich wahrscheinlich auf Ischl bezogen:

Tief ermüdet geht Titania in dem Garten auf und nieder,
Löst sich sinnend ihre Flechten, dichtet wandelnd neue Lieder,
Und sie denkt der längstvergang'nen Zeiten, wo sie hier geweilet;
Sieht noch, wie im Mondenscheine dem Geliebten zu sie eilet –
»Hier auf dieser Bank, da saßen Arm in Arm wir lang verschlungen,
Während draußen am Parterre musizirt wird und gesungen;
Dorten steigen auf Raketen, glühen Feuer aus Bengalen,
Hier dringt kaum des Vollmonds Silber durch das Laubdach der Kastanien,
Und wir tauschten heiße Küsse, wie die Vollmondnacht, noch schwüler,
Dachten nicht des nahen Morgens, wo es grau wird, ach! und kühler![1]

Gedichte dieser Art schrieb Elisabeth als Fünfzigjährige, immer noch der Liebe ihrer ersten Ehejahre nachtrauernd:

Zerstört
O sprich mir nicht von jenen Stunden,
Wo wir einander angehört;
Mit ihrem Glück sind sie entschwunden,
Und unser Eden ist zerstört.
Doch wird ihr Angedenken leben,
Bis Ruhe uns der Tod gegeben.

Vermöchten wir je zu vergessen,
Dass ich dir meine Seele gab,
Dass du mein Alles mir gewesen,
Und ich dir Treue schwur zum Grab?
Ich sah im Aug' dir Liebe glühen,
Ein Lächeln deinen Mund umzieh'n.

Wenn ich an deine Brust mich lehnte,
Wie tief und innig war der Blick,
In dem mein Paradies ich wähnte,
Wie warm schlug dir mein Herz zurück –
Wie weltvergessend wir uns küssten,
Als ob wir Seelen tauschen müssten!

Ich sah die schwarzen Wimpern senken
Sich über deines Auges Glanz,
Als wolltest unbelauscht versenken
In deinem Glück du ganz.
Es war mein Trachten nur, mein Streben,
Dich immer süsser zu umweben ...

Ich brauch die Zeit dir nicht zu nennen,
Die uns so innig einst vereint,
Und die wir nie vergessen können,
So endlos fern sie jetzt auch scheint ...[2]

Das erste Kind des Kaiserpaares war ein Mädchen, die kleine Sophie. Eine ausführliche Schilderung der Geburt verdanken wir der Erzherzogin Sophie, die eine wahre Idylle in ihr Tagebuch schrieb. Auffallend war nur, daß Elisabeths Mutter Ludovika nicht bei der Geburt anwesend war, wie es eigentlich (wenigstens bei dem ersten Kind einer Tochter) üblich war. Wieder blühte der Tratsch. So schrieb zum Beispiel eine Dame der Gesellschaft an eine Freundin: »Die Mutter der Kaiserin verweilt auf ihrem Landsitz, worüber man sehr erstaunt ist. Sie soll keine Einladung erhalten haben. Jedes Ding hat seine Ursache, darüber läßt sich nicht urteilen«.[3] Daraus ist zu entnehmen, daß die Familienzwistigkeiten schon weiteren Kreisen bekannt waren.

Am Morgen des 5. März 1855 weckte der Kaiser seine Mutter um sieben Uhr in der Früh, da die Wehen eingesetzt hatten. Mit einer Handarbeit setzte sich Sophie vor das kaiserliche Schlafzimmer und wartete, »und der Kaiser ging und kam von ihr zu mir«, schrieb Sophie.

Als die Wehen gegen elf Uhr stärker wurden, setzte sich Sophie ans Bett ihrer Schwiegertochter neben den Kaiser, beobachtete jede Regung des Paares: »Sisi hielt die Hand meines Sohnes zwischen den ihren und küßte sie einmal mit einer lebhaften und respektvollen Zärtlichkeit; das war so rührend und machte ihn weinen; er küßte sie ohne Unterlaß, tröstete sie und klagte mit ihr und schaute mich bei jeder Wehe an, um zu sehen, ob ich damit zufrieden war. Als sie jedesmal stärker wurden und die Entbindung begann, sagte ich es ihm, um Sisi und meinem Sohn neuen Mut zu geben. Ich hielt den Kopf des guten Kindes, die Kammerfrau Pilat die Knie und die Hebamme hielt sie von hinten. Endlich nach einigen guten und langen Wehen kam der Kopf und gleich danach war das Kind geboren (nach drei Uhr) und schrie wie ein Kind von sechs Wochen. Die junge Mutter sagte mit einem Ausdruck von so rührender Seligkeit: ›oh, jetzt ist alles gut, jetzt ist mir einerlei, was ich gelitten!‹. Der Kaiser brach in Tränen aus, er und Sisi hörten nicht auf, sich zu küssen, und sie umarmten mich mit der lebhaftesten Zärtlichkeit. Sisi schaute ihr Kind mit Entzükken an, und sie und der junge Vater waren voll Sorge für das Kind, ein großes und starkes Mädchen.«

Der Kaiser nahm die Glückwünsche der im Vorzimmer versam-

melten Familie entgegen. Nachdem das Kind gewaschen und angezogen war, nahm Sophie es auf ihren Arm und setzte sich neben Sisis Bett, wo auch der Kaiser war. Sie warteten, bis Sisi gegen sechs Uhr einschlief. »Sehr zufrieden und heiter« nahm die kaiserliche Familie den Tee. Der Kaiser rauchte mit seinem jüngeren Bruder Max eine Zigarre und ließ sich auf eine Plauderei mit ihm ein. In den Kirchen wurden Dankgottesdienste gehalten.
Kaum irgendwo wird die überragende Stellung Sophies in der kaiserlichen Familie so sichtbar wie in dieser Ausnahmesituation. Die Hebamme hörte auf ihr Kommando. Der Kaiser, unsicher wie jeder junge Vater, suchte ängstlich in den Mienen seiner Mutter, den Fortgang der Geburt zu erfahren. Die gerade siebzehnjährige Elisabeth war ohne Beistand Ludovikas, ganz ihrer Schwiegermutter ausgeliefert. Trotz allem aber war ihre Haltung noch während der schlimmsten Wehen von »ehrerbietiger, respektvoller Zärtlichkeit« für Franz Joseph, wie Sophie schrieb.[4] Diese Haltung war es, die Sophie von der jungen Kaiserin in jeder, selbst in dieser besonderen Situation selbstverständlich erwartete.
Sisis späteren Klagen, das Kind sei ihr gleich nach der Geburt abgenommen worden, muß allerdings mit einigen Vorbehalten begegnet werden. Ganz so schlimm kann es – wenigstens in den ersten Wochen nach der Geburt – gar nicht gewesen sein. Denn die junge Kaiserin schrieb drei Wochen nach der Niederkunft an eine Verwandte in Bayern: »Meine Kleine ist wirklich schon sehr nett und macht dem Kaiser und mir ungeheuer viel Freude. Anfangs kam es mir recht sonderbar vor, ein ganz eigenes Kind zu haben; es ist wie eine ganz neue Freude, auch habe ich die Kleine den ganzen Tag bei mir, ausser wenn sie spazieren getragen wird, was bei dem schönen Wetter oft möglich ist.«[5]
Aber selbstverständlich mußte sich die junge Mutter dem Regiment der Schwiegermutter widerspruchslos fügen – ebenso wie es der Kaiser von Kindheit an zu tun gewöhnt war. Das Kind erhielt den Namen Sophie, die Großmutter wurde Patin. Sisi wurde auch deswegen nicht gefragt.
Die kleine Sophie nahm bis zu ihrem Tod 1857 im Herzen ihrer Großmutter eine bedeutende Stellung ein. Das Tagebuch ist sei-

tenweise mit Einzelheiten der Säuglingspflege gefüllt. Alles entfachte den großmütterlichen Stolz der sonst so kühlen Erzherzogin: jeder kleine Fortschritt in der Entwicklung, jeder keimende Zahn war es nun wert, im Tagebuch der Erzherzogin verzeichnet zu werden. Selbstverständlich verschärfte dieser großmütterliche Eifer, ja Besitzanspruch die Familienprobleme im Kaiserhaus. Die siebzehnjährige, unerfahrene Elisabeth wich eingeschüchtert zurück: Noch nicht einmal die Geburt eines Kindes hatte ihre Position am Hof verbessern können.
Schon ein Jahr später, im Juli 1856, brachte Sisi ein weiteres Mädchen zur Welt. Es wurde Gisela genannt – nach der aus bayrischem Haus stammenden Gemahlin des ersten christlichen Königs Stephan I. von Ungarn. Patin war diesmal Herzogin Ludovika. Allerdings fehlte sie bei der Taufe und wurde von Erzherzogin Sophie vertreten – was wiederum zu Tratsch führte. Der Grund, warum Ludovika trotz Sisis Bitten so lange nicht zu ihrer Tochter und ihren ersten beiden Enkelkindern nach Wien reiste, ist unbekannt. Man kann nur aus anderen Äußerungen Ludovikas schließen, daß sie jede Eifersucht Sophies verhindern wollte.
Groß war die Enttäuschung, daß wieder nicht der ersehnte Thronerbe geboren war – bei der Bevölkerung wohl vor allem deshalb, weil man sich von der Geburt eines Thronerben besonders großzügige Spenden erwartete, die das Land in dieser schlechten Zeit bitter nötig hatte.
Auch dieses Kind wurde der Obsorge der Großmutter übergeben. Elisabeth klagte später, wie sehr sie bedaure, zu ihren ältesten Kindern kein inniges Verhältnis zu haben und beschuldigte immer wieder ihre Schwiegermutter, dafür verantwortlich zu sein. Erst bei ihrem vierten Kind, Marie Valerie, setzte sie ihre Mutterrechte durch und gestand: »Erst jetzt weiß ich, welche Glückseligkeit ein Kind bedeutet. Jetzt habe ich schon den Mut gehabt, es zu lieben und bei mir zu behalten. Meine anderen Kinder hat man mir sofort weggenommen. Es war mir nur dann erlaubt, die Kinder zu sehen, wenn Erzherzogin Sophie die Erlaubnis dazu gab. Sie war immer anwesend, wenn ich die Kinder besuchte. Endlich gab ich den Kampf auf und ging nur noch selten hinauf.«[6]

Aus dem Nachlaß der Kinderfr[au] Leopoldine Nischer: Zeichnung Elisabeths fü[r] ihre Kinder.

Wenn Sisis Stellung am Hof auch noch so unbedeutend war, so stieg doch ihre Beliebtheit bei der Bevölkerung. Diese Beliebtheit hatte auch politische Gründe. Denn seitdem der Kaiser verheiratet war, gab es vorsichtige Liberalisierungen. Der Belagerungszustand in den großen Städten wurde nach und nach aufgehoben, und zwar stets anläßlich familiärer Ereignisse wie der Hochzeit des Kaisers und der Geburt der kaiserlichen Kinder. Politische Gefangene wurden vorzeitig entlassen oder amnestiert.

Lockerung brachte auch das neue Militärstrafgesetz im Januar 1855, also wenige Monate nach der kaiserlichen Hochzeit. Mit diesem Gesetz wurde unter anderem die in Österreich immer noch übliche Strafe des Spießrutenlaufens aufgehoben. Der Volksmund wollte wissen, daß es die junge Kaiserin war, die sich die Abschaffung dieser Tortur von ihrem Gemahl als Hochzeitsgeschenk erbat.[7] Aus den Quellen besitzen wir keine Beweise für diese Theorie. Aber daß die höchst empfindsame junge Kaiserin einer solchen Strafe bei einer der vielen militärischen Besuche beiwohnte oder wenigstens von ihr hörte, ist durchaus wahrscheinlich. Und daß sie sich ihrer Natur nach vehement gegen eine solche Grausamkeit aussprach, ist plausibel. Auch die Aufhebung der Kettenstrafe in den Gefängnissen wurde Elisabeths Initiative zugeschrieben. Daß diese Maßnahmen nicht auf den Einfluß der Erzherzogin Sophie zurückzuführen waren, wußte jedermann. Denn Sophie trat nach wie vor für äußerste Härte gegenüber den Revolutionären des Jahres 1848 und allen sonstigen Aufrührern ein. Nur zu gern glaubten patriotisch gesinnte und kaisertreue Österreicher an den mildreichen Einfluß einer volksnahen neuen Kaiserin.

Ob Elisabeth wirklich einen derartigen gezielten Einfluß auf den Kaiser hatte, wissen wir nicht. Kein Zweifel aber ist, daß der junge Kaiser in seiner überschwenglichen Verliebtheit, im Glück seiner jungen Ehe weicher und nachgiebiger wurde und sich schon deshalb der überfälligen Liberalisierung nicht mehr so abgeneigt zeigte wie bisher.

Die blutjunge Kaiserin wurde so etwas wie eine politische Hoffnung aller jener, die sich unter dem neoabsolutistischen Regime nicht wohlfühlten. Auch die Gegner der Konkordatspolitik schar-

ten sich bald um die Kaiserin. Der Abschluß des Konkordates 1855 bildete einen Höhepunkt des politischen Katholizismus in Österreich und war gleichzeitig ein Triumph für Erzherzogin Sophie, die hiermit ihre Vorstellungen eines katholischen Kaisertums durchsetzen konnte: der Staat übergab der Kirche die Macht über die Ehegerichtsbarkeit und über die Schulen. Die Kirche hatte ab nun das ausschlaggebende Wort nicht nur über den Inhalt des Lehrstoffs (von Geschichte bis zur Mathematik), sondern auch über die Person der Lehrer. Auch der Zeichen- oder Turnlehrer mußte die erste Aufgabe erfüllen, ein guter Katholik zu sein (was bis zum Sakramentenempfang nachgeprüft wurde). Sonst erhielt er keine Stelle. Das Konkordat war eine Kampfansage an alle Nichtkatholiken und Liberalen, aber auch an Wissenschafter, Künstler und Schriftsteller, die in ihrer Arbeit stark behindert wurden.
In der jungen Kaiserin – deren Konflikte mit Erzherzogin Sophie nicht mehr zu verheimlichen waren – glaubten die Gegner des Konkordates eine Sympathisantin zu finden – was wohl auch bis zu einem gewissen Grad zutraf. So wurde aus dem Jahr 1856 eine bezeichnende Geschichte kolportiert: Die kleine evangelische Gemeinde Attersee wollte, was neuerdings gestattet war, einen Turm an ihre kleine Kirche bauen und brauchte dafür Geld. Der Pastor wandte sich auch an den Hof, der gerade in Ischl residierte und geriet an die Kaiserin persönlich. Im liberalen »Wiener Tagblatt« war später über diese Unterredung zu lesen, daß die junge Kaiserin zunächst ihre Verwunderung darüber ausdrückte, »daß die Protestanten erst jetzt Thürme auf ihren Kirchen errichten dürfen. In meinem Vaterlande«, sagte sie freundlich, »genossen Ihre Glaubensgenossen schon, wie ich weiß, seit fünfzig Jahren diese Rechte. Mein seliger Großvater [König Maximilian I. von Bayern] ließ den Protestanten aus Staatsmitteln die schöne Kirche auf dem Karlsplatz in München bauen. Die Königin von Bayern [Marie, die Gattin Maximilians II.] ist auch eine Protestantin und auch meine Großmutter mütterlicherseits war evangelisch. Bayern ist ein erzkatholisches Land, aber die Protestanten haben sich bei uns gewiß nicht über Zurücksetzung oder Schmälerung zu beklagen.«
Die Kaiserin gab eine großzügige Spende, die allerdings »in kleri-

kalen Kreisen große Überraschung hervorgerufen« haben soll. Der streitbare Bischof Rudigier von Linz soll »förmliche Aufklärungen erbeten haben, ob sich die Sache wirklich so verhalte«. Die Zeitung der Klerikalen in Linz stellte den »Vorfall« so dar, »als ob die Kaiserin über den eigentlichen Zweck der Spende nicht genau informirt gewesen sei und als ob man ihr nur dargestellt hätte, daß es sich nur um eine arme Gemeinde überhaupt, nicht aber um eine protestantische handle. Der Pastor jedoch wehrte sich mit einer ›Richtigstellung‹ in der amtlichen Linzer Zeitung«.[8]
Mit dieser harmlosen Spende für einen protestantischen Kirchturm profilierte sich Elisabeth, ob sie wollte oder nicht, als Anhängerin der Toleranz in Religionssachen und damit als Gegnerin des Konkordates. Ab nun setzten die einen Hoffnungen auf sie, die anderen – und dies war die »klerikale« Partei ihrer Schwiegermutter Sophie – sahen in ihr einen Gegner. Sisis Beziehung zum Hof und zur Aristokratie wurde durch diese Hoffnungen der »Freiheitlichen« alles andere als gebessert.

Auch Sisis Auftreten im Familienkreis änderte sich allmählich. Sie war immer weniger demütig, immer weniger still. Immer deutlicher kam ihr ihre hohe Stellung zu Bewußtsein: Sie war die Kaiserin, die erste Frau des Reiches.
Das bedeutete auch, daß sie es wagte, gegen die bisher allmächtige Schwiegermutter zu opponieren. Selbstverständlich ging es zunächst um den Einfluß in der »kaiserlichen Kindskammer«. Beim Kaiser fand Sisi zunächst keine Unterstützung. Erst im September 1856, als sie auf einer Reise durch Kärnten und die Steiermark mit ihrem Mann allein war, bestand Sisi auf ihrem Wunsch, die Kinder in ihrer Nähe haben zu dürfen. Fern von der Hofburg, fern von den täglichen gemeinsamen Mahlzeiten mit der Schwiegermutter, fühlte sie sich endlich stark genug, um den Kaiser von seiner übergroßen Servilität gegenüber der verehrten Mutter freizumachen und ihn auch einmal an die Bedürfnisse seiner Frau zu erinnern.
Nun brach ein offener Streit zwischen Sisi und Sophie um die beiden Kaiserkinder aus. Sophie widersetzte sich Sisis dringenden

Bitten, die Kinderzimmer zu verlegen. Sie brachte manche Vorwände vor (die betreffenden Räume hätten zu wenig Sonne und ähnliches). Als Sisi nicht nachgab, drohte Erzherzogin Sophie, aus der Hofburg auszuziehen – ihre stärkste Waffe. Und diesmal erreichte es die junge Kaiserin, ihren Mann auf ihre Seite zu ziehen – nach Franz Josephs Briefen zu urteilen, das erste und einzige Mal, daß der Kaiser seine über alles geliebte Mutter rügte.
Kurz nach der Rückkehr von der gemeinsamen Reise mit seiner Frau schrieb er an Sophie: »Ich bitte Sie jedoch inständigst, Sisi nachsichtig zu beurteilen, wenn sie vielleicht eine zu eifersüchtige Mutter ist, – sie ist ja doch so eine hingebende Gattin und Mutter! Wenn Sie die Gnade haben, die Sache ruhig zu überlegen, so werden Sie vielleicht unser peinliches Gefühl begreifen, unsere Kinder ganz in Ihrer Wohnung eingeschlossen mit fast gemeinschaftlichem Vorzimmer zu sehen, während die arme Sisi mit ihrem oft so schweren Volumen die Stiege hinaufkeuchen muß, um dann selten die Kinder allein zu finden, ja auch Fremde bei denselben zu sehen, denen Sie die Gnade hatten die Kinder zu zeigen, was besonders mir auch noch die wenigen Augenblicke verkürzte, die ich Zeit hatte bei den Kindern zuzubringen, – abgesehen davon, daß das Produzieren und dadurch Eitelmachen der Kinder mir ein Greuel ist; worin ich übrigens vielleicht Unrecht habe. Übrigens fällt es Sisi gar nicht ein, Ihnen die Kinder entziehen zu wollen, und sie hat mir eigens aufgetragen Ihnen zu schreiben, daß dieselben immer ganz zu Ihrer Disposition sein werden.«[9]
Zum erstenmal hatte sich Elisabeth durchsetzen können. Die Reise war ein voller Erfolg und brachte die Eheleute einander wieder näher. Sie genossen beide in vollen Zügen die Schönheiten des Hochgebirges – eine der wenigen Gemeinsamkeiten, die Franz Joseph und Elisabeth je hatten. Das junge Paar erregte allenthalben Bewunderung, so einfach und natürlich trat es in der ländlichen Umgebung auf: der Kaiser in Lederhosen, mit Gamsbarthut, die Kaiserin im knappen Lodenkostüm und mit derben Bergschuhen, einen Lodenhut auf dem Kopf. Da gab es kein höfisches Zeremoniell, und selbst der in Wien so förmliche und gehemmte Kaiser

benahm sich salopp und zeigte, daß er sich noch ein gewisses Maß an Spontaneität und Lebensfreude bewahrt hatte.
Die beiden machten von Heiligenblut aus eine Bergtour. Elisabeth, die eine geübte Bergsteigerin, aber doch noch vom Wochenbett geschwächt war, rastete nach dreistündigem Weg bei der Wallnerhütte (dem Platz des heutigen Glocknerhauses) und genoß den Ausblick auf die Pasterze und die Spitze des Großglockners. Dieser Platz erhielt den Namen »Elisabethruhe«. Franz Joseph stieg weiter auf zum Hohen Sattel und zum Pasterzen-Gletscher, der »Franz Josephs-Höhe«.
Gemeinsame Reisen des Kaiserpaares waren ab nun freudig benützte Anlässe für Elisabeth, mit ihrem Mann allein zu sein und ihren Einfluß zu verstärken.
Aber wenn Sisi auch diesmal einen Sieg davongetragen hatte, kostete dieser jahrzehntelange Kampf gegen die Schwiegermutter viel Kraft, um so mehr, als ja Sophie der Unterstützung des »Hofes« stets sicher sein konnte – im Gegensatz zur jungen Kaiserin.
Sophie erreichte es nicht, Elisabeth nach ihren Vorstellungen zu erziehen. Durch den langen erbitterten Kampf aber entzog sie der Monarchie und der kaiserlichen Familie eine vielversprechende, begabte Persönlichkeit und trieb Elisabeth in die Isolation.
Gräfin Marie Festetics, die freilich das Problem nur aus den Erzählungen der Kaiserin beurteilen konnte, schrieb über die Erzherzogin: »Ihre Ambition drängte sie immer zwischen die beiden Gatten – immer mit einer Entscheidung zwischen Mutter u. Frau u. es ist eine Gnade Gottes, daß es nicht zu einem Bruche führte. Sie wollte den Einfluß der Kaiserin auf den Kaiser brechen. Das ist ein gefährliches Wagnis gewesen. Der Kaiser liebt die Kaiserin ... Die Kaiserin hat nur ihr gutes Recht u. ihre Noblesse als Helfer.«[10]

Der Pariser Friede im Frühjahr 1856 beendete den Krimkrieg und brachte eine völlige Umwälzung im europäischen Staatensystem: Rußland verlor seine Vormachtstellung an das Frankreich Napoleons III. Aus der engen Freundschaft zwischen Rußland und Österreich war eine Feindschaft geworden, zum Vorteil Preußens. Neben diesen für Österreich so unglücklichen Auswirkungen wurde bald auch noch ein bisher wenig berücksichtigter Faktor schmerzlich spürbar: Die Keimzelle der italienischen Einheitsbewegung, Sardinien-Piemont, hatte im Krimkrieg Frankreich 15 000 Soldaten zur Verfügung gestellt und sich dafür Napoleon III. als Schutzherrn der Irredenta gewonnen. Die österreichischen Provinzen Lombardei und Venetien waren mehr denn je bedroht, ebenso wie die von Habsburgern regierten und unter österreichischem militärischen Schutz stehenden mittelitalienischen Staaten Toscana und Modena. Die italienische Einigungsbewegung sah in der österreichischen Herrschaft in Italien das größte Hindernis zur Erreichung ihrer Ziele.

Franz Joseph wies nach wie vor jeden Versuch von sich, die nach einhelliger Meinung unhaltbaren italienischen Provinzen durch günstige Verträge oder gar Verkauf abzutreten. Auch Ernst II. von Coburg versuchte 1854 dem jungen Kaiser diese Ideen Napoleons III. nahezubringen, denn »es sei ja doch nicht zu erwarten, daß Italien jemals beruhigt werden könne«. Prinz Coburg: »Der Kaiser schien über diese Mitteilung sehr unruhig zu werden und wies jeden Gedanken einer Abtretung italienischer Gebiete auf das Allerentschiedenste zurück.«[11] Und vier Jahre später berichtete der Schweizer Gesandte nach Bern, »daß der Kaiser zur Verteidigung Venedigs seinen letzten Mann und seinen letzten Thaler opfern werde«.[12] Das hieß, daß es früher oder später zu einem Krieg um Italien kommen würde.

Vorerst hoffte der Kaiser, die aufrührerischen Provinzen durch starke Militärgewalt halten zu können. Zur Demonstration der kaiserlichen Herrschaft reiste das Kaiserpaar im Winter 1856/57 nach Oberitalien, wohnte vier Monate lang in den alten königlichen Palästen von Mailand und Venedig und entfaltete dort das ganze Gepränge des Hofes und des Militärs.

Auch bei diesem Anlaß gab es wieder Streitereien in der kaiserlichen Familie. Denn Elisabeth wollte sich nicht auf so lange Zeit von den Kindern trennen. Gegen starken Widerstand der Erzherzogin setzte sie durch, daß das ältere Töchterchen, die inzwischen zweijährige Sophie, die Eltern nach Italien begleitete. Elisabeth begründete das damit, daß die Luft in Oberitalien dem etwas

kränkelnden Kind während des Winters gut tun würde. Die italienischen Zeitungen jedoch mutmaßten, daß das Kind hauptsächlich als Absicherung gegen Attentate mitgenommen wurde.[13] Sophie ihrerseits beklagte die Gefahren der Reise für das Kind, womit sie sicher nicht Unrecht hatte.
Die Reise ging zunächst per Eisenbahn von Wien nach Laibach. Dort wurden die 37 mitgeführten Kutschen entladen und dann mit Postpferden und per Schiff die Reise fortgesetzt.
Hier in Italien konnte sich Sisi unmöglich der Politik entziehen. Bisher hatte sie bei ihren Reisen in die Provinzen – nach Böhmen, Steiermark, Kärnten, aber auch selbstverständlich Salzburg, das während der Ischler Wochen kreuz und quer bereist wurde – eine Bevölkerung erlebt, die ihr Kaiserpaar zumindest freundlich, wenn nicht begeistert empfing. Nun aber schlug ihm Verachtung, ja Haß entgegen. Die unter der österreichischen Militärverwaltung leidende italienische Bevölkerung ersehnte ein nationales Italien, wie es Cavour und Garibaldi propagierten. Es hatte Putschversuche gegeben, Hinrichtungen. Die Steuern, die die einst reichen Länder an Österreich abführen mußten, drückten (obwohl die militärische Besetzung des Landes inzwischen weit mehr kostete, als Steuern einkamen – auch aus der ehemals reichsten Provinz, der Lombardei). All den Unmut bekam nun das junge Kaiserpaar zu spüren. Die Empfänge waren von den österreichischen Militärbehörden aufs Glänzendste vorbereitet. Das Kaiserpaar erschien stets mit großem militärischem Gefolge, was eine Machtdemonstration sein sollte, gleichzeitig aber eine Provokation für die Italiener darstellte. Die Militärbehörden waren in höchster Alarmbereitschaft. Diese Reise des Kaiserpaares forderte zu einem politischen Attentat geradezu heraus. Doch der junge Kaiser zeigte wie stets in solchen Situationen großen Mut, ebenso wie die Kaiserin, die in untadeliger Haltung Sabotageakte und Unfreundlichkeiten der Bevölkerung übersah.
Sie hätte Grund genug zu Angst gehabt. Schon in Triest zersprang auf dem Schiff eine riesige Kaiserkrone aus Kristallglas. Niemand glaubte an einen unglücklichen Zufall, jeder an Sabotage. Doch so gern die junge Kaiserin in Wien offizielle Empfänge absagte, so

eisern hielt sie in Oberitalien ihr Programm durch und ließ ihren Mann höchstens bei rein militärischen Inspektionen allein.
In Venedig, wo das kaiserliche Schiff in Begleitung von sechs mächtigen Kriegsschiffen vor Anker ging, war der militärische Empfang zwar prächtig, doch als das Kaiserpaar mit der kleinen Sophie über den weiten Markusplatz nach San Marco ging (Alexander von Hessen über Elisabeth: »jolie comme un coeur« und »avec infiniment de grandezza«)[14], hörte man von der großen dort versammelten Menschenmenge kein einziges »Evviva«. Nur die österreichischen Soldaten riefen »Hoch« und »Hurra«. Die Italiener blieben demonstrativ stumm. Der englische Konsul berichtete nach London: »Das einzige Gefühl des Volkes war nur die Neugierde, die Kaiserin zu sehen, deren Ruf, wunderbar schön zu sein, natürlich auch bis hierher gedrungen ist.«[15]
Den kaiserlichen Empfängen blieb der italienische Adel zum großen Teil fern. Diejenigen, die trotz des Boykotts erschienen, wurden auf der Straße beschimpft. Bei der Festvorstellung im Teatro Fenice blieben die Logen der vornehmsten Familien leer. Im Laufe des kaiserlichen Aufenthaltes in Venedig besserte sich jedoch die Stimmung, vor allem, als der Kaiser eines der größten Ärgernisse für den italienischen Adel beseitigte, indem er die Konfiskation von Gütern politischer Flüchtlinge rückgängig machte und auch eine Amnestie für politische Häftlinge erließ.
Franz Joseph versäumte es nicht, die Verdienste seiner jungen Frau zu rühmen. Er schrieb aus Venedig an die Erzherzogin Sophie: »Die Bevölkerung war sehr anständig, ohne besonderen Enthusiasmus zu zeigen. Seitdem hat sich die gute Stimmung aus verschiedenen Ursachen sehr gehoben, besonders durch den guten Eindruck, den Sisi gemacht hat.«[16] In Wien wurde bald der kaiserliche Ausspruch kolportiert, daß die Schönheit Sisis sein »Italien besser eroberte, als es seine Soldaten und Kanonen hätten tun können«.[17]
Der englische Generalkonsul beschrieb die Ausstrahlung der Kaiserin, schränkte jedoch ein: »aber es bleibt doch alles ganz unabhängig von der Politik«.[18]
Auch in den anderen Städten waren die Empfänge nicht herzlicher,

weder in Vicenza, noch im Hauptquartier der österreichischen Truppen, Verona, noch in Brescia oder Mailand. In Mailand zahlten die Behörden sogar den Landbewohnern Geld, damit sie in die Stadt kamen und dem Kaiserpaar Spalier standen. Der lombardische Adel blieb eisig. Bei den kaiserlichen Empfängen erschien nur etwa ein Fünftel der Eingeladenen. In der Festvorstellung der »Scala« saßen statt der Aristokraten deren Dienstboten in den Logen – eine ungeheure Provokation.
Der Kaiser entspannte sich von diesen ständigen Affronts mit langen Truppenbesichtigungen. Nicht die Kunstschätze Venedigs und Mailands, sondern die Befestigungen, Arsenale, Kasernen, Kriegsschiffe, Schauplätze von Schlachten standen im Mittelpunkt seines Interesses, und nur zu oft mußte die junge, wieder kränkelnde Kaiserin ihn begleiten.
Da der inzwischen neunzigjährige Feldmarschall Radetzky das Regiment in Oberitalien kaum noch fest in der Hand hatte – der Kaiser fand ihn »entsetzlich verändert und verkindert«[19] –, beschloß Franz Joseph, ihn mit großen Gnaden zu verabschieden und getrennte militärische und zivile Verwaltungen in den italienischen Provinzen einzuführen. Der inzwischen 24jährige jüngere Bruder Erzherzog Ferdinand Max erhielt die schwierige Aufgabe, als Zivilgouverneur nach Mailand zu gehen. Franz Joseph an seine Mutter: »Unser Herrgott wird helfen und die Zeit nebst Maxens Takt viel machen.«[20]
Leider sind aus dieser Zeit keine Briefe Sisis bekannt. Wir wissen also nicht, ob sie sich schon bei diesem ersten Besuch in Italien über politische Fragen äußerte oder nicht. Nur daß sie über die italienische Frage eine weniger optimistische Meinung als ihr Mann hatte, wurde bekannt, und zwar durch ihren Bruder Carl Theodor, der sie in Venedig besuchte und ein höchst negatives Bild über Österreichs Stellung in diesen Provinzen mit nach Bayern nahm.[21]

Nur wenige Wochen nach der italienischen Reise besuchte das Kaiserpaar eine weitere unruhige Provinz: Ungarn. Die Beziehungen zwischen Wien und Budapest waren höchst gespannt. Denn

Innenminister Bach hatte den Ehrgeiz, ganz Österreich zu einem einheitlichen, zentralistisch gelenkten Reich zu machen und das unbotmäßige Ungarn »gleichzuschalten«. Die alte ungarische Verfassung war aufgehoben. Die Revolutionäre von 1848 befanden sich in der Emigration, ihre Güter waren beschlagnahmt. Der Wiener Hof, repräsentiert durch Erzherzogin Sophie, aber auch durch den Militärgouverneur von Ungarn, Erzherzog Albrecht, war extrem ungarnfeindlich.

Die junge Kaiserin war Ungarns Hoffnung. Man wußte, daß sie sich unter dem Einfluß des Grafen Mailáth sehr für ungarische Geschichte interessierte, vor allem für die Freiheitsbewegungen. Die politischen Lockerungen anläßlich der kaiserlichen Hochzeit hatten einen günstigen Eindruck gemacht. Die Opposition Elisabeths gegen Erzherzogin Sophie war hinlänglich bekannt. Die Ungarn hofften nun, daß diese Umstände sich zu ihren Gunsten würden ausnützen lassen.

Die Reise ging mit dem Schiff donauabwärts von Wien über Preßburg nach Budapest. Sisi hatte diesmal darauf bestanden, beide Kinder mit auf die Reise zu nehmen, wiederum gegen den Widerstand der Schwiegermutter. Die kleine Sophie war laut Franz Josephs Angabe vor der Abreise mit Fieber und etwas Diarrhöe unwohl geworden. Die Ärzte sagten, es sei vom Zahnen.[22]

Die Empfänge, Militärparaden, ein erster Hofball in der Budapester Burg nach vielen Jahren – all das wurde mit üblicher Prachtentfaltung, aber eher mäßiger Begeisterung der Ungarn absolviert. Einig waren sich alle Anwesenden nur über die Schönheit der noch nicht zwanzigjährigen Elisabeth. Es war auch nicht unschwer zu erkennen, wie empfänglich sie für die Komplimente der Magnaten war. Der ungarische Adel in seinen brillantenbesetzten Kostümen, mit seinem überaus selbstbewußten, stolzen Auftreten unterschied sich derart auffallend von der Wiener Aristokratie, ja war geradezu ein Gegenpol zu ihr, daß die junge Kaiserin vom ersten Moment an Sympathie für Ungarn empfand. Beim Hofball sah sie begeistert den ungarischen Tänzen zu, die sie zum erstenmal erlebte, und tanzte dann auch selbst Quadrille – einmal mit Erzherzog Wilhelm und das zweite Mal mit Graf Nikolaus Esterházy, der später

einmal ihr bevorzugter Begleiter bei den Reitjagden werden sollte. Die Sympathien der Ungarn für die junge Kaiserin traf auf Gegenliebe. Von nun an führten die Ungarn jede politische Erleichterung auf den günstigen Einfluß der jungen Kaiserin zurück, ebenso wie sie jede Schikane der Erzherzogin Sophie anlasteten.
Elisabeth setzte sich schon jetzt für Ungarn ein. Zwar verweigerte der Kaiser bei dieser Reise die Annahme einer adeligen Petition, die alte ungarische Verfassung wieder einzuführen. Doch die Rückkehr prominenter Emigranten, so auch Gyula Andrássys aus Paris, wurde erleichtert, beschlagnahmte Güter wurden freigegeben. Vorsichtige Anzeichen für weitere Liberalisierung waren unübersehbar, obwohl der Kaiser auf der streng zentralistischen Politik beharrte.
Die Stimmung in Ungarn besserte sich während des Besuches allmählich, vor allem immer dann, wenn die junge Kaiserin in der Öffentlichkeit auftrat, so auch, als sie hoch zu Pferd einer der militärischen Revuen neben ihrem Mann beiwohnte. Ihre Reitkünste fanden in Ungarn viele Bewunderer. Der mitreisende Graf Crenneville allerdings entsetzte sich darüber, eine Kaiserin hoch zu Roß sehen zu müssen: »Diese für die Würde einer Kaiserin durchaus nicht passende Reitproduktion machte mir einen peniblen Eindruck«, schrieb er seiner Frau.[23]
Als das Kaiserpaar die vorgesehene Reise in die ungarischen Provinzen antreten wollte, erkrankte plötzlich die zehn Monate alte Gisela an Fieber und Durchfall. Die Reise wurde verschoben. Als die kleine Gisela sich erholte, wurde die zweijährige Sophie krank. Die Eltern waren in großer Sorge. Franz Joseph an seine Mutter: »Sie hat die ganze Nacht nur 1½ Stunden geschlafen, ist sehr nervös und schreit immerwährend, daß es einem das Herz zerreißt.«[24]
Der Leibarzt Dr. Seeburger beruhigte die Eltern. Franz Joseph fand noch Muße, auf die Jagd zu gehen und wie er stolz an seine Mutter schrieb, »72 Reiher und Kormorans« zu schießen. Die Reise ins Landinnere wurde angetreten, nach fünftägiger Dauer jedoch in Debrezin abgebrochen, weil die Nachrichten über die kleine Sophie sich verschlimmerten.

Elf Stunden lang sah die neunzehnjährige Kaiserin verzweifelt dem Sterben ihres Kindes zu. »Unsere Kleine ist ein Engel im Himmel. Nach langem Kampfe ist sie zuletzt ruhig um $^1\!/_2$10 Uhr verschieden. Wir sind vernichtet«,[25] telegraphierte der Kaiser am 29. Mai 1857 seiner Mutter aus Budapest. Mit der Leiche ihres Kindes fuhr das junge Kaiserpaar nach Wien.

Elisabeth war untröstlich. Während sich der Kaiser nach einer angemessenen Zeit beruhigte, schloß sich Sisi gegen jedermann ab, suchte die Einsamkeit, weinte tage-, ja wochenlang, verweigerte die Nahrung, gab sich völlig ihrer Trauer hin. Angesichts ihrer Verzweiflung wagte es niemand, ihr offene Vorwürfe zu machen. Aber das Verhältnis zur Schwiegermutter, deren Liebling die kleine Sophie gewesen war, wurde eisig. Denn schließlich war es die junge Kaiserin, die die Kinder gegen den ausdrücklichen Willen, ja gegen den Widerstand der Erzherzogin mit nach Ungarn genommen hatte.

In den folgenden Wochen und Monaten vollzog sich in Elisabeth eine bedeutsame Wandlung. Sie gab nach diesem Unglück, an dem sie sich nicht unschuldig fühlte, den Kampf um das verbliebene Kind, die kleine Gisela, auf. Es schien so, als wenn sie die Existenz dieses Kindes gar nicht mehr zur Kenntnis nehmen wollte. Sie kümmerte sich nicht um die Kleine, überließ der Großmutter Sophie nun allein das Feld.

Sisis Seelenzustand und ihre schlechte körperliche Verfassung gaben im Sommer 1857 berechtigten Grund zur Sorge. Da sich weder Franz Joseph noch Sophie zu helfen wußten, wurde Herzogin Ludovika nach Wien gerufen. Sie reiste mit drei jüngeren Schwestern Sisis an. Ludovika: »Sisi schien der Umgang der jungen heiteren Geschwister sehr wohlthätig; da ihr der Abschied von uns so schwer wurde, hat sie mir das Versprechen, womöglich nach Ischl zu kommen, abgebettelt.«[26]

Noch ein halbes Jahr später hatte Sisi den Verlust nicht überwunden. Der Kaiser schrieb seiner Mutter: »Die arme Sisi ist sehr ergriffen von allen Erinnerungen, die ihr hier [in Wien] überall begegnen und weint viel. Gestern ist Gisela bei Sisi in dem kleinen roten Fauteuil unserer armen Kleinen, der in dem Schreibzimmer steht, gesessen und da haben wir beide zusammen geweint, Gisela aber immer vor Freude über diesen neuen Ehrenplatz so herzig gelacht.«[27]

Gerade in dieser problematischen Zeit heiratete der jüngere Bruder Kaiser Franz Josephs, Erzherzog Max, die belgische Königstochter Charlotte. Die neue Schwägerin Sisis war nicht nur schön und intelligent, sondern auch steinreich. Darüber hinaus hatte sie einen makellosen Stammbaum. Sophie und ihre Anhänger taten nun alles, um diese Gattin des Thronfolgers Max gegen die aus weit bescheideneren Verhältnissen stammende Kaiserin auszuspielen. In ihren Korrespondenzen, Gesprächen und in ihrem Tagebuch konnte Sophie die gute Erziehung, die Schönheit, Klugheit, vor allem aber die Zärtlichkeit Charlottes für ihren Mann und ihre Schwiegermutter nicht genug loben. Bei jedem Wort mußte sich Sisi gerügt fühlen. »Charlotte ist charmant, schön, anziehend, liebevoll und zärtlich zu mir. Es kommt mir so vor, als hätte ich sie schon immer geliebt ... Ich dankte Gott von Herzen für die charmante Frau, die er Max geschenkt hat und für das weitere Kind, das er uns gegeben hat«, heißt es in Sophies Tagebuch.[28] Daß die beiden Schwägerinnen sich von Herzen unsympathisch waren, ist nicht weiter verwunderlich. Elisabeths Position am Hof verschlechterte sich zusehends.
Im Dezember 1857 stellten sich die lange erwarteten Zeichen einer neuen Schwangerschaft der Kaiserin ein. Aus einem Brief Ludovikas an ihre Schwester Sophie lassen sich die Zwistigkeiten zwischen Sophie und Elisabeth herauslesen: »Was Sisis Hoffnungen betrifft, haben sie mir eine grosse Beruhigung, eine grosse Freude gewährt«, schrieb Ludovika und fügte hinzu: »Du sagst, von mancher Sorge hätten sie Dich befreit – waren das Sorgen, die sich aufs Phisische oder aufs Moralische bezogen? Wenn eine Dich mehr befriedigende Besserung eingetreten ist, so freut mich das ungeheuer«. Und schon am nächsten Tag schrieb Ludovika wiederum an Sophie über ihre »große Beruhigung, daß Sisi jetzt so vernünftig und gewissenhaft geworden ist hinsichtlich des Schnürens und der engen Kleider, eine Sache, die mich immer ängstigte

und quälte; ich glaube selbst, daß es Einfluß auf die Stimmung haben kann; denn ein unbehagliches Gefühl, wie das immer geniert zu sein, mag wirklich verstimmen.«[29]

Hungerkuren und das geliebte Reiten mußten nun aufgegeben werden, zur großen Genugtuung Sophies. Stattdessen sollte Sisi viel spazierengehen. Franz Joseph begleitete sie dabei, so oft er Zeit fand. Das gute Einvernehmen zwischen den Eheleuten hatte selbst in den letzten schwierigen Monaten nicht gelitten. Franz Joseph zeigte offen seine Liebe für seine junge Frau.

Sophie freilich fand immer wieder Grund, sich über die junge Kaiserin zu beklagen. Devot und ängstlich schrieb Ludovika Briefe wie diesen: »ich möchte hoffen können, daß sich alle Verhältnisse freundlicher gestaltet haben als im vergangenen Jahr, daß Du Ursache hättest, zufriedener zu sein, was mir immer so am Herzen liegt.«[30]

Ludovika war in diesen Monaten in großer Aufregung um ihre schönen schwierigen Töchter. Die älteste Tochter Helene, bei der Ischler Verlobung beiseitegeschoben, war inzwischen 22 Jahre alt. Ludovika: »Sie wäre eine gute Frau und Mutter geworden; nun hat sie, und wir alle, es gänzlich aufgegeben, doch hat sie eine große Heiterkeit dabei erhalten.«[31] Helene beschäftigte sich vorwiegend mit Malen, »geht auch viel zu armen Kranken in den Dörfern«. Plötzlich tauchte im Erbprinzen Maximilian von Thurn und Taxis ein Bewerber um Helenes Hand auf. Der König von Bayern zögerte mit der Heiratserlaubnis, weil die Familie Thurn und Taxis nicht ebenbürtig war. Ludovika schrieb Brandbriefe an ihre Tochter nach Wien. Sie sollte für Helene beim Kaiser intervenieren, der wiederum beim König von Bayern ein gutes Wort einlegen sollte. So wenig pflichteifrig die junge Kaiserin auch sonst war – für ihre Familie tat sie alles. Sie schrieb fleißig hin und her, beruhigte ihre Mutter und Helene. Ein Rest von schlechtem Gewissen wegen Helenes geplatzter Kaiserhochzeit mag sicherlich auch bei ihren Bemühungen eine Rolle gespielt haben. Die Hochzeit kam schließlich 1858 zustande.

Im Winter 1857 war auch schon die jüngere Schwester Sisis, Marie, eine »Partie« von großer Schönheit. Als Bewerber trat der Kronprinz von Neapel auf, den freilich noch niemand aus der bayrischen Familie zu Gesicht bekommen hatte. Wieder schwoll der Briefwechsel mit Wien an. Ludovika: Marie »glaubt, daß Ihr die genauesten und sichersten Nachrichten über den jungen Mann habt, und sie bedarf es, darüber beruhigt zu werden, da sie niemand kennt, und der Gedanke, einem Mann anzugehören, der sie und den sie nicht kennt, ist ihr so ängstlich ... Daß er nicht hübsch ist, weiß sie schon.« Diese nicht zu leugnende Tatsache hatte Sisi über habsburgische Verwandte, die in Italien waren, herausbekommen.

Ludovika fürchtete auch, daß die »große Frömmigkeit« des Bewerbers die junge Marie »abschrecken« könnte, fügte aber gleich, wohl zu Sophies Beruhigung über die lockeren Auffassungen in Possenhofen hinzu, sie hoffe, diese Frömmigkeit würde Marie »nach und nach selbst immer frömmer machen«.[32]

Wieder ging ein Schwarm neuer Lehrer in Possenhofen ein und aus. Wieder mußte ein »Landkind« auf höfische Sitten gedrillt werden. Und wiederum hatte eine bayrische Herzogin zu all den neuen Pflichten wenig Lust: italienisch lernen, Damen empfangen, »um sich ans Sprechen zu gewöhnen«. Da das Mädchen noch nicht »formiert« war (also noch keine Regel hatte), versuchten außerdem die Ärzte alle möglichen Künste an ihr, behandelten sie mit Blutegeln und heißen Bädern.

Ludovika jammerte, wie stets ohne jede Hilfe von Seite ihres Max: »Der Gedanke an die Trennung wird mir jetzt immer schwerer, obgleich ich wünschen muß, daß es sich nicht in die Länge zieht, denn gewiß ist es besser, sie kommt jung in die so ganz andere fremde Lage, sie wird sich dann eher und weniger schwer hinein finden und fügen.«[33]

Leider sind bisher nur die zahlreichen Briefe der Herzogin Ludovika an ihre Schwestern bekannt, aus denen wir auf Sisis große Aktivitäten zugunsten ihrer Geschwister schließen können. Sisis Briefe selbst (und die junge Kaiserin war eine höchst eifrige Briefeschreiberin, wenn es um ihre bayrische Familie ging) sind leider den Historikern noch vorenthalten.

Am 21. August 1858 brachte die Kaiserin in Laxenburg den Kronprinzen zur Welt. Er wurde Rudolf genannt, nach dem großen Ahnherrn des Hauses Habsburg, der die österreichischen Erblande 1278 im Kampf gegen König Ottokar von Böhmen gewonnen und seinen Söhnen als Lehen gegeben hatte. Wie schon bei Gisela machte das Kaiserhaus auch hier wieder einen weiten Rückgriff in die Geschichte des Mittelalters und bekräftigte damit seine Tradition. Franz Joseph ließ um diese Zeit auch das Grab Rudolfs von Habsburg in Speyer auf seine Kosten restaurieren. Er hoffte immer noch, an die alte Tradition der habsburgischen Herrschaft über ganz Deutschland anknüpfen zu können, die Kaiser Franz 1806 mit der Niederlegung der römischen Kaiserkrone aufgegeben hatte. Die Namensgebung des Kronprinzen war eine politische.

Die Freude über den so lange erwarteten Kronprinzen war am Hof überwältigend und beim »Volk« schon deshalb ehrlich, weil diese Geburt Anlaß zu großzügigen Spenden gab. Der Kaiser schenkte seiner Frau eine dreireihige Perlenkette im Wert von 75 000 Gulden. Dem kleinen Rudolf legte er den Orden des Goldenen Vlieses in die Wiege und machte ihn schon am ersten Lebenstag zum Oberst der Armee: »Ich will, daß der durch Gottes Gnade Mir geschenkte Sohn von seinem Eintritte in diese Welt an Meiner braven Armee angehöre.«[34] Dies war nicht nur eine Demonstration des Militärstaates, die viele »Zivilisten« verärgerte, sondern auch eine Festlegung für den gerade geborenen Prinzen: Er mußte, ob er wollte oder nicht, Soldat werden. Die späteren Konflikte zwischen Vater und Sohn hatten hier eine ihrer Wurzeln.

Für die Glückwünsche der Haupt- und Residenzstadt Wien fand der Kaiser warme Dankesworte: »Der Himmel hat Mir ein Kind gegeben, das einst ein neues, größeres und eleganteres Wien finden wird, allein wenn auch die Stadt sich verändert, so wird der Prinz doch die alten treuen Herzen unverändert und daher auch die alten Wiener finden, die, wenn es nothwendig sein sollte, auch für ihn ihre erprobte Opferwilligkeit unter allen Verhältnissen beweisen werden.«[35]

Die Geburt des Kronprinzen fiel ja in die Zeit der Umwandlung Wiens. Die mittelalterlichen Stadtmauern wurden abgerissen. An ihre Stelle trat eine breite, prächtige Straße, die wie ein Ring die innere Stadt umschloß, die »Ringstraße«. Die Enge der zwischen Mauern eingezwängten alten Stadt sollte der Großzügigkeit und Weiträumigkeit einer modernen, mit den Vorstädten verbundenen Hauptstadt weichen.

Daß es allerdings mit diesem steinernen Dokument einer neuen Zeit und einer Kronprinzengeburt allein nicht getan war, deutete Franz Grillparzer in einem seiner Vierzeiler an:

> »Wiens Wälle fallen in den Sand;
> Wer wird in engen Mauern leben!
> Auch ist ja schon das ganze Land
> Von einer chinesischen umgeben.«[36]

Der Druck der Öffentlichkeit auf den Kaiser, endlich auch ein modernes Staatswesen zu schaffen, vor allem eine Verfassung zuzugestehen, wurde immer stärker.

Die Geburt war schwer. Elisabeth erholte sich nur langsam, vor allem, da sie das Kind nicht stillen durfte und deshalb an Milchandrang und Fieber litt. Auch in diesem Fall wurde trotz Sisis Bitten keine Ausnahme gemacht: Wie vorgesehen, wurde das Kind ausschließlich von der Amme, einer (nach Sophies Aussage) »wunderschönen« Bäuerin aus Mähren namens Marianka ernährt. Die Rekonvaleszenz Sisis dauerte über Gebühr lang. Das Fieber kam noch Wochen nach der Geburt immer wieder und schwächte sie sehr. Unter diesen Umständen war es keine Frage, daß das Kind nicht in der Obhut seiner Mutter sein konnte. Wie früher übernahm Großmutter Sophie wieder die volle Verantwortung für die Kindskammer.

Da sich Sisis Gesundheit bis zum Herbst und Winter nicht besserte, wurde wieder einmal Herzogin Ludovika nach Österreich gerufen. Sie kam mit einigen jüngeren Schwestern der Kaiserin, brachte aber auch den alten Hausarzt der Herzogsfamilie, Dr. Fischer mit, zu dem die junge Kaiserin mehr Vertrauen hatte als zum kaiserlichen Leibarzt Dr. Seeburger. Dr. Fischers Diagnose wurde nicht bekannt. Auch Sophies Tagebuch ist voller Bemerkungen über Sisis Krankheit, nie aber werden (außer häufigem Fieber, allgemeiner Schwäche und Appetitlosigkeit) klare Symptome genannt.

Der alte Hader zwischen Schwiegermutter und Schwiegertochter wurde durch die Kronprinzengeburt nicht kleiner. Es war so schlimm, daß sich Sophie bei Ludovika beklagte, die ihrerseits jammerte: »Dein Brief hat mir in einer Beziehung sehr leid gethan, ich glaubte, es ginge viel besser, und solche Sachen, wie Du mir schreibst, kämen gar nicht mehr vor. Es ist mir ein wahrer Kummer, daß es immer so bleibt, und die Jahre darin keine Änderung hervorbringen. Es ist ein unbegreifliches Benehmen, ein Unrecht, das mich quält und ängstigt, der einzige Kummer, wenn ich an diese so glückliche Lage mit Freude denke, wo so alles vereinigt ist, um glücklich zu seyn und dies seltene Glück dankbar zu genießen!«[37]

Nur wenn ein Familienmitglied aus Bayern bei ihr war, war von Sisis Krankheit nichts zu spüren. Im Januar 1859 machte die jüngere Schwester Marie, inzwischen per procuram dem Kronprinzen von Neapel angetraut, auf ihrer Reise in ihre neue Heimat Zwischenstation in Wien. Die Schönheit der 17jährigen Braut wurde selbst von Erzherzogin Sophie bewundert: »Ihre schönen Augen haben einen Ausdruck von süßer Melancholie, der sie, wenn das noch möglich ist, noch schöner macht.«[38]

Marie blieb zwei Wochen in Wien, von der Kaiserin überschwenglich verwöhnt. »Sisi schreibt so glückliche Briefe ... und Marie ebenso, es muß wirklich eine Freude sein, sie beisammen zu sehen«, schrieb Ludovika an Sophie.[39] Sisi führte die jüngere Schwester ins Burgtheater, in den Prater, in den Zirkus Renz. Die beiden blieben stundenlang allein, um zu plaudern. »Es war fast, als ob das Schicksal wohlbewußt, was für unsere arme Maria in der Zukunft lauerte, ihr noch ein paar Tage Aufschub gewähren wollte«, sagte Sisi später.[40]

Ludovika machte sich freilich Sorgen, daß diese seltsame einsame Hochzeitsreise ihre Tochter doch zu sehr über den Ernst des Lebens täuschte: »Ich fürchte nur, Marie unterhält sich zu gut in Wien und hoffe, sie wird ihre künftige Stellung nicht mit der von

Sisi vergleichen, besonders mit dem Verhältnis mit ihrem lieben Kaiser; Gott gebe, daß sie auch ein eheliches Glück findet, aber mit dem Kaiser ist es doch nicht leicht den Vergleich zu bestehen. Meine Hoffnung ist Maries sanfter, fügsamer, mehr wohlwollender Charakter.«[41]
Ludovika war noch ganz im alten höfischen Denken befangen. Eine Verbindung mit dem neapolitanischen Königshaus war für eine Herzogin in Bayern eine glänzende Partie. Daß der durch ein schroffes, ja grausames absolutistisches Regime gestützte Thron von Revolten aller Art bedroht war, mußte Ludovika wissen, wenn sie auch das wahre Ausmaß nicht gekannt haben mag. König Ferdinand II. (»Re Bomba«) verschloß sich auch der geringsten Liberalisierung und beharrte auf dem Gottesgnadentum seiner königlichen Stellung. Daß er seinen Sohn mit der kleinen Marie verheiratete, hatte nichts als politische Motive: Der künftige König von Neapel-Sizilien wurde damit der Schwager des Kaisers von Österreich. Angesichts der Bedrohung durch die Garibaldi-Freischärler im Süden und die Truppen Piemont-Sardiniens im Norden war eine Unterstützung durch die führende absolutistische Macht des Kontinents, eben Österreich, politisch günstig. In diesen revolutionären Zeiten rückten die Fürsten so nahe wie möglich zusammen.
Trotz ihres schlechten Gesundheitszustandes begleitete Elisabeth ihre jüngere Schwester noch bis Triest. Auch der älteste Bruder, Herzog Ludwig (»Louis«), fuhr mit. Mit großem Erstaunen erlebten die drei Geschwister die mittelalterlichen Zeremonien, mit denen die Neapolitaner ihre künftige Königin empfingen. Im großen Saal des Statthalterpalastes in Triest war in der Mitte eine Seidenschnur gezogen, die die Grenze zwischen Bayern und Neapel symbolisierte. Unter der Seidenschnur befand sich ein großer Tisch, von dem zwei Beine in »Bayern«, zwei in »Neapel« standen. Marie wurde zu einem Armsessel am bayrischen Teil des Tisches geleitet. Aus den beiden mit Wappen und Flaggen geschmückten Türen traten nun die beiden Delegationen ein, bewacht von jeweils neapolitanischen und bayrischen Soldaten. Über die Seidenschnur hinweg tauschten die Bevollmächtigten die Do-

kumente aus, verbeugten sich gravitätisch voreinander und reichten die Dokumente an die Mitglieder des Gefolges weiter. Der bayrische Bevollmächtigte sprach nun die Abschiedsworte für Marie. Alle Bayern durften noch einmal Maries Hand küssen. Dann wurde die Seidenschnur herabgelassen und Marie mußte sich in den »neapolitanischen« Armsessel begeben. Die neapolitanische Delegation wurde vorgestellt, Marie dann auf die königliche Yacht »Fulminante« gebracht.[42]

In der Schiffskabine folgte ein tränenreicher Abschied der Geschwister. Maria-Sophia, die siebzehnjährige Prinzessin von Kalabrien, Kronprinzessin von Neapel und Sizilien segelte nun mit wildfremden Menschen, deren Sprache sie kaum verstand, nach Bari. Die einzige lebende Kreatur aus der Heimat, die sie begleitete, war ihr Kanarienvogel. Es erwarteten sie eine unglückliche Ehe, Revolution und Vertreibung aus ihrem Königreich.

Sisis Bruder Ludwig reagierte auf das Unglück seiner beiden (kaiserlichen und königlichen) Schwestern auf seine Art: Wenige Monate nach dem Triester Schauspiel brach er aus den starren Formen des höfischen Lebens aus. Er heiratete gegen den Willen des bayrischen Königs und der herzoglichen Familie seine jahrelange Liebe, die bürgerliche Schauspielerin Henriette Mendel, mit der er schon eine voreheliche Tochter hatte. Er verzichtete ihr zuliebe sogar auf sein Erstgeburtsrecht und bedeutende Geldquellen.

Sisi lehnte die höfische Denkweise inzwischen derartig scharf ab, daß sie demonstrativ diese Heirat ihres Bruders begrüßte und mit der in aristokratischen Kreisen mißachteten Schwägerin ein geradezu inniges, schwesterliches Verhältnis aufbaute, das bis an ihr Lebensende bestand.

Der kleinen Schwester Marie erging es noch weit schlimmer, als Elisabeth befürchtet hatte. Der Bräutigam war geistig und körperlich schwach, hatte einen religiösen Wahn, war impotent. Da König Ferdinand II. schon einige Monate nach Maries Ankunft starb, wurde die Siebzehnjährige Königin – neben einem schwächlichen, ängstlichen König, in einem von Revolution und äußeren Feinden bedrohten Königreich, dessen Sprache sie so gut wie nicht verstand. Ludovika schickte bald Photographien »von Marie und

ihrem König. Er muß horrible seyn; ... Marie sieht so blaß und eingefallen aus.«[43]
Ganz Italien war in Aufruhr, die Einigungsbewegung unaufhaltsam. Nicht nur das Königreich Neapel-Sizilien war bedroht, auch die habsburgischen Fürstentümer in Toskana und Modena und die österreichischen Provinzen in Oberitalien: die Lombardei und Venetien. Mit der Rückendeckung eines geheimen Bündnisses mit Frankreich schürte Piemont-Sardinien mit allen Mitteln die politische Unruhe, um Österreich zu militärischem Eingreifen zu provozieren.
Die österreichische Politik fiel hilflos auf diesen Schachzug herein. Am 23. April 1859 sandte Kaiser Franz Joseph ein Ultimatum nach Turin, mit der Forderung, die »Armee auf den Friedensfuß zu setzen und die Freischaaren zu entlassen«. Das Ultimatum wurde von Cavour abgelehnt und als willkommener Anlaß zum offenen Konflikt mit Österreich betrachtet. Dies war das erste Ultimatum, mit dem Kaiser Franz Joseph einen blutigen, militärisch und politisch wenig vorbereiteten Krieg heraufbeschwor, ganz ähnlich wie später jenes vom Sommer 1914 gegen Serbien. Österreichische Truppen marschierten in Piemont ein – und waren vor aller Welt die Angreifer. Frankreich kam dem kleinen Land zu Hilfe. Franz Joseph empörte sich gegen Napoleon III.: »Wir stehen wieder am Vorabend einer solchen Zeit, wo der Umsturz alles Bestehenden nicht mehr bloß von Sekten, sondern von Thronen herab in die Welt hinausgeschleudert werden will.«
Nun, als der Krieg bereits ausgebrochen war, versuchte er, Hilfe des Deutschen Bundes, vor allem aber Preußens zu bekommen: »Ich spreche als Fürst im Deutschen Bunde, wenn ich auf die gemeinsame Gefahr aufmerksam mache.«[44] Aber von gesamtdeutscher Solidarität konnte nicht die Rede sein. Die preußische Politik hatte ganz andere Ziele. Eine Schwächung des österreichischen Rivalen kam Berlin nur gelegen. Österreich blieb ohne Hilfe. Die Lage war hoffnungslos.
Neue Steuern wurden erlassen, um diesen Krieg zu finanzieren. Der Schweizer Gesandte berichtete darüber nach Bern: »Es ist dieß für die Bevölkerung Wiens und der Monarchie ein harter

Schlag und die Theuerung der Lebensmittel sowohl als der Grund- und Hauszinse, welche ohnehin auf eine beispiellose Höhe geschraubt waren und die Zustände in Paris bald überragen, werden nun wieder um ein Bedeutendes vermehrt. Es ist nicht abzusehen, wo das hinaussoll, und die Stimmung wird dadurch nicht gebessert werden.«[45]

»Wegen Mangel an Theilnahme« mußte zum Beispiel der Kunstverein seine Ausstellungen schließen. »So wie Handel und Gewerbe naht auch der Kunst der Ruin«, hieß es in einer Wiener Korrespondenz.[46] Die Beispiele wären beliebig fortzusetzen.

Daß sich das Kaiserpaar, umgeben von allen Erherzogen und Erzherzoginnen ausgerechnet in dieser Situation beim Pferderennen im Prater zeigte und zujubeln ließ, war nicht geeignet, die Stimmung zu verbessern. Unberührt vom Krieg in Oberitalien, von der Not der Bevölkerung, erschien im Prater eine wunderschöne junge Kaiserin und übergab feierlich die Staatspreise im Pferderennen.

Die habsburgischen Verwandten, Herrscher in der Toskana und Modena, mußten mit ihren Familien fliehen. Sie suchten Schutz in Wien. Diese zahlreichen italienischen Habsburger waren nun ständige Gäste bei den Familiendiners in der Hofburg, erzählten ausführlich von ihren Erlebnissen und schürten den Zorn auf die Revolution.

Die kaiserliche Familie hielt noch lang an alten Illusionen fest und machte sich über die Lage falsche Vorstellungen. Franz Joseph beschönigte noch im Mai die Lage und sagte zu Sophie, daß die Franzosen tausend Leute durch die Kälte und den Mangel an Lebensmitteln verloren hätten. Sophie: »arme Leute und wegen einer so ungerechten Sache. In Deutschland organisieren sich die Armeen.«[47]

Die Preußen (»dieser schmähliche Auswurf von Preußen«, schrieb Franz Joseph)[48], auch die Bayern und die anderen deutschen Staaten dachten jedoch nicht daran, Österreich im Kampf um die italienischen Provinzen zu unterstützen und ihrerseits Frankreich anzugreifen. Österreich blieb in diesem Krieg isoliert – auch eine Folge der ungeschickten Krimkriegpolitik.

Erzherzogin Sophie schickte in diesen Tagen für 500 Gulden 85 000 Zigarren an die oberitalienischen Truppen.[49] Ob sie jemals ihr Ziel erreichten, ist ungewiß. Denn die Organisation des Nachschubes von Lebensmitteln war so mangelhaft, daß die österreichischen Soldaten oft ausgehungert in die Schlacht gehen mußten, während sich hinter den Kulissen Geschäftemacher an den zurückgehaltenen Waren gütlich taten. Trotz großer Tapferkeit der von Hunger und Desorganisation gepeinigten Truppen ging die Schlacht bei Magenta wegen Unfähigkeit der Generäle verloren.
In den vornehmen Wiener Salons zupften die Damen inzwischen Charpie (Verbandszeug) – auch die junge Kaiserin, Erzherzogin Sophie und alle Hofdamen. Zahllose Verwundete und Kranke kamen täglich in langen Zügen vom Kriegsschauplatz. »Sie verfluchten und verdammten die sie in Italien commandirenden Generäle, und besonders Gyulai diente zu Spottgedichten und zur Besudlung«, schrieb Fürst Khevenhüller in sein Tagebuch.[50]
Nach der peinlichen und blutigen Niederlage bei Magenta wurde dem kommandierenden General Gyulai, einem engen Freund Grünnes, der Oberbefehl entzogen. Als der Kaiser die desolate Lage Österreichs erkannte, fuhr er nach Oberitalien, um durch seine Anwesenheit die Soldaten zu ermuntern. Er pochte immer noch darauf, daß Österreich für eine »gerechte Sache gegen Infamie und Verrat« kämpfe, erkannte aber zunehmend den Ernst der Lage: »Wir haben einen uns an Zahl überlegenen, sehr tapferen Feind gegenüber, dem jedes, auch das schlechteste Mittel gut ist, der die Revolution als Bundesgenossen hat und sich dadurch neue Kräfte schafft, wir sind im eigenen Lande überall verraten.«[51]
Franz Joseph handelte in dieser Situation ganz wie ein Soldat, dessen Pflicht es ist, in den Krieg zu ziehen. Aber er ließ mit diesem aus militärischer Romantik entspringenden Entschluß doch »tiefere Einsicht in das Wesen seiner eigentlichen Herrscherstellung vermissen«, wie sein Biograph Joseph Redlich schreibt.[52]
Denn die Abreise des absoluten Herrschers aus Wien bedeutete auch, daß die diplomatischen Verhandlungen, vor allem die mit den deutschen Fürsten, unterbrochen wurden, was jede Chance zu einer nichtmilitärischen Einigung vereitelte.

Vor seiner Abreise fragte Franz Joseph noch den greisen Fürsten Metternich, wie er sein Testament zu machen habe und was für eine eventuelle Regentschaft im Falle seines Todes vorzusehen wäre.

Der Abschied des Kaisers war herzzerreißend. Die Kaiserkinder fuhren mit einem Sechsspänner zum Bahnhof, um ihrem Vater noch einmal zu winken. Die Kinderfrau Leopoldine Nischer beschrieb in ihrem Tagebuch, wie eine dichte Menschenmenge sich um den Wagen sammelte: »Auch drängten sich manche weinende Frauen an's Fenster, welche hineinriefen ›die armen Kinder‹, so daß es den armen Kleinen schon ganz unheimlich wurde.«[53] Gisela war knapp drei Jahre, der Kronprinz acht Monate alt.

Elisabeth begleitete ihren Mann bis Mürzzuschlag und beschwor beim Abschied seine Begleiter, so vor allem den Grafen Grünne: »Sie denken gewiß immerwährend an Ihr Versprechen und geben recht acht auf den Kaiser; das ist mein einziger Trost in dieser schrecklichen Zeit, daß Sie es immer und bei jeder Gelegenheit tun werden. Wenn ich nicht diese Überzeugung hätte, müßte ich mich ja zu Tode ängstigen.« Daß auch Sisi der Überzeugung war, der Kaiser gehöre in diesen schwierigen Zeiten eher nach Wien als auf den italienischen Kriegsschauplatz, zeigt ihr Brief an Grünne: »Aber was an Ihnen liegt, werden Sie gewiß auch thun, um den Kaiser zu bewegen, bald zurückzukommen und Ihn bei jeder Gelegenheit daran zu erinnern, daß Er ja auch in Wien so nothwendig ist. Wenn Sie wüßten, wie ich mich gräme, hätten Sie gewiß Mitleid mit Mir.«[54]

»Die Fassungslosigkeit der Kaiserin übersteigt alle Begriffe«, schrieb Leopoldine Nischer. »Sie hat seit gestern früh [nach ihrer Rückkehr aus Mürzzuschlag] noch nicht zu weinen aufgehört, ißt nichts und bleibt immer allein – höchstens mit den Kindern.« Die Verzweiflung der Mutter färbte auch auf die Kinder ab. Die Kinderfrau sorgte sich, weil »die arme Gisela durch die immerwährenden Tränen etwas aus der Fassung gebracht« wurde. »Gestern abend saß sie ganz still in einem Winkel und hatte ganz nasse Augen. Als ich sie frug, was ihr fehle, sagte sie: ›Gisela muß ja auch weinen um den guten Papa.«

Wie die meisten Österreicher hatte auch die Kinderfrau Familienangehörige in der Armee in Italien. Ihr Schwager starb einige Tage nach der Schlacht von Magenta, ihr ältester Sohn überlebte die Schlacht von Solferino.
Sisi war in einem Zustand hysterischer Verzweiflung. Ludovika: »Ihre Briefe sind von Thränen verwaschen!«[55] Sie bat den Kaiser, ihm nach Italien folgen zu dürfen. Franz Joseph: »Ich kann leider Deinem Wunsche für jetzt nicht entsprechen, so unendlich gern ich es thäte. In das bewegte Hauptquartiersleben passen keine Frauen, ich kann meiner Armee nicht mit schlechtem Beispiel vorangehen.«[56]
Er versuchte, seine wieder kränkelnde Frau zu beruhigen: »Ich bitte Dich, mein Engel, wenn Du mich lieb hast, so gräme Dich nicht so sehr, schone Dich, zerstreue Dich recht viel, reite, fahre mit Maß und Vorsicht und erhalte mir Deine liebe kostbare Gesundheit, damit, wenn ich zurückkomme, ich Dich recht wohl finde und wir recht glücklich sein können.«[57]
Noch aus Verona schrieb er seiner Schwiegermutter Ludovika, sie möchte doch bitte nach Wien fahren oder wenigstens die jüngere Tochter Mathilde schicken, um Sisi aufzuheitern.
Wieder mußte Dr. Fischer aus Bayern kommen, diesmal auf Wunsch der völlig ratlosen Sophie. Ludovika war außer sich und entschuldigte sich quasi bei der Schwester wegen der schwierigen Tochter: »wenn man nur erkennte, was Du Alles thust, wie gut Du es mit andern meinst! Gott gebe, daß es noch einmal anders wird!«[58]
Die Kaiserin machte wieder Hungerkuren, ritt täglich stundenlang, war in sich gekehrt und entfloh den Familientees und -diners, die Erzherzogin Sophie gab.
Die Zahl von Elisabeths Kritikern wuchs. Auch der kaiserliche Leibarzt Dr. Seeburger gehörte inzwischen zu ihnen. Er »ergoß sich in Tadel und Klage über die Kaiserin, die weder als diese, noch als Frau ihrer Bestimmung entspräche; während sie eigentlich unbeschäftigt sei, sind ihre Berührungen zu den Kindern nur höchst flüchtig, und während sie um den abwesenden edlen Kaiser trauert und weint, reitet sie stundenlang zum Abbruche ihrer

Gesundheit; zwischen ihr und Erzherzogin Sophie bestehe eine eisige Kluft.«[59]

Der Schloßhauptmann tadelte »die Haltung der Kaiserin, welche während des Kutschierens rauche, daß es wahrlich mir unangenehm war, derlei anhören zu müssen«, schrieb der Polizeiminister Kempen in sein Tagebuch.[60] Sogar Königin Viktoria in England hörte von der schockierenden Tatsache, daß die junge österreichische Kaiserin – ebenso wie ihre Schwester Marie von Neapel – rauche. Das Ausmaß und die Reichweite des Tratsches ist daran leicht zu erkennen.[61]

Der Kaiser wies seine Frau sehr vorsichtig auf ihre Pflichten hin: »Vergesse auch nicht nach Wien in Anstalten zu fahren, damit sich die gute Stimmung in Wien erhalte. Es ist mir dies von der größten Wichtigkeit.«

Und ein anderes Mal: »Ich bitte Dich, um der Liebe willen, die Du mir geweiht hast, nehme Dich zusammen, zeige Dich manchmal in der Stadt, besuche Anstalten. Du weißt gar nicht, was Du mir dadurch helfen kannst. Das wird die Leute in Wien aufrichten und den guten Geist erhalten, den ich so dringend brauche. Sorge durch Gräfin Esterházy, daß der Hülfsverein recht viel schicke, besonders charpie bandagen für die vielen, sehr vielen Blessirten, vielleicht auch Wein.«[62]

Franz Josephs Berichte über militärische Einzelheiten, aber auch Namen von Toten und Verwundeten, füllten viele Seiten, was die Kaiserin kaum beruhigen konnte: »Es ist so erbittert gekämpft worden, daß ganze Haufen von Todten gelegen sind. Der große Abgang von Offizieren wird schwer zu ersetzen sein.«[63]

Am 18. Juni übernahm der Kaiser in einem Aufsehen erregenden Armeebefehl »den unmittelbaren Oberbefehl über Meine gegen den Feind stehenden Armeen.« Er wolle »an der Spitze Meiner braven Truppen den Kampf fortsetzen, den Österreich für seine Ehre und sein gutes Recht aufzunehmen gezwungen ist.«

Dieser Entschluß des 29jährigen, strategisch unerfahrenen Kaisers in dieser prekären Situation stieß auf heftige Kritik, die sich nur zu bald als berechtigt erweisen sollte. Denn die nächste Schlacht, die bei Solferino, war die blutigste und verlustreichste dieses unglück-

lichen Krieges überhaupt und besiegelte die endgültige Niederlage. Das Schlachtfeld von Solferino war ein alle Phantasie überbietendes Schrecknis in brennender Sonne. (Erschüttert von der Hilflosigkeit der Verwundeten entschloß sich hier in Solferino Henri Dunant, das Internationale Rote Kreuz zu gründen.)
Mangelhafte strategische Fähigkeiten des Kaisers, verbunden mit überhasteten Entschlüssen zum Rückzug, waren hauptverantwortlich für die Niederlage. Das böse Schlagwort: »Löwen von Eseln geführt« machte die Runde und traf in erster Linie den jungen Kaiser.[64] Seit Beginn seiner Regierung hatte er sich für nichts so interessiert wie für das Militär. Für nichts war so viel Geld ausgegeben (und so viel Schulden gemacht) worden, und nun endete alle Ambition in einer riesigen Blamage und einem Blutbad. Graf Mensdorff schrieb an seinen Vetter, den Prinzen Coburg: »Mögen die Manen der vielen Gefallenen denen, die inzwischen gemächlich am Schreibtisch sitzend, politische Windeier legen, manchmal als Traumgestalten die Ruhe der Nächte stören.«[65]
Die Stimmung in Österreich war so verzweifelt, daß viele Menschen angesichts der schlechten politischen und militärischen Führung und der nicht mehr tragbaren Belastungen für das Volk sogar eine Niederlage herbeigesehnt hatten. Der aus Norddeutschland stammende Burgtheaterdirektor Heinrich Laube erinnerte sich an diese Zeit: »Bei all diesen Kriegen, auch später Anno 66, sah ich mit Staunen und Schreck, daß die Stimmung der Bevölkerung nicht viel dagegen hatte, wenn wir geschlagen würden. Ja, wenn wir politisch in Ordnung wären – sagte man wohl laut – da wäre es eine Freude, unsere Truppen siegreich zu sehen. Aber so, aber so! Das Jahr 48 ist uns konfisziert worden, und wir erhalten nur Zugeständnisse, wenn die Regierung in Not gerät durch verlorene Schlachten. Ich war nur ein Neuösterreicher, aber dieser Gedankenweg war mir äußerst zuwider.«[66]
Kaiser Franz Joseph mußte die Folgen der Niederlage voll auskosten. Nie in seinem Leben war der Kaiser beim »Volk« so unbeliebt wie in diesen Monaten. Der Unmut der verarmten Bevölkerung, die der miserablen Politik und Kriegsführung Zehntausende von Toten anlastete, die für eine als fremd empfundene Provinz

hatten fallen müssen, äußerte sich sogar in offenen Aufrufen, der Kaiser möge abtreten und seinem jüngeren, liberaler gesinnten Bruder Max die Regierung übertragen. Revolutionsstimmung also auch in Wien!
Die österreichischen Zeitungen konnten ihrem Unmut wegen der scharfen Zensur keinen freien Lauf lassen. In ausländischen Blättern ging man freilich mit dem jungen Kaiser um so kritischer um. Friedrich Engels zum Beispiel bedachte ihn mit den Ausdrücken wie »arroganter Junge«, »jämmerlicher Schwächling« und schrieb, die tapferen österreichischen Soldaten seien »nicht von den Franzosen geschlagen, sondern von dem anmaßenden Schwachsinn ihres eigenen Kaisers«.[67]
Es lag nur zu nahe, die Katastrophe in der Lombardei der militärischen und aristokratischen »Kamarilla« rund um den unerfahrenen, aber allmächtigen Kaiser anzulasten. Ein System, das sich derartig mit dem Militär identifizierte wie das Kaiser Franz Josephs, konnte eine solche militärische Katastrophe nicht unbeschadet überstehen. Franz Joseph schrieb an seine Frau verzagt: »Ich bin um viele Erfahrungen reicher geworden und habe das Gefühl eines geschlagenen Generals kennengelernt. Die schweren Folgen unseres Unglücks werden noch kommen, aber ich vertraue auf Gott und bin mir keiner Schuld, auch keines Dispositionsfehlers bewußt.«[68]
Napoleon III. allerdings gab Franz Joseph die Hauptschuld an der Niederlage und gestand dem Prinzen Coburg, daß er den französischen Sieg »für den reinsten Zufall ansehe... Seine Armee sei im schlechtesten Zustand gewesen und seine Generäle hätten keine Befähigung gezeigt, eine große Armee zu führen; die Österreicher hätten sich viel besser geschlagen als die Franzosen und... es sei kein Zweifel, daß sie Solferino gewonnen hätten, wenn der Kaiser die Reserven hätte vorrücken lassen. Der Kaiser von Österreich, sagte er, sei ein Mann von großer Bedeutung, mais malheureusement il lui manque l'énergie de la volonté«[69] (aber unglücklicherweise fehlt es ihm an Willenskraft).
Selbst Herzogin Ludovika kritisierte den Übereifer Franz Josephs, sich als Feldherr beweisen zu wollen und schrieb an Marie von

Sachsen: »eine solche Niederlage einmal über die andere hatte ich mir doch nicht erwartet ... und dass gerade der Kaiser das Commando führte, finde ich, macht die Sache noch trauriger; ich konnte es ohnehin nie gut finden, daß er Wien in so schweren Zeiten verließ, und nun wird seine Rückkehr eine höchst unangenehme seyn.«[70]

Sisi hatte inzwischen für die Verwundeten ein Spital in Laxenburg organisiert. Franz Joseph: »Gebe die Verwundeten wohin Du willst, in alle Häuser von Laxenburg. Sie werden sehr glücklich sein unter Deiner Obhut. Ich kann Dir nicht genug dafür danken.«[71] 62000 Kranke und Verwundete waren nach den blutigen Schlachten zu verpflegen. Die Spitäler in Österreich reichten bei weitem nicht aus.[72] Klöster, Kirchen und Schlösser mußten die Kranken aufnehmen. Es dauerte Monate, bis sich das Schicksal der verwundeten Soldaten entschied, sie entweder starben oder als Krüppel oder Gesundete überlebten. Die Ausrüstung der Armee hatte viel Geld gekostet. Für die ärztliche Betreuung der Verwundeten war dagegen nicht vorgesorgt.

Mit diesen Problemen wurde die junge Kaiserin nun plötzlich konfrontiert. Sie informierte sich ausgiebig in den Zeitungen und geriet immer stärker in eine oppositionelle Haltung gegen das militärische und aristokratische, rein absolutistische Regime ihres Mannes. Wir wissen nicht genau, welche persönlichen Einflüsse hier mitspielten, ob etwa die bayrischen Verwandten bei ihren Wienbesuchen in dieser Beziehung Bedeutung hatten. Daß sich die junge Kaiserin aber immer deutlicher auf die Seite des »Volkes« und der Zeitungen stellte, war ebenso unübersehbar wie die Tatsache, daß nun diese politische Komponente auch in den Kampf zwischen Schwiegermutter und Schwiegertochter Eingang fand. Denn die junge Kaiserin schonte zwar ihren Mann mit direkten Vorwürfen, führte aber alles Übel auf den reaktionären Einfluß der Erzherzogin Sophie zurück – wie es auch die bürgerlichen Intellektuellen dieser Zeit in Österreich taten.

Die 21jährige Kaiserin versuchte sogar, dem Kaiser einen politischen Rat zu geben (der wiederum die »Volksstimme« verriet): Er solle doch so bald wie möglich Frieden machen. Franz Joseph

jedoch dachte nicht daran, auf die Ratschläge seiner Frau zu hören. Er antwortete abwehrend: »Dein politischer Plan enthält sehr gute Ideen, doch muß man jetzt die Hoffnung noch nicht aufgeben, daß Preußen und Deutschland uns doch noch helfen werden, und so lange ist an Verhandlungen mit dem Feinde nicht zu denken.«[73]
Es ist erstaunlich, wie wenig informiert der Kaiser über die politischen Pläne und Grundsätze der preußischen Politik war, daß er sich noch zu diesem Zeitpunkt, als der Krieg längst verloren war, solche Illusionen machen konnte. Dem Kaiser blieb nichts, als auf Gott zu vertrauen, »der gewiß alles zum Besten führen wird. Er straft uns hart und wir sind wohl nur am Beginne noch ärgerer Leiden, allein diese muß man mit Ergebenheit tragen und in allem seine Pflicht tun«.[74]
Elisabeth hatte mit ihren politischen Bemerkungen wenig Glück. Auch auf die Anfrage, ob der (in der Armee verhaßte) Grünne entlassen werde, antwortete der Kaiser: »Von einer Änderung mit Grafen Grünne ist nie die Rede gewesen und ich denke gar nicht daran. Überhaupt bitte ich Dich nicht zu glauben, was in den Zeitungen steht, die so viel dummes und falsches Zeug schreiben.«[75] Er ermahnte seine Frau stattdessen, mehr zu essen, weniger zu reiten, vor allem aber, mehr zu schlafen: »Ich beschwöre Dich, gebe dieses Leben gleich auf und schlafe bei der Nacht, die ja von der Natur zum Schlafen und nicht zum Lesen und Schreiben bestimmt ist. Reite auch nicht gar zu viel und heftig.«[76]
Auch die beiden Mütter, Ludovika und Sophie, waren keineswegs erbaut über die politischen Interessen der jungen Kaiserin. Ludovika an Sophie: »ich denke, die Gegenwart der Kinder wird viele Stunden des Tags ausfüllen, sie beruhigen, fesseln, die häuslichen Sinne beleben, eine neue Richtung ihren Gewohnheiten und Geschmäckern geben. Ich möchte jedes Fünkchen anfachen, jede gute Regung nähren.«[77]
Schon einige Tage, nachdem der Kaiser Sisis Vorschlag, baldigst Frieden zu schließen, abgelehnt hatte, sah er selber die Aussichtslosigkeit des Krieges ein. Die Initiative zum Waffenstillstand kam freilich nicht von ihm, sondern von Napoleon III., dem »Erzschuft«, wie Franz Joseph ihn nannte.[78]

Im Vertrag von Villafranca mußte Österreich die Lombardei abtreten, seine ehemals reichste Provinz, die seit dem Wiener Kongreß in österreichischem Besitz war. Venetien blieb noch bei Österreich. Niemand glaubte jedoch, daß diese letzte italienische Provinz noch lange zu halten sein würde.
Der Schweizer Gesandte berichtete, der Friede habe in Wien »einen fürchterlich ungünstigen Eindruck gemacht... Der Nimbus, welcher den Kaiser bis jetzt umgeben, ist selbst in den unteren Schichten des Volkes gefallen. Seit 10 Jahren werden die furchtbarsten Anstrengungen gemacht, um das kostbare Militärwesen zu erhalten und auf den höchsten Grad der Perfection zu bringen u. nun sieht man ein, daß Millionen und Millionen hinausgeworfen wurden, um ein Spielzeug und eine Waffe für den Ultramontanismus und die Aristokratie zu erhalten. Wenn der Kaiser mit der Idee zurückkommt, das jetzige Regierungssystem zu erhalten und durch Hülfe des Concordats und der militärischen Günstlinge zu regieren, so würde die Monarchie einer trüben Zukunft entgegensehen, dieses System ist durch und durch faul und muß brechen.«[79]
In Ungarn drohte eine neue Revolution. Über die Lage in Wien erzählte Leibarzt Dr. Seeburger, »die Stimmung sei nie eine schlechtere gewesen wie jetzt, dies wolle aber die Erzherzogin Sophie, welcher er es gesagt, nicht glauben. In Gast- und Kaffeehäusern scheue man sich nicht, den Kaiser zu schmähen, dieser aber gehe morgen auf die Jagd nach Reichenau und die Kaiserin ebendahin, um dort herumzureiten.«[80]
Auch Sophies Gatte, Erzherzog Franz Carl, machte sich falsche Vorstellungen. Er sprach zwar »offen über die herrschende Mißstimmung in Wien. Indessen leugnete er jede höhere Bedeutung derselben, weil man ihn noch grüße. Welch armselige Beruhigung!«, schrieb der Polizeiminister Kempen in sein Tagebuch.[81]
Attentatspläne wurden aufgedeckt, einer sogar in der Hofburg. Ein Lakai hatte den Kaiser und Erzherzogin Sophie ermorden wollen. Ludovika fand den Volkszorn gegen den Kaiser »so schmerzlich als empörend«: »weil es gerade gegen die Person des Kaisers ist, der unglaublich verläumdet wird; man breitet Lügen über ihn aus, die gerade bei ihm so unaussprechlich unbegründet

und ungerecht sind. – Leider geht die Gehässigkeit großentheils vom Militär aus, das sich auch im Ausland ... so bitter über ihn äußert.« Es folgte ein für Franz Josephs Charakter bezeichnender Satz, der in Variationen in mehreren Quellen dieser Zeit, ja selbst im Tagebuch der Erzherzogin Sophie, zu finden ist: Franz Joseph »selbst ist dabei, ich möchte sagen, so harmlos, denn er ist heiter, das hat mich eigentlich verwundert«.[82]

Ungeheuerliche Korruptionen im Militär- und Finanzwesen kamen ans Licht. Finanzminister Bruck schnitt sich aus Verzweiflung über das kaiserliche Mißtrauen die Kehle durch. Minister und Generäle wurden abgelöst: nach Außenminister Buol der Innenminister Bach, Polizeiminister Kempen, General Gyulai, General Heß. Der Kaiser hatte alle Mühe, »die maßlose Reorganisierungs- und Über-den-Haufenwerfens-Wut zu kalmieren«, wie er sich bei seiner Mutter beklagte.[83]

Im Mittelpunkt der Kritik stand der Generaladjutant des Kaisers, sein engster persönlicher und politischer Vertrauter und väterlicher Freund, Graf Carl Grünne, der sich freilich als Prügelknabe seines allerhöchsten Herrn fühlte und Schuld auf sich nahm, für die wohl der Kaiser verantwortlich gewesen wäre. Selbst Ludovika wußte: »Der Haupthaß geht gegen Grün[ne], weil man behauptet, er hätte ihn mit Willen über alles traurige, was vorgefallen, über die schrecklichen Vernachlässigungen, Mißgriffe und Unterschleife in Unwissenheit gelassen.«[84]

Das liberale Neue Wiener Tagblatt schrieb später: »Der Name Grünne genoß eine Unpopularität, die beinahe schon bis zur Popularität ging.« Er sei ein »nichtsystematisierter Diktator« gewesen, ein »Regierungschef extra statum«, mit dem »Nimbus eines Vizekaisers«. Im Ministerrat habe er »oft zugleich auch die Stimme des Monarchen« geführt.[85]

Auf Druck der öffentlichen Meinung mußte der Kaiser Grünne als Generaladjutanten und Leiter der Militärkanzlei entlassen – allerdings tat er dies mit großen Gunstbeweisen. Grünne blieb nur das Amt des Oberstallmeisters.

Sisis Freundschaft für Grünne blieb von der Politik unberührt. Nach seiner Entlassung wünschte sie ihm »vor allem eine bessere glücklichere Zeit wie die letzten waren. Ich kann mich noch immer nicht darein finden, daß jetzt Alles so ganz Anders ist wie früher, und besonders einen Anderen an Ihrem Platz zu sehen, aber mein einziger Trost ist, daß wir Sie doch nicht ganz verloren haben, und wie dankbar ich Ihnen dafür bin wißen Sie.«[86]

Mit aller Kraft wehrte sich Kaiser Franz Joseph gegen eine Beschneidung seiner absoluten Herrschergewalt. Erzherzogin Sophie unterstützte ihn. Sie verabscheute den »Volkswillen« und faßte ihn als Verbrechen an der kaiserlichen Majestät auf. In ihren Briefen jammerte sie über Verrat und wollte eine Schuld des »Systems« nicht wahrhaben. Sie klagte, daß »mein armer Sohn, hart bedrängt durch den Sieg des Unrechtes über das gute Recht, durch Verrath und Treulosigkeit, dennoch von vielen verkannt wurde.«[87]

Will man die politische Haltung der Kaiserin, die sich schon bald einem weiteren Kreis offenbarte, richtig beurteilen, muß man bedenken, daß diese (für höfische Verhältnisse) so verpönte Liberalität, dieser Antiklerikalismus, diese Begeisterung für den Verfassungsstaat in der für Österreich politisch dunkelsten Zeit entstand – im ganz persönlichen Gegensatz zu den Ansprüchen von Gottesgnadentum, Absolutismus und aristokratischem Denken der Erzherzogin Sophie.

4. Kapitel

Die Flucht

Die politische Krise im Winter 1859/60 ging mit einer schweren privaten Krise des Kaiserpaares Hand in Hand. Politisch folgte eine Hiobsbotschaft der anderen. Grünnes Nachfolger als Generaladjutant, Graf Crenneville, klagte: »fürchterliche Aussichten – Staatsbankrott – Revolution – Unglück – Krieg. Armer Kaiser, der das Beste unermüdet anstrebt.«[1]
Kaiser Franz Joseph dachte nicht daran, seine junge Frau an seinen Sorgen teilhaben zu lassen. Über Politik sprach er nach wie vor nur mit seiner Mutter, nicht aber mit Elisabeth, die konträre Vorstellungen entwickelte. Verärgert mußte die junge Kaiserin hinnehmen, daß man sie wie ein Kind beiseite drängte und ihre Vorschläge gar nicht zur Kenntnis nahm. Das Tauziehen zwischen Sophie und Sisi war heftiger denn je.
Daß der Kaiser den endlosen Streitigkeiten der beiden Frauen in dieser ohnehin schon überreizten Atmosphäre auszuweichen versuchte und sich anderswo Trost holte, ist kaum verwunderlich. Massive Gerüchte über Liebschaften Franz Josephs tauchten auf, die ersten in seiner nun fast sechsjährigen Ehe. Das wiederum war eine Angelegenheit, der die junge Kaiserin nicht gewachsen war. Mangelnde Erfahrung, Überempfindlichkeit, Eifersucht auf die Schwiegermutter, ihre durch die lange Abwesenheit ihres Mannes höchst angespannten Nerven – alles das trug zum Verlust ihrer Selbstbeherrschung bei.
Sie begann ihre Umwelt zu provozieren. Gerade im Winter 1859/60, als das österreichische Kaiserreich in den größten politischen Kalamitäten steckte, die Unpopularität des Kaisers so groß war wie nie vorher und nie nachher, wurde die sonst so zurückhaltende junge Kaiserin geradezu vergnügungssüchtig. Sie, die es bisher strikt abgelehnt hatte, außer den offiziellen Veranstaltungen

bei Hof irgendwelche gesellschaftliche Aktivitäten zu entfalten, organisierte nun im Frühjahr 1860 nicht weniger als sechs Bälle in ihren Appartements. Sie lud nur jeweils 25 Paare ein, selbstverständlich junge Leute der ersten Gesellschaft mit einem makellosen Stammbaum, wie es bei Hof gefordert war. Die Besonderheit dieser Bälle war, daß nur die jungen Paare, nicht aber die Mütter der jungen Mädchen eingeladen wurden, wie es sonst üblich war. Das bedeutete, daß auch die Erzherzogin Sophie nicht an den Bällen teilnahm.

Landgräfin Therese Fürstenberg, die bei diesen Bällen mitmachen durfte, schrieb, daß diese »Waisenbälle« bei der Kaiserin sehr unterhaltend waren, aber doch die höfische Gesellschaft nicht wenig irritierten: »anfangs stutzte man über eine solche Enormität [keine Mütter einzuladen], gegen den allerhöchsten Willen war nichts zu thun.« Landgräfin Therese schrieb, daß die junge Kaiserin auf diesen Bällen »leidenschaftlich gern tanzte«[2], eine Vorliebe, die man nie vorher und nie nachher bei ihr bemerkte.

Außerdem besuchte die sonst so gesellschaftsscheue Sisi auch die großen Privatbälle. Vom Ball des Markgrafen Pallavacini zum Beispiel kehrte sie erst um halb sieben Uhr morgens in die Hofburg zurück, als der Kaiser sich bereits auf die Jagd begeben hatte und sie ihn nicht mehr antraf (wie Erzherzogin Sophie in ihrem Tagebuch vermerkte). Die politischen Sorgen hinderten auch den Kaiser nicht, so oft wie möglich auf die Jagd zu gehen.

Die höfische Gesellschaft hatte kein Verständnis für Sisis Trotzhaltung, für Liebesabenteuer eines Ehemanns dafür um so mehr. In hochadeligen und höfischen Kreisen waren Vernunft- und Standesehen die Regel. Sie waren zur Aufrechterhaltung eines makellosen Stammbaumes nötig. Liebesaffären neben diesen standesgemäßen Ehen waren üblich. Die Ehefrauen wußten das. Wenn sie sich mit eigenen Affären auch meist nicht revanchieren konnten (denn einer Frau wurde keineswegs dieselbe Großzügigkeit entgegengebracht), so nahmen sie dennoch diese Affären ihrer Ehemänner im allgemeinen klaglos hin. Denn sie hielten sich an der hohen gesellschaftlichen Stellung, die sie durch ihre praktisch untrennbare Ehe einnahmen, schadlos.

Elisabeth aber hatte Franz Joseph nicht aus gesellschaftlichem Ehrgeiz geheiratet. Rein emotionelle Gründe (ob man sie bei einer Fünfzehnjährigen Liebe nennen kann oder nicht, sei dahingestellt), banden sie an den Kaiser. »Wenn er doch ein Schneider wäre« – mit diesem Stoßseufzer vor der Heirat kennzeichnete Sisi ihre Scheu vor dem gesellschaftlichen Glanz, der sie in Wien erwartete. Nun mußte sie einsehen, daß der junge Kaiser ihren (sicherlich für seine Verhältnisse überspannt wirkenden) Gefühlsansprüchen nicht genügte, daß er sie betrog. Franz Joseph war neben den Kindern das einzige, das Elisabeth an den Wiener Hof fesselte. Diese einzige Bindung in einer ansonsten fremden und feindlichen Umwelt drohte nun zu enden.

Elisabeth hatte das Unglück ihrer elterlichen Ehe miterlebt: Herzogin Ludovika lebte mit ihrer Kinderschar abseits von ihrem Ehemann Herzog Max. Er hatte, was die ganze Familie wußte, Liebschaften und eine ganze Reihe unehelicher Kinder, die er großzügig versorgte. Es gab in dieser Ehe jahrzehntelange Demütigungen und völlige Einsamkeit der Frau und Mutter. Die Angst vor einem solchen jammervollen Schicksal, wie es Herzogin Ludovika durchlitt, mag bei Sisis heftiger Reaktion eine Rolle gespielt haben.

In diese schwierige Situation kamen nun auch noch Hiobsbotschaften aus Neapel-Sizilien. Im Mai 1860 eroberten die Garibaldi-Truppen Sizilien, wenig später war die Hauptstadt des Königreiches Neapel bedroht. Die Hilferufe der jungen Königin Marie erreichten Elisabeth. Im Juni trafen ihre beiden Brüder Carl Theodor und Ludwig in Wien ein, um über eventuelle Hilfsmaßnahmen für das bourbonische Königreich zu beraten. Doch so groß auch die Solidarität Kaiser Franz Josephs für das ihm verschwägerte Königshaus war, so sehr er und seine Mutter Sophie die bedrängte Lage dieser Monarchie beklagten – an eine militärische oder auch nur finanzielle Hilfe war bei der unglücklichen Lage Österreichs nicht zu denken. Das junge Königspaar blieb seinem Schicksal überlassen. Elisabeths Sorgen um die geliebte jüngere Schwester, die sich vergebens um österreichische Hilfe bemühte, verschlechterten nicht nur ihren ohnehin schon verzweifelten Nervenzustand, sondern belasteten auch die kaiserliche Ehe zusätzlich. Im Juli 1860 kam es zu so schweren Differenzen zwischen dem Kaiserpaar, daß Elisabeth Wien verließ und mit der kleinen Gisela nach Possenhofen fuhr – zum erstenmal seit fünf Jahren. Diese plötzliche Reise hatte den Charakter einer Flucht. Sisi benützte die neue Bahnstrecke Wien-München (»Kaiserin-Elisabeth-Westbahn«) noch vor der offiziellen Eröffnung und brachte damit die Feierlichkeiten ziemlich durcheinander.

Sie hatte gar keine Eile, nach Wien zurückzukehren. Ihre Zeit vertrieb sie sich vor allem mit Reiten. Und die Pferde waren es auch, die sie vor allem vermißte. Denn die Pferde ihres Bruders genügten nun ihren hohen Ansprüchen nicht mehr. Sie »sind furchtbar verritten und hinter der Hand«, schrieb sie an den väterlichen Freund Grünne, dem sie ihre Sympathie offen zeigte: »Ich hoffe, daß Sie mich ein wenig vermissen, und Ihnen mein vieles Seckiren, das Sie immer mit so viel Geduld ertragen, abgeht.«[3]

Vor Franz Josephs Geburtstag am 18. August allerdings mußte Sisi zurückkehren, um Aufsehen zu vermeiden. Franz Joseph fuhr seiner Frau bis Salzburg entgegen. Sisi ließ sich von zwei Geschwistern begleiten, Carl Theodor und Mathilde – ein Zeichen dafür, daß sie Unterstützung gegen die kaiserliche Familie brauchte und sich noch unsicher fühlte, mit Franz Joseph und Sophie allein zu sein.

Die Situation in Neapel hatte sich inzwischen weiter verschlechtert. Garibaldi war in die Hauptstadt eingedrungen. Königin Marie zog sich mit ihrem kranken, schwächlichen Mann in die Festung Gaeta zurück. Trotz großer Tapferkeit der 20jährigen Königin (»Heldin von Gaeta«) war der Fall der Festung und ein endgültiger Sieg der italienischen Einigungsbewegung nur noch eine Frage der Zeit.

Die österreichische Innenpolitik brachte kaum weniger Umwälzungen als die Außenpolitik. Die Forderung nach einer Verfassung war nicht mehr zu überhören. Kennzeichnend für die Stimmung ist ein anonymer Brief, der im August 1860 im Kabinett des Kaisers abgegeben wurde:

Eine Stimme von Gott!
An den Kaiser Franz Josef.
Was zögerst Du so lange mit der Constitution. Warum hast Du Deinem Volke genommen, was Ihm der Kaiser Ferdinand der Gütige gab?!–
Halte es auch mit Bürgern und Bauern, nicht allein mit dem Adel und Großen. Ahme den großen Kaiser Josef II. nach.
Nehme Dir zum Spiegel den unglücklichen König von Neapel. Wenn Du fort in dem Absolutismus verharrst, geht es Dir ebenso.
Fort mit der Kamarilla.
Baue Deinen Thron nicht auf Bajoneter, sondern auf Volksliebe.
Kurz mache es so, wie die anderen deutschen Regenten, Einigkeit macht stark.
Justitia regnorum fundamentum. Mit vereinten Kräften.
Dein getreuer Freund Martin vom guten Rath.[4]

Der Kaiser reagierte auf alle politischen Forderungen hilflos und beklagte sich voll Empörung bei seiner Mutter: »Aber eine solche Niederträchtigkeit einer- und Feigheit andererseits, wie sie jetzt die Welt regiert, ist doch noch nie dagewesen; man fragt sich manchmal, ob alles, was geschieht, wirklich wahr ist.«
Er bat um »Entschuldigung, daß die Räubereien des Garibaldi, die Diebstähle Viktor Emanuels, die noch nie dagewesenen Gaunerstreiche des Erzschuften in Paris, der sich jetzt selbst übertrifft – der jetzt glücklich und über Erwarten gut und friedlich begrabene Reichsrat, die ungarischen Mißstände und die unerschöpflichen Wünsche und Bedürfnisse aller Provinzen etc. mich dermaßen in Anspruch nahmen und mir so meinen armen Kopf erfüllten, daß ich kaum einen Augenblick für mich hatte.«[5]
Das erste Zugeständnis für die freiheitsdürstenden Österreicher war das Oktoberdiplom 1860, der Anfang einer Verfassung. Franz Joseph schrieb an seine über das Überhandnehmen der »Volksmeinung« besorgte Mutter beruhigend: »Wir werden zwar etwas parlamentarisches Leben bekommen, allein die Gewalt bleibt in meinen Händen und das Ganze wird den österreichischen Verhältnissen gut angepaßt sein.«[6] Doch selbst dieses bescheidene Zuge-

ständnis wurde von dem bisher absolut regierenden Kaiser als persönliche Demütigung empfunden. Sophie sah in dieser ersten Lockerung des absoluten Regimes sogar den »Ruin des Reiches, dem wir uns mit großen Schritten nähern.«[7]
Der Familienfriede war nun schon seit einem Jahr gestört. Keinerlei Besserung deutete sich an – ganz im Gegenteil: Elisabeths Gesundheitszustand wurde, ausgelöst durch Nervenkrisen und ständige Hungerkuren, Ende Oktober 1860 so schlecht, daß der Lungenspezialist Dr. Skoda entschied, sie müsse sofort in ein wärmeres Klima, da akute Lebensgefahr herrsche. Sie könne den Wiener Winter nicht mehr überstehen. Schon bei den ersten Gesprächen schlug der Arzt Madeira als winterlichen Aufenthalt vor. Warum er gerade auf Madeira verfiel, ist nicht klar. Es kann aber sein, daß die Kaiserin selbst dieses Ziel vorschlug. Kurz vorher war nämlich Erzherzog Max, Sisis Lieblingsschwager, von seiner Brasilienreise und einem längeren Aufenthalt auf Madeira zurückgekommen und hatte im kaiserlichen Familienkreis viel von der landschaftlich schönen Insel im Atlantik erzählt. Das kann die Kaiserin durchaus zu ihrem ausgefallenen Wunsch inspiriert haben. Denn eigentlich gab es innerhalb der österreichischen Monarchie genügend Kurorte in mildem Klima (man denke an Meran), wo sich Lungenkranke auskurieren konnten. Das Klima von Madeira war nicht gerade für die Ausheilung von lebensgefährlichen Lungenkrankheiten berühmt. Es hat ganz den Anschein, als wollte Elisabeth mit diesem fernen Ziel häufige Besuche des Kaisers verhindern.
Die Art der Krankheit war vollends unklar – und ist es bis heute. So gesund Elisabeth als Kind war, so sehr kränkelte sie vom ersten Tag ihrer Ehe an. Drei Schwangerschaften innerhalb von vier Jahren hatten ihren Körper erschöpft, vor allem die schwere Geburt des Kronprinzen 1858. Jahrelang litt sie unter starkem Husten, der sich im Winter 1860 bedrohlich verstärkte und wohl den Grund für die Diagnose einer Lungenkrankheit lieferte. Durch ihre hartnäckige Weigerung, Nahrung zu sich zu nehmen, litt sie nicht nur an »Bleichsucht«, also Blutarmut, sondern war in einem Zustand körperlicher Erschöpfung. Ihre Nerven waren nicht be-

lastbar. Wiederholt kam es zu nicht zu stillenden Weinkrämpfen. Um ihre überreizten Nerven zu beruhigen, hatte sie sich angewöhnt, extrem viel Bewegung zu machen: tägliche Ritte über oft beachtliche Distanzen (so etwa von Laxenburg bis Vöslau, was der Kaiser »reiner Unsinn« nannte),[8] Springreiten bis zur völligen Erschöpfung, stundenlange Wanderungen, Turnübungen.
An der Diagnose, lebensgefährliche »Lungenaffektation«, wurden viele Zweifel laut. Vor allem die Wiener Verwandten und die höfischen Kreise glaubten nicht recht, daß die Kaiserin wirklich so krank war. So schrieb Erzherzogin Therese an ihren Vater, Erzherzog Albrecht: »Man kann nicht darauf kommen, ob ihr viel oder wenig fehlt, da so viele Versionen über Dr. Skoda's Ausspruch erzählt werden.«
Der Tratsch am Hof blühte. Als Beispiel sei wieder Therese angeführt: »Gestern war Tante Marie bei der Kaiserin; sie nahm ein großes Sacktuch mit, weil sie glaubte, viel zu weinen; indessen war die Kaiserin ganz lustig, sie freut sich unendlich, nach Madeira zu gehen. Die Tante war so indignirt, daß sie der Kaiserin ihre Meinung auf eine ziemlich fühlbare Art sagte: ›der Kaiser ist noch in Ischl‹.«[9] Erstaunlich war, daß der Kaiser gerade in diesen Tagen, als Dr. Skoda eine lebensgefährliche Krankheit Sisis diagnostizierte, nach Ischl auf die Jagd fuhr und seine Frau in Wien zurückließ. Er kam erst am 7. November zurück.
In dieser für den engeren Kreis des Hofes offensichtlichen Ehekrise gehörten die Sympathien eindeutig dem Kaiser. Erzherzogin Therese: »Ich bedauere ihn unendlich, eine solche Frau zu haben, die vorzieht, ihren Mann und ihre Kinder auf 6 Monate zu verlassen, statt ein ruhiges Leben in Wien zu führen, wie es die Ärzte anordneten.« Und nach einem Treffen mit dem Kaiser: »Es thut mir in der Seele weh, wie er traurig und angegriffen aussieht. Ich hoffe, die Kinder werden ihm diesen Winter viel Trost und Erheiterung gewähren.«[10]
Sisi setzte durch, daß ihre Obersthofmeisterin Gräfin Esterházy, die Vertraute ihrer Schwiegermutter, nicht mit nach Madeira reiste. Therese: »Die Gräfin Esterházy wird auf eine sehr sonderbare Art auf die Seite geschoben. Statt ihr geht die junge Mathilde

Windischgrätz nach Madeira; es ist auch sonderbar von letzterer, ihr kleines Kind zu verlassen.« Das Verhalten der angeblich Todkranken erstaunte: »Die Kaiserin beschäftigt sich sehr viel mit ihrer Sommertoilette von Madeira.«[11]

Im Tagebuch der Erzherzogin Sophie ist nichts über die Art von Sisis Krankheit zu finden, nur Bedauern darüber, daß die Kaiserin für so lange Zeit ihren Mann und ihre Kinder verließ: »Sie wird von ihrem Mann fünf Monate lang getrennt sein und von ihren Kindern, auf die sie einen so glücklichen Einfluß hat und die sie wirklich gut erzieht«, schrieb ausgerechnet Sophie. »Ich war von der Nachricht vernichtet.«[12]

Auch Herzogin Ludovika war eher erstaunt über die schlechten Nachrichten aus Wien, als daß sie wirklich an eine Todeskrankheit denken mochte: »Sisis Reise bekümmert mich sehr«, schrieb sie nach Sachsen, »und es war ein großer Schrecken, denn als sie hier war, hätte man eine solche Nothwendigkeit nicht vorausgesehen, obgleich sie immer etwas hustete, besonders anfangs ... Leider schont sie sich zu wenig und vertraut zu sehr auf ihre gute Natur.« Eigenartig ist auch Ludovikas Bemerkung: »Da der Aufenthalt in Madeira sehr still und wie sie schreibt sehr langweilig seyn soll, findet sie hoffentlich keine Gelegenheit sich zu verderben.«[13]

Der Wiener Hof reagierte schadenfroh. Erzherzogin Sophie wurde allgemein bedauert, ebenso der Kaiser. Man sah mit Genugtuung, wie Mutter und Sohn wieder näher zusammenrückten und die Kaiserin eine Zeitlang keinen Grund zum Ärgern gab. Erzherzogin Therese schrieb: »Jetzt werden die Familiendiners immer bei der Tante Sophie sein. Ich glaube, so sehr es ihr leid ist, daß der Kaiser seit der Abreise seiner Frau so einsam ist, so wird sie im Stillen hoffen, daß er sich ihr mehr anschließen und ihr vielleicht die meisten seiner Abende weihen wird.« Therese urteilte aus höfischer Sicht, wenn sie über Sisi meinte: »In Wien hat man gar kein Mitleid mit der Kaiserin; es thut mir leid, daß sie sich nicht die Liebe der Leute erwerben konnte.«[14] Diese Aussage bezieht sich jedoch hauptsächlich auf die Aristokratie und die höfischen Kreise. Bei den einfachen Leuten war die junge Kaiserin in dieser Zeit noch beliebt.

Die Nachricht von der schweren Krankheit der österreichischen Kaiserin machte Anfang November 1860 Sensation in der ganzen Welt. Hilfsangebote kamen von überall. Da für die Reise nach Madeira kein geeignetes Schiff verfügbar war, stellte Königin Viktoria von England ihre Privatjacht zur Verfügung. Ludovika schrieb, wie sie ihre Tochter in München wiedersah: »Sisi ist magerer geworden und sieht, wenn nicht übel, so doch nicht so blühend aus wie vorigen Sommer; auffallend ist aber der Husten, der sehr zugenommen, so daß man doch der Meinung ist, ein wärmeres Climat müsse ihr zuträglich sein.«[15] Diese Sätze sind bemerkenswert ruhig für die stets aufgeregte Ludovika und stimmen so gar nicht mit den Zeitungsmeldungen überein, die von einem nahen Ende der österreichischen Kaiserin sprachen.

Erstaunlich war auch, daß Sisi, die doch alle offiziellen Besuche verabscheute, die wenigen Stunden ihres Münchner Aufenthaltes dazu benützte, Verwandtenbesuche zu absolvieren.

Von München fuhr Sisi über Bamberg (wo Franz Joseph sich von ihr verabschiedete) nach Mainz, übernachtete dort und reiste am nächsten Tag nach Antwerpen weiter, wo sie sich auf der königlich britischen Jacht »Victoria and Albert« einschiffte. Die Dienerschaft folgte mit dem Gepäck in der »Osborne«. Bemerkenswert war, daß die starken Stürme in der Biskaya zwar so gut wie alle Passagiere (einschließlich der Ärzte) seekrank machten, nicht aber die angeblich todkranke Kaiserin.

Bis heute halten sich in Wien die seltsamsten Gerüchte über die Krankheit der Kaiserin vor der Flucht nach Madeira. Immer wieder kann man die Version einer angeblichen venerischen Krankheit hören, mit der der Kaiser seine junge Frau angesteckt haben soll. Demnach hätte die Kaiserin im November 1860 wirklich schwer krank sein müssen. Das aber war sie nach allen Berichten der engsten Angehörigen keineswegs.

Der Elisabeth-Biograph Corti traf eher den Nagel auf den Kopf, als er über die Peinlichkeiten im November 1860 schrieb: ». . . der Deckmantel der Krankheit wird das alles abschwächen, und sie ist ja auch wirklich krank, ihr geistiger Zustand nimmt auch den Körper hart mit. Und was sonst eine kleine Anämie, ein unbedeu-

tender Husten wäre, wird unter solchen Verhältnissen fast wirklich zu einer Krankheit.« Corti getraute sich aber aus übergroßer Loyalität zum Kaiserhaus dann doch nicht, diese Sätze zu veröffentlichen und strich sie aus dem Manuskript hinaus, ebenso wie folgende Sätze über Erzherzogin Sophie: »Sie aber weiß genau Bescheid und ist bloß empört über die pflichtvergessene Elisabeth, die wie sie meint, nur eine Krankheit vorspiegelt, um dem Winter zu entfliehen und ihren merkwürdigen Lebensgewohnheiten ungenierter nachleben zu können.«[16]
Die moderne Medizin würde nicht so sehr von einer geistigen als einer seelischen Krankheit der Kaiserin sprechen. Der übersteigerte Bewegungsdrang, die ständige Weigerung, Nahrung zu sich zu nehmen, weisen (mit allem Vorbehalt gegenüber solch nachträglichen Diagnosen) auf eine Neurose in der Art einer Magersucht, der Anorexia nervosa, hin, die oft mit einer (eher pubertären) Ablehnung der Sexualität gekoppelt ist. So wäre auch das Phänomen zu verstehen, daß Sisi sofort wieder zu gesunden schien, wenn sie sich von Wien und ihrem Ehemann entfernte.

Auf Madeira lebte Sisi ziemlich einsam in einer gemieteten Villa am Meer. Hin und wieder schickte der Kaiser einen Kurier, der sich über ihren Zustand informieren und Briefe befördern sollte. Der erste dieser Kuriere war Joseph Latour von Thurmburg. Er brachte nach München und Wien Details über Sisis »stille Existenz und das ganze ruhige, vernünftige zweckmäßige Leben, das sie führt«, wie Ludovika nach Sachsen schrieb. Sisis Mutter erwähnte aber auch die »recht wehmütigen« Briefe der jungen Kaiserin, ihr Unglück über »die große Entfernung und lange Trennung«, vor allem von den Kindern. »Sie sehnt sich ungeheuer nach Hause, nach dem Kaiser und den Kindern.«[17]
Zu Weihnachten wurde Graf Nobili mit einem Weihnachtsbaum aus Laxenburg auf die Reise nach Madeira geschickt. Er berichtete nach Wien, das Weihnachtsfest sei »nach heimatlicher Sitte gehörig gefeiert worden«, klagte aber über das »officielle Nichtstun« und »die vielen Promenaden« auf Madeira.[18]
Graf Louis Rechberg, ein weiterer Kurier, berichtete, der gesund-

heitliche Zustand der Kaiserin sei zwar besser: »Moralisch ist aber die Kaiserin schrecklich gedrückt, beinahe melancholisch, wie es in ihrer Lage wohl nicht anders möglich ist – sie sperrt sich oft beinahe den ganzen Tag in ihrem Zimmer ein und weint . . . Sie ißt schrecklich wenig, so daß auch wir darunter leiden müssen, denn das Essen, vier Speisen, vier Desserts, Kaffee etc. dauert nie über fünfundzwanzig Minuten. In ihrer Melancholie geht sie nie aus, sondern sitzt bloß am offenen Fenster mit Ausnahme eines Spazierrittes im Schritt von höchstens einer Stunde.«[19]

Rechberg schrieb aber auch lange Briefe über die Schönheit der Insel: »Alle Gewächse Indiens und Südamerikas gedeihen auf dieser von der Natur so gesegneten Insel. Denke Dir Bosquetts von 30 Schuh hohen Camelienbäumen mit tausenden Blüten und Knospen. 25 Schritt vor dem Hause das hohe felsige Ufer der See, aus jeder Steinritze ein Cactus wuchernd.«[20]

Jeder Kurier brachte Geschenke mit nach München und Wien. »Sie schickte uns, was Madeira nur bietet«, schrieb Ludovika.[21] Vor allem bei den Kindern brachte sich Sisi mit immer neuen Geschenken in Erinnerung. Sie schrieb aus Madeira an die vierjährige Gisela: »Du weißt schon, was ich Dir für schöne kleine Vögel mitbringen werde, in einem hübschen Vogelhaus, und dann werde ich Dir Musik machen und Dir auch eine ganz kleine Guitarre zum spielen bringen.«[22]

Abwechslung gab es auf Madeira wenig, worüber alle Kuriere stöhnten, so Graf Nobili: »Die Einwohner beiderlei Geschlechts, gelbledern und von einer unerlaubten Hässlichkeit, die Stadt Funchal schmutzig, mit kleinen spitzen Steinen gepflastert, zum Flanieren ganz ungeeignet. Kaufläden ärmlich ausgestattet. Geselliger Umgang keinen.«[23]

Die Kaiserin tat, was sie in Possenhofen am liebsten getan hatte: Sie verbrachte den größten Teil des Tages mit ihren Tieren. Es gab Ponies, Papageien, vor allem große Hunde. Sisi aus Madeira an den Grafen Grünne: »Ich habe mir jetzt von England einen ganz großen Hund bestellt, um mehr Gesellschaft zu haben und der mich überall begleiten soll.«[24]

Auch das Kartenspiel war ein Zeitvertreib – was in Wien wieder

ein Anlaß zum Tratsch wurde. Erzherzogin Therese: »Die von Madeira zurückgekommenen Couriere können nicht genug erzählen, wie sehr man sich dort langweilt. Alles ist nach Stunden eingetheilt, selbst die Kartenspiele. Von 8–9 schwarzer Peter, von 9–10 halber zwölf [ein weiteres beliebtes Kartenspiel]. Niemand spricht, selbst die redselige Helene Taxis hat es aufgegeben.«
In Wien ging eine Photographie aus Madeira von Hand zu Hand. Erzherzogin Therese: »Die Kaiserin sitzt und spielt Mandoline, Helene Taxis ist vor ihr am Boden gekauert mit dem Pintsch im Arm. Mathilde Windischgrätz steht mit dem Tubus in der Hand; im Hintergrunde steht Lily Hunyady, sie blickt alle sinnend an. Sämmtliche Damen in Matrosenhemden und Matrosenhüten.«[25]
Auch Erzherzogin Sophie beschrieb diese Photographie im einzelnen in ihrem Tagebuch. Wenn man bedenkt, in welch schwierigen Zeiten sich die Monarchie befand, welche politischen Sorgen der Kaiser hatte, wird man die Verwunderung über dieses Photo verstehen, das in Wien wie eine Provokation wirkte. Die kleinen Kinder waren ohne Mutter, der Gatte ohne Frau, das Reich ohne Kaiserin. Und Elisabeth schaute auf Madeira versonnen ins Meer, beklagte ihre Lage und spielte Mandoline und Schwarzer Peter. Andererseits bestanden die Ärzte darauf, daß die Kaiserin weiterhin auf Madeira bleiben und erst im Mai, wenn es in Wien wärmer würde, zurückkehren sollte.
So langweilte sich Elisabeth weiter, ließ ihr »Werkel«, einen kleinen Leierkasten, endlos spielen, vor allem die Arien aus der Traviata. Sie las viel und vertrieb sich die Zeit mit Ungarischlektionen, die ihr einer ihrer »Ehrenkavaliere«, Graf Imre Hunyady, gab. Es dauerte freilich nicht lange, bis der als außerordentlich fesch geltende Hunyady sich in die junge Kaiserin verliebte und prompt nach Wien abberufen wurde. Das Gefolge der österreichischen Kaiserin war so zahlreich, jeder paßte auf jeden auf, es gab so viele Eifersüchteleien in dieser kleinen, von der Außenwelt ja völlig abgeschlossenen Gesellschaft auf Madeira, daß auch nicht die kleinste Regung unerkannt bleiben konnte.
Elisabeths Selbstbewußtsein war in der Wiener Umgebung stets verletzt worden. Sie war als schönes Dummerl behandelt und

beiseite geschoben worden, wenn es um ernste Dinge ging. Hier auf Madeira erholten sich nicht nur ihre Lungen, sondern vor allem ihr Selbstbewußtsein. Hier wurde sie sich ihrer Schönheit und ihrer Ausstrahlung auf so gut wie jeden Mann bewußt. Die Schwärmerei des schönen Grafen Hunyády trug zu dieser Entwicklung bei, ebenso wie die der Offiziere eines russischen Kriegsschiffes, das auf Madeira anlegte. Die Kaiserin lud sie zu einem Diner mit anschließendem Tanz ein – eine willkommene Abwechslung für die sich stets langweilenden Suiten und Hofdamen. Ein russischer Admiral, der später von dieser Einladung erzählte, sagte, daß sich jeder der eingeladenen Offiziere, gleich ob jung oder alt, in die junge Kaiserin verliebt habe.

Je länger der Aufenthalt auf Madeira dauerte, desto mehr schien Sisi die Wiener Differenzen zu vergessen und sich zu ihren Kindern zurückzusehnen. An ihre wenigen Freunde in Wien schrieb sie überaus herzliche Briefe, wie zum Beispiel an den Grafen Grünne: »ich bin ... überzeugt, daß Sie recht viel an mich denken, und ich Ihnen, besonders wenn Sie in Wien sind, auch ein wenig abgehe. Wir sprechen sehr oft von Ihnen, Ihre Gesundheit war bei unserer Abreise doch nicht ganz hergestellt und da Sie in letzter Zeit oft leidend waren, werde ich sehr froh sein, einmal von Ihnen selbst zu hören, wie es Ihnen geht.« Vor allem vermißte Sisi wieder einmal ihre Pferde. Sie bat Grünne: »Ich bitte, schreiben Sie mir auch recht ausführlich über unsere Pferde, wie sehr mir das ordentliche Reiten abgeht, kann ich Ihnen gar nicht sagen. Ich kann den Augenblick nicht mehr erwarten, wieder auf dem Forester oder der Red Rose zu sitzen, das stundenlange Schrittreiten auf dem schrecklichen Pflaster hier, und dazu die furchtbaren Pferde ist ärger wie gar nicht reiten, aber am Ende doch die einzige Art, um ein wenig weiter zu kommen.«

Sie beklagte sich bei Grünne: »Das wäre etwas für Sie, hier zu leben, ich glaube Sie hielten es nicht 14 Tage aus. Wenn ich gewußt hätte, wie es hier ist, hätte ich mir für so lange Zeit schon lieber einen anderen Ort gewählt, denn wenn auch die Luft nichts zu wünschen übrig läßt, so gehört dennoch mehr dazu, um angenehm zu leben.«

Wieder ergriff sie ihr Fernweh. Sisi an Grünne: »Überhaupt möchte ich immer weiter, jedes Schiff, das ich wegfahren sehe, gibt mir die größte Lust, darauf zu sein, ob es nach Brasilien, nach Afrika oder ans Kap geht, es ist mir einerlei, nur nicht so lang an einem Fleck sitzen.«

Aber sie vertraute dem Grafen Grünne auch ihre Angst vor Wien an: »Um Ihnen ganz offen zu gestehen, hätte ich nicht die Kinder, so würde mir der Gedanke, wieder das Leben, das ich bisher geführt habe, wieder aufnehmen zu müssen, ganz unerträglich sein. An die E . . . [Erzherzogin Sophie] denke ich nur mit Schaudern, und die Entfernung macht sie mir nur noch zuwiderer.«

Grünne war es, der ihr dringend gewünschte politische Informationen gab. Sisi: »Ich bitte, schreiben Sie mir, wie die Sachen jetzt stehen, ob es wahrscheinlich ist, daß wir einen Feldzug haben werden, und wie es im Innern ausschaut. Der K. [Franz Joseph] schreibt mir über diese Sachen nichts. Aber weiß er es denn selbst, oder wenigstens die Mehrheit? Über Alles das können Sie mir nicht genug schreiben, ich bitte Sie, thuen Sie es mit jedem Curier, Sie machen mir eine so große Freude, und ich werde Ihnen sehr dankbar sein.« Diesen und andere Briefe an Grünne schloß Sisi mit der kindlich wirkenden »Versicherung meiner aufrichtigen Freundschaft, mit der ich immer bleibe, Ihre Sie innigstliebende Elisabeth.«[26]

Daß Sisi eine politisch völlig desinteressierte Frau war, wie man in Wien behauptete, stimmt nicht. Sisi an Grünne aus Funchal: »Es scheint, daß wirklich so bald kein Feldzug ausbrechen wird. Auch hatte ich gehofft, daß es in Ungarn besser aussähe, aber nach dem, was Sie mir schreiben, scheint dies nicht der Fall. Am Ende geht es dort früher los wie in Italien« (womit sie den drohenden Aufstand in Venetien meinte).

»Wie unheimlich mir es wäre, zur Zeit eines Krieges noch hier zu sein, können Sie sich denken. Darum habe ich den Kaiser gebeten, mich früher abreisen zu lassen, da er mir aber so bestimmt versichert hat, es sei kein Grund zur Angst, so muß ich es wohl glauben und mich damit zu beruhigen suchen.«[27]

Sisis Vorfreude auf Wien war zwiespältig. Sie schrieb an Grünne:

»Mir ist leid, den Mai in Wien zu versäumen, besonders die Rennen. In anderer Hinsicht ist es wieder angenehm, so kurz als möglich in der Stadt und mit, oder doch in der Nähe von Jemand zu sein, die sich gewiß die Zeit meiner Abwesenheit recht zu Nutzen gemacht hat, um den K.[aiser] und die Kinder zu dirigieren und zu überwachen. Der Anfang wird nicht süß sein und ich werde eine Weile brauchen, bis ich mich wieder hineinfinde, das Hauskreuz aufzunehmen.«

Aber gleich darauf brach wieder Sisis Schalk durch: »Wie freue ich mich, das Erste Mal wieder mit Ihnen im Prater zu reiten, ich bitte Sie, lassen Sie mir den Forester dazu richten und für das zweite Mal die Gipsy Girl, auf die ich mich besonders freue, weil ich einen Hut habe, der gerade für ein schwarzes Pferd paßt. Jetzt sehe ich ordentlich, wie Sie mich auslachen, wenn Sie das lesen.« Und ein paar Zeilen weiter: »Wir haben sehr kalte Ostertage und ich bin eigentlich empört, daß es nicht grüner ist, wenn man schon einmal in Madeira sitzt, will man auch heiß haben und nicht frieren wie in der lieben Heimath.«[28]

In diesen Monaten, als Sisi auf Madeira lebte, fiel die Festung Gaeta. Die zwanzigjährige Königin Marie von Neapel floh mit ihrem Mann nach Rom. Elisabeth war ohne Nachrichten und stets in großer Aufregung um die jüngere Schwester. Während jedoch Sisis Sorge ausschließlich der Person Maries galt, dachte Erzherzogin Sophie rein politisch. Für sie war das Ende des absoluten Königreiches Neapel-Sizilien eine weitere Stufe zum Untergang der Monarchien überhaupt: »Nun ist auch unser letzter Trost, der letzte Glanz des monarchischen Prinzips verschwunden!« klagte sie nach dem Fall Gaetas im Februar 1861.[29]

Nach sechsmonatiger Trennung sahen sich Franz Joseph und Elisabeth im Mai 1861 in Triest wieder. Der freundliche Empfang durch die Bevölkerung ließ für die Zukunft Mut fassen. Ludovika schrieb an ihre Schwester Sophie: »Überall sieht es schlimm aus, aber daß die Stimmung für unseren lieben Kaiser doch eine ganz andere geworden ist, thut mir doch wohl, da ich ihn so innig liebe ... Gott gebe nur, daß ihm Sisi jetzt eine recht glückliche

Häuslichkeit gewährt und er in seinem Innern das Glück und den stillen Genuß findet, dessen er so würdig ist nach dem langen traurigen Winter. Wenn sie nur infolge der langen Entbehrung ihr Glück recht zu schätzen und zu genießen weiß, wenn er nur alles in ihr findet, was er verdient und so nothwendig bedarf als Balsam und Wohlthat für das schwere, schmerzliche seiner Stellung, für all den Undank, den er erfahren muß.«[30]

Ludovika hoffte vergeblich. Sisi war gerade vier Tage in Wien, als ihre Fieber- und Hustenanfälle wieder bedrohliche Ausmaße annahmen, vor allem nach dem ersten »Cercle« mit der Hocharistokratie. Wie vor ihrer Reise nach Madeira, war die Kaiserin nun wieder stets in Tränen aufgelöst, suchte die Einsamkeit.

Außenminister Rechberg schrieb von der »tiefen Betrübnis des Kaisers« und der »gedrückten Stimmung« am Hof. »Die Kaiserin hat seit ihrer Rückkehr den tiefsten Abscheu vor jeder Nahrung. Sie ißt nichts mehr und ihre Kräfte erschöpfen sich umso mehr, als der Husten andauert und starke Schmerzen ihr den Schlaf rauben, der ihre Kräfte noch erhalten könnte.«[31]

Ob wirklich nur das rauhe Wiener Klima und die Anstrengung der Repräsentation für diesen völligen Zusammenbruch verantwortlich waren – ob nicht auch die Wiederaufnahme des Ehelebens mitspielte, kann niemand wissen. Jedenfalls hatte Sisi nach dem neuerlichen Ausbruch ihrer Krankheit einen Grund, die Schlafzimmertür vor ihrem Mann verschlossen zu halten.

Dr. Skoda stellte im Juni eine galoppierende Lungenschwindsucht fest und ordnete als letzte Hoffnung einen Aufenthalt auf Korfu an. Sisi hatte die Insel während der Rückfahrt aus Madeira kennengelernt und war voller Bewunderung für die landschaftliche Schönheit Korfus, das als Heilungsort für Lungenkrankheiten allerdings ebensowenig berühmt war wie Madeira.

Diesmal glaubte selbst Ludovika an eine ernste, ja tödliche Krankheit und war außerdem besorgt, weil Sisi im ständigen Hader mit den behandelnden Ärzten lag. Ludovika schrieb an Sophie, der Arzt habe Sisi nicht die volle Wahrheit gesagt, »sonst wäre ja alles verloren, und Sisi würde auch ihn nicht mehr vorlassen . . . Ich bin vernichtet.«[32]

Ob die pessimistische Diagnose des Arztes stimmte oder nicht – der nervliche Zustand der Kaiserin war jedenfalls verzweifelt. Sie glaubte sogar, wie sie ihrer Mutter schrieb, »dem Kaiser und dem Land nur eine Last zu sein, den Kindern nie mehr nützen zu können, ja sie mag wohl daran denken, daß, wenn sie nicht mehr lebt, der Kaiser wieder heirathen kann und sie ihn als elendes, hinsiechendes Geschöpf nicht mehr glücklich machen kann!« Ludovika an Sophie: »Gewiß hat sie auch die Entfernung gewünscht, um ihm diesen traurigen Anblick zu ersparen ... Hättest Du den Brief gelesen, nach ihrer Zurückkunft in Wien, den Ausdruck von Glück, wieder bei ihrem Kaiser, bei ihren Kindern zu sein! Damals erquickte er mein Herz – jetzt zerreißt er es mir.«[33]

Sophie umarmte weinend die beiden Kaiserkinder, »weil sie einem großen Unglück entgegengehen, dem Verlust ihrer armen Mutter.« Als Sisi Wien verließ, schrieb Sophie in ihr Tagebuch: »Traurige Trennung von unserer armen Sisi, vielleicht fürs Leben. Sie weinte und war extrem bewegt und bat mich um Verzeihung für den Fall, daß sie für mich nicht so gewesen ist, wie sie es hätte sein sollen. Ich kann meinen Schmerz, den ich empfand, nicht ausdrükken, er zerriß mir mein Herz.« Der Kinderfrau Leopoldine Nischer empfahl Sisi beim Abschied die Kinder an mit den Worten: »es wäre ja das einzige, was dem Kaiser bliebe!«[34]

In Wien herrschte, angefacht durch die Nachrichten in den Zeitungen, große Aufregung in der Bevölkerung. Erzherzogin Therese berichtete, daß der Abschied des Kaiserpaares von Laxenburg »sehr ergreifend war. Eine zahllose Menge hatte sich am Bahnhofe eingefunden. Es herrschte eine lautlose Stille, nur unterbrochen von dem Schluchzen einiger Frauen. Als der Zug langsam sich fortbewegte, hatten die Leute den Eindruck, als ob ein Leichenzug vorüberführe!«[35] Und wirklich schwirrten schon zwei Tage nach Sisis Abreise Gerüchte durch Wien, die Kaiserin sei gestorben.[36]

Franz Joseph begleitete seine Frau bis Miramar bei Triest. Sein Bruder Max fuhr mit nach Korfu, neben einem Gefolge von 33 Personen. Schon auf der Überfahrt hatte die Schwerkranke besseren Appetit. In Wien hatte sie sich geweigert, etwas zu sich zu nehmen.

Die Nachrichten aus Korfu widersprachen sich: »Den ganzen Tag sieht die Kaiserin Niemand, abends fährt sie in einer Barke oder schleicht im Garten herum. Dabei soll sie sehr schlecht aussehen, was das schlechteste Zeichen ist. Ende August fangen die Regen dort an, und da muß sie in jedem Falle fort. Ich hatte wieder Hoffnungen gefaßt«, schrieb Erzherzogin Therese an ihren Vater, »aber jetzt glaube ich nicht einmal, daß sie diesen Winter überlebt.«[37]
Die Atmosphäre zwischen den Eheleuten war unverändert gespannt. Ende Juli schickte Kaiser Franz Joseph den Grafen Grünne nach Korfu, offensichtlich mit dem Auftrag eines Vermittlungsversuches. Dieser Versuch scheiterte gänzlich. Aber nicht nur das: auch die Freundschaft Elisabeths zu Grünne zerbrach. Ob die Tratschereien stimmen, daß die Kaiserin dem Grafen vorwarf, in den kaiserlichen Liebesaffären vermittelt zu haben, bleibe dahingestellt. Sie sind nicht durch schriftliche Quellen zu beweisen oder zu widerlegen.
Auf den Zwist mit Grünne kam die Kaiserin später wiederholt zu sprechen. So sagte sie noch 1872 zu ihrer Hofdame Marie Festetics: »Der Mensch hat mir soviel angethan, daß ich glaube, selbst in meiner Todesstunde kann ich's ihm nicht verzeihen.«[38]
Was auf Korfu wirklich geschah, ist auch aus den (nunmehr vorliegenden) Briefen der Kaiserin an Grünne nicht zu erschließen. Einiges deutet darauf hin, daß Grünne der jungen Kaiserin zu Unrecht unterstellte, dem Kaiser untreu zu sein, sie in seiner väterlichen Art aber keineswegs rügte, sondern ihr noch gute Ratschläge gab, was die Kaiserin erst recht erboste. Sie erzählte später ihrer Hofdame Marie Festetics über den Grafen Grünne: »mit der größten Bonhomie sagte er unglaubliche Dinge wie z. B. als väterlicher Freund: ›Merken sich Eure Majestät das Eine. Sie können machen, was Sie wollen, nur nie ein Wort schreiben. Lieber einen Zopf als ein geschriebenes Wort.‹«
Elisabeths Kommentar zehn Jahre später: »Ich verstand das damals kaum, aber der Instinct sagte mir, solche Rathschläge könnten keinem reinen Herzen entspringen.«[39]
Die Aufregungen des Grünne-Besuches verschlechterten Sisis Ge-

sundheitszustand. Sie weigerte sich zu essen und wurde schwer depressiv. »Sisi scheint sich für verloren zu halten, für unheilbar«, schrieb Ludovika nach Sachsen.[40]

Und Elisabeth schrieb dem ehemaligen väterlichen Freund und engsten Vertrauten Grünne nach seiner Abfahrt: »obwohl die Resultate Ihrer Reise weder für den Kaiser noch mich irgend eine Änderung der Lage hervorgebracht haben, scheint es, als hätten Sie keine Wiederholung Ihrer langen Fahrt und ihres wenig erquikkenden Aufenthaltes zu befürchten.« Es sehe nicht danach aus, »als ob wir uns bald, oder überhaupt je wieder sehen sollten.«[41]

Wie immer in Krisenzeiten sehnte sich Sisi nach der Mutter und den Geschwistern, und ihre Schwester Helene Taxis entschloß sich, nach Korfu zu fahren. Ludovika: »Helene bringt ein großes Opfer, das ihr so schwer wird, aber sie sagt, der Kaiser hätte sie so dringend darum gebeten, er hätte ihr so unbeschreiblich leid gethan – der arme, liebe Kaiser; er soll so unglücklich und traurig sein.«[42]

Helene Taxis hatte inzwischen zwei kleine Kinder, die sie ungern auf so lange Zeit verließ. Außerdem war die politische Lage im Mittelmeerraum alles andere als anheimelnd. Korfu gehörte damals mit seinen Nachbarinseln zur »Ionischen Republik«, stand unter englischer Schutzherrschaft und strengem antigriechischem Regiment. (Erst 1864, zwei Jahre nach der Vertreibung des wittelsbachischen Griechenkönigs Otto gab England die Ionischen Inseln an Griechenland ab.) In Athen gab es Unruhen und im September 1861, während Sisis Korfu-Aufenthalt, sogar einen Attentatsversuch auf die griechische Königin Amalie.

Helenes mangelnde Reiselust war verständlich. Doch Ludovika wußte, wie nötig Sisi Hilfe aus Bayern brauchte: »Helene ist vielleicht die einzige, die es erringen kann [nämlich günstigen Einfluß zu nehmen]; sie war immer Sisis Lieblingsschwester.«[43]

Wirklich wurden die Nachrichten aus Korfu seit der Ankunft Helenes besser. Sisi »ißt sehr viel Fleisch«, schrieb Ludovika, »trinkt viel Bier, ist von der gleichmäßigsten Lustigkeit, hustet wenig, besonders seit die, wie Helene findet, enorme Hitze wieder

angefangen hat, und sie machen sehr schöne Partien zu Wasser und zu Lande.«[44] Anfangs sei aber Helene über Sisis »aufgedunsenes und blasses Aussehen sehr erschrocken.«[45]
Die Nachrichten von der plötzlichen Heiterkeit der Kaiserin waren Anlaß für mißgünstige Kommentare in Wien: »Die Idee, daß sie mehr nerven- als brustkrank ist, erhält sich wieder.«[46] In dieser Lage glaubte sich auch Ludovika bei Sophie entschuldigen zu müssen: »Gewiß ist mir Sisis Schicksal ziemlich peinlich zu berühren, um so viel peinlicher, weil sie es sich durch so viele Unvorsichtigkeiten, ja man muß beinahe sagen: Übermuth, denn sie wollte uns ja alle nicht hören!, selbst zugezogen hat.«[47]
Kaiser Franz Joseph, von neuen Attentatsversuchen und Unruhen in Ungarn in Atem gehalten, reagierte unwirsch auf die widersprechenden Nachrichten und beklagte sich bei seiner Mutter über »die Zeit, die mir die Korrespondenz mit Korfu wegnimmt.«[48] Im Oktober fuhr er selbst nach Korfu, um nach dem rechten zu sehen. Von dort berichtete er seiner Mutter, Sisi »ist stärker geworden, ist wohl noch ein wenig aufgedunsen im Gesicht, hat aber meistens gute Farben; sie hustet sehr wenig und ohne Brustschmerz, und die Nerven sind viel ruhiger.« Franz Joseph ging auf Korfu mit Sisi spazieren, besichtigte aber vor allem Befestigungen, Kasernen und Kriegsschiffe, beobachtete »in Zivilkleidern« und inkognito das Exerzieren der englischen Truppen, »was mich sehr interessierte und des steifen Wesens wegen auch amüsierte.«[49]
Der in der Begleitung des Kaisers reisende Generaladjutant Graf Crenneville schrieb über Korfu, das damals noch ohne jeden Fremdenverkehr war, in sein Tagebuch: »herrliche Gegend – üppige Vegetation, Eindruck der Stadt ein sonderbares Gemisch von italienisch-griechischer Hafenstadt, einzelne schöne Gebäude, Befestigungen, schöne griechische Physionomien, schmutzige Matrosen, betrunkene englische Seeleute, steife englische Rotröcke etc.« Er berichtete auch von einer Opernaufführung in Bellisario: »winzig kleines Haus, gut beleuchtet, schändliche Sänger und mise en scène.«[50]
Elisabeth sah die Insel in verklärterem Licht und dichtete später in Erinnerung an diese einsamen, tränenreichen Wochen ein Gedicht

Sehnsucht nach Corfu:
Mir bangt nach Phöbus' heissen Gluten,
Nach Lunas holdem Silberlicht,
Nach tiefen, blauen Meeresfluten
Nach Palmen, die der Zephyr wiegt.
Ich sehne mich nach den Cypressen,
Die hoch auf grauem Felsen steh'n,
Von welchem, ernst und weltvergessen,
Sie träumend nach Albanien seh'n.
Die Meereswogen plätschern lauschig
Tief unter ihnen in der Bucht,
Und in der Ferne, weiss und bauschig
Eilt manches Schiff auf leichter Flucht.
O könnt' ich wieder sinnend schreiten
Im duftenden Orangenhain,
Wie einst in längstentschwund'nen Zeiten
Allein mit meinen Träumerei'n!
Das Haus auch will ich wieder sehen,
Auf Säulen steht's, mit flachem Dach;
Die wilden Oleander wehen
Durchs Erkerfenster ins Gemach.
Ins stille Zimmer, wo ich weinte
Und schrieb und sann so manche Nacht,
Weil mir der Himmel das verneinte,
Was ich als Eden mir erdacht.
Durchs offene Fenster stahl sich leise
Des Meeres kühler Hauch herein,
Und dort, daß er den Seepfad weise,
Erglänzte treu des Leuchtturms Schein.
Das Eden, welches ich erträumte,
Ruht längst im tiefen Meeresgrund,
Die Welle, die darüber schäumte,
Ich segne sie in dieser Stund'.
Doch ist der Insel lieblich Eden
Kein eitler Wahn, kein leeres Wort;
Gekettet bin mit tausend Fäden

Ich an den trauten teuren Ort.
Drum gib das liebe Haus mir wieder,
Du alter Griechengott, o Zeus!
Dann rauschen meine Dankeslieder
Einst meerentlang zu deinem Preis.[51]

Ihr Leben lang kehrte die Kaiserin immer wieder nach Korfu zurück, baute sich hier schließlich ein Schloß zu Ehren ihres Lieblingshelden Achill: das »Achilleion«.

Da Sisis Sehnsucht nach den Kindern groß war, sie sich aber nicht getraute, den Winter in Wien zu verbringen, erlaubte der Kaiser, die Kinder nach Venedig bringen zu lassen, damit sie dort einige Monate mit ihrer Mutter verbringen könnten. Sophie war außer sich: »Noch ein Opfer mehr für unseren armen Märtyrer, ihren vortrefflichen Vater!«[52]

Sophie brachte alle möglichen Gründe vor, warum die Kinder nicht auf so lange Zeit Wien verlassen dürften. Vor allem führte sie an, das Wasser in Venedig sei zu schlecht. Daraufhin ließ Franz Joseph täglich frisches Quellwasser aus Schönbrunn nach Venedig schicken. Immerhin setzte Sophie aber durch, daß ihre Vertraute, Gräfin Sophie Esterházy, mit nach Venedig fuhr. Von ihr ließ sie sich regelmäßig berichten, nicht nur über die Kinder, sondern vor allem über ihre Schwiegertochter.

Daß es unter diesen Umständen wieder zu Streitigkeiten kam, diesmal zwischen der Kaiserin und der Gräfin Esterházy, war vorauszusehen. Elisabeth erreichte jetzt die Entlassung ihrer Oberthofmeisterin, die stets mehr Sophies Interessen als die ihren vertreten hatte. Als die Gräfin nach Wien zurückkehrte, schrieb Erzherzogin Sophie in ihr Tagebuch: »Wir weinten zusammen und sprachen vom Kaiser, von dem sich Sophie [Esterházy] mit so großem Schmerz trennt, wenn sie Sisi verläßt.«[53] Acht Jahre lang hatte die Kaiserin diese Oberthofmeisterin, die sie immer noch erziehen wollte und sollte, neben sich dulden müssen. Jetzt endlich trug sie diesen Sieg davon. Nicht nur Sophie, auch Ludovika war in heller Aufregung: »Es ist recht sehr zu bedauern, daß Sisi diesen Schritt gethan hat und überhaupt so durchgreifend ist«, schrieb Ludovika entschuldigend an Sophie in Wien, »ohne alle Rücksicht, ohne zu bedenken, daß es ihr schaden kann und einen üblen Eindruck machen wird.«[54]

Einen üblen Eindruck bei der Hofgesellschaft machte ferner, daß Sisi ihre Hofdame, Paula Bellegarde, verheiratete Gräfin Königsegg, als neue Obersthofmeisterin durchsetzte. Der preußische Botschafter berichtete nach Berlin, daß »die hiesige Gesellschaft sehr betroffen« sei, da Gräfin Königsegg »dem Range nach nicht berechtigt zu Amt berufen« sei.[55] Sie gehörte nicht wie Gräfin Esterházy, geborene Fürstin Liechtenstein, dem Hochadel an, sondern war nur eine sowohl (geborene wie verheiratete) Gräfin. Als Obersthofmeisterin der Kaiserin gebührte ihr nun der »Vortritt vor allen Damen des Landes«, also auch vor den Damen des Hochadels. Diese Berufung war Sisis erste, noch relativ vorsichtige Provokation des Wiener Hofes in Rangfragen.

Die politische Stimmung in Venedig war gegen Österreich nach wie vor gereizt. Ein deutscher Diplomat berichtete, daß »seit Anwesenheit der Kaiserin der Besuch des Markusplatzes von der Bevölkerung vermieden« würde.[56]

Ludovika wollte nun doch mit eigenen Augen sehen, was eigentlich mit ihrer Tochter nicht in Ordnung war. Auf Sisis dringende Bitte hin fuhr sie trotz schwerer Migräneanfälle mit ihrem Sohn Carl Theodor nach Venedig. Sie fand Sisi »besser aussehend«, doch ohne Vertrauen in die Ärzte: »Das sind Eigenheiten, die ich nicht begreife, die mir aber Sorge geben.« Auch der alte Hofrat Dr. Fischer war aus München gekommen, um die Kaiserin zu untersuchen. »Er sagt, das Lungen-Übel sei für den Augenblick in den Hintergrund getreten, aber sie hätte die Bleichsucht in einem solchen Grade, und es sei eine totale Blutharmuth, infolgedessen sich wieder Anlagen zur Wassersucht zeigten.«[57] Sisis Füße waren zeitweise so geschwollen, daß sie nicht auftreten und nur mit Hilfe zweier Personen als Stütze mühsam gehen konnte. (Daß diese Erscheinungen schon in dieser Zeit auf schwere Hungerödeme zurückzuführen waren, kann man nur vermuten.)

Das schlimmste war aber doch ihre schlechte seelische Verfassung.

Ludovika: »Sie ist unendlich gut und liebevoll für mich, aber ich finde sie oft traurig . . . deprimirt.« Ludovika war »niedergedrückt durch den Gedanken, was der Kaiser alles entbehrt und wie schrecklich das Glück seines Lebens zerstört ist.« Sisis Furcht vor einem jahrelangen Hinsiechen mit der Wassersucht »erpreßte ihr Thränen«, schrieb Ludovika, »und ungezählte Mal fragte sie Gakkel und mich, ob wir sie recht verändert finden, ob sie wassersüchtig aussähe! Wir wissen oft nicht mehr, was wir sagen sollen . . . Mitunter ist sie aber auch wieder recht heiter; meine Damen finden sie ungeheuer liebenswürdig und Abends meist recht munter.« Ludovika tat alles, um ihre Tochter aufzuheitern, »aber eine alte Person wie ich ist freilich nicht recht dazu gemacht.«
Man kam nun zu dem Schluß, daß die Ärzte sie wohl falsch behandelt hätten: »Es ist viel für ihre Gesundheit geschehen, aber leider nie das Rechte, obgleich es so ungeheure Opfer gekostet hat. Fischer war der einzige, der sie immer richtig beurteilt hat – und er war gegen alle die weiten Reisen und die heißen Climate!«
Sisis »Hauptangst ist kränklich zu bleiben, dem Kaiser dann nur eine Last zu sein«, schrieb Ludovika weiter, »Wenn sie so recht melancholisch ist, was auch phisisch [sic] ist, sagt sie: ›Wenn ich nur lieber eine Krankheit hätte, die mich schnell wegraffte, dann könnte der Kaiser doch wieder heirathen, und mit einer gesunden Frau glücklich werden, aber in diesem Zustand geht man langsam und elend zugrunde . . . Es ist ein Unglück für ihn und das Land, deshalb darf es nicht so bleiben‹.«[58]
Auch der Kaiser besuchte seine Frau in Venedig zweimal, benützte seinen Aufenthalt aber vornehmlich zu Truppeninspizierungen und Paraden, zu denen er gelegentlich auch seinen dreijährigen Sohn Rudolf mitnahm.
Wenn kein Besucher bei ihr war, kämpfte Sisi mit ihrem Hauptproblem: der Langeweile. Die Lieblingsbeschäftigung der späteren Jahre, das Wandern, war ihr wegen ihrer stets geschwollenen Füße unmöglich. Sie war also die meiste Zeit ans Haus gefesselt, verbrachte ihre langen Tage mit Kartenspielen, ein wenig Lesen, und mit dem Sammeln von Fotografien.
Zunächst sammelte sie Fotos von Familienmitgliedern, bezog auch

die Angestellten ihres Elternhauses mit ein, die sie besonders mochte, dann die Kinderfrauen, die während ihrer Abwesenheit aus Wien die Kinder betreuten. Sie weitete die Sammlung immer mehr aus, nahm Diplomaten, Hofbeamte, Aristokraten, schließlich ihre Lieblingsschauspieler und (hierin ganz die Tochter ihres Vaters Max) auch Fotos von Jongleuren und Clowns auf. Mit besonderem Eifer gab sie sich dem Sammeln von Fotos berühmter Schönheiten hin, ließ sich auch von österreichischen Diplomaten aus Paris, London, Berlin, St. Petersburg und Konstantinopel Bilder schöner Frauen schicken.[59]

Nach fast einjährigem Aufenthalt in Korfu und Venedig traf die immer noch schwerkranke Kaiserin im Mai 1862 in Reichenau an der Rax ein und fuhr von dort auf Anordnung Dr. Fischers nach Bad Kissingen zur Kur – ohne in Wien Station zu machen. Die Diagnose war diesmal Wassersucht. Behandelnder Arzt war wieder Dr. Fischer aus München, der die Familie des Herzogs in Bayern seit Jahrzehnten genau kannte, ihre vielen Exzentrizitäten inbegriffen.
Die Bevölkerung war durch die ständigen Aufregungen um die Gesundheit der Kaiserin, ihre geheimnisvollen weiten Reisen, die widersprechenden Diagnosen der Ärzte verunsichert. Die unbehagliche Stimmung über die Kaiserin schlug sich sogar – trotz strenger Zensur – in den Zeitungen nieder, freilich nur in überaus vorsichtiger, aber für damalige Zeitungsleser durchaus erkennbarer Form. Als Elisabeth zur Kur in Kissingen war, gab es sogar einen handfesten Zeitungsskandal. »Die Presse« berichtete unter dem harmlosen Titel »Wiener Nachrichten«, der Zustand der Kaiserin sei weiterhin schlecht, trotz der Schlammbäder, der Trinkkur und der in Kissingen versammelten Mitglieder der herzoglichen Familie, »die mit der aufmerksamsten Sorgfalt der hohen Kranken den Aufenthalt angenehmer zu machen sich bestreben.« Dann war ein Satz eingeflochten, der für damalige Verhältnisse einer Majestätsbeleidigung gleichkam. Er bezog sich auf Sisis einzigen bekannten Schönheitsfehler, ihre schlechten Zähne. »Außerdem hat der Aufenthalt in Kissingen auf die Kaiserin derart unliebsam

gewirkt, daß sie dort leider mehrere ihrer schönsten Zähne einbüßte.«[60]

Der Hohn, der in diesem Satz lag, entfachte in Wien ungeheure Aufregung und war außerdem der Anlaß zu einem ernsten Streit zwischen dem Kaiser und seinem jüngeren Bruder Max. Max kannte nämlich den »Presse«-Herausgeber Zang und setzte sich für dessen Begnadigung ein, ebenso wie der Vater des Kaisers, Erzherzog Franz Carl. Diese Interventionen hatten allerdings keinen Erfolg, weil, wie ein höchst ungeschickter Adjutant dem Redakteur schrieb, »eine verletzte weibliche Eitelkeit im Wege sei«. Diesen Brief nun drohte Zang zu veröffentlichen.

Franz Joseph schrieb erbost an seinen Bruder Max, er könne nicht dulden, »daß Mitglieder der kaiserlichen Familie und besonders die Kaiserin auf eine ebenso leichtsinnige als pflichtvergessene Art gegenüber einer solchen Canaille wie Zang kompromittiert werden«, fügte aber hinzu: »Ich brauche Dich wohl nicht zu versichern, daß sich Sisi um den bewußten Artikel nicht gekümmert hat und daß also hier nicht von weiblicher Eitelkeit, sondern von der gerechten Entrüstung die Rede ist, die der Artikel in mir und in jedem treuen Unterthan erwecken mußte.«[61]

Ob sich Sisi wirklich nicht um den Artikel kümmerte, wissen wir nicht. Es ist aber durchaus verständlich, daß Kaiser Franz Joseph, der ja die Empfindsamkeit seiner Frau kannte, besorgt war, ein solcher Artikel könne sich auf die Stimmung und damit den Gesundheitszustand Sisis negativ auswirken, außerdem ihre Abneigung gegen eine Rückkehr nach Wien weiter verstärken.

Einige Wochen später brachte die »Morgen-Post« unter der Rubrik »Tagesneuigkeiten« eine ähnliche Meldung, die das Kaiserpaar lächerlich machte: »Des Kaisers Bart«. Die Tagesneuigkeit bestand darin, daß der Kaiser sich seinen Backenbart abrasiert habe. Der Kommentar der Morgen-Post: »Wie man aus Possenhofen schreibt, fiel des Kaisers Bart aus galanter Zärtlichkeit für die Kaiserin. – Ihre Majestät ließ nämlich die Bemerkung fallen, ›daß der Kaiser früher, bevor er den Backenbart getragen habe, jugendlicher und munterer ausgesehen habe‹.«[62]

So harmlos diese Sätze heute auch scheinen, so unverschämt wirkten sie damals. Die Zeitungen hatten keine Möglichkeit, politische Kritik zu üben. Zeitungsleser waren hellhörig, wenn es um die obligaten täglichen Hofnachrichten ging. Jede Winzigkeit der »allerhöchsten Herrschaften« war es wert, täglich verzeichnet zu werden. Jeder kleine Spaziergang der Kaiserin in Kissingen, jede Bootsfahrt in Possenhofen boten Anlaß für Zeitungsmeldungen, meist mit Schilderungen der Kleider bis zur Farbe des Sonnenschirms. Gleich hinter diesen Hofnachrichten mit Festen, Praterausfahrten und Zirkusbesuchen der »allerhöchsten Herrschaften« standen Nachrichten von Selbstmorden aus wirtschaftlicher Not, Arbeitslosigkeit und Verbrechen, immer wieder auch Meldungen wie diese: »Männer in den besten Jahren, welch eine zahlreiche Familie zu ernähren haben und sonst nicht genöthigt waren, zum Tagwerke zu greifen, erscheinen mit Thränen in den Augen auf den Arbeitsplätzen, um sich einen Verdienst zu suchen.«[63] Gegen den Hunger gab es keine organisierte Hilfe, nur Spenden der Reichen. Die Kluft zwischen Arm und Reich, zwischen dem »Volk« und dem »Hof«, zeigte sich kaum irgendwo so kraß wie in dem Nebeneinander der Nachrichten in den streng zensurierten Zeitungen. Je lächerlicher und banaler diese Hofnachrichten wirkten – so wenn es um die Zähne der Kaiserin oder den Bart des Kaisers ging – um so krasser wirkten die gleichzeitigen Berichte aus dem Alltag des Volkes.

Sisis Zustand besserte sich durch Dr. Fischers rigorose, wohl auch psychologisch geschickte Behandlung schnell. Anfang Juli schon beruhigte »Die Presse« »die Gemüther derjenigen, welche sich die hohe Kranke als im letzten Stadium der Lungentuberculose befindlich vorstellten«, erwähnte allerdings wieder eine neue Diagnose, diesmal eine »Krankheit der blutbereitenden Organe (Lymphdrüsen und Milz)«.[64]
Eine Woche später schon schrieb ein Reporter der Wiener Zeitung: »Ich sah die Kaiserin, welche vor wenigen Wochen beinahe nur getragen werden konnte, wiederholt stundenlang am Curplatze promeniren ohne auszuruhen, ohne ein einzigesmal zu husten, wiewohl sie zumeist im Gespräch begriffen war.«[65] Zur festlichen

Beleuchtung und dem Feuerwerk, das Kissingen aus Anlaß ihrer Genesung veranstaltete, erschien die Kaiserin wohlgelaunt am Arm ihres Vaters, des Herzogs Max. Max hatte ebenso wie Sisis Lieblingsbruder Carl Theodor die Kissinger Kur mitgemacht. Wie groß der Anteil des Vaters an Sisis Gesundung war, kann man nur vermuten.

Doch auch jetzt traute sich Sisi noch nicht nach Wien zurück. Wieder flüchtete sie nach Possenhofen. Im Kreis der Geschwister, in der vertrauten, lärmenden Bohème-Atmosphäre des Landschlößchens sammelte sie Kraft vor der unausweichlichen Rückkehr in das Wiener Hof- und Eheleben.
Die mitreisenden Hofdamen überboten einander mit Schauergeschichten über die »Bettelwirtschaft« in Elisabeths Elternhaus und die lockeren Sitten dort. Possenhofen war für sie ein Ort, »der uns manches Ärgerniß ausgebrütet hat.« Der Stammbaum der herzoglich-bayrischen Hofdamen sei alles andere als einwandfrei. Therese Fürstenberg, eine Hofdame der Erzherzogin Sophie, zum Beispiel schrieb aus Bayern nach Österreich: »Meine Colleginnen, fünf an der Zahl, verdanken mit einer Ausnahme Köchinnen, Kaufmannstöchtern und dergleichen ihr Dasein; sind im ganzen gute Häute, ein paar verrathen jedoch die mütterliche Abkunft.« Der Lärm sei ohrenbetäubend, die Tischsitten unmöglich: »und die Herzogin [also Elisabeths Mutter Ludovika], die ihren Hunden lebt, stets welche auf dem Schoss neben sich oder unterm Arm hat und auf den Eßtellern Flöhe knaxt! Die Teller werden aber gleich gewechselt!«[66]
Größere Gegensätze als zwischen Wien und Possenhofen waren kaum denkbar. So beschrieb dieselbe Hofdame das kaiserliche Familienleben in Wien: »Du hast übrigens keine Idee, wie langweilig und ungemüthlich so ein allerhöchster Familienkreis ist, und doch sollte man glauben, es müßte ihnen wohlthun, unter sich zu sein; aber da sitzen sie nach dem Rang und reden nach dem Rang oder vielmehr reden nicht; langweilen sich gegenseitig und sind froh, wenn's Familienfest wieder aus ist. Es tut einem wirklich oft leid zu sehen, was für ein trauriges Leben sie führen und

wie sie gar nicht verstehen, sich's zu erleichtern; jedes lebt isoliert für sich, pflegt seine Langeweile oder lauft seinen ›Privatvergnügen‹ nach.«[67]

Daß eine junge Frau wie Elisabeth diesem eintönigen Leben zu entfliehen suchte und die Idylle in Possenhofen vorzog, traf am Wiener Hof auf Unverständnis. Schließlich war Elisabeth eine Kaiserin-Königin, der solche Überempfindlichkeiten nicht geziemten.

In Possenhofen traf sie ihre »italienischen« Schwestern, Exkönigin Marie von Neapel und Gräfin Mathilde Trani (»Spatz«). Auch sie waren nach »Possi« geflohen und hatten ihre Ehemänner in Rom zurückgelassen.

Daß es in Maries Ehe Schwierigkeiten gab, wußte die ganze Verwandtschaft. Königin Marie von Sachsen zum Beispiel schrieb, der König von Neapel sei »hinsichtlich der ehelichen Liebe sehr unentwickelt, denn, bey aller Zuneigung und Bewunderung, die er bey Anderen über Marie äußert, soll er sie doch nie seinem Herzen genähert haben, wozu sie sich, wie sie früher sagte, viele Mühe gab.« Sie deutete an, daß der junge Ehemann an einer Phimose litt, die den ehelichen Verkehr unmöglich mache.[68]

Mathildes Ehemann dagegen (ein jüngerer Bruder des Exkönigs von Neapel) war sehr lebenslustig und nahm seine Ehe keineswegs ernst. Ludovika über ihre beiden Töchter Marie und Mathilde: »Ich hätte ihnen Männer gewünscht, die mehr Charakter hätten und sie zu leiten verstünden, was beide noch sehr bedürfen; aber so gut die beiden Brüder sind, keine Stützen für ihre Frauen sind sie nicht.«[69]

Die beiden Schwestern waren in Rom ständig zusammen und hatten gemeinsame Geheimnisse: Exkönigin Marie begann mit Hilfe Mathildes ein Liebesverhältnis mit einem belgischen Grafen, einem Offizier der päpstlichen Garde. Mathilde soll sich mit einem spanischen Granden schadlos gehalten haben. Nach einigen schönen Monaten kam das Verhängnis: Marie wurde schwanger. In höchster Not flüchtete sie nach Possenhofen unter dem Vorwand, sie sei krank. Dr. Fischer nahm sie unter seine Fittiche. Die arme Ludovika war in heller Aufregung. Herzog Max allerdings reagierte gelassen: »Na ja, solche Sachen passieren nun einmal«, sagte er. »Wozu also das Gegacker!«[70]

In dieser Situation kam nun auch noch Sisi nach Possenhofen. Was die drei Schwestern in diesen Wochen sprachen, in welcher Weise sie sich gegenseitig beeinflußten, wissen wir nicht. Jedenfalls ist sicher, daß sich ihr Verhältnis untereinander geändert hatte. Nun war es die ältere, die inzwischen 24jährige Elisabeth, die von den beiden jüngere Schwestern belehrt wurde. Mit den Erfahrungen von Marie und Mathilde konnte Sisi nicht mithalten. Sie mußte aber auch mit Schrecken die schlechte seelische Verfassung Maries miterleben und ihr ganzes Unglück, das der Trennung vom Geliebten folgte.

Maries trauriger Gemütszustand (dessen wahre Ursache niemand außer der engsten Familie kannte) wurde in den Zeitungen ausführlich beschrieben. Man beobachtete sie in der Wallfahrtskirche Altötting in stundenlangem stillem Gebet. Man erzählte sich, sie habe in Gegenwart Sisis gesagt: »Ach, hätte mich in Gaeta eine Kugel getroffen!«[71]

Die Schwestern vergaßen über ihren Gesprächen die Umwelt. Sisis Hofdamen, ja sogar die neue Oberstofmeisterin Königsegg waren wegen der ständigen Mißachtung höchst gekränkt, »weil sich Ihre Majestät der österreichischen Umgebung immer mehr entfremdet«, wie Crenneville in sein Tagebuch schrieb.[72]

Zwar hatte Exkönigin Marie ihr neapolitanisches Gefolge nach Rom zurückgeschickt, aber Elisabeth hatte eine ansehnliche Dienerschaft mit nach Possenhofen gebracht: Friseure, Lakaien, Diener, die in dem kleinen Schloß keine Unterkunft fanden. Die umliegenden Gasthäuser hatten mit der österreichischen Einquartierung alle Hände voll zu tun.

Die Unruhe in seinem Haus, dazu die ständige Geheimnistuerei und das Getuschel seiner älteren drei Töchter sowie das Gejammer seiner Frau Ludovika wurden dem aufbrausenden Herzog Max schließlich zu viel. Es kam zu einem der berühmten Max-schen Familienkrachs, der damit endete, daß die drei verheirateten Töchter Possenhofen verlassen mußten. Königin Marie von Sachsen berichtete, daß ihr Schwager »plötzlich fand, seine Töchter wären

eine Last in seinem Hause: deshalb ging die Vereinigung der Kinder in Possi, die meiner armen Louise (dieser still duldenden Kreuzträgerin!) so trostreich war, früher auseinander.«[73]
Im November 1862 brachte Marie in aller Heimlichkeit im St. Ursula Kloster in Augsburg ihr Kind, ein Mädchen, zur Welt, mußte es allerdings an den leiblichen Vater abgeben. Ihr Geheimnis blieb gewahrt. Fünf Monate später kehrte Marie zu ihrem Ehemann nach Rom zurück. Die Ehe wurde nach einer Operation des Exkönigs und einem Geständnis Maries noch einigermaßen harmonisch.

Das Machtwort des Herzogs Max machte Elisabeth einen längeren Aufenthalt in Possenhofen unmöglich. Sie mußte zurück zu ihrem Mann. Doch gab es noch Schwierigkeiten: Der Kaiser und seine Mutter befanden sich während des Sommers in Ischl. Sisi weigerte sich jedoch strikt, dorthin zu fahren, wo ihre Schwiegermutter war. Der kaiserliche Generaladjutant Graf Crenneville stöhnte in sein Tagebuch: »Oh die Weiber, die Weiber!!!! mit und ohne Krone, in Seide oder percale gekleidet haben capricen und wenige sind ausgenommen.«[74]
Wenige Tage vor dem kaiserlichen Geburtstag am 18. August 1862 kehrte die Kaiserin überraschend nach Wien zurück. Franz Joseph fuhr ihr bis Freilassing entgegen. Die Bahnbeamten hatten Mühe, die Bahnstationen von Salzburg bis Wien in aller Eile festlich zu schmücken. Selbst die Lokomotive »Schönbrunn« des Extrazuges wurde mit Blumen und bayrischen und schwarzgelben Fahnen aufgeputzt. Das letzte Stück der Fahrt, von Hütteldorf bis Penzing, war, weil es bereits dunkel war, mit farbigen Ballons beleuchtet. Für Musik sorgten der Männergesangverein am Bahnhof und die Trompeter der »Jäger-Hornisten« in Schönbrunn.
Franz Joseph schrieb seiner Mutter nach Ischl, »wie glücklich ich bin, Sisi wieder bei mir zu haben und dadurch endlich nach langem Entbehren ein ›zu Hause‹ zu besitzen. Der Empfang durch die Wiener Bevölkerung war wirklich sehr herzlich und wohltuend. Es war seit langem kein so guter Geist hier.«[75]
Die Zeitungen jedoch verschwiegen selbst bei diesem freudigen

Anlaß ihre Forderungen an das Kaiserhaus nicht: »Das Land freut sich der Genesung seiner Fürstin«, schrieb zum Beispiel die Morgen-Post, »möge auch die Fürstin bald Ursache finden, sich der vollen Genesung des Landes von all den Wunden, mit denen es noch behaftet, von all den Übeln, an denen es noch leidet, in gleichem Maße freuen zu können. Möge Sie an der Seite Ihres kaiserlichen Gatten glücklich leben unter einem glücklichen Volke!«[76]

Das Kaiserpaar stand unter scharfer Beobachtung. Es hatte in den letzten zwei Jahren so viel Tratsch über ihre Ehe gegeben, daß jede Geste Anlaß zu Diskussionen gab. Eine Hofdame schrieb: »*Seinen* Ausdruck, als er sie aus dem Wagen hob, werde ich nie vergessen. Ich finde sie blühend, aber nicht natürlich aussehend, den Ausdruck gezwungen und nervös au possible, die Farbe so frisch, daß ich sie échauffiert finde, und wohl nicht mehr geschwollen, aber sehr dick und verändert im Gesicht.«[77]

Erzherzogin Therese schrieb an ihren Vater, wie Sisi ihre Verwandtschaft in Schönbrunn empfing: »Sie war freundlich, aber doch steif; die Arme hatte auf der Reise 4 Mal degobilirt [erbrochen] und dazu starke Migraine. Sie erzählte Tante Elisabeth, daß ihre Augen so geschwollen wären, da sie so fürchterlich weinte, als sie ihr liebes Possi verlassen mußte; sie ist noch um 4 Uhr Früh aufgestanden, um im Garten vor der Abfahrt herumzugehen.« Therese erwähnte auch, daß an einem der festlich geschmückten Häuser zum Empfang der Kaiserin das zweideutige Transparent hing: »Gute, starke Constitution, langes Leben!«[78]

Auch daß Sisi nicht allein, sondern in Begleitung ihres Bruders in Wien eintraf, war Anlaß für bissige Kommentare: »Daß Prinz Karl Theodor mitkam, ist ein Beweis, wie sehr sie es scheut, mit *Ihm* und uns allein zu sein.« Jeder Blick und jede Geste des Kaiserpaares wurden beobachtet: »Mit ihm ist sie wenigstens vor uns sehr freundlich, gesprächig und natürlich, alla camera mögen manche Meinungsverschiedenheiten vorkommen, das blickt so manchmal durch.«[79]

Zur Feier der Rückkehr der Kaiserin veranstaltete die Stadt Wien einen prächtigen Fackelzug nach Schönbrunn mit zehn Musikkapellen und 14000 Fackel- und Lampionträgern. Dieser Festzug bot vor allem den Turnvereinen einen willkommenen Anlaß zum öffentlichen Auftreten und zur Propaganda: Sie feierten damit gleichzeitig den Geburtstag des Turnvaters Friedrich Jahn und die »Idee des freien Deutschlands aus französischen Sklavenketten«, wie die Morgen-Post (und andere Zeitungen) schrieben.[80] Ihrer deutschnationalen Gesinnung gemäß trugen sie schwarzrotgoldene Fahnen, die auch das Revolutionsjahr 1848 geprägt hatten. Der Festzug erhielt dadurch einen politischen, ja oppositionellen Charakter. Denn nicht die schwarzgelben und bayrischen Farben beherrschten das Bild, sondern die schwarzrotgoldenen der Turner. Erzherzogin Sophie beklagte die sichtliche Erstarkung der »unzählbaren Vereine«, »die alle Tage in Wien auftauchen und deren Tendenz mehr oder weniger schlecht ist.«[81]

Es war keineswegs so, daß die kaiserliche Familie nach Sisis Rückkehr in trauter Häuslichkeit beieinander war. Die Kinder waren in Reichenau in der Sommerfrische, Kaiser Franz Joseph verzichtete keineswegs auf die oft mehrtägigen Jagden, Sisi fuhr zwischen Wien, Reichenau und Passau hin und her, wo sie ihre Mutter und ihre Schwestern traf. Erzherzogin Sophie war weiterhin in Ischl, und Kaiser Franz Joseph besuchte sie dort auf mehr als zwei Wochen, während Sisi in Wien zurückblieb und wieder einmal Schwester Helene zu Besuch war. Die Hofdamen sahen es gerne, wenn Helene bei der Kaiserin war: »Sie hat doch immer einen kalmierenden Einfluß, ist selbst so vernünftig und ordentlich und sagt ihr die Wahrheit.«[82]

In der fast zweijährigen Trennung von ihrem Mann und der Gesellschaft des Wiener Hofes hatte sich die junge Kaiserin geändert. Sie war sehr selbstbewußt und energisch geworden, wußte nun ihre Interessen tatkräftig durchzusetzen. Der Kaiser, in ständiger Angst, daß seine Frau bei der ersten Mißstimmung wieder auf und davongehen und dem Ansehen seines Hauses weiter schaden könne, behandelte sie vorsichtig, mit unendlicher Geduld.

Er nahm Rücksicht auf Sisis Empfindlichkeiten, setzte sich jetzt sogar seinerseits gegen die ständigen Überwachungen durch allgegenwärtige Polizeiagenten zur Wehr. Er schrieb energisch an seinen Generaladjutanten: »Ich bitte Sie, dem uns umgebenden uniformierten und dem geheim sein sollenden Überwachungssystem, das sich wieder besonders blühend entwickelt, erneuert Einhalt zu thun. Wenn wir im Garten spazieren gehen, werden wir auf Schritt und Tritt verfolgt und beobachtet, wenn die Kaiserin in ihren kleinen Garten geht oder reitet, steht eine förmliche Plänklerkette hinter den Bäumen und sogar wenn wir spazieren fahren, finden wir an den Orten unserer Promenade die bekannten Leute, so daß ich jetzt das Rettungsmittel erfunden habe, dem Kutscher beim Wegfahren einen falschen Weg zuzurufen, um den Stabsadjutanten irre zu führen und erst außer dem Schloße den Kutscher anweise, wohin er zu fahren hat. Es ist wirklich eigentlich zum Lachen. Abgesehen von dem Eindruck, den diese Furcht verrathenden, sehr plump und auffällig ausgeführten Maßregeln im Publikum machen müssen, ist diese Staatsgefangenen-Existenz, dieses beständige bewacht und belauert sein, nicht zum Aushalten. FJ.«[83]

Kaum war die Kaiserin sichtlich wieder gesundet, wartete man auf weiteren Nachwuchs in der kaiserlichen Familie. Der Kronprinz war zwar geboren, doch erhoffte sich der Kaiser einen weiteren Sohn zur Sicherung der Thronfolge. In dieser Situation fand Sisi in ihrem vertrauten Arzt, Hofrat Dr. Fischer aus München, Unterstützung und Hilfe. Er erklärte energisch, an »neue Hoffnungen« sei vorerst nicht zu denken und riet vorher zum »wiederholten Gebrauch von Kissingen«, was bei jährlich einer Kur immerhin den Aufschub um einige Jahre bedeutete.[84]
Inzwischen nahm Sisi auch das Wandern und Reiten wieder auf. Kommentar einer Hofdame: »Wenn man überhaupt nicht den innern Frieden besitzt, so meint man, die Bewegung mache das Leben leichter, und daran ist sie jetzt nur zu sehr gewöhnt.«[85]
Sie flüchtete in die Einsamkeit. Die Hofdamen spotteten über Sisis »ewige Promenaden abends allein im kleinen Garten«. Sie lehnte, so oft sie konnte, jede Begleitung ab, setzte es zum Beispiel durch, allein durch die Galerie ins Oratorium gehen zu dürfen«, was dem höfischen Protokoll widersprach.[86] Denn eine Kaiserin mußte jeden Augenblick Kaiserin sein, mit angemessenem Gefolge, und

durfte nicht wie ein scheues Reh allein durch die langen Flure der Hofburg huschen, wie es Sisi gerne tat.
Immerhin aber nahm sie an den wichtigsten Veranstaltungen teil. Sie erschien beim Hofball und bei der Fronleichnamsprozession – und wurde prompt der Mittelpunkt von Menschenaufläufen.
Die Gäste der Kaiserfamilie, die die junge Kaiserin in dieser Zeit

Kurpromenade in Bad Kissingen mit prominenten Gästen: ganz links König Ludwig II. von Bayern, dann Zarin Marie und Zar Alexander II., Kaiserin Elisabeth, hinten rechts Herzog Max in Bayern.

bei offiziellen Anlässen kennenlernten, waren in ihrem Urteil durchwegs zurückhaltend. Typisch ist ein Brief der preußischen Kronprinzessin Viktoria an ihre Mutter, Königin Viktoria. Sie pries zwar Sisis Schönheit und Freundlichkeit, hielt aber mit ihrer Kritik nicht zurück: »Sehr scheu und schüchtern, spricht sie wenig. Es ist wirklich schwierig, ein Gespräch mit ihr in Fluß zu erhalten, denn sie scheint sehr wenig zu wissen und nur geringe Interessen zu haben. Die Kaiserin singt weder, noch zeichnet sie oder spielt Klavier und redet kaum von ihren Kindern. . . . Der Kaiser scheint in sie vernarrt zu sein, aber ich habe nicht den Eindruck, daß sie es in ihn wäre. Er scheint höchst unbedeutend, sehr schlicht und einfach und sieht, was man nach seinen Gemälden und Photographien nicht glauben würde, alt und runzelig aus, während sein rötlicher Schnurrbart und seine Cotelettes ihm sehr schlecht stehen. Franz Joseph ist sehr wenig oder besser gar nicht gesprächig, alles in allem außerordentlich ›unbedeutend‹.«[87]

In den beiden riesigen Familien der Habsburger und der Wittelsbacher gab es so gut wie immer Hochzeiten, Taufen, Skandale, Krankheiten, Sorgen, Zwiste. Bisher hatte Erzherzogin Sophie die Fäden fest in ihrer Hand gehabt. Nun trat auch in der Familie die junge Kaiserin immer mehr in den Vordergrund. Sie half ohne viel Aufhebens und sehr tatkräftig. Als Erzherzogin Hildegard, ebenfalls eine geborene Wittelsbacherin, die mit Erzherzog Albrecht verheiratet war, im Todeskampf lag, war es die junge Kaiserin, die an ihrem Sterbebett saß, von Mitternacht an, bis sie um drei Uhr in der Früh starb.[88] Der Kaiser war in dieser Nacht nicht zu Hause und erholte sich auf der Jagd, wie so häufig.
Im Herbst 1863 entschied sich die »mexikanische Angelegenheit«. Erzherzog Max willigte ein, die Krone in Mexiko zu übernehmen, von seiner ehrgeizigen Frau Charlotte, seiner Unzufriedenheit in Österreich und seinem immer schlechter werdenden Verhältnis zu seinem kaiserlichen Bruder gedrängt. Erzherzogin Sophie wie die junge Kaiserin, die mit Max stets besonders eng verbunden war, waren über die Bereitschaft, ein solches Abenteuer einzugehen, entsetzt und glaubten nicht an einen guten Ausgang. Selbst in der

Hofpartei gab es kaum jemanden, der dem Plan positiv gegenüberstand, wenn auch mancher hoffte, daß der unbequeme, liberal auftretende Max nicht mehr nach Österreich zurückkommen möge.

Maximilian lebte sich in seinen mexikanischen Traum schon in seinem Schloß Miramare bei Triest ein. Elisabeth nannte dieses Schloß »Maxens schönstes Gedicht, das so recht zeigt, welch eine poetische, von einem Schönheitstraum, aber leider auch von Sehnsucht nach Macht und Ruhm erfüllte Seele die seine war, denn überall sind die Insignien und Allegorien der neuen Stellung angebracht, die von einem mächtigen Reich erzählen sollten, das der Habsburger jenseits des Ozeans gegründet«.[89]

Ende März 1864 reiste das mexikanische Kaiserpaar in ein ungewisses, schließlich tragisches Schicksal. Sophie stellte in ihrem Tagebuch dankbar fest, daß Sisi tiefes Mitleid für die schwer gebeugte Mutter zeigte. Sophie hatte längst ihre Vorliebe für Charlotte aufgegeben. Sie war inzwischen in ihrer Abneigung gegen die ehrgeizige Frau des früher so lebenslustigen Max mit ihrer Schwiegertochter Elisabeth einig. Daß es ein Abschied für immer war, ahnte Sophie, schrieb es auch in ihr Tagebuch. Das letzte Diner mit Max erschien ihr wie eine »Henkersmahlzeit«.[90]

Im Februar 1864 hatte Sisi wieder einmal Gelegenheit, ihre Samariterdienste zu beweisen: Auf dem Nordbahnhof kamen die Verwundeten des schleswig-holsteinischen Krieges an. Österreich kämpfte an der Seite Preußens gegen das kleine Dänemark. Franz Joseph an Sophie: »Die Allianz mit Preußen ist die einzig richtige Politik, aber sauer machen sie es einem mit ihrer Grundsatzlosigkeit und mit ihren burschikosen Streichen.«[91]

Daß die schleswig-holsteinische Frage nur ein Meilenstein auf Bismarcks Weg zu einem Krieg zwischen Preußen und Österreich war, durchschaute kaum jemand in Wien.

Bei den preußisch-österreichischen Verhandlungen in Wien zeigte die Kaiserin wieder einmal nur zu deutlich, wie verhaßt ihr das Repräsentieren war. Bei einem der offiziellen Diners, an denen auch Bismarck teilnahm, verließ sie sogar wegen Unwohlseins den Saal. Daß sie auch an weiteren Empfängen und Diners nicht teil-

nahm, nährte den Tratsch. Crenneville: »Alle Leute glauben, daß sie guter Hoffnung sei, andere erzählen, sie habe Magenkrämpfe, weil sie nach Tische kalt badete und sich zu sehr schnürt, ich weiß nicht, was wahr an allem und bedaure nur meinen guten Herrn.«[92] Wieder wurde Dr. Fischer aus München gerufen. Doch kann Sisis Krankheit kaum ernst gewesen sein, denn Dr. Fischer benützte seine Anwesenheit in Wien hauptsächlich dazu, mit kaiserlicher Erlaubnis im Prater Hirsche zu schießen.
Erst viele Jahre später deutete die Kaiserin den wahren Grund ihres »Unwohlseins« an: sie war über Bismarck verärgert. Sie erzählte 1893 ihrem griechischen Vorleser Christomanos: »Mir scheint, Bismarck war auch ein Anhänger Schopenhauers; er hat die Frauen nicht leiden gemocht, vielleicht mit Ausnahme seiner eigenen. Vor allem glaube ich, hat er es auf die Königinnen abgesehen. Als ich ihn zum ersten Male sah, war er außerordentlich steif. Am liebsten hätte er gesagt: die Damen können in ihren Gemächern verweilen.«[93]
Die wenigen offiziellen Auftritte der Kaiserin in der Öffentlichkeit erregten ungeheures Aufsehen und gaben dem jeweiligen Anlaß eine geradezu glänzende Weihe, so etwa der Eröffnung der Ringstraße am 1. Mai 1865. Sieben Jahre waren seit den ersten Demolierungsarbeiten vergangen. Sieben Jahre lang war die »Haupt- und Residenzstadt« eine riesige Baustelle. Die alten Stadtmauern waren niedergerissen, an ihrer Stelle die breite Prachtstraße gebaut. Mit der großzügigen neuen Straße bekamen die Wiener ein ganz neues Gefühl von Großräumigkeit, Weite, Anschluß an die moderne Zeit.
Zum Empfang des Kaiserpaares war vor dem Burgtor ein Festplatz mit Zelten, Tribünen, Fahnen und Blumen eingerichtet. Der Wagen mit Kaiser und Kaiserin fuhr über Burgring, Schottenring, Kai über die Ferdinandsbrücke in den Prater. Hunderte von blumengeschmückten Wagen folgten ihnen in einem langen Zug an Hunderttausenden von Schaulustigen vorbei, die begierig waren, vor allem einen Blick auf die junge Kaiserin werfen zu können.
Wir haben keine Hinweise darauf, daß sich Elisabeth in irgend einer Weise für die Umgestaltung der Stadt Wien interessiert hätte.

Der Ringstraßenbau brachte vielen bisher Arbeitslosen Arbeit und (kärgliches) Brot, war aber selbstverständlich voll und ganz eine Angelegenheit der allerobersten Gesellschaftsschichten. Zwar brachte der Abriß der alten Stadtmauern und der Wälle sehr viel Platz für neue Häuser. Aber auf diesen neuen Baugründen wurden außer öffentlichen Gebäuden nur Prachtbauten der reichsten Familien errichtet. Die für Wien sprichwörtliche Wohnungsnot wurde dadurch nicht gelindert – ganz im Gegenteil: die mit den alten Basteien verbundenen Elendsviertel (die den Ärmsten zwar unbeschreibliche Wohnverhältnisse, immerhin aber ein Dach überm Kopf gaben) wurden ersatzlos abgerissen. Die Wohnungsnot verschlimmerte sich zudem durch den Zustrom vieler Tausender Arbeiter während des Ringstraßenbaus.
Die Kaiserin war über die sozialen Zustände in der Haupt- und Residenzstadt (ganz zu schweigen von den Provinzstädten und dem Land) wahrscheinlich nicht informiert. Sie war abgeschlossen in die höfischen Kreise. Ihre Bewegungsfreiheit war durch das Protokoll derartig eingeschränkt, daß es großer Anstrengung bedurft hätte, um hier auszubrechen und sich ein wahres Bild machen zu können. Dieser Anstrengungen aber war Elisabeth (nach einigen gescheiterten Versuchen in den ersten Ehejahren) nicht mehr fähig. Ihre Kraft erlahmte im selben Ausmaß, in dem sie die Vorzüge ihrer Stellung zu genießen und auszunützen begann.

Inzwischen waren die beiden Kaiserkinder Gisela und Rudolf der Kleinkinderstube entwachsen. Während Gisela von robuster Natur und mittlerer Begabung war, erregte der Kronprinz schon früh Aufsehen. Er erwies sich als außerordentlich intelligent und geistig frühreif. Schon der Fünfjährige konnte sich in vier Sprachen verständlich machen, wie Erzherzogin Sophie stolz vermerkte: in deutsch, ungarisch, tschechisch und französisch. Der Kleine hatte eine rege Phantasie, ein überschäumendes Temperament, war aber körperlich sehr empfindlich und häufig krank. Er war zart und spindeldünn, außerdem ängstlich und sehr liebebedürftig.
Franz Joseph hatte sich einen mutigen, körperlich kräftigen Sohn gewünscht, der einmal ein guter Soldat sein würde. Das war der

kleine Rudolf allerdings ganz und gar nicht. Seine geistige Frühreife machte dem kaiserlichen Vater eher Sorge als Freude.
Die beiden Kinder, die sich innig liebten, wurden mit dem sechsten Geburtstag des Kronprinzen getrennt. Rudolf bekam – wie es habsburgischer Brauch war – einen eigenen, rein männlichen Haushalt mit einem Erzieher, der gleichzeitig die militärische Erziehung übernahm. Die Trennung von der Kinderfrau und der gemeinsamen »Aja« Freifrau von Welden, vor allem die Trennung der beiden Geschwister voneinander war Anlaß für herzzerreißende Szenen.
Rudolf hatte ganz offenkundig die Sensibilität seiner Mutter geerbt: Seitdem er unter der strengen, ja sadistischen Fuchtel seines neuen Erziehers, des Grafen Leopold Gondrecourt stand, war er so gut wie ständig krank, hatte Fieber, Angina, Magenkatarrh und ähnliches. Gondrecourt hatte strengste kaiserliche Weisung, den zarten, übersensiblen Knaben »scharf herzunehmen«, um aus ihm einen guten Soldaten zu machen: »Se. k. H. sind phisisch und geistig mehr als Kinder seines Alters entwickelt, jedoch eher vollblütig und nervös-reizbar, es muß daher die geistige Entwicklung verständig gedämpft werden, damit jene des Körpers gleichen Schritt halte.«[94]
Gondrecourt führte den kaiserlichen Auftrag aus, wie er es verstand: er drillte das ängstliche, kränkelnde Kind bis zur Erschöpfung mit Exerzierübungen und scharfer körperlicher und psychischer »Abhärtung«.
Die Kaiserin hatte zu diesem Zeitpunkt (1864) noch nicht so viel Einfluß auf ihren Mann, um diese Erziehung verhindern zu können. Sie klagte später wiederholt wegen der Kinder, »die nicht neben mir sein durften – in deren Erziehung ich nicht hinein reden durfte – bis sie Rudolf mit der energischen Behandlung und der Erziehungsmethode des Grafen Gondrecourt beinahe zum Trottel machten; – ein Kind von 6 Jahren mit Wasserkur und Erschrecken zum Helden machen zu wollen, ist Wahnsinn.«[95]
Das Martyrium des kleinen Kronprinzen war nicht außergewöhnlich in dieser Zeit, sondern gehörte zur normalen Erziehung eines Kadetten. Erschwerend kam für Rudolf nur dazu, daß bei ihm

diese militärische Abhärtung ungewöhnlich früh einsetzte und – auf ausdrücklichen Willen des Kaisers – ungewöhnlich rigoros betrieben wurde, da der Kronprinz ja ein ganz besonders guter Soldat werden müsse. Gräfin Festetics zum Beispiel kritisierte das System dieser Erziehung in ihrem Tagebuch: »die österreichische brutale Militärwirtschaft, die den Sieg darin fand, im Frieden die Kinder zu Tode abzuhärten à la Gondrecourt und Kronprinz, der ja auch ohne Intervention Ihrer Majestät zu Tode oder wenigstens zum Trottel abgehärtet worden wäre – freilich der so etwas aushält, ist dann vor Verkühlung gefeit!« Auch der einzige Bruder dieser Hofdame war durch die Kadettenschule zugrunde gerichtet worden, wie so viele andere.

Es war Kaiser Franz Joseph, der diesen unbarmherzigen Drill in den sechziger Jahren befürwortete und für seinen Sohn sogar noch verschärfte. Marie Festetics verteidigte den Kaiser später und schob einen Großteil der Schuld auf die kaiserliche Umgebung, die ihn derart beeinflußte, »daß das rein Menschliche nicht zu ihm dringen konnte, und die arme junge Kaiserin war ja auch niedergehalten und erdrückt fast.«

Daß der kleine Rudolf nach einem Jahr dieser militärischen Erziehung übernervös und krank war und man sogar das allerschlimmste – seinen Tod – befürchtete, ist auch dem Tagebuch der Erzherzogin Sophie zu entnehmen. Nur sah diese keinerlei Zusammenhang mit Gondrecourts Methoden wie Elisabeth, sondern beklagte stets (wie der Kaiser) nur Rudolfs »zarte Constitution«. Und diese zarte Konstitution dachte man eben mit weiterer, immer härterer Abhärtung, immer grausamerem Drill zu stärken.

Der kleine Kronprinz war viel zu schüchtern, hatte viel zu viel Angst vor seinem Vater, um sich über die Grausamkeiten, die er täglich erfuhr, zu beklagen. Endlich nahm sich ein Untergebener Gondrecourts, Joseph Latour von Thurmburg, des unglücklichen Kindes an und beschwerte sich bei der Kaiserin. Auch er wagte es nicht, beim Kaiser deswegen vorzusprechen, denn jeder wußte, daß Gondrecourt nichts als die kaiserlichen Befehle ausführte. Man erzählte sich bei Hof sogar, daß Rudolfs alte Aja Baronin Welden sich vor dem Kaiser auf die Knie geworfen und um eine

mildere Behandlung des Kindes gebeten habe. Nichts hatte geholfen.
In dieser Situation, als es um nichts weniger als das Leben ihres Kindes ging, wurde Elisabeth aktiv. Sie erzählte später: »als ich die Ursache seiner Krankheit erfuhr, da mußte ich Abhülfe schaffen; nahm meinen ganzen Muth zusammen, als ich sah, es sei unmöglich durchzudringen gegen diesen Protégé meiner Schwiegermutter, und sagte Alles dem Kaiser, der sich nicht entschließen konnte, gegen den Willen seiner Mutter Stellung zu nehmen, – ich griff zum Äußersten und sagte, ich könne das nicht mit ansehen – Eines müsse geschehen! entweder geht Gondrecourt oder ich.«
Diese Aussage wird durch ein höchst bedeutsames Schriftstück bestätigt, das sich erhalten hat und das kaiserliche Familienleben in dieser Zeit in einem enthüllenden Licht zeigt. Elisabeth gab dem Kaiser folgendes schriftlich: »Ich wünsche, daß mir vorbehalten bleibe unumschränkte Vollmacht in Allem, was die Kinder betrifft, die Wahl ihrer Umgebung, den Ort ihres Aufenthaltes, die complette Leitung ihrer Erziehung, mit einem Wort, alles bleibt mir ganz allein zu bestimmen, bis zum Moment der Volljährigkeit. Ferner wünsche ich, daß, was immer meine persönlichen Angelegenheiten betrifft, wie unter anderem die Wahl meiner Umgebung, den Ort meines Aufenthaltes, alle Anordnungen im Haus p. p. mir allein zu bestimmen vorbehalten bleibt. Elisabeth. Ischl, 27. August 1865.«[96]
In diesem Dokument müssen wir so etwas wie Elisabeths Unabhängigkeitserklärung sehen. Elf Jahre hatte es gedauert, bis sie die Kraft fand, in offene Opposition zu gehen und sich nicht mehr wie bisher in Krankheiten oder in Auslandsreisen zu flüchten. Nun wurde sie energisch – und hatte Erfolg.
Warum Elisabeths Position gerade in dieser Zeit so mächtig war, erklärt vielleicht eine Bemerkung in Sophies Tagebuch. Sophie wünschte, wie sie berichtete, ihrem »Franzi« in einem vertraulichen Gespräch einen zweiten Sohn, wollte ihn aber mit diesem Wunsch gleichzeitig aushorchen, wie es denn eigentlich mit seinem Eheleben stünde. Und der Kaiser reagierte freundlich. Sophie: »Und ein Wort ... gab mir, Gott sei deshalb tausendmal gelobt,

fast die Gewißheit, daß sich Sisi endlich mit ihm von neuem vereinigt hat.«[97]

Fünf Jahre waren seit Sisis Flucht nach Madeira vergangen, Jahre voller Sorgen, Krankheit, Verweigerung, Streit. Jetzt endlich schien sich eine Wendung zu einem geordneteren Verhältnis anzubahnen – und gerade jetzt drohte Elisabeth fortzugehen, wenn die militärische Erziehung Rudolfs fortgesetzt würde.

Der überaus scharfe Ton dieses Ultimatums offenbart die neue Art, mit der die Kaiserin ihren Mann behandelte. Vor zwei Jahren noch hatte sie sich um ihn abgehärmt, geschluchzt und geweint. Jetzt forderte sie von ihm – und er, der sie vorher wie ein Kind behandelt hatte, folgte nun, wenigstens in den meisten Fällen. Erzherzogin Sophie wich ebenfalls immer mehr zurück, da sie ihres Sohnes nicht mehr sicher sein konnte, und weinte sich bei Verwandten aus.

Elisabeth war jetzt, als ihre Schönheit auf dem Höhepunkt war, die Stärkere. Sie konnte ihren Mann unter Druck setzen – mit Verweigerung oder mit der Drohung, Wien wieder zu verlassen. Rücksichten auf den Ruf der Dynastie oder des Staates, den sie ja auch repräsentierte, kannte sie nicht. Sie sah ihre Probleme rein persönlich, wußte aber gleichzeitig, wie sehr Franz Joseph seine Pflichten gegenüber dem Staat und der Dynastie kannte und erfüllte. Sie wußte genau, daß er ihren Forderungen nachgeben mußte, wenn das Ansehen des Hauses auf dem Spiel stand. Es war reine Erpressung, der Franz Joseph immer wieder nachgab, weil er seine immer schöner und reifer werdende Frau liebte – trotz allem.

Die Hofbeamten, vor allem die Hofdamen, die Einblick in das kaiserliche Familienleben nahmen, hatten viel Stoff zu Tratschereien. Sie beklagten die Schwäche des Kaisers gegenüber seiner Frau. Diese Schwäche zeigte Franz Joseph allerdings auch in anderen Fällen. Gräfin Marie Festetics war »oft erstaunt, daß der Kaiser irgendeinem dringenden, heftigen Wunsche in der Umgebung nachgab, obwohl ihm die Form unziemlich schien, in der jener Wunsch vorgebracht war.« Die Kaiserin selbst erklärte der Gräfin die Gründe für dieses Verhalten. Sie sagte: »Der Kaiser ist fein erzogen und hatte in seiner Jugend eine liebevolle Umgebung.

Wenn jemand ihm in ehrfurchtsvoller Weise eine Bitte vorlegt und er sie nicht gewähren kann, so wird er in seiner liebenswürdigen Weise das Nein zu sagen wissen. Er ist aber, wenn ihm jemand heftig und anspruchsvoll entgegentritt, durch diese ungewöhnliche Art so überrascht, daß er sich gewissermaßen einschüchtern läßt und zustimmt.«[98]

Elisabeth nützte nun diese Schwäche des Kaisers skrupellos aus. Soweit sich ihre Forderungen auf Rudolfs Erziehung bezogen, hatten sie eine segensreiche Wirkung. Elisabeth setzte zunächst einmal eine energische medizinische Behandlung des Kronprinzen durch den neuen kaiserlichen Leibarzt Dr. Widerhofer durch. Sie bestimmte auch den neuen Erzieher: Oberst Latour, der sich so flehentlich für den kleinen Rudolf eingesetzt hatte und das Kind wirklich, wie die Zukunft zeigte, in sein Herz geschlossen hatte. Bei seinem neuen Erzieher blühte das Kind auf, wurde rasch wieder gesund. Psychische Störungen, vor allem nächtliche Angstanfälle, blieben jedoch noch jahrelang, ja sein Leben lang bestehen.

Elisabeth hatte volles Vertrauen zu Latour. Sie kannte ihn schon lange. Er war auch einer der Kuriere auf Madeira gewesen. Elisabeth wußte, daß er für höfische Verhältnisse höchst freiheitliche, liberale Ansichten vertrat. Er wurde deshalb am Hof mißtrauisch, ja feindselig behandelt und hatte mit massiven Intrigen zu kämpfen. Er war ja noch nicht einmal Aristokrat wie Gondrecourt und auch auf militärischem Gebiet ein Neuerer: Es ging ihm nicht um Drill, sondern um Erziehung, auch der Soldaten. Rudolfs militärischer Drill wurde nun auf die nötigsten Übungen reduziert und aufs Reiten und Schießen. Geistige Bildung erhielt Vorrang vor der körperlichen – genau das Gegenteil von dem, was ein Jahr vorher der Kaiser befohlen hatte.

Die Kaiserin setzte nun allein die Richtlinien der neuen Erziehung fest: Die Erziehung sollte »liberal« sein, wie den neuen Lehrern ausdrücklich gesagt wurde.

Elisabeth übertrug Latour auch die Auswahl der Lehrer. Kriterien der Auswahl waren allein die pädagogische und wissenschaftliche Befähigung der Lehrer. Das hieß, daß die Lehrer Rudolfs nicht Militärs, Geistliche oder Aristokraten sein mußten, wie es bisher

in der höfischen Erziehung üblich war. Wenn es allein um Qualifikation ging (eine revolutionäre Forderung), waren die bürgerlichen Lehrer und Wissenschaftler im Vorteil.
Die Revolution fand wirklich statt: Rudolfs Lehrer waren, abgesehen vom Religionslehrer, bürgerliche Intellektuelle, standen politisch wie die Mehrheit dieser Schicht eindeutig im liberalen Lager, waren also auch betont antiaristokratisch und antiklerikal.
Diese Lehrer bildeten am Wiener Hof einen Fremdkörper und wurden dementsprechend angefeindet. Gondrecourt intrigierte hinter den Kulissen gegen seinen Nachfolger Latour, so beim Generaladjutanten Crenneville. Er warf Latour vor, seinen Zögling nur »pflegen«, nicht aber erziehen zu können. Außerdem habe Latour nach Gondrecourts Meinung »weder den erforderlichen ritterlichen Sinn, noch die Aufrichtigkeit und die nöthigen distinguirten Formen..., um durch den täglichen Umgang mit dem Kronprinzen auf die Ausbildung des Geistes und des Charakters einen günstigen Einfluß zu nehmen.«[99] Crenneville solle doch bitte beim Kaiser intervenieren.
Immer wieder betonte Gondrecourt die (nicht zu bestreitende) Tatsache, daß er ja mit seinen Erziehungsmethoden nichts anderes als den Wunsch des Kaisers erfüllt habe: »Ich habe das beruhigende Bewußtsein, jederzeit nur das gethan zu haben, was Seine Majestät mir befohlen haben und weiß mir hinsichtlich meines Verfahrens mit dem Kronprinzen keinen Vorwurf zu machen. Auch war ich so glücklich, jederzeit meine Ansichten über die Erziehung des Kronprinzen von Seiner Majestät gebilligt zu sehen.«[100]
Aber die jahrelangen Intrigen gegen Latour waren ohne Erfolg: Elisabeth hielt unbeirrt ihre schützende Hand über die betont antihöfische Erziehung ihres Sohnes. Rudolf wurde bei diesen Lehrern – nach dem ausdrücklichen Wunsch der Kaiserin – zu einem erstklassig und vielseitig gebildeten jungen Mann, der die demokratischen Ideale des Jahres 1848 nicht nur verstand, sondern billigte und schon bald nicht in der Aristokratie, sondern im Bürgertum die »Basis des modernen Staates« sah. Über seine von ihm bewunderten und geliebten bürgerlichen Lehrer wurde Ru-

dolf ein überzeugter Liberaler – und kam nur zu bald in einen bitteren Konflikt mit dem höfischen System, dem sein Vater vorstand. Alle Feinde der Kaiserin jedoch (und sie hatte inzwischen eine stattliche Anzahl), die gegen Elisabeth nichts ausrichten konnten, agierten nun gegen ihren ihr so ähnlichen, aber weit schwächeren Sohn Rudolf. Elisabeths Konflikte mit dem Wiener Hof erfuhren so in ihrem Sohn eine in Tragik mündende Steigerung.

Der Machtkampf um die Erziehung des Kronprinzen ging nicht ohne ernste Streitigkeiten ab. Wieder verließ die Kaiserin die Wiener Hofburg, diesmal knapp zwei Wochen vor Weihnachten. Wieder wurde für die Öffentlichkeit eine Krankheit vorgeschoben: geschwollene Halsdrüsen, ein durchbrechender Weisheitszahn. Sisis überstürzte Abreise nach München (offiziell zur Behandlung bei Dr. Fischer) machte in Wien keinen guten Eindruck.
Erzherzogin Sophie erfuhr von der Abreise ihrer Schwiegertochter erst durch ein Billett, das eintraf, als Elisabeth bereits auf der Eisenbahn war.
Die Hotelreservierung in München wurde ebenfalls erst während der Reise aufgegeben. Offenbar traute sich Sisi doch nicht, so ohne weiteres im Münchner Palais ihres Vaters abzusteigen – nach den Zerwürfnissen, die es wegen ihrer letzten langen Anwesenheit in Bayern gegeben hatte.
Kaiser Franz Joseph schrieb an seinen Sohn Rudolf, er hoffe, daß Sisi spätestens am 23. Dezember wieder zurück in Wien sein würde, sie habe es ihm jedenfalls aus München geschrieben.[101]
Aber wieder mußten Mann und Kinder Weihnachten ohne die Kaiserin feiern. Sie kehrte erst am 30. Dezember nach Wien zurück. Der preußische Gesandte berichtete nach Berlin etwas boshaft: »In diesem plötzlichen Reiseunternehmen in jetziger Jahreszeit dürfte bei der hohen schönen Frau etwas Kaprice, welche nicht ungewöhnlich bei den Prinzessinnen aus der herzoglichbayerischen Linie ist (Königin von Neapel, Gräfin Trani) zu suchen sein.«[102]
Bei allem Verständnis für die schwierige Situation am Hof zweifel-

te nun doch mancher an Elisabeths gutem Willen. Sogar Sisis Lieblingstochter Marie Valerie sollte später ihrer Mutter vorsichtige, aber deutliche Vorwürfe in dieser Hinsicht machen: »Wie oft frage ich mich, ob das Verhältnis zwischen meinen Eltern nicht doch hätte anders werden können, wenn Mama in ihrer Jugend ernsten, mutigen Willen dazu gehabt. – Ich meine, eine Frau kann alles. – Und doch mag sie recht haben, daß es unter diesen Verhältnissen unmöglich war, inniger eins zu werden.«[103]
Kronprinz Rudolf jedoch war seiner Mutter zeitlebens dankbar dafür, daß sie sich in dieser für ihn lebensentscheidenden Situation so rigoros und erfolgreich für ihn eingesetzt hatte.

5. Kapitel

Schönheitskult

Ihr wachsendes Selbstbewußtsein bezog die junge Elisabeth aus der Tatsache einer immer frappanter und ungewöhnlicher werdenden Schönheit, die sie in den sechziger Jahren zu einer Weltberühmtheit machte.
Diese sagenhafte Schönheit der Kaiserin Elisabeth entwickelte sich sehr langsam. In ihrer Kindheit war sie ein eher derbes, bubenhaftes Geschöpf mit einem runden Bauerngesicht. Als große Schönheit der herzoglichen Familie galt zunächst die älteste Schwester Helene. Für sie wurde eine glänzende »Partie«, eben die mit dem Kaiser von Österreich – in Betracht gezogen.
Als dagegen die kleine Sisi ins heiratsfähige Alter kam – so zwischen vierzehn und fünfzehn – machte sie ihrer Mutter große Sorgen. Denn für eine gute Partie war sie immer noch nicht schön genug. Vom sächsischen Königshof kam sie ohne Bräutigam zurück. Ludovika beklagte, Sisi habe »keinen einzigen hübschen Zug«. (s. S. 20)
Daß der junge Kaiser in Ischl nicht um Helene, sondern um die kleine Sisi warb, war für niemanden eine größere Überraschung als für sie selbst und ihre bayrische Familie. Sie war anmutig, frisch, sportlich, aber noch kaum entwickelt und ein wenig melancholisch, was ihr wohl – als Kontrast zu den lebenslustigen Wiener Komtessen, deren Gesellschaft der junge Kaiser gewöhnt war – einen eigenen Reiz gab.
Auch aus den ersten Ehejahren gibt es noch zurückhaltende Kommentare, was die Schönheit der jungen Kaiserin betraf. Sisi war ja – das muß man bedenken – vom ersten Tag ihrer Ehe an leidend (an welcher Krankheit auch immer). Sie hungerte, war oft kraftlos, stark blutarm, auf dem höfischen Parkett außerdem extrem unsicher. All das kam ihrer äußeren Erscheinung nicht gerade zugute.

So blieben ihre zunehmenden Reize lange unerkannt: Ihre Figur wurde, vor allem wegen der drei Geburten in den ersten vier Ehejahren, weiblicher. Viel Bewegung und ständige Hungerkuren bewahrten ihr aber eine überschlanke, anmutige Gestalt. Sie wuchs in dieser Zeit noch ein gutes Stück und überragte schließlich mit einer beachtlichen Größe von 172 cm den kaiserlichen Gatten um einige Zentimeter (was allerdings auf den gemeinsamen Porträts nicht zu erkennen ist, denn die Maler glichen die Unterschiede stets aus, machten im Gegenteil den Kaiser stets größer als seine Frau). Elisabeths Gewicht blieb lebenslang ziemlich konstant: sie wog rund 50 Kilo, hatte also erhebliches Untergewicht. Auch ihr Taillenmaß änderte sich zeitlebens kaum: es betrug erstaunliche und kaum glaubliche 50 cm. Diese ihre berühmte schmale Taille unterstrich Elisabeth durch so starkes Schnüren, daß sie häufig in Atemnot kam, was ihre Schwiegermutter Sophie immer wieder beklagte. Bei dem überlieferten Hüftmaß (62 bis 65 cm) allerdings sind Zweifel angebracht.[1] Offensichtlich wurde damals höher als heute gemessen, und deshalb sind Vergleiche kaum möglich.

Es waren zunächst die einfachen Leute, die die Schönheit der jungen Kaiserin erkannten. Wenn sie im Prater ausritt, strömten die Menschen zusammen, um sie zu sehen. Erzherzogin Sophie schrieb etwas erstaunt in ihr Tagebuch nach einem solchen turbulenten Praterbesuch: »Es ist die Kaiserin, die sie alle anzieht. Denn sie ist ihre Freude, ihr Idol«.[2] Sobald sich Sisi in der Stadt sehen ließ, liefen die Leute zusammen. Schaulustige sperrten die Straßen vor ihrem Wagen. Einmal, als sie zu Fuß den Stephansdom besuchen wollte, drängten sich so viele Menschen um sie, daß sie Angst bekam und sich nicht anders zu helfen wußte, als weinend in die Sakristei zu flüchten. Sophie: »Es war beinahe ein Skandal«.[3]

Auch ausländische Diplomaten bemerkten früh die außerordentliche Erscheinung der jungen Kaiserin. Schon zwei Jahre nach der Hochzeit schrieb zum Beispiel der Polizeiminister Kempen in sein Tagebuch, »daß die Schönheit der Kaiserin Elisabeth viele Personen zu Hofe ziehe, die sonst ausgeblieben wären«.[4]

Mit der höfischen Gesellschaft hatte es Sisi weit schwerer. Hier gab es viele elegante Komtessen, die kaum bereit waren, das ehemalige bayrische Landkind als Schönheit zu akzeptieren. Immer noch mäkelten die Aristokratinnen an Einzelheiten von Sisis äußerer Erscheinung herum. Mit geradezu beleidigendem Eifer kürten sie 1857 die Braut des Erzherzogs Max, Charlotte, zur »Schönheit« des Hofes – was das ohnehin gespannte Verhältnis der beiden Schwägerinnen vollends verschlechterte. Sich in diesem Kreis von nicht Gutgesinnten zu behaupten, fiel der jungen Kaiserin überaus schwer.

Ihre Ehekrise und die Flucht aus Wien (nach Madeira und Korfu) brachten die Wende: In der Einsamkeit fern des Wiener Hofes entwickelte sich Sisis Selbstbewußtsein. Hier wurde aus dem schüchternen, unsicheren Mädchen aus Bayern eine sich ihrer Schönheit überaus bewußte reife junge Frau. Dieses neue Selbstbewußtsein steigerte sich mit der Zeit in ein Auserwähltheitsgefühl, das sich auf die Erkenntnis dieser außergewöhnlichen körperlichen Schönheit gründete.

Auf Madeira hatte Sisi auch einen glühenden Verehrer im Grafen Hunyady, an dem sie ihre Ausstrahlungskraft prüfen konnte und den sie auf dieselbe Art behandelte wie alle seine Nachfolger: Sie war die unnahbare, kalte Schöne, die sich bis zur Selbstaufgabe des Mannes huldigen ließ, nie aber die allerkleinste Annäherung erlaubte. Bei aller Lieblichkeit ihrer Erscheinung betonte sie zunehmend das Hoheitsvolle, ja Majestätische – gegenüber Männern.

Frauen gegenüber konnte Sisi dagegen sehr herzlich, liebevoll, ja geradezu schwesterlich sein. Aber auch hier gab es für sie ein Hauptkriterium: sie mochte nur schöne Frauen. Der gesellschaftliche Rang war für sie nicht wichtig. In den frühen sechziger Jahren (wiederum ausgehend von dem Aufenthalt auf Madeira) hatte sie eine innige Freundschaft mit ihrer gleichaltrigen Hofdame, der schönen Gräfin Lily Hunyady, Imres Schwester. Sie zeigte diese Zuneigung unverhohlen, indem sie Lilys Gesellschaft jeder anderen vorzog, die anderen Hofdamen vernachlässigte (was Anlaß gab zu endlosen Eifersüchteleien in dem kleinen, von der Umwelt abgeschlossenen Hofstaat). Generaladjutant Graf Crenneville bemerkte bei seinem Korfu-Besuch sogar einen »magnetischen Rapport« zwischen der Kaiserin und Lily Hunyady, schrieb auch gleich dazu, daß diese Bindung »geschickt angewendet, nützlich sein könnte«[5] – was wohl bedeutet, daß er glaubte, die Kaiserin über ihre Hofdame beeinflussen zu können.

Leider gibt es zu wenig Quellen, um diese jahrelange innige Freundschaft Sisis zu dieser Hofdame eingehender würdigen zu können.

Sisi zeigte in dieser Zeit mehrfach ihre Zuneigung zu schönen, jungen Frauen, auch völlig unbekannten, denen sie zufällig begegnete. Sie schrieb zum Beispiel 1867 ihrem damals neunjährigen Sohn Rudolf aus der Schweiz: »Mit einem zwölfjährigen sehr hübschen belgischen Mädchen sind wir bekannt geworden, das prachtvolle lange Haare besitzt. Wir reden oft mit ihr, und einmal küßte ich sie sogar!! Du kannst Dir also vorstellen, wie süß sie sein muß.«[6]

Es war der Kaiserin ein besonderes Vergnügen, sich an der Seite einer anderen, kaum weniger schönen Frau zu zeigen, mit Lily Hunyady, aber auch mit der jüngeren Schwester, der Exkönigin Marie von Neapel. Es gab in diesen Beziehungen eine große Zuneigung, die auch öffentlich demonstriert wurde: So erschienen die beiden schönen Schwestern Elisabeth und Marie 1868 in Budapest Seite an Seite, völlig gleich gekleidet – dunkles Seidenkleid, schottische Beduine [ein damals hochmoderner mantelartiger Überwurf] und dazu ein perlgraues Seidenhütchen – und weideten sich an ihrem offensichtlichen Erfolg.[7]

Exkönigin Marie von Neapel war auch der Star des Schönheitenalbums, das sich Sisi 1862 in Venedig anlegte. Von keiner anderen der über hundert fotografierten Schönheiten gab es in diesem Album so viele Porträts wie von der damals weltberühmten »Heldin von Gaeta«. Elisabeth war die erste und neidlose Bewunderin der zarten, noch sehr melancholischen Schönheit dieser jüngeren Schwester.

Es gab damals einige berühmte Schönheitengalerien – allerdings alle aus Gemälden bestehend. Die berühmteste Sammlung war die Schönheitengalerie, die Sisis Onkel, König Ludwig I. von Bayern, in Nymphenburg zusammengestellt hatte. Hauptattraktion dieser

Galerie ist (bis heute) das Porträt der königlichen Geliebten Lola Montez, deretwegen Ludwig I. 1848 abdanken mußte. Außer Lola aber sind noch einige andere Lieblingsschönheiten des kunstsinnigen Königs vertreten – vornehmlich aus dem Bürgerstand. Wittelsbacher Familienschönheiten nahm Ludwig nur wenige auf – von den neun Schwestern aber ausgerechnet Sisis Schwiegermutter Erzherzogin Sophie, die in ihrer Jugend eine schöne Frau war – und eine der unerbittlichsten Gegnerinnen der Lola Montez. Diese berüchtigte Montez fand nun auch Eingang in Sisis Fotosammlung – freilich als stark gealterte Schönheit – und stellte damit einen direkten Bezug zu der Nymphenburger Sammlung her.

Wie ihr Onkel Ludwig hielt auch Sisi wenig von einem lupenreinen aristokratischen Stammbaum, wenn es um die Schönheit ging. Wie Ludwig nahm sie Frauen aller Stände in ihr Album auf, ja sogar ihr völlig Unbekannte. Sie bat zum Beispiel ihren Schwager Erzherzog Ludwig Viktor: »Ich lege mir nämlich ein Schönheiten-Album an und sammele nun Photographien, nur weibliche, dazu. Was Du für hübsche Gesichter auftreiben kannst beim Angerer und anderen Photographen, bitte ich Dich mir zu schicken.«[8]

Auch an die österreichischen Diplomaten ging die Weisung, dem Außenminister Fotos schöner Frauen für die Kaiserin zu schicken, ein Wunsch, der zunächst auf Skepsis und Verwunderung stieß. Niemand mochte so recht glauben, daß die Fotos wirklich von der Kaiserin gewünscht waren. Und mancher biedere Ministerialbeamte kam in Verdacht, die Fotos für sich haben zu wollen.

Schließlich schickten die Botschafter aus London, Berlin und St. Petersburg Porträts schöner Damen der allerbesten Gesellschaft: Fotos aus den ersten Ateliers, künstlerisch gestaltet mit Spiegeln, Draperien, Kulissen, davor eine nach der neuesten Mode gekleidete, in Positur stehende Dame.

Die dem Gesandten in Konstantinopel gestellte Aufgabe war allerdings weit schwerer zu erfüllen als die seiner Kollegen. Er erhielt aus Wien folgende Weisung: »I. M. die Kaiserin wünscht für Ihre Privatsammlung photographirte Porträte schöner Frauen aus den vorzüglichen Hauptstädten Europa's zu erhalten. Einen besonderen Werth würde Allerhöchstdieselbe darauf legen, nebst derlei

Porträten orientalischer Schönheiten, Photographien schöner Frauen aus der türkischen Haremswelt zu besitzen. Ich verfehle nicht, Sie von diesem Wunsche in Kenntniß zu setzen, derselben, soweit es die lokalen Verhältniße thunlich erscheinen lassen, durch ehebaldige Zusendung solcher in gewöhnlicher Visitkartenform ausgeführter Porträte entsprechen zu wollen.«[9]

Der Botschafter antwortete dem Außenminister ziemlich ratlos bezüglich der gewünschten Haremsdamen: »Die Sache ist schwieriger, als es scheinen mag, namentlich in Bezug türkischer Frauen, die mit sehr wenigen Ausnahmen sich nicht photographiren lassen und am wenigsten durch ihre Männer dazu vermocht werden können.«[10] Doch schließlich schickte er mehrere Konterfeis aus Konstantinopel nach Wien, reichlich fremdartige Damen von (für Wiener Verhältnisse) fragwürdiger Schönheit, deren Herkunft (ob aus einem Harem oder nicht) einfach offengelassen wurde.

Die Fotos aus Paris fielen gänzlich aus dem erwarteten Rahmen. Es waren keine Konterfeis der Damen aus dem Umkreis der berühmt schönen Kaiserin Eugénie, noch nicht einmal Fotos mit Pariser Modeneuheiten. Es kamen dagegen viele Dutzend Visitfotos von Akrobatinnen, Schauspielerinnen, Tänzerinnen, Zirkusreiterinnen in meist sparsamer Bekleidung und recht freizügiger, ja bisweilen skandalöser Haltung. Der Auftrag der Kaiserin war nicht ganz klar gewesen und der Begriff von »Schönheit« dehnbar. Eine böse Absicht konnte dieser Pariser Sendung kaum unterstellt werden – wenngleich ein gewisser Spott für Eingeweihte unübersehbar war. Denn damit wurde wieder einmal auf Sisis zu wenig vornehme Herkunft und die Zirkusvorlieben ihrer bayrischen Familie hingewiesen.

Dieser subtile Spott kam von Sisis lebenslänglicher Intimfeindin, Fürstin Pauline Metternich, der Frau des damaligen österreichischen Botschafters in Paris. Pauline Metternich, Enkelin des Staatskanzlers Metternich, fast gleichalt wie Elisabeth, aber viel tatkräftiger, energischer, vor allem scharfzüngiger (im Hofjargon deshalb »Mauline Petternich« genannt), war die härteste und lauteste Kritikerin Elisabeths.

Bis zum Umsturz in Frankreich 1870/71 machte Fürstin Metter-

nich in Paris Furore als eine der intimsten Freundinnen der Kaiserin Eugénie, die sie in folgenden berühmten Worten mit der österreichischen Kaiserin verglich: »Die Prinzessinnen von Geblüt kennen die Welt und das Leben nicht so wie Eugénie [die ja eine geborene spanische Gräfin und also Elisabeth nicht ebenbürtig war], sie bleiben hybride Wesen, die sich und die anderen genieren und sich nicht recht am Platze fühlen.« Damit auch ja jedermann wußte, auf wen sie mit diesen Worten anspielte, fügte sie hinzu: »Ich spreche von den heutigen Prinzessinnen, denn früher gab es viele, die unvergleichlich gut plaudern konnten – ich denke nur an Erzherzogin Sophie! Das hat sich leider gründlich geändert.«[11]
Nach 1871 wohnte die Fürstin in Wien und war so etwas wie die erste Dame der österreichischen Gesellschaft, machte auch keinerlei Hehl daraus, daß sie sich als solche fühlte und die Kaiserin als für diese Stellung unfähig ansah. Immer häufiger beschämte sie Elisabeth damit, daß sie einfach deren Aufgaben übernahm – als Organisatorin großer Wohltätigkeitsveranstaltungen und Sammlungen für soziale Zwecke, aber auch als Förderin der Künste. Darüber hinaus war Pauline Metternich die Leitfigur der Wiener Mode. Sie setzte die Normen für die Farben der Saison, für die Stoffarten und Muster, die Form der Hüte. Sie führte den Hauptkampf gegen die als immer unbequemer empfundene Krinoline. Die Wiener Gesellschaft folgte der Fürstin Metternich in Modefragen geradezu blind. Es gab ja in dieser Zeit noch keine Modeschauen oder Mannequins, die die neueste Mode vorführten. Diese Aufgabe übernahmen die ersten Damen der Gesellschaft: in Paris Kaiserin Eugénie, in Wien eben nicht Kaiserin Elisabeth, sondern Fürstin Pauline Metternich.
Elisabeth ihrerseits hatte eine tiefe Abneigung gegen die stets überaktive Fürstin. Paulines Modetorheiten kommentierte sie höchst spöttisch. Sie verhöhnte all den Flitter und die Schminke, mit denen sich Pauline Metternich überreichlich schmückte. Elisabeths Stil dagegen war auch in Modefragen zurückhaltend, nie überladen oder aufdringlich, aber selbstverständlich erlesen. Vor allem lehnte Sisi sowohl starkes Parfum wie Schminke ab – im Gegensatz zur stets aufgedonnerten Fürstin Metternich. Auch das

gehörte zu Elisabeths Schönheitsideal: schön war für sie ein gesunder, vor allem schlanker und anmutiger Körper, eine klare Haut, prächtige Haare. Auch hier liebte sie vor allem das Natürliche, Gewachsene, und lehnte jede Art von Talmiglanz ab.
Wo Elisabeth konnte, wich sie der Fürstin und deren gesellschaftlicher Macht aus. Nur sehr selten kam es bei öffentlichen Veranstaltungen zu einer persönlichen Konfrontation: Beide Damen heuchelten Zuneigung. In spöttischen Versen kommentierte Elisabeth nachher derlei Begegnungen. So meinte sie etwa nach dem Ball der Industrie 1885, bei dem sie beide als Patronessen auftraten:

> *... Sie stand im weiten Kreis der Damen;*
> *Auch sie war Lady Patroness,*
> *Beleuchtet von des Gases Flammen*
> *Die Lauteste in dem Kongress.*
>
> *Das Haupt besetzt mit Diamanten,*
> *Vom stolzen Federschmuck umwallt;*
> *In reichen Stoff aus fernen Landen*
> *Den allzu üpp'gen Leib geschnallt.*
>
> *Ihr Antlitz, wie soll ich's beschreiben?*
> *Als würden hundert Affen drin*
> *Ihr tolles Wesen höhnend treiben,*
> *So war's, als es vor mir erschien.*
>
> *Mit weisser Farb war's überzogen,*
> *und hinter keck geschwärzten Brau'n*
> *Da war, mir freundlich nicht gewogen,*
> *Ein boshaft Augenpaar zu schau'n.*
>
> *Doch ihren Mund nun auszumalen,*
> *Wo nehme ich die Farben her?*
> *Zu Rosen, Kirschen, solch banalen*
> *Vergleichen greif' ich nimmermehr.*

Ein solches Rot schmückt keine Blume,
Und auch kein Obst nannt's jemals sein;
Nicht heut' und nicht im Altertume
Gab's einen zweiten solchen Schein.

Zwei Zoll breit sind die Wunderlippen
Mit diesem Purpur angetan ...
Und glaubt ihr, dass ich übertrieben,
So geht, und schaut sie selber an.[12]

Der Konflikt zwischen Kaiserin Elisabeth und Fürstin Metternich ging über das Persönliche weit hinaus, war vielmehr ein grundsätzlicher Gegensatz. Pauline Metternich erfüllte überdeutlich die traditionelle Aufgabe, die die Kaiserin für sich ablehnte: Sie war die erste Repräsentationsfigur, eine Dame des öffentlichen Lebens, politisch und sozial gut informiert und aktiv, vor allem aber gesellschaftlich ambitioniert. Ihre Gesellschaft war die hohe Aristokratie. Sie ging aber auch mit der Zeit und öffnete ihren Salon ausgewählten Mitgliedern der »zweiten« Gesellschaft. (Die Familie Rothschild zum Beispiel wurde in Wien durch die Fürstin Metternich in die Hocharistokratie eingeführt.) Mit Unterstützung dieser finanzstarken Schicht organisierte die Fürstin riesige Hilfsaktionen für Bedürftige. Sie war in allen großen Wohltätigkeitsorganisationen, auch des damals ja noch jungen Roten Kreuzes, präsidierte und organisierte unermüdlich und brachte auf diesem Weg große Summen zusammen.

Elisabeth dagegen wich allen diesen Pflichten aus. Sie betrachtete sich ausschließlich als Privatperson, pflegte ihre Individualität, wich aller Repräsentation scheu, ja geradezu ängstlich aus. Wenn sie wohltätig war (und ihre Abrechnungen zeigen beträchtliche Spendenlisten auf), so war sie es als Privatperson. Sie half unorganisiert und unauffällig. Ja, in den späteren Jahren liebte sie es, wie eine gute Fee heimlich Geld in bescheidene Hütten zu legen und zu verschwinden, bevor sie jemand bemerkte. Daß es zwischen diesen beiden Frauen keine Verständigungsmöglichkeit gab, ist nicht überraschend.

Pauline Metternich stellte eine nicht zu unterschätzende Macht dar: sie hatte den österreichischen Adel und zunehmend auch die öffentliche Meinung für sich. Dagegen konnte auch die Schützenhilfe des Witzblattes »Kikeriki« nichts ausrichten, das die Kaiserin einmal gegen Pauline Metternich verteidigte:

> Ihr Patronessen, seht euch an,
> Wie still man auch human sein kann,
> Nicht bloß bei der Musik von Strauß –
> Auch einsam in dem Krankenhaus.
> Dort Tränen trocknen, wo der Tod
> In allerlei Gestalten droht:
> So edlen und humanen Sinn,
> Lernt ihr von unsrer Kaiserin![13]

Ganz unabhängig von der »Mode der Saison« bildete sich die Legende von der märchenhaften Schönheit der Kaiserin Elisabeth, ausgehend vom »Publikum«, den nichthöfischen Beobachtern, den fremden Diplomaten. Jeder der spärlichen Auftritte Sisis wurde in den sechziger Jahren zu einer vielbesprochenen Sensation. Mochte die Wiener Aristokratie noch so sehr kritisieren, daß Sisis Kleider nicht immer auf der Höhe des jeweiligen Modetrends waren, so war doch Sisis außerordentliche Schönheit von niemandem mehr abzustreiten. Mitte der sechziger Jahre konnte sich keine Dame der Wiener Gesellschaft mehr mit Elisabeth messen.

Sisis Erfolg war überwältigend. 1864 zum Beispiel erschien sie zur Hochzeit ihres Bruders Carl Theodor in Dresden. Vom dortigen Hofball berichtete Erzherzog Ludwig Viktor nach Wien, Sisi sei »blendend schön, auch waren die Leute wie verrückt hier. Ich habe noch nie so einen Effekt machen sehen.« Sisi erschien im weißen, mit Sternen bestickten Kleid, ihre berühmten großen Diamantensterne im Haar, an der Brust ein Camelienbouquet. Ihre Schwester »Helene ein sehr schlechter Abklatsch von der Kaiserin, auch Sternenkleid«, schrieb Ludwig Viktor. Bei der Hochzeit war nicht die Braut, sondern Elisabeth die Hauptattraktion. Diesmal erschien sie in einem lila Kleid mit silbernen Kleeblättern bestickt, mit einem Manteau aus Silberspitzen, eine Diamantenkrone auf

Damencercle in der Ofener Burg

dem kunstvoll verflochtenen Haar. Ludwig Viktor: »die Leute hier sind so paff über unsere Souverainin!!! haben recht.«[14]
Königin Marie von Sachsen schrieb an eine Freundin: »Von der Begeisterung, welche die Schönheit und Liebenswürdigkeit der Kaiserin hier erregte, kannst Du Dir keine Vorstellung machen; noch nie sah ich meine ruhigen Sachsen in *solcher* Aufregung! Man dachte, sprach, hörte nur ihr Lob.«[15]
In dieser Zeit malte Winterhalter die drei berühmten Porträts der Kaiserin. Unzählige Reproduktionen, vor allem des Bildes in Balltoilette mit den Diamantensternen im Haar, machten Sisis Schönheit weltbekannt. In vielen, vielen Briefen von Wienbesuchern ist die Rede von Sisi. Kaum eine Erzählung aus Wien war so interessant wie die, von einem Augenzeugen zu erfahren, ob die Kaiserin wirklich so schön sei, wie man sich erzählte.
Der amerikanische Gesandte in Wien zum Beispiel schrieb 1864 an

seine Mutter in Übersee: »Die Kaiserin ist, wie ich Dir schon öfter erzählte, ein Wunder der Schönheit – hoch und schlank, wunderschön geformt, mit einer Fülle von hellbraunem Haar, einer niederen griechischen Stirn, sanften Augen, sehr rothen Lippen mit süßem Lächeln, einer leisen, wohlklingenden Stimme, und theils schüchternem, theils sehr graziösem Benehmen.«[16]
Und ein Jahr später schrieb er, nachdem er bei einem Hofdiner Sisis Nachbar bei Tisch war: »Nun ich sage Dir, sie war geradezu hinreißend. Ihre Schönheit hat sich in diesem Jahre noch entwickelt und ist noch strahlender, berückender, vollendeter geworden. Mitten bei dem Diner, und während sie auf das Liebenswürdigste plauderte, sagte sie plötzlich: ›Ich bin so ungeschickt‹, wobei sie in der adorabelsten Weise, wie ein Schulmädchen, errötete. Sie hatte ein Glas römischen Punsch auf das Tischtuch verschüttet, und der Kaiser kam ihr sogleich zu Hülfe, indem er so galant war, noch eins umzustoßen, worauf großer Wirrwarr entstand. Schnell wurden Servietten gebracht und der Schaden reparirt, und nicht weniger natürlich und reizend als die erhöhte Farbe ihrer Wangen war das unwillkürliche, halb verlegene Lachen, womit sie den kleinen Vorfall begleitete, während die Übrigen in ehrerbietigem Schweigen verharrten. Wie schade, daß ich nicht zu den sentimentalen Lyrikern gehöre, was würde ich sonst für hübsche, poetische Vergleiche machen und wie schöne Sonette auf jene majestätischen Augenbrauen dichten!«[17]
Auch die preußische Kronprinzessin Viktoria pries Sisis Schönheit in einem Brief an ihre Mutter, die Königin von Großbritannien, im Dezember 1862: »Ich bin ganz begeistert von der Kaiserin. Ihre zwar nicht ganz regelmäßige Schönheit ist unübertrefflich. Ich habe nie etwas so blendendes oder pikantes gesehen. Die Gesichtszüge sind nicht so schön, als sie auf den meisten Bildern dargestellt sind, aber der Gesamteindruck ist viel liebreizender, als irgendein Gemälde es auch nur im entferntesten wiederzugeben vermag . . . Sie scheint furchtbar eng geschnürt zu sein und das ist bei einer so herrlichen Figur sicher nicht notwendig. . . . Niemand kann liebenswürdiger und freundlicher sein, als sie es war, es ist unmöglich, sie nicht zu lieben.«[18]

Selbst der preußische General Graf Moltke konnte sich bei seinem Wien-Besuch 1865 – also ein Jahr vor Königgrätz – dem Zauber der jungen Kaiserin nicht entziehen. Er schrieb seiner Frau: »Das Gerücht hat nicht zu viel gesagt, die Kaiserin ist entzückend, noch anziehender als schön, eigenthümlich und schwer zu beschreiben... Sie scheint etwas schüchtern, spricht leise und ist nicht immer leicht zu verstehen... Nach der Tafel machten die Herrschaften Cercle und der Kaiserin fällt das, wie mir scheint, nicht schwer. Wenn man fertig sein soll, macht sie eine graciöse und ziemlich tiefe Verneigung, und man weiß, daß man entlassen ist.«[19]
Der Ruf dieser außerordentlichen Schönheit wurde belastender, je größer er wurde. Denn wie aus vielen Augenzeugenberichten zu ersehen ist, mußte Sisi bei jedem öffentlichen Auftreten den neugierigen und kritischen Blicken des Publikums standhalten, nicht anders als eine Schauspielerin, mit der sie sich auch öfter verglich. Ihre Kleider, ihr Schmuck, ihre Frisur: alles bildete ausgiebigen Unterhaltungsstoff. Jeder, auch der kleinste Toilette- oder Schönheitsfehler wurde bemerkt und kommentiert. Jede Sekunde mußte Elisabeth ihrem Ruf als größte Schönheit der Monarchie gerecht werden. Es gibt aber nicht das geringste Anzeichen dafür, daß sie das Aufsehen, das sie erregte, genoß, wie es andere in ihrer Situation getan hätten. Ganz im Gegenteil: ihre angeborene Schüchternheit und Menschenscheu wurde durch diese öffentlichen Auftritte nicht gemildert, sondern derartig verstärkt, daß sie eine regelrechte Angst vor fremden Menschen entwickelte.
Ängstlich und verkrampft bemühte sie sich, Schönheitsfehler zu verbergen, so etwa ihre schlechten Zähne. Diesen Makel hatte Erzherzogin Sophie schon vor der Ischler Verlobung bemerkt und gerügt. Er ließ sich auch zeitlebens durch die teuersten Zahnärzte nicht beheben. Elisabeths Unsicherheit wegen dieses Schönheitsfehlers war so stark, daß sie – vom ersten Tag in Wien an – beim Sprechen die Lippen so wenig wie möglich öffnete, um diese häßlichen Zähne nicht zu zeigen. Ihre Aussprache war deshalb extrem undeutlich, ja kaum verständlich, außerdem derart leise, daß es, wie viele Zeitgenossen beklagten, mehr ein Flüstern als ein Sprechen war. Die Unterhaltung beim »Cercle« wurde dadurch

äußerst schwierig. Denn kaum jemand konnte die Worte der Kaiserin verstehen.

Diese mangelnde Kontaktfähigkeit der Kaiserin bei öffentlichen Auftritten gab Anlaß für manche Tratschereien in der Gesellschaft. Die preußische Kronprinzessin Viktoria schrieb zum Beispiel 1863 an ihre Mutter, Queen Victoria: »Die Kaiserin von Österreich spricht sehr leise, da sie ziemlich schüchtern ist. Neulich sagte sie zu einem sehr schwerhörigen Herrn: ›Sind Sie verheiratet?‹. Der Herr antwortete: »Manchmal«. Die Kaiserin sagte: ›Haben Sie Kinder?‹ und der Unglückliche brüllte: »Von Zeit zu Zeit.«[20] Schließlich gab Sisi ihre kümmerlichen Konversationsversuche auf und begnügte sich damit, ihre Schönheit zu zeigen – mit geschlossenen Lippen. Ihr Schweigen jedoch (das auf Schüchternheit und Hemmungen wegen der schlechten Zähne beruhte), wurde als Ausdruck mangelnder Intelligenz gewertet und untermauerte ihren Ruf, ein »schönes Dummerl« zu sein. Sisi wiederum spürte in ihrer extremen Sensibilität diese negative Beurteilung und zog sich noch mehr von der wirklich oder vermeintlich feindlichen Umwelt in ihre selbstgewählte Isolation zurück. Noch zehn Jahre später schrieb die Frau des belgischen Gesandten über ihre Vorstellung bei der Kaiserin: »Sie ist äußerst hübsch: prachtvolle Gestalt und Haare, die, sagt man, bis zu den Fersen reichen. Ihre Unterhaltung ist nicht so glänzend wie ihre Figur.«[21]

Die Bevölkerung glaubte ein Recht zu haben, dieses Wunder an Schönheit so oft wie möglich bestaunen zu können. Das Bewußtsein, eine in der ganzen Welt berühmte »Feenkaiserin« gleichsam zu besitzen, förderte den Patriotismus. Diesem Besitzdenken entzog sich die überaus scheue Elisabeth. Sie pflegte ihre Schönheit ausschließlich für sich selbst, zur Erhaltung ihres Selbstbewußtseins. Sie war nicht eitel in dem Sinne, daß sie die Bewunderung der Massen gebraucht oder gar genossen hätte. Sie betrachtete ihren Körper wie ein Kunstwerk, das zu kostbar war, um es vor aller Welt, allen Neugierigen und Gaffern auszustellen.

Ihre Schönheit gab ihr das Gefühl von Auserwähltsein, von Anderssein. Ihr Ästhetizismus, der sich auf ihre körperliche Erscheinung richtete, machte sie selbst zur ersten Bewunderin ihrer

Schönheit. Ihr Narzißmus war ebenso unverkennbar wie ihre Menschenscheu. Sie lehnte es brüsk ab, ein »Schaustück allein für das Wiener Theaterpublicum« zu sein, wie Marie Festetics schrieb. Als die Gräfin der Kaiserin versicherte, »wie glücklich die Menschen sind, wenn Sie Euer Majestät sehen«, antwortete Elisabeth ungerührt: »O ja, neugierig sind sie – wie was zu sehen laufen alle, für den Affen, der am Werkl tanzt gerade wie für mich. Das ist die Liebe!«[22]

Einen wahren Kult trieb Sisi mit ihrem Haar, das von dunkelblond auf kastanienbraun nachfärbte und im Laufe der Jahre eine Länge bis zu den Fersen erreichte. Mit diesen Haarfluten fertigzuwerden, sie gesund zu erhalten und in kunstvolle Frisuren zu verflechten, erforderte immense Friseurkunst. Sisis komplizierte Haarkrone, mit auf dem Kopf verschlungenen langen Zöpfen, wurde ihre berühmte »Steckbrieffrisur«, wie sie sie nannte, die vielfach – und fast immer vergeblich – kopiert wurde. Kaum eine andere Frau hatte so gesundes, kräftiges Haar, so viel Zeit und Geduld, es zu pflegen – und eine solche Künstlerin als Friseurin, wie Elisabeth. Der Aufwand für diese berühmten Haare war riesig. Die Haarwäsche alle drei Wochen (mit immer wieder neuen kostbaren Essenzen, schließlich aber bevorzugt Kognak und Ei) dauerte einen ganzen Tag, an dem die Kaiserin für alles andere unansprechbar war. Die tägliche Haarpflege war unter drei Stunden kaum zu schaffen.
Die Friseurin wurde eine wichtige Person am Hof. Von ihren Künsten hing die Laune Elisabeths zum großen Teil ab. Denn nichts konnte die Kaiserin mehr verdrießen, als wenn ihr Haare ausfielen, sie schlecht gekämmt war oder mit einer Friseurin zu tun hatte, die ihr unsympathisch war.
Sisi fand ihre Lieblingsfriseurin, Fanny Angerer, im Burgtheater. Bei einem Lustspiel fiel ihr der ausnehmend schön frisierte Kopf der Hauptdarstellerin, Helene Gabillon, auf. Sie erkundigte sich nach dem Namen der Haarkünstlerin. Es war die blutjunge Fanny, »ein Mädchen von pikanter Erscheinung« und »munterem Witz«, Tochter eines Friseurs am Spittelberg und seit kurzer Zeit Friseu-

rin am Hofburgtheater.²³ Um ihre Bestellung am Hof gab es ein langes Hin und Her, das bis in die Öffentlichkeit drang. Schließlich brachte die »Morgen-Post« im April 1863 unter »Tagesneuigkeiten« die folgende Meldung:

»Die seit Langem schwebende Frage, ob ein Friseur oder eine Friseurin in den Dienst Ihrer Majestät der Kaiserin treten werde, ist endlich entschieden. Fräulein Angerer entsagt der Ordnung der Coiffuren der Hofschauspielerinnen und dem dafür angesetzten Honorar und empfängt dafür eine Entschädigung von jährlichen 2000 fl., um als kaiserliche Friseurin sich dem allerhöchsten Dienste widmen zu können, wobei, wenn es ihre Zeit erlaubt, ein anderweitiger Kunstverdienst nicht ausgeschlossen ist.«²⁴

Die jährliche Gage von 2000 Gulden war sehr hoch und entsprach etwa der eines Universitätsprofessors. Die höchste Gage am kaiserlichen Hofburgtheater für Stars wie Joseph Lewinsky oder Charlotte Wolter betrug 3000 Gulden jährlich. Über den suffisanten Ton der Zeitungsmeldung war Erzherzogin Sophie sehr erbost und schimpfte in ihrem Tagebuch über die »impertinenten Hofnachrichten«.²⁵

Fanny Angerer war fortan die berühmteste Friseurin der Monarchie, ihr Anteil an Sisis Schönheit nicht zu unterschätzen. Die Damen der Gesellschaft bewarben sich nun geradezu um Fannys Gunst, um auch – zu besonderen Gelegenheiten – von ihr frisiert zu werden. (Dies brachte Fanny den »anderweitigen Kunstverdienst« ein, wie die Morgen-Post höhnte.)

Die Angerer verstand es aber nicht nur, die geschmackvollsten und kunstreichsten Flechtfrisuren Wiens herzustellen, sondern auch die berüchtigt schwierige Kaiserin mit großem Einfühlungsvermögen zu behandeln. Sie arbeitete auch mit Tricks: so ließ sie die ausgekämmten Haare heimlich unter ihrer Schürze an einem Klebeband verschwinden – und konnte der Kaiserin nach dem Kämmen oft einen haarlosen Kamm vorweisen. Bald ließ sich Sisi von niemand anderem als Fanny Angerer frisieren, ja sie weigerte sich sogar, bei einer offiziellen Veranstaltung zu erscheinen, wenn Fanny einmal krank war und sie nicht frisieren konnte.

Fanny hielt die Kaiserin sogar in einer Art Abhängigkeit von sich.

Wenn sie sich über irgend etwas ärgerte, meldete sie sich krank und schickte eine andere Friseurin zur Kaiserin, oder eine Kammerfrau übernahm die Aufgabe der Haarpflege, was jedesmal zu Ärger führte. Elisabeth zu Christomanos: »Nach einigen solchen Frisirtagen bin ich wieder ganz mürbe. Das weiß jene und wartet auf eine Capitulation. Ich bin die Sclavin meiner Haare.«[26]
Elisabeth hatte auch ein starkes persönliches Interesse an der jungen Fanny und setzte sich sehr aktiv ein, als es um die Frage der Heirat ging: die Friseurin verliebte sich nämlich in einen bürgerlichen Bankbeamten, konnte ihn aber nicht heiraten, weil das gegen die Hofordnung gewesen wäre. Sie hätte also den Hofdienst verlassen müssen, was Sisi unbedingt verhindern wollte. Erst eine persönliche Bitte Elisabeths bei ihrem kaiserlichen Gatten setzte die Ausnahme durch: Fanny durfte heiraten und im Dienst bleiben. Ihr Bräutigam wurde ebenfalls in den Hofdienst aufgenommen.
Das Glück des Hugo Feifalik war damit gemacht. Er avancierte zum Privatsekretär der Kaiserin, schließlich zu ihrem Reisemarschall (selbstverständlich mußte auch Fanny die vielen Reisen Elisabeths mitmachen), dann Regierungsrat, Schatzmeister des Sternkreuzordens, Hofrat und wurde schließlich in den Ritterstand erhoben. Das Ehepaar Feifalik hatte dreißig Jahre lang einen großen, schwer nachzuzeichnenden Einfluß auf die Kaiserin, den man vor allem aus der Eifersucht erkennen kann, den er bei den Hofdamen, vor allem bei Gräfin Festetics, auslöste.
Das »allerhöchste« Vertrauen der Kaiserin machte Frau Feifalik im Laufe der Jahrzehnte nicht nur eingebildet und arrogant, wie Marie Festetics mehrmals klagte, sondern auch ungeheuer vornehm und würdevoll, jedenfalls weit würdevoller, als die Kaiserin selbst es war. Elisabeth nützte die tadellose Haltung der Feifalik mehrmals dazu, sie als ihre Doppelgängerin einzusetzen. So konnte sie unerkannt in der Menschenmenge verschwinden, während Fanny Feifalik sich offiziell zujubeln ließ (was allerdings nur im Ausland möglich war, wo man Elisabeth nicht so gut kannte). So ließ Elisabeth ihre Friseurin 1885 im Galaboot im Hafen von Smyrna umherfahren und die Huldigungen der Honoratioren der

Stadt entgegennehmen, während sie selbst auf einer Barke an Land ging und unerkannt eine Stadtbesichtigung unternahm.[27] Noch 1894 gab es eine solche Doppelgängerszene, und zwar am Bahnhof von Marseille. Am Perron standen viele Leute, um die Kaiserin von Österreich bei der Abfahrt zu sehen. Die Hofdame Gräfin Sztáray berichtete: »Unter gewöhnlichen Umständen fühlte sich Ihre Majestät durch solches Interesse außerordentlich beengt, diesmal jedoch war sie davon ganz entzückt, weil die Neugierde der Leute vollkommene Befriedigung fand – ehe sie noch erschienen war ... Frau F., die Friseurin der Kaiserin, schritt in würdevollster Haltung den Perron auf und nieder, so nach besten Kräften die Kaiserin agierend ... Ihre Majestät fand dies Intermezzo sehr amüsant. ›Stören wir die gute F. nicht‹, sagte sie und bestieg rasch und unbemerkt den Zug.«[28]

Elisabeth betrachtete ihr Haar als Krönung ihrer Schönheit, war auf nichts so stolz wie auf ihre Haarfluten, die sie wie ein Mantel umgaben, wenn sie sie auflöste. Noch mit fünfzig Jahren hatte sie kein graues Haar (oder Fanny ließ diese geschickt verschwinden, wer will das so genau wissen). In dieser Zeit dichtete sie folgenden »Wunsch«:

> *An meinen Haaren möcht' ich sterben,*
> *Des Lebens ganze, volle Kraft,*
> *Des Blutes reinsten, besten Saft*
> *Den Flechten möcht' ich dies vererben.*
>
> *O ginge doch mein Dasein über,*
> *In lockig seidnes Wellengold,*
> *Das immer reicher, tiefer rollt,*
> *Bis ich entkräftet schlaf' hinüber!*[29]

Bis an ihr Lebensende machte Elisabeth aus dem täglichen Frisieren eine »heilige Handlung«, wie der griechische Vorleser Christomanos blumenreich überliefert. (Er hatte in den neunziger Jahren die Aufgabe, die Frisierstunden für griechische Konversation und Übersetzungsübungen zu nützen). Christomanos: »Hinter dem

Sessel der Kaiserin stand die Friseuse [Fanny Feifalik] in schwarzem Kleide mit langer Schleppe, eine weiße Schürze aus Spinneweben sich vorgebunden, als Dienende selbst von imposanter Erscheinung, Spuren verblühter Schönheit auf dem Gesichte, und Augen voll finsterer Ränke ... Mit weißen Händen wühlte sie in den Wellen der Haare, hob sie dann in die Höhe und tastete darüber wie über Sammet und Seide, wickelte sie um die Arme wie Bäche, die sie auffangen möchte, weil sie nicht rinnen wollten, sondern fliegen.« Es folgt eine langatmige Beschreibung des Frisierens. »Dann brachte sie auf einer silbernen Schüssel die todten Haare der Herrin zum Anblick, und die Blicke der Herrin und jene der Dienerin kreuzten sich eine Sekunde – leisen Vorwurf bei der Herrin enthaltend, Schuld und Reue der Dienerin kündend. Dann wurde der weiße Mantel aus Spitzen von den fallenden Schultern gehoben und die schwarze Kaiserin entstieg gleich einer göttlichen Statue der bergenden Hülle. Die Herrscherin neigte dann den Kopf – die Dienerin versank in den Boden, leise flüsternd: ›Zu Füßen Euer Majestät ich mich lege‹, und so ward die heilige Handlung vollendet.«

»Ich fühle mein Haar«, sagte Elisabeth zu Christomanos, »es ist wie ein fremder Körper auf meinem Kopfe.«

Christomanos: »Majestät tragen das Haar wie eine Krone anstatt der Krone.«

Elisabeth darauf: »Nur dass man sich jeder anderen leichter entledigen kann.«[30]

Das Gewicht dieser Haarfluten war so groß, daß Elisabeth manchmal davon Kopfweh bekam. In solchen Fällen blieb sie morgens stundenlang in ihren Appartements sitzen, die Haare mit Bändern in die Höhe aufgehängt. So wurde das Gewicht der Haare verringert, und es kam Luft auf den schmerzenden Kopf.

Je älter Elisabeth wurde, desto anstrengender wurde ihr Kampf um die Erhaltung ihrer berühmten Schönheit. Immer raffinierter und aufwendiger wurden die Mittel und die Zeit, die sie für die Schönheitspflege aufwenden mußte. Es gelang ihr, durch ständiges Hungern gertenschlank zu bleiben, durch stundenlangen täglichen

Sport biegsam und anmutig. Die Hautpflege war höchst kompliziert. Da es ja noch keine kosmetische Industrie gab wie heute, waren die Damen, die auf sich hielten, auf meist selbst gemixte Schönheitsmittelchen nach mehr oder minder geheimen Rezepten angewiesen. Die Schönheitspflege erforderte großen Aufwand an Zeit und an Geld.

Die ständige Beschäftigung mit diesen für Elisabeths Selbstbewußtsein so wichtigen »Äußerlichkeiten« artete in einen wahren Schönheitskult aus. Elisabeths Nichte Marie Larisch charakterisierte dies später boshaft als »alles beherrschende, leidenschaftliche Liebe«: »Sie betete ihre Schönheit an wie ein Heide seinen Götzen und lag vor ihr auf den Knien. Der Anblick der Vollkommenheit ihres Körpers bereitete ihr einen ästhetischen Genuß; alles, was diese Vollkommenheit trübte, war ihr unkünstlerisch und zuwider ... Sie sah ihre Lebensaufgabe darin, jung zu bleiben, und all ihr Sinnen drehte sich um die besten Mittel zur Erhaltung ihrer Schönheit.«[31]

Daß sie auch mit diesem ihrem Schönheitskult bei der Hofgesellschaft Spott erntete, kann kaum überraschen. Landgräfin Fürstenberg zum Beispiel stöhnte: »ich muß so viel des Preises körperlicher Schönheit hören, daß mir davor schon ordentlich graut, umsomehr, als ich stets mehr zu Einsicht gelange, daß dieser Artikel ohne die entsprechenden moralischen Eigenschaften doch nur des Teufels Bild liefert.«[32]

Marie Larisch überliefert die Mittel, mit denen die Kaiserin ihre Schönheit zu erhalten suchte: nächtliche Gesichtsmasken mit rohem Kalbfleisch, in der Erdbeerzeit eine Erdbeermaske, warme Olivenölbäder zur Erhaltung einer geschmeidigen Haut: »Aber einmal war das Öl fast kochend, und sie entging mit genauer Not dem furchtbaren Tode so mancher christlichen Märtyrer. Sie schlief oft mit feuchten Tüchern oberhalb der Hüften, um ihre Schlankheit zu bewahren, und trank aus demselben Grunde eine gräßliche Mixtur von fünf oder sechs Weißeiern mit Salz.«[33]

Für das Ankleiden (gelegentlich mehrmals am Tag) brauchte Sisi täglich bis zu drei Stunden. Allein das berühmte »Einschnüren« dauerte nicht selten eine Stunde, bis die gewünschte »Wespentaille« schmal genug war. Um dem Ruf ihrer sprichwörtlich schlanken Taille gerecht zu werden, griff Sisi zu ungewöhnlichen, für ihre Zeit schockierenden Mitteln: sie verzichtete von den siebziger Jahren an zum Beispiel auf Unterröcke, trug nur dünne »Beinkleider« aus feinstem Wildleder. In ihre Kleider ließ sie sich jeweils einnähen – und das bei jedem Ankleiden und Umziehen. So erreichte sie zwar eine vielgerühmte schmale Taille, brauchte aber übermäßig viel Zeit für ihre Toilette, zusätzlich zu den drei Stunden täglicher Haarpflege.

Daß diese unerhört zeitaufwendigen Vorbereitungen auf die Repräsentation ihr immer lästiger und mühsamer wurden, daß sie es immer mehr vermied, sich »ins Geschirr« einspannen zu lassen und als erste Repräsentationsfigur des Reiches zu fungieren, ist von dieser Warte her vielleicht verständlicher. Andere Kaiserinnen vor ihr hatten nicht den Ruf einer märchenhaften Schönheit zu verteidigen. Sie konnten es sich leisten, schlicht gekleidet und weniger sorgfältig frisiert in der Öffentlichkeit zu erscheinen, ohne kritisiert zu werden. Eben dies aber war für Elisabeth um so unmöglicher, je strahlender der Ruf ihrer Schönheit wurde.

Sisis Tagesablauf in den siebziger und achtziger Jahren war ungewöhnlich für eine Kaiserin: Aufstehen im Sommer gegen 5, im Winter gegen 6 Uhr. Dann ein kaltes Bad und Massage. Anschließend Turnen und Gymnastik, ein karges Frühstück, manchmal gemeinsam mit der jüngsten Tochter Valerie, dann Frisieren. Diese Zeit nützte sie zum Lesen und Briefeschreiben, auch zum Ungarischstudium. Dann kam das Ankleiden (entweder in das Fechtkostüm, wenn sie fechten wollte, oder in das Reitkostüm, wenn es zum Training in die Reitschule ging.) Mit all diesen Tätigkeiten war der Vormittag ausgefüllt. Beim Essen dagegen sparte die Kaiserin Zeit: Ihr oft nur aus ein wenig Fleischsaft bestehendes Mahl war in wenigen Minuten beendet. Nach dem Imbiß ein mehrstündiger Spaziergang, besser gesagt ein Gewaltmarsch in großem Tempo über riesige Distanzen in Begleitung einer Hofdame. Gegen 17 Uhr neuerliches Umkleiden und Frisieren, dann kam Marie Valerie zum Spielen. Wenn es gar nicht anders ging, erschien Elisabeth gegen 19 Uhr beim Familiendiner – und sah dort ihren

Mann meistens das einzige Mal am Tag. Diese Zusammenkunft dauerte aber nicht lange. Denn Elisabeth zog sich so bald wie möglich zurück – zum täglichen Plausch mit der Freundin Ida Ferenczy, die die Kaiserin auch für das Schlafengehen herrichtete und ihr die Haare löste.

Jede auch noch so kleine offizielle Verpflichtung wurde als Störung dieses Zeitplanes empfunden. Die Kaiserin lebte ganz ihrer Schönheit und Gesundheit. Höfische und familiäre Pflichten (außer der Sorge um Valerie) hatten in diesem Tagesablauf keinen Platz.

Als die ersten Zeichen des Alters kamen – eine durch die Hungerkuren und den reichlichen Aufenthalt in frischer Luft faltige, gegerbte Haut, Gelenkschmerzen – wollte Sisi ihre vielgerühmte Schönheit mit Gewalt bewahren. Sie marterte ihren schmalen Körper mit stundenlangen gymnastischen Übungen – am Barren, an den Ringen, mit Hanteln und Gewichten aller Art.

In jedem der Schlösser, die sie bewohnte – selbstverständlich auch in der Ofener Burg und in Gödöllö – ließ sich Elisabeth Turnräume einrichten, die sie täglich ausgiebig benützte. Die ersten Nachrichten darüber in den sechziger Jahren erregten erhebliches Aufsehen – und ungläubiges Staunen. Niemand vermochte sich so recht eine leibhaftige Kaiserin von Österreich im Turnanzug am Reck oder Barren vorzustellen. Und so kam es zu geradezu grotesken Falschmeldungen in den Zeitungen wie der folgenden: »Es dürfte gewiß von großem Interesse sein zu vernehmen, daß der Rittersaal in der kaiserlichen Hofburg zu einem Turnplatze eingerichtet ist. Es befinden sich dort alle Turngeräte: die Schwingel, Recke, Barren, Klettergerüste etc. Es turnen daselbst, beinahe täglich durch 2 Stunden, Se. Majestät der Kaiser und die Herren Erzherzöge, vom Hofstaate unter Anderen selbst der greise FM. Heß, sämmtlich im Turnkleide . . .«[34] Daß nicht die männlichen Mitglieder des Erzhauses, sondern die Kaiserin täglich Turnstunden absolvierte, erschien selbst den Journalisten damals (1864) undenkbar.

Franz Josephs Zorn über Artikel wie diesen ist durchaus verständlich – ganz abgesehen davon, daß als Ort der Turnübungen ausgerechnet einer der repräsentativsten Säle der Hofburg genannt wurde – eben jener, wo Kaiser Franz Joseph eine Zeitlang seine Thronreden hielt. »Ob die Sache nicht zu dumm ist, um als Lüge widerrufen zu werden, überlasse ich Ihnen zu entscheiden«, schrieb der Kaiser an Crenneville. Aber jedenfalls müsse man »irgend ein Mittel finden, um den Redakteuren des Fremdenblattes durch empfindliches Sekiren ihre Unanständigkeit fühlen zu lassen.«[35]

Elisabeth setzte sich über alle Tratschereien hinweg und behielt eisern ihre täglichen Turnstunden bei – für eine Frau ihrer Zeit geradezu skandalös. Zuweilen machte sie sich ein Vergnügen daraus, Ahnungslose mit ihren gymnastischen Übungen zu schockieren, wie zum Beispiel ihren griechischen Vorleser Christomanos, der zu Neujahr 1892 in sein Tagebuch schrieb (Elisabeth war damals 54 Jahre alt): »Sie ließ mich heute vor dem Ausfahren nochmals in den Salon rufen. An der offenen Thüre zwischen dem Salon und ihrem Boudoir waren Seile, Turn- und Hängeapparate angebracht. Ich traf sie gerade, wie sie sich an den Handringen erhob. Sie trug ein schwarzes Seidenkleid mit langer Schleppe und von herrlichen schwarzen Straußenfedern umsäumt. Ich hatte sie noch nie so pompös gesehen. Auf den Stricken hängend, machte sie einen phantastischen Eindruck, wie ein Wesen zwischen Schlange und Vogel. Um sich niederzulassen, musste sie über ein niedrig gespanntes Seil hinwegspringen. »Dieses Seil, sagte sie, ist dazu da, daß ich das Springen nicht verlerne. Mein Vater war ein großer Jäger vor dem Herrn, und er wollte, dass wir wie die Gemsen springen lernen.« Dann bat sie den verdutzten Studenten, die Lektüre der Odyssee fortzusetzen und erklärte ihm, sie müsse nachher einige Erzherzoginnen empfangen und sei deshalb so feierlich angezogen: »Wenn die Erzherzoginnen wüssten, dass ich in diesem Kleide geturnt habe, sie würden erstarren.«

Voll Stolz kam Elisabeth immer wieder auf die Lehren ihres Vaters Max zu sprechen (mit dem sie sich persönlich ja gar nicht gut vertrug). Er habe seinen Töchtern den richtigen Gang beigebracht, erzählte sie Christomanos: »Nur ein Beispiel sollten wir uns vor Augen halten: Die Schmetterlinge. Meine Schwestern Alençon und die Königin von Neapel sind berühmt wegen ihres Ganges in Paris. Aber wir gehen nicht, wie Königinnen gehen sollen. Die Bourbonen, die fast nie zu Fuß ausgegangen sind, haben eine eigene Gangart bekommen – wie stolze Gänse. Sie gehen wie wahre Könige.«[36] Natürlichkeit war hier wie überall Elisabeths Ideal. Und selbst diese Gelegenheit nützte sie, um gegen die Unnatürlichkeit der »wahren Könige« zu polemisieren.

Der Erfolg des Hungerns wie des Turnens war jedoch unübersehbar. Für das neunzehnte Jahrhundert, das schon die Dreißigjährigen zu Matronen abstempelte, vor allem, wenn sie mehrfache Mütter waren, war Kaiserin Elisabeth eine außerordentliche Erscheinung. Rund dreißig Jahre lang – eine unerhört lange Zeit – dauerte der Ruhm ihrer Schönheit.

Noch die Auftritte der vierzigjährigen Kaiserin bei den großen Bällen waren von fast märchenhafter Pracht: Diamantensterne im Haar, die hohe schmale Gestalt in die prunkvollsten Kleider gehüllt, die europäische Schneider ersinnen konnten, stand sie inmitten des höfischen Trubels und Glanzes »nicht als wäre sie im Ballsaal unter all den Menschen, sondern stünde einsam auf einem Felsen am Meer, so verloren blickte sie ins Weite« – so unnahbar und unwirklich. Auf die bewundernde Notiz ihrer Nichte Marie Larisch, sie sei wie Titania, die Elfenkönigin, antwortete Elisabeth jedoch wie gewohnt sarkastisch: »Nicht Titania, sondern die Möwe, die gefangen ist und im Kastel sitzt!«[37]

Wo auch immer Elisabeth auftauchte, da stahl sie allen anderen Frauen die Schau. Als das italienische Königspaar 1881 Wien besuchte, schrieb Alexander Hübner über das Zusammentreffen der beiden Monarchinnen: »die arme Königin Margherita schien eine Soubrette neben einer Halbgöttin.«[38]

Und die jüngste Kaisertochter Marie Valerie wußte sich vor Stolz auf die schöne Mutter oft kaum zu fassen und schrieb zum Beispiel 1882 in ihr Tagebuch: »Diner. Mama schwarzes Perlen Tricot, im Haar schwarze Feder und um den Hals eine goldene Kette. O! sie war so schön. Mama sah auch nicht viel älter aus als ich.«[39] (Was wohl übertrieben sein dürfte – denn Elisabeth war damals knapp 45 Jahre alt, ihre Tochter Valerie 14).

Daß Sisis Schönheit stets und überall Hoheit ausdrückte, erwähnen viele Zeitgenossen, auch der deutsche Kaiser Wilhelm II.: »sie setzte sich nicht, sondern sie liess sich nieder, sie stand nicht auf, sondern sie erhob sich ....«[40]

Auch Sisis Hofdame Festetics schwärmte: »Man wird nicht müde, wenn man mit Ihr geht. Neben Ihr ist es köstlich und auch hinter Ihr. Das Schauen schon genügt. Sie ist die Verkörperung des Begriffes Lieblichkeit. Einmal denke ich, sie sei wie eine Lilie, dann wieder wie ein Schwan, dann kömmt mir vor eine Fee – o nein, Elfe – zum Schluß wieder – nein! eine Kaiserin! vom Scheitel bis zur Sohle ein königliches Weib!! In allem fein und edel. Und dann fällt mir wieder all das Getratsch ein und ich denke, es mag viel Neid dabei sein. Sie ist so bezaubernd schön und anmuthig.«

Doch schon bei der 34jährigen Kaiserin fiel der Hofdame auf: »es fehlt mir an ihr die Lebensfreude. Eine Ruhe liegt über ihr, die bei der Jugend ganz frappante ist! –«[41]

Das esoterische, überempfindliche Wesen Sisis war mit einer gehörigen Portion Arroganz gekoppelt. Sie zeigte diese Arroganz in verletzender Weise, wann und wo immer es ihr paßte, vor allem gegenüber höfischen Kritikern. In den achtziger Jahren schrieb sie »An die Gaffer« folgendes Gedicht:

Ich wollt', die Leute liessen mich
In Ruh' und ungeschoren,
Ich bin ja doch nur sicherlich
Ein Mensch, wie sie geboren.

Es tritt die Galle mir fast aus,
Wenn sie mich so fixieren;
Ich kröch' gern in ein Schneckenhaus
Und könnt' vor Wut krepieren.

Gewahr' ich gar ein Opernglas
Tückisch auf mich gerichtet,
Am liebsten sähe ich gleich das,
Samt der Person vernichtet.

Zu toll wird endlich mir der Spass;
Und nichts mehr soll mich hindern;
Ich drehe eine lange Nas'
Und zeig ihnen den H . . . . .n.[42]

Dieser Mißmut wurde mit den Jahren immer mehr zur Verachtung jeglichen öffentlichen Auftretens. In den achtziger Jahren sprach Sisi mit ihrer engen Freundin und Dichterkollegin Königin Elisabeth von Rumänien (Carmen Sylva) über den Wert ihrer Stellung. Sie stellte ihn als außerordentlich gering dar, ja hielt die Repräsentation für reine Schauspielerei. Königin Elisabeth von Rumänien fragte erstaunt: »Deine große Schönheit hilft dir nicht und nimmt dir keine Schüchternheit fort!«.
Darauf Sisi, die in dieser Zeit ganz mit Heines Dichtungen beschäftigt war: »Ich bin nicht schüchtern, es langweilt mich nur! Da hängt man mir schöne Kleider um und vielen Schmuck, und dann trete ich hinaus und sage den Leuten ein paar Worte, und dann eile ich in mein Zimmer, reiße das alles ab und schreibe, und Heine diktiert mir!«[43]
Die kluge Gräfin Festetics, die ihre Kaiserin kannte und liebte wie kaum jemand anderer, schrieb Ende der siebziger Jahre in ihr Tagebuch, Elisabeth habe alle guten Eigenschaften, eine böse Fee aber habe sie alle in ihr Gegenteil verkehrt: »Schönheit! – Lieblichkeit! – Anmuth! – Vornehmheit! – Einfachheit! – Güte! – Edelmuth! – Geist! – Witz! – Schalkhaftigkeit! – Scharfsinn! – Klugheit!« Und nun der Fluch: »denn Alles kehrt sich gegen Dich – selbst Deine Schönheit wird Dir Leid nur schaffen und Dein hoher Geist wird eindringen so weit – so weit, bis er Dich auf Irrungen bringt.«[44]

Dies aber war ein Vorgriff auf die spätere Entwicklung. Mitte der sechziger Jahre war Elisabeth eine Schönheit Ende zwanzig. Sie genoß das Bewußtsein dieser ihrer Schönheit, triumphierte über ihre Wiener Widersacher und nahm es als selbstverständlichen Tribut hin, daß ihr kaiserlicher Gatte ihr erster und glühendster Verehrer war. Das Verhältnis der Ehegatten zueinander hatte sich seit den Jahren der Flucht gewandelt: Elisabeth war nun die Stärkere und konnte den Kaiser mit weiblichen Mitteln unter Druck setzen. Der Wiener Hof beobachtete diese Entwicklung mit großer Sorge. Erzherzogin Sophie stand immer mehr abseits. Ihr Einfluß auf den Kaiser war kaum noch spürbar.

Diesen Wandel hatte sich Sisi nicht durch Leistung, Liebenswürdigkeit oder Intelligenz erworben, sondern ausschließlich durch ihre Schönheit. Die übersteigerte Bedeutung, die sie ihrer äußeren Erscheinung beimaß, wird dadurch begreiflich. Mitte der sechziger Jahre – auf dem Höhepunkt ihrer Schönheit – wußte sie genau: diese Schönheit war ihre Macht und konnte als Druckmittel für die Erfüllung ihrer Wünsche eingesetzt werden. Daß sie dieses Druckmittel erfolgreich anzuwenden verstand, sollte sich schon bald nicht nur im Familienkreis, sondern auch in der österreichischen Politik zeigen.

6. Kapitel

Ungarn

Elisabeths Sympathien für Ungarn kamen wohl zunächst aus ihrer Opposition gegen den Wiener Hof. Die Wiener Aristokratie, also jene Menschen, in denen die Kaiserin ihre Hauptfeinde sah (und wohl zu Recht) bestand zum erheblichen Teil aus böhmischen Familien. Diese gaben in Wien jedenfalls den Ton an, stellten die hohen Würdenträger und Funktionäre des Hofes, beherrschten das gesellschaftliche Leben und hatten in der Mutter des Kaisers, Erzherzogin Sophie, eine mächtige Fürsprecherin und Freundin. Sophie zeigte immer noch ihre Dankbarkeit für die loyale Haltung der böhmischen Länder im Revolutionsjahr. Sie drang darauf, daß auch die junge Kaiserin sich den Böhmen gegenüber dankbar verhielt – vor allem »böhmisch« sprechen lernte. Doch gerade weil dieser Wunsch von Sophie ausging, brachte es Sisi in dieser Sprache nicht weit. Sie konnte kaum die tschechischen Zahlen, viel weniger gelang es ihr, kurze eingelernte Ansprachen in tschechisch zu halten.

Je schlechter Sisis Verhältnis zu ihrer höfischen Umgebung und zu ihrer Schwiegermutter wurde, je kritischer sie über den Neoabsolutismus urteilte, desto interessanter wurden für sie die Ungarn. Sie verharrten in den fünfziger Jahren ja noch in strikter Opposition zum Wiener Hof – einschließlich des ungarischen Adels. Ein relativ großer Anteil der ungarischen Aristokratie hatte sich (im Gegensatz zur böhmischen Aristokratie) an der Revolution des Jahres 1848/49 beteiligt. Ihre Güter waren konfisziert, und viele lebten noch im Exil. Erst Ende der fünfziger Jahre kehrten die ehemaligen Revolutionäre nach Budapest zurück – nachdem ihnen der Kaiser ihr Vermögen zurückgegeben und ihre Gefängnisstrafen erlassen, ja sogar (wie bei Guyla Andrássy) die Todesurteile aufgehoben hatte. Für den Wiener Hof waren und blieben sie

Revolutionäre. Man traute ihnen nicht über den Weg, begegnete ihnen mit Mißtrauen, ja Verachtung. Vor allem Erzherzogin Sophie leugnete nie, daß sie die Magyaren als solche, vor allem aber die magyarische Aristokratie, für aufrührerisch hielt – zeigten sie doch ein Selbstbewußtsein und einen Stolz, den ein absoluter Herrscher von Gottes Gnaden, wie Erzherzogin Sophie ihn sich vorstellte, kaum bei Untertanen tolerieren konnte.
Ungarn war nach Niederschlagung der Revolution »gleichgeschaltet«. Seine alten Sonderrechte, seine alte Verfassung waren »verwirkt«. Es wurde zentral von Wien aus verwaltet und regiert, was eine ständige Provokation darstellte. Von 1848 bis 1867, also fast zwanzig Jahre lang, war Ungarn eine aufrüherische, unruhige Provinz, die mit starker Militärgewalt niedergehalten werden mußte, sich aber trotzdem zum Beispiel mit Erfolg weigerte, Steuern nach Wien zu zahlen. Es gab in diesen Jahren sogar ziemlich weitgehende Absprachen mit ausländischen Mächten (auch und besonders mit Preußen) zur Unterstützung Ungarns gegen die Wiener Regierung. Ströme von Geld flossen auf dunklen Kanälen ins Land, um den Aufruhr zu schüren. Jede Reise nach Ungarn war für den jungen Kaiser ein persönliches Risiko.
Daß die Ungarn – und zwar alle Schichten und alle Parteien – unbeirrt an ihrer Forderung der Krönung Franz Josephs zum König von Ungarn festhielten, machte sie in Wien besonders unbeliebt. Denn Voraussetzung für die Krönung war die Garantie der alten ungarischen Verfassung – und nichts war nach der Niederschlagung der Revolution von 1848 so suspekt wie die Forderung nach einer Verfassung: bedeutete sie doch eine Schmälerung der absoluten Gewalt des Herrschers und ein Zugeständnis an den verabscheuten Volkswillen (oder, wie im Fall der alten ungarischen Verfassung, ein Zugeständnis an die feudalen ständischen Kräfte).
Als jedoch 1859 die Lombardei für Österreich verloren ging (auch hier waren Aristokraten die maßgebenden »Aufrührer«) und Venetien unhaltbar wurde, rückte Ungarn mehr ins Blickfeld. Es wurde klar, daß Ungarn in einer drohenden Auseinandersetzung Österreichs mit Preußen in der deutschen Frage höchst gefährlich

werden könnte. Deshalb begannen in Wien vorsichtige Diskussionen über Möglichkeiten, den Ungarn ohne Gesichtsverlust entgegenzukommen.

Elisabeth kannte zunächst nur wenige Ungarn: ihren Lehrer in Bayern, den Historiker Mailáth, dann die Magnaten, die sie bei ihrer Ungarnreise 1857 offiziell begrüßt und die ihr (wohl hauptsächlich als schöner Frau, weniger als österreichischer Kaiserin) zugejubelt hatten. Rudolf hatte eine ungarische Amme, mit der sich Sisi kaum verständigen konnte. Dann gab es auf Madeira die romantische Geschichte mit Imre Hunyady, der der Kaiserin die ersten ungarischen Worte beibrachte, schließlich die jahrelange enge Freundschaft mit Imres Schwester Lily. Daß diese Lieblingshofdame der Kaiserin in den vielen einsamen Stunden auf Madeira und Korfu von ihrem Vaterland erzählte, ist sicher.

Nach ihrer Rückkehr aus Korfu – genau im Februar 1863 – setzte Sisi ihren Willen durch, regulären Ungarischunterricht zu erhalten. In Possenhofen erzählte man sich, daß Erzherzogin Sophie, ja sogar Kaiser Franz Joseph dies nicht hätten erlauben wollen, mit der Begründung, Ungarisch sei sowieso zu schwer, Sisi werde es nie lernen (da sie ja schon mit dem Tschechischen so große Schwierigkeiten hatte). Dieser Widerspruch beflügelte Sisi erst recht.[1] Nun wollte sie es ihren Kritikern zeigen.

Bisher hatte man am Hof Elisabeths mangelnde Sprachkenntnisse gerügt. Vor allem ihre eingelernten französischen und italienischen Sätzchen bei den höfischen »Cercles« dienten der Wiener Aristokratie jahrelang zur Belustigung. Auch Herzogin Ludovika war der Meinung, ihre Tochter habe überhaupt kein Sprachtalent. Deshalb war das Erstaunen über Sisis rasche Fortschritte groß. »Sisi macht unglaubliche Fortschritte im Ungarischen«, schrieb der Kaiser schon nach einigen Monaten an seine Mutter.[2]

Diese Fortschritte waren keineswegs allein auf den Ungarischlehrer, den Geistlichen Professor Homoky, zurückzuführen, sondern vor allem auf ein zartes ungarisches Mädchen vom Land, das sich die Kaiserin 1864 in ihre nächste Umgebung holte: Ida Ferenczy. Die Bedeutung dieser Ungarin für Sisis Biographie kann kaum

hoch genug eingeschätzt werden. 34 Jahre lang – bis zum Tod Elisabeths – blieb Ida die engste Vertraute der um vier Jahre älteren Kaiserin. Sie kannte alle ihre Geheimnisse, besorgte ihre privateste Korrespondenz, war unentbehrlich – nicht nur als Angestellte, sondern als intime Freundin.
Bis heute bleibt es geheimnisvoll, wie eigentlich dieses 23jährige Landedelmädchen an den Wiener Hof kam. Der ungarische Journalist Max Falk schrieb in seinen Erinnerungen, der Wiener Hof habe eine Liste mit sechs Namen von jungen ungarischen Aristokratinnen zusammengestellt, die für die Position einer Gesellschafterin der Kaiserin für würdig erachtet wurden. Dieser Liste waren einige Kraftproben der verschiedenen Parteien vorausgegangen. Als endlich die Liste – kalligraphisch geschrieben – der Kaiserin vorgelegt wurde, soll sich ein von fremder Hand eingetragener siebter Name – eben der Ida Ferenczys – darauf befunden haben. Ein Name also, der keineswegs von den Hofstellen ausgewählt war.[3]
Diese Geschichte von einem geheimnisvollen Unbekannten, der den Namen eines einfachen Mädchens auf eine hocharistokratische Liste setzt, wirkt reichlich abenteuerlich, zeigt aber auch, welche Bedeutung die Ungarn später der Person Idas beimaßen. Eine harmlosere Version besagt, daß Gräfin Almássy, die die Liste zusammenstellte, an die mit ihr befreundete Familie Ferenczy aus Kecskemét dachte und den Namen einer der fünf Töchter, eben Idas, auf die Liste setzte.[4] Das wiederum kann nur hinter dem Rücken des Hofes geschehen sein, weil Ida ja eine Hauptvoraussetzung für diese Position nicht erfüllte, eben die, dem Hochadel anzugehören.
Wegen ihrer zu geringen Herkunft konnte sie nicht Hofdame werden. Irgend jemand verfiel auf den Ausweg, Ida zunächst zur Brünner Stiftsdame zu ernennen, womit sie wenigstens den Titel »Frau« erhielt, und sie dann offiziell zur »Vorleserin Ihrer Majestät« zu machen, mit zunächst 150 Gulden Monatsgehalt neben Kost und Quartier. Selbstverständlich las Ida der Kaiserin nie vor. Weit mehr als die hocharistokratischen Hofdamen wurde Ida die Vertraute der Kaiserin. Sisis Briefe an die jüngere Freundin

Buda 15/12

Kedves Idám!

Úgy hát bizonyos
hogy innen írok?
Behiszetem a szegényt,
csak azért hogy
egy kis meg tévan
legyen, mert most
igen keves van.

Ungarischer Brief der Kaiserin an »Meine liebe Ida«

Ida waren voller Zärtlichkeit, meist überschrieben mit der (ungarischen) Anrede: »Meine süße Ida!« In diesen überaus langen Briefen Sisis (an ihren kaiserlichen Gemahl zum Beispiel schrieb sie weit kürzer und meist auch nüchterner) standen bemerkenswert liebevolle Sätze, wie »Viel denke ich an Dich, während des langen Frisierens, während der Spaziergänge und tausendmal im Tage«.[5] (Elisabeths Briefe an Ida Ferenczy sind nur bruchstückhaft bekannt. Die meisten und wohl wichtigsten verbrannte Ida, die wenigen erhaltenen wurden im Zweiten Weltkrieg bis auf einige Bruchstücke vernichtet).
Eines ist sicher: Die kleine Ida war eine Vertraute der ungarischen Liberalen, die für den »Ausgleich« arbeiteten, vor allem Gyula Andrássy und Franz Deák. Und Idas Einzug in die Wiener Hofburg war der Beginn von Sisis begeistertem Engagement für den ungarischen »Ausgleich«, für eine Wiedergewährung der alten ungarischen Sonderrechte und die Krönung Franz Josephs zum König von Ungarn. Andererseits wurden die ungarischen Liberalen durch Ida Ferenczy bestens über die Kräfteverhältnisse in der kaiserlichen Familie informiert.
Diese politisch so bedeutsame Verbindung der Kaiserin von Österreich mit Ida Ferenczy war von Ungarn her (also vor allem von Deák und Andrássy) mit Sicherheit sorgfältig geplant. Höchst geschickt verstanden sie es, die persönliche Isolierung der jungen Kaiserin am Wiener Hof, ihre Differenzen mit der antiungarisch eingestellten Erzherzogin Sophie, für ihre Zwecke auszunützen. Ida war der erste Mensch, der sich im Konflikt zwischen Kaiserin und Wiener Hof von Anfang an und ausschließlich auf Sisis Seite stellte. Sie machte keinen Vermittlungsversuch wie damals Graf Grünne. Sie hatte keinerlei verwandtschaftliche Beziehungen zum Hochadel wie die Hofdamen, die bisher die alleinige Umgebung der Kaiserin darstellten. (Selbst Sisis Freundin Lily Hunyady, inzwischen mit einem Grafen Walterskirchen verheiratet, stellte ja einen Teil der Wiener Aristokratie dar, obwohl sie Ungarin war.) Ida hielt sich von jedem Tratsch fern, blieb gegen jedermann am Hof verschlossen, ja abweisend, war ihrer Herrin und Freundin Elisabeth geradezu mit Leib und Seele ergeben (und das über

Elisabeths Tod hinaus). Kein Wunder, daß Ida Ferenczy, ein Fremdkörper am Wiener Hof, bald einer der bestgehaßten Menschen in der Hofburg war, was sie angesichts der unerschütterlichen Zuneigung Sisis allerdings nicht weiter störte.

Die 27jährige Kaiserin verbrachte viele Stunden des Tages mit ihrer neuen »Vorleserin«. Ida mußte vor allem beim Frisieren und Haarewaschen anwesend sein – und die Zeit mit ungarischer Konversation nützen, die die anwesenden Kammerfrauen und Friseusen nicht verstanden. Ungarisch wurde so etwas wie eine Geheimsprache der beiden Frauen. Schon nach wenigen Wochen schrieb Gräfin Almássy nach Ungarn: »Ida ist entzückt über die gute Aussprache der Kaiserin, sie soll auch ganz geläufig ungarisch können, mit einem Wort, sie sind beide miteinander zufrieden.«[6]

Als ersten Schritt zu einer Versöhnung des Königs mit Ungarn sahen die Politiker einen Besuch Franz Josephs in Budapest an. Kaum war Ida einige Wochen in der Nähe der Kaiserin, so hatte sie sie schon von der Notwendigkeit eines solchen Besuches überzeugt. Da Sisi mit ihren politischen Vorschlägen bei ihrem kaiserlichen Gemahl wie gewöhnlich kein Gehör fand, versuchte sie, General Benedek (der ja Ungar war) zu überreden, beim Kaiser einen Vorstoß wegen der ungarischen Reise zu machen – ein reichlich ungewöhnlicher Weg der politischen Einflußnahme, außerdem wenig erfolgversprechend. Benedek, der keineswegs ein enges Verhältnis zu Elisabeth hatte, hielt diesen Wunsch auch durchaus nicht geheim. Und bald wußte der ganze Hof vom Engagement der Kaiserin für die ungarische Sache.[7]

Im Juni 1865 fuhr Franz Joseph nach monatelangem Drängen der Ungarn (und seiner Frau) wirklich nach Budapest und begann, Zugeständnisse zu machen: Zunächst hob er die Militärgerichtsbarkeit auf, die immer noch in Ungarn statt der zivilen herrschte, dann erließ er eine Amnestie für Pressevergehen. Diese kleinen Schritte genügten den Ungarn allerdings nicht. Sie gingen von ihrer Forderung nach Neueinsetzung der ungarischen Verfassung und der Krönung nicht ab. In diesem Punkt waren sich alle ungarischen Parteien einig. Sie stellten sich geschlossen hinter Deák –

ebenso wie die Ungarn, die in Wien lebten und jeder auf seine Weise für den Ausgleich arbeiteten.
Franz Deák, der »Weise der Nation«, das »Gewissen Ungarns«, im Revolutionsjahr Justizminister unter dem später hingerichteten Batthyány, veröffentlichte die Forderungen Ungarns in seinem berühmten Osterartikel in »Pesti Napló« 1865, kurz vor Franz Josephs Besuch in Ungarn. Hierin sagte er dem zentralen Parlament in Wien den Kampf an, erklärte, daß Ungarn nie bereit sein werde, eine zentrale Regierung in Wien anzuerkennen, daß Ungarn sich nicht mit einem Reichsrat in Wien, sondern ausschließlich mit Franz Joseph als ungarischem König über die ungarische Verfassung einigen werde.
Ida Ferenczy war nicht nur eine begeisterte Parteigängerin Deáks, sondern kannte ihn durch ihre Familie auch persönlich. Idas Verehrung für den »Weisen« färbte auf die Kaiserin ab. Im Juni 1866 ließ sich Ida aus Ungarn ein Porträt Deáks mit eigenhändigem Namenszug schicken: »im Vertrauen sage ich, dies wünscht Ihre Majestät, man darf es aber nicht erfahren, damit die Zeitungen nichts darüber schreiben, was nicht erlaubt ist«, schrieb sie dazu.[8]
Das Bild Deáks hing bis zu Elisabeths Tod über ihrem Bett in der Hofburg.
Deák gab Mitte der sechziger Jahre aus Altersgründen seine wichtigsten politischen Funktionen an Graf Gyula Andrássy weiter. Auch Andrássy stand in regelmäßiger Korrespondenz mit Ida Ferenczy und nahm bei ihr die Stellung eines väterlichen Freundes ein. Aus Idas Erzählungen kannte Elisabeth Gyula Andrássy schon gut, bevor sie ihn zum erstenmal sah. Sie war nicht nur über seine politischen Ideen informiert, sondern auch über sein abenteuerliches Privatleben, das mit der Politik häufig verquickt war: Andrássy war erst 1858 aus dem Exil nach Ungarn zurückgekehrt – nach einer Amnestierung seiner Todesstrafe aus den Revolutionsjahren. Immerhin hatte er 1849 bei Schwechat gegen die kaiserlichen Truppen für Kossuth gekämpft, eine Tatsache, die seine Anhänger in den sechziger Jahren gerne als »Jugendstreich« abtaten, die am Wiener Hof aber verständlicherweise das Mißtrauen gegen ihn wachhielt. In der Uniform eines Honvéd-Oberst (also der nationa-

len ungarischen Armee, die gegen die kaiserlichen Truppen kämpfte) war er 1849 im Auftrag der Revolutionsregierung nach Konstantinopel gereist. Seine Freunde sagten, er habe dort nichts anderes gesollt, als die Auslieferung der ungarischen Emigranten nach Österreich zu verhindern (was er mit Erfolg tat). Seine Feinde behaupteten, er habe die Unterstützung der Türkei gegen Österreich gewinnen wollen (was nicht gelang). Skeptiker wiederum taten alle politischen Ambitionen Andrássys damit ab, daß er nur die Geheimnisse des Harems habe studieren wollen. Wie auch immer: als die österreichischen und russischen Truppen gegen die Honvéd-Armee siegten, wurde Andrássy in Abwesenheit (denn er war ja in Konstantinopel) wegen Hochverrats zum Tod verurteilt. Sein Name wurde vom Henker an den Galgen genagelt – ein weiteres romantisches Detail für die Damen der Pariser Salons, die den »schönen Gehenkten« (le beau pendu) im Exil umschwirrten.

Im Exil, zunächst London, dann Paris, ging es Andrássy gut. Er mußte nicht wie so viele seiner Landsleute sein Brot durch Gelegenheitsarbeiten verdienen. Seine Mutter schickte aus Ungarn reichlich Geld, und die Tatsache, daß er nicht nur Aristokrat, sondern überdies ein höchst geistreicher Gesellschafter mit blendendem Aussehen und perfekten Kenntnissen der ungarischen, deutschen, französischen und englischen Sprache war, öffnete ihm alle vornehmen Häuser.

In England konnte er sich sogar Reitpferde leisten und bei den Derbys »mit entzückender Eleganz den Heimatlosen« spielen, wie seine Widersacher höhnten.[9] Überflüssig zu erwähnen, daß er die prompte Wirkung seines Charmes stets und überall für seine politische Information ausnützte.

Den Hof Napoleons III. kannte Andrássy wie wenige. In Paris fand er auch seine Frau. Selbstverständlich war sie Aristokratin, Ungarin, und die gefeiertste Schönheit nach der Kaiserin Eugénie: Comtesse Katinka Kendeffy. Mit ihr kehrte Andrássy nach Budapest zurück als umschwärmter Märtyrer der Revolution – und setzte sich politisch sofort durch, ohne sich anstrengen zu müssen. Die Ämter und Würden wurden ihm quasi nachgetragen.

Die Jahre der Emigration hatten ihn mit den Mächtigen Europas zusammengeführt. Er kannte sich in den diplomatischen Kreisen Westeuropas bestens aus. Die liberale ungarische Partei, die durch Deák beim einfachen Volk gut verankert war, brauchte einen Mann wie Andrássy, der die Verbindung zur Aristokratie und zum Ausland darstellte. Außerdem war Andrássy ein Mann mit allerbesten Pressebeziehungen (hatte er doch jahrelang für »Pesti Napló« geschrieben) und ein berühmt witziger Redner. Seine politischen Bonmots wurden zu geflügelten Worten, so etwa sein Ausspruch über den Neoabsolutismus des jungen Kaisers Franz Joseph: »Das neue Österreich glich einer Pyramide, die man auf die Spitze gestellt hatte; darf es da Wunder nehmen, wenn sie nicht aufrecht stehen konnte?« Schon 1861, als Österreich noch vehement seine Position in Italien und Deutschland verteidigte, fielen die berühmten Andrássy-Worte, daß »der Doppelaar nicht in Rom, Toscana, Hessen und Holstein flattern wird, wohin ihn die kaiserliche Regierung vielleicht zum Ruhme der Armee, aber nicht im Interesse der Wohlfahrt des Volkes sandte«. Die »defensive Stellung Österreichs sei ein europäisches Interesse«. Dies war eine Absage an die Italien- und Deutschlandpolitik, dafür Konzentration auf die Länder der Donaumonarchie.[10]

Andrássy war ein Mann der großen Ideen und Konzepte, kein Freund der Kleinarbeit. Seine Konzepte allerdings vertrat er mit Selbstbewußtsein und Temperament. Kaum jemals wird auf einen Mann des öffentlichen Lebens das Schlagwort der »politischen Sinnlichkeit« so gut gepaßt haben wie auf ihn. Er war eitel wie eine Diva und pflegte sein Image: das des »Unwiderstehlichen«. Unwiderstehlich für seine Landsleute, die ihn bewunderten, unwiderstehlich vor allem für die Frauen, die ihm nachliefen.

Über Andrássys Persönlichkeit gibt es eine Menge gegensätzlicher Aussagen: Die Ungarn machten einen Nationalhelden aus ihm, die Nichtungarn häufig einen Schurken. Graf Hübner, der ihn aus Paris kannte, schrieb zum Beispiel in sein Tagebuch: »Persönlich ist er nicht antipathisch, er hat etwas von Bohémien und Cavalier, von sportsman und Spieler. Er sieht aus wie ein Verschwörer und doch im selben Moment wie ein Mann, der alles sagt, was ihm durch den Kopf geht. Er ist der kühnste Lügner seiner Zeit und gleichzeitig der indiskreteste aller Großsprecher.«[11]

Die Wege Andrássys und Elisabeths kreuzten sich im Januar 1866 zum erstenmal. Sie war damals 28 Jahre alt, Andrássy 42.
Die ungarischen Angelegenheiten waren im Fluß. Nachdem der Kaiser bei seiner Ungarnreise Zugeständnisse gemacht hatte, reiste nun eine Delegation des ungarischen Landtages mit dem Fürstprimas von Ungarn nach Wien, um auch die Kaiserin offiziell zu einem Besuch einzuladen und nachträglich Glückwünsche zu ihrem Geburtstag zu überbringen (den sie wieder einmal in München verbracht hatte). Dieser Delegation gehörte Andrássy an, der zu dieser Zeit Vizepräsident des ungarischen Abgeordnetenhauses war. Die Deputation schritt feierlich unter Vortritt von k. k. Hof- und Kammerfourieren durch die von k. k. Leibgarden besetzten Vorgemächer in die Appartements Ihrer Majestät. In der zweiten Antekammer empfing sie der Obersthofmeister der Kaiserin, der sie weiter in den Audienzsaal führte. Die Begegnung war voller Theatereffekte: Andrássy im goldgestickten Prachtgewand der magyarischen Aristokratie, dem »Attila«, mit edelsteinbesticktem Mantel, Stiefel mit Sporen, einem Tigerfell über den Schultern, an der Seite des Fürstprimas und des griechisch-orientalischen Bischofs und der anderen Deputierten. Selbst in dieser bunten Umgebung fiel er durch sein legeres weltmännisches Auftreten, seine etwas zigeunerhaft-wilde Ausstrahlung auf.
Sisis Erscheinung war die einer Märchenkaiserin. Sie trug ungarische Nationaltracht, freilich in einer majestätischen Ausstattung: weißes Seidenkleid mit schwarzem Mieder, an welchem reiche Verschnürungen in Diamanten und Perlen ausgeführt waren, eine weiße Spitzenschürze, auf dem Kopf ein ungarisches Häubchen, über der Stirne eine Diamantenkrone. Sie stand unter dem Thronhimmel, umgeben von ihrer Obersthofmeisterin und acht ausgewählten – meist ungarischen – Palastdamen; jeder Zoll Königin von Ungarn.
Zur allgemeinen Verblüffung dankte sie auf die Glückwünsche des Fürstprimas in freier Rede, in fehlerlosem Ungarisch: »Seitdem

Mich die Vorsehung durch Se. Majestät, Meinen geliebten Gemahl, mit eben so zarten als unlösbaren Banden an das Königreich Ungarn geknüpft hat, war die Wohlfahrt desselben stets der Gegenstand Meiner lebhaftesten Teilnahme. Dieselbe wird noch gesteigert durch die Beweise treuer Anhänglichkeit und herzlicher Huldigung, welche jüngst angesichts des Landes Meinem Erlauchten Gemahle, – heute durch die zum Herzen dringenden Worte Eurer Eminenz Mir gegenüber – einen so begeisterten Ausdruck fanden. Nehmen Sie hiefür Meinen aufrichtigen, innig gefühlten Dank und entbieten Sie Jenen, die Sie hieher gesendet, auch bis dahin Meinen herzlichen Gruß, als es Mir gegönnt sein wird, dem Wunsche des Landes entsprechend, an der Seite Meines Erlauchten Gemahls in Ihrer Mitte zu erscheinen.«[12] Enthusiastische Eljen-Rufe folgten dieser Ansprache.

Am Abend war die ungarische Deputation zur Hoftafel eingeladen. Sisi erschien diesmal im weißen Schleppkleid, Perlen ins lange Haar verflochten. Nach der Hoftafel fand ein Cercle statt, wobei sowohl Franz Joseph als Elisabeth »mit jedem Mitgliede der Deputation einzeln längere Zeit zu konversiren geruhten«, wie die Tageszeitungen berichteten. Es war die erste Unterhaltung zwischen der Kaiserin und Gyula Andrássy – selbstverständlich in ungarischer Sprache. Andrássy gab später Einzelheiten aus seinen Gesprächen mit der Kaiserin bekannt, so das vielzitierte Wort Elisabeths: »Sehen Sie, wenn des Kaisers Angelegenheiten in Italien schlecht gehen, so schmerzt es mich; wenn aber das gleiche in Ungarn der Fall ist, so tötet mich das.«[13]

Ida Ferenczy hatte ganze Arbeit geleistet. Andrássy wußte nun, daß er in Elisabeth eine Fürsprecherin der ungarischen Sonderwünsche gefunden hatte. Diese Wünsche waren alles andere als bescheiden und berücksichtigten die Rechte der nichtungarischen Völker der Monarchie überhaupt nicht. Kaiser Ferdinand, Franz Josephs Vorgänger, hatte sich noch zweifach krönen lassen: zum König von Böhmen in Prag und zum König von Ungarn in Preßburg. Nun aber war ausschließlich von der ungarischen Krönung die Rede und von Ungarns (aus böhmischer Sicht geradezu ungeheuerlichen) Forderungen nach »Parität« mit allem, was Nicht-

Ungarn war (also einem bedeutend größeren und auch wirtschaftlich weit wichtigeren Gebiet). Deutsche wie böhmische Zeitungen kritisierten diese Forderungen der Ungarn, wie zum Beispiel die »Morgen-Post«, die auch auf die Steuerverweigerung der Ungarn hinwies. »Ungarn soll in den gemeinsamen Angelegenheiten ganz genau dieselbe Stimme haben, wie die übrigen Länder der Monarchie zusammengenommen. Hätte es eben so viel wie die übrigen zu den Steuern beigetragen, so wäre die Forderung der Parität begründet, so aber wie die Verhältnisse thatsächlich liegen, ist sie es nicht.«[14]

Zum Mißvergnügen der Wiener Hofpartei trat das Kaiserpaar Ende Januar 1866 eine mehrwöchige Ungarnreise an. Es war Sisis erstes Wiedersehen mit Budapest seit 1857, also seit neun Jahren. Die Zeiten hatten sich inzwischen geändert, das Klima zwischen Wien und Ofen hatte sich gebessert. Eine Lösung des jahrelangen Konfliktes war für die nächste Zukunft zu erhoffen.

Das Besuchsprogramm in Ungarn war für das Kaiserpaar anstrengend. Wie sehr aber Elisabeth auch in Wien über jeden offiziellen Empfang stöhnte, ihn als Belästigung und Einschränkung ihrer persönlichen Freiheit ansah, so diszipliniert unterwarf sie sich hier in Ungarn ihrer Rolle als Königin. Freilich – Guyla Andrássy war stets in ihrer Nähe. Und böse Zungen berichteten aus Ofen nach Wien, wie gut sich die beiden bei den Empfängen und »Cercles« unterhielten – in ungarisch selbstverständlich, so daß Sisis Hofdamen nichts verstanden. Der nach Ofen mitgereiste Generaladjutant Crenneville schrieb erbost an seine Frau nach Wien, die Kaiserin habe beim Hofball auf der Ofener Burg eine Viertelstunde lang mit Andrássy in ungarisch geredet und setzte dieser Nachricht drei Ausrufungszeichen nach.[15]

Die Wiener Hofbeamten sahen voll Mißmut und Schadenfreude die Kehrseiten der glänzenden Fassade in Ungarn. Crenneville rügte zum Beispiel bei den Magnaten »schmutzige Costumes, einzelne höchst lächerliche Attilas« und ereiferte sich dann lang über den »schamlosen« Csardas, der beim Hofball auf der Ofener Burg getanzt wurde: »doch würde ich als épouseur kein Mädchen heiraten, das so tanzt oder mich von meiner Frau trennen, wenn sie sich öffentlich mit einem fremden Mann so vergäße wie beim sogenannten anständigen Csárdás des gestrigen Hofballes«. Außerdem kritisierte Crenneville »die eleganten, wenngleich halbnackten Toiletten« der Damen.[16]

Diese Freizügigkeit, diese Ungeniertheit und das offen gezeigte Temperament der ungarischen Aristokratie war jedoch gerade das, was die junge Kaiserin nach dem steifen Wiener Hofleben anzog und sichtlich begeisterte. Unter den Eljen-Rufen der einfachen Leute in Ungarn und den bewundernden Blicken des ungarischen Adels blühte Sisi auf. Alle Freizügigkeit, alle Eleganz, aller Charme Ungarns kristallisierten sich für sie jedoch in der Person Gyula Andrássys.

Sie hatte sichtbaren, überwältigenden Erfolg. Selbst Franz Joseph schrieb seiner Mutter nach Wien anerkennend: »Sisi ist mir von großer Hilfe durch ihre Höflichkeit, ihren maßhaltenden Takt und ihre gute ungarische Sprache, in welcher die Leute aus schönem Munde manche Ermahnung lieber anhören.«[17]

Unbestrittener Höhepunkt der Reise war Elisabeths Ansprache an die ungarische Reichsdeputation in makellosem Ungarisch: »Möge der Allmächtige Ihre Wirksamkeit mit seinem reichsten Segen begleiten.« Sie faltete bei diesen Worten die Hände. Ihre Augen füllten sich mit Tränen der Rührung. Einer der Magnaten schilderte diesen Moment »als so ergreifend, daß die Deputirten das Eljen nicht hervorbrachten und Alt und Jung die hellen Tränen über die Wangen liefen«. Der boshafte Kommentar des kaiserlichen Kabinettschefs Baron Braun dazu: »Herz kann man den Ungarn nicht absprechen – wenn es nur nachhielte.«[18]

Aber selbst hier in Budapest wurde Sisi wieder krank. Es waren die aus Wien hinlänglich bekannten Symptome: Weinkrämpfe, Husten, Schwäche. Sie mußte acht Tage lang das Zimmer hüten – zum Kummer der vielen Menschen, die eigens in die Hauptstadt gekommen waren, um die »Königin« zu sehen. Franz Joseph an Sophie: »Unser Ball war wieder sehr brillant und voll, aber eigentlich eine Enttäuschung, denn es sind viele Leute aus allen Teilen des Landes eigens gekommen, um Sisi zu sehen und ihr vorgestellt zu werden und fanden nur mich allein.«[19]

Je länger sich der kaiserliche Besuch in Ofen – Pest hinzog, desto unmutiger wurden die Kommentare in Wien. Erzherzog Albrecht, Haupt der Wiener konservativen Hofpartei, schrieb entrüstet an den Grafen Crenneville: »Wenn es nur ein Mittel gäbe, das gewiß schädliche, zu lange Verweilen des allerhöchsten Kaiserpaares zu verhindern! Das, was möglicherweise dadurch zu erreichen war, ist in den ersten 8 bis 10 Tagen erreicht gewesen, und jetzt leidet ebenso der erste, gute Eindruck durch die Wiederholung, als die kaiserliche Würde und das Ansehen dadurch zu Grunde gerichtet werden.« Die Schuld an dem zu ungarnfreundlichen Verhalten des Kaisers wurde niemand anderem als der Kaiserin gegeben: »Inzwischen erbittert sich hier [also in Wien] die Stimmung persönlich gegen beide Majestäten und insbesonders gegen Ihre Majestät, wenn das Publikum ... Detailberichte über Affectionen und Liebenswürdigkeiten liest, welche *nie* weder dem hiesigen Adel und den Wienern, noch viel weniger anderen Provinzen zu Theil wurden!«[20]

Franz Joseph ließ seinem Großonkel ziemlich gereizt antworten: »Eine Gefahr für das persönliche Ansehen des Monarchen ist in dem hiesigen Aufenthalte nicht zu finden, da der Kaiser sehr gut weiss, was er will und was er nie zugeben kann, er übrigens nicht der Kaiser von Wien, sondern von jedem seiner Königreiche und Länder gleichmäßig sich als zu Haus betrachtet.«[21]

Mit den politischen Zugeständnissen an Ungarn war der Wiener Hof alles andere als einverstanden. Crenneville ließ in seinen Briefen nach Wien seinem Unmut freien Lauf und war auch mit verächtlichen Ausdrücken über »die Galgengesichter Deáks und Compagnie« keineswegs zurückhaltend.[22]

Nach fünfwöchigem Aufenthalt kehrte das Kaiserpaar Anfang März nach Wien zurück. Aber Sisi hatte Feuer gefangen. Sie wollte so schnell wie möglich nach Ungarn zurück. Sie ersann mit Ida den Plan, ihre übliche sommerliche Kur diesmal nicht in Kissingen zu absolvieren, sondern im ungarischen Heilbad Füred am Plattensee – ein Wunsch, der ihr in Wien einige Unannehmlichkeiten einbrachte und den auch Andrássy nicht für sehr opportun hielt, wenn er ihn auch unterstützte. Andrássy versprach Ida Ferenczy (und damit der Kaiserin) alles zu tun, »was von mir abhängt – und wenn der Kaiser seine ganze schlechte Laune an mir ausläßt«. Er empfahl aber, Elisabeth solle sich auch bei den Pferderennen in Ungarn sehen lassen und dazu auch den Kronprinzen mitbringen, weil »dies auf all jene, die den Ungarn-Aufenthalt der Königin zu bekritteln pflegen, von guter Wirkung wäre, dem Kaiser und ich glaube dem Kronprinzen Freude bereiten und viel dummes Gerede jetzt und in Zukunft zum Verstummen bringen würde«.[23]

Daß die schöne Kaiserin – beflügelt durch die Schwärmereien Idas – ein Auge auf Gyula Andrássy geworfen hatte, sprach sich in Ungarn wie ein Lauffeuer herum. Dieser Tratsch trug sicherlich dazu bei, Andrássys innenpolitische Position unangreifbar zu machen. Elisabeth war eine reife Frau Ende zwanzig, auf dem Höhepunkt ihrer Schönheit. Sie hatte drei Kinder geboren, war aber unzufrieden, unausgefüllt und freiheitsdurstig. Ihre Ehe war voller Probleme. In Wien fühlte sie sich nicht wohl. Ein Mann wie Gyula Andrássy – in allem das Gegenteil ihres Ehemannes – konnte ihr gefährlich werden. Die Schwärmereien Idas für Andrássy bestärkten Sisi in ihrer ganz offensichtlichen Verliebtheit. Und all diese plötzlich aufbrechenden Gefühle setzte sie nun für die ungarische Sache ein – denn ein Abenteuer im landläufigen Sinn war für eine Frau ihrer Stellung ausgeschlossen.

Andrássy war weiterhin mit den Ausgleichsverhandlungen betraut und reiste zwischen Budapest und Wien hin und her. Eine intensive politische Korrespondenz zwischen ihm und der Kaiserin begann, freilich nicht auf direktem Weg, sondern stets über die Adressatin Ida Ferenczy. Der Wortlaut dieser Briefe war verklausuliert. Die Kaiserin wurde kaum je mit ihrem Namen, sondern meist als »Ihre Schwester« erwähnt, Andrássy als »der Freund«. So war es, selbst wenn einer der Briefe aufgefangen worden wäre, unmöglich, die Botschaften zu deuten. Auch der Historiker hat es deshalb heute schwer, aus den wenigen erhaltenen Briefen Brauchbares herauszufinden.

Andrássy stand unter ständiger Beobachtung, vor allem bei seinen Wienbesuchen. Daß es ihm unmöglich war, die Kaiserin privat zu besuchen, bedarf keiner weiteren Erklärung. Daß er sich aber auch scheute, die Wohnung Ida Ferenczys aufzusuchen, zeigt den Grad der Heimlichkeit. Andrássy an Ida: »Ich wollte zu Ihnen hochkommen, da ich jedoch annehme, daß man jetzt jeden meiner Schritte verfolgt, wollte ich nicht unnötig jenen Weg zeigen, auf dem jetzt die Vorsehung arbeitet.«[24]

Die politische Lage, vor allem das Verhältnis zu Preußen, verschlechterte sich in diesen Wochen zusehends. Es gab lange Konferenzen über eventuelle Kriegsrüstungen. Benedek wurde zum Befehlshaber der Truppen in Böhmen gegen Preußen, Erzherzog Albrecht zum Befehlshaber in Oberitalien ernannt. Auch Elisabeth war beunruhigt über die Situation. Schweren Herzens sagte sie ihre Kur in Füred ab, ebenso wie den Aufenthalt in Bad Kissingen, das schon bald Kriegsschauplatz wurde. Elisabeth an ihre Mutter: »so lange es so kriegerisch aussieht, will ich doch nicht weggehen und ich glaube, wir haben wenig Aussicht auf Frieden. Es ist ein aufreibender Zustand und wäre fast die traurige Gewissheit noch besser, als dieses hinwarten«.[25] Derselben Meinung war Kaiser Franz Joseph, der in dieser Zeit an seine Mutter Sophie schrieb, man müsse »dem Kriege mit Ruhe und mit Vertrauen auf Gott entgegensehen, denn nachdem wir schon so weit gegangen sind, verträgt die Monarchie eher einen Krieg als einen langsam aufreibenden faulen Frieden«.[26]

Darüber, wer in Berlin für die österreichfeindliche Stimmung verantwortlich war, waren sich Franz Joseph und Elisabeth nicht einig. Elisabeth schrieb reichlich kindlich an ihre Mutter: »Es wäre wirklich eine Gnade Gottes, wenn der König von Preußen auf einmal stürbe, da würde viel Unglück erspart werden.«[27] Franz Joseph wußte besser, wer das Feuer in Berlin schürte: »So lange Bismarck bleibt, wird keine vollständige Ruhe.«[28] Schon im April 1866 schloß Preußen einen Geheimvertrag mit dem jungen Königreich Italien gegen Österreich. Bismarck schürte nun den Konflikt um Schleswig-Holstein so geschickt, daß der Krieg unausweichlich wurde. Es ging um die Vorherrschaft in Deutschland.

Aus Sorge, daß sich auch Frankreich wieder in den Krieg einmischen und die italienische Position stärken würde, schloß Öster-

reich am 12. Juni einen Geheimvertrag mit Napoleon III.: Gegen Zusicherung der französischen Neutralität trat Österreich die Provinz Venetien an Frankreich ab, das sie an Italien weitergeben wollte. Es trat nun die eigenartige Situation ein, daß die österreichischen Truppen in Italien mit hohem Blutzoll um eine Provinz kämpften, die schon vom Kaiser verschenkt war (was allerdings die Generäle nicht wußten).
Die Kriegserklärung erfolgte am 15. Juni 1866. Auf dem nördlichen Kriegsschauplatz kämpfte Preußen gegen Österreich, Sachsen, Bayern, Württemberg, Baden, Hannover und Hessen-Kassel, also praktisch gegen das restliche Deutschland. Kaum jemand in Europa gab der preußischen Armee Chancen gegen eine solche Übermacht. Aber die immense Truppenstärke Österreichs bestand nur auf dem Papier. Außerdem war es mit den deutschen Bundesgenossen nicht weit her: Nur Sachsen ging mit voller Kraft in diesen Krieg. Mit den anderen deutschen Staaten gab es Schwierigkeiten, vor allem mit Bayern. Auf dem Höhepunkt der Krise zog sich der junge König Ludwig II., angewidert von den politischen Geschäften, auf seine Roseninsel im Starnberger See zurück. Tagelang konnten die Minister ihren König nicht sprechen. Stattdessen nahm sich Ludwig Zeit für ein prächtiges Feuerwerk am See. Der österreichische Gesandte berichtete nach Wien: »Man fängt an, den König für irrsinnig zu halten.«[29]
Selbst Elisabeth, die immer bereit war, ihre bayrische Verwandtschaft zu verteidigen, hielt nun mit ihrer Kritik nicht zurück und schrieb ihrer Mutter nach Possenhofen: »Ich höre, der König ist wieder weg. Wollte er sich doch ein wenig mehr kümmern um die Regierung, jetzt wo so schlechte Zeiten sind!«[30]
Die Kaiserin war in diesen sorgenvollen Tagen in Wien an der Seite ihres Mannes. Jetzt endlich vergaß sie ihre Kümmernisse, ihre »Kapricen« und Kränkeleien. Sie war über die politischen und militärischen Ereignisse unterrichtet und schrieb täglich lange Briefe nach Ischl an ihren Sohn, um den inzwischen Achtjährigen über die Ereignisse auf dem laufenden zu halten, allerdings auch mit Schauergeschichten wie dieser nach der siegreichen Schlacht von Custozza Ende Juni 1866: »Die Piemontesen benehmen sich

ganz unmenschlich gegen die Gefangenen, sie bringen die Verwundeten, Gemeine wie Officire um, ja sie erhängten sogar einige Jäger, zwei konnte man noch retten, einer wurde aber verrückt. Onkel Albrecht drohte ihnen mit Repressalien.«[31] Venetien aber war und blieb verloren.

Vom nördlichen Kriegsschauplatz – aus Böhmen – kam eine Hiobsbotschaft nach der anderen. Die Preußen zogen kampflos durch Sachsen, weil sich die sächsischen und österreichischen Truppen in Böhmen zur Hauptschlacht trafen. Elisabeth an Rudolf: »Tante Maria [Königin von Sachsen] schrieb aus Dresden..., daß die ganze Stadt wie eine preußische Kaserne ist, in einem fort ziehen Truppen unter ihren Fenstern vorüber, oft stundenlang ohne Unterbrechung, eine Truppe schöner wie die andere.«[32]

Doch der tapfere Kampf der Sachsen und Österreicher in Böhmen war verlustreich und vergeblich. Wieder versagte die Generalität. Wieder erwies sich die Ausrüstung und Verpflegung als mangelhaft.

Kaiser Franz Joseph blieb bemerkenswert ruhig. Elisabeth an Rudolf: »Trotz der traurigen Zeit und den vielen Geschäften sieht der liebe Papa Gott lob gut aus, hat eine bewunderswerthe Ruhe und Vertrauen in die Zukunft, obwohl die preußischen Zündnadelgewehre einen ungeheuren Erfolg haben... Von den letzten großen Treffen bekam Papa heute Nachmittag ausführliche Berichte, die beßer sind, als er dachte, nur der Verlust ist furchtbar, da die Truppen zu tapfer und hitzig sind, so daß der Feldzeugmeister einen Armeebefehl erließ, sie sollen mit dem Bajonette Angriff warten bis die Artillerie mehr gewirkt habe.«[33]

Auch ihrer zehnjährigen Tochter Gisela schrieb die Kaiserin von der erfolgreichen preußischen Waffe. Ein Verwundeter im Militärspital in der Alservorstadt habe ihr bei ihrem Besuch eines dieser Gewehre gezeigt, das er einem Preußen abgenommen habe: »Es ist sehr lang und schwer; leider beweisen sich diese Gewehre als nur zu gut, sie richten furchtbare Verheerungen an.«[34]

Am 1. Juli schrieb die Kaiserin an den Erzieher ihres Sohnes, Oberst Latour, sehr vorsichtig (»Theilen Sie Rudolf mit so viel Sie für gut finden«): »Die Verhältniße sind leider so, daß ich Ihnen durch den Telegraf leider keine Nachrichten mehr geben kann, aber um meinem Versprechen nachzukommen, will ich Ihnen schriftlich mitteilen, wie es jetzt um uns steht. Die Nordarmee hat durch die letzten Kämpfe furchtbar gelitten, bei 20000 Mann Verlust, fast alle Stabs und höheren Officire sind aus den Regimentern herausgeschoßen. Auch die Sachsen sind schlecht zugerichtet.« Elisabeth: »Der Kaiser ist bewunderungswürdig, immer gleich ruhig und gefaßt . . . Das sind schlechte Nachrichten, die ich Ihnen gebe, aber man darf den Muth nicht sinken lassen.«[35]

Am Tag nach der entscheidenden Schlacht bei Königgrätz (3. Juli) schrieb Elisabeth an Latour: »Schon Gestern Abend erhielten wir die Nachricht, die unsere letzten Hoffnungen vernichtete . . . der Verlust soll furchtbar sein.« Es folgte die Nachricht von verletzten Verwandten und Bekannten: »Erzherzog Wilhelm wurde am Kopf verwundet; Graf Festetics der Fuß abgeschoßen, der ihm auch schon amputirt wurde; dann blieb der Oberst Müller, schwerverwundet soll auch Graf Grünne [der Sohn Carl Grünnes] sein . . . Was jetzt geschehen wird, glaube ich, weiß noch Niemand, Gott gebe nur, daß kein Friede geschloßen wird, wir haben nichts mehr zu verlieren, also lieber in Ehren ganz zu Grunde gehen.« Dann bedauerte Elisabeth »das arme Kind« Rudolf, »deßen Zukunft eine so traurige ist«.[36]

Die grauenvollen Details aus Königgrätz überstiegen alle Vorstellungen. Landgräfin Fürstenberg: »Es ist der blutigste Krieg, den die Geschichte kennt.« Die Österreicher »waren so von Kugeln übergossen, daß sie schaarenweis niederfielen, es war, als werfe man ihnen Sand ins Gesicht; es muß ein grauenhaftes Blutbad gewesen sein. Gott mache ein Ende, einerlei wie und durch wen.«[37]

Die Schlacht war das größte kriegerische Treffen der modernen Geschichte. Rund 450000 Mann kämpften – mehr als in der »Völkerschlacht« bei Leipzig gegen Napoleon. In dieser einen Schlacht und an diesem einen Tag (dem 3. Juli 1866) wurde Preußen zur europäischen Großmacht.[38]

Sisi war voll Empörung über den König von Preußen. Sie hatte

eine leise, weiche, laut Sophie »süße« Stimme, und der Kontrast zwischen dieser Stimme und den leidenschaftlichen, harten Worten über die preußische Politik brachte selbst die tief deprimierte Kaiserfamilie »fast zum Lachen«, wie Sophie schrieb.[39]
Herzogin Ludovika war einer Meinung mit ihrer Tochter Elisabeth: »Ich begreife nicht, wie der König von Preußen noch eine ruhige Stunde haben kann, daß ihn die Gewissensbisse nicht verfolgen und zwar wenigstens, daß er sich nicht schämt. Dazu das beständige Prahlen mit seiner Frömmigkeit! Diese ist eigentümlicher Natur! – im für ihn besten Fall Begriffsverwirrung, die man ihm beigebracht hat.« Königin Elise von Preußen hatte gegenüber ihren Schwestern in Österreich, Sachsen und Bayern einen schweren Stand, kritisierte auch selbst die Politik ihres Schwagers Wilhelm: »Elise, die dies alles so tief fühlt, schreibt so traurige Briefe«, schrieb Ludovika an Sophie.[40]
Einzig der Kaiser war laut Sophies Tagebuch ruhig und gefaßt: »Aber das ist eine Ruhe der Verzweiflung, einer düsteren und tiefen Verzweiflung. Gott in seiner unerforschlichen Weisheit hat meinen armen Sohn zum Gefäß gewählt, um darin alle Schmerzen, alle Leiden und allen Betrug auszugießen!«[41]
Täglich kamen Züge mit Verwundeten auf der Nordbahn an. Die Kaiserin war von früh bis abends auf den Beinen, um Trost zu spenden. Ihr Einsatz wurde sowohl von ihrer Schwiegermutter wie in der Öffentlichkeit gewürdigt. Landgräfin Therese Fürstenberg: »Die Kaiserin erbaut und erstaunt alle Welt durch die wahrhaft mütterliche Art, mit der sie sich der Pflege der Verwundeten und der Spitäler annimmt; es war Zeit, daß sie sich die Herzen der Öffentlichkeit zurückgewinnt; sie ist auf dem besten Wege.«[42]
Bei den Spitalsbesuchen war nicht zu übersehen, daß sich die Kaiserin bei ungarischen Soldaten länger und öfter aufhielt als bei Angehörigen der anderen Nationalitäten. Einer der Verwundeten war zum Beispiel Graf Bethlén. Er erzählte, wie Elisabeth mit ihrer Obersthofmeisterin Gräfin Königsegg und zwei Nonnen in sein Zimmer kam und fragte: »Wie wurden Sie in der preußischen Gefangenschaft behandelt?« Worauf Bethlén nichts Negatives

sagte, aus seinem Akzent aber klar wurde, daß er Ungar war. Sofort stellte sich die Kaiserin um und sprach ungarisch.

Bethlén: »Ich bemerkte, daß dies die Obersthofmeisterin unangenehm berührte, wahrscheinlich, weil sie kein Wort ungarisch verstand.« Bethlén machte der Kaiserin das Kompliment, daß sie »die ungarische Sprache ohne jeden fremden Accent spreche. Darauf Elisabeth lächelnd und offen: ›Das verdanke ich der Ida‹, ein Satz, den sie auch bei manchen anderen Gelegenheiten zum Ärger der Gräfin Königsegg zu sagen pflegte.[43]

Die preußischen Truppen rückten täglich näher gegen Wien vor. Wer es sich eben leisten konnte, floh aus der Stadt, brachte seine Werte in Sicherheit. Auch am Hof wurde gepackt: vom 10. Juli an wurden die wichtigsten Akten des Außenministeriums und der Kabinettskanzlei, die kostbarsten Handschriften der Hofbibliothek per Schiff nach Budapest gebracht. Die wertvollsten Gemälde wurden von den Wänden genommen. Die Pelze der kaiserlichen Familie und selbstverständlich die Kroninsignien gingen per Schiff nach Ungarn.

Wien wartete auf eine große Schlacht. Im Prater war ein großes Lager aufgeschlagen, wo 20 000 Sachsen biwakierten. »Auf den Bergen von Dornbach und Nussdorf ist Alles von Soldaten vollgepickt, und als ich gestern Abend nach Heiligenstadt fuhr, waren die Berge besäet mit Wachtfeuern. Schön, aber grauslich!«, schrieb ein Zeitgenosse.[44]

Der Schweizer Gesandte schrieb nach Bern, der Kaiser werde bei einer bevorstehenden Entscheidungsschlacht vor den Toren Wiens persönlich den Oberbefehl führen. Die Krise in Österreich sei so schlimm, daß man in Wien bereits von einer Regentschaft der Kaiserin spreche.[45]

Auch Elisabeth verließ am 9. Juli (also schon sechs Tage nach Königgrätz) Wien und fuhr nach Budapest. Sie kam drei Tage später noch kurz zurück, um die Kinder in Wien abzuholen, die erst aus Ischl in die Hauptstadt gebracht worden waren.

Erzherzogin Sophie war über diese Entscheidung entrüstet. Sie fand, die Kinder seien in Ischl viel besser aufgehoben, außerdem in guter Gebirgsluft. Sie fürchtete, daß »die schwüle Luft und das schlechte Wasser von Budapest« der Gesundheit des Kronprinzen schaden konnte. Daß gerade Ungarn die Zuflucht der Kaiserfamilie sein sollte, war Sophie mehr als unangenehm.⁴⁶ Sie weigerte sich jedenfalls, mitzufahren und blieb in Ischl, wohin auch alle ihre Wertgegenstände gebracht wurden.

Sisis Entscheidung, in dieser prekären, ja verzweifelten Lage ausgerechnet nach Ungarn zu fahren, war eine politische Aktion von größter Bedeutung. Bismarck versuchte ja gerade in dieser Zeit mit großem Geldaufwand, die Legion Klapka zu unterstützen, die die Loslösung Ungarns von Österreich anstrebte und die desolate Situation Österreichs für einen Aufstand in Ungarn ausnützen wollte. Wenn auch noch in Ungarn eine Revolution ausbräche, war nach der vorherrschenden Meinung das Ende der österreichischen Monarchie gekommen.

Sisis Reise nach Ungarn war gut kalkuliert: sie war jenes Mitglied der Kaiserfamilie, das die besten Beziehungen zu Ungarn unterhielt. Und diese Beziehungen wurden nun bitter nötig gebraucht. Wer hinter dieser Kalkulation stand, ist nicht bekannt. Es ist – bedenkt man die wütende Opposition der Erzherzogin Sophie gegen diese Reise – sogar wahrscheinlich, daß diese ganze hochpolitische Aktion auf niemand anderen als die sonst so unpolitische Kaiserin selbst zurückging und daß sie sich diesmal durchsetzen konnte. Gut kalkuliert war auch, daß Sisi ihre Kinder mit nach Ungarn nahm. Die Parallele zum Hilferuf Maria Theresias an die Ungarn in Preßburg 1741 (mit dem kleinen Thronfolger Joseph auf dem Arm) wurde nur zu bald in den ungarischen Zeitungen herausgestellt – und war von nicht zu unterschätzender Bedeutung.

Zu einer weiteren aufsehenerregenden Geste der Kaiserin kam es beim Abschied am Bahnhof in Wien: Sie küßte ihrem von allen Seiten gedemütigten Gemahl öffentlich die Hand. Die Beliebtheit Franz Josephs war ja in diesen traurigen Wochen auf dem Tiefpunkt angelangt. Die von Krieg und Elend gepeinigte Bevölkerung warf ihm vor, die Interessen der Dynastie über die des Staates gestellt zu haben. Das Gerücht war im Umlauf, Kaiser Maximilian kehre aus Mexiko zurück und übernehme die Regentschaft in Österreich. Es gab Zurufe für den Kaiser: »Vivat Maximilian«, also eine Aufforderung zur Abdankung. Es fiel sogar der Satz: »Sollen nur kommen, die Preußen, wir werden ihnen goldene Brücken bauen.«[47] In dieser Situation stand die sonst so kritische Kaiserin voll an der Seite ihres Mannes.

In Ungarn wurde Elisabeth mit den Kindern enthusiastisch begrüßt. Deák, Andrássy und andere wichtige Politiker standen zur Begrüßung am Bahnhof. Deák spielte auf den glänzenden Empfang beim letzten Ungarnbesuch des Kaiserpaares an, als er sagte: »Ich würde es für eine Feigheit halten, der Kaiserin im Unglück den Rücken zuzuwenden, nachdem wir ihr entgegengingen, als die Angelegenheiten der Dynastie noch gut standen.«[48]

Die revolutionäre Stimmung in Ungarn war unübersehbar, die Deák-Partei alles andere als unangefochten. Elisabeths Erscheinen in Budapest war sowohl für die österreichisch-ungarischen Beziehungen wie für die liberale Deák-Partei (die nach wie vor gegen eine Loslösung Ungarns von Österreich war) von großer Bedeutung. Als aus dem geplanten zweitägigen Besuch allerdings eine (mit kurzen Unterbrechungen) fast zweimonatige Abwesenheit von Wien wurde, wurden in Wien wie in Prag die kritischen Stimmen immer stärker.

Elisabeth stand in Budapest voll und ganz unter ungarischem Einfluß. Mit täglichen, immer energischeren Briefen setzte sie ihren kaiserlichen Gemahl unter Druck, unterstützte die ungarischen Forderungen und drängte Franz Joseph zur Eile. Ihr erstes Ziel war es, ein persönliches Treffen zwischen dem Kaiser und Deák zu arrangieren. Als der Kaiser zunächst nicht darauf eingehen wollte, wandte sich Elisabeth schriftlich an den ungarischen Hofkanzler Georg von Mailáth nach Wien und bat ihn geradezu flehentlich: »Vor allem eine Bitte, seien Sie mein Stellvertreter beim Kaiser, übernehmen Sie mein Amt, dem Kaiser die Augen zu öffnen über die Gefahr, in die er sich unwiederbringlich stürzt, wenn er noch immer keine Konzessionen an Ungarn machen will. Seien Sie unser Retter, darum beschwöre ich Sie jetzt im Namen unseres armen Vaterlandes und meines Sohnes und zähle dabei auch auf die Freundschaft, die Sie, wie ich mir vielleicht einbilde, doch ein wenig für mich fühlen.«

Wie intensiv und konkret sich Elisabeth nun in die Politik einmischte, beweisen die nächsten Sätze an Mailáth (mit dem sie keineswegs in einem engen persönlichen Verhältnis stand): »Das Zugeständnis, zu dem ich den Kaiser zu bewegen trachtete, das er mir aber leider noch nicht machte, ist, die jetzigen Regierungsmänner zu entfernen und als Minister des Äußeren Gyula Andrássy zu ernennen. Dies wäre eine Konzession an Ungarn, ohne sich durch Nachgeben jetzt zu kompromittieren. Seine Popularität im Lande würde beruhigend und vertrauenerweckend wirken und das Königreich ruhig halten, bis endlich die Verhältnisse erlauben, daß die inneren Zustände geregelt werden ... Ist der Kaiser dazu nicht bereit, so sollte er wenigstens Andrássy zum Minister Ungarns machen; für jetzt ist es ja das größte Bedürfnis, daß das Land beruhigt und durch einen Mann, der ihm die Bürgschaft einer besseren Zukunft gibt, dahin gebracht wird, daß es alle Kräfte, über die es nur zu gebieten vermag, dem Kaiser stellt.«

Elisabeth ließ sich in diesem Brief sogar dazu hinreißen, gegen den Minister ohne Portefeuille, Graf Moritz Esterházy, zu polemisieren, der in Wien offiziell die ungarischen Interessen zu vertreten hatte, aber offensichtlich nicht Andrássys Vertrauen besaß. Die Kaiserin an Mailáth: »gehen Sie wenigstens nicht, ohne den Einfluß des Grafen Esterházy gebrochen zu haben, ohne das Resultat erzielt zu haben, daß er vom Kaiser entfernt ist, dessen wohlmeinender, aber verderblicher Rat so viel Unglück über uns bringt.«

Das Ausmaß von Elisabeths Engagement und ihre überschwenglichen Worte zeigen ihre exaltierte Seelenstimmung zu dieser Zeit und machen die Sorgen der Böhmen nur zu verständlich, schrieb sie doch an Mailáth: »Bringen Sie das zuwege, was mir nicht gelang, dann werden Millionen Sie segnen, mein Sohn aber täglich für Sie beten, wie für seinen größten Wohltäter.«[49]

Sisi war ein williges, ja geradezu fanatisches Werkzeug der Person und der Politik Gyula Andrássys. Er verstand es überaus geschickt, in ihr das Gefühl zu erwecken, die Retterin Österreichs (und Ungarns) zu sein. Am 15. Juli schrieb sie dem Kaiser, sie habe gerade eine Unterredung mit Andrássy gehabt, »natürlich allein. Er sprach seine Ansichten klar und deutlich aus. Ich habe sie verstanden und die Überzeugung gewonnen, daß, wenn Du ihm vertraust, aber *ganz,* so sind wir, und nicht Ungarn allein, sondern die Monarchie, noch zu retten. Du mußt aber *jedenfalls* selbst mit ihm reden, und zwar gleich, denn jeder Tag kann die Verhältnisse so gestalten, daß er es am Ende gar nicht mehr übernehmen würde; in so einem Moment gehört auch wirklich viel Aufopferung dazu, es zu tun. Spreche also gleich mit ihm, Du kannst es ohne Rückhalt tun, denn diese Versicherung kann ich Dir geben, Du hast keinen Mann vor Dir, der um jeden Preis eine Rolle spielen will, nach einer Position hascht, im Gegenteil, er stellt eher seine jetzige Stellung, die eine schöne ist, aufs Spiel. Aber wie jeder Ehrenmann, ist auch er bereit, in dem Moment, wo der Staat dem Schiffbruch nahe ist, alles was in seiner Macht steht, zur Rettung beizutragen; was er hat, seinen Verstand, seinen Einfluß im Land wird er Dir zu Füßen legen. Zum letztenmal bitte ich Dich im Namen Rudolfs, versäume den letzten Moment nicht.«

In dieser Tonart ging der Brief weiter. In ihrem ganzen Leben schrieb Elisabeth nie so lange Briefe an ihren Mann wie jetzt, als es um Ungarn (und um den Willen Andrássys) ging. Ungarn (und Andrássy) zuliebe formulierte sie ihre politischen Wünsche so scharf, daß es einer Erpressung gleichkam: »Ich bitte Dich, telegraphiere mir gleich nach Erhalt meines Briefes, ob Andrássy abends mit dem Zug nach Wien fahren soll. Ich bestelle ihn auf morgen wieder zu Paula [Königsegg, ihrer Obersthofmeisterin], wo ich ihm dort die Antwort sage. Sagst Du ›nein‹, willst Du in der letzten Stunde nicht einmal mehr einen uneigennützigen Rat hören, dann handelst Du wirklich un.. lich an uns allen. Meiner ferneren B . . . und Sk. [Bitten und Sekkaturen] bist Du dann für immer enthoben, dann bleibt mir nichts mehr übrig, als mich mit dem Bewußtsein zu beruhigen, daß ich, was immer auch geschehe, Rudolf einmal ehrlich sagen kann: ›Ich habe alles getan, was in meinen Kräften stand. Dein Unglück habe ich nicht am Gewissen.‹ «[50]

Franz Joseph wich zurück. Gegen sein besseres Wissen und den

Rat seiner Mutter und der Minister in Wien gab er den rigorosen Forderungen seiner Frau nach. Noch am selben Tag telegraphierte er nach Budapest, er habe »Deák im Geheimen kommen lassen. Lasse Dich daher mit ... [sic, soll Andrássy heißen] nicht zu weit ein.«[51]

Und am 16. Juli meldete Elisabeth an Andrássy: »Soeben habe ich die Antwort erhalten, daß der Kaiser Sie in Wien erwartet. Über das übrige mündlich heute nachmittag, wieder bei der Gräfin Königsegg.«[52]

Am 17. Juli schrieb Franz Joseph seiner Frau vor der Zusammenkunft mit Andrássy: »Bete recht inbrünstig für mich zu Gott, daß er mich erleuchte, das zu tun, was recht und was meine Pflicht ist.« Er werde Andrássy ruhig anhören und reden lassen »und ihm dann fest auf den Zahn fühlen, um zu sehen, ob ich Vertrauen zu ihm fassen kann.«[53]

Gyula Andrássy kam am 17. Juli zum Kaiser und brachte aus Budapest gleich einen langen Brief Sisis an ihren Mann mit. Die Unterredung dauerte eineinhalb Stunden. Andrássy sprach laut Franz Joseph »sehr offen und gescheut, entwickelte alle seine Ansichten und bat mich vor Allem, mit dem Alten zu reden«, also mit Franz Deák.

Franz Josephs Mißtrauen gegen Andrássy saß jedoch tief: »Ich fand ihn übrigens wie früher immer zu wenig präcis in seinen Absichten und ohne die nothwendige Rücksicht auf die übrigen Theile der Monarchie. Er begehrt sehr viel und biethet für den jetzigen, entscheidenden Augenblick zu wenig.« Der Kaiser lobte dagegen Andrássys »große Offenheit und Nüchternheit«: »aber ich fürchte er hat weder die Kraft, noch findet er im Lande die Mittel, um seine jetzigen Absichten durchzuführen.« Außerdem war dem Kaiser der gewünschte rigorose Konstitutionalismus der Ungarn zu unsicher. Er fürchtete, Andrássy werde »nach seiner eigenen konstitutionellen Theorie abtreten und ich bin dann vis à vis der äußersten Linken oder des Belagerungszustandes«.[54]

Die betont liberale Politik Andrássys widersprach den Grundsätzen des Wiener Hofes wie denen des Kaisers vollkommen. Daß ein Einlenken auf eine solche neue Politik in Ungarn auch Auswirkungen auf die anderen Teile der Monarchie haben müßte, lag auf der Hand. Aus diesem Grund fanden die ungarischen Forderungen bei den Verfassungstreuen und Liberalen auch in den anderen Reichsteilen Unterstützung.

Am 19. Juli kam auch »der Alte«, Franz Deák, in die Hofburg. Der Kaiser fand ihn »Viel klarer wie A[ndrássy] und viel mehr der übrigen Monarchie Rechnung tragend. Ich habe aber durch ihn denselben Eindruck erhalten, wie durch A. Sie begehren alles im weitesten Sinne und bieten keine sicheren Garantien des Gelingens, sondern nur Hoffnungen und Wahrscheinlichkeiten und versprechen kein Ausharren im Falle sie ihre Absichten im Lande nicht durchsetzen können und von der Linken überflügelt werden.« Franz Joseph hatte »hohe Achtung für seine Ehrlichkeit, Offenheit und dynastische Anhänglichkeit ... allein Muth, Entschlossenheit und Ausdauer im Unglücke ist dem Manne nicht gegeben.«[55]

Der Kaiser fühlte sich in diesen Tagen von allen Seiten bedrängt. Am Hof war die antiungarische Stimmung stark, seine Frau schrieb aber unentwegt energische Briefe für die ungarische Sache. Die Preußen standen bei Preßburg. Brennende Hitze lag über Wien. Täglich kamen Züge mit Verwundeten an.

Am Wiener Hof lebten viele exilierte Könige und Fürsten aus Italien und Deutschland. Es wurde politisiert und viel gestritten. Aggressivität lag in der Luft. Aber der Kaiser »will bis zuletzt ausharren«, schrieb Erzherzog Ludwig Viktor an seine Mutter Sophie.[56] Franz Josephs Briefe an seine Frau waren in diesen Tagen anders unterschrieben als gewöhnlich. Statt der stereotypen Wendung: »Dein Dich liebender Franz« hieß es nun mitleidheischend: »Dein treues Männchen«, »Dein Mäneken«, »Dein Dich ungeheuer liebender Kleiner« – Formeln, die der Kaiser nun zeitlebens beibehielt.

Auch die Hoffnung auf eine Hilfe Frankreichs war vergeblich. Man hatte Napoleon III. ein riesiges Geschenk, Venetien, gemacht, und zwar schon vor dem Krieg und ohne das Versprechen auf französische Hilfe. Napoleon dachte nun nicht daran, dem

bedrängten Österreich zu Hilfe zu kommen. Er hatte sich ja nicht dazu verpflichtet. Erzherzog Ludwig Viktor machte deshalb König Johann von Sachsen Vorwürfe: »Onkel Johann, dem ich recht heute ... meine Meinung wegen Venedig sagte, bereut es jetzt sehr, so dazu geraten zu haben, da doch Napoleon gar nichts für uns tut und es jetzt ohne Waffenstillstand pfutsch ist.«[57]
Schließlich wurde durch französische Vermittlung eine zunächst fünftägige Waffenruhe für die Nordarmee erreicht.
Die Südarmee kämpfte in Oberitalien weiter. Am 21. Juli kam die Nachricht von dem glänzenden österreichischen Seesieg bei Lissa unter Admiral Tegetthoff. Für Erzherzogin Sophie war dieser Sieg eine besondere Genugtuung, war es doch ihr Sohn Max gewesen, der als Oberkommandierender der Kriegsmarine wichtige Reformen durchgesetzt hatte, bevor er Österreich verließ. Die Hofdame Fürstenberg schrieb, dieser Sieg sei »erhöht noch durch das Bewußtsein, daß die Marine die Schöpfung unseres überseeischen Sohnes ist, an dem wir unser Wohlgefallen haben.«[58]
Die Zeitungen machten von diesem Sieg viel Aufhebens und versuchten, die gedrückte Stimmung in Österreich zu bessern. Daß Venetien verloren und der Sieg ebenso vergeblich war wie der von Custozza, wußte die Öffentlichkeit noch nicht. Die Stimmung in Wien war nach wie vor gereizt.
Die dezimierten und erschöpften Truppen der Nordarmee sehnten den Frieden ebenso herbei wie die schwer notleidende Bevölkerung. Daß auch die Preußen wegen des Ausbruchs der Cholera am Ende ihrer Kräfte waren, wußte man in Wien freilich nicht und konnte diesen Umstand bei den Verhandlungen nicht für sich ausnützen.
Franz Joseph machte schon private Pläne für die Zeit des Waffenstillstandes und schrieb voll Sehnsucht an seine Frau, sie möge doch dann mit den Kindern nach Ischl fahren, »denn Deine Gegenwart in Ungarn wäre dann nicht mehr nothwendig, da die politische Frage sodann dort in Angriff genommen werden muß und das Land sich beruhigen wird.« In Ischl könne er seine Familie »vielleicht manchmal besuchen, denn auch mir wird ein oder der andere Tag Ruhe sehr wohl thun.«[59]

Aber Elisabeth blieb in Budapest und schrieb weiter drängende Briefe. Franz Josephs Geduld zeigte Ermüdungserscheinungen. Ziemlich spitz schrieb er der Kaiserin am 25. Juli: »Ich denke, die Ursache der vielen Briefe, welche Du in der bewußten Angelegenheit geschrieben hast, ist die Ankunft des Hofraths [womit Deák gemeint war] und die Mitteilungen, die er Dir gemacht hat, oder ist irgend ein besonderes Ereigniß eingetreten, das Dich bestimmt hat, jetzt energischer aufzutreten? Ich bitte um gefällige Antwort, wenn dieselbe ohne Gefahr gegeben werden kann.«[60]
Die Friedensverhandlungen dauerten an. Daß Österreichs Vormachtstellung in Deutschland zu Ende war, wußte jedermann. Franz Joseph an seine Frau: »Aus Deutschland treten wir jedenfalls ganz aus, ob es verlangt wird oder nicht, und dieses halte ich nach den Erfahrungen, die wir mit unseren lieben deutschen Bundesgenossen gemacht haben, für ein Glück für Österreich.«[61]
Am 29. Juli schrieb Erzherzog Ludwig Viktor seiner Mutter Sophie: »Der Frieden wäre denn so viel wie gewiß. Ich freute mich zuerst gar nicht darüber. Dann aber las ich einige Briefe von Militärs, die immer sehr für den Krieg waren und doch jetzt finden, daß es nicht mehr ginge, da die Truppen zu ermattet und durch den Nichtbesitz der Zündnadelgewehre zu sehr decouragirt seien. Auch soll es sehr notwendig wegen Ungarn sein, Friede zu machen, da dieses Land gar nicht ist, wie es sein soll . . . Bismarck soll jetzt, da er gescheit ist, und der König in seinen dummen Dünkel verrannt ist, viel leichter traitabel als letzterer sein. Einstweilen sind sie aber in Nikolsburg beim armen Alinchen und sollen dort arg hausen.«[62]
Freilich vergaß Erzherzog Ludwig Viktor zu erwähnen, daß nicht nur Gräfin Alinchen Mensdorff litt, in deren Schloß der König von Preußen einquartiert war, sondern daß ganze Provinzen unter der Last der preußischen Besetzung stöhnten. Franz Joseph an Elisabeth: »Die Preußen hausen fürchterlich in den von ihnen besetzten Provinzen, so daß eine Hungersnoth daselbst bevorsteht und beständige Hülferufe von dort hierher kommen. Es ist herzzerreißend.«[63]
Der Kaiser selbst informierte dann seine Frau über die Haupt-

punkte des Vorfriedens von Nikolsburg. Es bleibe »die Integrität von Österreich und Sachsen gewahrt, wir treten ganz aus Deutschland aus und zahlen 20 Millionen Thaler. Was die Preußen im übrigen Deutschland machen und was sie stehlen werden, weiß ich nicht, geht uns auch weiter nichts an.«[64]

Die Verzweiflung über den Verlust der deutschen Stellung Österreichs war allgemein groß und wird in einem Brief der Landgräfin Fürstenberg exemplarisch deutlich: »Ach Gott, nun muß man vergessen, daß man eine Deutsche ist! Der Gedanke, da heraus zu müssen, thut einem doch weh; es ist ein trauriges Ende des alten Vaterlandes, und der Name ›Deutschland‹ gehört der Geschichte!«[65]

Auch in dieser Situation bat Franz Joseph seine Frau, ihn doch einmal in Wien zu besuchen: »Jetzt hätte ich halt eine schöne Bitt. Wenn Du mich besuchen könntest! Das würde mich unendlich glücklich machen.«[66]

Elisabeth reiste wirklich für wenige Tage nach Wien. Ihr Besuch war für den Kaiser allerdings keine reine Freude. Die ungarische Angelegenheit beherrschte ihr Denken völlig. Wieder benützte sie die Gelegenheit, um ihren Mann politisch unter Druck zu setzen. Franz Joseph zögerte weiterhin, die Forderungen der Ungarn zu erfüllen und war von Skrupeln wegen der Böhmen gequält. Er hielt Andrássy, der in diesen Tagen zur Audienz in Wien war, mit den Worten hin: »Das werde ich noch sehr durchstudieren und überlegen.«[67]

Am Tag darauf lud Kaiserin Elisabeth Andrássy zu einer Unterredung nach Schönbrunn ein. Andrássy wußte nicht, ob sie im Auftrag des Kaisers sprach oder aus eigener Initiative (was wahrscheinlicher war). Er schrieb in sein Tagebuch am 30. Juli 1866 den Satz: »Sicher ist, daß wenn ein Erfolg erreicht wird, Ungarn der schönen Vorsehung [womit er stets die Kaiserin meinte], welche über ihm wacht, mehr zu danken haben wird, als es ahnt.«[68]

In der Unterredung zeigte sich Elisabeth sehr pessimistisch, sagte gar, sie hege keine Hoffnung, ihre Wirksamkeit von Erfolg gekrönt zu sehen. Sie offenbarte Andrássy also ganz deutlich, daß sie mit der Haltung des Kaisers nicht einverstanden war. Aber immerhin – Andrássy wurde noch ein weiteres Mal vom Kaiser ausführlich angehört und konnte auch eine Denkschrift über die Neugestaltung der Monarchie im Sinne des Dualismus (und nicht des Föderalismus) überreichen.

Sisis schroffe Forderungen wegen Ungarn erbitterten den Kaiser in diesen wenigen gemeinsamen Tagen und trübten das eheliche Zusammenleben schwer. Franz Joseph an seine Frau nach ihrer Abfahrt nach Budapest: »Wenn Du auch recht bös und sekant warst, so habe ich Dich doch so unendlich lieb, daß ich ohne Dich nicht sein kann.«[69] Und zwei Tage später etwas gereizt: »Ich bin sehr froh, daß Du Dich jetzt recht ausruhst und lange schläfst, wenngleich ich nicht glaube, daß Dein hiesiger Séjour und meine Gesellschaft Dich so ermüdet haben«.[70] Die Spannungen steigerten sich zu einem ernsten Zerwürfnis, als sich Sisi weiterhin strikt weigerte, mit den Kindern Budapest zu verlassen. Sie schlug statt dessen dem Kaiser vor, sie doch in Budapest zu besuchen.

Man muß sich die militärische und politische Lage Österreichs vorstellen, die Überlastung des Kaisers mit Sorgen aller Art – mit Italien war noch kein Friede geschlossen, ja ein neuerlicher Ausbruch der Kämpfe zu befürchten, die Verhandlungen mit Preußen liefen noch, die ungarische Legion schürte den Aufruhr in Ungarn, die böhmischen Länder brauchten sofortige Hilfe mit Lebensmitteln, Cholera und Typhus wüteten unter den deprimierten österreichischen Soldaten. In dieser verzweifelten Situation weigerte sich die Kaiserin von Österreich nicht nur, bei ihrem Mann zu sein, sondern sie machte ihm auch noch Vorwürfe, ihren Besuch nicht zu erwidern. Elisabeth ignorierte ihre Pflichten als Landesmutter völlig und gefiel sich in der Rolle einer vernachlässigten, schmollenden Ehefrau. Sie war im Bannkreis der Ungarn und arbeitete mit einem Fanatismus und einer Energie ohnegleichen nur für ein Ziel: den ungarischen Ausgleich, so wie ihn Deák und Andrássy wollten.

Der Kaiser dagegen mußte trotz der ungarischen Forderungen auch an die Bedürfnisse der anderen Provinzen denken, die ja in dieser Lage viel mehr Anspruch auf Rücksicht hatten als Ungarn. Denn die böhmischen Dörfer und Felder waren durch die Schlachten verwüstet, Krankheit, Hunger und Not herrschten, während Ungarn vom Krieg so gut wie unberührt geblieben war. Franz Joseph appellierte vergebens an Sisis Verständnis für seine Lage, »daß es gegen meine Pflicht wäre, mich auf Deinen ausschließlich ungarischen Standpunkt zu stellen und diejenigen Länder, welche in fester Treue namenlose Leiden erduldeten und gerade jetzt der besonderen Berücksichtigung und Sorgfalt bedürfen, zurückzusetzen.«

Elisabeth zeigte in dieser Situation keine Spur von Zuneigung für ihr »einsames Männeken« in Wien. Mit der fadenscheinigen Begründung, die Wiener Luft sei »ungesund«, blieb sie weiter mit den Kindern in Budapest. Franz Joseph resignierend: »so muß ich mich eben trösten und mein langgewöhntes Alleinsein wieder mit Geduld tragen. In dieser Beziehung habe ich schon viel auszuhalten gelernt und man gewöhnts endlich. Ich werde über diesen Punkt nicht ein Wort mehr verlieren, denn sonst wird unsere Correspondenz zu langweilig, wie Du sehr richtig bemerkst und ich werde in Ruhe erwarten was Du später beschließest.«[71]

Sisis Egoismus ging noch weiter. In einer Zeit größter Not und nötigster Sparsamkeit hatte sie den dringenden Wunsch, in Ungarn ein Schloß zu kaufen. Im Vorfrieden von Nikolsburg hatte sich Österreich zur Zahlung von 20 Millionen Talern verpflichtet als Voraussetzung für den Abzug der preußischen Truppen. Für den Kaiser war es das Vordringendste, »sie zu zahlen, damit wir sie bald aus dem Land bringen, was sie zu Grunde richten.«[72] Auf allen Gebieten, im kleinen wie im großen, mußte gespart werden, um die Riesensumme aufzubringen. Die Einsparungen gingen mit Entlassungen Hand in Hand. Die durch den Krieg dezimierte und hungernde Bevölkerung mußte nun auch noch mit massiver Arbeitslosigkeit kämpfen.

Statt sich um diese Nöte zu kümmern, sah die Kaiserin nur ihre Bequemlichkeit und ihr Bedürfnis, sich in ihrem geliebten Ungarn fester zu etablieren. Für längere Ungarnaufenthalte war die gemietete Villa zu klein, die Budapester Burg im Sommer zu heiß: sie wollte ein Schloß auf dem Land und wußte auch schon welches: Gödöllö.

Franz Joseph schrieb an seine Frau mitten in den Waffenstillstandsverhandlungen mit Italien: »Wenn Du willst, kannst Du nach Gödöllö zu den Verwundeten fahren. Schaue Dir es aber nicht so an, als wenn wir es kaufen wollten, denn ich habe jetzt kein Geld und wir müssen in diesen harten Zeiten ungeheuer sparen. Auch die Familienherrschaften haben die Preußen entsetzlich verwüstet und es wird Jahre brauchen, ehe sie sich wieder erholen. Das Hofbudget für das nächste Jahr habe ich auf 5 Millionen herabgesetzt, so daß über 2 Millionen erspart werden müssen. Fast der halbe Stall muß verkauft werden und wir müssen sehr eingeschränkt leben.«[73]

Mitten in diese verschiedenartigsten Aufregungen platzte plötzlich die Nachricht, daß Kaiserin Charlotte von Mexiko in Paris eingetroffen war, um Napoleon III. um Hilfe für das schwer bedrängte Kaisertum zu bitten. Erste Reaktion Franz Josephs: »Ich hoffe nur, daß sie nicht hierher kommt, denn die fehlte uns noch im jetzigen Augenblicke.«[74] Ernste Sorgen um Max schienen nicht angebracht. In seinen regelmäßigen Briefen an seine Mutter Sophie stellte er seine Position stets als positiv dar. Daß die aufständischen Einheimischen inzwischen den gutmeinenden, aber landfremden Kaiser in die Defensive gedrängt hatten, war in Wien nicht bekannt. All diese Probleme im fernen Mexiko waren durch die unglücklichen Ereignisse in Österreich in den Hintergrund gedrängt. Außerdem brauchte die Post aus Mexiko nach Wien sechs bis acht Wochen. Niemand wußte so recht, was eigentlich vorging, und so tröstete man sich, es werde schon nicht so schlimm sein. Sorgen gab es in Wien mehr als genug.

Zum Kaisergeburtstag am 18. August mußte sich Sisi nach Wien begeben, von Franz Joseph fast unterwürfig bedankt: »Ich danke Dir von ganzem Herzen dafür, daß Du so gut bist und mich wieder besuchst ... Sei gut für mich, wenn Du kommst, denn ich bin so traurig und einsam und brauche etwas Erheiterung.«[75] Die Kinder blieben jedoch in Budapest. Landgräfin Fürstenberg, damals noch Hofdame der Erzherzogin Sophie: »Nicht einmal die Kinder haben sie ihm von Pesth für den Tag gebracht! Das kränkt die ›Meine‹ [Erzherzogin Sophie] doch.«[76]

Elisabeth blieb wirklich nur einen Tag in Wien. Am 20. August war nämlich Stephanstag, das Fest des ungarischen Landespatrons, und diesen Tag verbrachte sie wieder in Ungarn. Franz Joseph nach ihrer Abreise: »Ach! Könnte ich nur bald mit den Meinen vereinigt sein und etwas bessere Zeiten erleben. Ich bin sehr melancholisch und der Muth sinkt mir immer mehr, je mehr wir uns dem Frieden nähern und die inneren Schwierigkeiten klarer hervortreten, die zu bekämpfen sein werden. Mein Pflichtgefühl allein hält mich aufrecht und die leise Hoffnung, daß vielleicht doch noch aus den jetzt beginnenden europäischen Verwicklungen einst bessere Zeiten hervorgehen werden.«[77]

Die Cholera breitete sich mittlerweile auch in Ungarn aus. Es gab bereits Seuchentote. Trotzdem blieb Sisi, die doch sonst so um ihre Gesundheit besorgt war, mit den Kindern in Budapest. Franz Joseph an Sisi: »Du gehst mir fürchterlich ab, denn mit Dir kann ich doch sprechen und dann erheiterst Du mich doch manchmal, wenn ich auch im Augenblicke finde, daß Du etwas sekant bist. Ja, der Schatz, und was für einer!! fehlt mir sehr.«[78]

Endlich wurde Ende August der Friede mit Preußen in Prag geschlossen, im Oktober aber erst der Friede mit Italien. Trotz der österreichischen Siege war Venetien verloren. Es wurde zunächst an Frankreich abgetreten, schloß sich aber dann in einer Volksabstimmung an Italien an. Preußen annektierte Hannover, Kurhessen, Schleswig-Holstein, Nassau und Frankfurt am Main, gründete den Norddeutschen Bund (in den auch der ehemalige österreichische Verbündete Sachsen einbezogen wurde) und schloß ein Bündnis mit den süddeutschen Staaten. Österreich schied nach 1000 Jahren gemeinsamer Geschichte aus Deutschland aus.

Erst Anfang September, also nach fast zweimonatigem Aufenthalt, verließ Elisabeth mit den Kindern Budapest und fuhr zunächst nach Ischl, dann nach Wien. Weiterhin arbeitete sie für die ungarische Sache. Der Kontakt zwischen Elisabeth und Andrássy war in dieser Zeit derart eng, daß Andrássy zum Beispiel die Nachricht von der Berufung des Grafen Beust zum neuen österreichischen Minister des Äußeren von niemand anderem als der Kaiserin zuerst erhielt. Diese Berufung war eine persönliche Niederlage sowohl Elisabeths als auch Andrássys. Denn sie hatte sich mit großem Nachdruck für Andrássy als Außenminister eingesetzt – erfolglos. Über die Frage, ob der vorherige sächsische Ministerpräsident für Österreich wirklich eine gute Wahl sei oder nicht, gab es lange Diskussionen zwischen der Kaiserin und Andrássy. Andrássy erklärte ihr, er erwarte von dieser Wahl nichts Gutes für Österreich, denn Beust kenne zwar Sachsen, aber nicht Österreich.[79] Er änderte allerdings seine Meinung, als sich herausstellte, daß Beust geneigt war, die ungarischen Forderungen zu unterstützen.

Ida Ferenczy wich in all diesen wichtigen Monaten nicht von Elisabeths Seite. Im Herbst 1866 berief die Kaiserin noch einen weiteren Ungarn in ihre engste Umgebung, den Journalisten Max Falk, der damals als Sparkassenangestellter in Wien wohnte, für die Budapester Zeitung »Pesti Napló« schrieb, ein enger Freund Andrássys – und polizeibekannt war. 1860 hatte die Wiener Polizei eine Hausdurchsuchung bei ihm angestellt, seine sämtliche Korrespondenz beschlagnahmt und in zwei Mehlsäcken fortgeschafft.[80] Falk hatte einige Zeit wegen Pressevergehens im Gefängnis in Wien verbracht und darüber vielgelesene Artikel verfaßt.[81] Man kann sich das Erstaunen der ohnehin schon ungarnfeindlichen Gräfin Königsegg vorstellen, als die Kaiserin ihr befahl, ausgerechnet diesen (zudem noch jüdischen) Max Falk zu bitten, ihr Ungarisch-Unterricht zu geben. Auch Max Falk war über diesen Wunsch höchst erstaunt: »Ich erwiderte, daß ich Gott sei Dank schon lange über die Zeit hinaus sei, da ich noch ›Stunden geben‹ mußte, aber der Wunsch Ihrer Majestät sei für mich nicht nur Befehl, sondern auch eine hohe Auszeichnung.«[82]
Daß Elisabeth ihn keineswegs wie einen Sprachlehrer, sondern eher wie einen Freund empfing, erstaunte Max Falk. In der »Kammer Ihrer Majestät« empfing ihn ein »Schwarzbefrackter«, der ihm einen inoffiziellen Weg zur Kaiserin wies: »Ihre Majestät will nicht, daß Sie durch was immer für Zeremonien genirt werden. Sie hat daher Auftrag erteilt, daß Sie stets auf dieser Seite hinaufkommen, wo Sie Niemand anderem als mir begegnen werden«, sagte

der Diener. Elisabeth begrüßte ihn sehr zwanglos und herzlich »mit durchaus reiner und korrekter ungarischer Aussprache«. Keine ihrer Hofdamen war bei ihr, nur Ida Ferenczy: »am äußersten Ende des Saales aber guckte aus einer Fensternische das kluge Köpfchen der Ida Ferenczy hervor, deren Mund ein schelmisches Lächeln umspielte«, schrieb Falk. Jetzt war es ihm kein Rätsel mehr, wieso gerade er in die Hofburg gerufen war. Die täglichen Sprachstunden waren nicht mehr als ein Vorwand oder nützlicher Nebeneffekt. Es ging um die Sache Ungarns – im Sinne Andrássys. Daß Max Falk mit Elisabeth nicht ungarische Grammatik lernte, war selbstverständlich. Er schlug ihr vor, ihr die Geschichte Ungarns vorzutragen, »die entfernter liegenden Perioden möglichst kurz, die neueren ausführlicher«, außerdem wollte er sie mit der ungarischen Literatur näher bekannt machen und gab ihr als »Hausaufgabe« Übersetzungen ins Ungarische auf.

Wie sehr Sisi um die ungarische Sprache kämpfte, wie verbissen sie sich dem Studium hingab, zeigt auch ihr Brief an Franz Joseph: »Grade sagte mir Falk, daß mein Stil noch sehr steif und deutsch ist und es fehlt in ihm der gewisse ungarische Schmelz. Nach vierjähriger Mühe nicht weiter zu kommen ist traurig und entmutigend. Ich bitte Dich schreibe mir wenigstens ein einzigesmal einen ungarischen Brief, damit ich einen Vergleich machen kann.«[83] Zu dieser Zeit war offenbar Franz Josephs Ungarisch, das er ja von Kindheit an gelernt hatte, noch besser als das der Kaiserin.

Falk schrieb, daß »der in engerem Sinn genommene Unterricht immer mehr in den Hintergrund trat . . . Wir fingen an, hie und da auch von den Tagesereignissen zu sprechen, gingen dann schön langsam auf die Politik überhaupt über, und mit ein paar vorsichtigen Schritten nach vorwärts waren wir bei den ungarischen Angelegenheiten angelangt.«

Falk stellte die Verbindung zu einem weiteren liberalen Politiker und Schriftsteller her, zu Josef Eötvös. Er ging hierbei wieder sehr vorsichtig vor, las zuerst Gedichte von Eötvös, machte die Kaiserin dann neugierig auf ein verbotenes Gedicht. Die Kaiserin zu Falk: »Was, verboten? Also auch einen Eötvös verbietet man bereits? Sagen Sie mir doch, was in diesem Gedichte steht.« Falk: »Längst hatte ich auf diesen Moment gewartet, und das Manuskript des »Zászlótartó« [Fahnenträger] befand sich bereits seit einigen Tagen in meiner Tasche. Ich las das Gedicht Ihrer Majestät vor, welcher es außerordentlich gefiel; sie nahm mir das Manuskript ab und hat es auch behalten.« Das Gedicht behandelte die Symbolik der ungarischen Fahne als Zeichen der nationalen Freiheit und Unabhängigkeit.

Auf Sisis Wunsch brachte Falk auch die verbotene Broschüre des ungarischen Nationalhelden Stefan Széchényi in die Hofburg (»Blick auf den anonymen Rückblick«), die Ende der fünfziger Jahre in London gedruckt und in Bogen zerlegt nach Ungarn eingeschmuggelt wurde. Als Falk zögerte, diese Schrift mitzubringen, nahm die Kaiserin ein weiteres verbotenes Heft aus ihrer Schublade, das 1867 erschien und heimliche Sensation machte: »Der Zerfall Österreich's«. Der anonyme Verfasser, der der Sohn eines kaiserlichen Beamten war (was Elisabeth ebenfalls wußte), ging in haßerfüllten Tiraden, aber mit besten Informationen, auf die österreichische Politik der letzten Jahre los, belastete vor allem die höfische »Kamarilla« um den Grafen Grünne, aber auch den jungen Kaiser, und schloß seine Schrift mit dem Satz: »Der Zerfall Oestreichs ist eine europäische Notwendigkeit!«

Die Bedeutung dieser täglichen Konversationsstunden mit Falk kann kaum überschätzt werden. Sie zeigen deutliche Parallelen zu den späteren Zusammenkünften des jungen Kronprinzen Rudolf mit dem Journalisten Moriz Szeps in den achtziger Jahren. Beide – Elisabeth wie Rudolf – waren politisch interessiert, aber uninformiert. Die Informationen, die ihnen offiziell verwehrt wurden, holten sie sich nun auf privatem Wege. In beiden Fällen nützten die politischen Informanten – Falk wie Szeps – die Gelegenheit zu massiver politischer Beeinflussung aus.

Elisabeth bat Falk, ihr die Briefe Eötvös' zu zeigen. Falk informierte nun Eötvös, daß die Kaiserin seine Briefe lese. Dieser richtete sich danach, »und so wurden dann in Form von an mich gerichteten Briefen vor Ihrer Majestät viele solche Dinge ausgesprochen, von denen sie auf andere Weise schwerlich Kenntniß erhalten hätte«, berichtete Falk. Diese Methode hatte Elisabeth ja bereits mit einer Unzahl von Andrássy-Briefen erfolgreich angewendet, die ja auch offiziell nicht an sie selbst, sondern an Ida adressiert waren.

Nach Beendigung der Sprachstudien bei Falk bat Elisabeth Eötvös um einen direkten Briefwechsel und bedankte sich recht devot bei dem Dichter: »Nehmen Sie meinen aufrichtigen Dank für jenes Entgegenkommen, mit dem Sie die langweilige Aufgabe, mit mir in Briefwechsel zu treten, auf sich genommen haben. Ich weiß, wie beschränkt und teuer ihre Zeit ist, kaum wagte ich es, diese unbescheidene Bitte an Sie zu richten, zumal meine Ungarischkenntnisse noch sehr schwach sind und an meinen Briefen viel zu korrigieren sein wird.«[84] Auch ihre Einladungen für Eötvös waren kaum die einer Königin, sondern einer Verehrerin des Dichters, hieß es doch etwa: »Obwohl ich unterrichtet bin, daß Sie ungern Einladungen zum Mittagessen annehmen, gestatten Sie mir doch zu hoffen, daß dieses eine Mal eine Ausnahme gemacht wird mit Ihrer Verehrerin Elisabeth.«[85]

Daß der Kaiser sich über die politische Bedeutung dieser Ungarisch-Lektionen im klaren war, ist kaum anzunehmen. Er reagierte auf Elisabeths Vorliebe für Falk auf die übliche Art: mit Eifersucht. Elisabeth an Franz Joseph im März 1867: »Mit den Manieren des Falk bin ich sehr zufrieden ... Brauchst auf ihn nicht eifersüchtig zu sein, er ist das lebendige Bild des echten Juden, aber sehr gescheit und angenehm.«[86] Noch 1894, also fast dreißig Jahre später, erwähnte Franz Joseph in einem Brief an seine Frau, daß »Dein Freund Falk ... korrekt und interessant war«.[87]

Max Falk ging im Krönungsjahr zurück nach Ungarn. Er wurde Chefredakteur der deutschsprachigen liberalen Tageszeitung »Pester Lloyd«, bald auch ein führendes Mitglied des ungarischen Reichstages. Er unterstützte die Politik seines Freundes Andrássy publizistisch und wurde einer der mächtigsten Männer Ungarns.

Anfang Oktober kamen überraschend beunruhigende Nachrichten aus Rom. Dort war inzwischen Kaiserin Charlotte von Mexiko, um den Papst um Hilfe für das katholische mexikanische

Kaisertum zu bitten, nachdem Napoleon III. sie abgewiesen hatte. Aber auch der Papst sah keine Möglichkeit zu helfen und behandelte überdies Charlotte sehr kühl. Sie brach geistig und seelisch zusammen, hatte Wahnvorstellungen und mußte von einem Irrenarzt und zwei Pflegerinnen aus Rom weggebracht und in ihr Schloß Miramare bei Triest gebracht werden. Körperlich war sie dabei in bester Verfassung und lebte noch bis 1927 – ohne ihren Max wiedergesehen und von seinem traurigen Ende Kenntnis genommen zu haben. Zum Wiener Hof hatte sie keinerlei Beziehungen mehr.

Max zog es nach einigem Hin und Her vor, trotz der schwierigen Lage- in Mexiko auszuharren. Erzherzogin Sophie billigte seine Entscheidung trotz ihrer Sorgen um diesen ihren Lieblingssohn: »Glücklicherweise bringt er seinem Land das Opfer, zu bleiben, was im Moment eine dringende Notwendigkeit ist. Denn das Land könnte in dem Moment, in dem Max es verläßt, eine Beute der Parteienanarchie werden. Er schrieb mir kürzlich, daß das Interesse und die Zuneigung, die man ihm beweise, rührend sind. Indem er bleibt, hält er sich mit Ehren im Gegensatz zu dem schlechten Vorgehen von Louis Napoleon [Napoleon III.]. Und wenn er eines Tages auf Betreiben der Vereinigten Staaten weichen und seinen Posten verlassen muß, wird er das noch mit Ehre tun.«[88] Daß ein Mitglied des Hauses Habsburg hingerichtet werden könne, hielt Erzherzogin Sophie für undenkbar, selbst in diesem als so fremd, so unheimlich empfundenen Land Mexiko.

Die Hofdamen beobachteten kritisch und mitleidsvoll die vielen Unglücksfälle in der Kaiserfamilie: »wie diese Armen hier, zu denen man quasi gehört, Schlag auf Schlag trifft und Sorgen auf Sorgen drücken! und wie sie gar keine wahre Freude haben *können*, weil sie kein Familienleben kennen und ihnen nur die angeborene Elastizität hinüberhilft, so thun sie einem schrecklich leid! ... Das sind die Größen der Welt, die von nahem besehen nichts sind als die erbarmungswürdigsten Unglücke.«[89]

Immer noch waren die eigenen Sorgen die drückendsten. Kaiser Franz Joseph besuchte Ende Oktober das durch den Krieg schwer verwüstete Böhmen. Elisabeth begleitete ihn nicht. Sie, die für

Ungarn in diesem Jahr so viel getan hatte, sah keine Verpflichtung, sich in diesen unglücklichen Zeiten auch als gute Königin Böhmens zu erweisen.

Der Kaiser war vom Besuch der böhmischen Schlachtfelder tief deprimiert. Die Dörfer waren zerstört, hunderttausende von Menschen obdachlos. Die weiten Felder um Königgrätz, Trautenau und Chlum waren von den Kämpfenden hart getrampelt – kein Grashalm wuchs dort mehr. Eine Hungersnot war die Folge. Auf dem Schlachtfeld waren nicht weniger als 23 000 Soldaten und 4000 Pferde vergraben. Wegen der großen Hitze und der Seuchengefahr war keine Beisetzung möglich gewesen. Gründliche Desinfektion der ganzen Umgebung beseitigte nach vier Monaten endlich den Leichengeruch.[90]

Wie trostlos und gleichzeitig politisch gefährlich die Stimmung in Böhmen war, zeigte ein Attentatsversuch auf den Kaiser im tschechischen Theater in Prag. Franz Josephs Position war nicht mehr unangefochten. Es gärte. Der tschechische Nationalismus wuchs, je deutlicher sich eine Bevorzugung der Magyaren abzeichnete. Auch die Kaiserin erkannte, allerdings viel später, die Bedeutung des böhmischen Unmuts: »Ich nehme es den Tschechen gar nicht übel, wenn sie sich gegen die österreichische Herrschaft auflehnen; Slawen gehören zu Slawen! Eines Tages, wohl erst nach vielen Jahrzehnten, wird Böhmen doch seinen Willen durchsetzen. Aber schon jetzt sitzen wir auf einem Pulverfaß.«[91] Daß aus dem bisher relativ friedlichen Böhmen ein »Pulverfaß« wurde, war freilich nicht zuletzt auch Elisabeths Werk.

Die Verhandlungen mit Ungarn gingen in all diesen Wochen weiter. Gyula Andrássy reiste weiter zwischen Wien und Budapest hin und her, verhandelte hier und dort, blieb über Ida Ferenczy in ständiger Verbindung mit der Kaiserin. Auch die täglichen Unterredungen Elisabeths mit Max Falk dauerten an, ebenso wie die häufigen Briefe Eötvös' an Falk, in die Sisi nach wie vor Einsicht nahm.

Die Diskussionen am Hof über die ungarischen Forderungen und die Art, sie durch die Person der Kaiserin durchzusetzen, waren heftig und voller Aggressionen. Die Böhmen fühlten sich in den

Hintergrund gedrängt, obwohl sich Erzherzogin Sophie ihrer Sache annahm. Aber Sophies Einfluß war in der letzten Zeit stark gesunken, Sisis Stern nun auch in politischer Hinsicht aufgegangen.

Das Konzept des Dualismus – ein großes Reich mit zwei gleich mächtigen politischen Zentren Budapest und Wien – beruhte auf der Ausschaltung der Slawen. Denn der Dualismus teilte die politische Macht des Staates auf zwei Faktoren auf: auf die Ungarn, die in ihrem Landesteil (»Transleithanien«) alle anderen Nationalitäten beherrschen durften, und auf die Deutschen, die dasselbe in »Cisleithanien« gegenüber dem bevölkerungsmäßig weit größeren Anteil der Slawen tun konnten. Der slawischen Bevölkerung in Österreich wurde mit dieser Aufteilung der Macht schweres Unrecht zugefügt. Die Einwände der durchwegs böhmenfreundlichen Wiener Hofpartei gegen die ungarischen Machtansprüche waren mehr als berechtigt.

Wortführer dieser »Hofpartei« war auch diesmal wieder Erzherzog Albrecht, einer der wichtigsten und einflußreichsten, aber auch intelligentesten Habsburger des 19. Jahrhunderts. Er war um 13 Jahre älter als sein Großneffe Franz Joseph, verfügte über ein riesiges Vermögen (das um ein vielfaches das kaiserliche überstieg) und hatte nach seinem vielumjubelten Sieg bei Custozza 1866 vollends genug Autorität, um ein gewichtiges Wort in der österreichischen Politik mitzusprechen. Allerdings war der Feldmarschall seit seiner Zeit als Militärgouverneur von Ungarn einer der bestgehaßten Männer in Ungarn. Nicht der Kaiser oder einer der Minister opponierten nun der Kaiserin in diesen kritischen Monaten offen, sondern allein Erzherzog Albrecht. Es kam zu äußerst heftigen Konfrontationen zwischen Albrecht und Elisabeth. In der Öffentlichkeit kursierten Gerüchte über »heftige Szenen« zwischen den beiden. Dem Informationsbüro gingen allein sechs Berichte über diesen Konflikt zu.[92] (Einzelheiten wissen wir freilich darüber nicht: sämtliche Unterlagen über diesen grundsätzlichen politischen Streit um die Zukunft der Donaumonarchie sind den Akten des Informationsbüros nachträglich entnommen und unauffindbar.)

Die Diskussionen am Hof drehten sich auch um die Einschätzung des Jahres 1848. Die Kaiserfamilie war damals vor der Revolution aus Wien nach Olmütz geflohen und hatte dort Treue und Anhänglichkeit gefunden, während die Ungarn mit ihrer Rebellenarmee (bei der sich auch der junge Andrássy befand) gegen Wien und den Kaiser marschierten.

Nun auf einmal, im Zuge der Forderungen der Ungarn und der ständigen politischen Verhandlungen, wurde das Jahr 1848 ganz anders dargestellt: Nun wiesen die Ungarn immer nur auf das Unrecht hin, das der Kaiser ihnen damals zugefügt hatte. Die ehemaligen Revolutionäre wurden als Märtyrer und Helden der Nation gefeiert – wie zum Beispiel Andrássy –, der junge Kaiser, der die Todesurteile gefällt hatte, als der Schuldige hingestellt.

Auch hier nahm die Kaiserin Partei. Keineswegs nur im Familienkreis, sondern auch in Gesprächen mit Ungarn, so dem Bischof Michael Horváth, ließ sie keinerlei Zweifel an ihrer Kritik an dem jungen (von Sophie maßgeblich beeinflußten) Kaiser Franz Joseph, versuchte aber gleichzeitig recht geschickt, alte Gräben zu überbrücken: »Glauben Sie mir, wenn es in unserer Macht stände, mein Mann und ich wären die ersten, die Ludwig Batthyány und die Arader Blutzeugen ins Leben zurückrufen würden.«[93]

Erzherzogin Sophie und Erzherzog Albrecht nahmen ihre alte Position ein: Sie hatten kein Mitleid mit den Gehenkten des Jahres 1849. Für sie waren das lauter Rebellen gegen die rechtmäßige Herrschaft des Kaisers.

Selbst der kleine Kronprinz wurde in den Streit hineingezogen. Sophie mußte ihm vom Jahr 1848 erzählen: »er wollte immer alle Einzelheiten davon hören«, schrieb sie in ihr Tagebuch.[94] Auch der Kronprinz neigte den romantischen Geschichten zu, die seine vergötterte Mutter ihm von den Helden der ungarischen Revolution erzählte. Der lange Ungarnaufenthalt war für die Entwicklung des Achtjährigen von großer Bedeutung. Er erlebte hier die Begeisterung der Bevölkerung für seine schöne und politisch aktive Mutter. Auch er verfiel der Faszination Gyula Andrássys. Andrássy wurde sein Mentor, sein politisches Idol – und das blieb er bis an Rudolfs Lebensende.

Der Kaiser sah sich wieder einmal zwischen zwei Frauen, Sophie und Elisabeth. Und diesmal ging es nicht mehr um familiäre Dinge, sondern um Politik erster Größenordnung. Es ging um nicht weniger als die Frage, wie Österreich in Zukunft aussehen würde, ob sich wirklich Deutsche und Ungarn allein die Herrschaft teilen und damit alle anderen Nationen benachteiligen sollten, oder ob nicht auch andere Lösungen, gemeinsam mit Böhmen, zu finden sein müßten.

Die junge Kaiserin arbeitete in Wien mit den gewöhnlichen Mitteln: Sie hatte Zahn- oder Kopfschmerzen, wenn es um offizielle Empfänge ging. Sie erschien nicht bei der feierlichen Auferstehungsfeier zu Ostern. Sie demonstrierte ihre Mißachtung für Wien, glänzte aber in voller Schönheit, in nicht zu überbietendem Charme, wenn sich ein Ungar am Hof zeigte.

Ihrem kaiserlichen Gemahl gegenüber machte sie sich rar. Franz Joseph seinerseits war so verliebt in seine Frau, daß er sich bemüßigt fühlte, für die kleinste Huld große, ja geradezu unterwürfige Dankbarkeit zu zeigen. Dabei ließ Elisabeth kein Mittel unversucht, um ihren Mann unter ihren Willen zu zwingen. Ihr ständiges Thema war Ungarn: »Hoffe bald von Dir hören zu können, daß die ungarische Sache endlich ins Reine kam und wir uns bald in Ös-Budavara befinden werden. Wenn Du schreiben wirst, daß wir hingehen, wird mein Herz beruhigt sein, da ich dann weiß, daß das ersehnte Ziel erreicht ist.«[95]

Ein anderesmal schrieb sie besorgt an ihren Mann: »Glaubst Du, daß die Krönung stattfindet? Ich fürchte mich sehr, der politische Horizont ist wieder so trüb, daß ich auf das Schlechteste gefaßt bin. Wenn ich mich irren sollte, bitte beruhige mich; meine Quellen sind nur die Zeitungen, doch die zu lesen ist nicht sehr erfreuend, umso dringender ist der Ausgleich mit Ungarn. Gott gebe es, daß der bald zu Stande kommen möge.«[96]

Im Februar 1867 verlangte (und erhielt) Ministerpräsident Belcredi seine Demission. Er begründete seine Entscheidung in einem Brief an den Kaiser mit deutlichen Worten: »Ein Konstitutionalismus, der sich von vorneherein nur auf die Herrschaft der Deutschen und Ungarn – der entschiedenen Minderzahl – stützt, wird in

Österreich immer nur ein Scheinleben führen.« Er erinnerte den Kaiser an das Versprechen, »daß *vor* der definitiven Entscheidung über die Ausgleichsfrage der gleichgewichtige Ausspruch der anderen Königreiche und Länder eingeholt werden würde. Ich betrachte es als eine Ehrensache, diesem Versprechen treu zu bleiben und müßte in der Nichterfüllung desselben einen großen politischen Fehler erblicken.«[97]

Als ehemaliger Statthalter von Böhmen konnte Graf Belcredi gar keine andere Haltung einnehmen. Er warf der Kaiserin in seinen Aufzeichnungen vor, sie habe den Seelenzustand des Kaisers in den Unglücksmonaten des Krieges dazu benützt, »um die spezifisch und egoistisch ungarischen Bestrebungen, die sie schon lange, aber bisher erfolglos patronisierte, nun mit noch mehr Nachdruck zu unterstützen«. Belcredi (und hier war er nur einer von vielen) lastete der Kaiserin schwer an, ihren Mann in den Unglücksmonaten nach Königgrätz alleingelassen und unter Druck gesetzt zu haben: »In solchen Momenten schwerer Prüfung von seiner Familie getrennt zu sein, ist für jedermann, namentlich aber für einen Monarchen, dem ein vertrauter Verkehr mit anderen Menschen so sehr erschwert ist, ein qualvoller Zustand. Es hat mir dies, so oft ich zu ihm kam und ihn in den weiten Räumen der Burg vollkommen vereinsamt fand, immer den schmerzlichsten Eindruck gemacht.«[98]

Belcredis Nachfolge als Ministerpräsident trat nun Außenminister Graf Beust an, der damit über eine große Machtfülle verfügte. Die Hoffnungen Andrássys, wenigstens das Ministerium des Äußeren von Beust übernehmen zu können, schlugen fehl. Selbstbewußt wie er war, sagte er zur Kaiserin während einer ihrer vielen politischen Unterredungen, sie möge es ihm nicht als Unbescheidenheit auslegen, wenn er die Überzeugung hege, daß in *diesem* Augenblicke nur er allein helfen könne. Elisabeth ließ ihn kaum zu Ende reden: »Wie oft habe ich das schon dem Kaiser gesagt!«[99]

Wenn es schon mit dem Außenministerium nicht geklappt hatte, so drängte Andrássy nun bei Elisabeth darauf, sich für die rasche Ernennung eines verantwortlichen ungarischen Ministeriums – selbstverständlich unter seiner, Andrássys Leitung – einzusetzen.

Erzherzogin Sophie resignierte und schrieb Anfang Februar in ihr Tagebuch: »Es scheint, daß man sich mit Ungarn arrangiert und ihm Zugeständnisse machen wird!«[100]

Mitte Februar 1867 setzten die Ungarn den »Ausgleich« durch. Die alte ungarische Verfassung wurde wiederhergestellt. Aus dem Kaiserreich Österreich wurde nun ein Doppelstaat »Österreich-Ungarn« mit zwei Hauptstädten (Wien und Budapest), zwei Parlamenten, zwei Kabinetten. Gemeinsam waren nur der Kriegs-, Außen- und Finanzminister (der letztere freilich auch nur bei Finanzen, die das Gesamtreich betrafen). Das höchst komplizierte Staatsgefüge gab den Ungarn, die ja im Gegensatz zu den Völkern der westlichen Reichshälfte einen ziemlich geschlossenen nationalen Block darstellten, eine ihrem zahlenmäßigen Volksanteil nicht entsprechende, übergroße Macht. Die gemeinsamen Kosten wurden nach dem Verhältnis 70 Prozent für »Cisleithanien« und 30 Prozent für Ungarn aufgeteilt. Dieser Schlüssel mußte aber alle zehn Jahre erneut ausgehandelt werden (was sich in Zukunft als großes Handikap herausstellte). Der Krönung Franz Josephs zum König von Ungarn stand nun nichts mehr im Wege.

Außer den Ungarn freute sich kaum jemand über die Konstruktion des neuen Staates. Alexander Hübner schimpfte noch zehn Jahre später über die Bezeichnung »Österreich-Ungarn«: »Ein Titel, den ich niemals lese oder höre, ohne dass mir das Blut zu Kopfe steigt: schmachvolle Erfindung eines elenden kleinen Sachsen!« [Beust] und: »Das mit Hilfe Rußlands eroberte Ungarn wurde so 1867 in die Hände der besiegten Revolutionäre von 1849 gegeben«, Franz Joseph habe sich »den Rebellen von einst ausgeliefert.«[101]

Am 17. Februar 1867 wurde Gyula Andrássy zum ersten Ministerpräsidenten Ungarns ernannt. An diesem Tag fiel das denkwürdige Dankeswort Franz Deáks an »meinen Freund Andrássy, den wahrhaft von Gottes Gnaden uns verliehenen providentiellen Mann.« In diesem Zusammenhang sei an den Titel erinnert, den man in diesen Monaten der Kaiserin gab: sie wurde »die schöne Vorsehung für das ungarische Vaterland« genannt. Durch diese und ähnliche Parallelen wurde in Ungarn betont, daß es vor allem zwei Menschen waren, die die Neuordnung der Monarchie durchgesetzt hatten: Andrássy und Elisabeth. Der Ausgleich war ihr gemeinsames Werk.

Die böhmischen und mährischen Landtage dagegen mußten im März geschlossen werden »wegen der vorschreitenden Zugeständnisse an Ungarn!!«, wie Sophie voll Zorn schrieb.[102] Der böhmische Landmarschall Graf Hugo Salm und Fürst Edmund Schwarzenberg kamen zum Diner zu Erzherzogin Sophie und luden ihren ohnmächtigen Groll bei ihr ab. Machtlos standen die Wiener Politiker vor der Entscheidung des Kaisers und seines Ministerpräsidenten, des Grafen Beust.

Generaladjutant Crenneville, der den Kaiser im März zur Unterzeichnung des Ausgleichs nach Budapest begleitete, schimpfte auf alles, was er in Ungarn sah. Er lokalisierte Budapest in Österreichisch Asien« und kritisierte: »Die sans gêne an Geschäftskenntnis aller hiesigen Herren Minister etc. ist fabelhaft. Die Burg ist ausgefroren, alle Ersparungsmaßregeln der Nichtverköstigung der Hofleute etc. machen böses Blut ... der Kaiser sitzt mit einer Kappe am Kopf an seinem Schreibtisch, weil er friert und kann sein Toilettezimmer nicht heizen, weil dort ein Riß in der Holztäfelung ist und man einen Brand riskiert.«[103]

In der Ofener Burg hatte es ja seit fast zwanzig Jahren keine Hofhaltung mehr gegeben. Zuletzt hatte Erzherzog Albrecht als Gouverneur von Ungarn dort gewohnt, aber den Haushalt bei seinem Weggang aufgelöst. Einige Repräsentationsräume waren zwar noch intakt, aber die Wohnräume waren in schlechtem Zustand, die Küche nicht benützbar. So mußte die ganze Organisation für einen königlichen Besuch (von der Bedienung bis zum Essen) von Wien aus vom Obersthofmeisteramt besorgt werden. Diese Schwierigkeiten besserten sich – zum Hohn der Wiener Hofbeamten – auch bis zur Krönung 1867 nicht wesentlich.

Elisabeths ungarische Freunde in Wien, vor allem Ida Ferenczy und Max Falk, stöhnten in dieser Zeit über die höfischen Schikanen, die sich vor allem in Kleinigkeiten auswirkten. So kam zum Beispiel der Hofwagen, der Max Falk im Frühjahr täglich vom Büro der Ersten Österreichischen Sparkasse nach Schönbrunn brachte, meist verspätet an. Wenn es warm war, kam ein geschlossener, mit Samt ausgelegter Wagen, und als die Frühjahrsregen einsetzten, stand ein offener Wagen ohne Verdeck vor der Sparkasse. Falk, der nach höfischer Vorschrift stets im Frack und Zylinder, mit harter Hemdbrust, vor der Kaiserin erschien, hielt seine Lektion einmal pitschnaß, einmal schweißgebadet. Die Kaiserin entschädigte ihn mit Herzlichkeit und Freundschaft, mit ihrer Verbundenheit zur ungarischen Sache.[104]

Elisabeths erster Besuch in Ungarn nach dem Abschluß des Ausgleichs war ein wahrer Triumphzug. Josef Eötvös, inzwischen Kultusminister der ungarischen Regierung unter Andrássy, schrieb aus Budapest an Max Falk: »Ihre hohe Schülerin wurde bei uns mit Blumen empfangen. Tagtäglich wächst die Begeisterung. So fest ich daran glaube, daß noch nie ein Land eine Königin hatte, die dies mehr verdient, so sehr weiß ich, daß es noch niemals eine gab, die so geliebt wurde ... Ich war immer überzeugt, daß, wenn eine Krone, so wie 1848 die ungarische, zerbrach, sie nur von den Flammen der im Herzen des Volkes erweckten Gefühle wieder zusammengeschweißt werden kann.« Ungarn habe Jahrhunderte gehofft, »daß die Nation einen Angehörigen der Dynastie wahrhaftig, aus ganzem Herzen liebe; und da wir nun dieses erreicht, habe ich keine Bedenken mehr für die Zukunft.«[105]

Elisabeth honorierte den »Ausgleich« mit ehelicher Zuneigung. Ihre Briefe an Franz Joseph in dieser Zeit sind voll Zärtlichkeit, wie zum Beispiel dieser aus Budapest: »Mein geliebter Kaiser! Auch heute bin ich noch sehr traurig, ohne Dich ist es unendlich leer hier. Jede Minute glaube ich, Du mußt hereinkommen oder ich zu Dir eilen. Doch hoffe ich bestimmt, daß Du bald zurückkommst, wenn nur am 5. die Krönung stattfinden möchte.«[106] Alle Briefe Sisis an ihren Mann und die Kinder waren inzwischen in ungarischer Sprache abgefaßt.

Im Mai 1867 bat der Kaiser in einer Thronrede den Reichsrat nachträglich um Zustimmung für den Ausgleich mit Ungarn und versprach auch der westlichen Reichshälfte – »den im Reichsrat vertretenen Königreichen und Ländern«, wie es ab nun umständlich hieß – einen weiteren Ausbau der Verfassung über das Oktoberdiplom von 1860 und das Februarpatent von 1861 hinaus, denn die neue Ordnung müsse »gleiche Sicherheit für die übrigen Königreiche und Länder im nothwendigen Gefolge haben.« Er versprach, den nichtungarischen Ländern »jede Erweiterung der Autonomie zu gewähren, die ihren Wünschen entspricht und ohne Gefährdung der Gesamtmonarchie zugestanden werden kann«. Franz Joseph bezeichnete die staatliche Neuordnung als »ein Werk des Friedens und der Eintracht« und bat, »einen Schleier des Vergessens über die nahe Vergangenheit« zu breiten, »die dem Reiche tiefe Wunden schlug«.[107]

Schon Wochen vor der Krönung begannen die Vorbereitungen. Tag für Tag konnten die Wiener an der Weißgerberlände, wo die Donauschiffe anlegten, die Verladung von Unmengen von Kisten und Truhen, Teppichen, ja in Decken gehüllten Prunkwagen beobachten, die von Wien nach Budapest geschickt wurden. Von Porzellan über Besteck, Tischwäsche, Möbel mußte alles für die kaiserliche Hofhaltung in die Ofener Burg geschafft werden. Immerhin mußte dort während der Feiertage für über eintausend Menschen gekocht werden. Auch die Wagen- und Reitpferde für die Equipagen wurden auf diesem Wege befördert.
In Budapest gab es andere Probleme. Für die vielen Besucher mußten in aller Eile Unterkünfte (zu horrenden Preisen, wie die Diplomaten stöhnten) hergerichtet werden. Die Polizei hatte vollauf damit zu tun, Verdächtige und Kossuthanhänger während der Feierlichkeiten aus Budapest zu entfernen. (Kossuth hatte ja vom Exil aus unmißverständlich erklärt, daß er weiterhin für die Unabhängigkeit Ungarns eintrete und den Ausgleich ebenso wie die Krönung Franz Josephs ablehne).
Das Zeremoniell der viertägigen Krönungsfeierlichkeiten war derart kompliziert, daß eine gründliche Probe mit den Majestäten nötig war. In der Mathiaskirche las der »Hofzeremoniellprotokollführer« Satz für Satz das Zeremoniell vor, und dann wurde die jeweilige Szene gestellt. Kaiser Franz Joseph wirkte bei dieser ungewohnten Tätigkeit sehr locker und amüsiert, mußte auch wegen der Befangenheit mancher Beteiligter manchmal korrigie-

rend eingreifen. Ludwig von Przibram überlieferte die Szene, wie ein Bischof die Königin laut Zeremoniell von ihrem Betschemel zum Altar führen sollte, aber von der Würde des Augenblicks ganz kopfscheu war: »Als nun der Zeremoniär ihm das Zeichen gab, seines Amtes zu walten, schwankte er hin und her, ohne seiner Verlegenheit Herr werden zu können. Die Kaiserin erhob sich vom Betschemel und nickte ihm aufmunternd zu; der Zeremoniär, selbst außer Fassung geratend, las den Absatz nochmals, um dem Bischof gewissermaßen zu soufflieren. Alles vergeblich. Da, just als die Pause peinlich zu werden drohte, verließ der Kaiser seinen Thronsitz, ging auf den bedauernswerten Kirchenfürsten zu, faßte ihn vertraulich am Arme mit den Worten: ›Sagen S', Herr Bischof, was haben Sie denn jetzt zu tun?‹ Der Gefragte sagte mit vor Erregung zitternder Stimme die Stelle aus dem Zeremoniell auf, als wäre es ein Zitat aus dem Katechismus. ›Na bravo‹, ruft ihm der Kaiser zu und wendet ihn mit einem sanften Rucke der Stelle zu, wo die hohe Frau noch immer lächelnd ihres Begleiters harrt: ›also schauen S', dorten ist s', die Kaiserin, jetzt gehen S' hin nehmen Sie s' und bringen Sie s' her.‹ Diese im gemütlichsten Ungarisch gesprochenen Worte wirkten auf die Versammlung dermaßen elektrisierend, daß, aller Etikette entgegen, die Kirche von einem vielstimmigen Eljengeschrei widerhallte.«[108]

Während der Generalprobe kam die Nachricht vom Tod der 18jährigen Erzherzogin Mathilde, der jüngsten Tochter Erzherzog Albrechts, nach einem Brandunfall. Auch Mathilde, ein Liebling der Wiener, hätte eine Figur auf dem Schachbrett der großen Politik sein sollen. Sie war als Braut für den Kronprinzen Umberto von Sardinien-Piemont (den späteren König von Italien) vorgesehen und sollte die mehr als unfreundlichen Beziehungen Österreichs zu Italien verbessern helfen. Zur offiziellen Trauer blieb jedoch nicht viel Zeit. Lediglich der Hofball und eine Galavorstellung im Nationaltheater wurden abgesagt. Das Programm der Diners, Soirées, Empfänge und Audienzen mußte eingehalten werden.

Die Krönungsfeierlichkeiten begannen mit dem Empfang der Mitglieder des Reichstages im Thronsaal der Ofener Burg. Franz

Joseph trug ungarische Generalsuniform, Elisabeth ein ungarisches Kleid, auf dem Kopf eine Trachtenhaube hinter dem Diadem. Selbst der Kronprinz erschien im ungarisch verschnürten Anzug, den Orden des Goldenen Vlieses um den Hals. Unter den Palastdamen, die die Königin umstanden, war auch Katinka Andrássy, Gyulas Frau.
Die Abgeordneten baten Elisabeth offiziell, sich krönen zu lassen. Elisabeth: »Mit Freuden erfülle Ich das durch Sie kundgegebene Verlangen der Nation, welches mit Meinem eigenen heißen Wunsch zusammentrifft, und Ich segne die Vorsehung, daß sie mich diesen erhabenen Moment erleben ließ.«
Eine zweite offizielle Bitte des Reichstages war an den König gerichtet: Er möge die Wahl Andrássys zum Stellvertreter des Palatins bei der Krönung anerkennen. Franz Joseph: »Ich willige gerne in diese Wahl, und hätten Sie einen Würdigeren als den Grafen Andrássy nicht wählen können.«[109]
Der Palatin, der von den ungarischen Ständen gewählte Stellvertreter des Königs in Ungarn, hatte traditionsgemäß die Aufgabe, dem durch den Primas von Ungarn gesalbten neuen König die Krone aufzusetzen. Der letzte Palatin, Erzherzog Stephan Viktor, war im Februar 1867 im französischen Exil gestorben. Auch er war durch das Jahr 1848/49 als »Liberaler« kompromittiert und hatte, obwohl er Habsburger war, Ungarn (und Österreich) nach der Revolution verlassen müssen. Er verbrachte bittere Jahre in Krankheit und Mißachtung durch die habsburgische Verwandtschaft und erlebte den Triumph nicht mehr, wieder nach Ungarn zurückkehren und dem König die Krone aufsetzen zu dürfen, wie es Tradition war. Nur seine Leiche kehrte in die Ofener Burg zurück.
Nun wurde diskutiert, ob man mit der Krönung warten müsse, bis ein neuer Palatin gewählt war oder nicht. Schließlich entschied man sich für eine Vertretung, wobei zunächst Franz Deák vorgeschlagen wurde. Doch Deák liebte öffentliches Auftreten und prächtige Zeremonien nicht. Auf seinen Rat hin entschied der ungarische Reichstag, Andrássy die Funktion des Palatins bei der Krönung zu übertragen. Das hieß, daß Franz Joseph die Stephanskrone aus der Hand des ehemaligen Revolutionärs und jetzigen

ungarischen Ministerpräsidenten Andrássy empfangen würde. Auch an dieser Entscheidung nahm Elisabeth Anteil. Sie sagte diesen Ausgang der Diskussionen im Reichstag schon geraume Zeit vorher voraus und schrieb ihrem Mann eine Woche vor der Krönung: »Mit großem Interesse lese ich täglich die Berichte des Reichstages und die verschiedenen Reden in der Angelegenheit der Palatinus-Frage, und immer mehr sehe ich ein, daß ich außerordentlich klug bin, obwohl Du meinen vorzüglichen Verstand nicht genug würdigst.«[110]
Sisis Wiener Feinde sahen all diesen Entwicklungen mit Sorge und Hohn zu. Generaladjutant Crenneville fand zwar die Kaiserin »sehr gesprächig und liebenswert trotz ihrer Faxen et caprices«, schrieb aber auch aus Budapest nach Wien, Elisabeth gebe keine Ruhe und wolle nun nach der Krönung unbedingt einen Ball bei Andrássy besuchen, »der vielleicht kein Verräter mehr ist, aber doch eine falsche von Weibern beeinflußte Canaille«.[111]
Nach alter Tradition war es die Aufgabe der Königin, die Krönungsgewänder eigenhändig zu flicken. Diesmal war eine Reparatur besonders nötig, denn die Krönungsinsignien und -gewänder waren ja von Kossuth nach der Revolution vergraben worden und hatten bis zur Auffindung vier Jahre lang in feuchter Erde gelegen. In den ungarischen Zeitungen war zu lesen, daß Elisabeth, unterstützt von ihrer zehnjährigen Tochter Gisela, nicht nur den Prunkmantel des Hl. Stephan, sondern auch die durchlöcherten Krönungsstrümpfe stopfte – was schwer nachzuprüfen ist, aber in der kurzen verfügbaren Zeit kaum zu schaffen war. Elisabeth soll auch die Füllung der Stephanskrone geflickt und der Kopfweite ihres Mannes angepaßt haben. Jedenfalls gab es über die Weite der Krone noch unmittelbar vor der Krönung Diskussionen, als König und Königin bereits in vollem Ornat waren. Gräfin Helene Erdödy berichtete: »Ihre erste Frage an ihn war, ob ihm die Krone passe und nicht zu groß sei, worauf sich der König sofort in das anstoßende Gemach begab, um hinter der halboffenen Tür alle möglichen Kopfbewegungen zu machen, wobei die herabhängenden kleinen Schnüre hin und her flogen, was sehr lustig aussah.«[112]
Der Krönungstag (8. Juni 1867) begann um vier Uhr früh mit 21

Kanonenschüssen von der Zitadelle des St. Gerhardsberges. Zu dieser Zeit strömten schon die Menschen vom Land in die Stadt, um sich längs der Straßen aufzustellen. Die Magnatenfrauen beschäftigten schon in der Nacht ihre Schneider und Friseure, um pünktlich gegen sechs Uhr früh in langen Wagenkolonnen zur Mathiaskirche nach Ofen zu fahren.

Um sieben Uhr setzte sich der Krönungszug von der Burg aus in Bewegung. Elf hochadelige Fahnenträger, dann Guyla Andrássy, mit dem Großkreuz des Stephansordens an der Brust, in der Hand die heilige Krone Ungarns, hinter ihm die Bannerherren mit den Reichsinsignien auf rotsamtenen Polstern. Dann Franz Joseph.

Unbestrittener Höhepunkt des Zuges war die Königin. Alle Zeitungen Ungarns beschrieben Einzelheiten ihrer Erscheinung, wie der Pester Lloyd: »Auf dem Haupte die diamantene Krone, das leuchtende Symbol der Hoheit, aber den Ausdruck der Demuth in der gebeugten Haltung und die Spuren tiefster Ergriffenheit in dem edlen Antlitze, so schritt oder vielmehr so schwebte sie dahin, als wäre eines von den Bildern, welche die heiligen Räume schmücken, aus dem Rahmen gestiegen und wäre lebendig geworden. Das Erscheinen der Königin rief hier an heiliger Stätte einen tiefen und nachhaltigen Eindruck hervor.«[113]

Bei der feierlichen kirchlichen Handlung wurde Franz Joseph vom Primas von Ungarn zum König gesalbt, Andrássy aber setzte ihm – in Vertretung des Palatins – die Krone auf. Auch Elisabeth wurde gesalbt, die Krone aber nach altem Brauch über ihre rechte Schulter gehalten – von Andrássy.

Die Feierlichkeiten wurden vom Gesang alter traditioneller Psalmen begleitet und von einer modernen Komposition: Franz Liszt hatte schon vor Jahren, in Erwartung einer Königskrönung und auf Wunsch des Fürstprimas von Ungarn, eine »Krönungsmesse« voll nationalem Feuer komponiert. Liszt reiste zur Aufführung eigens von Rom nach Budapest, durfte aber, wie der »Pester Lloyd« kritisierte, sein Werk wegen des »starren Zeremoniells« nicht selbst dirigieren. Daß ein nichtungarischer Dirigent und die kaiserliche Hofkapelle aus Wien dieses nationale ungarische Werk aufführten, erregte erheblichen Ärger.[114]

Ein weiterer Höhepunkt der vielen Feierlichkeiten war der Festzug nach der Krönung über die Kettenbrücke von Ofen nach Pest. (Die beiden Städte waren in dieser Zeit noch getrennt und wurden erst fünf Jahre später – 1872 – zu »Budapest« vereinigt.) Die Damen waren diesmal Zuschauer. Alle Teilnehmer des Festzuges waren zu Pferd. Der König ritt seinen Krönungsschimmel. Der Augenzeuge Przibram berichtete: »Was da an Pracht der Nationalkostüme, an Reichtum der Pferdegeschirre und des Sattelzeuges, an Wert der Edelsteine in Agraffen, Wehrgehängen und Spangen, an alten Waffen, mit Türkisen, Rubinen und Perlen besetzten Säbeln u.s.w. aufgeboten wurde, entsprach mehr einem Bilde von orientalischer Prachtentfaltung als den Schilderungen von der Verarmung und Aussaugung des Landes, wie sie zur Verbrämung der Adreßdebatte aufgewendet wurden. Der Gesamteindruck aber war doch der einer feudal-aristokratischen Heerschau. Man glaubte sich förmlich ins Mittelalter versetzt beim Anblick dieser mit Prunk beladenen Reichsbarone und Bannerherren, denen in stummer Unterwürfigkeit die gewappneten Vasallen und Mannen Heerfolge leisteten. Insbesondere das Banderium der Jazygier und Kumanier, die teils in Panzerhemden, teils in Bärenfelle gekleidet waren und als Hauptschmuck Tierköpfe oder Büffelhörner trugen, mahnte an die Zeiten, da sich das christliche Europa der Einfälle aus dem heidnischen Osten zu erwahren hatte. Vom bürgerlichen Elemente, von Zünften, Gewerben keine Spur.«[115]
Der Luxus stand in grellem Widerspruch zu den äußerst schlechten Zeiten. So kaufte zum Beispiel ein ungarischer Bankier seinem im Festzug mitreitenden Sohn zu einem prächtigen Attila antike Knöpfe, die allein 40 000 Gulden kosteten. Graf Edmund Batthyány hatte sein Kostüm vom Maler Karl Telepy nach mittelalterlichen Zeichnungen rekonstruieren lassen. Er trug darunter ein silbernes Panzerhemd, das in mühevoller Handarbeit aus 18 000 Ringen zusammengesetzt war. Graf Edmund Zichy trug seinen berühmten Smaragdschmuck im Wert von weit über 100 000 Gulden, mit Steinen in Hühnereigröße. Graf Ladislaus Batthyány hatte sich ein massiv silbernes Reitzeug anfertigen lassen. Die Pferdedecke allein wog 24 Pfund.[116] Das alles zur selben Zeit, da

die ungarischen Bauern in tiefster Armut lebten. Auswärtige Beobachter fanden hinter all dem Prunk manche Gelegenheit zur Kritik, so der Schweizer Gesandte: »Der ganze Zug machte, trotz seiner Pracht und wirklichen Großartigkeit auf den unbetheiligten Zuschauer doch etwas den Eindruck eines Faschingsscherzes, wozu insbesondere auch die reitenden Erzbischöfe das ihrige beigetragen haben. Dieses Stück Mittelalter paßt nun einmal nicht in unsere Zeit, nicht zu unserer Bildungsstufe oder zur politischen Entwickelung der Gegenwart.«[117]

Was es mit den reitenden Bischöfen auf sich hatte, beschrieb Przibram. Manche seien an die Pferde geschnallt worden, um nicht herunterzufallen: »Wenn nun vollends ein Gaul durch das Lärmen und Schießen in Aufregung oder gar ein loser Sattelgurt ins Rutschen geriet, so umklammerte mancher dieser Reiter angstvoll den Hals seines Tieres, wobei dann auch die turmhohe Tiara, die sein Haupt schmückte und die gleichfalls vorsichtshalber unterm Kinn angebunden war, am Nacken baumelte, was zur Erheiterung des spalierbildenden Publikums nicht wenig beitrug.«[118]

Auch die Gattin des belgischen Gesandten de Jonghe beschrieb den Glanz des Festes: »Die ungarischen Kostüme verwandeln Vulcanus in Adonis«, sah aber auch die Kehrseite: »Als ich die schönen Herren in ihrer Alltagskleidung sah: Stiefel, eine Art zugeknöpfter Gehrock, eine häßliche kleine Halsbinde, selten ein Hemd, erschienen sie mir von ziemlich schmutzigem Aussehen... In Alledem bleibt ein Rest von Barbarei.«[119]

Der Festzug machte schließlich vor dem Lloydgebäude halt, vor dem die Schwurtribüne aufgebaut war. Hier sprach Franz Joseph, angetan mit dem fast tausendjährigen Mantel und der Krone, die Eidesformel: »Die Rechte, die Verfassung, die gesetzliche Unabhängigkeit und Territorialintegrität Ungarns und der Nebenländer werden Wir unverletzt aufrecht erhalten.«

Nach dem traditionellen Ritt des Königs auf den Krönungshügel folgte ein prunkvolles Schauessen, bei dem die Eingeladenen sich gütlich taten, das Königspaar aber außer ein wenig Wein nichts zu sich nahm. Wie bei allen Zeremonien dieser Tage befand sich auch hier Andrássy in nächster Nähe des Königspaares. Bei diesem

Schauessen hatte er zum Beispiel die Funktion, vor und nach dem Mahl Wasser in ein von Edelknaben gehaltenes Becken zu gießen, während der Fürstprimas den Majestäten das Handtuch zum Abtrocknen reichte.

Das »Volk« nahm hauptsächlich als Zuschauer an den Festlichkeiten teil. Nur bei einem Fest, dem »Nachtfest« auf der Generalwiese, war jedermann eingeladen. Ludwig von Przibram: »Ochsen und Hammel wurden am Spieß oder auf wahren Scheiterhaufen gebraten; aus Stückfässern floß der Wein, in Riesenkesseln brodelte das Gulasch; aus Pfannen vom Durchmesser eines Wagenrades schöpfte man ein Gemisch von Fischen, Speck und Paprika, und alle diese Genüsse wurden gratis geboten.« Mitten in all dem Trubel »die Gestalt des Monarchen, umringt von einer Schar meist bäuerlich gekleideter Männer und Weiber, einige davon kniend, andre mit hoch emporgereckten Armen, Eljen rufend, und dazwischen schwirrende Geigenklänge einer wie toll drauflos fidelnden Zigeunerbande, das Ganze beleuchtet vom Feuerschein eines der offenen Scheiterhaufen – fürwahr ein abenteuerliches Bild.«[120]

Zwei Gnadenakte versetzten nach der Krönung »ganz Ungarn in einen fast frenetischen Enthusiasmus«, wie der Schweizer Gesandte schrieb. Der erste war die allgemeine Amnestie für alle politischen Vergehen seit 1848 sowie die Rückstellung sämtlicher beschlagnahmter Güter. »Die Amnestie ist eine der unbedingtesten, die je im Kaiserreiche erlassen wurde, denn es ist kein einziger der Verurtheilten oder Compromittirten davon ausgeschlossen. Selbst Kossuth und Klapka können, wenn sie Treue dem gekrönten Könige und Gehorsam der Gesetze des Landes angeloben, ganz ungehindert in ihr Vaterland zurückkehren.«[121] (Kurze Zeit später erließ der Kaiser auch für die westliche Reichshälfte, Cisleithanien, eine entsprechende Amnestie).

Der zweite große Gnadenakt war eine Provokation für alle Nichtungarn und für alle jene, die 1848/49 treue Kämpfer für die kaiserliche Sache gewesen waren: Das traditionelle Krönungsgeschenk – eine Summe von 100000 Gulden – wurde auf Antrag Andrássys den Witwen, Waisen und Invaliden der Honvédarmee weitergegeben – wohlgemerkt jener nationalungarischen Armee, die 1848/49 gegen die kaiserliche Armee gekämpft hatte. Dieses Geschenk sollte ein Zeichen der Versöhnung des Kaisers mit den nationalen Ideen des Jahres 1848 sein. Der bittere Kommentar Crennevilles (und vieler anderer Österreicher): »es ist eine Niederträchtigkeit. Ich möchte schon lieber tot sein als solch eine Schmach zu erleben! Wo werden wir hinkommen? Das heißt nicht regieren, solcher Canaillen Ratschläge zu befolgen. Andrássy verdient den Galgen mehr als 1849.«[122]

Auf Andrássys Betreiben (der ja selbst Offizier der Honvéd war) wurde die Honvéd-Armee als königlich ungarische Landwehr wieder eingerichtet, freilich mit der Bestimmung, im Kriegsfall dem gemeinsamen k.u.k. Heer untergeordnet zu sein. Von einem entsprechenden Zugeständnis an andere nationale Gruppen war nie die Rede.

Ein großer Teil dieser kaiserlichen Gnaden wurde, sicherlich nicht zu Unrecht, auf Elisabeths Aktivität zurückgeführt. Die ungarischen Zeitungen streuten der Königin eifrig Lorbeeren: »Und wer sollte es verkennen, daß die Liebe der Nation auch ganz und ungetheilt der Königin zugewendet ist?«, schrieb der deutschsprachige Pester Lloyd, »Wird doch die anmuthsvolle Frau wie eine wahre Tochter Ungarns betrachtet. Ist man ja überzeugt, daß in ihrem edlen Herzen die Gefühle der Vaterlandsliebe wohnen, daß sie wie die ungarische Sprache so auch die ungarische Denkweise sich angeeignet, daß sie stets eine warme Fürsprecherin der Wünsche Ungarns gewesen.«[123] Der Schweizer Gesandte stellte fest, daß Elisabeth »gegenwärtig die populärste Persönlichkeit in ganz Ungarn« war.[124]

Die ungarische Nation schenkte dem Königspaar zur Krönung das Schloß Gödöllö als Privatresidenz. Das Schloß lag etwa eine Wegstunde von Budapest entfernt (heute gehört es zu den Vorstädten der ungarischen Hauptstadt). Es stammte aus dem 18. Jahrhundert, hatte etwa einhundert Räume und war von einem rund 10 000 Hektar großen Waldgebiet umgeben, das sich vorzüglich für Reitjagden eignete. Dieses Geschenk war ein Triumph für Elisabeth. Denn schließlich hatte ihr Kaiser Franz Joseph diesen so ersehnten Wunsch wegen Geldmangels abgeschlagen. Nun wurde ihr Traum ausgerechnet von Andrássy – im Namen der ungarischen Nation – erfüllt. Sisi zeigte ihre Dankbarkeit damit, daß sie viele, viele Monate des Jahres künftig nicht in Wien, sondern in Gödöllö oder Ofen verbrachte.

Das größte Geschenk Elisabeths an Ungarn und an ihren Mann, der nun gekrönter König von Ungarn und konstitutioneller Monarch war, war ihre Bereitschaft, ihre hartnäckige Weigerung aufzugeben und noch einmal ein Kind zu bekommen. An der Tatsache, daß sie dieses große Opfer ausschließlich für die ungarische Nation brachte, ließ sie allerdings zum verständlichen Ärger in »Cisleithanien« keinen Zweifel – ebensowenig daran, daß sie dieses Kind anders behandelt wissen wollte als die älteren Kinder, die ja von Erzherzogin Sophie erzogen worden waren.

Etwa drei Monate vor der voraussichtlichen Geburt verließ sie Wien und ließ sich in Budapest nieder, wo alles für eine Entbindung vorbereitet war. Die beiden älteren Kinder – Gisela und Rudolf – blieben in Wien zurück. Kaiser Franz Joseph pendelte zwischen Wien und Budapest, um abwechselnd bei den Kindern und seiner Frau zu sein.

Dieser höchst private Entschluß, noch einmal ein Kind zu bekommen, entsprang höchst politischen Motiven und hatte auch politische Wirkung, denn er vertiefte den Gegensatz zwischen Trans- und Cisleithanien. Der Schweizer Gesandte berichtete nach Bern: »Je mehr aber die Kaiserin sich die Sympathien der Ungarn zu gewinnen suchte, desto mehr verlor sie diejenigen der Bevölkerung der österreichischen Länder und man sprach allgemein den Wunsch aus, das zu erwartende Kind möchte ein Mädchen sein, denn man verhehlte sich nicht, daß trotz Pragmatischer Sanktion und aller später geschlossener Pacte, ein von der Königin von Ungarn in der Ofner Burg geborener Knabe der künftige König von Ungarn sein werde und dadurch mit der Zeit die Trennung der Länder der ungarischen Krone von Österreich herbeigeführt werde.«[125]

Diese Befürchtungen bestanden völlig zu recht, werden auch durch ein Gedicht Elisabeths (»O könnt ich euch den König geben!«) bestätigt:

O Ungarn, geliebtes Ungarnland!
Ich weiß dich in schweren Ketten.
Wie gerne böt ich meine Hand,
Von Sklaverei dich zu retten!

Es starben für Freiheit und Vaterland,
Der hehren Helden nicht wenig.
Könnt knüpfen ich mit euch ein inniges Band,
Euren Söhnen jetzt schenken den König.

Er sollte ein Ungar von echtem Stamm,
Ein Held sein von Stahl und von Erz,
Mit klarem Verstand, ein starker Mann,
Für Ungarn nur schlüge sein Herz.

Frei macht er euch, trotz allem Neid,
Ein stolzfreies Ungarn für ewig!
Und er teile mit allen Freud und Leid,
So soll er sein – euer König![126]

Zehn Monate nach der Krönung, im April 1868, kam in Budapest Sisis jüngstes Kind, Marie Valerie, auf die Welt. Die Erleichterung, daß nicht ein Sohn, sondern eine Tochter den Ungarn quasi zum Geschenk gemacht wurde, war in Wien groß. Erzherzogin Sophie zum Beispiel schrieb in ihr Tagebuch, die Kleine sei mit Freuden begrüßt worden »vor allem durch die *treuen* Ungarn, die die Geburt eines Sohnes in Buda fürchteten. Denn sie hätte ein Vorwand sein können zur Lösung Ungarns von der Monarchie.«[127] Daß die ungarische Umgebung der jungen Kaiserin nach Sophies Überzeugung nicht aus »treuen« (das hieß kaisertreuen, nach einem zentralistischen Wien und nicht nach Budapest hin orientierten) Ungarn bestand, wird aus dem Text deutlich.

Der Wiener Tratsch befaßte sich mit diesem »einzigen« Kind ausgiebig und wollte niemand anderen als Gyula Andrássy als Vater anerkennen. Diese Tratschereien kamen auch der Kaiserin zu Ohren und verstärkten ihren Haß auf den Wiener Hof.[128] Franz Josephs Vaterschaft ist aus einigen erhaltenen intimen Briefen der

Kaiserin an ihn eindeutig zu beweisen, ganz abgesehen davon, daß gerade Marie Valerie sehr viele Ähnlichkeiten mit dem Kaiser aufwies. Trotz riesiger Neugier und geradezu kriminalistischem Spürsinn mancher Hofchargen, einen »Fehltritt« der Kaiserin mit Andrássy nachweisen zu können, ist dies doch nie gelungen. Beide, sowohl die Kaiserin wie Andrássy, standen ständig unter der keineswegs wohlwollenden Kontrolle vieler, vieler Höflinge. Daß die (unzweifelhafte) Liebe der beiden auch nur ein einziges Mal zu eindeutiger »Verfehlung« geführt hätte, ist nach Aussage der Quellen geradezu undenkbar – ganz abgesehen davon, daß Elisabeth keine Frau war, die in körperlicher Liebe etwas Erstrebenswertes sah, und Andrássy immer und in jeder Situation ein wohl kalkulierender Politiker blieb.

Die Taufe in der Ofener Burg war ein großes ungarisches Fest, angefangen mit der Auffahrt der Galakarossen der Aristokratie, alles in großer Staatsgala. Der ungarische Ministerpräsident Gyula Andrássy fuhr mit Reichskanzler Beust in seiner Galakarosse als einziger direkt in den Burghof ein, auf der Fahrt wie stets in Ungarn stürmisch gefeiert.

Die beiden Paten waren zwei Schwestern Elisabeths: Exkönigin Marie von Neapel (sie trug stolz die Gaeta-Medaille und antwortete zur allgemeinen Überraschung dem Fürstprimas auf ungarisch – Floskeln, die Elisabeth ihr vorher mühsam eingelernt hatte) und Gräfin Mathilde Trani.

Zum Abschluß der Feierlichkeiten gab es ein Freudenschießen der Ofener Schützen, bei dem auch der König und Andrássy erschienen. Beim Scheibenschießen erreichte Franz Joseph als besten Schuß einen mäßigen »Zweier« und wurde auch hier von Andrássy übertrumpft, der mit einem »Vierer« den besten Schuß des ganzen Nachmittags schaffte.[129]

Diese neuerlichen ungarischen Feiern wurden, wie kaum anders zu erwarten, in Wien unfreundlich kommentiert. Erzherzogin Therese zum Beispiel schrieb an ihren Vater, Erzherzog Albrecht: »Diese ungarische Taufe hat mich wirklich entrüstet, am Meisten aber, daß der Kaiser im Theater so kühl empfangen wurde. Da sieht man, was das für eine undankbare Nation ist!«[130]

Elisabeths Einfluß auf den Kaiser war in dieser Zeit in Wien gefürchtet. Crenneville schrieb seiner Frau im Juni 1868: »Der Kaiser kam weder vorgestern noch heute in die Stadt, ich besorge, er hasst Wien aus Liebe für Sisi und hat darum auch die [Fronleichnams-]Procession abgesagt.«[131]
Die Wiener Zeitungen brachten wiederholt maliziöse Meldungen über Elisabeths Vorliebe für Ungarn. So hieß es zum Beispiel, die Obersthofmeisterin Gräfin Königsegg werde abgelöst und an ihre Stelle trete nun Andrássys Frau Katinka – eine Falschmeldung.[132] Eine andere Zeitungsmeldung allerdings wurde durch Crenneville bestätigt: »Alles, was die Zeitungen über den Cercle und die Abreise Sisis erzählen, ist buchstäblich wahr.«[133] Dies bezieht sich auf den Bericht des Neuen Wiener Tagblatts, die Kaiserin habe in Budapest zur Gräfin Károlyi gesagt: »Ich reise fort, komme aber längstens bis zum Herbst wieder *nach Hause.*«[134] Daß eine solche Äußerung in Wien böses Blut machen mußte, war nicht überraschend – ebenso wie die Tatsache, daß Sisi von Budapest aus nur ganz kurz Zwischenstation in Wien machte und gleich nach Bayern weiterfuhr (also noch nicht einmal nach Ischl), wohlgemerkt mit dem »ungarischen« Kind . Therese Fürstenberg: »Die Kaiserin und das Kind gehn nächstens eine Villa am Starnberger See beziehn, sie wollen dort durch 4 Wochen *ungestört* ihr Glück geniessen, fern von allem, was dabei hinderlich sein könnte. Das ist eine tolle Wirtschaft in Wien, die ihr Wesen ungehindert treibt. Es schauert einem ob der entsetzlichen Gefälligkeit. Es ist, wie die Geschichte lehrt, *nie* die feste, ordnungshaltende, selbst rücksichtslose Hand, die zu Falle kommt; wo alles zu erreichen, ist auch alles zu versuchen.«[135]
Die kleine Valerie, die bald in Wien nur noch »die Einzige« hieß, wurde in »Cisleithanien« nicht sehr herzlich begrüßt. Crenneville schrieb boshaft über »das ungarische Kind. Es sieht gerade so aus wie jedes andere, hat nicht geschrien, was nicht ungarische Nationalität beweist.«[136]
Mit einer übergroßen, ausschließlichen Liebe widmete sich Elisabeth diesem ihrem jüngsten Kind. Sie sagte einige Jahre später ihrer Hofdame Gräfin Festetics: »Jetzt weiß ich es, was für eine

Glückseligkeit ein Kind bedeutet – jetzt habe ich schon den Mut gehabt, es zu lieben und bei mir zu behalten.« Es folgte dann wieder die Klage, daß man ihr die anderen Kinder »sofort weggenommen habe«.[137]

Sisis Liebe zu diesem ihrem jüngsten Kind wirkte selbst auf die (ihr überaus wohlgesinnte) Hofdame Festetics derartig exaltiert, daß diese sich Sorgen machte: »Es ist kein Maß in Ihr und Sie leidet mehr durch diese Lebensfreude, als sie Glück durch sie gewinnt – eine zitternde Angst für ihre [Valeries] Gesundheit, dann wieder das Gefühl, man wolle die Kleine entfremden.«[138] Die schwache Gesundheit der kleinen Valerie hielt in den nächsten Jahren Elisabeths Umgebung in Atem, denn die Mutter reagierte auf jedes Zahnweh, jedes kleine Hüsteln des Kindes mit maßloser Aufregung.

Ihre Vorliebe für Ungarn demonstrierte die Kaiserin auch in den nächsten Jahren derartig, daß es einer Provokation gleichkam. So bestellte sie ausgerechnet in der Ischler Pfarrkirche eine Messe zum Namenstag des hl. Stephan, dem Nationalfeiertag der Magyaren. Landgräfin Fürstenberg: »dieser kleinen Demonstration wohnte *niemand* sonst von der Familie bei, elle seule et ses fidèles«. Den Ischlern diente es laut der Landgräfin »zur höchsten Belustigung, besonders weil es keinen Sonn- und Feiertag gibt, wo sie in die Pfarrkirche geht«.[139]

Den Kontakt mit den großen Männern Ungarns – Deák, Andrássy, Falk, Eötvös – hielt die Kaiserin zeitlebens aufrecht, ja, sie ließ keinen Zweifel daran, daß sie deren Größe anerkannte: »Heute kommt Deák zum Essen, eine grosse Ehre für mich«, schrieb sie 1869 an den Kaiser.[140] Überflüssig zu bemerken, daß keiner der »Großen« aus Cisleithanien, sei es aus Politik, Kunst oder Wissenschaft, jemals von der Kaiserin zum Essen eingeladen wurde, ganz zu schweigen davon, daß sie sich einen solchen Besuch zur »Ehre« angerechnet hätte. Die Szene, wie die Königin an der Bahre des toten Deák 1876 weinte, wurde zu einer patriotischen Legende Ungarns.

Die Korrespondenz zwischen Elisabeth und Andrássy (nach wie vor über die Adressatin Ida Ferenczy) blieb bis zu Andrássys Tod

1890 aufrecht. Andrássys Verehrung für die Kaiserin stand außer Frage und ist aus jeder Zeile der Briefe herauszulesen: »Sie wissen«, schrieb er einmal an Ida, »daß ich sehr viele Herren habe – den König, das Unterhaus, das Oberhaus usw. – Herrin jedoch nur eine, und gerade weil ich nur eine Frau kenne, die mir befehlen kann, gehorche ich sehr gerne.«[141]

Die häufigen ausgedehnten Aufenthalte Elisabeths in Ungarn führten zu ständigen Eifersüchteleien in Österreich, die sich auch in den Zeitungen niederschlugen. So schrieb zum Beispiel 1870 ein Wiener Blatt mit scharfer Ironie, die Kaiserin sei »der reizendste Gast der Wiener Hofburg«.[142] Das Neue Wiener Tagblatt höhnte: »Liest man die Berichte der Pester Journale über den Aufenthalt der Majestäten im Ofner Königsschlosse und geht man die Blumenlese höchster und allerhöchster Gefühlsäußerungen durch, die seit Jahr und Tag in den Notizen der ungarischen Zeitungen sich angesammelt, so bekömmt man nothgedrungener Maßen den Eindruck, daß jede Unterbrechung des Residirens in der Hauptstadt Ungarns, daß jeder zeitweilige Aufenthalt in Wien von der kaiserlichen Familie wie eine Art Verbannung empfunden werde.«

Es war eine kaum verhüllte Kritik an der Kaiserin, als das Blatt darauf hinwies, daß »auch wir ›Österreicher der zweiten Rangklasse‹, wir Cisleithaner, unsere ›Revolutionsleiden‹, unsere Galgen und Exekutionen mit Pulver und Blei, unsere Kasematten und ›schwere Kerker‹, unsere Konfiskationen und Exile hatten, daß es aber keinem Menschen eingefallen ist, uns dafür zu hätscheln und zu lohnen.«[142]

Auch der Autoritätsverlust des Kaisers wurde bitter beklagt. Dieselben Kreise, die einst den Einfluß der Erzherzogin Sophie hingenommen, ja gebilligt hatten, kritisierten jetzt die so offenkundige Schwäche Franz Josephs gegenüber seiner ebenfalls höchst energischen Gattin. Elisabeth hatte den Bogen überspannt, ihre Macht über den kaiserlichen Gatten zu deutlich demonstriert.

Die Kaiserin ihrerseits, überempfindlich gegen jede Kritik, nahm die mißmutige Reaktion ihrer Wiener Umgebung zum Anlaß, um sich noch mehr zurückzuziehen und sich in einen Haß gegen Wien hineinzusteigern. Ihre Privatbriefe sind voller abfälliger Bemerkungen über Wien und Österreich. So schrieb sie 1869 an Ida Ferenczy, ihre Schwester Mathilde könne »genau so nicht ausstehen, was österreichisch ist, wie ein anderer«, womit sie sich selbst meinte.[143]

Ihre ungarischen Anhänger, so die Hofdame Gräfin Festetics, beschuldigten nun ihrerseits den Hof, die Kaiserin »in die Einsamkeit getrieben« zu haben: »Alles wegen des unglücklichen Ausgleichs mit Ungarn? es ist geschehen – ja! es war ihr Werk – aber ist denn das Verbrechen so groß, dem Kaiser ein Land, die ½ Monarchie in Treue wieder zu geben? Ist es so wonnevoll, mit Pulver und Blei und dem Galgen zu regieren? Kann es eines edlen noblen Menschen würdig sein, einem Land, dem man eine Constitution versprochen hat – seine Sprache zu verwehren?«[144] Marie Festetics drückte hier aus, was man von den meisten Ungarn in immer neuen Variationen zu hören bekam. So viel und je mehr die Wiener auch schimpften: die Ungarn ließen nichts auf ihre Königin kommen, vom einfachen Mann bis zum Magnaten.

Unabhängig von allen nationalen Eifersüchteleien und unabhängig von der Person der Kaiserin stieß die Konstruktion des neuen Doppelstaates Österreich-Ungarn im Ausgleich von 1867 auf die Kritik vieler »Altösterreicher«. So schrieb etwa der Orientalist Baron Prokesch-Osten dem Schriftsteller Alexander von Warsberg 1876 (und der Leiter der kaiserlichen Kabinettskanzlei, Baron von Braun hielt diesen Brief für so wichtig, daß er ihn eigenhändig abschrieb): »Es gibt für Individuen wie für Völker und Staaten ein Verhängniß, das sie sich selbst aufbauen. Österreich hat durch die Zweitheilung den Todesstoß empfangen. Alles was seitdem geschieht, ist unerläßliche Folge davon und es ist gleichgültig, ob es mit klarsehenden oder mit geblendeten Augen der Zukunft entgegeneilt, die nur mehr eine und dieselbe sein kann.«[145]

Die Meinungen darüber, ob der »Ausgleich« mit Ungarn aus österreichischer Sicht positiv oder negativ zu beurteilen ist, sind auch heute noch, mehr als hundert Jahre später, geteilt. Die Alternative wäre freilich aller Wahrscheinlichkeit nach die Loslösung Ungarns von Österreich gewesen, ähnlich der italienischen Entwicklung. Die Diskussionen über die Frage des Ausgleiches spitzen sich also zwangsläufig auf die Frage zu, ob das Verbleiben Ungarns bei Österreich positiv oder negativ zu werten sei. Die Argumente dafür und dagegen haben inzwischen erhebliche Ausmaße angenommen.[146] Aus böhmischer Sicht (aber auch südslawischer, polnischer, slowakischer etc.) allerdings konnte der Ausgleich mit Ungarn nur negativ beurteilt werden.

Andererseits hatte die Katastrophe von Königgrätz und der »Ausgleich« mit dem liberal regierten Ungarn eine Schwächung der kaiserlichen Macht zur Folge: Kaiser Franz Joseph trat in den Rang eines konstitutionellen Herrschers zurück. Die neue Verfassung und die Freiheiten, die er 1867 sowohl in Cis- wie in Transleithanien gewährte, waren die Voraussetzung für die Blüte in Wirtschaft und Wissenschaft der nun folgenden liberalen Ära. Aus dem nach den strengen Prinzipien des Gottesgnadentums regierten Kaisertum Österreich war ein moderner, mit großzügigen liberalen Gesetzen ausgestatteter Doppelstaat Österreich-Ungarn geworden, dem Kaiser Franz Joseph als ein loyaler konstitutioneller Herrscher vorstand.

7. Kapitel

Die Last der Repräsentation

Elisabeths Triumphe Mitte der sechziger Jahre – Rudolfs liberale Erziehung und der Ausgleich mit Ungarn – reizten die höfische Gesellschaft in Wien derart, daß die Kluft zwischen dem Hof und der Kaiserin unüberbrückbar wurde. Sisi ihrerseits mied mehr denn je die Wiener »Kerkerburg«, weil sie die allgemeine Abneigung nur zu deutlich zu spüren bekam.
Auch das neue Unglück in der Habsburgerfamilie, der Tod Kaiser Maximilians von Mexiko, vermochte die verhärteten Fronten nicht zu lockern. Anfang Juli 1867 kam die Meldung, Max sei in Queretaro erschossen worden. Dies war ein Schicksalsschlag, den die inzwischen 62jährige Erzherzogin Sophie nicht mehr überwand. Denn Max war ihr Lieblingssohn gewesen. Ihr Trost war, »daß sie ihm stets abgerathen, es nicht einen Augenblick gebilligt hätte«, nach Mexiko zu gehen.[1] Sie wußte, daß er in den letzten Stunden seines Lebens Würde, Frömmigkeit und heldenmütige Haltung gezeigt hatte. »Aber die Erinnerung an die Martern, durch die er gehen mußte, an seine Verlaßenheit fern von uns geht mit mir durchs Leben und ist ein unbeschreiblicher Schmerz.«[2] Sophies Lebensmut war gebrochen. Sie hatte noch fünf Jahre zu leben – und diese fünf Jahre waren erfüllt von Trauer um ihren Max. Sie wurde noch frommer, gab jeden Kampf auf, auch den gegen ihre Schwiegertochter Elisabeth.
Franz Josephs Trauer um den jüngeren Bruder hielt sich in Grenzen. Max war, vor allem in der Zeit als Thronfolger, ein überaus unbequemer und gefährlicher Rivale gewesen. Er hatte alles, was Franz Joseph nicht besaß: Phantasie, Charme, wissenschaftliche und künstlerische Interessen, freiheitliche Neigungen auch in der Politik. In der Bevölkerung war Max stets der beliebtere der Brüder gewesen. Er war es, auf den die Gegner des Absolutismus

Hoffnungen setzten – das wußte der Kaiser nur zu genau. Franz Joseph war wohl nicht der richtige, um seine schwergebeugte Mutter zu trösten.

Umso mehr Hoffnungen wurden in dieser Situation auf die Kaiserin gesetzt. Max war einmal ihr Lieblingsschwager gewesen – bis zu seiner Ehe mit der schönen Charlotte. Für das mexikanische Abenteuer hatte Elisabeth ebenso wenig wie Sophie Verständnis gehabt. Das Unglück in Mexiko hätte eine Verständigung der beiden Frauen herbeiführen können. Doch auch diese Hoffnungen erfüllten sich nicht. Therese Fürstenberg beklagte ihre Herrin Sophie: »Es ist nachgerade unmöglich, ruhig zuzusehen, wie sie allein gelassen wird... es packt einen manchmal ein gewaltiger Zorn, und wäre nicht der gute Kaiser und die liebenden Kinder, man möchte wirklich, dass der Hagel dreinschlüge!«[3]

Schließlich war es Herzogin Ludovika, die Sophie bei sich in Possenhofen für einige Wochen aufnahm, um Trost zu geben. Auch andere Trauernde waren zur selben Zeit dort: die völlig verstörte Helene Taxis, deren Mann plötzlich nach der Geburt ihres vierten Kindes gestorben war und Sisis Lieblingsbruder Carl Theodor, der kurz zuvor Witwer geworden war mit seiner kleinen Tochter Amelie.

Die Wiener Hofdamen reisten voll Neugierde in Sisis Elternhaus, erkannten aber, »daß jetzt so viel Kummer und Leid auch hier herrscht und das zähmt die wildeste Gesellschaft... aber das Leben ist eigen. Eine Unmasse Menschen, noch mehr Hunde umgeben einen, die ersten alle schwarz [wegen der Trauer], die letzten meist weiß«..«[4] (Ludovikas Lieblingshunde waren weiße Spitze).

In Possenhofen erreichte ein Bote aus Mexiko die Erzherzogin. Er erzählte über die letzten Stunden des Kaisers Max, brachte auch Reliquien mit: ein kleines Stück vom Paletot, den Max bei der Exekution trug, dann ein Tuch, in das er nach seinem Tod eingehüllt wurde und schließlich einen kleinen Ast von einem Baum des Exekutionsplatzes in Queretaro.[5]

Landgräfin Fürstenberg sah die Tränen Sophies und der jungen Witwe Helene Taxis: »ein erbarmungswürdiger Anblick, ein wah-

res Bild des Jammers, um nicht Verzweiflung zu sagen ... dies arme Geschöpf, vernichtet und durch den Schmerz gezähmt«. Auch in diesem Zusammenhang fehlten die Seitenhiebe auf Elisabeth nicht, denn Erzherzogin Sophie war (laut Therese Fürstenberg) über Helenes »Frömmigkeit erbaut; sie hat wenigstens ihren Mann gewissenhaft geliebt; davon hat man doch was!«[6]
Auch Sophies Tagebuch dokumentiert eine tiefe Zuneigung zu Helene Taxis: »Ich sagte mir, da sind wirklich die tiefsten Schmerzen Seite an Seite, der Schmerz der Witwe eines geliebten Mannes und der Schmerz einer Mutter über den Verlust und das Martyrium ihres getöteten Sohnes.«[7]
Energisch lehnte es Sophie ab, mit dem »Mörder ihres Sohnes«, Napoleon III., zusammenzutreffen, der im August 1867 nach Salzburg reiste, um der Kaiserfamilie sein Beileid am Tod Maximilians auszudrücken. Sophie konnte es dem französischen Herrscherpaar nicht vergessen, daß es ihren Sohn in das mexikanische Abenteuer gelockt hatte und dann, als Max in Not war, ihm nicht zu Hilfe gekommen war.
Elisabeth hatte andere Gründe, diesem sensationsgeladenen Treffen fernbleiben zu wollen. Sie schob wieder einmal Unwohlsein vor, dachte auch an eine Schwangerschaft (es war ja ein Monat nach der ungarischen Krönung) und schrieb ihrem Mann: »Vielleicht bin ich in der Hoffnung. In dieser Ungewißheit ist der Salzburger Besuch sehr drückend. Den ganzen Tag könnte ich weinen, so unendlich traurig bin ich. Meine liebe Seele, tröste mich, da ich es sehr nötig habe. Jede Lust verging mir, will nicht reiten, auch nicht spazierengehen, alles ist mir auf der Welt Pomade.«[8]
Aber diesmal halfen ihre Klagen nichts. Das Salzburger Treffen fand statt. Die politischen Ergebnisse waren aber recht mager. Zu der (von Bismarck gefürchteten) österreichisch-französischen Einigung gegen Preußen kam es nicht. Im Kreis um Erzherzogin Sophie mokierten sich selbst die Hofdamen über den »Emporkömmling« Napoleon und die so wenig ebenbürtige Eugénie, die nur eine geborene Gräfin war. Therese Fürstenberg: »Indessen sitzen sie in Salzburg traulich beisammen, die Repräsentanten

strengster Legitimität und die Repräsentanten des geraden Gegenteils, unser schlichtes Kaiserpaar, das um neun Uhr schlafen geht und die pracht- und festgewohnten Franzosen!«[9]
Allerdings: die Franzosen übertrafen die Österreicher bei weitem, was gesellschaftliche Unterhaltung anging. Graf Hans Wilczek, der bei dieser Zusammenkunft anwesend war, berichtete zum Beispiel, bei einem Déjeuner in Hellbrunn sei plötzlich das Eßbesteck der Kaiserin Elisabeth verschwunden: »Das Erstaunen war groß, es konnte ja nur ein Taschenspielerkunststück sein, aber wer von uns war so geschickt, es auszuführen?« Da sagte Kaiser Napoleon lächelnd: »Ich habe in meinem Leben einige Talente erworben, und ich bediene mich ihrer, um meine Freunde zu erfreuen, wenn die Fröhlichkeit zu fehlen beginnt.«[10]
Wie so häufig am Wiener Hof, hatte auch diesmal wieder die kaiserliche Konversation um Franz Joseph und Elisabeth bei Tisch gestockt, und Napoleon III. hatte die Peinlichkeit sehr geschickt mit seinen Taschenspielerkünsten überdeckt.
Je unergiebiger das Treffen von Salzburg wurde, desto mehr Aufmerksamkeit zogen die beiden Kaiserinnen auf sich – wie man sagte, die beiden schönsten Frauen ihrer Zeit. Jedermann fühlte sich zum Urteil darüber berufen, wer nun die schönere von beiden sei.
Elisabeth und Eugénie zeigten (gemäß den politischen Umständen) in der Öffentlichkeit keinerlei Freundschaft oder gar Intimität. Sie verstanden sich aber doch weit besser, als es der Tratsch von der angeblichen Rivalität schöner Frauen wissen wollte. Graf Wilczek erzählte, Elisabeth habe eines Mittags in Salzburg unauffällig und ganz privat Kaiserin Eugénie besucht, und er, Wilczek, habe vor der Tür Wache halten und alle Besucher fernhalten müssen. Als nun Kaiser Napoleon III. höchstpersönlich um Einlaß bat, sei er unsicher geworden und habe bei Eugénie nachfragen wollen, ob ihr strikter Befehl, niemanden vorzulassen, wirklich auch für ihren kaiserlichen Gatten gelten sollte. Wilczek: »Ich öffnete ganz still die Türe und mußte durch zwei leere Zimmer des Appartements gehen, sogar durch das Schlafzimmer bis zum Toilettenkabinott, dessen Türe halb offen stand. Ihr gegenüber befand

sich ein großer Spiegel, und mit dem Rücken gegen die Tür gewendet, hinter welcher ich stand, waren die beiden Kaiserinnen damit beschäftigt, sich mit zwei Zentimetermaßen die schönsten Wadenbeine, die damals wohl in ganz Europa zu finden waren, abzumessen. Der Anblick war unbeschreiblich und ich werde ihn mein Leben nicht vergessen.«[11]

Von den Füßen der Kaiserin Eugénie war damals in Europa viel die Rede. Denn sie trug (was die österreichischen Beobachter »demi-monde« fanden) derartig kurze Röcke, daß ihre Knöchel zu sehen waren. Sisi dagegen erschien in eher altmodischen, bodenlangen Kleidern und wahrte die Würde der kaiserlichen Majestät.

Salzburger Treffen des österreichischen und französischen Kaiserpaares: Napoleon III., Eugénie (man beachte ihre schockierend kurzen Röcke!), Elisabeth, Franz Joseph.

Überwiegend herrschte die Meinung, die um dreizehn Jahre ältere Eugénie habe zwar ebenmäßigere Züge, aber Elisabeth sei weitaus anmutiger. Andere Beobachter entdeckten aber außer der Schönheit bei Eugénie auch noch andere Qualitäten: »Was aber ihren Zügen einen besonderen Reiz verlieh«, schrieb Prinz Hohenlohe-Ingelfingen, »war ein Ausdruck von Geist und Sicherheit, den man bei ihrer stets verlegenen Nachbarin vermißte«.[12]
Die Gegeneinladung Napoleons III. nach Paris zur Weltausstellung nahm Elisabeth nicht an: inzwischen war sie wirklich schwanger und hatte einen Grund, ihren Mann allein fahren zu lassen. Sie wich damit auch einem Zusammentreffen mit Pauline Metternich aus, die als Gattin des österreichischen Botschafters in Paris den Kaiserbesuch auf das glänzendste organisierte und einen triumphalen Erfolg verbuchte.

Elisabeths Selbstbewußtsein zeigte sich auch darin, daß sie wie selbstverständlich regelmäßige und ziemlich ausgiebige Aufenthalte in Bayern nahm. In der kaiserlichen Sommerfrische Ischl, wo sich auch die Eltern des Kaisers aufhielten, ließ sie sich immer seltener sehen. Die Wiener Tratschereien über die »Bettelwirtschaft« in Possenhofen, »diesen Ort, der uns manches Ärgernis ausgebrütet hat«,[13] kümmerten sie nicht mehr. Sie zeigte offen, daß sie sich in Bayern wohler fühlte als in Österreich und daß ihr das turbulente Familienleben um die Herzogin Ludovika besser gefiel als das kalte und langweilige Hofleben in Wien.
Fröhlich versicherte Elisabeth ihrem damals sechsjährigen Sohn Rudolf, sie gehe »täglich mit der Großmama in die Hauskapelle, wo ein Franziskaner viel schneller die Messe liest wie unsere Sonntags-Messe ist«,[14] eine Bemerkung, die der stets mitlesenden Erzherzogin Sophie kaum Freude gemacht haben dürfte. Sie beschrieb ihr Leben im Kreis der Geschwister, die sich allabendlich zusammenfanden: Dann kommt »Onkel Mapperl [Max Emanuel in Bayern] mit einem Pack Bücher, dauert es lang, so schläft alles ein, wir bespritzten Sophie mit Wasser, damit sie recht bös wird, und das ist die einzige Unterhaltung«. Mit der jüngsten Schwester Sophie sitze sie oft bis in die Nacht beisammen, wenn alle anderen

schon schliefen: »und schwätzen uns aus, was wir den ganzen Tag nicht können«.[15] Die Hofdamen konstatierten die »Schwärmerei« der Kaiserin für Possenhofen.[16]
Elisabeth hatte gerade in den sechziger und siebziger Jahren ein außerordentlich enges Verhältnis zu ihren Schwestern. Sie half, wo sie nur konnte, fuhr zur Niederkunft Mathildes 1867 nach Zürich und 1870 zur Niederkunft Maries nach Rom, kümmerte sich um ihre Schwestern weit mehr als um ihre Tochter Gisela und um den Sohn Rudolf. Die nach Bayern mitreisenden Suiten erlebten die Kaiserin im Familienkreis »so nett mit den Geschwistern, daß es eine Freude ist, sie so zu sehen«.[17]
Freilich – die ältesten beiden Kinder – Gisela und Rudolf – interessierten Sisi weniger denn je. Der erste Theaterbesuch der Kinder, ja sogar Giselas Fest der ersten Kommunion, die vielen bedeutenden Ereignisse im Leben dieser gesunden, wohlerzogenen Kinder spielten sich unter den Augen des Vaters, der Großmutter, der Erzieher und Hofdamen, nicht aber der Mutter ab. Therese Fürstenberg fand die beiden ältesten Kaiserkinder »allerliebst«: »Es sind ganz liebe, herzige Geschöpfe, so gute freundliche Kinder, als gehörten sie dem Vater allein an!«[18] Der Vater war es, der sich trotz seiner vielen Pflichten die Zeit nahm, mit den Kindern spazierenzugehen, Rudolf mit auf die Jagd zu nehmen, in die Schwimmschule oder in den Zirkus Renz. Therese Fürstenberg: »Der Kaiser, kaum angekommen, führte gestern seine Kinder zum Renz; das wäre nicht geschehen, wenn die Drachenhöhle nicht leer wäre.«[19] Das sollte heißen, daß sich Elisabeth nicht nur nicht um die Kinder kümmerte, sondern ihren Mann auch derart mit Beschlag belegte, daß für ein gemeinsames Unternehmen mit den Kindern keine Zeit blieb, wenn sie in Wien war. Therese Fürstenberg erwähnte »Verhältniße, die man am liebsten nicht ans Tageslicht ziehen möchte, und die durch die baierischen Séjours und den schwesterlichen Massenverkehr bis ins Unglaubliche gesteigert werden«.
Alle vier Schwestern der Kaiserin waren ja berühmte Schönheiten und – außer Helene Taxis – sehr lebenslustig. Bei den Wienern war vor allem Exkönigin Marie von Neapel unbeliebt, weil sie die

Kaiserin in ihrem Egoismus unterstützte. Therese Fürstenberg schrieb, »daß man nicht weiß, ob man's mit Bosheit, Narrheit oder Thorheit zu thun hat, daß man sich verstecken möchte, um nicht Zeuge zu sein; und daß man die unerschöpfliche Nachsicht und Güte der ›Meinen‹ [damit ist Erzherzogin Sophie gemeint] nicht genug bewundern kann«.[20] Sogar Valeries englische Erzieherin, der Elisabeth eine treue Anhängerin wähnte, bemerkte verächtlich: »Die Prinzessinnen von Possenhofen sind alle wie die Frauen aus der demi-monde.«[21]

Die Schwestern betonten ihre Ähnlichkeit mit Elisabeth. Marie Festetics: »Gestalt – Schleier – Frisur – Toilette – Gewohnheit – man weiß nie, ›Welche von Welcher‹!« Auch Marie »spricht leise. Ich mußte fast lächeln, so sehr will sie der Kaiserin ähneln.« Mathilde und Sophie standen den beiden schönen älteren Schwestern kaum nach. Nur Helene bildete eine Ausnahme. Marie Festetics fand sie zu streng und unförmig, vernachlässigt, häßlich und unfreundlich »und sieht aus, als ob sie eine Caricature der Schwester wäre und daß sie eine Schwester ist, ist gleich zu sehen«.[22]

Schon durch diese betonte Äußerlichkeit war jeder Auftritt der fünf schönen bayrischen Schwestern in Wien wie eine Demonstration ihres gegenseitigen Einverständnisses. Die Konflikte Sisis schienen sich durch diese Schwestern geradezu zu vervielfältigen. Denn keine von ihnen vermochte es, eine Brücke zur Wiener Gesellschaft zu schlagen. Alle fünf blieben in Wien isoliert.

Sisi verbrachte mit ihrem jüngsten Kind den Großteil des Jahres in Ungarn oder in Bayern und überließ dem Kaiser in Wien sämtliche Repräsentationspflichten allein, was Anlaß zu endloser Kritik gab, so etwa im Crenneville-Tagebuch am Gründonnerstag 1869: »Kirchendienst und Fusswaschung S. M. [Seine Majestät] allein, da die Königin!! in Ofen residiert.«[23]

Immer wieder enttäuschte die Kaiserin die Wiener mit Absagen bei großen Ereignissen.

Im Mai 1869 zum Beispiel wurde die neue Oper, eines der schönsten und aufwendigsten Gebäude der Ringstraße eröffnet. Mit großer Hingabe hatten die Architekten einen eigenen Salon für die

Kaiserin gebaut und ausgestattet: im Renaissancestil, mit violetter Seide als Wandbespannung, reichen Goldornamenten. Alles war auf Sisis Geschmack abgestellt: An den Wänden waren riesige Gemälde von Possenhofen und vom Starnberger See; der prunkvolle Tisch hatte Gravuren mit Elisabeths Monogramm. An der Decke waren drei Gemälde mit Themen aus Webers »Oberon«. Im Mittelbild erschienen Oberon und Titania als Herrscher des Feenreiches in einem von Schwänen gezogenen Muschelwagen[24] – ein sehr feinfühliger Bezug auf Elisabeths Lieblingsdrama, den Sommernachtstraum und dessen Feenwelt, die auch Weber im »Oberon« gestaltete. Da Elisabeth ja kein besonderes Interesse für Musik zeigte (außer für ungarische Zigeunermusik), war dieser Umweg über die Literatur nötig – zeigte aber auch deutlich, wie viel Mühe sich die Künstler mit dem »Salon der Kaiserin« gegeben hatten.

Der Eröffnungstermin der neuen Wiener Oper wurde Elisabeth zuliebe verschoben, da sie sich wieder länger als erwartet in Budapest aufhielt. Als hätte es nicht genug Aufregungen um den Neubau gegeben (die öffentliche Kritik an der neuen Oper hatte immerhin beide Architekten das Leben gekostet: van der Nüll nahm sich ein Jahr vor der Eröffnung das Leben, Siccardsburg starb wenige Monate später aus Kummer), sorgte die Kaiserin auch beim ihr zuliebe angesetzten späteren Eröffnungstermin für Ärger. Obwohl sie zugesagt hatte und sich inzwischen auch in Wien befand, sagte sie kurzfristig vor Beginn des »Don Giovanni«, der Eröffnungsvorstellung, ab – und zwar recht fadenscheinig »wegen Unpäßlichkeit«.

Nach diesem Eklat beruhigte Elisabeth die aufgeregten Gemüter damit, daß sie zum erstenmal seit sieben Jahren bei der Fronleichnamsprozession erschien. Die Gattin des belgischen Gesandten de Jonghe schrieb nach Brüssel: »Man war wütend; wenn sie heute morgen nicht mitgemacht hätte, wäre wohl eine Revolution ausgebrochen.« Um sieben Uhr morgens mußte Elisabeth in vollem Staat – malvenfarbiges, silbergesticktes und mit Diamanten besetztes Schleppkleid und mit komplizierter Frisur – bei St. Stephan bereitstehen. Die Fahrt von Schönbrunn in die Stadt ist noch zum dreistündigen Anziehen und Frisieren dazuzurechnen: Die Kaiserin mußte also ungefähr um drei Uhr nachts aufstehen, um als vielbestaunter Mittelpunkt – aber selbstverständlich in demütig-frommer Haltung – bei der Fronleichnamsprozession mitzuschreiten, inmitten ihres ebenfalls pompös gekleideten Hofstaates. Gräfin de Jonghe: »Die Unglückliche war dekolletiert, und es wehte ein leichter, aber ziemlich kalter Wind. Zwölf Prinzessinnen folgten, alle mit langen Schleppen und dekolletiert. Wenn sie heute Abend nicht alle krank sind, haben sie Glück.« Über die Schönheit Elisabeths waren sich alle Zuschauer einig. Gräfin de Jonghe: »Der Gang der Kaiserin glich dem Dahingleiten eines schönen Schwanes auf dem Wasser. Bis zum letzten Moment hatte man geglaubt, sie würde nicht erscheinen, denn diese Schönheit liebt weder die Sonne noch die Öffentlichkeit.«[25]

Nicht nur die Zuschauer nahmen Elisabeths häufige Absagen verärgert zur Kenntnis, sondern auch die Mitwirkenden an diesen höfischen Spektakeln. Denn wenn die Kaiserin sich weigerte, aufzutreten, hatten zum Beispiel auch die sie umgebenden Palastdamen keine Gelegenheit, im Gefolge der Kaiserin öffentlich zu paradieren – in prunkvoll gestickten Manteaux über Prachtgewändern, angetan mit den besten Stücken des Familienschmucks.

Bei den Gründonnerstagszeremonien gab es noch mehr Benachteiligte. Denn es war Brauch, daß der Kaiser die Fußwaschung an zwölf Greisen aus dem Armenhaus vollzog, die anschließend prächtig gespeist und beschenkt wurden. Die Kaiserin tat dasselbe bei zwölf alten armen Frauen. Da aber meist nur der Kaiser diesen Akt der öffentlichen Demut vollzog, kamen jährlich auch zwölf arme alte Frauen um den Genuß der milden Gaben und das Erlebnis dieser großen Feier. Bei immerhin über 40 Gründonnerstagen ohne Kaiserin eine beträchtliche Anzahl Zurückgesetzter.

Ihrer Besuche in Waisen-, Kranken- und Armenhäusern entledigte sich die Kaiserin auf eine ihr eigene Art. Auch hier hielt sie nichts von höfischer Repräsentation, festlichen Empfängen, Ansprachen der Anstaltsdirektoren und lobhudelnden Zeitungsberichten vom kaiserlichen Besuch bei den Armen und Kranken. Sie kam stets unangemeldet, nur von einer Hofdame begleitet. Es ging ihr um die Sache: zu den Kranken selbst vorzudringen, zu prüfen, ob sie gut behandelt und verpflegt würden. So ließ sie sich zum Beispiel stets Proben aus der Anstaltsküche bringen, kostete davon, lobte und kritisierte. Sie sprach ausführlich mit den Kranken, erkundigte sich über ihre familiären Verhältnisse, half mit Geld und Zuspruch, wo sie konnte.

Auf diese Art verärgerte die Kaiserin zwar sowohl die Anstaltsleitungen als auch die höfische Organisation (die sie einfach ausschaltete), hatte aber bei den Kranken einen riesigen Erfolg. Sie wurde wie eine gute Fee betrachtet, vor allem wegen ihrer sehr schlichten und menschlichen Art im Umgang mit einfachen Leuten (einem Charakterzug, den sie aus Bayern mitgebracht hatte). Jedes Wort von ihr wurde begierig aufgenommen und durch Generationen in den Familien weitererzählt. Gräfin Festetics begleitete Elisabeth auf vielen dieser Besuche und schrieb darüber in ihr Tagebuch bewundernd: »denn wie geht sie in die Spitäler? ... wie sie in Allem ist, nicht ostensible für das Publikum – nein! ganz still für den Kranken zu seinem Trost und zu seiner Hülfe. Sie spricht so richtig, natürlich.«[26]

Armen- und Krankenpflege war eine Tradition der herzoglichen Familie in Bayern. Sie unterschied sich von der sozialen Repräsentation der österreichischen Kaiserfamilie vor allem darin, daß sie persönlich war und nicht Anstalten galt. Diese Tradition versuchte Elisabeth weiterzuführen.

Zunehmend aber verband sie diese Besuche mit ihrem Interesse an Absonderlichkeiten aller Art: Schon als junge Frau besuchte sie in Verona ausgerechnet das »Negererziehungsinstitut«, eine Missionsschule, in der freigekaufte Negersklaven ausgebildet und dann in die christliche Mission nach Afrika zurückgeschickt wurden. Auch ihr Besuch eines Choleraspitales in München 1874 war nicht die Erfüllung einer karitativen Pflicht, sondern entsprang reiner Neugier und war überdies wegen der Ansteckungsgefahr höchst leichtsinnig. Dieser Besuch fand ohne Wissen des Kaisers statt. Elisabeth ging – begleitet von der treuen Festetics – an den Betten der Todkranken vorbei und gab einem jungen Mann, der wenige Stunden später starb, tröstend die Hand, bemerkte nachher zur Gräfin Festetics: »Der stirbt und wird mich einst freudig dort begrüßen.«[27] Das war dieselbe Elisabeth, die in Wien mit einer Empfindlichkeit sondergleichen vor der Cholera flüchtete.

Immer deutlicher bevorzugte sie Irrenhäuser (und zwar auch im Ausland, wo es keineswegs um Repräsentation, sondern um reine Privatbesuche ging) und erkundigte sich eingehend nach den Schicksalen der Geisteskranken. Die Irrenfürsorge war damals noch in den Anfängen. Man begnügte sich meistens damit, die Kranken eingesperrt zu halten, sie zu nähren und zu pflegen. Für neue Therapieversuche interessierte sich Elisabeth brennend und war zum Beispiel auch einmal dabei, als ein Kranker hypnotisiert wurde – eine damals neuartige, sensationelle Methode.

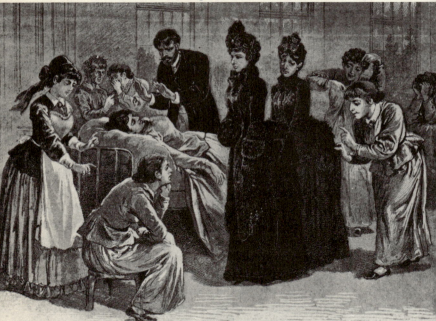

Elisabeth bei einer Hypnotisierung in der Irrenanstalt.

Dieses auffallende Interesse für Geisteskrankheiten und deren Behandlung hätte ein Anfang zu einem Engagement sein können.

Aber den Schritt zu einer aktiven Unterstützung neuer Therapien tat Elisabeth nicht, wenn sie auch dem Kaiser 1871 einen eigenartigen Namenstagswunsch unterbreitete: »Nachdem Du mich fragst, was mich freuen würde, so bitte ich Dich entweder um einen jungen Königstiger (zoologischer Garten in Berlin, 3 Junge) oder ein Medaillon. Am allerliebsten aber wäre mir ein vollständig eingerichtetes Narrenhaus. Nun hast Du Auswahl genug.« Und vier Tage später: »Im voraus danke ich für das Medaillon ... Leider scheinst Du keinen Augenblick auf die anderen 2 Sachen zu reflektieren.«[28] Elisabeths Interesse für »Narrenhäuser« wurde als eine weitere ihrer vielen Skurrilitäten aufgefaßt, reichlich bespöttelt und als völlig unkaiserlich abqualifiziert.

Ebenso wenig kaiserlich benahm sich Elisabeth auch bei den wenigen Besuchen, die sie Künstlern machte, so dem umschwärmtesten Maler des damaligen Wien, Hans Makart, der gerade mit einem seiner Monumentalgemälde »Catarina Cornaro« (das heute in der Hermesvilla im Lainzer Tiergarten hängt) großes Aufsehen erregt hatte. Unangemeldet kam die Kaiserin eines Tages in Makarts Atelier. William Unger, ein Makart-Schüler, der zufällig der Szene beiwohnte, schilderte: »Sie stand schweigend, wie sie gekommen war, fast regungslos, lange Zeit vor dem Bilde der Catarina Cornaro. Daß es Eindruck auf die Kaiserin machte, glaube ich bestimmt beobachtet zu haben, nur fand sie kein Wort für Makart, dem es auch nicht gegeben war, durch eine leicht hingeworfene Bemerkung ... das Schweigen zu brechen. Endlich wandte sich die Kaiserin an ihn mit der Frage: ›Wie ich höre, haben Sie ein paar schottische Windhunde, kann ich sie sehen?‹ Makart ließ die Hunde kommen. Die Kaiserin, die selbst ein Paar prachtvolle Exemplare dieser Rasse besaß, ... schaute die Tiere eine Zeitlang an, dankte und verabschiedete sich dann; über das Bild verlor sie kein Wort.«[29] Die übergroße Menschenscheu Elisabeths wirkte in Fällen wie diesen beleidigend.

Vor allem im Umgang mit dem Adel gab sie sich keinerlei Mühe und provozierte ganz unnötige Feindschaften. Höhnisch kommentierte sie die geistlose »Causerie« der appartementmäßigen und sonstigen höfischen Damen und der Würdenträger des Hofes.

Ihr Schweigen beim »Cercle« war immer deutlicher Ausdruck der Verachtung, nicht aber ihres Unvermögens. Ihre Haltung wurde als Exzentrizität aufgefaßt. Sie fügte sich nicht in die Ordnung des Hofes, erlaubte sich hin und wieder einen ironischen Scherz, ja ärgerte mitunter die Gesprächspartner, die sie in ihrer steifen Etikette reizten, mit mokantem Lächeln.

Gräfin Larisch beobachtete sie bei einem Tee in einem der böhmischen Schlösser des Fürsten Kinsky: »Sie hatte den kalten hochmütigen Ausdruck, den sie immer trug, wenn sie im ›Geschirr‹ war, wie sie dieses Cercle nannte. So oft mein Blick den ihren traf, huschte ein kleines verächtliches Zucken über ihr Gesicht, und die Teetrinkerei wurde ein ziemliches Fiasko, da die Kaiserin keine Anstalten traf, die achtungsvolle Steifheit der Gäste zu bannen.«[30]

Auch Fürst Khevenhüller hielt in seinem Tagebuch ein Beispiel fest: Während das Kaiserpaar bei feierlichem Anlaß mit der Fürstin sprach, wollte diese einen Knix machen, »trat hinten auf ihr Kleid und sass da. Der Kaiser wollte ihr helfen... es war etwas lächerlich. Die Kaiserin sagte ihr: ›Tiefer ging es wohl nicht!‹«[31]

Auch in einem ihrer Gedichte höhnte Elisabeth über die Damen der Wiener Aristokratie (»Während kreischend sie parlieren/ Und ihr böhmisch Deutsch erklingt«) und beklagte ihre kaiserlichen Pflichten bei einem Hofball-Cercle:

Denn mein vielgeplagter Geist
Wird noch ärger jetzt belastet
Und mit Wiener Tratsch gespeist.

Nah'n ja doch die höchsten Namen
Unsrer Aristokratie,
Sternkreuz – und Palastesdamen;
(Fett und meistens dumm sind sie).

Oh, ich kenn' Euer Gebaren!
Weiss, wie Ihr mich schwer geschmäht
Schon seit meinen Jugendjahren
Und Euch fromm dabei verdreht.

Ja, auf andere die Steine
Werfen könnte ihr meisterlich!«
Unter falschem Heil'genscheine
Thut man dann so gütlich sich.[32]

Von Politik hielt sich Sisi seit 1867 fern – ob freiwillig oder nicht, ist den Quellen nicht zu entnehmen. Auch im Krisensommer 1870, nach Ausbruch des deutsch-französischen Krieges, zeigte sie wenig Anteilnahme an der äußerst gespannten Situation und den aufgeregten Diskussionen in Wien. Die einen sahen in diesem Krieg eine Chance für Österreich, die Schlappe von 1866 wiedergutzumachen und an der Seite Frankreichs gegen Preußen zu kämpfen. Bayern stand (gebunden durch 1866 geschlossene Verträge) auf preußischer Seite wie die übrigen süddeutschen Länder, die noch vier Jahre vorher Verbündete Österreichs gegen Preußen gewesen waren. Ein Eingreifen Österreichs in den Krieg auf französischer Seite hätte also auch Krieg gegen die alten deutschen Verbündeten, nicht nur gegen Preußen bedeutet. Die Lage war höchst schwierig, Österreichs militärische Situation außerdem nicht günstig. Die schnellen Erfolge der preußischen Armee machten bald alle Hoffnungen, doch noch Preußen niederringen zu können, zunichte. Österreich-Ungarn blieb neutral.

Erzherzogin Sophie sah alle ihre Hoffnungen auf eine deutsche Einheit unter österreichischer Führung schwinden, die sie vor allem in den fünfziger und sechziger Jahren mit so viel Eifer genährt hatte. Sie bedauerte in ihrem Tagebuch »den tristen Enthusiasmus der Deutschen (angefacht zum großen Teil durch die Freimaurer) die glauben, für Deutschland zu kämpfen; und doch nur für Preußen kämpfen, das sie schließlich gänzlich zermalmen wird«.[33]

Die deutschen Siege stürzten die Erzherzogin vollends in Verzweiflung: »All diese Neuigkeiten für und wider... versetzen mich in einen Gefühlskonflikt. Meine armen Neffen von Sachsen und Bayern... müssen für die preußische Sache!! kämpfen, die der Ruin Sachsens und Bayerns ist!! ... Daß Gott ihnen Hilfe gebe.«[34]
Und wieder drei Wochen später über die Erfolge der bayrischen

und sächsischen Regimenter: »Wenn sie sich doch für eine bessere Sache verteidigen würden als jene des Königs von Preußen, die besudelt ist durch die ungerechten Annexionen des Jahres 1866.«[35] Auch in dieser angespannten Situation besserte sich das familiäre Klima im Kaiserhaus wenig, ganz im Gegenteil. Elisabeth weigerte sich, im Sommer mit ihrer Schwiegermutter in Ischl zu sein und fuhr mit den Kindern nach Neuberg an der Mürz. Elisabeth an Franz Joseph: »den ganzen Sommer mit Deiner Mama zuzubringen, wirst Du auch einsehen, daß ich lieber vermeiden möchte.«[36] Elisabeth sorgte sich vor allem um ihre drei Brüder, die im Feld standen – auf preußischer Seite gegen Frankreich. Was die Zukunft Österreichs anging, war sie jedenfalls höchst pessimistisch und schrieb im August 1870 an ihren Mann: »Wir werden aber vielleicht doch noch ein paar Jahre vegetieren, bis die Reihe an uns kommt. Was meinst Du?«[37]
Aber Bismarcks Größe wurde auch von ihr, die alles Preußische seit 1866 haßte, anerkannt, wenn sie auch nicht recht wußte, ob diese Größe eher positiv oder negativ zu werten sei. Einige Jahre später verfaßte die Kaiserin dieses Gedicht mit der Widmung und dem Titel: »An Bismarck«:

> *Prädestinirt und sieggeweiht:*
> *Ziehst du, der größte Geist der Zeit,*
> *Geharnischt über uns're Welt,*
> *Völker mähend, wie dir's gefällt.*
> *Du Eisenstern auf blut'ger Bahn,*
> *Unüberwindlich stets voran! –*
> *Wo endet wohl dein Siegeslauf?*
> *Führt er hinab, führt er hinauf?*[38]

Im September 1870 wurde in Paris die Republik ausgerufen. Das Kaiserreich Napoleons III. war gestürzt. Die Truppen des neuen Italien rückten in Rom ein und machten dem Kirchenstaat ein Ende. Sisis Schwester, die Exkönigin von Neapel, floh von Rom weiter nach Bayern. An all diesen Ereignissen, sogar an der Proklamation Wilhelms I. zum deutschen Kaiser in Versailles, nahm

Elisabeth kaum Anteil. Sie provozierte ihre aufgeregte Umgebung sogar damit, daß sie im Herbst 1870 wieder einmal (diesmal mit ihren beiden Töchtern Gisela und Valerie) Wien verließ und nach Meran fuhr, um dort den Winter zu verbringen.

Diesmal vertraute die in dieser Beziehung sehr zurückhaltende Erzherzogin Sophie doch ihrem Tagebuch den Kummer über die Schwiegertochter an und klagte über die »Neuigkeit, daß Sisi wieder den Winter weit von Wien verbringen will und ihre beiden Töchter mit sich nach Meran nehmen will, um dort den Winter zu verbringen. Mein armer Sohn. Und Rudolf klagt sehr darüber, sich auf so lange Zeit von seinen Schwestern trennen zu müssen.«[39]

Der inzwischen zwölfjährige Kronprinz Rudolf zeigte in dieser Situation erste Opposition gegen seine Mutter Elisabeth, als er ausgerechnet seiner Großmutter Sophie schrieb: »so muß denn der arme Papa in dieser schweren Zeit von der lieben Mama getrennt sein. Ich übernehme mit Freuden das schöne Amt, die einzige Stütze des lieben Papa zu sein!«, Sätze, die Sophie in ihr Tagebuch aufnahm.[40]

Die Enttäuschung des Kronprinzen ist wohl zu verstehen. Elisabeths Aufenthalt in Meran dauerte vom 17. Oktober 1870 bis 5. Juni 1871 (mit einer kurzen Unterbrechung im März 1871, als sie wegen des Todes ihrer Schwägerin Marie Annunziata in Wien war). Der Kaiser mußte nach Meran fahren, wenn er seine Frau und seine Töchter sehen wollte. Den folgenden Sommer 1871 verbrachte Elisabeth großteils in Bayern und Ischl. Schon im Oktober 1871 fuhr sie wieder nach Meran, wo sie (mit einem kurzen Intermezzo in Budapest wegen Giselas Verlobung) bis zum 15. Mai 1872 blieb. Die bayrischen Schwestern leisteten ihr abwechselnd Gesellschaft. Die neue Hofdame Gräfin Festetics reiste mit nach Meran, nachdem sie lange gezögert hatte, dieses Amt – sicherlich eine große Ehre – anzunehmen: der Liebreiz der Kaiserin sei zwar berückend, wandte sie ein, »aber wenn der 10te Teil wahr ist von dem, was Bellegarde [der Nachfolger Crennevilles als kaiserlicher Generaladjutant] sagt – ist's mir unheimlich«. Erst Gyula Andrássy zerstreute die Bedenken der strengen Gräfin und versicherte ihr, es sei ihre Pflicht, dem Vaterland (also Ungarn) das

Opfer zu bringen und Hofdame zu werden: »Sie können sehr viel Gutes tun – und die Königin benötigt Treue.«[41] Wenn schon bei einer Ungarin so viel Zureden nötig war, in die engste Umgebung der Kaiserin zu gehen, kann man sich die Vorbehalte des österreichischen, vor allem aber des böhmischen Adels leicht ausmalen.
Die Gräfin hatte so viel Negatives gehört, daß sie nun erstaunt und geradezu überrascht feststellte, daß Elisabeth zwar unbedingt von Wien wegstrebte, aber auf ihren Reisen ganz zurückgezogen lebte und es auch nicht das geringste Anzeichen für Abenteuer irgendwelcher Art gab. Sie schrieb in ihr Tagebuch, »bis jetzt sehe ich nur, daß die Kaiserin viel allein spazieren geht mit ihrem großen Hund... daß sie einen dicken blauen Schleier trägt – daß wenn sie Jemand mitnimmt, es die Ferenczy ist und sie den Leuten ausweicht – das ist Alles höchst bedauerlich – aber eigentlich nichts schlechtes.«[42]
Eine der wenigen, aber für Elisabeth bezeichnenden Unterhaltungen war es, daß die Kaiserin die vier Zentner schwere Riesin Eugenie, die in einer Bude in Meran ausgestellt wurde, von einem Wagen abholen und in ihre Residenz Schloß Trauttmansdorff bringen ließ, um sie zu besichtigen.[43]
Bei einem Spaziergang fragte Elisabeth – selbstverständlich in ungarischer Sprache – die Gräfin: »Wundern Sie sich nicht, daß ich so lebe wie ein Einsiedler?« und erklärte ihr dann: »Es blieb mir nichts anderes übrig, als dieses Leben zu wählen. In der großen Welt haben sie mich so verfolgt, mir Übles nachgeredet, mich verleumdet, so stark mich gekränkt und verletzt – und Gott sieht meine Seele, daß ich niemals Böses getan habe. Ich dachte also, ich werde eine Gesellschaft suchen, die meine Ruhe nicht stört und mir Vergnügen bietet. Ich bin in mich selbst zurückgekehrt und habe mich der Natur zugewendet. Der Wald tut mir nicht weh... Die Natur ist viel dankbarer als die Menschen.«[44]
Marie Festetics schrieb in ihr Tagebuch nach einem ihrer Gespräche mit der Kaiserin: »Sie ist gar nicht banale, und man fühlt ihr contemplatives Leben aus allem was Sie sagt heraus! Schade, daß Sie die ganze Zeit eigentlich mit Grübeleien vertändelt und gar nichts thun muß. Sie hat Hang zu geistiger Tätigkeit u. überhaupt

einen Freiheitstrieb, dem jede Beschränkung schrecklich ist.«[45]
Immer wieder rühmte die Hofdame Elisabeths menschliche Wärme und ihre bedeutenden intellektuellen Fähigkeiten, die sich in einem oft sarkastischen, aber stets treffenden Witz offenbarten. Marie Festetics sah aber auch die negativen Züge: »In ›Ihr‹ ist alles, aber wie in einem unaufgeräumten Museum – lauter Schätze, die sich nicht verwerthen. Sie weiß auch nicht, wohin damit.«[46]
Andererseits hatte die Gräfin aber vollstes Verständnis dafür, daß die Kaiserin den Hof ablehnte. Solange Marie Festetics in Wien war, kritisierte sie die Leere, Formalität, Verlogenheit des höfischen Lebens: »ein geisttödtendes Leben«. Sie beklagte, daß »die Nichtigkeit – der Abgang des Lebenswerthen, sich nirgends so fühlbar macht wie an einem Hof, wenn man sich an den äußeren Glanz gewöhnt und so recht inne wird, wie das eben so ganz äußerlich und wie Flittergold an den Weihnachtsnüßen und Äpfeln die Schäden nur vergoldet; – Wie begreife ich den Mangel an Befriedigung, den die Kaiserin empfindet!«[47]
Doch waren Klagen dieser Art kaum ein ausreichender Grund für die Kaiserin, Wien für so lange Zeit zu verlassen. Es muß noch andere, triftigere Gründe gegeben haben, die wir nur ahnen können. Gerade in dieser Zeit von Elisabeths Abwesenheit vollzog sich ja in Wien ein völliger Umschwung der Außenpolitik. Der bisherige Reichskanzler und Außenminister Graf Beust wurde entlassen. Sein Nachfolger wurde niemand anderer als Gyula Andrássy, der dieses Amt (mit vehementer Unterstützung Elisabeths) seit 1867 anstrebte. Wir haben keinerlei Dokumente aus diesen Tagen, die eine Einflußnahme Elisabeths zugunsten Andrássys beweisen können. Es spielten ja auch andere Faktoren mit, vor allem Beusts eher kriegerische Haltung im deutsch-französischen Krieg, wo Andrássy eine neutrale Haltung Österreich-Ungarns bevorzugte – und sich damit durchsetzte.
Andrássy sah sich selbst jedenfalls als Retter der Monarchie. Ganz ähnlich schrieb Elisabeth später in einem ihrer Gedichte, Andrássy habe 1871 »den Karren aus dem Dreck gezogen«.[48] Er machte eine völlig neue Politik. War Beust der große Gegenspieler Bismarcks, so suchte nun Andrássy eine Verständigung mit dem Deutschen

Reich und kam damit den Intentionen Bismarcks entgegen. Beide
– Bismarck wie Andrássy – arbeiteten auf das große Ziel hin, die
Feinde von Königgrätz zu versöhnen und ein deutsch-österreichisches Bündnis zu schließen, das 1879 im »Zweibund« realisiert
wurde.

Die Vorgänge um die Entlassung des Grafen Beust und die Ernennung Andrássys sind bis heute trotz umfangreicher Forschungen undurchsichtig.[49] Vor allem ist die Frage zu klären, welche Rolle Elisabeth bei dieser Berufung spielte. Daß sie sich völlig zurückhielt, ist kaum anzunehmen. Denn zu deutlich offenbarte sie auch in späterer Zeit ihre Abneigung gegen den Grafen Beust und ihre Zustimmung für die Politik Andrássys. Aber ihr politischer Einfluß hatte schon 1867 böses Blut gemacht, besonders als es um die Person Andrássys ging. Nun, als dieser Politiker nicht nur die ungarischen Angelegenheiten, sondern auch die gesamtstaatliche Außenpolitik zu verantworten hatte, war die Angst in Wien groß, der liberale Andrássy könne – wie er es 1867 so meisterhaft verstanden hatte – Elisabeth wieder für seine politischen Ziele einsetzen und dadurch eine Machtfülle erhalten wie kein Außenminister vor oder nach ihm. Diese Sorge war verständlich. Es ist also durchaus möglich (aber eben nicht zu beweisen, weil aus dieser kritischen Zeit überhaupt keine Korrespondenzen des Kaiserspaares erhalten sind), daß Elisabeth mit ihrer langen Abwesenheit von Wien gerade in der kritischen Zeit der Berufung Andrássys allen Diskussionen über ihren politischen Einfluß aus dem Weg gehen wollte. Bei der Lage der Dinge stärkte sie damit Andrássys Position. Die konservative Hofpartei (das, was die Liberalen »die Kamarilla« nannten) um den Erzherzog Albrecht und Erzherzogin Sophie beklagte die neue politische Entwicklung. An Sophies Preußenhaß konnte auch Andrássy nichts ändern. Und der konsequent liberale Kurs der Innenpolitik – dem ja schon bald die Aufhebung des Konkordates gelingen sollte – brachte der kränklichen alten Frau zusätzlich schwere Stunden. Zu Silvester 1871, nachdem Andrássy Außenminister geworden war, schrieb Sophie voll Bitterkeit in ihr Tagebuch: »der Liberalismus mit all seinen Koryphäen, all seinen Unmöglichkeiten. Daß Gott Mitleid mit uns habe!«[50]

Die Verbindung Elisabeths zu Andrássy blieb weiterhin aufrecht, auch wenn darüber nichts mehr in die Öffentlichkeit drang. Nach wie vor bestand die Korrespondenz über nunmehr drei ungarische Mittelspersonen in Elisabeths engster Umgebung: Ida Ferenczy, die neue Hofdame Gräfin Festetics und den neuen Obersthofmeister Baron Nopcsa, der ein Freund Andrássys war. Der größte und wichtigste Teil dieser Korrespondenz wurde – sicher mit gutem Grund – von Ida Ferenczy vernichtet. Die wenigen Briefe, die erhalten sind, bringen neben unwichtigen Anregungen auch Andrássys Bitte an die Kaiserin, die Beziehungen zum Deutschen Reich zu verbessern, so weit es eine Kaiserin kann, vor allem durch höfische Besuche. Und Elisabeth setzte sich wirklich, trotz aller Vorbehalte gegen die »Preußen«, tatkräftig ein. Sie hielt gute, ja herzliche Beziehungen zum deutschen Kronprinzenpaar, vor allem zu Kronprinzessin Viktoria, die ja ungefähr gleichaltrig und eine politisch sehr profilierte Frau war – als Kämpferin für den Liberalismus. Elisabeth pflegte diese Kontakte, weil Andrássy es für wichtig und passend hielt und weil die deutsche Kronprinzessin auch politisch ganz auf ihrer (und Andrássys) Linie lag. Nach wie vor versuchte sie auch, Wünsche Andrássys an den kaiserlichen Gatten weiterzugeben, so zum Beispiel, als es um einen neuen ungarischen Ministerpräsidenten ging: »Wenn Du nur Tisza gewinnen könntest, der wäre gewiss der beste von allen. Gestern war Andrássy noch bei mir«, schrieb sie zum Beispiel 1874.[51]

Als sich Ende April 1872 Unmut gegen die Kaiserin in Wien zeigte wegen ihrer überlangen Abwesenheit, war es Andrássy, der Ida Ferenczy nach Meran schrieb: »Ich möchte Sie bitten, durch Ihren Einfluß bei Ihrer Majestät zu erwirken, daß sie nicht lange der Hauptstadt fernbleiben möge.«[52] Etwa vierzehn Tage nach Erhalt des Briefes kehrte Elisabeth wirklich nach Wien zurück.

So wenig sich die Kaiserin auch um ihre ältesten beiden Kinder kümmerte, so aktiv wurde sie, als es galt, einen geeigneten Ehekandidaten für die fünfzehnjährige Gisela zu finden. Elisabeth beklagte stets ihr Schicksal, so jung verheiratet worden zu sein, und dennoch gab sie ihrer Tochter keine Chance, sich mit der Ehe Zeit zu lassen oder gar eigene Wege zu gehen. (Erst bei der Jüngsten, Marie Valerie, war Elisabeth großzügig und erklärte, Valerie dürfe sogar einen Rauchfangkehrer heiraten, wenn sie unbedingt wolle). Wie einst Herzogin Ludovika, so ließ nun auch Elisabeth Familienbeziehungen spielen.

Gisela war nicht sehr hübsch. Die königlichen katholischen Häuser Europas hatten zudem in den siebziger Jahren keine passenden Prinzen. So kam wieder Bayern in Frage, und zwar der zweite Sohn des Prinzen Luitpold, Prinz Leopold, zehn Jahre älter als Gisela.

Leopold war nicht frei. Es liefen bereits seit langem Verhandlungen wegen einer Verbindung mit Prinzessin Amalie von Coburg. Daß eben diese Amalie von Coburg der Schwarm von Sisis jüngstem Bruder Max Emanuel (»Mapperl«) war, wußte am Wiener Hof wohl niemand außer der Kaiserin. Groß war nur das Erstaunen über die so ungewöhnliche Aktivität Elisabeths, die den Quasi-Bräutigam der Prinzessin Amalie im Frühjahr 1872 nach Ofen und Gödöllö einlud. Offiziell wurde als Grund eine kaiserliche Schnepfenjagd angegeben. Elisabeth an Leopold: »Auf diese Art wird es hoffentlich gar nicht auffallen.«[53]

Leopold zog die Verhandlungen mit den Coburgern in die Länge, weil sie sich, wie er sagte, nicht über die Mitgiftfrage einigen konnten (es ging um 50 000 Gulden). Prinzessin Amalie war ahnungslos. Außerdem war sie zur selben Zeit wie Leopold zufällig in Ofen. So gab es manche peinliche Situation.

Die Verlobung Leopolds mit Gisela war schon nach wenigen Tagen beschlossen. Gräfin Festetics über die Braut: »Sie ist glücklich, wie eben ein Kind ist – schönes Brautpaar ist es nicht.«[54] Der Kaiser schrieb an seine Mutter: »Das Ganze war einfach, herzlich, patriarchalisch, obwohl Sisi und ich eben noch keine Patriarchen sind.«[55] Sophies Kommentar: »Das häusliche Glück der Kleinen und des braven Leopold scheinen mir sicher, aber als Partie zählt diese Heirat nicht.«[56]

Der Bräutigam hatte trotz allem ein schlechtes Gewissen und schrieb aus Ungarn besorgt an eine Tante: »Wenn es nur A(malie) nicht schadet. Ich bin eigentlich sehr besorgt... Als ich fortging, begegnete ich A auf der Treppe; sie sah so vergnügt aus. Die Arme...« Leopold tröstete sich aber rasch: »Es war einmal so vom Schicksal bestimmt und konnte nicht anders gehen. Gisela ist so nett, hat ganz die lieben Augen vom Vater.«[57] Für Leopold zahlte sich die Verbindung mit der österreichischen Kaisertochter in jeder Beziehung aus. Allein von ihrem Großvater Erzherzog Franz Carl und Großmutter Sophie erhielt Gisela zur Hochzeit 500000 Gulden.[58]

Höchst geschickt ließ Elisabeth erst eine geraume Zeit verstreichen, damit sich die verschmähte Prinzessin Amalie von ihrem Schock erholen konnte. Dann vermittelte sie – im Mai 1875 – persönlich, mit Hilfe der Gräfin Marie Festetics, die Heirat ihres Bruders mit Amalie von Coburg.[59] Freilich hielt Elisabeth selbst in diesem Fall ihre schlechte Meinung von der Ehe nicht zurück und erklärte es als »spaßigen Geschmack, wenn man so jung ist, seine Freiheit aufzugeben. Aber das, was man besitzt, weiß man eben nie zu schätzen, bis man es verloren hat.«[60] Die von Elisabeth vermittelte Ehe wurde sehr glücklich.

Ob Elisabeth irgendwelche Anstrengungen unternahm, um ihre Tochter auf die Ehe vorzubereiten, wissen wir nicht. Daß sie sich mit so prosaischen Dingen wie der Zusammenstellung der Aussteuer nicht abgab und dies ausschließlich dem Personal überließ, war selbstverständlich. Bedenkt man, mit wieviel Hingabe und persönlichem Engagement sich einst Herzogin Ludovika um die junge Elisabeth bemühte, wie selbst Schwiegermutter Sophie monatelang mit größter Sorgfalt alles für die neue Kaiserin herrichtete – von der Bettwäsche über die Nippesfiguren bis zu den Teppichen – kann man verstehen, daß die Suiten »über die Herzlosigkeit der Kaiserin« schimpften, wie es das Festetics-Tagebuch überliefert.[61]

Sicherlich – Gisela war farblos in jeder Beziehung und keine Tochter, mit der sich viel Staat machen ließ. Sie hatte nichts von den geistigen Höhenflügen ihrer Mutter und ihres Bruders Rudolf. Sie glich in ihrer hausbackenen Bescheidenheit dem Vater und begehrte, genügsam wie sie war, gegen ihre Mutter nicht auf. Sie wurde schließlich eine brave, ruhige, etwas füllige Ehefrau und

Mutter vierer Kinder. Kein Wort Elisabeths ist überliefert, worin sich eine liebevolle Zuneigung zu dieser ihrer ältesten Tochter gezeigt hätte.

Kurz nach Giselas Verlobung starb nach langer Krankheit die Ersatzmutter der beiden ältesten Kaiserkinder, Erzherzogin Sophie, und damit die einzige Person, die sich um die noch nicht sechzehnjährige Braut gekümmert hatte. Sophies Sterben war schwer und dauerte lange. Ihr Lebensmut war seit dem Tod ihres zweiten Sohnes Max gebrochen. Tapfer hatte sie ausgeharrt, ihre Pflichten gegenüber ihrem Mann, ihren Kindern und Enkelkindern und der Familie der Habsburger erfüllt. Aber sie hatte sich in den letzten Lebensjahren weder in die Politik eingemischt, deren Verlauf sie zutiefst kränkte, noch gewagt, ihrer Schwiegertochter Elisabeth Ratschläge zu geben.
Sophies Bindung zum Kaiser war nach wie vor tief und eng. Jedermann am Hof konnte den Schmerz des Kaisers über die schwere Krankheit und den Tod seiner Mutter miterleben. Er war fürsorglich und wachte viele Stunden an ihrem Bett. Am Burgplatz ließ er Stroh streuen, um das Poltern der schweren Wagen auf den Steinen zu mildern. Elisabeth befand sich zu dieser Zeit in Meran, brach aber auf die Nachricht vom bevorstehenden Tod Sophies ihre Kur ab und reiste nach Wien.
Zehn Tage und Nächte brachte die Kaiserfamilie am Sterbebett Sophies zu, die an Gehirnkrämpfen litt und auch die Sprache zeitweise verlor.
Auch Elisabeth brachte viele Stunden am Bett ihrer Schwiegermutter zu. Als sie aber einmal für kurze Zeit die Hofburg verließ, um ihre kranke Tochter Valerie in Schönbrunn zu besuchen, kam dorthin ein Telegramm mit der Nachricht, daß es mit Sophie zu Ende gehe. Marie Festetics: »Der Kutscher fuhr, was er konnte – die Kaiserin war furchtbar aufgeregt und ich hatte eine Todesangst, die Erzherzogin könnte sterben und wie die Menschen sind, hätten sie noch gesagt, die Kaiserin hätte es zu Fleiß gethan!«
»Gott sei Dank«, sagte Elisabeth atemlos bei ihrer Ankunft in der Burg, als sie hörte, daß die Erzherzogin noch am Leben war, »weil

sie sonst gesagt hätten – ich hätte es absichtlich getan [bei Sophies Tod nicht anwesend zu sein], weil ich sie so hasse. So sehr hasse ich sie.«

Die Hofdame beschrieb Sophies Sterbestunde: »Der ganze Hof war versammelt, Minister des k. Hauses, Hofstaat. nein! Das war gräßlich.« Als der Mittag verstrich, zeigte sich eine gewisse Unruhe unter den Wartenden, »sie nahm mit jeder Minute zu – das Warten ist peinlich! Dann bekamen alle Hunger, der Tod wollte nicht eintreten. Nein! ich vergeße das nie; bei Hofe ist alles anders wie bei anderen Leuten, das weiß ich, aber das Sterben ist keine Ceremonie – der Tod keine Hofcharge«, schrieb Marie Festetics in ihr Tagebuch. Gegen 7 Uhr am Abend wurde »das erlösende Wort« gesprochen«, »aber nicht durch den eingetretenen Tod veranlaßt, eine Stimme sagte ziemlich laut: ›die höchsten Herrschaften begeben sich zum Diner‹. Es klang fast lächerlich – und dann wurden alle Übrigen freigesprochen und liefen davon.«

Elisabeth aber blieb sitzen. Auch sie hatte zehn Stunden nichts gegessen. Sie blieb bis in die Todesstunde am nächsten Morgen. Marie Festetics schwärmte: »Sie hat ihr Herz aus ihren Wäldern mitgebracht – darum versteht sie Niemand hier, wo in der hergebrachten Förmlichkeit der Keim alles Gefühles ersticken muß!«[62]

Am Morgen des 27. Mai 1872 starb Erzherzogin Sophie, »diese geistesmächtige Frau«, wie Crenneville schrieb. Die tiefe Trauer des Kaisers war für alle sichtbar. Der Schweizer Gesandte berichtete nach Bern: »Für den Kaiser ist der Verlust seiner Mutter ein schwerer Schlag, da sie allein ihm noch die Annehmlichkeiten eines Familienlebens, das er in seinem näheren Kreise missen muß, gewährte.« Über Sophies politischen Einfluß, vor allem in den wichtigen Jahren 1848 bis 1859, waren sich alle Kommentatoren einig. Selbst der Schweizer Gesandte, der gegen Sophies politische Linie einiges einzuwenden hatte, betonte in seinem Bericht: »Die Erzherzogin Sophie war ohne Zweifel unter allen Frauen des Kaiserhauses nach Maria Theresia die bedeutendste politische Erscheinung.«[63] Bei all diesen Kommentaren wurde die Inaktivität Elisabeths als negativer Gegensatz zu Sophies Pflichterfüllung unausgesprochen gerügt.

Auch Graf Hübner schrieb mit eindeutiger Anspielung auf Elisabeth in sein Tagebuch, Sophies Tod sei »ein großer Verlust für die kaiserliche Familie, für jene, die auf Hoftradition halten und deren Bedeutung verstehen«.[64] Und nach der Beisetzung bekam ausgerechnet die treue Hofdame Elisabeths, Marie Festetics, die harten Worte zu hören: »Wir haben jetzt unsere Kaiserin begraben«,[65] ein deutlicher Hinweis darauf, daß es Elisabeth in fast zwanzig Jahren nicht geschafft hatte, als Kaiserin akzeptiert zu werden.

Sophie hinterließ einen Abschiedsbrief (geschrieben 1862) und faßte darin ihre Grundsätze noch einmal zusammen, betonte die überragende Stellung des Kaisers auch in der Familie: »Bleibt alle, liebe Kinder, einig in unwandelbarer Liebe und in Treue und Ehrfurcht der jüngeren für ihren Kaiser und Herrn.« An ihrer Abneigung gegen den Liberalismus ließ sie auch hier keinerlei Zweifel, appellierte an ihren Sohn: »mein theurer Franzi, da auf Dir eine schwere Verantwortung ruht für Dein Katholisches Reich, das Du *vor allem* katholisch erhalten musst, wenn Du auch dabei für die wenigen Millionen Andersgläubigen väterlich sorgst.« Sie rief zu Stärke und Festhalten an den alten Grundsätzen auf: »Nur die Schwäche, das Fallenlassen der Gutgesinnten ... ermutigt die Vorkämpfer der Revolution.«[66]

Das waren die Grundsätze der alten Zeit, der Zeit des Gottesgnadentums der Könige und der Zeit des Konkordates. Inzwischen war die Entwicklung über diese Grundsätze hinweggegangen. Österreich-Ungarn hatte seit 1867 eine liberale Verfassung. Das Konkordat war abgeschafft. Es hatte eine liberale Schulreform gegeben. Franz Joseph war kein alleinherrschender Kaiser mehr, sondern ein konstitutioneller Monarch, der die Verfassung achtete. Sophies alte Feinde, die »Verfassungspartei«, die Liberalen, waren sowohl in Österreich wie in Ungarn an der Macht. Der frühere Revolutionär und Emigrant Gyula Andrássy war k. u. k. Außenminister. Mit dem Tod der Erzherzogin Sophie war die Ära des katholisch-konservativen Habsburgerstaates, dem die einen nachtrauerten und den die anderen verachteten, sichtlich zu Ende. Mit Sophie starb ein Symbol der alten Zeit.

Die Differenzen zwischen Sophie und Elisabeth waren in der

Aufbahrung der Erzherzogin Sophie. Von links: Erzherzog Karl Ludwig und Ludwig Viktor, Rudolf und Gisela, Franz Joseph, der Witwer Erzherzog Franz Carl. Elisabeth.

Monarchie bekannt. Man wußte auch, in welchem Ausmaß diese zunächst persönlichen Streitigkeiten sich in der Politik ausgewirkt hatten. Der Tod der alten Erzherzogin bedeutete infolgedessen einen politischen Klimawechsel. Nun warteten manche, vor allem wieder die Ungarn, daß Elisabeth ihre Chance nutzen und politisch aktiv würde. Man kannte ihre freiheitlichen Ideen. Man vertraute auf ihre Intelligenz, die sie schon des öfteren bewiesen hatte, am auffälligsten im Jahr 1867.

Am Tag nach der Beisetzung Sophies schrieb Gräfin Festetics in ihr Tagebuch: »ohne Zweifel ein ernster Zeit-Abschnitt! Das feste Band zwischen dem ›Heute‹ und der Vergangenheit ist gelöst! Wird die Kaiserin wollen, was sie könnte? sich zeigen nun, oder hat sie es aufgegeben in dem ewigen Kampfe? – Ist sie zu träge geworden oder hat sie alle Freude an dem Handwerk verloren?«[67] Die Hoffnungen (und die entsprechenden Befürchtungen der »Hofpartei«) erfüllten sich nicht. Elisabeth floh weiter den Hof. Selbst Gräfin Festetics, die immer bereit war, die Kaiserin zu entschuldigen, stellte mit Sorge fest, wie sehr sich Elisabeth in die »körperliche und geistige Einsamkeit« zurückzog und schrieb: »Alles das ist Nahrung auch für ihren Hang zur Trägheit. Was heute schmerzlich ist, wird in einer Weile bequem sein, und Sie wird weniger und weniger thun und die Menschen werden mehr und mehr zu Felde ziehen und Sie? – wird mit allen ihren Reichthümern ärmer und ärmer werden und Niemand wird sich daran erinnern, daß man sie in die Einsamkeit getrieben hat.«[68]

Außerdem nahm Elisabeths Menschenscheu schon jetzt – Anfang der siebziger Jahre – bedenkliche Ausmaße an und machte politische sowie soziale Aktivität immer unwahrscheinlicher. Elisabeth hatte inzwischen nicht nur vor breiten Volksmassen, Schaulustigen wie Anhängern, geradezu Angst, sondern auch vor Hofbeamten. Marie Festetics: »Nur frappirt mich jedes Mal die Scheu, Hofleuten zu begegnen – ein Flügeladjutant (Generaladjutant schon gar) in Sicht ist genügend, daß alle Waffen gezogen werden; da kömmt der blaue Schleier, der große Parasol, der Fächer, und der nächste Weg, der abbiegt, wird eingeschlagen.« Vor einer drohenden Begegnung mit einem Höfling sagte Elisabeth geradezu verschreckt: »Mein Gott! Laufen wir nur, denn beinahe höre ich, daß sie uns ansprechen« – oder: »Oh weh! Bellegarde! Der haßt mich so, daß ich in Schweiß ausbreche, wenn er mich anschaut!« und ähnliches.[69]

Je mehr Elisabeth ins Grübeln und Philosophieren geriet, je unbeschäftigter – und gelangweilter sie wurde, desto mehr weitete sich die Kluft zu dem unermüdlich tätigen, pflichtbewußten Kaiser. Marie Festetics: »Er froissirt sie ... trotz aller Anbethung und heißt alles was Enthusiasmus Wolkenkraxeleien.«[70]
Über die geradezu trostlose Langweiligkeit der allerhöchsten Familiendiners gibt es Dutzende von Zeugnissen. Es war wirklich nicht leicht: niemand durfte den Kaiser ansprechen, ihn etwa fragen oder nur einfach irgend etwas erzählen. Er selbst aber schwieg eisern, denn ihm war keinerlei Redetalent gegeben. Er tat bei Tisch nur das, was er sollte: essen, und zwar äußerst rasch und sparsam. Wenn er mit dem Essen fertig war, wurde die Tafel aufgehoben. Es wurde keine Rücksicht darauf genommen, ob die anderen Teilnehmer schon zur Hauptspeise vorgedrungen waren oder nicht. (Das Hotel Sacher erlebte bekanntlich in dieser Zeit einen ungeheuren Aufschwung, weil die nach der Familientafel ausgehungerten Erzherzöge dorthin eilten, um endlich etwas zu essen zu bekommen). Wenn die Kaiserin bei Tisch war, besserte sich die Lage auch nicht. Denn sie aß noch weniger als der Kaiser und war noch schneller fertig.
Elisabeth hatte es längst aufgegeben, ein Gespräch bei Tisch in Gang zu halten. Allerdings hatte sie es auch wohl mit den falschen Themen versucht und ausgerechnet über Schopenhauers Philosophie und Heines Dichtungen mit dem Kaiser sprechen wollen. Sie nahm an den gemeinsamen Essen kaum noch teil (weil sie ja auch ständig Hungerkuren machte) und entfloh so dem Zusammensein mit ihrem kaiserlichen Gatten – und den umherstehenden Höflingen. Die Ehegatten trafen sich fast nur noch bei besonderen Gelegenheiten, Geburtstagsfeiern und Kirchenfesten, umgeben von Hofdamen und Lakaien, in einer Stimmung, die selbst die kleine Valerie beklagte – etwa, wenn sich die Kaiserfamilie alljährlich unter dem Weihnachtsbaum versammelte und vor Verlegenheit und Fremdheit keinerlei Gespräch zustande brachte.
Die jüngste Kaisertochter lernte erst nach ihrer Heirat ein richtiges Familienleben kennen, freilich fern von ihrem kaiserlichen Elternpaar. Erst dann erkannte Valerie, wie glücklos ihre Jahre am

Wiener Hof gewesen waren. Begeistert schrieb sie über ihr erstes Weihnachtsfest nach ihrer Hochzeit in ihr Tagebuch: »Die frohe Gemeinsamkeit mit der Dienerschaft machte den heiligen Abend zu einem so glücklichen, wie ich ihn noch nie erlebt. Welch ein Kontrast gegen die Christbäume in der Burg, wo alles so steif und peinlich war!«[71]

Es gibt viele ähnliche Aussagen, wie die der Landgräfin Fürstenberg: »Gestern speisten wir bei Hofe, zu gegenseitiger allseitiger Verzweiflung. Nach Tisch kam die ›Einzige‹ [Valerie], stand stumm und geschreckt in Mitte der Ihren, diese um sie herum nachdenkend, was sie sich sagen könnten, und wir [also die Suiten] nach den Wänden im Viereck, sangen tief in unseren Herzen, aber in bestem Einklang ›Höfling muß sich tiefer bücken, tiefer bücken, tiefer bücken‹.«[72]

Kritische Worte über das Wiener Hofleben fanden vor allem die Ungarn, die seit jeher Wien mißtrauten, so auch Marie Festetics. »den 10.ten ist der Hofball«, schrieb sie in ihr Tagebuch, »was es da Alles für nichtige Wichtigkeiten gibt – was für dumme kleinliche Dinge zur Sprache kommen, welche Streberei der menschlichen Natur inne liegt und wie jämmerlich das ›Scheinen‹ seinen Spuck treibt und welchen Werth ›Talmi‹ besitzt?? das sieht man am eckelsten bei Hofe.«[73] und ein anderesmal: »Rundum sind fast lauter Egoisten. Jeder Erzherzog ist ein abgeschlossener kleiner Hof für sich mit seinen Aspirationen und seiner kleinen Welt! Alle empfinden den großen kaiserlichen Hof als etwas, vor dem auch sie sich beugen müßen, also so wie einen Druck, und durch die ›Herkömmlichkeit‹ ist eine Annäherung, eine intime nämlich, ausgeschloßen, und so kommen die guten Eigenschaften der Einzeln Niemand zu Gute oder nur sehr wenigen.«[74]

Die strenge Etikette des Hofes kann sicherlich als Begründung für diese Kälte und Leere herangezogen werden. Doch bestand diese Etikette auch in anderen Zeiten. Und andere Kaiserinnen – selbst die weitaus beschäftigtere Maria Theresia – hatten es durchaus verstanden, sich und ihrer Familie einen Freiraum zu bewahren. (Man denke nur an das Familienleben der Queen Victoria!) Auch diese traditionelle Aufgabe der weiblichen Mitglieder des Hauses

Habsburg, inmitten des höfischen Protokolles einen quasi »bürgerlichen« Familienkreis zu pflegen, erfüllte Elisabeth nicht – im Gegensatz zu ihrer Schwiegermutter Sophie. Denn Sophie hatte durch gemeinsame Frühstücke und Abendessen in kleinstem Kreis, durch ausgiebige Gespräche mit Kindern, Schwiegerkindern und Enkeln, durch Anteilnahme an ihren Sorgen, Lob und Tadel, auch unter diesen höchst ungünstigen Verhältnissen eine Art Familienleben zustande gebracht. Ihr Tod im Jahr 1872 riß insofern eine spürbare Lücke, ja er beendete praktisch das kaiserliche Familienleben. Es war ja auch nicht so, als ob die Kaiserin jede Art von Etikette abgelehnt hätte: In Bezug auf ihre Person war sie durchaus auf die Einhaltung der Regeln gegenüber einer kaiserlichen Majestät bedacht. Das erkannte auch Gräfin Festetics, als sie in ihr Tagebuch schrieb: »Die Etiquette ist nicht zu leugnen eine sehr kluge Erfindung. Ohne ihr wäre der Olymp längst gefallen. Sobald die Götter menschliche Gebrechen weisen, stehen sie auf ihren Altären nicht mehr, und die Menschen beugen das Knie nicht mehr vor ihnen. Das gilt für die Welt. Aber beglückend wirkt sie nicht auf die Götterbilder, und genügt diesen wieder der Götzendienst nicht mehr, dann geht es schief. Denn sie werden beides haben wollen: – Menschen für Alles, was sie freut und ihren Gelüsten fröhnt von sich hinab, aber zu sich hinauf den alten Cultus bewahren wollen!!«[75]

Die Hochzeit der ältesten Kaisertochter Gisela im April 1873 war für Elisabeth kaum mehr als ein gefürchteter Auftritt in der Öffentlichkeit. Die Braut war sechzehn, die Brautmutter 35 Jahre alt. Wie gewöhnlich, nahm von der Tochter kaum jemand Notiz. Die Erscheinung Elisabeths überstrahlte die Feierlichkeiten. Marie Festetics: »wie schön sie war in ihrem silbergestickten Kleid, dem herabwallenden wirklich schimmernden Haar mit dem glitzernden Diadem, ist nicht zu sagen. Das Schönste ist aber nicht das physische Wesen an Ihr – nein was über diesem schwebt – Es ist etwas wie eine Atmosphäre – ein Hauch von Anmuth – Hoheit – Lieblichkeit – Mädchenhaftigkeit – Züchtigkeit und doch wieder Großartigkeit über ›Ihr‹, der ergreifend ist.«[76]

Am Bahnhof gab es dann eine große Familienszene zur Verabschiedung des Brautpaares. Das Neue Wiener Tagblatt: »den rührendsten Anblick bot der Kronprinz Rudolf; er weinte unausgesetzt und vermochte weder den Thränenfluß zu hemmen, noch das Schluchzen zu unterdrücken, so sehr er auch sichtlich nach Fassung rang.« Die beiden ältesten Kaiserkinder waren derart isoliert vom übrigen Teil der Familie aufgewachsen, daß sie sich engstens aneinander angeschlossen hatten. Die Trennung fiel beiden – der sechzehnjährigen Gisela wie dem vierzehnjährigen Rudolf – überaus schwer. Auch Gisela schluchzte beim Abschied. Der Kaiser hatte Tränen in den Augen. »Doch trotzdem schritt die Prinzessin sowohl wie ihre Mutter festen Schrittes, die sich tief neigenden Zuschauer freundlich grüßend, dem Coupé zu, welches sie bestieg.«[77] Das weitaus gefaßteste Familienmitglied war die Brautmutter. Die einzige Gemütsbewegung, die sie zeigte, war, daß sie sich, während alle anderen schluchzten und weinten, »das Taschentuch an die thränenden Augen« drückte.

Ganz ähnliche Gefaßtheit zeigte die Kaiserin, als sie neun Monate später zum erstenmal Großmutter wurde und über die Taufe der kleinen Elisabeth (der späteren Gräfin Seefried) an Ida Ferenczy schrieb: »Gottlob ein Tag vorüber. Bitter ist mir hier zu bleiben, ganz einsam und mit Niemandem sprechen zu können. Du fehlst mir unaussprechlich. Heute war die Taufe, Mutter und Kind sind so gesund, daß sie 100 Jahre leben werden. Dies zu Deiner Beruhigung, daß ihr Gesundheitszustand mich hier nicht aufhalten wird...«[78]

Auch bei Giselas zweiter Tochter blieb Elisabeth bemerkenswert kühl, so als sie ihrem Sohn (in ungarisch) schrieb: »Das Kind von Gisela ist von seltener Häßlichkeit, aber sehr lebhaft, es schaut Gisela ganz gleich.«[79]

Der Kaiser nahm die Geburt des ersten Enkelkindes zum Anlaß, um seiner schönen Frau Komplimente zu machen. Er schrieb an den Schwiegersohn Prinz Leopold voller Stolz: »Wenn ich Deine Schwiegermutter ansehe, wenn ich an unsere Fuchsjagden denke, so kommt es mir ganz eigenthümlich vor, zu denken, daß sie schon Großmutter ist.«[80]

Wenige Wochen nach Giselas Hochzeit kam eine Repräsentationsaufgabe erster Ordnung auf das Kaiserhaus zu: die Wiener Weltausstellung. Die Vorbereitungen dafür hatten Jahre gedauert. Im Prater war als Mittelpunkt der Ausstellung die Rotunde gebaut, ein Wahrzeichen des modernen Wien (Gräfin Festetics: »ein Riesenbau, der Mensch ein Athom davor!«)
Angesichts von erwarteten Riesengewinnen gab es auf der Wiener Börse Spekulationsgeschäfte von bisher unbekanntem Ausmaß. Selbst kleine Leute spekulierten mit ihren mühsam ersparten Rücklagen. Die Reichen (bis zu Erzherzog Ludwig Viktor, dem Bruder des Kaisers) legten Millionen an in der Hoffnung auf einen vielfachen Gewinn. Ihre Hoffnungen wurden eine Zeitlang erfüllt – in reinen Luftgeschäften, wie sich schon bald nach Eröffnung der Ausstellung erwies. Tausende von Menschen verloren ihr Vermögen im berüchtigten »Börsenkrach« des Jahres 1873. Eine Selbstmordwelle unter den ehemals Reichen und nun Bettelarmen begleitete den Pomp der Ausstellung, die den hohen Erwartungen nicht gerecht wurde.
Aber Wien feierte weiter. Marie Festetics entrüstete sich über den »erschreckenden Luxus«: »Niemand fast zeigt sich im selben Kleid zwei Mal. Ich dachte, das seien furchtbar reiche Leute, die die Logen, Foyers und Säle füllen. Es blendet förmlich, so viel Brillanten – Perlen – Spitzen sind etalirt. Und nun heißt es langsam, mit einigen Ausnahmen ist das Alles Börsenreichtum, gehört keinem wirklich fest – heute noch vielleicht, morgen nicht mehr. Pfui über die Zeit. Der Eine mästet sich am Verlust des Anderen... lebt vom Gewinn, der den Anderen zum Bettler macht.«[81]
Aus aller Welt wurden Gäste erwartet. Die Nervosität war außerordentlich groß, sogar beim Kaiser. Denn es war höchst schwierig, die vielen hohen Gäste (auf Kosten des Kaiserhauses) standesgemäß unterzubringen und es nicht zu Rangstreitigkeiten kommen zu lassen.
Einer der ersten Gäste war Kronprinz Friedrich Wilhelm von Preußen, eben der, der als einer der führenden Generäle in Königgrätz gegen die Österreicher gekämpft hatte. Alle alten Haßgefühle gegen den Feind von 1866 mußten unterdrückt werden. Ja, das

deutsche Kronprinzenpaar sollte sogar besonders herzlich und demonstrativ brüderlich empfangen werden – im Sinne der neuen Politik Andrássys.

Und schon am Eröffnungstag der Ausstellung, auf dem Höhepunkt der Nervosität, ging vieles schief, ausgerechnet im Zusammenhang mit dem deutschen Kronprinzenpaar. Die Wagen fuhren vom kronprinzlichen Quartier, dem Schlößchen Hetzendorf, zu früh zur Rotunde ab, während der Kaiser noch mit seinem Gefolge in der Burg wartete. Das bedeutete, daß das Kronprinzenpaar nicht, wie es sich gehörte, vom Kaiser als Gastgeber im Prater empfangen werden konnte. Marie Festetics: »Der Kaiser wurde dunkelroth vor Zorn und rief in höchster Erregung: ›das ist doch unglaublich, daß so etwas geschehen kann... nun passirt so eine Schweinerei, daß Er ankömmt und ich nicht da bin. Wer hat die Wagen so früh bestellt gegen meinen Befehl?‹ Graf Grünne war bleich bis in die Lippen, sagte aber ruhig, ›ich Euer Majestät‹. Der Kaiser stürzte complete auf Grünne zu: ›Ich werde Sie zur Verantwortung ziehen für...‹ Da stand plötzlich die Kaiserin neben ihm. Sie war unbemerkt eingetreten, während wir alle lautlos und voll Aufmerksamkeit der peinlichen Scene gefolgt waren. Sie hatte ihre Hand auf seinen Arm gelegt. Als ob sie ihn mit einem Zauberstab berührt hätte, erstarb das Wort auf seinen Lippen, und sie sah ihn mit so einem lieblich bittenden Blick an, daß die drohende Falte verschwand, und ihn fortziehend sagte Sie ›Bitte versäumen wir keine Zeit mehr, gehen wir‹. – So sanft, so ruhig war diese Stimme. Er folgte willig.«[82]

Der kronprinzliche Zug wurde eine Weile aufgehalten, und alles verlief planmäßig. Wieder einmal hatte der Hof einen Beweis dafür erhalten, welch großen Einfluß die Kaiserin auf Franz Josephs Gemütslage hatte, wie er sofort einlenkte, sobald sie sich einsetzte. So jähzornig der Kaiser auch immer sein mochte – seiner Frau gelang es auf Anhieb, ihn zu beruhigen.

Eröffnungsreden, Kaiserhymne, stundenlanger Durchgang durch die Ausstellung mit vielen Pavillons aus aller Herren Ländern, das alles in drückender Hitze, bei schlechter Luft und Unmengen von Schaulustigen. Diners, Soirées und große Bälle lösten einander ab.

Einladungen und Gegeneinladungen, Höflichkeitsbesuche mußten absolviert werden. Schon nach wenigen Tagen schrieb Marie Festetics besorgt in ihr Tagebuch: »ob die Kaiserin aushält? – zu viel, zu lange dauert es. Man mutet ihr zu viel zu.«[83]
Kaum war das deutsche Kronprinzenpaar abgereist, kam König Leopold der Belgier. Marie Festetics: »sehr liebenswürdig und geistreich, aber nicht sympathisch und ich glaube sehr médisante.« »Man hat vor lauter Menschen kaum mehr die Kraft, über Alles nachzudenken«, klagte sie und kam gar nicht dazu, all die »kleineren« Fürstlichkeiten zu erwähnen: »man kann sagen ganz Deutschland war schon da.«
Es kam auch der Fürst von Montenegro mit seiner Frau: »er ist ein schöner Räuberhauptmann, sie die Fürstin, eine Triesterin... Alles ist eben wild«, schrieb die erschöpfte Hofdame lapidar in ihr Tagebuch.[84]
Dann traf Zar Alexander II. ein – mit dem Thronfolgerpaar und Großfürst Wladimir, »siebzig Stück Gefolge«, wie Marie Festetics schrieb und dem Außenminister Graf Gortschakow. Dieser Besuch mußte mit »allergrößter polizeilicher Vorsicht« organisiert werden, »an die man gar nicht gewöhnt ist«.[85]
Elisabeth mußte – neben dem Kaiser und den Erzherzögen – die Zarenfamilie am Bahnhof empfangen. Sie erschien in einem lilaseidenen Kleid, einem weißgestickten, mit sibirischem Silberfuchs umbrämten Jäckchen und weißem Hut, wie am nächsten Tag in sämtlichen Wiener Zeitungen nachzulesen war. Sie hielt genau das Protokoll ein: leichte Verbeugung für den Zaren, daraufhin Handkuß für sie; dann Umarmung und Kuß für die Großfürstin, Verbeugung für den Großfürsten und Empfang des Handkusses, dann ein nur »leichtes Kopfnicken für die Damen der Begleitung«. Die übrigen Russen brauchte sie nicht zu beachten.
Ausgerechnet der strenge Graf Crenneville mußte die Russen betreuen. Er klagte: »Was man bei allen den Präsentationen für Mühe hat, sich Namen und Gesichter aller der Moskowiter zu merken.«[86] Elisabeths Einsatz war äußerst mäßig. Crenneville nach einem Diner mit den Russen: »Sisi machte gelangweilte Gesichter und ist steif.« Einmal ließ sie die russische Großfürstin, mit

der sie zur Parade fahren solle, vergeblich warten. »Zum allgemeinen Bedauern«, so Crenneville, mußte die Russin alleine fahren, weil Sisi »ausschlafen muß«. Der Kaiser erhielt wieder einmal ein Lob: »Der arme Herr ist unermüdlich liebenswürdig, möge es etwas fruchten vis à vis der falschen Moskowiten.«[87]
Dann kam der englische Thronfolger Prinz Edward, ein Liebling der Wiener Damen, aber ein Schrecken des Protokolls, weil er überall zu spät kam und sich auch sonst wenig Hemmungen auferlegte. Crenneville: »Er soll am Balle... weil es zu warm war, mit einem Stuhle ein Fenster eingeschlagen haben.«[88]
Es kam die deutsche Kaiserin Augusta. Crenneville: »Lächerliche, schwülstige, geschwätzige Zierpuppe, mit einer Totenstimme.«[89] Elisabeth fiel als Gastgeberin die Aufgabe zu, sich besonders um die deutsche Kaiserin zu bemühen. Crenneville: »Neben ihr macht Sisi den Eindruck einer gelangweilten Taubstummen, der Kaiser hingegen pflichtdurchdrungen aimable und rührend aufmerksam.«[90]
Es kam Isabella, die Königin von Spanien, laut Crenneville »sehr aufgeputzt und doch sehr hässlich, schweigsam. Prinz von Asturien ihr Sohn aufgewecktes Bürschchen.«[91] Es kam das Königspaar von Württemberg: »Er ist höchst unbedeutend«, schrieb Marie Festetics, »Sie ist eine höchst imposante Erscheinung... die Einzige, die neben der Kaiserin eine Königin ist!«[92]
Marie Festetics: »Das ist kein Leben, sondern ein Rausch!!! Die Weltausstellung ist wie ein Fegefeuer, das Alles verschlingt. Alle anderen Interessen scheinen verschwunden, und die Sucht, recht toll zu genießen, setzt über Alles hinweg, als wenn wirklich aller Ernst verschwunden. Es ist fast beängstigend.«[93]
Ende Juli zog sich Elisabeth nach Payerbach bei Reichenau zurück, in gute Gebirgsluft fern vom Wiener Trubel, kritisiert von den Hofbeamten, die sahen, wie unermüdlich der Kaiser und selbst der inzwischen fast 15jährige Kronprinz ihre Repräsentationspflichten erfüllten. Diesmal nannte Elisabeth ihr monatliches »Unwohlsein« als Grund für die Abreise. Die Daten ihrer »Leiden« waren am Hof bekannt und mußten bei gesellschaftlichen Veranstaltungen selbstverständlich berücksichtigt werden. Elisa-

beth machte aus dieser Unpäßlichkeit stets ziemlich viel Aufhebens und sprach auch in ihren Briefen (so an Ida Ferency, aber auch an den Kaiser) ausführlich über deren Verlauf. Sie sagte ihre Teilnahme an offiziellen Veranstaltungen (für die doch ihr zuliebe stets besondere Vorbereitungen getroffen waren) bedenkenlos wegen ihrer Menstruation ab, und zwar ganz offen und offiziell. Die Hofdamen spöttelten über die Empfindlichkeit der Kaiserin, denn sie waren solche Sitten von der früheren Kaiserin Maria Anna und Erzherzogin Sophie nicht gewöhnt. Sie beurteilten die Hervorhebung von Sisis »Leiden« als das, was sie waren: nämlich als Vorwand, um wieder einmal auf einige Tage der Wiener Hofburg zu entfliehen.
In Payerbach nun beschloß Elisabeth, gar nicht erst nach Wien zurückzukehren, sondern gleich nach Ischl weiterzufahren. Sie hatte genug von fremden Fürsten, von Soirées und Bällen und Feuerwerken. Sie wollte ihre Ruhe haben, ihre einsamen Spaziergänge machen und reiten.
Auch ihrem kaiserlichen Gatten schlug sie eine ausgiebige Erholung vor und machte ihm Vorwürfe, als er darauf nicht eingehen konnte: »So verwöhnst Du alle Leute schon, daß Du nicht einmal mehr Dank für Deine übertriebene Höflichkeit bekommst, im Gegenteil. Eigentlich gibst Du mir recht, aber eingestehen willst Du es nicht. Das ist immer so, wenn man eine Dummheit gemacht hat...«[94]
Elisabeths Abwesenheit löste in Wien große Verwirrung aus. Denn schließlich war sie so etwas wie eine der Hauptattraktionen der Wiener Weltausstellung. Jede Fürstlichkeit, die Wien besuchte, wünschte sich selbstverständlich, nicht nur den stets pflichteifrigen Kaiser, sondern auch die wegen ihrer Schönheit weltberühmte Kaiserin zu sehen. Mit großem Bedauern mußten sie zur Kenntnis nehmen, daß Elisabeth »unpäßlich« war und gute Luft brauchte fern von Wien.
Nur eine Majestät war nicht zu bewegen, diese Gründe zu akzeptieren: Nasr-es-Din, der Schah von Persien. Ende Juli traf er mit einem höchst malerischen Gefolge in Wien ein, einer Menge von Hofwürdenträgern und Verwandten, aber auch zwei »ladies of

pleasure«, wie Crenneville schrieb, vierzig Hammeln, vielen Pferden, fünf Hunden und vier Gazellen (die als Geschenk für die bekannt tierliebende Kaiserin gedacht waren). Wieder fiel Graf Crenneville die Gästebetreuung zu. Er nannte die Perser nur »die Horde« und »das Gesindel«: »Man macht sich keinen Begriff, was das für eine Rotte ist, die Türken sind im Vergleich feingebildet.«[95]
Der Schah war in Laxenburg einquartiert, wo das Kaiserpaar einst seine Flitterwochen verlebt hatte und auch Kronprinz Rudolf auf die Welt gekommen war. Wochenlang war dort umgebaut worden – nach den Wünschen des »Mittelpunktes des Weltalls«. Mitten in den kaiserlichen Gemächern war eine Küche mit offenem Herd installiert, um dort die gesegneten, für den Schah bestimmten Hammeln am Spieße zu braten. Ein angrenzendes Kabinett diente als Schlachtbank, wo täglich der Schlächter in Gegenwart des Schah ein Lamm schlachtete. Auf den Parkettböden wurden Feuerstellen für die Nargilehs eingerichtet (große Pfeifen, die Kohlenglut erforderten). In letzter Minute noch wurde ein Hühnerstall installiert, weil der Schah täglich bei Sonnenaufgang eigenhändig drei fette Hühner zu schlachten pflegte.
Der Schah hielt kaum einen Termin ein, kam überallhin zu spät (und meist um Stunden, die der Kaiser mit seinem Gefolge wartend umherstand). Als Begründung gab er an, sein Astrologe habe gesagt, die Sterne stünden für die Verabredung nicht günstig und es sei besser gewesen, eine oder mehrere Stunden zu warten.
Besonders eifrig und auffällig kokettierte der Schah mit Frauen, und die Zeitungen berichteten spaltenlang über seine jeweilige Auswahl. So nahm er sogar bei der offiziellen ersten Führung durch die Weltausstellung, die der Kaiser persönlich vornahm, die Gelegenheit wahr, als sich ein leichtes Mädchen neugierig an ihn herandrängte. Das Neue Wiener Tageblatt: »Er blieb vor der minnig lächelnden Dulcinea stehen, betrachtete sie durch die Brillen aufmerksam... kniff sie vergnügt lachend in die Arme, betastete ihr den Busen und nickte dann, mit der Zunge die Lippen befeuchtend, wie immer, wenn ihm etwas gefiel.« Das Mädchen wurde sogleich ehrerbietig vom persischen Gefolge in die Mitte genommen. Franz Joseph schaute diskret in eine andere Richtung.

Das Neue Wiener Tagblatt erteilte schließlich »gewissen braven Müttern« den Rat, »sich die Absendung von Briefen und Photographien ihrer Töchter an den Oberzeremonienmeister des Schah zu ersparen«, denn der »Mittelpunkt des Weltalls« könne nicht »sämtliche unversorgte Töchter schlechter Eltern beglücken«.[96]
Die Geduld des kaiserlichen Gastgebers war arg strapaziert, Crenneville am Ende seiner Kräfte. In den Zeitungen wurde Kritik laut. Moriz Szeps rechnete im Neuen Wiener Tagblatt den Wert der Diamanten des Schah auf und vergaß nicht zu erwähnen, daß unter der »glorreichen Regierung« des Schah »netto vier Millionen des Hungertodes gestorben sind«. Er nannte den Schah einen »blutbefleckten Despoten« und sprach von »Größenwahnsinn«: »Es dünkt uns wenig ritterlich, wenn ein Fürst eigenhändig Hammel schlachtet und die Prachtgemächer, an denen historische Weihe haftet, mit Blut besudelt. Die Mysterien des Schah und seines Hofes sind so unreinlich, so anwidernd, daß es am Platze war, der lauten Entrüstung Worte zu verleihen.«[97]
Wohlgemerkt: Allen diesen Strapazen hatte sich die Kaiserin mit ihrer Abreise nach Payerbach entzogen. Da sie anschließend nicht nach Wien, sondern nach Ischl fahren wollte, hätte der Schah keine Gelegenheit gehabt, sie zu sehen. Er jedoch hatte sich in den Kopf gesetzt, die Kaiserin in Wien zu begrüßen und ließ nicht locker. Der Wiener Hof fürchtete, er werde sich eine Begegnung mit Elisabeth »erwohnen«, das hieß, so lange in Laxenburg bleiben, bis er die Kaiserin zu Gesicht bekäme. Die Verwirrung war ungeheuerlich, der Schah einfach nicht zum Wegfahren zu bewegen. Der Hof kritisierte die Kaiserin, ihre Pflichten wieder einmal zu vernachlässigen. Die liberalen Zeitungen nahmen Elisabeth in Schutz und beanstandeten die übergroße Höflichkeit des Kaisers einem derart unverschämten Gast gegenüber: »Wir finden es begreiflich, daß der österreichische Hof sich an die internationalen Gebräuche hielt und dem Schah die Ehre eines hohen Souveräns zukommen ließ«, hieß es vorsichtig, »aber die Verweigerung eines Empfanges seitens der Kaiserin konnte dem Schah immer zur Weisung dienen, daß man Sitte und Anstand nicht ungestraft verletzen dürfe« und: »Wenn man aber fragen wird, warum Europa dem Schah,

einem im Grunde machtlosen Tyrannen, so viele Ehrenbezeigungen erwiesen hat, so wird darauf Niemand eine vernünftige Antwort wissen.«[98]

Der Druck war schließlich so groß – und die Angst, der Schah werde noch länger in Wien bleiben –, daß sich Elisabeth entschloß, zur Abschiedssoirée des Schahs in Schönbrunn zu erscheinen. Tagsüber hatte es große Konfusion gegeben. Der Schah ließ nämlich verlauten, er sei krank und könne deshalb nicht nach Schönbrunn kommen. Man erzählte sich, »daß man dieses Unwohlsein als die Introduktion des angedrohten ›Erwohnens‹ einer Audienz bei der Kaiserin betrachtete«. Elisabeths Einlenken kam wirklich in allerletzter Minute: »Erst als die für den Beginn des Festes anberaumte Stunde verstrichen war, war man in Stand gesetzt, nach Laxenburg zu melden, daß der Schah der Kaiserin sich vorstellen könne. Das Unwohlsein war behoben und der Schah fuhr zum Feste, welches in Folge dieses Zwischenfalls um anderthalb Stunden später begann.«[99]

Marie Festetics: »Es war sehr amusant, als das erste Mal er Ihrer ansichtig wurde. Er blieb ganz paff vor Ihr stehen, nahm seine goldenen Augengläser hervor und schaute sie ganz ruhig vom obersten Lockerl bis zum Fußspitzel herunter an – ›ah qu'elle est belle‹ fuhr ihm heraus.«[100]

Das Neue Wiener Tagblatt: »Als Nasr-ed-Din der Kaiserin gegenüberstand, soll er von einer Schüchternheit und Befangenheit gewesen sein, die man nie zuvor an ihm bemerkte, und während der Stunde, die die Monarchin ihm vergönnte, an ihrer Seite zu bleiben, soll er von fast knabenhafter Scheu in jeder Bewegung und jedem Wort gewesen sein.«[101]

Die Anwesenheit der schönen Kaiserin, das Feuerwerk in Schönbrunn bei der Gloriette beschwingte den Schah so, daß er diesen Abend für den schönsten seiner ganzen Europareise erklärte und beschloß, am nächsten Morgen wirklich nach Persien zurückzufahren. Drei Tage später fuhr auch die Kaiserin ab, nach Ischl. Der Kaiser empfing weiterhin Gäste der Weltausstellung, assistiert vom Kronprinzen.

Mitten in die Festivitäten der Weltausstellung drangen beunruhigende Nachrichten vom Ausbruch der Cholera. Am 2. Juli schon schrieb Crenneville an seine Frau: »In Schönbrunn (ne le racontez pas) ist eine Silberwäscherin ... gestern an der Cholera gestorben, man will es tot schweigen, es soll nicht epidemisch sein.« Die Krankheitsfälle nahmen zu. Trotz aller Geheimhaltung zögerten die Fremden, nach Wien zur Ausstellung zu reisen. Der Andrang in der Rotunde im Prater war weit weniger groß als erwartet. Immer deutlicher zeichnete sich ein riesiges Defizit ab.

Auch in Wiener Hofkreisen brach geradezu eine Hysterie um die Cholera aus. Jeder bildete sich beim kleinsten Magendrücken ein, ernstlich erkrankt zu sein. Auch die um ihre Gesundheit besorgte und höchst empfindliche Kaiserin machte darin keine Ausnahme. Ob Vorwand oder nicht: nach der Rückkehr aus Ischl, als König Viktor Emanuel von Italien in Wien zu betreuen war, legte sie sich magenkrank ins Bett, selbstverständlich eine Cholera befürchtend. Crenneville an seine Frau: »Viktor Emanuel konnte Sisis Bekanntschaft nicht machen, es ist *richtig* Magen Catarrh, an dem sie leidet.«[102]

Der König war laut Marie Festetics »desparat, sie nicht zu sehen. Andrássy auch. Es gibt Anlaß zu Redereien und Artikeln, die besser vermieden wären, jetzt wo Annäherung angebahnt ist.«[103] Man erzählte sich, die Kaiserin weigere sich, Victor Emanuel zu empfangen, weil er 1860 ihre Schwester Marie aus Neapel vertrieben habe. Ressentiments solcher Art konnte Außenminister Andrássy 1873 nicht brauchen, als er zielbewußt auf ein Bündnis Österreichs auch mit dem ehemaligen Gegner Italien hinsteuerte. Sisis Magenverstimmung dauerte so lange, daß sie auch den Besuch des Deutschen Kaisers Wilhelm I. im Oktober nicht mit ihrer Anwesenheit krönen konnte. Diesmal blieb sie in Gödöllö. Kaiser Franz Joseph hatte seit Ende Juli sämtliche Repräsentationspflichten während der Weltausstellung allein absolviert – das Abschiedsfest für den Schah ausgenommen.

Der Dezember 1873 brachte dann – nach Abschluß der Wiener Weltausstellung – noch weitere festliche Veranstaltungen, diesmal zu Franz Josephs 25jährigem Regierungsjubiläum. Wieder gab es

Feuerwerke und Illuminationen, feierliche Gottesdienste, Festreden und eine Amnestie für alle wegen Majestätsbeleidigung Inhaftierten. In Triest und Prag kam es zu »einigen fanatischen oder kindischen Demonstrationen« gegen das Kaiserhaus, wie der Schweizer Gesandte berichtete. Sein Gesamteindruck über die Stimmung in der Monarchie war aber ein günstiger: Das Jubiläum habe »unwiderlegbar bewiesen, daß die Völker Österreichs lebhafte und warme Sympathie für ihren Monarchen hegen, der, wenn auch in den meisten seiner Kriege unglücklich, doch in den Zeiten der Ruhe und des Friedens stets eifrig und redlich für das Beste seiner Länder bedacht ist«.[104]

Die Zeitungen zählten die Errungenschaften von Franz Josephs Regierungszeit, also seit 1848, auf. Vor allem die Haupt- und Residenzstadt Wien hatte sich in dieser Zeit geändert, und zwar in einem Ausmaß wie Jahrhunderte vorher nicht. Die Einwohnerzahl war von 500 000 (mit den Vororten 600 000) auf über eine Million gewachsen. Die Stadterweiterung, der Abbruch der alten Stadtmauern und die neue Ringstraße hatten ein modernes Wien geschaffen. Die Donauregulierung war kurz vor dem Abschluß, die Zeiten der häufigen Überschwemmungen vorbei. Das Fremden-Blatt: »Auf der breiten Fläche der Donau werden in nächster Zukunft die stolzen Handelsschiffe aller Nationen einherrauschen.«[105] Die einstmals schlechten hygienischen Verhältnisse in Wien waren mit dem Bau der neuen Hochquellwasserleitung schlagartig verbessert. Schulen, Kirchen, Spitäler waren in großer Anzahl entstanden. Die neue Universität am Schottentor war im Bau; das Künstlerhaus, das Musikvereinsgebäude, die neue Hofoper, das Stadttheater und die Volksoper waren schon fertig. Wien hatte seit 1848 allein elf neue Brücken.

Es gibt keine Hinweise darauf, daß die Kaiserin an dieser günstigen Entwicklung des Reiches Anteil genommen, daß sie Stolz gefühlt hätte. Es fiel höchst unliebsam auf, daß sie für die Jubiläumsfeierlichkeiten ihren Ungarnaufenthalt nur für zwei Tage unterbrach. Aber auch in diesen zwei Tagen war sie so unnahbar wie nur möglich. Schon bei der Ankunft am Bahnhof in Wien trug sie einen Hut »mit undurchdringlichem silbergrauen Gaze-Schlei-

er«, wie in den Zeitungen nachzulesen ist. Bei der feierlichen Rundfahrt der Majestäten durch Wien während der abendlichen »Illumination« fuhr der Kaiser mit dem Kronprinzen in einem offenen Wagen, die Kaiserin dahinter in einem geschlossenen Wagen, so daß man sie nicht erkennen konnte.
Großes Aufsehen erregte Elisabeths Verhalten bei einem Spaziergang auf der Ringstraße. Marie Festetics, die in ihrer Begleitung war, erzählte: »Sie wurde erkannt, angejubelt und umringt; im Anfang ging es. Sie lächelte, dankte. Aber von allen Seiten strömten die Menschen! – Es gab kein Vor – kein Rückwärts; eng und enger wurde es um uns – klein und kleiner der Kreis, wir waren in Todesgefahr; – ich bat, flehte, es ging Ihr und mir der Athem aus. Der Angstschweiß stand uns auf der Stirn. Meine Stimme hörte man gar nicht, und ich schrie complete: ›Sie erdrücken ja die Kaiserin – um Gottes willen, Hülfe – Hülfe! Platz – Platz‹... Nach einer Stunde oder mehr konnten wir bis zu dem Wagen dringen – Schnell war Sie drinnen und endlich athmeten wir auf, aber zu Todt erschöpft war Sie und ganz krank!«[106]
Wohlgemerkt: die Leute waren freundlich und nicht im mindesten bösartig. Die Todesängste der Gräfin Festetics waren mit Sicherheit hysterischer Natur. Elisabeth aber brachte bei dieser Szene kein Wort heraus, war völlig passiv, hilflos, verängstigt. Hier gab es keine Möglichkeit einer Verständigung zwischen der Kaiserin und dem »Volk«. Die Tageszeitungen stellten diese Szene ganz anders dar als Marie Festetics. Keine Rede davon, daß die Ovationen bedrohliches Ausmaß angenommen hätten: »Die hohe Frau wurde vom Publikum erkannt und mit den lebhaftesten Hochrufen begrüßt. Ihre Majestät war durch diese Ovation sichtlich angenehm berührt und sehr erfreut.«[107]
Elisabeths Verhalten während des Jubiläums wurde stark kritisiert. Es kam sogar zu einem kritischen Zeitungsartikel (»Die seltsame Frau«), in dem ihre seltene Anwesenheit in der Hauptstadt erwähnt wurde. Der Kaiser nahm diesen Artikel zum Anlaß, um die Abordnung des Journalistenvereins »Concordia«, die gratulieren kam, scharf zu rügen. Er habe »der Beseitigung der Schranken zugestimmt, welche der freien Meinungsäußerung

hemmend entgegenstanden«, sagte er. Nun hoffe er aber, daß die Presse »ferne von den Eingriffen in die Sphäre des Privat- und Familienlebens, die staatlichen Zustände mit maßvoller Objektivität und in patriotischem Geiste besprechen werde«.[108]

Je vernehmlicher die Kritik wurde, desto stärker wurde Elisabeths Zorn auf Wien, desto mehr redete sie sich in einen förmlichen Verfolgungswahn hinein, sah schließlich nur noch Feinde ringsum. Marie Festetics zählte diese Gegner wie folgt auf:

»Da gibt es eine böhmische Parthei, die denkt, Sie ist schuld, daß der Kaiser sich nicht krönen läßt, denn sie haßt Böhmen, weil Sie Ungarn liebt!

Da sind die Ultramontanen, die sagen, Sie ist nicht fromm genug. Sie hält den Kaiser zurück, sonst wäre längst wieder der Staat der Kirche untergeordnet.

Da sind die Centralisten, die sagen wieder, Sie ist gegen den Absolutismus. Könnte man Ihren Einfluß brechen, wäre es leicht, zur alten Regierungsform zurückzukehren!

Der Dualismus sei Ihr Werk! Das ist das Einzige, wo Sie die Hand im Spiele hatte. Das laße ich gelten. Aber es war sicherlich nicht zum Nachteil Österreichs; wenn Alles einmal wankt – König von Ungarn wird Er bleiben!«[109]

Das stimmte sicherlich zum großen Teil. Die meisten Feinde aber schuf sich die Kaiserin wohl nicht mit ihren (kaum öffentlich geäußerten) politischen Meinungen, die die Hofdame richtig erkannte, sondern durch ihre offene Gegnerschaft zum Wiener Hof und durch ihre ständigen Weigerungen, die traditionellen Pflichten einer Kaiserin zu erfüllen. Sie rechtfertigte sich damit, daß sie anderen – eben ihrer Schwiegermutter, ihrer erster Obersthofmeisterin Esterházy, dem Wiener Hof als solchem – Fehler aufrechnete. Marie Festetics (und wir müssen bei ihren Aussagen stets bedenken, daß sie eine glühende Verehrerin Elisabeths war) schrieb über diese Eigenschaft, die sich im Lauf der nächsten Zeit noch verstärkte: »Selbst wenn Sie im Unrecht ist, findet Sie etwas heraus, was eine Ursache ist, dieses und jenes nicht zu thun!«[110]

Elisabeth weigerte sich, sowohl die traditionellen Pflichten einer Frau und Mutter als auch diejenigen einer Kaiserin zu erfüllen, hatte aber nichts Sinnvolleres, um ihre viele Zeit auszufüllen. Gräfin Festetics sorgte sich mit vollem Recht: »Sie ist eine Schwärmerin, und ihre Hauptbeschäftigung ist Grübeln. Wie das gefährlich ist. Sie möchte alles ergründen und sucht zu viel herum, ich möchte sagen, daß der gesündeste Sinn unter dieser Art Leben leiden muß. Sie brauchte eine Beschäftigung, eine Position, und da die Einzige, die Sie hätte, Ihrer Natur zuwider ist, liegt in Ihr alles brach.« Die Hofdame sah, daß Elisabeth »nie etwas halb« machte: »wie, mit welcher Energie hat sie ungarisch gelernt – es war eine Kasteiung. Erzherzogin Valerie erfüllt jetzt Ihre Seele ganz. Aber für ein Wesen mit Ihrer Begabung ist der Umgang mit dem Kinde zu wenig geistige Nahrung, und andere Beschäftigung hat sie wenig. Man sieht, wie unausgefüllt sie ist.«[111]

8. Kapitel

Die Königin hinter der Meute

Elisabeth hatte im Weltausstellungsjahr 1873 so viele Repräsentationsaufgaben absolviert wie nie vorher und nie nachher – wenn auch mehr gezwungen als freiwillig und mit manchen ihrer berühmten Kapriolen. Nun brauchte sie Erholung, selbstverständlich fern von Wien. Das bevorzugte Fluchtziel war in dieser Zeit Gödöllö, jener Landsitz unweit von Budapest, den die ungarische Nation dem neugekrönten Königspaar 1867 geschenkt hatte. Elisabeth an ihre Mutter aus Gödöllö: »hier lebt man so ruhig ohne Verwandte und Seccaturen u. dort [in Wien] diese ganze kaiserliche Familie! Auch bin ich hier ungeniert wie am Lande, kann allein gehen, fahren« – vor allem aber reiten.[1]

Der Pusztasand war für stundenlange tägliche Ausritte wie geschaffen. Es gab in der Gegend noch wilde Pferde. Die Landschaft war romantisch und urwüchsig, wie es Elisabeth liebte. Sie nahm auch an den schwierigsten Parforcejagden teil. Die Frau des belgischen Gesandten, Gräfin de Jonghe, schrieb darüber: »Es soll großartig sein, sie an der Spitze aller Reiter und stets an den gefährlichsten Stellen zu sehen. Die Begeisterung der Magyaren kennt keine Grenzen mehr, sie brechen sich den Hals, um ihr näher zu folgen. Der junge Elemér Batthyány hat fast sein Leben gelassen, glücklicherweise ist nur sein Pferd getötet. In der Nähe ihrer schönen Königin werden die Ungarn derart royalistisch, daß, so sagt man, wenn diese Jagden vor den Wahlen begonnen hätten, die Regierung große Ersparnisse gemacht hätte.«[2]

Gödöllö war Elisabeths Reich. Hier herrschten ihre Gesetze, die mit Rangfragen und Protokoll wenig zu tun hatten. Besucher wurden nicht nach ihrem adeligen Rang, sondern ihren Reitkünsten ausgewählt. Elisabeth scharte die Elite der österreichisch-ungarischen Reiter um sich, junge, reiche Aristokraten, die ihr Leben

so gut wie ausschließlich auf Rennbahnen und Reitjagden verbrachten und keinerlei Pflichten und Arbeit hatten.
Ihr jahrelanger Favorit war Graf Nikolaus Esterházy, der berühmte »Sport-Niki«. Sein riesiger Grundbesitz war Gödöllö benachbart. Er besaß eine renommierte Vollblutzucht und lieferte auch Pferde für Elisabeths Reitstall. Niki Esterházy war in den sechziger und siebziger Jahren so etwas wie der erste Reiter Österreich-Ungarns, viele Jahre lang unangefochtener »master« der Parforcejagden, einer der Gründer des Jockey-Clubs in Wien – darüber hinaus ein schneidiger, gut aussehender Gesellschaftslöwe und Junggeselle, zwei Jahre jünger als die Kaiserin.
Auch »der schöne Prinz«, Rudolf Liechtenstein, war an Elisabeths Seite zu finden. Er war (und blieb zeitlebens) Junggeselle, ein wenig jünger als die Kaiserin, ein berühmter Reiter und Kavalier. In den siebziger Jahren trat er auch mit Kompositionen von Liedern hervor. Der Kaiserin war er in steter Verehrung ergeben.
Besonderes Aufsehen erregte die häufige Anwesenheit des Grafen Elemér Batthyány in Gödöllö. Denn er war ein Sohn jenes ungarischen Ministerpräsidenten, den der junge Kaiser Franz Joseph 1849 unter demütigenden Umständen hatte hinrichten lassen. Batthyánys Witwe wie sein Sohn Elemér weigerten sich, mit dem Kaiser zusammenzutreffen, ja brüskierten ihn offen, indem sie ihn bei zufälligen Treffen nicht grüßten.
Elisabeth ließ nie den geringsten Zweifel darüber, daß sie die Methoden der österreichischen Politik und Justiz im Revolutionsjahr 1848/49 schärfstens verurteilte. Für die unversöhnliche Haltung des jungen Batthyány brachte sie Verständnis auf und kam ihm entgegen, wo es nur möglich war.
Selbstverständlich lud sie Elemér auch dann nach Gödöllö ein, wenn der Kaiser anwesend war – selbstverständlich wandte sich Batthyány ab, sobald Franz Joseph in seine Nähe kam. Und so starr Franz Joseph auch immer auf die höfische Etikette pochte – hier in der Gesellschaft seiner Frau ließ er sich vom Grafen Batthyány ohne Protest brüskieren – er bemühte sich geradezu krampfhaft, die peinlichen Szenen zu übersehen und zeigte so Verständnis.

Selbstverständlich war auch Gyula Andrássy häufig Gast in Gödöllö. Er war immer noch ein hervorragender Reiter. Aber mit der Konkurrenz der Esterházy, Liechtenstein und Batthyány konnte er es nicht leicht aufnehmen: schließlich war er k. u. k. Außenminister, hatte alle Hände voll zu tun und konnte seine Tage nicht mit Reiterkunststücken verbringen. Außerdem hatte er inzwischen die Fünfzig schon überschritten. Sein Interesse an Pferderennen war erlahmt.

Sisi lud auch ihre Nichte Baronin Marie Wallersee nach Gödöllö ein, die Tochter ihres Bruders Ludwig und der bürgerlichen Schauspielerin Henriette Mendel in München. Die kleine Wallersee war nicht nur ein auffallend hübsches Mädchen (eine Tatsache, die Sisi bekanntlich stets hoch zu schätzen wußte), sondern auch eine hervorragende Reiterin. Elisabeth gefiel es, mit dem Mädchen die adelige Gesellschaft zu provozieren. Denn trotz ihrer engen Verwandtschaft mit der Kaiserin war »die kleine Wallersee« wegen ihrer bürgerlichen Mutter nicht standesgemäß, ein »Bastard«. Elisabeth machte ihre Nichte Marie quasi zu ihrem Geschöpf, staffierte sie nach der neuesten Mode aus, brachte ihr den nötigen Schliff in der Gesellschaft und die nötige Arroganz gegenüber Männern bei. Sie genoß sichtlich die Sensation, die das schöne blonde Mädchen neben ihr erregte. Marie: »Dreimal in der Woche war Jagd. Ach, es war herrlich! Elisabeth sah zu Pferde berückend aus. Ihr Haar lag in schweren Flechten um ihren Kopf, darüber trug sie einen Zylinder. Ihr Kleid saß wie angegossen; sie trug hohe Schnürstiefel mit winzigen Sporen und zog drei Paar Handschuhe übereinander; der unvermeidliche Fächer wurde stets in den Sattel gesteckt.« (Diesen Fächer benutzte die Kaiserin blitzschnell, sobald Schaulustige auftauchten, und versteckte ihr Gesicht.)

Elisabeth machte das junge Mädchen auch zur Vertrauten ihrer Heimlichkeiten. Marie Wallersee: »Ich genoß in vollen Zügen die langen Ritte mit der Kaiserin, die bisweilen einen Gefallen daran fand, sich als Knabe zu verkleiden. Natürlich mußte ich ihrem Beispiel folgen; doch ich entsinne mich noch der Scham, die mich marterte, als ich mich zum ersten Mal in Hosen sah. Elisabeth bildete sich ein, daß diese verrückte Laune in Gödöllö nicht allgemein bekannt war; in Wahrheit sprach jedermann darüber. Nur Franz Joseph, glaube ich, hatte keine Ahnung von dem, was aller Geheimnis war.«

Auch andere Gewohnheiten Elisabeths in Gödöllö waren bald allgemein bekannt, jedenfalls am Wiener Hof: So ließ sich die Kaiserin in Gödöllö eine Manege bauen wie einst ihr Vater Max in München. Dort ritt sie hohe Schule und arbeitete mit Zirkuspferden. Elisabeths Nichte Marie: »Es bot einen reizenden Anblick, wenn Tante in ihrem schwarzsamtenen Kostüm ihren kleinen Araber rings um den Ring im Tanzschritt führte. Für eine Kaiserin war es freilich eine etwas ungewöhnliche Beschäftigung.«[3]

Selbst die bayrische Verwandtschaft, die doch von Sisis Vater Max Einschlägiges gewöhnt war, staunte nicht wenig, als die kleine Valerie dem Prinzregenten Luitpold voll Stolz erzählte: »Onkel Luitpold, jetzt kann Mama auf dem Pferd schon durch zwei Reifen springen.«[4]

Lehrmeisterinnen dieser Zirkuskunststücke waren die berühmtesten Kunstreiterinnen des Zirkus Renz: Emilie Loiset und Elise Petzold. Vor allem Elise war häufiger Gast in Gödöllö und galt als persönliche Vertraute der Kaiserin. Elisabeth bewies ihre Zuneigung zu Elise Petzold (die in Hofkreisen auch Elise Renz genannt wurde) zum Beispiel damit, daß sie ihr eines ihrer Lieblingspferde, den »Lord Byron«, schenkte und die Zirkusreiterin auf die vornehmsten Parforcejagden einlud. Als die 25jährige Emilie Loiset in Paris bei einem Unfall in der Manege tödlich verunglückte, vergaß kaum eine Zeitung zu erwähnen, sie sei der Kaiserin von Österreich persönlich nahegestanden.

Der Prinzipal des Zirkus Renz, Ernst Renz, beriet Elisabeth gelegentlich beim Pferdeeinkauf. Auch er wurde durch die Huld der Kaiserin eine Berühmtheit in feinen Kreisen.

Ein ehemaliger Zirkusdirektor namens Gustav Hüttemann gab der Kaiserin in Gödöllö Unterricht im Dressurreiten. Kaiser Franz Joseph nahm das alles resignierend hin, behielt sogar seinen Humor, so zum Beispiel, als er Herrn Hüttemann in Gödöllö sagte: »Also, die Rollen sind verteilt. Die Kaiserin tritt heute abend als

Kunstreiterin auf. Sie reiten die hohe Schule und ich mach euch den Stallmeister.«

Außer den Zirkusleuten lud Elisabeth auch Zigeuner ein. Sie liebte Zigeunermusik und sah über alle Unannehmlichkeiten, die diese Besuche mit sich brachten, großzügig und lachend hinweg. Die Lakaien, auch der Leibkammerdiener des Kaisers, waren entsetzt: »In Gödöllö trieb sich allerlei lichtscheues Pack, von Schmutz starrende, in Fetzen gehüllte Männer, Frauen und Kinder herum. Die Kaiserin ließ oft eine ganze Gesellschaft ins Schloß kommen, bewirten und mit Nahrungsmitteln reichlich beschenken.«[5]
Alle Kuriositäten und Abnormitäten fanden Elisabeths Interesse. Einmal ließ sie sich die neueste Ofener Zirkusattraktion, zwei zusammengewachsene Negermädchen, nach Gödöllö hinausschikken. »Aber den Kaiser grauste der Gedanke schon so, daß er sie durchaus nicht anschauen wollte«, schrieb die Kaiserin an ihre Mutter Ludovika, die solcherlei Dinge von ihrem Max ja in reichlichem Ausmaß gewöhnt war.[6]

Je intensiver und ausschließlicher sich Elisabeth mit dem Reitsport beschäftigte, je mehr sie sich in der Gesellschaft von Reitern aufhielt, umso unzufriedener wurde sie mit Gödöllö: die Jagdsaison war zu kurz, da sie erst nach der Ernte begann (Anfang September) und traditionell am 3. November, dem Hubertustag, endete. Die dichten Wälder hinderten bei der Jagd. Es gab vor allem zu wenig Hindernisse und zu wenig Möglichkeiten zum Springen, fast nur kleine offene Gräben statt der hohen Gatter, die für die englische Jagd typisch waren. Und die Parforcejagd nach englischem Muster war das non plus ultra auch für österreichische Herrenreiter. Wer nicht – wie zum Beispiel Niki Esterházy – Erfolge oder wenigstens Teilnahme an englischen Jagden aufweisen konnte, wurde in der Elite der Reiter nicht recht ernst genommen.
Exkönigin Marie von Neapel, Sisis schöne Schwester, war der Mode bereits gefolgt und hatte sich (mit Hilfe des Hauses Rothschild) in England ein Jagdhaus gekauft. Nun schwärmte sie Elisabeth von der englischen Reitjagd vor und lud sie 1874 nach England ein. Die offizielle Begründung dieser ersten Englandreise der

Kaiserin war, daß die kleine Marie Valerie unbedingt Seebäder benötige und die Insel Wight dazu besonders geeignet sei.

Um politischen Schwierigkeiten vorzubeugen, reiste Elisabeth unter dem Namen einer Gräfin Hohenembs. Sie konnte aber damit nicht einem Höflichkeitsbesuch bei Queen Victoria ausweichen, die den Sommer ebenfalls auf der Insel Wight, in Osborne, verbrachte. Elisabeths überraschender und kurzfristig angesagter Besuch kam der Queen nicht gelegen. Etwas verärgert schrieb Victoria ihrer Tochter: »Die Kaiserin bestand darauf, mich heute zu sehen. Wir sind alle enttäuscht. Ich kann sie nicht eine große Schönheit nennen. Sie hat eine schöne Haut, eine herrliche Figur, und hübsche kleine Augen und eine nicht sehr hübsche Nase. Ich muß sagen, daß sie in grande tenue [großer Aufmachung], wenn sie mit ihrem schönen Haar zu sehen ist, was zu ihrem Vorteil ist, viel besser aussieht. Ich finde Alix [die Prinzessin von Wales] viel hübscher als die Kaiserin.«

Auch die preußische Kronprinzessin Viktoria, die älteste Tochter der Queen, war auf der Insel Wight, in Sandown. Auch sie war vom Besuch Elisabeths enttäuscht und schrieb an die Queen: »Die Kaiserin von Österreich war gestern auch hier – sie wollte keine der angebotenen Erfrischungen annehmen. Aber nachher hörten wir, daß sie zum Hotel in Sandown ging und dort dinierte, was wir doch ziemlich sonderbar fanden. Sie sah nicht am allerbesten aus, und ich denke, ihre Schönheit hat seit dem letzten Jahr sehr nachgelassen, wenn sie auch noch immer hübsch ist! Sie war auch nicht zu ihrem Vorteil angezogen.« Viktoria gab ihrer Mutter recht, daß die englische Kronprinzessin Alix hübscher sei: »aber die Kaiserin ist pikanter als alle Damen, die ich jemals gesehen habe. Die schöne Kaiserin ist eine sehr sonderbare Person, was ihre Tageseinteilung angeht. Den größten Teil des Vormittags verbringt sie schlafend auf dem Sofa. Sie diniert um 4 und reitet den ganzen Abend ganz allein und niemals kürzer als drei Stunden lang und wird wütend, wenn irgend etwas anderes geplant ist. Sie will keinen Menschen sehen oder sich irgendwo sehen lassen.«[7]

Sisi ihrerseits schrieb ihrem Mann über diesen (einzigen) offiziellen Besuchstag in Wight, es sei »der fatiguanteste Tag der ganzen

Reise« gewesen. »Die Königin war sehr freundlich, sagte gar nichts unangenehmes, ist mir aber unsympathisch... Ich war überhaupt sehr höflich, und alles schien erstaunt darüber. Aber jetzt habe ich auch alles gethan. Sie sehen alles vollkommen ein, daß ich Ruhe haben will und wollen mich nicht genieren.«[8]
Ihrer Mutter Ludovika schrieb sie, daß sie »solche Sachen langweilen«.
Von Langeweile war in Sisis Briefen überhaupt oft die Rede. Langeweile war wohl auch der Grund für weitgehende Wünsche: »Am liebsten ging ich ein wenig nach Amerika, die See tendiert mich so, so oft ich sie anschaue. Valerie möchte auch gleich mit, denn sie fand die Seereise charmant. Alle übrigen haben mit wenig Ausnahme gespien.«[9]
Statt die Queen noch einmal zu besuchen, fuhr Elisabeth in berühmte Gestüte, um sich englische Jagdpferde anzuschauen, kaufte aber keine. Elisabeth an ihren Mann: »Sehr schöne Pferde sah ich auch, aber alle sehr teuer. Das ich am liebsten haben möchte, kostet 25 000 Fl. also natürlich unerreichbar.«[10]
Kaum zwei Wochen später aber hatte sie, was sie wollte. Eine reiche englische Lady ließ es sich einfach nicht nehmen (wie Sisi ihrem Mann schrieb), ihr ein großes englisches Jagdpferd zu schenken. Sie habe Lady Dudley zwar versichert, »es sei nicht gebräuchlich, daß ich Geschenke annehme«[11], aber sie nahm es schließlich doch an. Für den Kaiser von Österreich war dies eine peinliche Angelegenheit, für Sisi ein Triumph: wie damals 1867, als es um das Schloß Gödöllö ging, erhielt sie von Fremden geschenkt, was Franz Joseph ihr verwehrte.
Bei ihrem Londonaufenthalt ritt Elisabeth im Hyde-Park aus, was beträchtliches Aufsehen erregte. Sie besichtigte das Wachsfigurenkabinett und ein Irrenhaus. Sie besuchte hier auch ein weiteres Mitglied der englischen Königsfamilie, den Herzog von Teck, mokierte sich aber über die Herzogin: »sie ist kolossal dick, ich habe so etwas nie gesehen. Ich dachte mir die ganze Zeit, wie muß sie im Bett ausschauen.«
Sie badete im Meer, schrieb aber ihrem Mann beruhigend nach Wien: »Während ich bade, sind immer Marie Festetics und eine

der Frauen im Wasser, damit die Zuseher am Ufer und auf der Anhöhe nicht wissen, welche ich bin. Auch bade ich hier gegen meine Gewohnheit in lichtem Flanell.« Außerdem versuchte sie ihren vielbeschäftigten Mann zu überreden, sie zu besuchen: »Zu schade, daß Du nicht kommen kannst. Nach den vielen Manövern, ich habe die Liste mit Dank erhalten, könntest Du eigentlich auf 14 Tage kommen, Dir London ansehen, einen Rutscher nach Schottland machen, dabei die Königin besuchen und in der Nähe von London ein wenig jagen. Pferde und alles haben wir hier, also wäre es schade, es nicht zu benützen. Denke einige Tage darüber nach, ehe Du gleich mit gewöhnter Stützigkeit *Nein* sagst.«

Franz Joseph konnte keine Englandreise in sein Programm einschieben. Er entspannte sich wie gewohnt auf der Jagd, wofür Elisabeth Verständnis hatte: »Ich bitte Dich, laß Dich in Deinen Plänen ja nicht stören«, schrieb sie ihrem Mann aus England vor der Abfahrt: »Die Jagden sind Dir eine so notwendige Erholung, daß ich trostlos wäre, wenn meine Rückkehr Dich nur um eine brächte. Ich weiß, daß Du mich liebhast, auch ohne Demonstrationen, und wir sind deshalb glücklich zusammen, weil wir uns gegenseitig nie genieren.«[12]

Von Politik ist in diesen Briefen kaum die Rede. Einmal schrieb Sisi ihrem Mann, sie habe sich vom Prinzen Edward, dem britischen Thronfolger, die »spanische Frage« erklären lassen. In Spanien gab es ja nach der Abdankung Amadeos I. 1873 blutige Kämpfe zwischen Republikanern und Karlisten, die erst durch die Thronbesteigung Alfons XII. beendet wurden. Die Aufklärung durch den britischen Thronfolger fand Elisabeth praktisch, »denn ich habe jetzt nie eine Zeitung angeschaut, aber die Kronprinzessin [Alexandra] auch nicht, das hat mich beruhigt.«[13]

Exkönigin Marie von Neapel machte ihre ältere Schwester mit der internationalen Gesellschaft der Jagd- und Rennreiter bekannt. Darunter befanden sich in dieser Zeit auch die Brüder Baltazzi aus Wien, die wahre Triumphe auf den englischen Rennbahnen feierten und deshalb auch von der ersten englischen Gesellschaft akzeptiert wurden, was sie in Wien noch nicht geschafft hatten. »Man muß sehr achtgeben«, schrieb Elisabeths Hofdame Marie

Festetics in ihr Tagebuch. »Die Brüder gehen im Sport auf, reiten famos, drängen sich überall hin, sind für uns gefährlich, weil sie ganz englisch sind und wegen der Pferde.«[14]
Die Hofdame wußte genau, wie viel böses Blut das Einvernehmen der Kaiserin mit solchen gesellschaftlichen Aufsteigern machen würde. Aber schließlich waren die Baltazzis – samt ihrer ebenfalls gesellschaftlich ambitionierten Schwester Helene Vetsera – in die Gesellschaft der Königin Marie von Neapel vorgedrungen. Bis zur Kaiserin war es nur ein kleiner Schritt.
Die Familien Habsburg und Baltazzi-Vetsera trafen hier in England, auf den berühmtesten Rennplätzen der damaligen Welt, zum ersten Mal zusammen. Elisabeth überreichte dem bei einem Rennen siegreichen Hector Baltazzi auf der Insel Wight einen Pokal. Champagner floß in Strömen. Es war eine lebenslustige Gesellschaft reicher, unbeschäftigter feiner Leute, die sich in der Anwesenheit einer schönen Exkönigin und einer noch schöneren Kaiserin sonnten. Der Einfluß Marie Neapels auf Elisabeth war in dieser Zeit besonders groß. Marie Festetics führte auf sie »die ganze Englandhetzerei« zurück.[15]
Marie, deren einziges eheliches Kind 1870 kurz nach der Geburt gestorben war, die sich in ihrer Ehe nach wie vor nicht wohlfühlte, hatte keinerlei Pflichten. Sie lebte als schöne Königin im Exil, finanziert vom Haus Rothschild, ein lustiges Leben für ihre Pferde und die aristokratische Gesellschaft. Ihr Ehemann, Exkönig Franz von Neapel, war seiner schönen und hochintelligenten Frau in Verehrung ergeben. Marie Festetics: »Ihr König ist für sie, was für mich der Packelträger auf dem Bahnhof!«[16]
Elisabeth war laut Marie Festetics »leicht beeinflußbar, wenn es mit gewisser Bequemlichkeit zusammenfällt«. Ihre Schwester Marie schürte nun diese Unzufriedenheit: »Sie findet nämlich Ihre Existenz so beneidenswerth gegen die der Kaiserin – denn sie sei so frei – könne machen, was sie wolle«, beobachtete Gräfin Festetics, die sich von diesem Einfluß nichts Gutes versprach. Sie bezeichnete die schöne Exkönigin »als beunruhigendes Element«, ja sogar als »kleinen bösen Dämon«[17] und versuchte, an Elisabeths Pflichtgefühl zu appellieren.

Doch die Hofdame hatte keinen Erfolg. Elisabeth dichtete über ihre eigene Ruhelosigkeit:

> *Der große Wunsch dem größern weicht,*
> *Nie zieht ins Herz Genügen ein.*
> *Und wenn du je dein Glück erreicht,*
> *So hört es auf, dein Glück zu sein.*

Auch von der geforderten »Selbstbeherrschung« hielt Elisabeth wenig:

> *Ich sollte mich selbst bezwingen?*
> *Das brächte mir auch Gewinn?*
> *Wer ist denn der Besiegte,*
> *Wenn ich der Sieger bin?*
> *Das ist ein närrischer Räuber,*
> *Der sich zu bereichern glaubt,*
> *Wenn er sich selbst im Walde*
> *Auflauert und beraubt.*[18]

Diese erste Englandreise hatte Elisabeths Ehrgeiz aufgestachelt. Sie nahm sich nun vor, wie ihre Schwester Marie auf den großen Jagden zu glänzen. Ab nun verbrachte sie auch in Wien und Gödöllö viele Stunden täglich beim intensiven Reit- und Springtraining.

Sie trainierte auf ihrem hohen englischen Jagdpferd mit englischen Hindernissen, die höher als die auf dem Festland üblichen waren, und mit ihrem selbstverständlich aus England stammenden Stallmeister Allen.

In Wien war ein solches Training nur auf dem Rennplatz in der Freudenau möglich. Die Wiener ließen sich dieses Schauspiel nicht entgehen und strömten in Scharen dorthin, um ihre Kaiserin beim Hindernisspringen zu beobachten. Elisabeths Beliebtheit wuchs durch diese ausgiebigen, quasi öffentlichen Auftritte nicht gerade. Sie sehnte sich bald nach einem diskreteren Trainingsort. Länger denn je blieb sie also in Gödöllö – und wurde in Wien noch unbeliebter.

Im Sommer 1875 geschah etwas, was Elisabeths weiteres Leben

entscheidend mitbestimmte: Ex-Kaiser Ferdinand starb kinderlos in Prag und bestimmte seinen Neffen und Nachfolger Franz Joseph zum Universalerben.

Der Kaiser »ganz naiv« zu seinem Generaladjutanten Crenneville: »Auf einmal bin ich ein reicher Mann!«[19] Die Güter aus Ferdinands Erbe trugen jährlich über eine Million Gulden ein. Das Barvermögen betrug mehrere Millionen Gulden.

Das erste, was Franz Joseph von seinem neuen Reichtum bestritt, war, die Apanage und die Witwenrente der Kaiserin großzügig zu erhöhen: von 100 000 Gulden auf 300 000 Gulden. Außerdem schenkte Franz Joseph seiner Frau ein Vermögen von zwei Millionen Gulden zu ihrer persönlichen Verfügung.

Diese Summe stellte den Beginn eines beträchtlichen Privatvermögens der Kaiserin dar. Sie hatte bisher von ihrer Apanage leben müssen und wegen jeder Mehrausgabe die Zustimmung ihres Gatten gebraucht. Und Kaiser Franz Joseph hatte in den letzten zwanzig Jahren immer einen triftigen Grund zur Sparsamkeit gehabt: die Kriege, die Reparationszahlungen an Preußen nach 1866, schließlich der Börsenkrach von 1873 und vieles andere. Immer wieder hatte er seine Frau gebeten, nicht so viel Geld auszugeben.

Diese Zeiten waren nun vorbei. Mit den Einkünften aus dem Erbe Kaiser Ferdinands konnte die Kaiserfamilie endlich aus dem Vollen schöpfen. Franz Joseph schlug seiner Frau nie mehr einen Wunsch ab, den er mit Geld bezahlen konnte. Sie ihrerseits verstand es geschickt, ihm bei allen denkbaren Anlässen weiteres Geld zu entlocken. Von 1875 an vermehrte sie ihr Privatvermögen (trotz riesiger Ausgaben) stetig, ließ Pfandbriefe und Aktien der Staatsbahnen, der Donaudampfschiffahrtsgesellschaft ankaufen, legte sich aber auch eine Reihe von Sparbüchern an und zwar unter fremden Namen, so etwa eines bei der Ersten Österreichischen Sparkasse unter dem Namen »Hermenegilde Haraszti«.[20]

Einen Teil ihres Geldes legte sie schließlich beim Bankhaus Rothschild in der Schweiz an und sorgte damit für mögliche Notfälle (etwa eine Emigration) vor. Es gibt keine Hinweise darauf, daß der Kaiser über diese Transaktionen informiert war.

1 Holzbüste der etwa zwölfjährigen Herzogin Elisabeth in Bayern von Anton Fernkorn

2 Das Palais Max in der Münchner Ludwigstraße

3 Possenhofen am Starnberger See, die Sommerresidenz der herzoglichen Familie

4 Die kleine Sisi mit ihrem Lieblingsbruder Carl Theodor (Gackel)

5 Dieses Gemälde des Münchner Hofmalers Stieler war ein Hochzeitsgeschenk für Sisi. Es stellt die sieben Geschwister zum Zeitpunkt von Elisabeths Hochzeit 1854 dar. Von links: Sophie, Max Emanuel, Carl Theodor, Helene, Ludwig, Mathilde, Marie

6 Herzog Max in Bayern, Sisis Vater

7 Herzog Max als Kunstreiter in seinem Privatzirkus vor Publikum

8 Herzogin Ludovika in Bayern, geborene Prinzessin von Bayern, Sisis Mutter

9 Ludovika mit ihrer neugeborenen Tochter Elisabeth und den älteren Kindern Helene und Ludwig

10 Herzogin Ludovika mit ihren Kindern Sophie, Mathilde, Carl Theodor und Max Emanuel – ein Foto aus Sisis Familienalbum

11 Sisis Schwester, Königin Marie von Neapel-Sizilien

12 Das Brautpaar Sophie in Bayern und König Ludwig II.

13 Sisis ältere Schwester Helene als knapp Dreißigjährige

14 Der Brautvater Max in Bayern, auf seinem Lieblingsinstrument, der Zither, spielend, und das kaiserliche Brautpaar auf dem Starnberger See; im Hintergrund Possenhofen

15 Die Abfahrt der Braut aus München

16 Die junge Kaiserin vor der Silhouette Wiens

17 Empfang am Landungsplatz bei Nußdorf

18 Einzug der Kaiserbraut in Wien über die neue Elisabethbrücke

19 Trauung in der Augustinerkirche

20 Galaempfang nach der
Trauung in der Hofburg

21 Das junge Kaiserpaar 1858

22 Das Kaiserpaar vor der Ischler Sommervilla

23 Das Kaiserpaar im k. k. Hofburgtheater

24 Familienbild nach der Geburt der zweiten Tochter 1856. Von links: Erzherzogin Sophie mit der kleinen Gisela, Erzherzog Franz Carl, das Kaiserpaar mit der erstgeborenen Sophie

25 Bürgerliches Familienbild um 1860 mit Gisela und Rudolf

26 Erzherzogin Sophie, die Mutter des Kaisers

27 Generaladjutant Carl Graf Grünne

28 Die Kaiserin Mitte der sechziger Jahre

29 Elisabeth im ungarischen Krönungskleid 1867

30 Auffahrt zur Krönung

31 Graf Gyula Andrássy

32-33-34 Die drei berühmten Winterhalter-Gemälde, um 1865

35 Die jüngste Kaisertochter Marie Valerie mit Elisabeths Lieblingsnichte Baronin Marie Wallersee, ab 1877 Gräfin Larisch

36 Kronprinz Rudolf in den siebziger Jahren

37 Die beiden Kaisertöchter Gisela und Marie Valerie um 1885

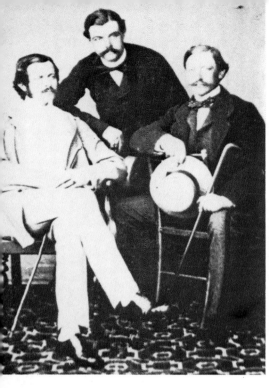

38 Elisabeths »Ehrenkavaliere« in den sechziger Jahren von links: Imre Hunyady, Rudo Liechtenstein, László Szápáry

39 Graf Nikolaus Esterházy, Elisabeths Reiterfreund

40 Esterházys Rivale Bay Middleton

41 Die Kaiserin in Reitpose

42 Familienleben in Gödöllö. Von links: Kaiser Franz Joseph, Gyula Andrássy, die Amme, stehend Ida Ferenczy, Elisabeth mit der kleinen Marie Valerie, Gisela, Rudolf, Gräfin Marie Festetics

43 Elisabeth, die Bücherfreundin

44 Familienbild nach Giselas Verlobung 1872. Von links: Rudolf, Elisabeth, davor Valerie, Gisela und Leopold von Bayern, der Kaiser

45
Das Brautpaar Rudolf und Stephanie 1881

46
Valerie und Erzherzog Franz Salvator 1890

47 Das Kaiserpaar bei der Silberhochzeit 1879

48 Katharina Schratt, gemalt in Elisabeths Auftrag von Angeli

49 Beim Frühstück in der Hofburg

50 Der Säulengang des Achilleions auf Korfu mit dem Musengarten

51 Elisabeths Prunkschlafzimmer in der Hermesvilla im Originalzustand, mit dem Monumentalgemälde »Titania und der Esel«

52 Mit dem Kaiser in Kissingen   53 Mit der Hofdame Gräfin Sztáray in Territet

Schnappschüsse aus den letzten unruhigen Jahren

54 Elisabeth (links) und Exkaiserin Eugénie von Frankreich (rechts) in der Schweiz

55 Elisabeths Totenmaske

56 Das Bild der Kaiserin Elisabeth in der Nachwelt: Denkmal im Wiener Volksgarten

57 Der alte Kaiser an seinem Arbeitstisch vor dem Porträt Elisabeths

Die unmittelbare Folge der Erbschaft war, daß sich Elisabeth nicht mehr mit ihren Wünschen zurückhielt: Sie wollte nach England zur Fuchsjagd, diesmal aber nicht als Zuschauerin, sondern als Teilnehmerin. Dazu brauchte sie neue Pferde, die besten, die in Österreich-Ungarn aufzutreiben waren.

Weil sie sich aber noch nicht fit genug fühlte, um auf englischen Parcours inmitten der Elite der internationalen Reiter eine glänzende Figur abzugeben (und auch hier wollte sie ja die beste, die schönste, die verwegenste sein), schob sie 1875 – quasi als Kompromiß – einen mehrwöchigen Reit- und Badeurlaub in der Normandie ein, im alten Schloß von Sassetôt, in dessen Park Platz für viele englische Hindernisse war.

Der Wiener Hof gab als Grund für diesen neuerlichen Auslandsaufenthalt an, die kleine Marie Valerie brauche wieder einmal (wie letztes Jahr in Wight) Seeluft zur Kräftigung. Die Kaiserin begleite sie. Daß sich unter den sechzig Begleitern dieser Reise auch der englische Stallmeister und zahlreiches Stallpersonal befand, überraschte kaum mehr. Auch viele Pferde machten die Erholungsreise der kleinen Valerie mit.

Die Vormittage in Sassetôt waren fürs Schwimmen reserviert. Sisi an ihren Mann: »Man badet mit allen Badegästen gemeinschaftlich, Herren und Damen, jedoch ist jeder mit sich selbst beschäftigt und es ist weniger genant ... Nur den ersten Tag sah alles vom Ufer aus zu, das war sehr unangenehm.«[21] Nachmittags ritt die Kaiserin spazieren und trainierte dann Hindernisrennen.

Ausflüge in die Umgebung wurden höchst selten unternommen: »Nun sind die Leute hier trotz der Republik so zudringlich und neugierig wie in keinem anderen Lande, so bin ich sehr geniert, wo ich hinkomme.«[22] Und ein anderes Mal: »Auch beim Reiten hatte ich schon öfters Unannehmlichkeiten, auf den Straßen und in den Dörfern sind Kinder, Kutscher alle bemüht, die Pferde zu schrekken, reitet man in die Felder, natürlich, wo kein Schaden gemacht werden kann, so sind die Bauern furchtbar grob.« Diese Unstimmigkeiten gerieten fast zur Staatsaffäre. Jedenfalls mußte die österreichische Botschaft in Paris dementieren, daß die Kaiserin von Österreich von französischen Bauern beschimpft worden sei.[23]

Gräfin Festetics, die die Frankreichreise mitmachte, sah mit Entsetzen, wie der englische Reitlehrer Allen die Kaiserin zu immer neuen waghalsigen Kunststücken anfeuerte. Er selbst produzierte sich, indem er sein Pferd in die hochschäumende Brandung trieb – und wäre dabei fast ertrunken.[24]

Hier in Sassetôt hatte die Kaiserin einen schweren Reitunfall mit zeitweiser Bewußtlosigkeit und einer Gehirnerschütterung. Der Kaiser, aufs höchste besorgt, dachte daran, seine kranke Frau zu besuchen. Doch Frankreich war eine Republik, die politischen Beziehungen der beiden ungleichen Regierungen eher kühl und schwierig. Die wenn auch noch so private Reise des Kaisers quer durch Europa bis ans nördliche Ende Frankreichs hätte Unannehmlichkeiten gebracht. So wartete Franz Joseph ab. Und der Unfall erwies sich schon nach wenigen Tagen als nicht lebensgefährlich. Elisabeth an ihren Mann aus Sassetôt: »Es tut mir leid, daß ich Dir diesen Schreck machte. Aber auf solche Unfälle sind wir ja doch eigentlich beide immer gefaßt.« Und: »Ich freue mich schon sehr, wieder mehr Pferde zu haben. Ich hatte hier zu wenig für die Arbeit... Ich lege meinen Stolz darein, zu zeigen, daß ich eines solchen Rumplers wegen nicht das Herz verloren habe.«[25]

Elisabeth dachte also nicht daran, ihre Reitleidenschaft zu zügeln, ganz im Gegenteil.

Allerdings mußte ihr die kleine Marie Valerie versprechen, nie ein Pferd zu besteigen. Und der in Sassetôt anwesende ungarische Bischof Hyazinth Rónay, der Erzieher Valeries, schrieb auf ein hauchdünnes Papier den lateinischen 90. Psalm, den die Kaiserin von nun an in einem geweihten Medaillon stets bei sich trug: »Wer unter den Schirm des Höchsten sich begibt, der weilet im Schatten des Allmächtigen. Zu Jehova spreche ich: Meine Zuflucht und meine Burg bist du, mein Gott, dem ich vertraue... Es begegnet dir kein Unglück; und keine Plage nähert sich deinem Zelte. Denn seinen Engeln befiehlt er deinetwegen, dich zu bewahren auf allen deinen Wegen...«[26]

Die Wiener Zeitungskommentare zu Sisis Unfall waren loyal – wie kaum anders zu erwarten bei dem stets drohenden Paragraphen der Majestätsbeleidigung. Nur das Neue Wiener Tagblatt (Untertitel »Demokratisches Organ«) wagte eine sehr vorsichtige, sehr verklausulierte Kritik: »Es ist gewiß zu rühmen, daß die hohe Frau sich nicht ängstlich an die Scholle gebunden fühlt, daß sie durch ihre hohe Stellung sich nicht zur Unfreiheit verurteilen läßt, daß sie mit modernem Weltsinne hinausstrebt in die Fremde und das westliche Europa aus eigener Anschauung kennenlernt. Man hat sich oft darüber beklagt, daß Frauen sich in die Politik mischen, die Kaiserin versteht es, sich von diesem Fehler frei zu erhalten.« Nach langer Einleitung kam dann der Einwand, daß der Reitsport ein teurer Zeitvertreib der »vornehmen Welt«, einer »bestimmten Gesellschaftsklasse« sei und es einer Kaiserin, die »dem ganzen Volke« gehöre, nicht wohl anstehe, sich derart als Teil dieser aristokratischen Kaste zu erweisen: »Aber die Gebote der vornehmen Welt haben nichts gemein mit den Pflichten, welche dem Leben erst seinen wahren Schmuck, seine wahre Würde verleihen.«[27]

Dieser deutliche Artikel zeigte, daß sich die Kaiserin, die doch alles andere als klassenbewußt und adelsstolz war, durch ihre Reitleidenschaft in einen Ruf brachte, der gar nicht zu ihr paßte: Durch die fast ausschließliche Beschäftigung mit einem so aristokratischen und so teuren Sport wie dem Reiten stieß sie die Bürgerlichen vor den Kopf, denen sie in den wichtigsten Dingen doch so nahe war – was diese aber nicht wußten.

Dieser Leitartikel (Titel: »Der Spazierritt der Kaiserin«) löste eine Welle von Polemiken aus. »Das ist doch eine crasse Impertinenz von dem Kerl« (gemeint war der Chefredakteur Moriz Szeps, derselbe, der wenige Jahre später der engste Freund des Kronprinzen Rudolf werden sollte), schimpfte einer der Freunde Crennevilles: »Hat der Kerl auf seinen 3 Spalten nur einmal das Wort ›Majestät‹ ausgesprochen? Die Kaiserin ist bei diesem demokratischen Organe eine Art Hofräthin, kurz, mich hat Sinn und Form des Artikels angewidert, wenn man ihm auch ein Stück Wahrheit nicht absprechen kann.«[28] Auch Crenneville war hin- und hergerissen zwischen seiner Loyalität für das Kaiserhaus und seiner Kritik an der Kaiserin. So sehr die Aristokraten hinter vorgehaltener Hand die Kaiserin kritisierten: in die Öffentlichkeit durften solche Worte nicht gelangen, und ein jüdischer Journalist wie Moriz Szeps hatte in ihren Augen schon gar kein Recht, Kritik zu wagen.

Elisabeth machte es ihren Verteidigern schwer. Schon auf der Rückreise aus Sassetôt sorgte sie wieder für Schlagzeilen. Sie fuhr über Paris, schickte ihre Suiten allein am Abend in die Pariser Oper, wo Präsident Mac Mahon ihr seine Loge zur Verfügung stellte. Ihr Fernbleiben wurde als Zeichen gesundheitlicher Angegriffenheit gedeutet. Zwei Tage später aber erschien sie hoch zu Roß im Bois de Boulogne und sprang über Barrieren hin und her. Wie überall, so strömten auch hier wieder die Schaulustigen zusammen. Der völlig verstörten Gräfin Festetics antwortete Elisabeth auf deren vorsichtige Vorhaltungen: »Ihr wollt, ich soll nicht mehr reiten. Ob ich's thu oder nicht, ich werde so sterben, wie es mir bestimmt ist.«[29]

Die Reaktionen nach Elisabeths Rückkehr waren durchwegs negativ. Gisela empfing die Mutter bei der Durchreise in München »steif, kalt, förmlich«, wie Marie Festetics mißbilligend schrieb. Auch Wien war nur Durchgangsstation. Elisabeth fuhr gleich am nächsten Tag nach Gödöllö weiter. Dorthin kam auch der Kaiser, um seine Frau nach all den Aufregungen wiederzusehen. Er machte keine Vorwürfe, kein mißbilligendes Gesicht. Marie Festetics: »Er ist so glücklich, daß die Kaiserin wieder da und ganz ist, daß er sich vor Heiterkeit nicht auskennt!!«[30]

Was auch immer Elisabeth tat, Franz Josephs Zuneigung blieb unverändert. Marie Festetics: »Sie weiß ihn bei Athem zu erhalten mit tausenderlei. Und ihre Eigentümlichkeit, Eigenart, ist ihm vielleicht nicht immer bequem. Aber gelangweilt hat sie ihn *sicher* nie. Elle sait se faire désirer, ohne Pose aber. Es liegt in ihrer Art, und er ist unter ihrem Charme wie ein Liebhaber und glücklich, wenn er sie an etwas erinnernd antupfen kann!«[31]

Inzwischen hatte sich Elisabeth bestens auf die Jagd nach englischem Muster vorbereitet. Nun fühlte sie sich sicher genug, um im Kreis der Besten mitzuhalten. Exkönigin Marie von Neapel erhielt nun den Auftrag, in den Midlands eine passende Unterkunft für

Elisabeth und ein beachtliches Gefolge zu suchen. Sie fand in Towcester den Landsitz Easton Neston und ließ sich im Nachbarsitz nieder. Diesmal brachte Elisabeth ihre Reiterfreunde mit: die Grafen Hans und Heinrich Larisch, Fürst Rudolf Liechtenstein, Tassilo Festetics, Ferdinand Kinsky und andere österreichische Aristokraten, die selbstverständlich auch ihre Pferde mitbrachten. So ein Mammutunternehmen konnte nicht mehr mit einer nötigen Seeluftkur der kleinen Valerie kaschiert werden. Diese zweite Englandreise 1876 war unbestreitbar eine reine Vergnügungs- und Sportreise und sorgte in aller Welt für Schlagzeilen – und in Wien für mißmutige Kommentare.

Kaiser Franz Joseph konnte seine persönliche Bescheidenheit mit einem geradezu spießbürgerlichen Lebensstil demonstrieren, wie er wollte – Elisabeth machte mit ihren teuren Extravaganzen alles wieder zunichte.

Anfang März 1876 traf sie in England ein, fühlte sich diesmal sogar bemüßigt, die Queen besuchen zu wollen – und erhielt nun ihrerseits eine Abfuhr. »Wenn ich so ungezogen wäre!«, empörte sie sich darüber in einem Brief an ihren Mann. »Es haben sich aber auch alle geschämt, bei denen ich jetzt abends meine Visiten machte, ich war nämlich liebenswürdig, war schon überall.«[32]

Alles war so vorbereitet, daß Elisabeth vom ersten Tag an die Reitjagden genießen konnte. Als ihr Pilot war einer der besten Reiter Englands, Bay Middleton, engagiert. Middleton, ein damals gerade 30jähriger forscher Sportsmann mit bekannt rauhen Manieren, war alles andere als begeistert von seiner Aufgabe, eine Monarchin vom Festland zu pilotieren. Er gab sich spröde und arrogant, zeigte keinerlei Ehrgeiz, diesen »langweiligen Posten«, wie er sagte, zu übernehmen. Endlich sagte er nach vielem Zureden »für dieses eine Mal« zu.[33]

Diese wenig freundlichen Äußerungen kamen Elisabeth zu Ohren. Aber so empfindlich sie auch sonst war: sie zeigte keinen Ärger. Ihre Neugier auf diesen selbstbewußten Mann war geweckt. Sie wollte ihm zeigen, daß sie wirklich etwas von Pferden verstand und reiten konnte, obwohl sie eine Kaiserin war. Seine selbstbewußte, rüde Art hatte Bay schon Respekt verschafft, bevor Elisabeth ihn zum ersten Mal sah. Dieser stämmige, rothaarige, schwerhörige und um neun Jahre jüngere Schotte war einer der wenigen Menschen, von denen sich Elisabeth widerspruchslos herumkommandieren ließ.

Die Rennen waren anstrengend, wurden in einem immensen Tempo geritten, auf großen, starken Pferden, über die hohen Holzbarrieren, die die Weiden einzäunten. Eine Dame hatte es besonders schwer. Denn sie war durch die langen Röcke behindert, zusätzlich zu dem hinderlichen Damensattel. Es gab nur wenige Frauen in Europa, die bei den englischen Reitjagden mithalten konnten. Elisabeth hatte ihren Ehrgeiz darein gesetzt, die beste von allen zu sein und erreichte ihr Ziel als vielbesungene »Königin hinter der Meute«. Von zuweilen über hundert Reitern kam manchmal nur ein halbes Dutzend durch, unter ihnen immer häufiger die österreichische Kaiserin, geleitet von dem sicheren Reiterinstinkt Bay Middletons.

Gräfin Festetics allerdings kam aus den Sorgen nicht heraus: »Ich zittere den ganzen Tag und bin erst abends beruhigt, wenn ich weiß, daß sich I. M. schon in's Bett legt. Unberufen geht es ihr gut, in sehr guter Laune hält sie die ganze Gesellschaft zum Narren.«[34]

Bedenkt man den Fanatismus, mit dem sich Elisabeth auf den Sport konzentrierte, der beinahe ein Jahrzehnt lang ihre ganze Energie band, kann man ihre enge persönliche Verbindung zu dem Mann verstehen, der in den Stunden ihrer glänzendsten Triumphe an ihrer Seite war – und dem sie viele dieser Triumphe verdankte. Bay Middleton war ein Mann, der Elisabeth Respekt einflößte – und das war für sie außerordentlich viel.

Der Obersthofmeister und die Hofdamen verbrachten die Wochen in England, ohne viel von ihrer Kaiserin zu sehen. Immer war Bay an ihrer Seite. Er half ihr in den Sattel. Er zog sie aus dem Graben, wenn sie gestürzt war. Er feuerte sie an und versuchte nicht wie alle anderen, ihr Temperament beim Jagen zu zügeln. Er durfte sie loben und durfte sie tadeln – sie nahm alles willig hin wie ein kleines Kind. Er kaufte auch ihre Pferde ein, die teuersten Pferde Englands. Sie hatte ja nun Geld genug. Elisabeth an ihren kaiserlichen Gemahl, der sich in Wien vor Sorge um das Leben seiner

Frau verzehrte: »Deine Pferde sind alle nichts nutz, langsam und matt; hier braucht man ganz anderes Material.«[35]
Nicht genug mit der Tratscherei um die Unzertrennlichkeit zwischen der Kaiserin und ihrem Piloten, nicht genug mit ungeheuerlichen Geldausgaben für Pferde und alles, was damit zusammenhing – sie sorgte darüber hinaus auch wieder für diplomatische Verwicklungen.
Da sie keinen Jagdtag auslassen wollte, sagte sie sich zum Besuch bei der Queen auf Windsor ausgerechnet am Sonntag an, wo das britische Königshaus grundsätzlich keine Besuche zu empfangen pflegte. Außerdem hielt sie ihren Termin nicht ein und kam zu früh – während des Gottesdienstes. Königin Victoria verließ die Kirche, um Elisabeth »sehr schick, in Schwarz, mit Pelzen« persönlich zu empfangen und hörte nun, daß sich Elisabeth anders besonnen hatte und nicht, wie verabredet, zum Lunch bleiben wollte.[36] Der äußerst verwirrende und unhöfliche Besuch dauerte genau eine Dreiviertelstunde und war kaum geeignet, die Beziehungen der beiden Herrscherhäuser zu verbessern.
Es kam noch schlimmer: der Zug, der Elisabeth mit ihrem Gefolge nach London zurückbrachte, blieb im Schnee stecken.
Die Kaiserin und ihr Gefolge saßen im Waggon fest »fast vier Stunden in Todesangst vor irgendeinem nachkommenden Zug«, wie Gräfin Festetics schrieb.[37] Alle hatten seit der Früh nichts gegessen. Schließlich versorgte sie der Stationsvorstand mit dem nötigsten – was knapp genug war für 13 Personen. Die englischen Zeitungen nahmen sich dieser Sache an und kritisierten die Queen scharf, die Kaiserin von Österreich noch nicht einmal zum Lunch eingeladen zu haben. Es gab Erklärungen und Gegenerklärungen und viel Ärger.
Elisabeth verschlimmerte die peinliche Angelegenheit dann noch damit, daß sie am Tag darauf ausgerechnet Baron Ferdinand Rothschild besuchte, sein berühmtes Gestüt besichtigte und länger als einen Tag in seiner Gesellschaft blieb.
Im Kreis ihrer Reiterfreunde war Elisabeth so heiter, wie sie es in Wien nie sein konnte. Am letzten Tag ihres Aufenthaltes gab sie für alle, die ihr in England geholfen hatten, ein großes Fest –

wiederum kein Fest für Aristokraten, sondern wirklich für alle, vom Oberstkofmeister bis zum Stallburschen, eine Geste, die ihr in England viele Herzen gewann – und in Wien weitere Sympathien verscherzte. Abschluß des Festes war das Rennen um den von der Kaiserin gestifteten »Hohenembs-Cup« (benannt nach Elisabeths Pseudonym einer Gräfin von Hohenembs). Niemand anderer als Bay Middleton gewann das Rennen und den Cup.

Die Wiener empfingen ihre Kaiserin nach dieser Reise nicht gerade mit großer Zuneigung. Alle kritisierten sie nun, auch die einfachen Leute, die sie durch ihre hohen Geldausgaben im Ausland provozierte. Selbst die Diplomaten stimmten in den allgemeinen Chor der Entrüstung ein. Die Frau des belgischen Gesandten de Jonghe zum Beispiel schrieb: »Diese Frau ist wirklich verrückt. Wenn sie nicht die Republik in Österreich herbeiführt, dann sind dessen Bewohner noch sehr brave Leute. Sie lebt ausschließlich für ihr Pferd. Es wäre ein Glück, wenn sie einen Arm so bräche, daß er unheilbar bliebe.«[38]

Die Zwischenzeit zwischen dieser und der nächsten Englandreise verbrachte Elisabeth beim Reittraining und auf Jagden in Göding, in Pardubitz, in Gödöllö.

Im Sommer 1876 tauchte Bay Middleton in Gödöllö auf. Die Kaiserin hatte ihn eingeladen. Auch der Kaiser traf hier in Ungarn mit Middleton zusammen, wußte aber gar nichts mit ihm anzufangen, ganz abgesehen davon, daß er nicht englisch und Bay nicht deutsch und ungarisch verstand. Eifersüchtiger als der Kaiser waren Elisabeths ungarische Reitfreunde. Vor allem mit ihrem bisherigen »Favoriten« (oder wie man die heikle Position eines ersten Verehrers auch immer bezeichnen mag), Graf Niki Esterházy, geriet Middleton bald in eine ziemlich aggressive Rivalität. Denn hier in Ungarn war Esterházy der Master und Erste der Jagd. Er verwies den Schotten auf seinen ihm hier gemäßen, nachrangigen Platz und war eifersüchtig darauf bedacht, daß er nicht zu viel Zeit der Herrin beanspruchte.

Bay Middleton, in England und Irland überall der Lokalmatador, fühlte sich in Gödöllö trotz Elisabeths Gunst nicht wohl. Er sah sich von mißtrauischen, ja feindseligen Menschen umgeben, fühlte sich verlassen, frustriert auch in der Gegenwart einer schönen Frau, die für ihn unerreichbar blieb, aber doch zuweilen heftig flirtete und, wie sie das auch in anderen Fällen tat, sich an seiner Hilflosigkeit weidete.

Schließlich brach Bay aus: Er fuhr nach Budapest, schüttelte seinen Begleiter ab – und ging verloren. Aufregung im Schloß, größte Besorgnis der Kaiserin, bis ein Telegramm vom Budapester Polizeipräsidenten mit der Nachricht kam, daß sich ein gewisser Bay Middleton mittellos auf der Polizeiwache befinde. Er war in ein Bordell gegangen und dort – orts- und sprachunkundig wie er war – prompt ausgeraubt worden. Nun kam er als armer Sünder nach Gödöllö zurück. Seine Rivalen triumphierten. Die Kaiserin war wütend, geradezu persönlich beleidigt. Bay aber reagierte geschickt: er zog die ganze Sache ins Komische, lachte selbst über sich mit den anderen, ließ seinen rustikalen Charme spielen – und Elisabeth verzieh ihm.[39]

Niki Esterházy hatte sich zu früh gefreut. Der Schotte ritt auch die letzten Tage seines Aufenthaltes neben der Kaiserin aus, als wäre nichts passiert.

Ende Januar 1878 reiste Elisabeth wieder nach England – diesmal nach Cottesbrook in Northamptonshire. Ihr Pilot war wieder Bay Middleton. Elisabeth an Franz Joseph: »Wärst Du nur hier, ich sage es auf jeder Jagd, und wie Du populär wärst dank Deinem guten Reiten und Deinem Verständnis für die Jagd. Aber gefährlich wäre es, denn Du ließest Dich nicht von Captain Middleton hofmeistern und würdest über alles hinüberspritzen, wo nachgeschaut wird, ob es auch nicht zu tief oder zu breit ist.«[40]

Der inzwischen 19jährige Kronprinz Rudolf freilich glaubte nicht, daß das Parforcereiten zur Popularität des Kaiserhauses beitragen könne. Er versicherte jedenfalls vor Antritt seiner Studienreise nach England, er denke nicht daran, die Reitleidenschaft seiner Mutter zu imitieren:

»In England werde ich es wirklich vermeiden, die Parforcejagden mitzureiten, das Publikum bei uns findet darin keine große Heldentat, wenn man sich dabei das Genick bricht, und mir ist meine

Popularität auch zu viel wert, um sie für dergleichen Dinge zu verscherzen.«[41]

Allerdings konnten sich Rudolfs Reitkünste auch nicht mit denen seiner Mutter messen. Fürst Khevenhüller zum Beispiel bemerkte über die böhmischen Reitjagden: »Der Kronprinz soll in Pardubitz eine traurige Figur spielen. Heini Larisch [der Gastgeber und einer der Reiterfreunde Elisabeths] ist auch merkwürdig. Er läßt den Kronprinzen immer links liegen und reitet ab.«[42]

Obwohl Mutter und Sohn im Winter 1878 zur selben Zeit in England weilten, gingen sie doch (wie stets) getrennte Wege: Elisabeth jagte in den Midlands, Rudolf absolvierte eine anstrengende Besichtigungs- und Bildungsreise in Begleitung seines verehrten Lehrers, des Nationalökonomen Professor Carl Menger, und verfaßte hier in England seine anonyme Flugschrift gegen den österreichischen Adel. Darin kritisierte er das untätige Leben mancher Aristokraten und kam auch hier auf die Überbewertung des Reitsports zu sprechen:

»Im Spätherbste gehen dann viele Herren, auch wohl einige Damen, zu den Reitjagden nach Pardubitz, dem Hauptcentrum des Sports. Die bei gutem Wetter dort stattfindenden Thierhetzen werden von einem Theil des Adels als der ernstere Theil des Lebens aufgefaßt.«[43]

Bei den wenigen Besuchen Rudolfs bei seiner Mutter in England kam es zu schweren Differenzen. Es ging um Bay Middleton. Ausgerechnet Exkönigin Marie von Neapel gab dem ahnungslosen Kronprinzen Tratschereien über ein angebliches »Verhältnis« seiner Mutter zu Middleton weiter. Außerdem heizte sie das Zerwürfnis zwischen Mutter und Sohn dann noch damit an, daß sie der Kaiserin kritische Bemerkungen, die der junge Kronprinz gemacht hatte, weitererzählte. Dadurch war wiederum Elisabeth tief verletzt.

Die Hofdame Gräfin Festetics ließ in ihrem Tagebuch ihrem Zorn über die bayrische Verwandtschaft freien Lauf. Die Kaiserin sei »immer das Opfer ihrer Geschwister«, schrieb sie und: »Ihre Majestät kommt mir vor wie die Cenerentolla und die drei bösen Schwestern. Sie sind alle voll Neid! Wenn sie etwas brauchen, drängen sie an sie heran. Schimpfen und verlästern Alles, was ihre Stellung ihr eben gibt – möchten aber Alle Vortheile Ihrer Stellung eben für sich dann ausbeuten.«

Die Schwestern benützten Elisabeth als »Spielball, und alle Unerquicklichkeit – Alles, was Ihr dann das Herz beschwert, kommt von ihnen.«[44]

Sie beschuldigte Marie Neapel, eifersüchtig auf die schönere, sportlichere Schwester zu sein und Bay (wohl als Piloten und Anbeter) für sich haben zu wollen: »Unsere Schwester [wie Marie im Hofjargon hieß] koquettirte stark mit Bay und hat ihn auch zu sich eingeladen«, schrieb Marie Festetics an die in Ungarn zurückgebliebene Ida Ferenczy.[45]

Der Kronprinz war über die Enthüllungen derart entsetzt, daß er gegen Middleton aggressiv wurde – woraufhin dieser tödlich beleidigt war. Schließlich griff Gräfin Festetics ein, die Rudolf seit jeher sehr gern hatte und brachte ihn zu einer vertrauensvollen Aussprache. Sie sagte ihm: »Ich erkenne Kaiserliche Hoheit gar nicht – die englische Luft schlägt Kaiserlicher Hoheit nicht gut an.« Er lachte »und dann schüttete er wie ein Kind sein Herz aus, halb zornig, halb betrübt mit Thränen in den Augen sagte er, er bereue, daß er nach England gekommen sei – er habe seine schönsten Illusionen verloren und fühle sich zu Tode verletzt und unglücklich.« Auf die bestürzte Frage der Hofdame erwiderte Rudolf brüsk: »Und Sie fragen mich – Sie gerade Sie –«

Marie Festetics: »Weiter kam er nicht, denn ich sah ihn so erstaunt an, daß ihn das zur Besinnung brachte. Und er fuhr dann ruhiger fort und erzählte mir – aber schon das Infamste, was ich je gehört. Ich war sprachlos. Aber das Erstaunen und die Indignation über solche Lüge muß so deutlich gesprochen haben, daß er, ehe ich noch den Mund öffnete, wie um sich zu entschuldigen, heraus fuhr: ›Die Tante Marie hat es mir gesagt.‹« Marie Festetics: »Um desto niederträchtiger, sagte ich eisig, obwohl es kochte in mir.« Rudolf: »Ja aber warum hat sie mir's gesagt, wenn's nicht wahr ist – und sie war so lieb – so gut und hat mich wirklich gerne ... ist Alles nur Lüge?«

Die Hofdame war derart diskret, daß sie den Inhalt der Tratscherei gar nicht in ihr Tagebuch aufnahm: »Die Sache selbst will ich nicht berühren – ich würde mir nie verzeihen, so eine Geschichte vor Vergeßenheit zu retten. Wenn *das* die Kaiserin wüßte! schrecklich!«[46]

Es kam zu einem heftigen Streit der Schwestern, der zeitlebens nicht mehr beigelegt werden konnte.

Die Stimmung war derart aufgeheizt in dieser von der Umwelt praktisch abgeschlossenen Gesellschaft unbeschäftigter, gegenseitig eifersüchtiger Menschen, daß die Kaiserin – was viel heißen mochte – für einige Tage alle Lust an der Jagd und an Pferden verlor. Aus Empörung und Ärger über den sich immer weiter auswachsenden Streit sagte sie die Teilnahme an einigen Rennen ab und legte sich – wie so häufig in schwierigen Situationen – krank ins Bett, ja sie fand ihren Entschluß sogar recht passend: »Da ich nun einige Tage nicht jage, werden die Leute sagen, es sei wegen dem Papst. Das macht sich sehr gut«, schrieb sie an ihren Mann nach Wien. Papst Pius IX. war gerade gestorben.[47] Wenn Rudolf zu Gast war, wurde Middleton nun nicht eingeladen, um einen weiteren Eklat zu vermeiden. Sobald Rudolf das Jagdquartier seiner Mutter verlassen hatte, ging alles wie üblich weiter. Middleton gewann zum zweitenmal den von Elisabeth gestifteten und überreichten Cup.

Rudolf ließ in seinen Briefen an den kaiserlichen Vater nichts von all den Vorgängen merken, ganz im Gegenteil: Er beruhigte Kaiser Franz Joseph, schrieb, daß Elisabeth »heuer um vieles vorsichtiger reite und daß Captain Middleton ruhiger führe«, verhehlte andererseits auch nicht seine Angst, »seit ich die englischen Hindernisse gesehen habe und doch so viel von Unfällen sprechen höre.«[48]

Elisabeth verlor durch all diese Streitereien ihre Begeisterung für die englische Jagd. Sie wollte künftig auch ihrer Schwester, die ja in Althorp ein Jagdhaus hatte und bei allen großen englischen Jagden mitmachte, ausweichen und beschloß, künftig nicht mehr in England, sondern in Irland zu jagen, mit Bay Middleton, aber ohne die Exkönigin von Neapel, in einer Gegend, wo nicht so bald ein Angehöriger des Kaiserhauses auf der Durchreise vorbeikommen konnte – wie es Rudolf bei seiner Bildungsreise getan hatte.

Auch abgesehen von ihrem übertriebenen Reiterehrgeiz sorgte Sisi in den siebziger Jahren für reichlich bizarr wirkende Sensationen innerhalb des Wiener Hoflebens. Sie hatte sich schon immer gern mit Tieren umgeben, mit Papageien, vor allem mit riesigen Wolfs- und Windhunden, die trotz des kaiserlichen Protestes in die innersten Gemächer der Hofburg vordrangen und nicht von Elisabeths Seite wichen. Den gewünschten Königstiger samt Tigerjungen aus dem Berliner Zoo hatte sie allerdings nicht als Geschenk bekommen (s. S. 293), ebensowenig wie einige Jahre früher den gewünschten Tanzbär (»er kostet 700 Gulden«).[49] Statt dessen kaufte sie sich selbst, wie zum Protest gegen die unerfüllten Wünsche, einen Makako-Affen, der nun ebenso wie ihre Lieblingshunde die Hofdamen und Zofen schreckte, aber Spielgefährte der kleinen Valerie wurde, wie die Kaiserin es wollte.

Doch es gab bald Schwierigkeiten. Kronprinz Rudolf schrieb an seinen väterlichen Freund, den Zoologen Alfred Brehm: »Leider ist dieses auffallend zahme und sehr unterhaltende Thier ziemlich kränklich und benimmt sich nächstdem so unanständig, daß es ganz unmöglich geworden ist, dasselbe länger in Anwesenheit von Damen im Zimmer zu behalten.« Der Affe wurde »aus dem Dienst entlassen«, wie Rudolf spöttisch schrieb und nach Schönbrunn in den Tiergarten gebracht.

Elisabeth gab nun ihrem Sohn den Auftrag, einen neuen Affen zu besorgen und Brehm vorher zu fragen, »welche Affengattung am zähesten sei inbetreff der Gesundheit, und nebstdem vollständige Gutmüthigkeit mit anständigem Benehmen verbinde, und auch sich nicht durch zu lästiges Schreien ganz unerträglich mache. Auch möchte sie [die Kaiserin] wissen, ob nicht ein Weibchen leichter im Zimmer zu halten sei als wie ein Männchen.« Sehr angenehm war es dem Kronprinzen allerdings nicht, den verehrten Gelehrten mit solchen Wünschen zu behelligen: »Verzeihen Sie, daß ich Sie mit dieser Angelegenheit belästige, doch Sie thun damit einer der fleißigsten Leserinnen Ihres Thierlebens eine große Gefälligkeit.«[50] Als die Kaiserin nach einiger Zeit endlich ihre »Affenleidenschaft«, wie Marie Festetics schrieb, aufgab, waren nicht wenige Leute am Hof erleichtert.

Es begann aber bald eine neue Exzentrizität: Rustimo wurde Mode, ein verkrüppelter Mohr, den (nach einer von mehreren Versionen) der Schah von Persien als Geschenk geschickt hatte. Schon Sisis Vater Max hatte sich ein Vergnügen daraus gemacht, sich von vier Negerknaben begleiten zu lassen, um die Münchener Bürger zu schrecken. Er ließ die vier Heiden sogar feierlich in der Frauenkirche taufen. Ob dies aus christlichem Missionsgeist oder nur aus reinem Spaß geschah, bleibe dahingestellt.

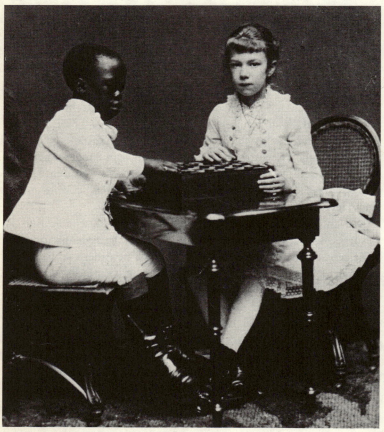

Erzherzogin Valerie mit Rustimo

Nun trat Elisabeth auch hier in die Fußstapfen ihres Vaters. Sie machte den verkrüppelten Mohren Rustimo zum Spielgefährten ihrer Lieblingstochter Valerie und ließ die beiden sogar zusammen fotografieren, damit auch ja niemandem am Hof diese Spielkameradschaft entginge.

Auf Elisabeths ausdrücklichen Wunsch begleitete Rustimo die kleine Valerie auf Spaziergängen und Ausfahrten, worüber sich die Hofdamen und Lehrerinnen nicht beruhigen konnten. Landgräfin Therese Fürstenberg zum Beispiel schrieb ihrer Schwester: »Die Erzherzogin [Valerie] nahm unlängst den Mohren mit auf die Promenade, er wurde zur französischen Lehrerin in den Wagen gesetzt, die ganz beschämt und traurig neben dem Heiden saß; die Erzherzogin gibt den Kindern am Weg stets Zuckerln. Nun traute sich aber keines in die Nähe, als sie den Schwarzen sahen und suchten auf alle Art dem zähnefletschenden Ungethüm auszuweichen, zu den Zuckerln zu gelangen, was der Kleinen einen Hauptspaß machte.«[51]

Selbst Marie Festetics fand den armen Rustimo »ein Greuel ... zu viel für einen Affen, zu wenig für einen Menschen«.[52] Elisabeth aber amüsierte sich über die prompte Wirkung ihrer Provokation. Schließlich ließ die Kaiserin ihren Mohren sogar taufen, um alle Einwände gegen den unchristlichen Umgang ihrer Tochter mit einem Heiden zu entkräften. Sisi an ihre Mutter: »Heute war Rustimos Taufe in Valeries Salon ... Rudolf war Pathe. Es war feierlich und lächerlich, es wurde geweint und gelacht. Er selbst war sehr ergriffen und weinte.«[53] Bei der Hochzeit Marie Wallersees mit dem Grafen Georg Larisch in Gödöllö erschien Erzherzogin Valerie in der Kirche neben Rustimo – wahrlich eine gelungene Provokation.

Rustimo blieb viele Jahre in der engsten Umgebung der Kaiserfamilie, wurde – wie die Hofdamen ihm vorwarfen – eingebildet und frech, von der übergroßen Huld der schönen Kaiserin verwöhnt. 1884 wurde er »Kammeransager«, fiel aber schon ein Jahr später in Ungnade. 1890 wurde er pensioniert und kam 1891 in die Versorgungsanstalt nach Ybbs, wo er schon 1892 starb. Wir wissen nicht viel über den Mohren Rustimo. Doch daß seine Geschichte in

Wien eine tragische war, ist auch trotz der wenigen Nachrichten sicher. Er war eine Attraktion, ein Spaß, ein Provokationsmittel für Elisabeth. Als er nicht mehr so reagierte, wie sie wollte, ließ sie ihn fallen und schickte ihn fort – wie den Affen, der sich ungebührlich benahm.

Während sich die Kaiserin über Verwandte ärgerte, ihr Reittraining absolvierte, ihre Schönheit pflegte und über Langeweile klagte, kämpften in Bosnien österreichische Soldaten gegen Partisanen. Andrássy hatte beim Berliner Kongreß mit Unterstützung Bismarcks das Okkupationsrecht für Bosnien und die Herzegowina erreicht (die in türkischem Besitz waren) und damit nach den schweren Differenzen im Krimkrieg das Zarenreich ein weiteres Mal schwer verärgert. Auch Elisabeth war unter Andrássys Einfluß den Russen wenig freundlich gesinnt. Sie schrieb ihrem Mann nach der Besetzung: »Schicke nur nicht zuviel Russenfreunde nach Bosnien, wie Kroaten, Böhmen usw.«[54] Sie offenbarte damit auch ihre tiefe Abneigung gegen die Slawen, vor allem wieder gegen die Tschechen.

Die österreichischen Truppen wurden nicht als rettende Engel und Erlöser aus dem türkischen Joch empfangen, sondern als Feinde. Die Zahl der Toten und Verwundeten stieg von Tag zu Tag. Wieder einmal wurden Notspitäler eingerichtet, auch in Schönbrunn.

Elisabeth besuchte die verwundeten Krieger. »Wirklich wie ein Engel des Trostes schritt sie von Bett zu Bett«, schrieb Marie Festetics. »Ich sah den Leuten die Thränen über das Gesicht perlen; – keine Klage kam über ihre Lippen! kein Wort der Entmuthigung! ja, sie sagten – sie litten *nicht!* . . . und mit leuchtenden Augen folgten sie ihrer Bewegung und segneten sie und dankten ihr und baten gar *nichts!*«

Marie Festetics glaubte sich einer Meinung mit der Kaiserin, als sie folgende skeptische Sätze in ihr Tagebuch schrieb: »ich beuge mich vor dieser Menschheit, für einen Begriff sein Leben in die Schanze schlagen – zum Krüppel geschlagen oder geschossen zu werden . . . Und fast beschämt frage ich mich – und wir? was für

Opfer bringen wir? Mit unserem Überfluße kommen wir gnädig an die Betten der halb Todten und fragen, ob die Wunden schmerzen? und reichen eine Cigarre oder ein freundlich Wort als Linderung der Pein?? – nein! da ist das Nachdenken am Platz und die Frage, wer ›der Große‹ ist?« Die treue Hofdame schloß diese Bedenken mit dem anerkennenden Satz für die Kaiserin: »die Kaiserin aber – sie versteht das.«[55]
Doch diese Momente des Verstehens dauerten nicht lang. Schon zwei Tage später stellte Marie Festetics resignierend fest: »Das Leben geht fort! Jagd, Reitschule – große Versammlung dort – Diners – Thées. Dabei manche bange Sorge, und immer schweben mir die Verwundeten vor, wenn ich auf der Reitschule Clavier spiele und Alles in Lust und Fröhlichkeit sich da tummelt... Die Kaiserin ist reizend in Ihrer Bemühung, Ihre Gäste zu unterhalten!«[56]

Elisabeths Ausstrahlung war so groß, daß sich selbst ihre schärfsten Kritiker in Bewunderer verwandelten, wenn sie offiziell als Kaiserin erschien – so beim Hofball 1879. Der Kaiser war damals 48 Jahre alt, und sah laut Hübner »müde und stark gealtert aus. ›Ich werde alt‹, sagte er melancholisch, ›ich verliere das Gedächtnis‹.« Dagegen war die damals 41jährige Elisabeth laut Hübner »sehr schön, besonders von ferne gesehen sehr poetisch mit ihrem herrlichen Haarschmuck, der über ihre Schultern fiel und bis zum Gürtel herabreichte. Kaiserin bis zu den Fingerspitzen.«[57]
Doch die Stunden, die Elisabeth »im Geschirr« verbrachte, im diamantenbestickten Staatskleid, ein Diadem auf den kunstvoll frisierten Haaren, wurden immer seltener.
Inzwischen nahmen die Vorbereitungen für die Irlandreise die meiste Zeit der Kaiserin in Anspruch. Neun ihrer Pferde, vor allem die teuren englischen, die Middleton für sie eingekauft hatte, waren in England und wurden dort trainiert. Aber auch diese Pferde taugten wenig für irische Ansprüche. Dort gab es vor allem Wälle zu überspringen und nicht hohe Gatter wie in England. Also mußten die Pferde umgeschult werden und wurden in einen Stall nach Irland verfrachtet. Die Umschulung der hochgezüchteten, an

das leichte Gewicht der Kaiserin gewöhnten Pferde durch irische Reiter war so schwierig, daß drei dieser sündteuren Rennpferde eingingen. Middleton, der Elisabeths Ställe in England und Irland überwachte, sorgte für Nachschub, was beträchtliches Geld kostete und auch nicht geheim blieb – wohlgemerkt in der Zeit der Okkupationskämpfe in Bosnien.

Der Kaiser war meist in Wien allein, stand um vier Uhr morgens auf, nahm die Mahlzeiten des Tages allein ein, oft ganz formlos während der Schreibtischarbeit. Das Bedauern über die Einsamkeit des Kaisers war allgemein, ebenso allgemein wie die Kritik an der Kaiserin. Graf Hübner schrieb in sein Tagebuch über die kärglichen Zerstreuungen Franz Josephs: »Häufig benützt er die letzten Stunden des Tages, um nach Laxenburg zu fahren. Er fahrt ganz allein hin und spaziert auch allein im Park. Diesen Fürst, für das Familienleben geschaffen, sieht man auf die Einsamkeit reduziert durch die Abwesenheit der Kaiserin, die er immer noch leidenschaftlich liebt.«[58]

Auch Graf Crenneville und seine Freunde stimmten wieder in das allgemeine Lamento über die Kaiserin ein: »Mir gefallen weder die äußeren noch die inneren und ja nicht die innersten Angelegenheiten. Armes Österreich, armer Kaiser! Er hätte wahrlich ein besseres Schicksal verdient, denn viele seiner eminenten Eigenschaften kann niemand in Abrede stellen. Sein allergrößtes Unglück fällt ins Jahr 1854. Ohne diesem wäre vielleicht Manches vermieden worden.«[59] Mit 1854 war natürlich die Eheschließung mit Elisabeth gemeint. Und ein anderes Mal: »Die Blätter haben schon die Nachricht, daß die Kaiserin nach Irland reist. Zu des Kaisers Geburtstag kam sie auf nicht ganze vierundzwanzig Stunden nach Schönbrunn; zum Fronleichnamsfest findet sie weder Zeit noch Lust, die Wiener durch ihr Erscheinen zu beglücken!« und »ich begreife nicht, wie man bei diesem allgemeinen Elend an eine Reise nach Irland denken kann und man sie ihr erlauben kann. Welchen Effekt würde es gemacht haben, wenn man diese Reisekosten (vielleicht $1/2$ Million) unter die Hilfs-Comités der Monarchie verteilt hätte, wie viel Hunger gestillt, wie viele Segen der Himmel für die Wohlthäterin gesendet? Hat sich der Herr jeden Einflusses,

jeder Macht begeben, um ein Veto auf seinem Platze auszusprechen? ... Doch was helfen die Klagen; ich möchte darüber bittere Thränen weinen.«[60]
Wieder bemühte sich die treue Hofdame Festetics nach Kräften, ihre Herrin zu verteidigen: »Sie braucht die volle Freiheit, die Ruhe, die von der Unabhängigkeit kommt – dieses irdisch losgelöst sein von Allem, was Ihr Sorge und Verantwortung schafft – was sie der kleinen Pflichten entbindet, zu deren Erfüllung ihr the selfcommand fehlt und deren Unterlaßung ihr wieder Scrupeln macht.«[61] Von Skrupeln ist allerdings in Sisis Briefen keine Rede. Nur einmal gibt es einen kurzen Hinweis darauf, daß Elisabeths Leidenschaft für den Reitsport vielleicht doch aus einer Trotzhaltung gegenüber dem Kaiser entstand, der sie – nach dem Jahr 1867 – von der Politik fernhielt. Jedenfalls hielt sie ihm sehr verärgert vor: »In Politik mische ich mich nicht mehr, aber in diesen Sachen [es ging um Pferde] will ich doch noch ein Wort mitzusprechen haben.«[62]
Elisabeths ausschließliche Beschäftigung mit dem Reitsport fiel sicherlich nicht zufällig mit der Zeit zusammen, als Andrássy k. u. k. Außenminister war und jeder seiner Schritte überwacht wurde – vor allem in der Sorge, Andrássy setze wieder wie 1866/67 die Kaiserin für seine Zwecke ein. Offenbar auf Wunsch des Kaisers vermied Elisabeth jeden Anschein, politisch aktiv zu sein – und provozierte nun auf ihre Art weiter, indem sie sich eben nur mit Pferden beschäftigte.
Politisch nahm sie keinerlei Rücksicht. Ihre Irlandbesuche waren eine offene Provokation für Queen Victoria. Da nützte das Inkognito einer Gräfin von Hohenembs wenig. In Irland gab es gerade in diesen Jahren akute Gefahr von Aufständen gegen England. Die sozialen Spannungen, der Haß der armen katholischen Iren gegen die reichen anglikanischen englischen Pächter drohte sich in Tätlichkeiten zu entladen. Der Besuch einer katholischen Kaiserin in diesem Spannungsfeld brachte zusätzlichen Zündstoff. Aber Elisabeth nahm das alles kaum zur Kenntnis und unterspielte diese Probleme in ihren Briefen nach Wien: »Von den Unruhen merkt man in der hiesigen Gegend nichts. Im westlichen Theil der Insel,

wo die Ernte schlecht war, herrscht mehr Unzufriedenheit und eine Art Terrorismus. Die Pächter zahlen nicht und halten Disciplin untereinander.«[63]

Sie wollte reiten – alles andere langweilte sie. Sie beging eine Ungeschicklichkeit nach der anderen, sagte auf der Durchreise den Besuch bei der Queen schriftlich ab (»sah mich, unter Zeitdruck stehend, genötigt, in größter Eile meinem Bestimmungsort zuzustreben«)[64] und beehrte schließlich mehrmals das Seminar Maynooth mit ihrem Besuch, dessen Geistliche als antienglische Agitatoren verdächtigt wurden. Sicherlich – sie tat dies aus Höflichkeit und um sich zu entschuldigen, weil sie mit ihrem Pferd bei einer Hirschjagd ausgerechnet über die Klostermauer gesprungen war (und dabei dem Leiter des Priesterseminars fast auf den Kopf), aber der mehrmalige Besuch machte doch einen politisch ungünstigen Eindruck.

Die nationalistischen irischen Zeitungen nützten Elisabeths Besuch für ihre Zwecke weidlich aus und griffen das britische Königshaus an, dessen Mitglieder sich in Irland nicht sehen ließen. Ganz offensichtlich waren sowohl die Kaiserin wie ihre Umgebung kaum über die politische und konfessionelle Sonderstellung Irlands informiert. Die devote Haltung der katholischen Iren gegenüber der katholischen Kaiserin überraschte sogar Gräfin Festetics, die in ihrem Tagebuch eine Begegnung Elisabeths mit einem irischen Lord überliefert:

»Die Kaiserin reichte ihm die Hand, da ließ er sich auf die Knie nieder und küßte in sichtlicher Rührung und tiefer Ehrfurcht diese Hand. Der Lord war katholisch und er begrüßte sie nicht als Kaiserin nur, sondern als katholisches Oberhaupt ... Überhaupt kommt das hier in Irland *sehr* zu Geltung. Das elendste Dorf legt feine Kleider an, decorirt mit Liebe und macht kleine Triumphbogen. Die Leute knien auf den Straßen und küssen den Boden, wo Sie geht. Es ist so arg, daß wir sehr vorsichtig sein müssen und Sie alle Ovationen *sehr* sorgsam vermeidet.«[65]

Die Gestalt der schönen Kaiserin von Österreich ist bis heute in Irland sagenumwoben wie die einer geheimnisvollen Reiterfee. Noch heute werden in manchen irischen Familien Sisis Spitzentaschentücher aufgehoben, die sie in großer Zahl als Dank für kleine Hilfsleistungen fallenließ.

Im März 1879 litt Ungarn unter einer Überschwemmungskatastrophe mit vielen Toten. Die Vergnügungsreise der Kaiserin war in dieser Situation nicht mehr zu verantworten. »Darum finde ich es besser, wenn ich jetzt gehe«, schrieb Elisabeth an ihren Mann, »es wird Dir auch lieber sein. Es ist das größte Opfer, das ich bringen kann, aber in diesem Fall ist es notwendig.«[66]

Die irischen Ställe blieben aber bestehen. Auch ihr Bett ließ Elisabeth in Irland, wie Gräfin Festetics besorgt in ihr Tagebuch schrieb, denn ihr behagten die Irlandreisen ganz und gar nicht. Die Loyalität dieser ungarischen Hofdame jedoch war so groß, daß sie selbst diese Gelegenheit nicht ohne übergroßes Lob für die Kaiserin vorübergehen ließ und die österreichische Presse anklagte: »wenn die Erzherzogin Sophie einem Schusterbuben von dem Überfluß ein Stück Brot opferte, waren alle Zeitungen voll davon – wenn die junge Kaiserin 14 Tage ihres Urlaubs opfert (von schmalen 6 Wochen), weil ein Unglück eine Stadt heimsucht – das ist natürlich.[67]

Bei der Rückreise drohten wieder die gewohnten Kalamitäten mit Queen Victoria, die Elisabeth diesmal mit ungewohnter Sparsamkeit umging, als sie an den Kaiser schrieb: »Willst Du denn auch, daß ich mich in London aufhalte? Ich hätte es gern vermieden, um die Hotelrechnungen zu ersparen. So hätte ich die ganze Reise hin und zurück gemacht, ohne ein Hotel zu haben.«[68] Die Kosten der Reise beliefen sich auf 158 337 Gulden 48 Kreuzer. Die paar Gulden für die Hotelrechnung in London spielten also kaum noch eine Rolle. Aber Elisabeth war erfinderisch, wenn es darum ging, eine offizielle Veranstaltung wie den Besuch im Buckingham Palace zu umgehen.

Im April 1879 feierte das Kaiserpaar Silberhochzeit, laut Kaiser Franz Joseph »ein wahres Familienfest aller Völker Meines Reiches.« Er bat, »alles kostspielige Gepränge« zu vermeiden und stattdessen die Armen zu bedenken.

Doch eine Ausnahme wurde gemacht: die Stadt Wien brachte

ihrem Kaiserpaar einen Huldigungsfestzug dar, gestaltet von Hans Makart, dem ungekrönten König des künstlerischen Lebens in Wien. Der Festzug war nicht ein Fest des Adels wie die Reiterkarussels, sondern eine Demonstration der Bürger. 10 000 Menschen in mittelalterlichen Kostümen, auf prächtig ausgestatteten Festwagen, paradierten vor dem Festzelt auf der neuen Ringstraße, voran ein Herold der Stadt Wien und Fanfarenbläser auf weißen Rossen. Nicht nur die alten Gewerbe der Bäcker, Müller, Fleischhauer, Wagner, Hafner und ähnliche nahmen teil, sondern auch die neue Industrie. Höhepunkt des Zuges war der Festwagen der Eisenbahner – in einem mittelalterlich kostümierten Zug überraschend. Makart löste dieses Problem derart, daß er die Eisenbahn als geflügelten Wagen darstellte, »auf welchem Wasser und Feuer vereint zu jener Gewalt werden, die das Rad mit beflügelter Eile dahintreibt.«[69]

Die Kommentare in Wien waren nicht durchwegs freundlich, vor allem, was die hohe Jubilarin betraf. Anderswo feiere man 25 Jahre Ménage, in Wien dagegen 25 Jahre Manege – das war in diesen Festtagen ein geflügeltes Wort und wurde an vielen Orten zitiert, freilich nur in privatem Kreis. Öffentlich deklamierte man Gedichte wie dieses, das auf dem Kinsky-Palais an der Freyung prangte:

> Das Blümlein, das auf Baierns Flur erblühte –
> Hat sanfter Liebeshauch zu uns geweht –
> Es gleicht der weißen Lilie im Gemüthe –
> An Treu' und Demuth einem Veilchenbeet –
> Dem theuren Herrscher bringt es Glück und Wonne –
> Und Österreich einen Schutzgeist, eine Sonne!

Inmitten des Festtrubels blieb Elisabeth unberührt und machte (nach Aussagen ihrer Nichte Marie Larisch) »meist eine Miene wie eine indische Witwe, die verbrannt werden soll; und als ich ihr dies in einem unbelauschten Augenblick sagte, lachte sie zwar, meinte aber, es sei schon genug, 25 Jahre verheiratet zu sein, aber deshalb Feste zu feiern, wäre unnötig«.[70] Die große Soirée am Vorabend der Silberhochzeit verließ die Kaiserin bereits nach einer Viertel-

stunde und ließ den Silberbräutigam allein die nötigen Honneurs machen.
Dieses Familienfest war für die Kaiserin nichts als eine große Plage und Last. Es gibt auch nicht den geringsten Hinweis darauf, daß sie sich an den Leistungen freute, die in den letzten 25 Jahren in Österreich-Ungarn vollbracht worden waren. Das Leben war freier. Es gab eine Verfassung und ein parlamentarisches Leben. Die Person des Kaisers stand so gut wie unangefochten da, und jeder Vergleich mit den anderen europäischen Dynastien fiel inzwischen günstig aus – was in den fünfziger und sechziger Jahren keineswegs der Fall gewesen war. Selbst Bismarck schrieb in diesem Jahr in einem vertraulichen Brief an Wilhelm I. anerkennend: »Österreich hat in sozialer Beziehung vielleicht von allen großen Mächten die gesundesten Zustände im Innern, und die Herrschaft des Kaiserhauses steht fest bei jeder einzelnen Nationalität.«[71]
Inmitten der patriotischen Freude um sie herum reagierte Elisabeth wieder nur als Privatperson. Sie beklagte ihr Alter, ihre spannungslose Ehe. Sie spürte die Mißbilligung des Hofes und beschwerte sich darüber.
Gräfin Festetics sah dies mit immer neuem Kummer an: »Sie weiß nicht hinreichend zu schätzen, daß sie Kaiserin ist! Sie hat die schöne erhabene Seite davon nicht erfaßt, denn es hat sie Ihr Niemand gezeigt; sie fühlt nur den kühlen Schatten davon, das Licht sieht sie nicht, und so sind die inneren Gefühle mit den äußeren Verhältnißen nicht im Einklange, und da kann keine Ruhe, kein Friede, keine Harmonie einziehen!«[72] Die treue Hofdame versuchte immer noch, die inzwischen über vierzigjährige Kaiserin mit frühen bösen Erfahrungen zu entschuldigen, wozu andere Augenzeugen nicht mehr bereit waren.
Elisabeth nahm die kritischen Kommentare in Wien nur mit Hohn zur Kenntnis. Anfang 1880 fuhr sie ein zweitesmal nach Irland. Sie war inzwischen 42 Jahre alt und mehrfache Großmutter, aber sportgestählt und widerstandsfähig. Sie fühlte sich fit genug, um in der internationalen Reiterelite zu bestehen. Die Pferde waren ohnehin schon in Irland. So konnte Elisabeth mit relativ leichtem

Gepäck reisen: der Güterzug, der ihrem Sonderzug mit den Salonreisewagen folgte, beförderte vierzig Tonnen Gepäck.
Wieder erhielt der besorgte Kaiser inmitten seiner Regierungskrisen wenig beruhigende Nachrichten von seiner Frau, die stolz schrieb: »Rudi Liechtenstein ist auch gefallen, ohne sich etwas zu tun, und Lord Langford, unser Hausherr, der aufs Gesicht fiel, kann seither nicht gut schlucken.« und: »Middleton stürzte und ich auch... aber der Boden war sehr weich. Es sollen noch viele gestürzt sein... aber da ich natürlich augenblicklich weiterritt, sah ich es nicht. Lord Langford sah ich in einem anderen Graben stehen und nach seinem Pferd fischen.«[73]
Auch in den Berichten des Fürsten Liechtenstein und der Gräfin Festetics an den Kaiser ist viel von Stürzen, gebrochenen Kinnladen und Schienbeinen und waghalsigen Sprüngen über Wassergräben und Mauern die Rede. Bei einer besonders schwierigen Jagd ritt Elisabeth sogar ohne Handschuhe, um das Pferd sensibler führen zu können. Sie, die in Gödöllö so heikel war, daß sie drei Handschuhe übereinander trug, nahm hier in Irland, an der Seite Middletons, blutig geschundene Hände in Kauf. Daß sie über sämtliche anderen Reiterinnen triumphierte und dementsprechend angestaunt wurde, war inzwischen schon selbstverständlich.
Die Triumphe auf den Parforcejagden bedeuteten einerseits eine Selbstbestätigung für Elisabeth, die ja hier nicht als Kaiserin, sondern als Sportlerin und schöne Frau brillierte, andererseits Freiheit von höfischen Zwängen. Am Ende eines solchen Reitséjours aber gab es meist Verzweiflung und bittere Klagen über das Leben als Kaiserin: »Warum muß ich in den Käfig zurückkehren? Warum konnte ich mir nicht alle Knochen brechen, damit ein Ende ist – mit allem!«
Solche, an Hysterie grenzenden Ausbrüche erschreckten Elisabeths Umgebung stets aufs neue. In solchen Fällen half allein der Hinweis auf die Lieblingstochter Marie Valerie. Elisabeth zu Marie Larisch: »Ich würde mich versündigen, wünschte ich sie zu verlassen. Mein kedvesem [ungarisch: Liebling] ist alles, was ich noch auf der Welt habe. Alles was man mir noch gelassen hat.«[74]
In dieser Zeit der ungezügelten Lebenslust inmitten von Sports-

freunden verstärkte sich Elisabeths Menschenverachtung. Außer Middleton gab es keinen Menschen in ihrer Umgebung, der ein offenes Wort gewagt hätte. Man schmeichelte ihr, nützte sie aus. Marie Festetics sorgte sich, war aber machtlos: »Wenn man lernt, von der Umgebung klein zu denken, wie soll man da Menschen achten und sich selbst nicht höher stellen? Und was das Schlimmste ist – sie nicht als Marionetten verachten... Bei Ihr ist das eine große Gefahr, denn – wen sie nicht achtet, für den braucht sie keine Rücksicht zu haben und das ist bequem!!?«[75]
Bald kam es auch zu Zerwürfnissen zwischen der Kaiserin und Marie Festetics, die sich für Elisabeths Reiterfreunde nicht erwärmen konnte und immer vorsichtig an irgendwelche Pflichten erinnerte – meist vergeblich.
Vor ihrer Abreise aus Irland gab Elisabeth Anweisung, weitere vier Pferde aus Österreich nach Irland zu bringen, damit sie für die nächste irische Jagdsaison für sie zugeritten werden könnten. Wie selbstverständlich behielt sie ihre irischen Ställe aufrecht.
Auf der Rückfahrt machte sie diesmal Zugeständnisse an die Wünsche des Wiener Hofes. Sie unterbrach in London, traf den englischen Premierminister Disraeli und den österreichischen Botschafter. Sie war liebenswürdig und freundlich. Und wie immer, wenn sie es darauf anlegte, eroberte sie sofort Sympathien. Schließlich machte sie auch Besuche beim Prinzen von Wales und sogar bei Queen Victoria. An ihre Mutter schrieb sie allerdings: »Leider soll ich auf der Rückreise die Königin in Windsor besuchen, das langweilt mich schrecklich. Einer der vielen Vorzüge Irlands ist auch der, daß es keine Herrschaften hat.«[76]
Die äußere Erscheinung der beiden Monarchinnen konnte kaum gegensätzlicher sein: »Elisabeth trug ein dunkelblaues, pelzverbrämtes Sammetkleid, eine Schöpfung der Rue de la Paix. Ihr Hut war ein Meisterwerk mit sanft schimmernden, irisierenden Federn. Königin Victoria war beleibt und untersetzt. Sie trug ein bauschiges, schwarzes Seidenkleid, das zum Teil durch einen geschmacklosen indischen Schal verdeckt wurde. Eine enorme weiße Witwenhaube thronte auf ihrem Kopfe«[77], schilderte Marie Larisch. Elisabeth schrieb über einen dieser offiziellen Besuche in Windsor

ein Gedicht mit dem Titel »Aus der Hofchronik der Königin
Titania« (als die sie sich selbst bezeichnete):

... Wie geht's mir gegen die Natur!
Fürwahr mir macht es wenig Freude;
Um Ob'rons Willen tu ich's nur.*
Der Herrsch'rin dieses Inselreiches
Ihr soll heut' gelten mein Besuch,
Als hätten wir an Langweil gleiches
Nicht schon an unserm Hof genug.
Mit Möven segeln um die Wette
Im Sturmgebraus, ist Hochgenuss;
Doch hier ist steife Etiquette,
Die macht Titania nur Verdruss.

Doch siehe, es fahren
Dem Strand zu, es harren
Der Königin Wägen;
Ach! Wie ungelegen
Ist diese Visite;
Verdammt sei die Sitte,
Die solches ersann!
Nun halten wir an.
Am Fusse der Treppe
Mit Haube und Schleppe,
Die Kleine, die Dicke,
Mit Hoheit im Blicke,
Bewusst ihrer Würde;
Denn fünfzig Jahr führte
Sie's Zepter im Lande;
Sogleich ich erkannte,
Die Königin sei's.

Sie hebt sich gnädig auf die Zehen
Und reicht mir voll Herablassung

---

* Mit Oberon meinte Elisabeth stets Kaiser Franz Joseph.

Den Schwesterkuss; Mich hier zu sehen,
Ist sichtlich ihr Genugtuung.
Sie liebt es, wenn von allen Enden
Der Welt man wallfahrtet zu ihr,
Devot ihr Huldigung zu spenden,
Als wär ein ind'scher Götz' sie schier.

Die Phrasen sind's die altbekannten,
Man findet sie in allen Landen:
»Wie geht's dem teuern Herrn Gemahl?«
»O bestens läßt er sich empfehlen,
(Wollt' er mich doch mit ihr nicht quälen!)
So schrieb er aus dem Alpenthal.«

Es folgt eine lange und ironische Beschreibung der Mitglieder der königlichen englischen Familie. Alle

... schreiten würdevoll zum Lunch hinaus.
Die Langweil ist uns schon vorangeschritten,
Und majestätisch thront sie auf dem Tisch;
Die Braten werden stumm tranchiert, geschnitten,
Und lautlos präsentiert man Krebs und Fisch.
Vier Inder, theatralische Gestalten,
Bedienen Indiens stolze Herrscherin.
Sie steh'n drapiert in ihrer Schleier Falten,
Im goldnen Gürtel stecken Dolche drin.
Die dunklen Augen funkeln, braun die Häute,
Die Füsse sind ganz blos und unbedeckt,
Die Königin erklärt, daß diese Leute
Barfuss ihr nahen müssen aus Respekt.

»Kröchen sie doch gleich auf Vieren,«
Meint ich; doch die Zeit rückt an,
Wo ich, nach dem Ennuyieren,
Mich mit Anstand drücken kann ...

Titania kehrt zurück zu ihrem Schiffe,
Das träumerisch sich wiegt in blauer Bucht
Der Anker hebt sich rasselnd aus der Tiefe,
Die weissen Segel bläht der Wind zur Flucht.
Dem Stockfisch unten deucht's daß jemand riefe:
»Heut' hab' ich deine Königin besucht!«
Auf hoher See wird bald das Fahrzeug treiben,
Und dort Titania ihre Chronik schreiben.[78]

In London erreichte sie das Telegramm, daß sich Kronprinz Rudolf soeben in Brüssel mit der 16jährigen Tochter des Königs der Belgier, Prinzessin Stephanie, verlobt hatte. »Gott sei Dank, daß es kein Unglück ist«, kommentierte Marie Festetics die Nachricht. Elisabeth darauf: »Wolle Gott, daß es keines ist.«[79]
Elisabeth mußte ihre Rückreise von England nun noch in Brüssel unterbrechen, um das junge Paar zu beglückwünschen. Sie kannte die kleine Stephanie nicht. Das belgische Königshaus war ihr aber äußerst unsympathisch, weil ihre wenig geliebte Schwägerin Charlotte, die ehemalige Kaiserin von Mexiko, daher stammte.
Der kurze Gratulationsbesuch Elisabeths in Brüssel war nicht mehr als eine lästige Pflicht. König, Königin, Bräutigam und Braut standen auf dem Bahnsteig bereit zum Empfang. Marie Festetics schwärmte einmal wieder von der Schönheit der damals 43jährigen Kaiserin und von der Verehrung, die ihr Rudolf entgegenbrachte: »er fiel ihr buchstäblich um den Hals – küßte und küßte ihre Hände, und dann kam die Braut – jung, frisch, unentwickelt, ein schlecht angezogenes Kind ... Die Kaiserin beugte sich – umarmte sie – küßte die Kleine, und diese sah mit unverhohlener Bewunderung zu der schönen Schwiegermutter hinauf, und das hochrote Gesichterl sah glücklich und seelenvergnügt aus!«
Die Kaiserin lief ihrer Schwiegertochter schon bei dieser ersten, so gezwungen-peinlichen Begegnung den Rang ab.
Marie Festetics: »Ich war so stolz und mußte den Kronprinz anschauen! – er sah seine Mutter an, dann zur Braut. Mir war leid, denn zu ihrem Vortheile konnte *das* nicht sein! aber ich finde, er sieht mehr unterhalten als glücklich aus!«

Der Besuch in Brüssel dauerte genau vier Stunden – von der Ankunft um 8 Uhr morgens bis zur ebenfalls feierlich umbrämten Abfahrt um 12 Uhr. Die Zeit wurde mit einem Déjeuner im Palais de Bruxelles verbracht. Marie Festetics fühlte sich dabei genauso wenig wohl wie ihre Herrin: »mir kam Alles so theatralisch – parvenu?? vor ... es gefiel mir nichts. Alles so banale, so schablonenhaft und so geborgt Alles.« Das Königreich der Belgier galt trotz seines immensen Reichtums als Emporkömmling. »Wir Österreicher sind nicht sehr belgisch gesinnt«, schrieb Marie Festetics im Einklang mit ihrer Herrin.[80] Das Verhältnis zwischen Elisabeth und ihrem Sohn wurde durch die Schwiegertochter alles andere als gebessert.

Für 1881 bereitete Elisabeth eine neuerliche Jagdreise vor. Sie trainierte wie gewohnt, hatte aber zunehmend unter rheumatischen Anfällen zu leiden, den ersten Anzeichen des Alters. Ihre Stimmung wurde zunehmend düster. Sie hatte auch häufiger als früher nervöse Störungen, die die Umgebung, auch die kleine Valerie schreckten. So schrieb die jüngste Kaisertochter zum Beispiel am 1. Januar 1881 in ihr Tagebuch: »Mama hatte ein sehr starkes Bad, und als ich zu ihr kam, lachte sie in einem fort, denn das Bad hatte sie ganz nervöse gemacht. Ich hatte Angst, doch geht es ihr heute zum Glück schon wieder gut.«

Über die Maßen sorgte sich Elisabeth über einen schweren Reitunfall Bay Middletons, der einen Schädelbruch erlitt, aber schon nach einem Monat wieder im Sattel saß. Daß er die Kaiserin bald wieder pilotieren würde, war ausgemacht.

Diesmal jedoch konnte sich die Kaiserin nicht durchsetzen. Eine neue Irlandreise war politisch nicht mehr tragbar. Elisabeth mußte sich wohl oder übel dazu bequemen, ihre Jagdreise, wenn sie schon darauf bestand, in England zu absolvieren. Ein geeignetes Herrenhaus wurde in Cheshire gefunden: Combermere Abbey, dessen Besitzer gerade eine Reise nach Westindien unternahm. Österreichische Handwerker wurden dorthin geschickt, um, wie auch vor den anderen Reisen der Kaiserin, das Haus umzubauen. Vor allem mußten eine Kapelle und ein Turnzimmer eingebaut werden und überall im Haus elektrische Klingeln.

Elisabeths Wohnzimmer erhielt eine neue Wendeltreppe, auf der sie unbemerkt in ihre eigene Küche hinuntersteigen und dort ungestört allein ihre kargen Mahlzeiten zu sich nehmen konnte. Der kleine Bahnhof von Wrenbury erhielt einen zusätzlichen Wartesaal, denn die Jagdgesellschaft bestieg hier die Sonderzüge, die sie zu den Rennen brachten. Ein weiteres Rangiergleis war nötig für die Pferdetransportwagen – und mit diesen und ähnlichen Anschaffungen ging es weiter, ebenso wie vorher in Easton Neston und Cottesbrook. Da die Hoffnung, doch noch nach Irland reisen zu können, nicht aufgegeben war, wurden gleichzeitig auch in Summerhill teure Vorbereitungen getroffen. Schließlich blieb es aber bei England, und alle Pferde wurden dorthin zusammengebracht: die aus Wien, aus Gödöllö, aus Irland. Fürst Rudolf Liechtenstein, der wieder unter Elisabeths Begleitern war, brachte zusätzlich acht Pferde aus seinem Stall, Middleton zehn.
Die Kaiserin nützte von insgesamt 28 möglichen Jagdtagen 22, zwei fielen durch Schnee aus.[81] Middleton war immer an ihrer Seite. Die Kaiserin war inzwischen 43 Jahre alt, außerordentlich gut trainiert. Aber die anstrengenden Jagden an der Seite des nun 33jährigen Bay strapazierten sie weit mehr als früher. Middleton seinerseits hatte private Sorgen: seine langjährige Braut aus reicher Landbesitzerfamilie war eifersüchtig. Sie wollte nach vielen Verlobungsjahren endlich heiraten und dachte nicht daran, Bays Verehrung für die Kaiserin weiterhin zu tolerieren. In der englischen Presse erschienen mehrere höchst kritische Artikel über die österreichische Kaiserin, die beleidigt reagierte:
»Mich überrascht nur mehr, wenn jemand schön schreibt oder redet über mich.«[82]
Noch ein letztes Mal, 1882, jagte Elisabeth in England. Aber Middleton war nicht mehr ihr Pilot. Mit einem anderen aber machte Elisabeth die Jagd keinen Spaß mehr. Sie gab die Reitjagd unvermittelt auf und ließ alle Pferde aus ihren englischen Ställen verkaufen. Ein Abschnitt ihres Lebens war zu Ende.

Stattdessen lenkte die Kaiserin in Österreich ein und gab den Bitten der Militärs nach, hoch zu Roß bei einer militärischen

Revue auf der Schmelz zu erscheinen, neben Kaiser, Kronprinz und Kronprinzessin.
Pikanterweise ritt sie jenes ihrer Lieblingspferde, das den Namen »Nihilist« trug. Marie Festetics konnte sich vor Stolz kaum fassen: »es war so feierlich und großartig, daß es das Herz erhob; – von allen Seiten trommeln, blasen, Volkshymne, Fahnen senken und das Donnern des ›Hab acht‹ der Oberste! Es war ein so schönes Bild, diese schöne, schöne Kaiserin, die wie gegossen mit dem Pferde da stand und mit hoheitsvoller Anmuth und nicht wiederzugebender Lieblichkeit den Kopf zum Danke neigte – ich werde den Tag *nie* vergessen.«[83]
Elisabeths kritische Auffassung über das Militär war in Wien bekannt, und auch Gräfin Festetics »hörte viel darüber sprechen, daß *Sie* die Armee nicht liebt«. So mied die Kaiserin bei offiziellen Cercles in der Hofburg die hohen Militärs (vor allem ihren Hauptantipoden, Erzherzog Albrecht) und würdigte sie keiner Ansprache. Bei der überaus wichtigen Stellung der Armee in der k. u. k. Monarchie bedeutete eine solche Haltung auch eine Opposition gegen ihren kaiserlichen Gatten. Andererseits zogen sich laut Marie Festetics »die Generäle beinahe ostensibel in den letzten Winkel zurück«, wenn die Kaiserin erschien.[84]
Nicht nur die Erzherzöge Albrecht und Wilhelm baten die Kaiserin mehrmals, sich bei der militärischen Repräsentation sehen zu lassen. Auch Andrássy redete ihr zu, »es wäre so begeisternd für die Truppen«.
Marie Festetics stieß bei ihren Vermittlungsversuchen »nicht auf Widerwillen, aber auf Widerstand« und konnte sich Elisabeths langjährige Weigerung, wie andere europäische Herrscherinnen dieser Zeit bei einer militärischen Revue zu erscheinen, nur damit erklären: »ich glaube, der Kaiser hat Ihre Majestät nicht aufgefordert, da zu sein. Die Armee ist sein Revier, und Er will keine Theilnahme auf diesem Gebiethe haben, und ›Sie‹ will kein ›Eindringling‹ sein.«[85]
Die Hofdame mag noch so bemüht gewesen sein, ihre bewunderte Herrin zu entschuldigen – an Elisabeths Abneigung gegen die Armee besteht kein Zweifel. In ihren Gedichten bekannte sie sich

deutlich zum Pazifismus und pries zum Beispiel die schwedische Politik:

> *Schweden, o, da geht's schon besser!*
> *Sieht man ordentlich mit Neid,*
> *Wie, dort über dem Gewässer,*
> *Glücklich sind die braven Leut'.*
>
> *Konnt' ihr Herrscher stolz gestehen,*
> *Daß Millionen er erspart,*
> *Freilich fehlen dort Armeen,*
> *Und Kanonen aller Art.*[86]

Ein anderesmal, in der Zeit der Bulgarienkrise Mitte der achtziger Jahre, wurde sie noch deutlicher:

> *Das arme Landvolk schwitzet,*
> *Bebaut mühsam sein Feld.*
> *Umsonst! Gleich wird stibitzet*
> *Ihm wiederum das Geld.*
>
> *Kanonen sind sehr teuer,*
> *Wir brauchen deren viel,*
> *Besonders aber heuer,*
> *Wo Ernst wird aus dem Spiel.*
>
> *Wer weiss! gäb's keine Fürsten,*
> *Gäb' es auch keinen Krieg;*
> *Aus wär' das teure Dürsten*
> *Nach Schlachten und nach Sieg.*[87]

Daß das öffentliche Auftreten ausgerechnet bei militärischen Übungen die Kaiserin einige Überwindung kostete, steht außer Frage. Sie beruhigte aber auf diese Art schlagartig ihre Kritiker. Noch einmal in diesem Jahr zeigte die Kaiserin ihren guten Willen: Sie begleitete den Kaiser im September 1882 auf eine offizielle Reise nach Triest, zur Feier der 500jährigen Zugehörigkeit Triests zu Österreich. Die vierzehnjährige Erzherzogin Marie Valerie schrieb besorgt in ihr Tagebuch: »Ich habe eine so schreckliche

Angst... Es ist fürchterlich gefährlich. Denn die Italiener wollen Triest für sich haben und hassen Österreich. Sie haben schon, als Onkel Karl [Ludwig] dort war, eine Bombe auf einen österreichischen General geworfen, und man fürchtet jetzt... O! Nein! Ich kann gar nicht darauf denken.«[88]
Die Befürchtungen bestanden zu Recht. Immerhin wurden zwei Italiener mit Bomben entdeckt, »als Gruß für den Kaiser von Österreich«.
Die Hofdame Festetics war unter den Suiten. Sie schilderte die Aufregungen jener Tage in ihrem Tagebuch, etwa derart: »dann kam noch das Theater paré – sehr unerquicklich, da man ein Attentat fürchtete oder erwartete? – Beim Ankommen im Theater? – drin? oder beim Herauskommen? – Man hatte nur Einen von den Consignirten festnehmen können – vor dem Theater! – Die Leute, die Maßgebenden, wollten vertuschen, waren aber so agitirt, daß sie nicht konnten; die Majestäten waren großartig!« Der Kaiser befahl zum Beispiel, nur die allernötigsten Suiten auf die verschiedenen Veranstaltungen mitzunehmen: »Das kann man wirklich niemandem zumuthen!«[89]
Auf dieser Reise zeigte Elisabeth beträchtlichen Muth. Sie ließ sich nicht abhalten, ihren Mann auf allen Repräsentationsbesuchen zu begleiten. Elisabeth erzählte ihrer Tochter: »Im Wagen setzte ich mich auf die Landseite [wo man am ehesten Attentäter mit Waffen vermutete] und ließ den Kaiser auf der Meerseite sitzen, viel hätte es nicht genutzt, aber doch vielleicht etwas.« Valerie konnte sich vor Stolz auf ihre Mutter kaum fassen: »O, wenn ich einen Mann habe, werde ich auch trachten, so mich zu opfern wie Mama. Daß mir sein Leben lieber sei als das meinige.«
Elisabeth war laut Valerie »so bös auf die falschen Italiener. Ich grüsse sie kaum«, sagte sie. »Da schreien sie immer ›Eviva, eviva‹ und stossen einem den Dolch in den Rücken.«
Marie Valerie: »Noch nie sah ich Mama so. Sie hatte Thränen in den Augen und war noch ganz bös gegen dieses schreckliche Gesindel.«[90]
Elisabeths Entschluß, die Reitjagden aufzugeben, war für diejenigen, die sich um den Ruf der Kaiserin Sorge machten, eine große

Erleichterung. Guten Gewissens konnte auch die »Neue Freie Presse« die Kritiker beruhigen und berichten, daß sich in den k. k. Stallungen in Ischl während des Sommers 1882 nur 50 Pferde befänden, »also gerade 100 weniger als im Jahre 1837, da weiland Kaiser Ferdinand hier sein Hoflager hielt und zur Unterbringung der Pferde und Equipagen ... einige große Holzbaracken aufgeführt wurden.«[91]
Für Kenner der Verhältnisse bedeutete diese Meldung, daß Elisabeths Spring- und Dressurschule in Ischl leerstand – und keines ihrer Zirkuspferde ins Salzkammergut gebracht worden war.
Und als zu Neujahr 1882 Elisabeth mit Mann, Tochter und Schwiegertochter in der Hofoper erschien, um von der Incognito-Loge aus Webers »Oberon« zu hören, konstatierte Graf Hübner: »Es ist ein Ereignis, die Kaiserin anders als zu Pferd zu sehen, und das Publikum zeigt sich dankbar für dieses seltene Schauspiel.«[92]
Das Ende der Reitjagden und des täglichen Reittrainings bedeutete für die Kaiserin ein plötzliches Vakuum. Fast zehn Jahre lang hatte sie das Leben eines Spitzensportlers geführt, für kaum etwas anderes als ihre Pferde gelebt. Nun, als das alles ziemlich unvermittelt zu Ende war, konnte sich ihr Körper nur schwer auf ein ruhiges »kaiserliches« Leben umstellen. Ihren außergewöhnlichen Bewegungsdrang stillte sie nun auf andere Art: durch stundenlange tägliche Wanderungen in überaus schnellem Tempo bis zur Erschöpfung der sie begleitenden Hofdamen, in Wind und Wetter, über Berge und Wiesen in den schönsten Gegenden Österreichs, Bayerns und Ungarns, aber auch über staubige Landstraßen. Um die wenig trainierten Hofdamen nicht zu überanstrengen, fuhr häufig ein Wagen nach, in den die »Damen« umsteigen konnten, wenn ihre Füße sie nicht mehr trugen. Die Kaiserin allerdings hielt stundenlang aus. Weder Regenstürme noch Schneegestöber konnten sie am Wandern hindern.
Sie trug feste Wanderschuhe, einen unempfindlichen dunklen Rock aus festem Stoff, dazu eine taillierte Jacke. (Diese praktische Kleidung hatte sie aus den Reitkleidern entwickelt und wurde damit zu einer der ersten Anhängerinnen des neuen »Schneiderkostüms«). Gegen die Sonne (vor allem aber gegen neugierige Blicke)

schützte sie sich mit großen, sehr unhandlichen Schirmen aus Leder. Selbstverständlich tat sie alles nur irgend Mögliche, um ihre Anonymität zu wahren und nicht erkannt zu werden. Scheu huschte sie vorbei, wenn Menschen ihr begegneten.

Wenn sie in einem ländlichen Gasthaus einkehrte, wählte sie stets einen Platz in äußersten Eck aus, wo sie sich vor neugierigen Blicken sicherer fühlte. Nichts freute sie so sehr, als wenn sie unerkannt ihre Milch trinken und wieder fortgehen konnte.

Die Hofdamen wurden inzwischen nicht mehr nach den üblichen aristokratischen Rangeleien ausgewählt, denn diese Stellung galt als nicht mehr erstrebenswert. Gesunde Füße und eine ausgezeichnete körperliche und seelische Konstitution waren die wichtigsten Voraussetzungen für diese einstmals so begehrte Würde.

Besonders Gräfin Festetics, die bei den englischen Jagden nichts anderes zu tun hatte, als stundenlang in Gasthäusern auf die Kaiserin zu warten, hatte es nun mit dieser neuen Mode sehr schwer. Sie war klein und dicklich und schnaufte hinter der langbeinigen, drahtigen Kaiserin einher, war außerdem immer hungrig. Denn Elisabeth nahm sich bei diesen Gewaltmärschen keine Zeit zum Essen. Sie machte ja stets Abmagerungskuren und verstand die Bedürfnisse ihrer Begleiterinnen kaum. Nach einer solchen, immerhin fast sechsstündigen Tour, empfing der Kaiser die Hofdame mit den mitleidigen Worten: »Leben Sie denn noch, Gräfin? Das hat ja schon keinen Namen.«[93]

Aber Franz Joseph nahm auch diese Marotte seiner Frau mit Geduld und nachsichtigem Humor hin – selbst als Elisabeth, die sich von Schaulustigen belästigt fühlte, immer häufiger ihre Wanderungen in die Nacht verlegte – nicht unähnlich den nächtlichen Exkursionen Ludwigs II. Im Sommer 1885 zum Beispiel machte sie sich von Zell am See aus um ein Uhr nachts auf den Weg auf die Schmittenhöhe, begleitet von einer Hofdame und einigen Bergführern, die die Laternen trugen.[94]

Nicht selten kam es zu kuriosen Szenen. Denn im Laufschritt dahineilende Damen waren ein ungewöhnliches Bild und gaben zu Mißdeutungen Anlaß. Bei der Rückkehr von einer dieser Gewalttouren (Sophienalpe – Haltertal – Hacking – Hietzing bis Schönbrunn) glaubte einmal ein Polizist, die beiden laufenden Damen (die Kaiserin und Gräfin Festetics) würden von einem Verbrecher verfolgt und wollte sie beschützen. Marie Festetics: »Da erkannte er, daß es die Kaiserin sei und unterließ die Intervention, folgte uns aber keuchend bis ins Schloß.«[95]

Ein anderes Mittel, den Bewegungsdrang auszutoben, war in den achtziger Jahren das Fechten, das allerdings ebenfalls bald in Schwerarbeit ausartete. Zeitweilig nahm Elisabeth täglich zwei Fechtstunden, dazu kam noch das tägliche Fechttraining – zusätzlich zu den gewohnten Turn- und Gymnastikübungen.

In den achtziger Jahren fuhr Elisabeth zwar noch einige Male nach England, aber nur, um dort Seebäder zu nehmen. Auch hierin übertrieb sie und gab Anlaß zu Spott. Auch Kaiser Wilhelm I. »lachte über ihre exzentrische Lebensweise und meinte, das könnten wenig Leute vertragen, dreimal an einem Tage eine halbe Stunde lang in der See zu baden«.[96]

Bay Middleton heiratete Ende 1882. Offensichtlich wurde ein geheimer Briefwechsel mit der Kaiserin aufrechterhalten. Die beiden trafen sich auch noch einige Male. Marie Larisch erwähnte ein »überraschendes« Treffen in Amsterdam, wo sowohl die Kaiserin als auch Middleton sich einer Massagekur bei dem damals berühmten Professor Metzger unterzogen, Elisabeth wegen ihrer Ischiasschmerzen und Bay, um die Folgen eines Sturzes zu lindern. Der Spaziergang zu viert in Amsterdam glich, wie Marie Larisch überliefert, einer »Art Trauermarsch«. Elisabeth nannte sich und Bay sarkastisch »die Krüppel-Garde«.[97]

Und Elisabeths Obersthofmeister Baron Nopcsa klagte: »Ihre Majestät ist leider derart nervös ... daß Metzger sich freut, daß wir wegreisen und sagte, mögen wir auch nie mehr zurückkommen.«[98]

Noch einmal, am 20. März 1888, erwähnte Erzherzogin Marie Valerie einen Besuch Bay Middletons in Gödöllö: »das erinnerte an alte, aber nicht gute Zeiten«, bemerkte sie dazu mißbilligend. Middleton brach sich 1892 bei einem Pferderennen das Genick. Seine Frau vernichtete alle Briefe der Kaiserin. Nur einige Geschenke blieben erhalten: ein Ring, Manschettenknöpfe, ein Medaillon.

9. Kapitel

Die Fee Titania

»Ich war ... gewiß nicht zur Kaiserin erzogen und weiß, daß mir gar viel mangelt in meiner Erziehung – aber ich habe nie etwas unrechtes gethan, das weiß Gott im Himmel. Die Gelegenheit dazu hat man mir gebothen. Man hätte mich gerne vom Kaiser losgelöst«, sagte Elisabeth 1872 zu ihrer Hofdame Gräfin Marie Festetics[1] – und dasselbe zu anderen Vertrauten zu anderer Zeit mit ähnlichen Worten. Es gibt keinen Grund, an der Wahrheit dieser Aussage zu zweifeln, auch wenn sich der Wiener Tratsch ausgiebig mit angeblichen »Beziehungen« Elisabeths zu anderen Männern beschäftigte – und auch wenn ausgerechnet Elisabeths Nichte, Marie Wallersee, verheiratete Gräfin Larisch, in ihren Büchern über solche angeblichen Affären – allerdings stets in dunklen Andeutungen – berichtete. Bei Prüfung dieser Aussagen stellt sich heraus, daß kein handfester Beweis hinter all dem Tratsch zu finden ist.

Kaiserin Elisabeth war eine der schönsten Frauen ihrer Zeit, unglücklich in ihrer Ehe, unausgefüllt und ohne Beschäftigung, zudem fast ständig auf Reisen, menschenscheu und mit einer Aura des Geheimnisvollen umgeben. Das alles war dazu angetan, die Phantasien zu beflügeln. Wo auch immer sie war, stand sie unter Beobachtung vieler, vieler Menschen, vom Zimmerputzer über die Lakaien bis zu den Hofdamen und der Verwandtschaft.

Geheimnisse gab es unter diesen Umständen kaum. So wußte jedermann am Hof, wie es um die kaiserliche Ehe bestellt war. Streit und Versöhnung wurden registriert und kommentiert. Da Kaiser und Kaiserin getrennte Appartements hatten, ging jeder Zusammenkunft der Eheleute ein wahres Spießrutenlaufen (so empfand es jedenfalls Elisabeth) voraus.

Von den vielen Tratschgeschichten sei hier nur ein Beispiel genannt. Es ist deshalb so bezeichnend, weil sogar engste Vertraute der Kaiserin, ihr Oberthofmeister Baron Nopcsa und die Erzieherin Valeries, Miß Throckmorton, darin verwickelt waren. Marie Festetics konnte sich vor Entrüstung kaum fassen, als Miß Throckmorton, ohne daß der anwesende Graf Nopcza eingegriffen hätte, sie fragte, »ob meine Nachtruhe nicht gestört wäre?«. Festetics: »natürlich sage ich warum und nun erzählte sie mir mit süßsaurer Miene, daß die k.k. Majestäten sich zerzankt hätten, und die Kaiserin öffnete die Thüre nicht für ihn und baricadirte le passage!« Ein Gärtner habe es erzählt. »Diese Leute werden bezahlt um alles zu wissen, was sich bei den höchsten Herrschaften abspielt.«[2]

Es gab viele Leute am Hof, die dunkle Geschäfte machten, Parteien bildeten, Streitigkeiten entfachten bis hinein in die kaiserliche Familie, um davon zu profitieren. Gräfin Festetics war nicht die einzige, die darüber stöhnte und immer wieder betonte, wie schwer es am Hof für den Einzelnen war, sich aus allen Intrigen herauszuhalten, ja, überhaupt die Wahrheit zu erfahren. Nur ihrem Tagebuch konnte die Gräfin anvertrauen, was sie ärgerte: »Der Bienenkorb ist das monarchische Princip, nur mit dem Unterschied, daß dort die Arbeitsbienen die unnöthigen Drohnen tödten und hinausschmeißen – hier ist das anders – die Drohnen tödten die Arbeitsbienen und leben von dem, was die gesammelt.« Voll Zorn fragte sich die Gräfin »warum erlaubt die sogenannte Noblesse der Seele nicht – daß man einmal hinein haut – einmal die Maske ihnen vom Antlitz reißt?«[3]

Diese ungarische Hofdame, die den Wiener Hof verachtete, versuchte mit diesen Aussagen die Kaiserin zu entschuldigen, die sich ihrer höfischen Umwelt immer mehr entfremdete.

Auf den Reisen ging es auch nicht viel anders zu als in Wien, wenn auch selbstverständlich graduelle Unterschiede bestanden. Hier konnte die Kaiserin ja auswählen, wer mitgenommen wurde, und die ärgsten Feinde blieben in Wien. Aber die Anzahl der Suiten war jedesmal beachtlich: Oberthofmeister, Hofdamen, Kammerzofen, Sekretäre, Friseure, Badefrauen, Köchinnen, ein Zuckerbäcker, Kutscher, Stallpersonal und »Hundsbuben«. Meistens rei-

ste die kleine Marie Valerie mit, und mit ihr Erzieher und Lehrer. Auch ein Arzt und ein Geistlicher fuhren fast immer mit. Alle Höhergestellten hatten selbstverständlich eigenes Personal (Zofen und Burschen) bei sich. Das Gefolge der Kaiserin belief sich somit meistens auf fünfzig bis sechzig Personen, die jeweils im selben Haus oder in unmittelbarer Nähe einquartiert waren. Das Ausmaß des Tratsches mag sich also jedermann ausmalen.
Es ist geradezu undenkbar, daß die Kaiserin unter diesen Umständen ein »Verhältnis« hätte geheim halten können. Schon aus diesem höchst einfachen Grund ist – ganz abgesehen von schwerwiegenderen Gründen, die noch ausführlich behandelt werden – den Beteuerungen Elisabeths, sie habe nie etwas Unrechtes getan (und sie meinte das in Bezug auf Männer) Glauben zu schenken.
Allerdings gab Elisabeth dem Tratsch durch ihre ungewöhnliche Lebensweise reichlich Nahrung. Ihre Menschenscheu und die damit verbundenen Maßnahmen (häufige Abwesenheit von Wien, vergitterte Gänge im Garten, der berühmte blaue Schleier über dem Kopf, die verhüllenden Fächer und Regenschirme) gaben »Ihr fast ein ridicule«, wie Marie Festetics schrieb, machten sie also lächerlich. Außerdem – und das war wohl die ernstere Folge – weckte dieses seltsame Verhalten Mißtrauen. Man suchte den Grund des Versteckspiels zu finden und kam auf die abenteuerlichsten Geschichten. Marie Festetics: »man sucht anderes dahinter, oder wenigstens gibt man Übeldenkenden das Heft in die Hand.«[4]
Daß die kaiserliche Ehe nicht harmonisch war, war unter diesen Umständen nicht zu verheimlichen. Die Versöhnung rund um die ungarische Königskrönung und die Geburt Valeries blieb eine Episode. Immer wieder gab es Streit. Meistens endeten die Diskussionen damit, daß Elisabeth abreiste, wohin auch immer.
Marie Festetics war in ihrem Tagebuch höchst diskret. Man muß sich die Hintergründe dazudenken, die sie zu Eintragungen wie dieser 1874 veranlaßten: »Gestern war einen Moment fraglich, ob Sie hier bleiben würde. Sie wollte fort. Wie und warum darf ich nicht sagen. Aber der gute Engel siegte und Sie blieb!«[5]
Jedermann am Hof wußte auch, wie stark Elisabeths Wirkung auf

ihren Mann war, wie sehr sie ihn dominierte – und wie demütig geradezu er um ihre Gunst buhlte. Sie war die Angebetete, deren Launen er nachgab – und sie war äußerst sparsam mit ihren Gunstbeweisen. Wenn der Kaiser in der Nähe war, litt sie meistens an irgend einer Unpäßlichkeit – Kopfweh, Zahnweh, Magenweh und ähnlichem, so daß er, der stets Rücksichtsvolle, keine Ansprüche zu stellen wagte. Das Verhältnis der Ehegatten zueinander wird durch eine jahrzehntelange Eigenart des Kaisers charakterisiert: er unterschrieb seine Briefe an Elisabeth seit den sechziger Jahren mit »Dein armer Kleiner«, »Dein einsames Männchen«, »Dein Männeken«. Die Kaiserin titulierte ihn mit »mein Kleiner«.

Als Beispiel zwei Briefzitate Elisabeths aus dem Jahr 1869: »Du gehst mir recht ab, mein lieber Kleiner, die letzten Tage hatte ich Dich wieder so nett gezogen. Nun muß ich wieder von vorne mit der Erziehung anfangen, wenn Du zurückkehrst«[6], und vierzehn Tage später:

»Du gehst mir recht ab, lieber Kleiner, aber wenn wir allein sind noch mehr. Du kennst mich ja und meine Gewohnheiten und extinction de roi [etwa: Auslöschen des Königs]. Aber bin ich Dir nicht recht, so wie ich bin, so gehe ich halt in Pension.«[7]

Franz Josephs Eifersucht regte sie immer wieder zu Neckereien an. So schrieb sie ihm etwa aus Zürich 1867: »Noch etwas ist hier berühmt und zwar sehr saubere Studenten von jeder Nation, die Deine liebe Gemahlin sehr höflich grüßen.«[8]

Und aus Ungarn 1868: »Kam spät zu haus aus dem Theater, wo zu Deiner Beruhigung der schöne Bela nicht war.«[9]

Aus Possenhofen im selben Jahr: »Bellegarde ist angekommen. Beruhige Dich, ich kokettiere nicht mit ihm, ebensowenig wie mit irgend jemand!«[10]

Aus Rom 1870: »Mein großer Liebling hier ist Graf Malatesta. Du machst Dir keinen Begriff, was für ein netter angenehmer Mensch er ist. Wie schade, daß ich ihn Dir nicht mitbringen kann.«[11]

Andererseits ließ sie keinen Zweifel daran, daß sie über Franz Josephs Schwäche für das weibliche Geschlecht wohl informiert war. Seit der spektakulären Ehekrise und ihrer Flucht aus Wien zeigte sie keine Eifersucht mehr, eher spöttisches Verständnis:

»Gestern Abend war ich ... in der Rothen Mühle, wo wir Schmarren aßen und ich eine sehr hübsche Person sah. Gut, daß Du nicht da warst, Du wärst ihr nachgelaufen.« oder: »Du mußt sehr unterhaltende Audienzen haben, da Du ständig schöne Mädchen empfängst ... Warum die Agotha Ebergenyi bei Dir war, weiß ich, wie gefällt sie Dir? Vergesse nicht dem Andrássy zu sagen, daß er mit mir nach Paris kommen soll.«[12]

Das Verständnis Elisabeths ging ja später so weit, daß sie Franz Josephs Freundschaft mit Katharina Schratt vermittelte und tatkräftig unterstützte.

Diese Großzügigkeit war auch ein Zeichen dafür, daß die Liebe der ersten Ehejahre bei Elisabeth unwiederbringlich vorbei war (bei Franz Joseph jedoch keineswegs). Ihre Enttäuschung vertraute sie einem Gedicht an:

> *Lass' mich allein, lass' mich allein,*
> *Für mich ist's jetzt das Beste;*
> *Das ganze kann's doch nie mehr sein;*
> *Zu wenig sind mir Reste.*
>
> *Ich hab' dich wohl zu viel geliebt,*
> *Hätt' dir's nicht zeigen sollen;*
> *Nun hast du mich zu Tod betrübt,*
> *Und doch will ich nicht grollen.*
>
> *Du tat'st mir immer schmeichelnd schön,*
> *Stand dir ein Ziel vor Augen;*
> *Doch das erreicht, dann konnt' ich geh'n,*
> *Ich war nicht mehr zu brauchen.*
>
> *Mach' mich ans Geh'n nun ernstlich dran.*
> *Und kehr' ich niemals wieder? –*
> *Wie bitter weh' du mir getan,*
> *Einst sagen's meine Lieder.*[13]

Mehrmals beklagte sie Franz Josephs Schroffheit auch ihr gegenüber.

> *Sieh', da kommt der kleine Sperber**
> *Und ihr Herz schlägt höher auf;*
> *Doch sie ist ihm ungelegen,*
> *Hindert heute seinen Lauf.*
>
> *Und den Schnabel unbarmherzig*
> *Stösst er in ihr liebend Herz,*
> *Dass es, bis zum Tod getroffen,*
> *Fest erstarrt zu kaltem Erz.*[14]

Diese Klagegedichte über Kränkungen und gestorbene Liebe waren typische Verse einer frustrierten, sich unverstanden fühlenden Ehefrau.

> *Es war mein Herz reiner Krystall,*
> *Dein Zünglein ein Demant;*
> *Was der 'nein schnitt zu meiner Qual,*
> *Sei lieber nicht genannt.*
>
> *Wir wischen beide nun daran,*
> *Doch will's nicht mehr heraus.*
> *»Schwamm d'rüber« hat oft Nutz gethan –*
> *Hier bleibt die Wirkung aus!*[15]

Elisabeth, diese übersensible, in Phantasien versponnene, hochgebildete Frau war an einen Mann gekettet, der nüchtern und arbeitsam war, aber ihr überkompliziertes Seelenleben als völlig fremd empfand. Zwischen den Eheleuten lagen Abgründe, je älter beide wurden, und diese Abgründe waren nur notdürftig durch äußere Freundlichkeit und höfliche Formen zu kaschieren. Je überspannter Elisabeth wurde, desto pedantischer und nüchterner, wortkarger und unpersönlicher wurde Franz Joseph. Elisabeth beklagte mehr denn je seine Starrheit und seine Unsensibilität. In einem ihrer Gedichte schrieb sie von einem »Königsohn im fernen Engellande«, und meinte ganz offenkundig ihren Ehemann:

> *Doch ach! Es war ihm eine Haut,*
> *Durch die Natur verwehrt.*

---

* Dies war eine Bezeichnung für den Kaiser, ähnlich wie der »Pechvogel«

> *Da wollt's das grosse Missgeschick,*
> *Er stiess sich einmal an;*
> *Hin war sein Leben und sein Glück –*
> *Wenn ich nicht irr', zu Cannes.*
>
> *Der König Wiswamitria**
> *Respectvollst hier genannt,*
> *Hat sich schon oftmals, fern und nah,*
> *Moralisch angerannt.*
>
> *Doch heil dem König! denn er hat*
> *Um eine Haut zu viel;*
> *Drum wird er nimmermehr schachmatt*
> *Im Ernste, noch im Spiel!*[16]

Noch deutlicher wurde die Kaiserin in dem Vierzeiler:

> *O glücklich, dem gnädig die Götter versagen*
> *Zu tiefes Empfinden, wo Wunden sie schlagen;*
> *Ihn wird nicht das Schicksal erbittern, entmuten,*
> *sein Herz nie an giftigen Pfeilen verbluten.*[17]

Elisabeths Schuldgefühle gegenüber ihrem kaiserlichen Gatten sind bei sehr vielen dieser Gedichte nicht zu übersehen. Immer wieder beklagte sie das Zusammensein in Leere und Unverständnis, verkleinerte ihren Anteil an dieser Entwicklung aber keineswegs. Überdeutlich sah sie, daß sie ihren Mann unglücklich gemacht hatte:

Traum im Zauberthal
Mir träumte heute Nacht, du seist gestorben;
Und schmerzlich war mein Herz im Traum bewegt.
Ob ich nicht einst dein Lebensglück verdorben?
So frug ich vorwurfsvoll mich und erregt.

---

* auch dies war eine Bezeichnung für den Kaiser, nach jenem bei Heine vorkommenden indischen Fürsten, der sich in die Kuh Sabala verliebte. s. S. 511

Ich sah dich totenbleich und stumm da liegen,
Von unsagbarem Weh ward ich erfasst;
Verzweifelt suchte ich in deinen Zügen
Die Liebe, die auf immer mir erblasst.

Da wacht' ich auf, und sinnen musst' ich lange,
Ob's Traum gewesen, oder Wirklichkeit;
Im Herzen wand sich noch des Vorwurfs Schlange,
Und meine Seele war voll Bitterkeit.

Doch nein! Du lebst, du könntest auch vergeben;
Vielleicht nähmst du mich an dein Herz zurück.
Was mich so elend macht, das ist es eben,
Dass starr mein Herz und tot für solches Glück.[18]

Alle diese Gedichte stammen aus den achtziger Jahren, nachdem die Kaiserin ihre Reitjagden aufgegeben hatte und sich durch weite Reisen ihrem Gatten und dem Wiener Hof entzog. Der Kaiser lebte resigniert in großer persönlicher Einsamkeit seinen Pflichten. Aus vielen ähnlichen Gedichten können hier nur wenige besonders deutliche ausgewählt werden, wie das folgende:

Ischl. Abendröte
In der Marmorstein-Veranda,
Wo die wilde Rebe rankt,
Wo berauschend die Vanille
Duftet, und die Rose prangt;

Wo vom blauen Horizonte
Rosig sich der Gletscher hebt,
Während über'm gold'nen Westen
Schon die Abendröte schwebt.

Dorten trafen wir uns wieder,
Seit dahin gerollt ein Jahr,
Gingen plaudernd auf und nieder
Längs der Liebe Totenbahr.

Sprachen wohl von vielen Dingen,
Lachten auch. – Und doch wie weh
That im tiefsten Herz' uns beiden
Jener armen Toten Näh'!

Scheidend einen Kuss erbat'st du;
Und als ich zu dir mich bog,
War's ein längst entschwund'nes Bildnis
Das mir durch die Seele zog.

Und ich dachte jenes Abends –
Winter war's und draussen kalt –
Wo zum erstenmal dich brannte
Meines Kusses Allgewalt.

Schneegeborne, heisse Liebe
Heut', im Sommerabendrot,
Zwischen Blumen, zwischen Blüten,
Ach, wie liegst du starr und tot!
Den 3. September 1885[19]

Zerstört

Ich brauch die Zeit dir nicht zu nennen,
Die uns so innig einst vereint,
Und die wir nie vergessen können,
So endlos fern sie jetzt auch scheint.

Gedenkst du jener süssen Stunden,
Wo ich aus willenlosem Leib
Die Seele dir geküsst vom Munde,
Dass sie fortan stets mein nur bleib?

Wohl hatt' ich Kämpfe zu bestehen,
Und manches bittere Leid seither;
Doch unsre Liebe sterben sehen,
Nichts andres traf mein Herz so schwer.

Drum war ich wunderbar ergriffen,
Als jüngst man mir ganz heimlich sagt',
Dass es in deiner Seele Tiefen
Noch um die tote Liebe klagt.

Kann ich auch nimmermehr erwecken
In mir der Längstverstorbnen Geist,
So ruht auf ihr doch wie ein Segen
Erinnerung, die du mir noch weihst.

Ja wahrlich, ich kann ruhig bleiben,
Und stolz darf meine Seele sein;
Du magst dich noch so sehr auch sträuben,
Du warst und bleibst auf ewig mein![20]

Marie Festetics, die über zwanzig Jahre lang in der engsten Umgebung der Kaiserin war, aber die ersten Ehejahre nicht miterlebte, charakterisierte Elisabeths Beziehung zum Kaiser derart: »Die Kaiserin hat ihren Gatten geschätzt und war ihm innig anhänglich. Nein, ... er hat sie nicht gelangweilt, das ist nicht das richtige Wort. Aber sie empfand es natürlich, daß er an ihrem geistigen Leben keinen Anteil nahm und ihrer Erhebung zu höheren Dingen als ›Wolkenkraxeleien‹, wie er sich ausdrückte, nicht zu folgen vermochte. Im ganzen muß ich sagen, daß sie ihn achtete und gerne hatte, aber geliebt hat sie ihn wohl nicht.«[21]
Gyula Andrássy war es, der bei den Augenzeugen als »die große Liebe« der Kaiserin galt. Zweifellos nahm er – und zwar zeitlebens – eine Sonderstellung in Elisabeths Leben ein. Die Ereignisse rund um die Krönung Franz Josephs zum König von Ungarn sprechen für sich. Es ist aber als sicher anzunehmen (soweit ein Biograph nach sorgfältiger Prüfung der Quellen eine derartige Aussage machen kann), daß selbst diese tiefste Beziehung, die Elisabeth mit einem Mann verband, eine platonische war. Elisabeth betonte später verschiedenen Personen gegenüber mit Stolz: »Ja, das war eine treue Freundschaft, und sie war nicht durch Liebe vergiftet«[22], gemeint war körperliche Liebe, der die Kaiserin zeitlebens nichts abgewinnen konnte.

Alle anderen Männer in Elisabeths Leben kamen nicht über das Stadium erfolgloser Verehrer hinaus. Elisabeth nahm die Huldigungen als Tribut für ihre Schönheit hin, genoß die Verehrung, blieb aber die unnahbare, kalte Majestät. Marie Larisch traf Elisabeths Haltung gegenüber den Verehrern sehr genau, als sie schrieb:
»Elisabeth war in die Liebe verliebt, weil sie ihr das Lebensfeuer bedeutete. Sie betrachtete die Sensation, angebetet zu werden, als einen Tribut, der ihrer Schönheit zukam. Doch ihre Begeisterungen dauerten nie lange, offenbar, weil sie zu künstlerisch empfand, um ihre Sinne gefangen zu geben ...
Sie hätte unter Göttern thronen, sie hätte umworben sein müssen auf den Hügeln des Parnaß oder erkoren werden wie Leda und Semele von einem sieghaften Zeus. Die Rohheit des Lebens stieß die Kaiserin ebenso stark zurück wie seine Schönheit sie anzog.«[23]

Trotz dieses Auserwähltheitsgefühls und ihrer kaiserlichen Stellung verlor Elisabeth jedoch zeitlebens nicht ihre Sehnsucht, das Leben »gewöhnlicher« Menschen kennenzulernen. Das Leben jenseits des höfischen Protokolls hatte große Anziehungskraft auf sie. Sie suchte dort Einfachheit, Geradlinigkeit und Wahrheit – im Gegensatz zum höfischen Leben. Diese Lust, Harun-al Raschid zu spielen und alles das zu erfahren, was die auserwählten Kreise des Kaiserhofes nicht erreichte, spielte auch bei dem größten Abenteuer mit, das sich die Kaiserin leistete: sie besuchte (maskiert und vermummt) heimlich einen Maskenball, die Rudolfinaredoute im Musikvereinssaal am Faschingsdienstag 1874. Mitwisser waren Ida Ferenczy, die sie begleitete, dann die Friseurin Fanny Feifalik und die Kammerfrau Schmidl, die sie für das große Ereignis vorbereiteten.
Dieses Abenteuer ist reichlich durch Quellen belegt:
Elisabeth hielt es immerhin für so wichtig, daß sie mehrere lange Gedichte darüber verfaßte. Der »Flirt« des Abends, Friedrich Pacher von Theinburg, hob die anschließende Korrespondenz auf (mit eigenhändigen Briefen Elisabeths in verstellter Schrift) und gab außerdem dem Elisabeth-Biographen Corti einen ausführli-

chen Bericht. Auch Elisabeths Nichte Marie Larisch und Elisabeths Tochter Marie Valerie berichteten über das Abenteuer, von dem ihnen die Kaiserin selbst erzählte.
Aus der Bedeutung, die die Kaiserin diesem Abenteuer beimaß, ist wohl der Schluß zulässig, daß dies das einzige seiner Art war und daß es auf Elisabeth übergroßen Eindruck machte. Sie war damals 36 Jahre alt und gerade zum erstenmal Großmutter geworden. Es war der Winter nach der Wiener Weltausstellung und die Zeit, bevor sie zu den englischen Reitjagden fuhr.
Fritz Pacher, damals ein 26jähriger Beamter und Junggeselle, erzählte, er sei auf dem Ball von einem fremden roten Domino in ein Gespräch gezogen worden. (Dahinter verbarg sich Ida Ferenczy. Elisabeth war doch viel zu schüchtern, um selbst die Initiative zu ergreifen. Elisabeth und Ida hatten schon geraume Zeit auf der Galerie verbracht und dem Treiben des Balles zugeschaut, aber keine Bekanntschaft gemacht. Ida schlug schließlich gegen 11 Uhr, als das Zuschauen langweilig wurde, vor, Elisabeth sollte sich einen jungen Mann aussuchen, sie wolle dann den Kontakt herstellen: »Man muß auf einer Redoute die Leute ansprechen und intrigieren.« Dieser Auserwählte war Fritz Pacher.[24])
Ida versicherte sich zuerst bei dem jungen Mann, ob er auch nicht der Aristokratie angehöre oder die Spitzen der Gesellschaft persönlich kenne. Dann redete sie noch ein wenig herum und erzählte schließlich von ihrer Freundin, »die ganz einsam oben auf der Galerie sitzt und sich furchtbar mopst« und führte ihn hinauf in eine Loge. Dort saß eine Dame in »ungewöhnlich eleganter Toilette« aus schwerstem gelben Brokat, dazu noch einer »für solche Zwecke recht unpraktischen Schleppe«. Sie war so stark maskiert, daß Pacher weder das Gesicht noch die Frisur sehen konnte: »Mein Domino war bis zur Unkenntlichkeit verhüllt und muß unter der Hitze unbändig gelitten haben.«
Der rote Domino verschwand diskret, und es begann (laut Pacher) ein »ziemlich ledernes« Gespräch. Sie traten an die Brüstung und schauten dem Faschingstreiben zu.
Pacher: »Und während ich mich so unter ganz gleichgültigen Gesprächen immer mit dem Gedanken abquälte: Wer kann das

nur sein?, da tat sie plötzlich ganz unvermittelt die Frage: ›ich bin hier in Wien ganz fremd, sag mir: Kennst du die Kaiserin, wie gefällt sie dir und was spricht, was denkt man über sie?‹«
Ungeschickter hätte Elisabeth das alles gar nicht anfangen können. Denn Pacher schöpfte nach dieser Frage Verdacht. Er antwortete vorsichtig: »Die Kaiserin, die kenne ich ja natürlich nur vom Sehen, wenn sie in den Prater fährt, um dort zu reiten. Was man von ihr denkt? Man spricht eigentlich nicht viel von ihr, weil sie nicht gerne in der Öffentlichkeit hervortritt, sich nicht gerne sehen läßt und sich vor allem mit ihren Pferden und Hunden beschäftigt. Sonst wüßte ich nichts zu sagen, vielleicht tut man ihr Unrecht. Jedenfalls ist sie eine schöne Frau.«
Der gelbe Domino fragte den Kavalier dann noch, für wie alt er sie halte. Als aber Pacher Elisabeths wirkliches Alter – 36 – nannte, reagierte sie unwirsch und sagte kurz darauf ziemlich unvermittelt: »So, jetzt kannst du abfahren!« Was sich aber alle Höflinge von einer Kaiserin gefallen ließen, akzeptierte Fritz Pacher von einer fremden Maske keineswegs. Gereizt antwortete er: »Das ist aber wirklich liebenswürdig. Zuerst läßt du mich zu dir heraufkommen, quetscht mich aus und gibst mir dann den Laufpaß.« Elisabeth, die so eine Reaktion nicht gewöhnt war – wie demütig reagierte sogar der Kaiser, wenn sie ihre Wünsche äußerte! – lenkte ein, ja, es hat ganz den Anschein, als imponiere ihr diese Art, mit ihr umzugehen. Pacher glaubte ein Erstaunen bei ihr zu bemerken. Jedenfalls sagte sie: »Gut, du kannst bleiben, setz dich und dann führe mich hinunter in den Saal.«
Pacher: »Von diesem Augenblick an schienen die unsichtbaren Schranken zwischen uns niedergerissen. Mein gelber Domino, bisher steif und förmlich, war wie ausgewechselt, und unser Gespräch, das die mannigfachsten Gebiete berührte, kam nicht mehr ins Stocken. Sie nahm meinen Arm, in den sie sich nur ganz leicht einhängte, und wir schlenderten fortwährend plaudernd durch den gedrängt vollen Saal und seine Nebenräume, wohl mindestens zwei Stunden lang. Ängstlich vermied ich es, ihr in zudringlicher Weise den Hof zu machen, vermied jedes zweideutige Wort, so wie auch ihre Unterhaltung den Stempel der ›Dame‹ trug.«

Die beiden tanzten nicht. Pacher bemerkte, wie unwohl sich der gelbe Domino im Gedränge fühlte: »Sie bebte am ganzen Körper, wenn man ihr nicht Platz machte. Das war sie sichtlich nicht gewöhnt.« Ihre schlanke, hohe und außerordentlich elegante Erscheinung erregte Aufsehen und »sichtliches Interesse unter den Aristokraten.« Pacher: »Insbesondere war es der bekannte Sportsmann Niki Esterházy, der ständige Begleiter und Führer der Fuchsjagden, an denen damals die Kaiserin mit Leidenschaft teilnahm, der kein Auge von ihr verwandte und sie mit den Blicken zu durchbohren schien, wenn wir an ihm vorbeikamen. Ich hatte schon damals den Eindruck, daß er vermute oder vielleicht sogar wisse, wer in dieser Hülle steckte.«

Das Gespräch zwischen dem gelben Domino und Fritz Pacher drehte sich nun um persönliche Dinge – das Leben Pachers, die gemeinsame Liebe zu Hunden, schließlich um Heinrich Heine, ein für Elisabeth unerschöpfliches Thema. Elisabeth zeigte ihre Sympathie offen, ohne sich auch nur eine Spur zu vergeben. Sie machte Pacher Komplimente und klagte: »Ja, die Menschen! Wer sie kennengelernt hat wie ich, der kann sie nur verachten, diese Schmeichler.« Sie hielt ihn hin, als er wenigstens ihre Hand ohne Handschuh sehen wollte, vertröstete ihn auf ein späteres mögliches Rendezvous in Stuttgart oder München: »Du mußt nämlich wissen, daß ich keine Heimat habe und fortwährend auf der Reise bin.«

Pachers Vermutung, daß sich hinter der Maske die Kaiserin verstecke, wurde stärker. Er hatte aber nun auch den Eindruck, daß sie »eine gescheite, gebildete und interessante Frau mit einem originellen Einschlag« sei, »der alles Gewöhnliche jedenfalls weitab lag.«

Weit nach Mitternacht ließ sich der rote Domino (Ida Ferenczy) wieder sehen, der sich laut Pacher »in etwas ängstlicher Weise in unserer Nähe herumgedrückt« hatte. Zu dritt gingen sie über die große Stiege zur Hauptzufahrt, mußten noch einige Minuten auf einen Fiaker warten. Beim Abschied versuchte Pacher keck, wenigstens die Kinnpartie der Maske zu enthüllen, was ihm wegen der festen Vermummung nicht gelang, aber den roten Domino

veranlaßte, »in höchster Erregung einen markerschütternden Schrei« auszustoßen, »der für mich Bände sprach.«
Das Abenteuer war noch nicht zu Ende. Denn die gelbe Maske, die sich »Gabriele« nannte, schickte wenige Tage später ihrem Kavalier einen Brief, abgestempelt in München. Es war Elisabeths eigene, wenn auch verstellte Schrift. Sie spielte weiter mit ihm, erwähnte wieder ein mögliches Rendezvous in Stuttgart und war nicht gerade bescheiden, was ihre vermutete Wirkung anging: »Mit tausend Frauen und Mädchen haben Sie schon gesprochen, sich auch zu unterhalten geglaubt, aber Ihr Geist traf nie auf die verwandte Seele. Endlich haben Sie im bunten Traum das gefunden, was sie jahrelang suchten, um es für ewig vielleicht wieder zu verlieren.«
Der nächste Brief Gabrieles kam einen Monat später aus London. Sie entschuldigte sich wegen des langen Intervalls: »Mein Geist war todmüde, meine Gedanken hatten keinen Schwung. Manchen Tag saß ich stundenlang am Fenster und starrte in den trostlosen Nebel, dann war ich wieder pudelnärrisch und stürzte mich von einer Unterhaltung in die andere... Du willst von meinem Treiben und Leben wissen. Es ist nicht interessant. Ein paar alte Tanten, ein bissiger Mops, viele Klagen über meine Extravaganz, zur Erholung jeden Nachmittag eine einsame Fahrt im Hyde Park. Abends eine Gesellschaft nach dem Theater und Du hast mein Leben mit all seiner Öde und Geistlosigkeit und verzweiflungsvollen Langeweile.« Dies war ebenso unverkennbar Elisabeths Stil wie die sarkastischen Sätze: »Träumst Du in diesem Moment von mir, oder sendest Du sehnsuchtsvolle Lieder in die stille Nacht hinaus? Im Interesse Deiner Nachbarschaft wünsche ich das Erste.«
Es folgte noch ein dritter und letzter Brief, ebenfalls aus London, mit den nun schon üblichen Hänseleien, den Irreführungen, dazwischen blitzte ein Stück Wahrheit auf: »Also Du willst wissen, was ich lese. Ich lese sehr viel, ganz ohne System, wie ja mein ganzes Leben auch ohne System ist – von heut auf morgen.«
Danach meldete sich nur noch ein Domino namens Henriette, der Gabrieles Briefe (vergeblich) zurückforderte – zwei Jahre später.

Aus der harmlosen Domino-Geschichte machte Elisabeths Phantasie im Lauf der Jahre eine dramatische Liebe. 1885 (die Kaiserin war inzwischen 47 Jahre alt) kam sie wieder auf die Episode zurück:

> ... *Nun folg' mir noch zu Maskenscherzen,*
> *Was kümmert's uns, dass draussen kalt!*
> *Wir tragen Sommer in dem Herzen;*
> *Der Saal von tausend Lichtern strahlt.*
>
> *Wo sich die bunten Masken drängen,*
> *Welch' Summen, Toben, Lärmen, Schrei'n,*
> *Wie sie zu tollen Walzerklängen,*
> *Den Mücken gleich, sich dreh'n und freu'n.*
>
> *Doch wir zwei wählten uns das Beste;*
> *Wir sassen in den Wagen ein,*
> *Der ward uns bald zum warmen Neste;*
> *Und Dunkelheit hüllt' rings uns ein* ...[25]

In Pachers Bericht ist (ebenso wie in den Erzählungen Ida Ferenczys) nicht davon die Rede, daß Pacher in den Fiaker einstieg, schon gar nicht, daß Elisabeth im Wagen allein mit Pacher gewesen wäre. Vielmehr verabschiedete sich Pacher von den beiden Dominos, als der Fiaker kam. Die Kaiserin stieg mit Ida ein. Sie fuhren aus Angst, beobachtet zu werden, sogar noch geraume Zeit in eine fremde Richtung und kehrten dann erst auf Umwegen in die Hofburg zurück. Das Tête à Tête im Wagen hatte mit der Realität nichts zu tun.
Aller Wahrscheinlichkeit nach saß Elisabeth in ihrem Leben nur ein einzigesmal mit einem fremden Mann in einem Fiaker – und zwar mit Andrássy 1872. Und auch dieses Ereignis kennen wir aus den Quellen. Andrássy selbst schrieb an Ida Ferenczy, nach einer gemeinsamen Jagd in Ungarn habe er den Majestäten seinen Fiaker angeboten. Franz Joseph jedoch habe für sich abgelehnt, aber für »die Königin« angenommen. Andrássy: »und so hatte ich das

Glück, sie zur Bahn begleiten zu können. Als wir dort ankamen, war die Bahnstation voll Menschen, die die Majestäten erwarteten. Stellen Sie sich vor, was für komische Gesichter sie machten, als die Königin mit mir aus einem Fiaker ausstieg und ich sie in den Saal begleitete. Sie beruhigten sich erst, als der Kaiser und Erzherzog Wilhelm auch nachkamen. Sehen Sie, was für ein alter Herr Ihr Freund geworden ist, man vertraut ihm sogar schöne Frauen an, um sie durch Nacht und Nebel zu begleiten.« Allerdings fügte Andrássy vielsagend hinzu: »Übrigens muß ich gestehen, daß ein langer Weg im Finstern auf einer holprigen Straße eine heikle Szene werden kann, selbst für den vernünftigsten Familienvater.«[26]
Aber die Fahrt dauerte nur ein paar Minuten, die auf Elisabeth so großen Eindruck machten, daß sie sie als höchste Intimität auffaßte, als Motiv in ihre Gedichte aufnahm und auch auf das Pacher-Erlebnis übertrug.
Pacher erwähnte in seinen Erzählungen, er habe die Kaiserin Jahre später einmal im Prater gesehen. Er sei zu Pferd gewesen und sie im Wagen. Er war sicher, daß sie ihn erkannt hatte. Dies wird durch Elisabeths Verse bestätigt:

>   *Ich seh' dich reiten, ernst und traurig,*
>   *In Winternacht im tiefen Schnee;*
>   *Es bläst der Wind so eisig schaurig,*
>   *Mir ist so schwer zumut, so weh!*
>
>   *Im dunkeln Osten, fahl verschwommen,*
>   *Da dämmert jetzt ein blasser Tag,*
>   *Mit Centnerlast das Herz beklommen,*
>   *Trägst heimwärts du die bitt're Klag'.*[27]

Daß Fritz Pacher allerdings »bittre Klag« empfunden hätte, geht aus seinem Bericht ganz und gar nicht hervor. Er war vor allem neugierig, ob sich wirklich, wie er vermutete, hinter dem fremden Domino die Kaiserin höchstpersönlich versteckt hatte. Keine Rede davon, daß er sich wegen einer entschwundenen großen Liebe abhärmte, wie Elisabeth es in ihren Dichtungen wissen wollte:

Und während du im grauen Zwielicht
Vergleichst das gold'ne Einst und Jetzt;
Auf meinem Lager ruh' auch ich nicht
Und weine, dass ich dich verletzt.

Ich raufte mit des Schicksals Mächten,
Ich trat in off'ne Rebellion,
Ich wollt' mit ihnen schlagen, fechten,
Und sprach ihrem Gebieten Hohn.

Ich habe heiss um dich gerungen,
Ich wich nur Schritt um Schritt zurück,
Und dennoch wurde ich bezwungen;
In Schutt und Asche lag mein Glück.

In hellen Flammen steht die Brücke,
Die mich dereinst mit dir verband;
Nur einmal blickt mein Geist zurücke
Eh' er auf ewig abgewandt.

Hab', armer Freund, dich wohl betrogen,
Als ich mich in dein Herze stahl,
Hätt' mich fast selbst dort festgelogen
Zu unser beider Schmerz und Qual.

Du ahntest nichts von meinen Schwingen,
Was Schwingen hat, ist niemals treu;
Nie lässt sich in den Käfig zwingen,
Und wär' er golden auch, was frei . . .

Dieses lange Gedicht (»Novemberphantasie«) schließt mit dem Ratschlag an Pacher:

Drum, denkst du dran, dich zu vermählen,
O Freund, befolge meinen Rat,
Schau' sorgsam d'rauf bei deinem Wählen,
Dass sie ja keine Flügel hat!

Dann kannst du ruhig ihr vertrauen,
Mit dir zu zieh'n ins Ehejoch;
Auf ihre Treue Häuser bauen;
Es blüht solides Glück dir noch.

Nur staune nicht, wenn beim Verrichten
Nach altem Patriarchenbrauch
Der legitimen Ehepflichten
Dich streift ein eisigkalter Hauch.

Es ist der Geist der alten Liebe,
Der zieht mit leisem Flügelschlag
An deinem Herzen still vorüber,
Dass es ihr schier erstarren mag.[28]

Von diesen großen Nachwirkungen eines netten Abends hatte Fritz Pacher keine Ahnung. Seine Überraschung war groß, als er 1885 – also nach elf Jahren – wieder einen Brief des gelben Domino erhielt mit der Bitte, seine Adresse und seine Photographie postlagernd zu schicken. Pacher antwortete: ». . . ich bin ein kahlköpfiger, ehrsamer, aber *glücklicher* Ehemann geworden, habe eine Frau, die Dir an Größe und Gestalt ähnelt, und ein herziges kleines Mäderl.« Eine Photographie legte er seinem Brief nicht bei. Vier Monate später kam eine neuerliche Bitte, den »väterlichen Kahlkopf« photographieren zu lassen. Und nun wurde Pacher bös und antwortete gereizt: »Recht leid thut's mir, daß Du nach elf Jahren noch immer es nötig findest, mit mir Verstecken zu spielen. Eine Demaskierung nach so langer Zeit wäre ein hübscher Spaß und ein gutes Ende zu dem Faschingsdienstag 1874 gewesen, eine anonyme Korrespondenz entbehrt nach so langer Zeit des Reizes.«[29]
Elisabeth hatte (man bedenke ihre schwärmerischen Gedichte über die ehemalige Faschingsliebe!) eine ganz andere Reaktion erwartet und war nun so verärgert, daß sie wenig kaiserliche Verse über Pacher schrieb und schimpfte:

Ein ganz gemeines Beast;
Kahl war er auch, dazu noch schiech,
Gehört nur auf den Mist.
Von seiner Schmach ist alles voll,
Und jedes Echo heult's
Von Fels zu Fels, im Land Tirol –
Und Eine ist, die teilt's![30]

Diese Verse kannte Pacher selbstverständlich nicht. Er erhielt zwei Jahre später, zum Abschluß des Faschingsabenteuers, einen Brief aus Brasilien ohne Absender und Unterschrift mit einem gedruckten Gedicht:

Das Lied des gelben Domino
Long, long ago

Denkst du der Nacht noch im leuchtenden Saal?
Lang, lang ist's her, lang ist's her,
Wo sich zwei Seelen getroffen einmal,
Lang, lang ist's her, lang ist's her.*

Wo unsre seltsame Freundschaft begann.
Denkst du, mein Freund, wohl noch manchmal daran?
Denkst du der Worte, so innig vertraut,
Die wir getauscht bei der Tanzweisen Laut?
Ein Druck der Hand noch, und ich mußte fliehn,
Mein Antlitz enthüllen durft' ich dir nicht,
Doch dafür gab ich der Seele Licht.
Freund, das war mehr, das war mehr!
Jahre vergingen und zogen vorbei,
Doch sie vereinten nie wieder uns zwei.
Forschend bei Nacht fragt die Sterne mein Blick,
Auskunft noch Antwort gibt keiner zurück.
Bald wähnt' ich nahe dich, bald wieder fern.
Weilst du vielleicht schon auf anderem Stern?

* Diese Zeile wechselt mit jeder der nächsten ab.

Lebst du, so gib mir ein Zeichen bei Tag,
Das ich kaum hoffen, erwarten vermag.
So lang ist's her, so lang ist's her!
Laß mich warten nicht mehr,
Warten nicht mehr![81]

Die postlagernd aufgegebene, ebenfalls gedichtete Antwort Pachers wurde nie abgeholt.
Als Elisabeths Nichte Marie Wallersee-Larisch 1913 in ihrem Buch »Meine Vergangenheit« diese Dominogeschichte der Kaiserin enthüllte, hatte Fritz Pacher den Beweis dafür, wer hinter dem gelben Domino verborgen war. Unmißverständlich aber widersprach er der Larisch-Darstellung, die eine reichlich amouröse Angelegenheit aus dieser Episode machte: »Wenn die übrigen Abenteuer der Kaiserin ebenso unschuldig waren wie der Faschingsscherz, den sie à la Harun al Raschid mit mir aufgeführt hat, so hat sie sich wahrlich nichts vorzuwerfen.«
Es ging ja auch gar nicht um solch harmlose Vergnügen wie den Besuch eines Maskenballes. In München, zu Elisabeths Jugendzeit, hatte sogar Herzogin Ludovika sich auf den geheimen Besuch solcher Bälle gefreut. Auch Kaiserin Eugénie besuchte mit Pauline Metternich in Paris solche Veranstaltungen, versteckt unter Masken. Es ging hier um die Beweggründe und Folgen solcher Freizeitveranstaltungen: die Kaiserin von Österreich hatte so viel Langeweile, sie war so unausgefüllt, daß Vergnügen dieser Art bei ihr nicht nur ein kurzweiliger Spaß (wie etwa bei Kaiserin Eugénie) waren, sondern zu Träumen ausarteten, die die rauhe Wirklichkeit verdeckten.

Diese wirklichkeitsfernen Träume ihrer Kaiserin konnte die Hofgesellschaft nicht nachvollziehen. Der Tratsch beschäftigte sich mit dem, was für schöne, unbeschäftigte und unglückliche reiche Damen nicht ungewöhnlich war: mit »Verhältnissen«. So erzählte man sich zum Beispiel, »es sei doch ein öffentliches Geheimnis in der Burg, daß Ihre Majestät mit Niky Esterházy ein Verhältnis habe, und Jedermann wisse, daß er als Geistlicher verkleidet durch den Garten heraufkomme und bei Gräfin Festetics die rendezvous seien.«³²

Der Zorn der überaus sittenstrengen und über jeden Verdacht erhabenen Gräfin Festetics nahm geradezu beängstigende Ausmaße an, als sie von dieser Tratscherei erfuhr. Jahrzehnte litten ja nicht nur die Kaiserin, sondern auch ihre engste Umgebung, vor allem alle Ungarn in dieser Umgebung, unter ständiger mißgünstiger Beobachtung. Ein geheimes Treffen selbst bei einer Mittelsperson wie Marie Festetics oder Ida Ferenczy war unter diesen Umständen kaum denkbar.

Ganz ähnlich war der Tratsch um Bay Middleton (S. 346). Auch hier gibt es bei Prüfung der Quellen nichts Konkretes. Selbst Marie Larisch beschrieb lediglich, sozusagen als Höhepunkt des amoureusen Abenteuers, ein Rendezvous der Kaiserin mit Middleton in London. Unter dem Vorwand, einen Schönheitssalon in London zu besuchen, sei Elisabeth mit Graf Heinrich Larisch, ihrer Nichte Marie und zwei Bedienten nach London gefahren, in strengstem Inkognito: »Meine Tante machte den Eindruck eines Institutsmädchens, das diesmal auf eigene Faust in Ferien gegangen ist.«³³

In London angelangt, beschloß die Kaiserin, statt des Schönheitssalons doch lieber den Kristallpalast zu besuchen. Man mietete zwei Wagen, und plötzlich fand sich auch Bay Middleton bei der kleinen Gesellschaft ein. Elisabeth zog sich ihren Schleier übers Gesicht, und tauchte an der Seite Bays im Gewühl unter. Für kurze Zeit war sie (wie schockierend für eine Kaiserin!) allein mit einem nichtaristokratischen Mann mitten unter den Schaubuden mit gelehrten Affen, Wahrsagerinnen, Schießbuden, in einer Welt der Gaukler und Zauberer, die sie in der Kindheit schon geliebt hatte, die ihr aber – weil sie eine Kaiserin war – seit dieser ihrer Kindheit verwehrt war. Verwerfliches kann auch in dieser Episode – wie der Maskenballgeschichte – kaum gefunden werden.

Nach einer kurzen Zeit des Untertauchens in das Leben der Nichthöflinge tat die Kaiserin noch ein übriges: sie erlaubte es sich, immer noch in Gegenwart eines Nichtaristokraten und inzwischen wieder zweier Anstandspersonen (Graf Heinrich und Marie Larisch), ein kleines Restaurant zu besuchen. Marie Larisch: »Mir blieb der Verstand stehen, Tante Sissi mit ihrer fanatischen Diät und Zeiteinteilung wünschte in ein Restaurant zu gehen!« Heinrich Larisch beruhigte die aufgeregte junge Dame und erklärte ihr, »daß man der Kaiserin den unschuldigen Spaß, einmal ihre Freiheit zu genießen, wohl gönnen müsse.« Zur Verblüffung Marie Larischs speiste Elisabeth »zu dieser vorgerückten Stunde außer Brathuhn italienischen Salat, trank Champagner und vertilgte eine beträchtliche Menge feinen Gebäcks, Dinge, die sonst bei ihr verpönt waren.« Niemals in Wien hatte die Kaiserin bei einer Hoftafel so viel gegessen.

Bei der Rückfahrt – ohne Bay Middleton – war die Kaiserin »äußerst vergnügt und meinte, es sei doch ein Hauptspass, einmal ohne den Kometenschwanz hintendrein einen Tag zu verleben.« Verblüfft war Marie Larisch aber schon, als Bay Middleton, der mit dem Abendzug nach Brighton gefahren war, mit harmlosem Gesicht zum Empfang der Kaiserin bereitstand, sich ehrfurchtsvoll verbeugte und sagte: »I hope your Majesty had a good time.«

Humor konnte man Elisabeth bei ihren Eskapaden kaum absprechen. So machte sie sich einen Spaß daraus, den stets abenteuerlustigen Prinzen von Wales (den späteren König Edward VII.) an der Nase herumzuführen und schrieb über diese (wohl auch mit der üblichen Phantasie überhöhte) Szene das Gedicht:

There is somebody coming upstairs.

Wir saßen im Drawing-room gemütlich beisammen,
Prince Eduard und ich.
Er raspelte Süßholz und schwärmte,
Er sagte, er liebte mich.
Er rückte sehr nah und nahm meine Hand,
Und lispelte: Dear cousin, wie wär's?
Ich lachte von Herzen und drohte:
»There is somebody coming upstairs.«
Wir lauschten, es war aber nichts,
Und weiter ging das lustige Spiel.
Sir Eduard ward mutig,

Ja, er wagte auch viel.
Ich wehrte mich nicht, es war interessant,
Ich lachte: »Dear cousin, wie wär's?«
Da ward er verlegen und flüsterte leis:
»There is somebody coming upstairs.«[34]

Ein so gut informierter Mann wie Graf Charles Bombelles, der Obersthofmeister des Kronprinzen Rudolf, tat alle die sensationslüsternen Tratschereien um die Kaiserin als unwahr ab – und er war alles andere als ein Anhänger Elisabeths. Er sprach 1876 über »die Extravaganzen der Kaiserin, sehr unschuldige übrigens«, wie Hübner in sein Tagebuch schrieb. Auch er führte einen Großteil von Sisis Entwicklung auf die erste, so unglückliche Wiener Zeit und die übergroße Strenge der Erzherzogin Sophie zurück. »Man hatte eine Fessel um die andere um diese Champagnerflasche gelegt und schließlich sprang der Korken. Es ist noch glücklich, daß diese Explosion keine anderen Folgen gehabt hat als die, die wir sehen: eine zügellose Vorliebe für Pferde, Jagd und Sport, sowie ein zurückgezogenes Leben, das sich nicht gut mit den Pflichten einer Kaiserin vereinigen läßt.«[35]

Je älter und menschenscheuer Elisabeth wurde, desto mehr spann sie sich in ihre Phantasien und in ihre Märchenwelt ein. Gerade hier offenbarte sich ihr verkrampftes Verhältnis zu Männern.
Unter den Mythen und Legenden, die die Kaiserin besonders fesselten, war die Geschichte einer sagenhaften ägyptischen Königin, die nie alterte und verschleiert an einem geheimnisvollen Ort lebte. Ihr Name war längst vergessen.
»She« behielt ihre Kraft, nicht zu altern, aber nur so lange, wie sie sich nicht der Liebe zu einem Mann hingab.[36] Auch Elisabeth war unnahbar, mit der tiefen Furcht, die Liebe könne ihr Kraft und Nimbus rauben.
In ihren Dichtungen sah sie sich meist als Feenkönigin Titania. Die erfolglosen Verehrer wurden als Esel dargestellt – wie im Sommernachtstraum, Elisabeths Lieblingsstück. In jedem Schloß, das die Kaiserin bewohnte, befand sich ein Bild Titanias mit dem Esel.

Elisabeth zu Christomanos: »Das ist der Eselskopf unserer Illusionen, den wir unaufhörlich liebkosen ... Ich kann mich daran nicht satt sehen.«[37]

Immer wieder beklagte sie Titania, die Einsame, die nie Erfüllung in der Liebe fand:

> *Nur ich, die schier wie Verfluchte,*
> *Ich Feenkönigin,*
> *Ich find nie das Gesuchte,*
> *Nie den verwandten Sinn.*
>
> *Umsonst verschied'ner Malen*
> *Stieg ich vom Lilienthron;*
> *Es währte mein Gefallen*
> *Nie lang am Erdensohn.*
>
> *In üpp'gen Sommernächten,*
> *Bei schwülem Vollmondschein*
> *Dacht' oft: ›Jetzt hab ich den Rechten!‹*
> *Und wollte mich schon freu'n.*
>
> *Doch immer beim Morgengrauen,*
> *An's Herz gedrückt noch warm,*
> *Musst' mit Entsetzen ich schauen*
> *Den Eselskopf im Arm!*
>
> *Nun wandl' ich einsamen Pfades*
> *Schon manches lange Jahr;*
> *Es weilt nicht einmal im Hades*
> *Einer, der mir was war!*[38]

Einmal sogar sah sie sich – ganz im Stile Heinrich Heines – als »Frau Ritter Blaubart«, die in ihrem Kabinett lauter Eselshäute besichtigte: »Fast dauern mich die armen Tröpf', / Wenn ich sie so beschau!«

In diesem Gedicht ist als erster Graf Imre Hunyady zu erkennen, der sich 1860 auf Madeira in die junge, einsame und unglückliche Sisi verliebt hatte. Elisabeth erwähnte seine Schönheit und spöttelte:

> *Ich hielt ihn mir im Tropenland,*
> *Bekränzt ihn mit Granat;*
> *Bananen frass er aus der Hand;*
> *Doch wurd' ich ihn bald satt.*[39]

Der zweite Verehrer hinterließ nur positive Erinnerungen, ist aber nicht zu identifizieren:

> *Der zweite, ach! wie war der lieb!*
> *Der hat mir treu gedient;*
> *Wenn so etwas auf Erden blieb,*
> *Der hätt' Bestand verdient!*

Daß mit diesen Zeilen Andrássy gemeint sein könnte, deutet ein weiteres Gedicht an, das zwar nicht in Elisabeths Nachlaß erhalten ist, aber von Marie Larisch veröffentlicht wurde und eine, wenn auch reichlich übertriebene, Variante darstellt:

> *Nur »eine« streifet meine Hand,*
> *Die einzig »gute Haut«,*
> *Aus meinem lieben Ungarland,*
> *Dir – hab ich ganz vertraut!*
>
> *Du gabest Rang und Ehren hin,*
> *Du liebtest einzig mich –*
> *Ich war Dir mehr als Königin,*
> *Du hast geopfert Dich!*[40]

Die dritte Eselshaut war Fritz Pacher mit den schon zitierten Zeilen (S. 392). Es folgte Bay Middleton:

> *Der ward aus West' mir zugesandt,*
> *Ein drolliger Gesell!*
>
> *Rostfarben war mein Freund Langohr,*
> *Sein Wiehern hell und laut,*
> *And never was he sick, nor sore,*
> *But jumped and pranced about.*

Franz Joseph wurde in fast allen Gedichten als Feenkönig Oberon dargestellt, Titania zur Seite stehend. Gelegentlich aber reihte Elisabeth auch ihren Mann in die Reihe ihrer Verehrer ein, was seiner für die Umwelt sichtbaren Haltung ihr gegenüber wohl auch entsprach. Immerhin gab sie ihm aber eine Sonderstellung in ihrem Kabinett:

> *Doch eine Pause tritt nun ein*
> *Der letzte hängt abseits.*

Elisabeth sah das »*Vollblut-Eselein/Voll Eigensinn und Laun*« mit großer Sympathie:

> *Schliesslich war er ein lieber Schatz*
> *Trotz alle dem Gefrett: –*
> *Drum hat er auch den Ehrenplatz*
> *In meinem Kabinett!*

Was sie mit dem »Gefrett« meinte (ein wienerischer Ausdruck für alles, was Schwierigkeiten macht und Scherereien), schrieb sie ausführlich:

> *Benahm er sich auch artig fein,*
> *War ihm doch nicht zu trau'n.*
>
> *Voll Mucken stack's im grossen Kopf*
> *Und hinterm Ohr faustdick.*
> *Zog ich ihn an dem grauen Schopf,*
> *Ward steifer nur's Genick.*

> *Wie oft hat er mich abgebockt,*
> *Wenn ich mich fest gewähnt'!*
> *Nachgiebigkeit nur abgelockt,*
> *Wenn ich ihn hübsch versöhnt.*

Auch ein weiteres, trauriges und schuldbewußtes Gedicht nahm das Motiv Titania-Esel in Bezug auf den Kaiser auf:

> *Oben aber im Gemache*
> *Standen wir zum Tod betrübt,*
> *Ohne Vorwurf, ohne Klage,*
> *Wir, die uns zu sehr geliebt.*
>
> *Bittre Thränen, lebensschwere,*
> *Sah ich dir im Auge steh'n,*
> *Glühend brannte deine Zähre*
> *Schmerzte mich, wie zum vergeh'n.*
>
> *Deine früh ergrauten Haare*
> *Stillen Vorwurf sprachen sie;*
> *Und die Treue langer Jahre*
> *Ich verdiente sie wohl nie.*
>
> *Und doch schienst mit deinem grauen*
> *Haupte du jetzt ganz und gar,*
> *Dort dem Esel gleich zu schauen,*
> *Ähnlich bis aufs kleinste Haar.*[41]

In allen diesen Gedichten ist Heinrich Heines Einfluß überdeutlich spürbar: seine Klagen über falsche Liebe, über Lüge und Enttäuschung sind auch in Elisabeths Versen. Sie lebte, nachdem sie abrupt aufgehört hatte, zu reiten, nun völlig zurückgezogen, nach wie vor fern von Wien, suchte die Einsamkeit und die Natur und trauerte den Männern nicht nach:

> *Gold'ne Tage stiller Ruhe,*

Klösterlicher Einsamkeit!
Tief ins Herz euch eingetragen
Hab ich, voller Dankbarkeit.

Ganz allein mit den Gedanken,
Die kein fremder Misston stört,
Tag und Nacht das tiefste Schweigen
Glücklich, wer nur sich gehört!

Bei dem Springquell sich ergehend,
Lieblingsdichter in der Hand,
Schweift der Geist auf leichten Flügeln
Weit ins unbekannte Land...

Nur wenn ird'sche Lieb sie singen,
Dann erlahmt mein Flügelschlag,
Machtlos fallen meine Schwingen,
Grau umdüstert sich der Tag.

Trauernd denk' ich, wie ich einstens,
Eva gleich im Paradies,
Mich durch frevelhafte Neugier
– Ach! so arg verleiten ließ.

Hatt' aus bunten Thonpagoden
Eine nette Garnitur,
Wie man den Kamin mit zieret;
Eitel Spielwerk freilich nur.

Wollte doch einmal erforschen,
Ob ein Fünkchen Geist nicht sei
Tief im Grund vielleicht verborgen. –
Und ich schlug die Köpf' entzwei.

Und so schlug ich ganz zu Scherben
Einen nach dem andern her;

> *Kam zur Einsicht, zu der herben,*
> *Dass sie alle komplett leer.*[42]

Wie sehr sich Elisabeths Liebeleien in ihrer Phantasie und nicht in der Wirklichkeit abspielten, zeigt auch das folgende Gedicht auf einen Unbekannten in Zandvoort in Holland. Allein der Anblick dieses schönen Jünglings inspirierte die Kaiserin zu den hysterisch wirkenden Zeilen:

> *Nur fort, nur fort von Dir –*
> *Ich kann's nicht mehr ertragen.*
> *Das tolle Herz will schier*
> *Den kranken Kopf erschlagen.*
> *Die Augen drück ich zu,*
> *Ich will Dich nicht mehr sehen*
> *Um jeden Preis nur Ruh,*
> *Eh alle Sinne gehen.*
>
> *Denn heut als ich Dich sah' –*
> *Mußt ich schon an mich halten –*
> *Um nicht als wär Gott nah*
> *Die Hände hoch zu falten.*
> *Um nicht laut aufzuschrein,*
> *Mich auf die Knie zu werfen*
> *Und oh! dabei die Pein,*
> *Das Toben aller Nerven.*
> *Ist dies wohl Nemesis,*
> *Weil stets für irdisch Lieben*
> *Mein Herz so ungewiss und ungetreu geblieben?*[43]

Resignation und Trauer um Nichterlebtes spielen in vielen dieser Gedichte mit:

> *Zu spät, zu spät sind wir begegnet*
> *Uns auf des Lebens Dornenpfad;*
> *Zu weit schon hat uns fortgetragen*
> *Der Zeiten unaufhaltsam Rad.*

Zu spät hat deiner tiefen Augen
Magnet'scher Blick auf mich geschaut,
Selbst unter diesen warmen Strahlen
Hat's starre Herz nicht mehr getaut.

Es überkommt mich tiefe Wehmut,
'S ist wie Klang aus alter Zeit,
Wie banges, namenloses Heimweh,
Voll hoffnungsloser Bitterkeit.

Auch ich bin einstens reich gewesen,
Wähnt', unerschöpflich sei mein Hab';
Leichtsinnig ist es längst verschleudert –
Es blieb das Herz ein leeres Grab.

»O wende weg die ernsten Augen!
Lass ruhigen Weges mich weitergeh'n!
Kann Glück ich nicht mehr eigen nennen,
So will ich's wenigstens nicht seh'n!«[44]

Sie dichtete auch längst Gestorbene an und Sagengestalten, wie Heinrich Heine und ihren Lieblingshelden Achill. Es ist schwer zu unterscheiden, wo bei ihr die Verliebtheit aufhörte und die Todessehnsucht anfing, die ganz sicher auch aus Elisabeths spiritistischen Aktivitäten zu erkennen ist. Unter Lebenden fand sie niemanden mehr, der sie verstand. Sie war zu sensibel, zu empfindlich für eine reale, »normale« Beziehung zu einem Mann. So flüchtete sie in phantastische Bindungen zu toten Helden, die ihr kein Leid antun konnten. So etwa sind auch die folgenden Zeilen aufzufassen, an die Plastik des sterbenden Achill in der Hermesvilla, Elisabeths Wiener Privatschloß. Um Mitternacht, während Kaiser Franz Joseph, wie sie meinte, schwärmerisch vor dem Porträt Katharina Schratts auf den Knien lag, eilte Elisabeth zu ihrem Helden Achill:

Leichten Schrittes steigt sie die weiten,

Teppichüberdeckten Stiegen –
Ihren Bräutigam dort liegen
Sieht sie jetzt, den marmorbleichen.
In der Ampel mattem Scheine
Deucht's, als regte er sich wieder;
Sie umfasst die edeln Glieder
Presst ihr Herz zum kalten Steine.
»Mit dem Schlag der zwölften Stunde
Komm zu mir, ich harr' schon lange,
Dass ich endlich dich umfange,
Leben küsst du mir vom Munde.«[45]

So schwülstig auch manche dieser Gedichte und Phantasien sein mögen, die Wirklichkeit war weit profaner. Ja, in vielen Aussprüchen und Gedichten Elisabeths offenbart sich eine extrem verkrampfte Haltung gegenüber der Sexualität.
Titania stieg nur in ihren Gedichten zu den »Eseln« hinab. In Wirklichkeit haßte sie die Liebe:

Für mich keine Liebe,
Für mich keinen Wein;
Die eine macht übel,
Der andere macht spei'n!

Die Liebe wird sauer,
Die Liebe wird herb;
Der Wein wird gefälschet
Zu schnödem Erwerb.

Doch falscher als Weine
Ist oft noch die Lieb';
Man küsst sich zum Scheine
Und fühlt sich ein Dieb!

Für mich keine Liebe,
Für mich keinen Wein;

Die eine macht übel,
Der andre macht spei'n![46]

Es wären noch manche Beispiele dieser Art hier anzuführen. Elisabeths rekonstruierbares Krankheitsbild einer Anorexia nervosa – also einer Magersucht – mit jahrzehntelangen extremen Hungerkuren und einer starken Bewegungsmanie wird von modernen Psychologen auf eine tiefe Abneigung gegen alles Körperlich-Üppige, vor allem gegen die Sexualität, zurückgeführt.

Auch als ihre Lieblingstochter Marie Valerie heiratete und schwanger wurde, konnte Elisabeth diese negative Einstellung nicht verbergen. Der überglücklichen jungen Ehefrau und werdenden Mutter wußte sie nichts anderes zu sagen als daß sie »seufzte nach ›den guten, alten Zeiten, wo ich noch eine unschuldige Jungfrau war‹ ... ja manchmal sagte sie in ihrer eigenen Art zu scherzen, es mache sie ganz ungeduldig, meine veränderte Gestalt zu sehen und sie ›schäme sich meiner‹«.[47]

Elisabeths Meinung offenbarte sich auch anläßlich eines Wittelsbachischen Familienskandals, den ihre jüngste Schwester Sophie (die ehemalige Braut Ludwigs II., seit 1868 Herzogin von Alençon) auslöste. Sophie lebte mit ihrer Familie in Paris und war berühmt wegen ihrer Musikalität und ihrer Schönheit, die der Elisabeths sehr ähnlich war. 1887, als sie eine Frau um die vierzig war mit großen Kindern, verliebte sie sich in den (verheirateten) Arzt Dr. Glaser aus München. Die Affäre blieb nicht geheim. Die Frau Glasers drohte mit öffentlichem Skandal und Scheidung. Das Paar flüchtete nach Meran, wurde aber sofort wieder getrennt und überwacht. Als schließlich eine geheime Korrespondenz der beiden entdeckt wurde, sperrte man die Herzogin in die private Irrenanstalt des berühmten Nervenarztes Prof. Krafft-Ebing, der auf die Erforschung und Behandlung sexueller Abartigkeiten spezialisiert war. Eine Ehebrecherin in eine Irrenanstalt einzusperren, war in dieser Zeit keine unübliche Methode (auch Prinzessin Louise von Coburg sollte ja einige Jahre später dieses Schicksal erleiden). Polizei und Behörden standen voll und ganz hinter einem rachsüchtigen Ehemann.

Elisabeths Reaktion war in diesem Fall eindeutig negativ – ganz zum Unterschied zu 1862, als die andere Schwester, Marie Neapel, ihre bittere Liebesgeschichte erlebte (S. 170 ff.). Elisabeth nahm Sophie, zu der sie ein sehr gutes Verhältnis hatte, keineswegs in Schutz, sondern verurteilte sie unmißverständlich:

> *Deinem guten Herrn Gemahl*
> *Hast die Treue du gekündigt,*
> *Stiessest ihm ins Herz den Stahl;*
> *Ja, du hast dich schwer versündigt.*[48]

Es ist in diesem Fall wohl legitim, aus Elisabeths Reaktion auf ihre eigene Einstellung zum Thema Ehebruch zu schließen. So weit wir wissen, machte sie keinen Versuch, zugunsten ihrer Schwester bei den österreichischen Behörden zu intervenieren. Sie brachte zwar Mitleid, aber keine Nachsicht, schon gar kein Verständnis auf:

> *Mir graut vor diesem Bild, das ich heut' sehe,*
> *Und tiefer Schmerz erfüllet meine Brust;*
> *O wehe! Wehe! ja und zehnmal wehe!*
> *Dass zu bemeistern du dich nicht gewusst! ...*
>
> *Du bist im Irrenhaus, du bist gefangen,*
> *Ein Opfer deiner tollen Leidenschaft;*
> *Es bricht mein Herz, denk ich der wilden, bangen*
> *Verzweiflung, die dich packt in deiner Haft.*
>
> *Du wolltest Mann und Kinder schnöd' verlassen,*
> *Mit dem Verführer in die Weite zieh'n;*
> *Doch muss dein sündhaft Hoffen nun erblassen,*
> *Wo du jetzt weilst, gelinget kein Entflieh'n!*[49]

Es dauerte geraume Zeit, bis sich Sophie wieder einigermaßen beruhigt hatte. Ihre bayrische Familie hielt sie, schon um sie zu entschuldigen, für geistig nicht zurechnungsfähig. Ob sie es wirklich war, muß dahingestellt bleiben. Sie kehrte jedenfalls zu ihrem

Ehemann zurück, und zwei Jahre später schrieb die Nichte Amélie in ihr Tagebuch: »Tante Sophie wieder die Alte. Glasergeschichte nur wie ein böser Traum. Nur die ruhige Melancholie, die ihr stets zu eigen war, ist geblieben.«[50]

Sophies Melancholie verstärkte sich in den nächsten Jahren noch. Sie wurde fromm und kam 1897 bei dem Brand eines Wohltätigkeitsbazars in Paris ums Leben. Auch sie wurde zur Legendengestalt.

In anderen Fällen war Elisabeth weit toleranter, so vor allem, als es um ihren Mann und Katharina Schratt ging. Auch bei der Zensurierung moralisch zweideutiger Theaterstücke am Burgtheater bewies sie Großzügigkeit, jedenfalls weit mehr als der Kaiser oder Katharina Schratt. 1892 zum Beispiel wurde »Die Sklavin«, ein Stück von Ludwig Fulda, nach drei Aufführungen abgesetzt, weil es die freie Liebe rechtfertigte. Die Schratt entrüstete sich über das Stück »kraftvoll und mit Recht«,[51] wie Kaiser Franz Joseph schrieb. Elisabeth jedoch ließ sich ausgerechnet dieses Stück vom Burgtheater schicken, las es – und übersetzte es als Sprachübung ins Griechische.[52]

Auch mit ihrem griechischen Vorleser Christomanos besprach sie das Thema weiblicher Untreue: »Man weiß nie, warum die Frauen ihren Männern untreu werden! Die Antwort ist einfach: weil sie ihnen treu bleiben *müssen*. Dieses Gesetz fordert direct dazu auf, weil es als Gesetz gilt. Und weiß man denn, ob der Gatte wirklich der Erwählte gewesen ist, den das Schicksal bestimmte? Die meisten Mädchen heiraten überhaupt nur aus Sehnsucht nach Freiheit. Übrigens hat die Liebe auch Flügel zum Fortfliegen.«[53]

Elisabeths Abenteuer spielten sich weiterhin in ihrer Phantasie ab. Ihr bewährtes Spiel – unnahbare Göttin und verliebter Esel – geriet zuweilen zur wahren Posse. Ende der achtziger Jahre – die Kaiserin war immerhin schon fünfzig Jahre alt – heftete sich ein junger Mann aus Sachsen namens Alfred Gurniak Edler von Schreibendorf an ihre Fersen. Er reiste ihr bis nach Rumänien nach, verfolgte sie mit ellenlangen schwülstigen Liebesbriefen und dringenden Bitten um Huldbeweise.

Elisabeth blieb unnahbar. Sie hob aber Alfreds Briefe auf und machte sie zur Grundlage einer recht zynischen Dichtung: »Titania und Alfred«, die unfertig geblieben ist.
Unzweifelhaft war dieser exaltierte junge Mann für die Kaiserin nur Gegenstand des Hohnes. Immerhin aber beschäftigte sie sich in Gedanken derart intensiv mit dieser Sache, daß sie viele Seiten voller Gedichte darüber verfaßte und wohl auch hin und wieder den »verzauberten Eber« Alfred durch winzige Huldbeweise (wie absichtlich liegengelassene Blumen auf einer Parkbank) bei Laune hielt. Sie faßte diese Episode als Zerstreuung in ihrem leeren Leben auf und als Grund zur Erheiterung.

Du schriebst mir Briefe ohne Zahl,
Von ganz abnormen Längen,
Du maltest drastisch deine Qual
In Prosa und Gesängen.

Und nun folgt gar dein Conterfei,
Ein Bild rein zum verlieben,
Doch ach! Die Zeiten sind vorbei,
Wo ich solch' Scherz getrieben.

Aus meiner hohen Eisregion
Ruf' ich zu dir hernieder:
Dein Minnen ist umsonst mein Sohn
Erstarrtes grünt nie wieder ...

An Liebe glaube ich nicht mehr,
D'rum geh' von mir.
Ich rief dich niemals zu mir her,
Was suchst du hier?
Viel hundert Jahre bin ich alt,
Jung bist noch du,
Mein Herz ist kalt, so eisig kalt,
Kehr' heim in Ruh.

Unter den vielen Gedichtzeilen über den Verehrer Alfred sind aber auch die enthüllenden Verse zu finden:

> *Besitzest du den kecken Mut,*
> *Mich jemals zu erreichen?*
> *Doch tödtet meine kalte Glut,*
> *Ich tanze gern auf Leichen.*

Und an anderer Stelle, in einem anderen Gedicht (»Titanias Spinnlied«) ganz ähnlich:

> *Du willst ein Spiel der Minne,*
> *Verrückter Erdensohn?*
> *Mit goldnen Fäden spinne*
> *Dein Leichentuch ich schon ...*
>
> *In meiner schönen Mache*
> *Verzapple dich zu Tod,*
> *Ich schaue zu und lache*
> *Von jetzt bis Morgenrot.*

Doch Alfred dachte trotz seiner Selbstmorddrohungen in Wirklichkeit nicht daran, eine »Leiche« zu werden. Stattdessen forderte er Geld von seiner Angebeteten. Auch dafür hatte Elisabeth nichts als Hohn:

> *Ich glaube nicht an die Liebe,*
> *Was dir dein Leben vergällt,*
> *Das sind ganz andere Triebe,*
> *Ich ahne wohl was dir fehlt.*
> *Mein Jüngling du hast wohl Schulden*
> *Und wähnst in schlauem Sinn:*
> *Die Liebe mit goldenen Gulden*
> *Lohnt mir meine Königin.*[54]

Diese Posse um »Titania und Alfred« ist – im Rahmen einer

Biographie – nicht so unwichtig, wie sie auf den ersten Blick scheinen mag. Sie charakterisiert Elisabeths Beziehung zu ihren wechselnden Verehrern, ihre Unfähigkeit auch, Wirklichkeit und Phantasie zu trennen. Die Tatsache, daß sie sich viele, viele Stunden lang mit dem Abfassen der Alfred-Gedichte beschäftigte, zeigt das Ausmaß ihrer Isolierung, ihr Abgeschlossensein von den Problemen ihrer Familie und des Reiches, dessen Kaiserin sie war – und ihre Langeweile.

Die Alfred-Episode spielte 1887/88, einer Zeit der Balkankrisen und ständiger Kriegsgefahr, einer Zeit, als sich das europäische Bündnissystem nicht unwesentlich änderte – durch den Rückversicherungsvertrag Deutschlands mit Rußland hinter dem Rücken Österreich-Ungarns. Zwei Männer, die der Kaiserin auch politisch nahestanden – Gyula Andrássy und Kronprinz Rudolf – machten in dieser Zeit Opposition gegen die kaiserliche Außenpolitik. Beide erwarteten und erhofften sich Schützenhilfe von dem einzigen Menschen, dessen Wort sich beim Kaiser Gehör verschaffen konnte – der Kaiserin. Elisabeth entzog sich allen Erwartungen und allen Hoffnungen. Sie ließ sowohl Andrássy als auch Rudolf allein, genau so, wie sie Jahrzehnte lang ihren kaiserlichen Gatten mit seinen Problemen allein gelassen hatte. Sie zeigte der Welt ihre Verachtung – und beschäftigte sich mit der Posse des verliebten Alfred aus Dresden.

Die Tragödie des Kronprinzen Rudolf reifte heran. Elisabeth war in ihren Träumereien um die Elfenkönigin Titania und diverse verliebte Esel derart befangen, daß sie das Unglück ihres einzigen Sohnes noch nicht einmal zur Kenntnis nahm, obwohl er sie mehrmals, auf höchst scheue und vorsichtige Art, um Hilfe ersuchte.

Elisabeths Ausstrahlung auf Männer überlebte sogar ihre Schönheit. In den neunziger Jahren, als ihre Haut längst faltig geworden war und ihr Blick trübe, übte sie doch noch, wenn sie es darauf anlegte, die gewohnte Wirkung aus. Die jungen griechischen Vorleser zum Beispiel, die sie in diesen Jahren begleiteten, verliebten sich in die einsame, melancholische Frau und schwärmten ihr

Leben lang von den Stunden, die sie mit der Kaiserin verbringen durften, so etwa Konstantin Christomanos, der schwärmerisch-poetische Bücher über sie schrieb. Doch Elisabeths Umgebung bemitleidete diese jungen Männer. So schrieb Obersthofmeister Nopcsa an Ida Ferenczy, die Kaiserin verwöhne den Griechen, »wie ich es bei Ihrer Majestät noch nie erlebte. Bedauere den armen Jungen, da er unglücklich wird.«[55]
Selbst der Schriftsteller Alexander von Warsberg, der anfangs außerordentlich kritisch gegenüber der Kaiserin war, zeigte schon nach kurzer Zeit gemeinsamer Griechenlandreisen deutliche Zeichen der Verliebtheit.
Daß Kaiser Franz Josephs Liebe zu seiner Frau über die Jahrzehnte hinweg erhalten blieb – trotz aller ihrer »Wolkenkraxeleien« – muß kaum eigens betont werden. Jedermann am Wiener Hof wußte, daß der Kaiser – trotz und später auch wegen Katharina Schratt – der erste Verehrer seiner »Engels-Sisi« war und blieb.

10. Kapitel

Adler und Möve

Je mehr sich Elisabeths Hang zur Weltflucht und ihre Menschenscheu verstärkten, desto enger schloß sie sich an ihren Vetter König Ludwig II. von Bayern an, der sich ganz ähnlich entwickelte wie sie. Das Verhältnis der beiden war ursprünglich nicht besonders eng gewesen. Ja, es gab sogar erhebliche Differenzen, die zunächst rein familiäre Gründe hatten. Denn die Rivalität zwischen der königlichen und der herzoglichen bayrischen Linie währte schon seit Generationen. Die Verwandtschaft war nicht sehr eng: Ludwigs Großvater, König Ludwig I. und Sisis Mutter Ludovika waren Geschwister. Sisi war also die Cousine von Ludwigs Vater König Max II. Der Altersunterschied von acht Jahren spielte in der ersten Zeit eine große Rolle: als Elisabeth 1854 sechzehnjährig Bayern verließ, war der damalige Kronprinz Ludwig erst acht Jahre alt.

Zehn Jahre später wurde Ludwig König. Ungefähr von diesem Zeitpunkt an – Ludwig war achtzehn, Elisabeth 26 – gab es engere Kontakte der beiden. Kurz nach seiner Thronbesteigung 1864 besuchte der junge König seine kaiserliche Cousine in Bad Kissingen, blieb dort auch längere Zeit, machte mit ihr Spaziergänge und sprach mit ihr so vertraut und ausgiebig, daß Sisi ihrer Familie »beglückt über ihre Gleichgestimmtheit, von vielen gemeinsamen Stunden« erzählte – und damit ihren Lieblingsbruder Carl Theodor (»Gackel«) eifersüchtig machte.[1]

Elisabeth und Ludwig erregten Aufsehen, wo auch immer sie erschienen: Der junge König war von erlesener Schönheit, groß, ernst, mit romantischem Flair, daneben seine Wittelsbachische Cousine, vollerblüht, groß und schmal, ein wenig kränkelnd-melancholisch. Ludwig hatte am Münchner Hof die gleiche Wirkung

wie Sisi in Wien. Laut Fürst Eulenburg schritt er »schön wie ein Goldfasan zwischen all den Haushühnern einher«.[2]
Beide verachteten ihre Umgebung und gefielen sich in immer neuen Exzentrizitäten, um die Umwelt zu schockieren. Beide waren Meister darin, offiziellen Treffen auszuweichen, kurz vorher wegzufahren oder sich krank zu melden. Beide zeigten ihre Sympathien und Antipathien überdeutlich, vor allem Ludwig. Wenn ihm zum Beispiel ein Gast unsympathisch war, ließ er riesige Blumensträuße auf den Tisch stellen, um den Bedauernswerten nicht sehen zu müssen.[3] Dieser seinerseits mußte verzweifelte Bemühungen machen, um sich Gehör zu verschaffen.
Beide liebten die Einsamkeit und haßten höfischen Zwang. Die folgenden Sätze Ludwigs II. könnten ebensogut von Elisabeth stammen, nur war München und nicht Wien gemeint: »In meinen goldenen Käfig eingesperrt ... Kaum kann ich das Heranrücken jener seligen Tage im Mai erwarten, um die verhaßte, unselige Stadt auf lange Zeit zu verlassen, an welche mich nichts fesselt, die ich mit unüberwindlichem Widerwillen bewohne.«[4]
Auch Elisabeth gab sich gern unkonventionell und reizte ihre ängstlich-zeremoniöse Umgebung mit ungewöhnlichen Aussprüchen oft derart, daß manche daraus den Schluß zogen, auch sie sei zumindest »absonderlich« wie ihr bayrischer Vetter. Marie Larisch: »In vielem war die Kaiserin Ludwig II. sehr ähnlich, besaß im Gegensatz zu ihm jedoch die geistige und physische Kraft, überspannten Ideen nicht zu unterliegen. Sie pflegte halb im Scherz, halb im Ernst zu sagen: ›Ich weiß, ich werde mitunter für verrückt gehalten‹. Dabei lächelte sie spöttisch, und in ihren goldbraunen Augen zuckte es wie Wetterleuchten in verhaltenem Mutwillen. Alle, die Elisabeth gut kannten, schrieben von ihrer Lust, harmlose Menschen zu frozzeln. So konnte sie mit dem ernstesten Gesicht manchmal die unglaublichsten Dinge sagen oder jemanden mit bezauberndem Lächeln eine elegante Sottise an den Kopf werfen, um sich dann, wie sie sich auszudrücken pflegte, an dem dummen Gesicht zu weiden. Wer Elisabeth nicht ganz genau kannte, für den war es mitunter schwer zu unterscheiden, ob sie etwas im Ernst sagte oder zum Scherz«.[5]

Auch Fürst Philipp Eulenburg wies auf Gemeinsamkeiten hin und schrieb: »Die etwas sehr eigentümlich angelegte, sehr begabte Kaiserin hatte stets mehr Verständnis für ihren Vetter gehabt als andere Sterbliche. Wenn sie stundenlang in ihrem Salon in einer Art Zirkuskleidung am Trapez arbeitete, oder plötzlich – nur mit einem langen Regenrock über Trikotkleidung angetan – von Feldafing nach München zu Fuß ging, eine Strecke von etwa 50 Kilometern (mir begegnete sie in dieser Kleidung einmal), so ist es begreiflich, daß sie die Extravaganzen ihres Vetters, deren schlimmste Auswüchse wohl sicherlich nicht zu ihrer Kenntnis gelangt waren, ›erklärbar‹ fand.«[6]

Elisabeth wie Ludwig waren bildungseifrig und sehr belesen, vor allem, was die klassische Literatur anging. Beide waren Verehrer der Philosophie Schopenhauers. Beide waren Antimilitaristen. Beide auch hatten ein sehr selbstbewußtes Verhältnis gegenüber der Kirche. Ludwig an den Kronprinzen Rudolf: »Das Volk soll nur seinem guten katholischen Glauben treu bleiben mit den wohltuenden Vertröstungen auf ein Jenseits, seinen Wundern und Sakramenten; dem Gebildeten aber können, wie Du so richtig sagtest, diese veralteten Anschauungen unmöglich genügen.«[7] Sisi konnte sich mit kaum jemandem so gut über ihre Schwiegermutter Sophie unterhalten wie mit ihrem »Königsvetter«, der Sophie für eine »ultramontane, verblendete Frau« hielt.[8]

So viel aber auch immer über die Beziehung zwischen Ludwig und Elisabeth gerätselt wurde, eines war doch sicher: Sexualität spielte hier auch nicht die geringste Rolle. Ludwig nannte sich gern den »jungfräulichen König«, hatte homoerotische Neigungen, die er aber – immer mit dem Ideal sittlicher Reinheit – mit aller Gewalt bekämpfte. Da er »gottlob« nichts von Sinnlichkeit für das weibliche Geschlechte wisse, schrieb er einmal, sei seine »Verehrung für die Reinheit der Frauen eine umso tiefer empfundene«.[9]

Will man sich das seltsame Verhältnis dieser beiden bayrischen Verwandten veranschaulichen, muß man stets Ludwigs Antisexualität in Bezug auf Frauen als Basis erkennen. Es war eine (im Sinne Ludwigs) »reine«, das heißt völlig unerotische Liebe zwischen dem schönen König, der die Grenze zwischen Normalität und

Verrücktheit schon in den siebziger Jahren überschritten hatte, und der Kaiserin, die zumindest als alternde Frau immer seltsamere Gewohnheiten hatte.
Elisabeth und Ludwig waren einander nahe, aber in einer anderen Art, als sich Mann und Frau nahe sein können. Es war die Nähe zweier von der Realität und den »normalen Menschen« abgeschiedener Märchenwesen.
In den sechziger Jahren aber war die ältere und ranghöhere Elisabeth für den jungen König noch eine Respektsperson – was sie auch wußte. Denn sie konnte es sich erlauben, ihn 1865, als Bayern das Königreich Italien anerkannte, sehr deutlich und sehr energisch zu rügen. Ihrer Ansicht nach zeigte Ludwig zu wenig wittelsbachische Solidarität mit den vertriebenen italienischen Fürsten, vor allem mit dem Königspaar von Neapel-Sizilien. Elisabeth an Ludwig II: »Ich kann Dir nicht läugnen, daß gerade von Seite Baierns mich die Anerkennung Italiens sehr gewundert hat, denn jedes der vertriebenen Fürstenhäuser zählt Mitglieder der baierischen k. Familie, doch denke ich müßen die Gründe, die Dich zu diesem unerklärlichen Schritte bewogen haben, so wichtig sein, daß meine bescheidene Ansicht über Deine Haltung bei den wichtigen Intereßen und heiligen Pflichten, die Du zu vertreten hast, gar nicht in Anbetracht kommen kann.« Nach diesen deutlichen Worten versicherte sie den König allerdings ihrer »innigen Liebe, mit der ich an meiner Heimath hänge« und der »herzlichen, aufrichtigen Freundschaft, die ich insbesondere für Dich hege«.[10]
Aber das waren doch eher die üblichen höflichen Floskeln. Sisis Kommentare zu den Auftritten des höchst theatralischen Vetters waren meist spöttisch, so als sie an den damals sechsjährigen Rudolf aus Bayern schrieb: »Gestern hat mir der König eine lange Visite gemacht, und wäre nicht endlich die Großmama dazu gekommen, so wäre er noch da. Er ist ganz versöhnt, ich war sehr artig, er hat mir die Hand so viel geküßt, daß Tante Sofie, die durch die Tür schaute, mich nachher fragte, ob ich sie noch habe! Er war wieder in österreichischer Uniform und ganz mit Chypre parfumirt.«[11]
Diese »Tante Sophie« war Elisabeths jüngste Schwester. Wegen

ihrer Schönheit und ihrer hohen Wiener Verwandtschaft hatte Sophie sehr viele Bewerber um ihre Hand und teilte großzügig Körbe aus, so auch an Herzog Philipp von Württemberg und Franz Josephs jüngsten Bruder, Erzherzog Ludwig Viktor. Herzogin Ludovika war untröstlich über den Eigensinn ihrer Tochter, so eine glänzende Partie mit einem Habsburger auszuschlagen, zumal sie sich nun wieder bei der gekränkten Schwester, Erzherzogin Sophie, entschuldigen mußte: »es hat mir viele Thränen gekostet, ein solcher Schwiegersohn wäre ein Glück für mich gewesen.« Sie sah aber einen »einzigen Trost« darin, daß es Gott »mit Dir, Du viel geprüfte Schwester« gut meine, wenn nicht auch noch die kapriziöse Sophie in die Wiener Hofburg einzöge: »vielleicht hätte Sophie, trotz ihrer gewiß guten Eigenschaften, Deiner Erwartung nicht in Allem entsprochen, und der liebe Gott führt Dir eine vorzüglichere zu, die Dich und Deinen guten Ludwig recht glücklich macht, wie Ihr beide es verdient! Gott gebe Dir einen heiteren, ruhigen, friedlichen Lebensabend und reichen Ersatz für so viele stille Opfer, die Dein armes Herz hat bringen müssen... und Deinem Ludwig eine schöne Zukunft.«[12] Ludwig Viktor blieb unverheiratet.

Sophie verlobte sich 1867 mit König Ludwig II. Es war eine Liebe nach Ludwigs Art: schwärmerisch, weltentrückt, ohne die von Ludwig gehaßte »Sinnlichkeit«. Sophie war Wagner-Verehrerin, hochmusikalisch. Sie hatte eine schöne Stimme und konnte dem König stundenlang vorsingen. Vor allem war sie die Schwester Elisabeths, ihr sehr ähnlich. Selbst in der kurzen Verlobungszeit waren Ludwigs Briefe an die Kaiserin weit feuriger als die an die junge Braut, die er stets mit »Elsa« anredete. Bezeichnenderweise fühlte sich aber Ludwig nicht als liebender Lohengrin, sondern unterschrieb seine Briefe an »Elsa« stets mit »Heinrich«, also die Rolle des Königs Heinrich des Voglers annehmend. Ludwig an Elisabeth während der Verlobungszeit mit Sophie: »Liebe Cousine. Es ist mir ein Herzensbedürfnis, Dir aus ganzer Seele nochmals meinen wärmsten und tief gefühlten Dank auszusprechen für die Güte, mit der Du mir gestattet hast, Dich auf Deiner neulichen Rückreise zu begleiten. Du machst Dir keinen Begriff, wie glücklich mich das gemacht hat. Die neulich im Wagen zugebrachten Stunden rechne ich zu den schönsten meines Lebens. Niemals wird die Erinnerung daran verlöschen. – Du hast mir die Erlaubnis gegeben, Dich in Ischl zu besuchen; wenn wirklich die für mich so glückliche Zeit naht, in welcher die Hoffnung in Erfüllung geht, dort Dich sehen zu dürfen, dann bin ich der seligste von allen Menschen auf Erden. Das Gefühl der aufrichtigsten Liebe und Verehrung und der treuesten Anhänglichkeit, das ich schon, als ich noch im Knabenalter stand, für Dich im Herzen trug, es macht mich den Himmel auf Erden wähnen und wird nur mit dem Tod erlöschen. Aus ganzem Herzen bitte ich Dich, vergib mir den Inhalt dieser Zeilen, aber – ich konnte nicht anders.«[13]

Von Heirat redete der König immer weniger, auch wenn bereits eine prunkvolle Hochzeitskutsche fertig war. Endlich sprach Herzog Max ein Machtwort und stellte dem unschlüssigen Bräutigam ein Ultimatum. Ludwig, in seinem Majestätsgefühl beleidigt, nahm dies zum willkommenen Anlaß, die Verlobung zu lösen und seiner »geliebten Elsa« zu versichern, er liebe sie »wie eine theure Schwester«. »Ich hatte nun Zeit, mich zu prüfen, mit mir zu Rathe zu gehen, und sehe, daß nach wie vor meine treue, innige Bruderliebe zu Dir tief in meiner Seele wurzelt, nicht aber die Liebe, die zur Vereinigung in der Ehe erforderlich ist.«[14]

Erleichtert trug er in sein Tagebuch ein: »Sophie abgeschrieben. Das düstere Bild verweht; nach Freiheit verlangte mich, nach Freiheit dürstet mich, nach Aufleben von qualvollem Alp.«[15] Die Büste seiner schönen Braut warf er aus dem Fenster.

Elisabeth an ihre Mutter: »Wie sehr ich über den König empört bin und der Kaiser auch, kannst Du Dir vorstellen. Es gibt keinen Ausdruck für ein solches Benehmen. Ich begreife nur nicht, wie er sich wieder sehen lassen kann in München, nach allem, was vorgefallen ist. Ich bin nur froh, daß Sophie es so nimmt, glücklich hätte sie weiß Gott mit so einem Mann nicht werden können.«[16]

(Sophie tröstete sich schon nach wenigen Monaten und verlobte sich mit dem ebenfalls sehr gut aussehenden Herzog von Alençon. Ludwig machte keinen Versuch mehr, sich eine Königin zu suchen.)

Ludwigs Verehrung für Elisabeth änderte sich jedoch durch die peinliche Verlobungsgeschichte nicht. Ludwig reiste ab 1872 jedesmal, wenn Elisabeth in Possenhofen war, auch dorthin, um sie zu besuchen. Es wurde stets viel Aufhebens darum gemacht, denn der König wollte niemanden zu Gesicht bekommen außer der Kaiserin, also weder die Geschwister (und etwa die ehemalige Braut), noch die Eltern, noch die Dienerschaft. Gräfin Festetics: »schnell vertauschte er seine Mütze, die gefährlich auf dem schönen welligen Haar saß, mit dem Csako. Er war in österreichischer Uniform und trug verkehrt quer herüber das Stefansgroßkreuz und wieder quer herüber die Feldbinde. Er stieg aus – ein schöner Mann mit den Allüren eines Theaterkönigs oder wie Lohengrin im Hochzeitszug.«

Gegen Ludwigs Wunsch stellte Elisabeth dem König auch ihre Hofdame vor, und diese beschrieb in ihrem Tagebuch die »wundervollen dunklen Augen« Ludwigs, »die schnell im Ausdruck wechseln; schwärmerisch sanft, dann wieder wie ein Blitz ein Aufleuchten wie von Schadenfreude, – und daß ich alles sage – das glühende, sprühende Auge wird kalt und ein Blick, ein Leuchten mehr wie von Grausamkeit zuckt darin!! Dann blickt es wieder schwermüthig und sanft; was er sagt, zeigt Geist; er spricht gut und selbstbewußt.«[17] Es war die Zeit, als Ludwigs jüngerer Bruder Otto bereits irrsinnig war und sich auch bei ihm selbst immer mehr Charakterzüge zeigten, die normalen Maßstäben nicht mehr gerecht wurden. Schon bei diesem Besuch 1872 reagierte Marie Festetics mit Mitleid auf das seltsame Gehabe des bayrischen Königs.

Die Freundschaft zwischen Ludwig und Elisabeth war nicht spannungsfrei. Elisabeth ließ es sich einigemale nicht nehmen, ihre »Einzige«, die kleine Valerie, zu einem Treffen mit dem bayrischen König mitzunehmen. Ihre übertriebene Mutterliebe ging Ludwig reichlich auf die Nerven. »Ich weiß gar nicht, was die Kaiserin mir fortwährend von ihrer Valerie erzählt, die möchte mich gerne sehen, ich sie aber nicht«,[18] beschwerte sich Ludwig bei einem seiner Vertrauten. Sisi wiederum schrieb 1874 an ihren Mann: »Wenn mich nur der König von Baiern in Ruhe läßt«[19] und stöhnte gegenüber den Hofdamen über die anstrengenden Besuche Ludwigs.

Auch Elisabeth war voll »maßlosem Mitleid« (Festetics) für Ludwig, weil er »nicht genug verrückt ist, um eingesperrt zu werden und wieder zu abnormal ist, um in der Welt mit vernünftigen Menschen zufrieden zu verkehren«. Die langen und meist schweigsamen Besuche des Königs ermüdeten sie, doch entdeckte sie (zum Schrecken der Gräfin Festetics) immer mehr Gemeinsamkeiten: »Und da er die Einsamkeit liebt und wie er sagt ›verkannt ist‹, glaubt Sie, es wäre Ähnlichkeit zwischen ihnen, und der Zug von Schwermuth in ihm ist auch ein Faden! – Gott verhüte, daß die Ähnlichkeit sei!«

Die Gräfin tröstete sich mit dem Gedanken: »Das ist nur so eine Idee von ihr, wie eine Entschuldigung, daß Sie sich auch gerne isolirt. Es wäre wie ein Familienzug, für den man nicht Rechenschaft zu geben braucht!«[20]

In den frühen siebziger Jahren hielt vor allem Kronprinz Rudolf die Beziehung zwischen Ludwig und Elisabeth lebendig. Der 15jährige aufgeweckte, sehr belesene Rudolf gefiel dem König über die Maßen. Er unterhielt sich mit ihm über Grillparzers Dramen und Richard Wagner. Er schickte ihm viele überschwengliche Briefe voller Freundschaftsbeteuerungen und manche Lobeshymne auf Elisabeth: »Küsse der Kaiserin die Hand. Du Beneidenswerter! Der Du so viel in ihrer Nähe weilen darfst! Die Augenblicke, in welchen mir dies Glück vergönnt war, zähle ich stets zu den seligsten meines Lebens.«[21] und: »Du Glücklicher, Beneidenswerter, dem es vergönnt ist, so viel bei der angebeteten Kaiserin weilen zu dürfen; o bitte, lege mich ihr zu Füßen, und flehe sie in meinem Namen an, gnädig ihres getreuen, Sie von jeher und für immer verehrenden Sklaven zu gedenken.« Elisabeths Verwegenheit bei den Reitjagden bekümmerten Ludwig II. und er hoffte, »Sie würde dem Ungestüm im Reiten die Zügel anlegen, nie in meinem Leben würde ich es verschmerzen können, wenn Ihr ein Unglück widerführe... Denn Niemand auf Erden ist mir so teuer als Du und Sie.«[22]

Ludwigs Beziehung zu Rudolf lockerte sich mit Rudolfs wachsender geistiger Selbständigkeit, die zur Kaiserin jedoch wurde in den achtziger Jahren enger denn je. Beide fühlten sich verkannt, fühlten sich als Auserwählte, als keinem menschlichen Gesetz und keiner Pflicht Unterworfene. Als junge Frau, zur Zeit ihrer größten Triumphe, hatte Elisabeth den König noch wegen seiner Narreteien verspottet. Nun, zwanzig Jahre später, zog auch sie sich in sich selbst zurück, war extrem menschenscheu und schwelgte geradezu in ihren Kümmernissen und Lebensängsten. Jetzt entdeckte sie wieder die Vorzüge ihres bayrischen »Königsvetters«. Die immer inniger werdende Beziehung zu dem geistig Kranken erwies sich für die alternde Kaiserin als höchst gefährlich.
Alle Begegnungen der beiden Verwandten wirken in dieser Zeit bizarr. 1881 fuhr Sisi in einem Kahn über den Starnberger See zur Roseninsel, wohin Ludwig II. vor der Last der Regierungsgeschäfte geflohen war. Sie brachte nur ihren Mohren Rustimo mit. Auf der Rückfahrt begleitete sie der König. Mitten auf dem See sang Rustimo fremde Volkslieder zur Gitarre, und Ludwig steckte ihm zum Dank einen Ring an den schwarzen Finger. Elisabeth nahm diese Szene zum Anlaß für ein Gedicht, in dem sie sich als Möve der Nordsee (sie war gerade auf einer Reise durch Holland, als sie diese Verse dichtete) und Ludwig als Adler darstellte. Stilgemäß schickte sie diese Zeilen nicht per Post, sondern hinterlegte sie bei einem neuerlichen Besuch der Roseninsel für den abwesenden Ludwig im Juni 1885 in seinem dortigen Schlößchen:

Der Gruss von der Nordsee

Du Adler, dort hoch auf den Bergen,
Dir schickt die Möve der See
Einen Gruss von schäumenden Wogen
Hinauf zum ewigen Schnee.

Einst sind wir einander begegnet
Vor urgrauer Ewigkeit

> *Am Spiegel des lieblichsten Sees,*
> *Zur blühenden Rosenzeit.*
>
> *Stumm flogen wir nebeneinander*
> *Versunken in tiefer Ruh...*
> *Ein Schwarzer nur sang seine Lieder*
> *Im kleinen Kahne dazu.*[23]

Erst im September 1885 fand Ludwig II. dieses Gedicht Sisis und dichtete zurück:

> Der Möve Gruss von fernem Strand
> Zu Adlers Horst den Weg wohl fand.
> Er trug auf leisem Fittig-Schwung
> Der alten Zeit Erinnerung,
> Da Rosenduft umwehte Buchten
> Möve und Adler zugleich besuchten
> Und sich begegnend in stolzem Bogen
> Grüßend aneinander vorüberzogen.
> Zur Bergeshöh zurückgewandt,
> Dankt Aar der Möve am Dänenstrand
> Und rauschend entsenden seine Flügel
> Fröhlichen Gruss zum Meeresspiegel.

Dazu schrieb er noch einen Brief mit der Erklärung: »Seit Jahren erfolgte meinerseits kein Besuch der Roseninsel, erst vor ein paar Tagen erfuhr ich welche Freude dort meiner harrt. Auf diese Nachricht hin, flog ich eilends nach dem idyllischen Eiland und fand dort den theuren Gruß der See-Möve! Tiefsten, innigsten Dank!«[24]

Auch nach Ludwigs Tod nahm Elisabeth diesen romantischen Ausflug noch einmal in einem Gedicht auf:

> *Auf der spiegelglatten Fläche*
> *Zogen wir im leichten Nachen;*

Und ein Schwarzer sang so drollig,
Ach! Wie herzlich klang Dein Lachen!

Von der kleinen Roseninsel
Kamen tausend süsse Düfte
Des Jasmines Wohlgerüche
Würzten hold die Abendlüfte.

Und am fernsten Seesrande
Deine Berge, Deine Wonne,
Wie sie rosenrot erglänzten
In der gold'nen Abendsonne![25]

Aber diese Begegnungen zwischen Elisabeth und Ludwig waren doch höchst selten. Ludwig II. lebte inzwischen abgeschieden von der Welt in seinen Märchenschlössern, schlief tagsüber und machte nachts einsame Ritte durch die Berge. Ludwig II. in Elisabeths Worten:

»*Auf den Bergen, in den Wäldern*
Gab ich festliches Gelage;
In dem Mondschein mich ergehend,
Lebt' bei Nacht ich, statt am Tage.«[26]

Gerade in dieser Zeit, als Ludwig völlig isoliert seinen Phantasien lebte und sogar in seiner Familie keinen Rückhalt mehr fand, verteidigte Elisabeth ihren »Königsvetter«. Sie interessierte sich ja seit jeher für Geisteskrankheiten, die in der Wittelsbacher Familie dieser Zeit so viele Opfer fanden. Sie hatte viele Male Narrenhäuser besucht, sich mit Grauen, aber immer mit Interesse die Phantasien der Irren in den geschlossenen Anstalten angehört. Ja, sie fühlte sich geradezu magisch angezogen von Menschen, die die Grenze zwischen »Normalität« und »Irrsinn« überschritten hatten. Ausgerechnet mit Königin Marie von Bayern, der Mutter Ludwigs II. und des irrsinnigen Otto, besuchte Elisabeth 1874 in München eine Irrenanstalt. Die auch bei diesem Besuch anwesende

Gräfin Festetics berichtete: »Die Kaiserin war bleich und ernst, die Königin aber – oh Gnade Gottes – die die zwei verrückten Söhne hat, sie amusirte sich und lachte.«

Andererseits aber war Elisabeth von diesem Besuch derart fasziniert, daß sie ihn so bald wie möglich wiederholte – und zwar ein halbes Jahr später in London. Marie Festetics drückte vorsichtig ihre Sorge um Elisabeths weitere Entwicklung aus: »Wer sagt, wo die Grenze liegt zwischen Wahnsinn und Verstand? Wo die Ordnung aufhört in des Menschen Geist? Wo das Empfinden, das Richtige – zwischen eingebildetem und wahrem Weh – zwischen wirklicher Freude und fiktiver Vorstellung aufhört und anfängt?«[27]

Elisabeth erkannte wohl auch an sich selbst die Gefährdung durch das Erbe. Zwar kam Ludwigs und Ottos Krankheit vermutlich von mütterlicher Seite (Königin Marie stammte aus dem Haus Hohenzollern), mit der der herzogliche Zweig der Wittelsbacher nicht verwandt war. Aber auch Elisabeths Großvater, Herzog Pius in Bayern, war geistesgestört und verlebte seine letzten Lebensjahre in völliger Abgeschiedenheit von der menschlichen Gesellschaft, als Einsiedler. Einige von Elisabeths Geschwistern waren zumindest labil, zeigten jedenfalls starke melancholische Züge. Schwester Helene zum Beispiel hatte nach dem Tod eines Sohnes 1885 schwere geistige Störungen und war laut Erzherzogin Valerie »in ihrer furchtbaren Leidenschaftlichkeit oft wie wahnsinnig«[28], ganz ähnlich wie die jüngste Schwester Sophie während der Glaser-Affäre (s. S. 405). Auch die »italienischen« Schwestern, Marie und Mathilde, waren im Alter melancholisch.

Wie bei ihren Schwestern, so nahmen auch bei Elisabeth Menschenangst, Mißtrauen und der Hang zur Einsamkeit in den achtziger Jahren fast krankhafte Züge an, wenn auch nicht in derart extremem Ausmaß wie bei Ludwig II. Jedenfalls nahm Elisabeth stets Partei für den »verrückten« bayrischen Vetter.

Schließlich, was ist wohl Verrücktheit?
Thoren gibt's genug und Narren,

Diese für verrückt zu halten,
Mag der Welt oft widerfahren.

Selten ist die wahre Weisheit,
Selt'ner noch Verrücktheit wahre,
Ja, vielleicht ist sie nichts And'res,
als die Weisheit langer Jahre.

Weisheit, die sich so geärgert
Ob der Schändlichkeit auf Erden,
Dass sie weise sich entschlossen,
Lieber selbst verrückt zu werden.

Den Verrückten als Propheten
Ehren hoch die Orientalen;
Aber hier in diesem Lande
Müssen beide stürzen fallen.[29]

Wiederholt kam Elisabeth auf dieses Thema zu sprechen. Auch gegenüber ihrem griechischen Vorleser Christomanos bekräftigte sie ihre Meinung: »Haben Sie nicht bemerkt, dass bei Shakespeare die Wahnsinnigen die einzigen Verständigen sind. So weiß man auch im Leben nicht, wo die Vernunft und wo der Wahnsinn sich findet, sowie man auch nicht weiß, ob die Realität der Traum oder der Traum die Wirklichkeit ist. Ich neige dazu, jene Menschen für vernünftig zu halten, die man wahnsinnig nennt. Die eigentliche Vernunft hält man für ›gefährliche Verrücktheit‹.«[30]
Als sich die Ereignisse um den immer seltsamer werdenden König im Juni 1886 zuspitzten, er für geisteskrank erklärt und der Regierung enthoben wurde, befand sich Elisabeth gerade in Bayern. Sie wohnte in Feldafing am anderen Ufer des Starnberger Sees, in dem Ludwig II. zu Tode kam. Man erzählte sich, die Kaiserin habe dem König zur Flucht verhelfen wollen und ihm in Feldafing eine Kutsche bereitstellen lassen. Diese Gerüchte finden in den Quellen keine Bestätigung, sind auch unglaubwürdig. Denn Elisabeth hatte kaum die Tatkraft, die zu einer derart spektakulären Entführung

unter so komplizierten Umständen nötig gewesen wäre. Allerdings machte sie einen Versuch, den internierten König zu sprechen, gab diesen Plan aber auf, als man ihr davon abriet.[31]
Sie reagierte auf Ludwigs Tod auf ihre Art: Mit Klagen über das Leid der Welt, Verzweiflung und heftigen Gefühlsäußerungen, die ihre Umgebung erschreckten. Erzherzogin Valerie überlieferte in ihrem Tagebuch den Abend, nachdem die Todesnachricht gekommen war: »Als ich abends zum Beten bei Mama war, warf sie sich allerlängst auf den Boden – – ich schrie laut auf, denn ich dachte, sie hätte etwas gesehen und krampelte mich in solcher Angst an sie, dass wir schließlich lachen mussten. Mama sagte, sie wolle nur in Reue und Demut für ihre rebellischen Gedanken Gott um Verzeihung bitten, sie hätte sich ihren Verstand wund gedacht über den unergründlichen Ratschluß Gottes, über Zeit und Ewigkeit, Vergeltung im Jenseits – und müde vom fruchtlosen, sündigen Grübeln, wolle sie nun, sooft ihr Zweifel kommen, in Demut sagen: ›Jehova, du bist gross. Du bist der Gott der Rache, der Gnade, der Weisheit‹«.[32]
Wie ein ausnehmend gut informierter Korrespondent des Berliner Tageblattes später schrieb, sei Elisabeth vor dem Katafalk Ludwigs in tiefe Ohnmacht gesunken. »Als sie aber die Augen aufschlug und die Sprache wiedergewonnen hatte, da verlangte sie kategorisch, man möge den König aus der Kapelle holen – er sei gar nicht todt, sondern ›stelle sich nur so, um vor der Welt und den unausstehlichen Menschen für immer Ruhe zu bekommen«. Dieser Zeitungsbericht ist durchaus glaubwürdig, ebenso wie der Satz: »Das Leiden der Kaiserin aber hatte einen plötzlichen und sehr bedenklichen Schritt nach vorwärts gethan.«[33]
Elisabeths Obersthofmeister Baron Nopcsa informierte sogar Andrássy über den besorgniserregenden Seelenzustand der Kaiserin. Es gehe ihr zwar »Gott sei Dank gut, aber leider ist ihr Gemütszustand nicht so, wie ich es gerne sehen würde. Grund dazu ist zwar keiner, aber trotzdem ist sie gemütskrank. Da sie so mutterseelenallein lebt, so redet sie sich immer mehr hinein.«[34]
Selbst die herzogliche Familie der Wittelsbacher, also Sisis engste Verwandtschaft, machte sich in diesen Tagen (begründete) Sorgen

über Elisabeths Geisteszustand. Die Tochter Herzog Carl Theodors, Amélie schrieb in ihr Tagebuch nach dem Tod Ludwigs: »Tante Sisi ist ganz verstört. Ich fürchte oft, nach ihren eigenen und Valeries Aussprüchen über sie, dass es bei ihr nicht ganz richtig ist. Es wäre doch entsetzlich!!!« Und später schrieb Amélie von Sisis »wirrem Blick, dem trübsinnigen aufgeregten Ausdruck« in diesen Tagen.[35]

Zur Beisetzung des Königs kam Kronprinz Rudolf nach München. Er sagte besorgt seiner Schwester Valerie, »er fände Mama noch über sein Erwarten aufgeregt und fragte mich viel aus«.[36] Nur langsam erholte sich Elisabeth so weit, daß sie wieder dichten konnte, selbstverständlich Verse über den Tod Ludwigs II.

Ja, ich war ein Märchenkönig,
Sass auf hohem Felsenthrone,
Schlanke Lilie war mein Scepter,
Funkelnd' Sterne meine Krone.

Aus den frommen tiefen Thälern
Aus den reichen weiten Gauen
Pflegt' das Volk zu seinem König
Ehrfurchtsvoll stets aufzuschauen.

Doch das feige Hofgesinde
Und die Blutsverwandten spannen
Tückisch, heimlich ihre Netze,
Und auf meinen Sturz sie sannen.

Schergen sandten sie und Ärzte,
Den ›Verrückten‹ einzufangen,
Wie den Edelhirsch der Wilddieb
Meuchlings fällt in Strick und Stangen.

Freiheit wollten sie mir rauben,
Freiheit fand ich in den Fluten;
Besser hier im Herzen erstarren
Als in Kerkerhaft verbluten![37]

Auch in diesen Klageliedern bezeichnet Elisabeth sich als Möve und den König als Adler:

> 13. Juni 1886
> *Den Adler vom Felsenhorste,*
> *Dort oben in schwindelnder Höh',*
> *Den jagenden Wolken so nahe,*
> *Dem sonnenschimmernden Schnee,*
>
> *Sie haben ihn eingefangen,*
> *Die stolzen Schwingen gelähmt,*
> *In ewige Fesseln geschlagen,*
> *Bis dass er zu Tod sich einst grämt.*
>
> *Geheimnisvoll rauschen die Wellen*
> *Und flüstern es schauernd der Nacht:*
> *»In unserm Schoss hat sich eben*
> *Der Königsaar umgebracht«.*
>
> *Klagend umkreiset die Möve*
> *Den Spiegel des lieblichsten Sees*
> *Zur Zeit der blühenden Rosen,*
> *Zur Zeit des bittersten Weh's!*[38]

Unerbittlich waren die Vorwürfe, die die Kaiserin der bayrischen Regierung machte, den König in den Tod getrieben zu haben. Sie forderte Rache und Vergeltung, schrieb auch ein Gedicht »Nemesis«:

> *Es sass einmal ein König*
> *Auf hohem Schwanenstein,*
> *Dess' blaue Augen blickten*
> *Ins Himmelblau hinein.*
>
> *Mit seinen schwarzen Locken*
> *Da spielten West und Föhn;*

Er merkt vor sinnen, dichten
Nicht, dass die Zeiten geh'n.

Weil er stets aufwärts schaute,
Sah er nicht, wie im Thal
Viel böse Menschen sannen
Auf seinen Sturz zumal.

Sie stürzten ihren König
Vom hohen Schwanenstein,
Sie drängten ihren König
In den See hinein«.

Das Lied, das Lied wird klingen,
Bis alle Mörder tod,
Es dringt das leise Singen
In ihre Sterbenot...[39]

Die Hauptschuld an Ludwigs Tod (und daß es ein Selbstmord war, bezweifelte sie nicht) gab Elisabeth dem Prinzregenten Luitpold:

Der Prinzregent

Seht den heuchlerischen Alten!
Drückt ihn sein Gewissen nicht?
Thut so fromm die Hände falten,
Sauersüss ist sein Gesicht.

Wie sein langer Bocksbart wackelt!
Falsch're Augen sah man nie;
Ist sein Hirn auch ganz vernagelt,
Steckt es doch voll Perfidie.

Seinen Neffen, seinen König
Stiess der tückisch von dem Thron;
Doch dies ist ihm noch zu wenig,
Säh' sich dort gern selber schon.

> *Könnt ihr auch noch dies ertragen*
> *Bayerns Volk, dann seid ihr's werth,*
> *Dass, am Pranger angeschlagen,*
> *Ihr in Ewigkeit entehrt!*
>
> *Eh' sie ihn zum König salben,*
> *Stürzt mit donnerndem Gekrach*
> *Wenigstens ihr, stolze Alpen,*
> *Tötend über Bayerns Schmach!*[40]

Elisabeth befand sich mit diesem bösen Gedicht ganz im Einklang mit der damaligen bayrischen Volksmeinung. Denn Ludwig II. war trotz seiner Exzentrizitäten bei den einfachen Leuten sehr populär, und dem Prinzregenten Luitpold hing (trotz unbestrittener persönlicher Loyalität) jahrelang der Ruf nach, Ludwig II. überflüssigerweise interniert und damit in den Tod getrieben zu haben. (Luitpold wurde nie bayrischer König, sondern blieb sein Leben lang »Prinzregent«, weil der offizielle Nachfolger Ludwigs, dessen Bruder Otto, wegen Irrsinns nicht regierungsfähig war.) Elisabeth versöhnte sich auch später nicht mit dem Prinzregenten, was zu einigen Peinlichkeiten führte – denn Luitpold war ja der Schwiegervater der Kaisertochter Gisela. Der deutsche Botschafter berichtete noch 1891 nach Berlin, »wie die hohe Frau einer Begegnung mit dem hier [in Wien] weilenden Prinz-Regenten von Bayern aus dem Wege gegangen ist, welchem Sie bekanntlich die bei der unglücklichen Katastrophe, die mit dem Tode des Königs Ludwig II. endete, eingenommene Haltung nicht vergeben kann«.[41]

Im Gegensatz zu Elisabeth nahm die alte Herzogin Ludovika Partei für den Prinzregenten, und es kam zu ernsten Zwistigkeiten zwischen Mutter und Tochter. Ludovika war der Meinung, man müsse sogar hoffen, daß Ludwig II. verrückt war, »um ihn nicht der so entsetzlichen und traurig vernachlässigten Verantwortung anklagen zu müssen, sein blühendes Land und fast unglaublich treues Volk so heruntergebracht zu haben«.[42]

Auch Sisis Lieblingsbruder, Herzog Carl Theodor, der Ludwig II.

sehr gut kannte und als Mediziner schon in den sechziger Jahren eine Verrücktheit konstatiert hatte, war ganz auf der Seite der »Staatsraison« und des Prinzregenten Luitpold. Laut Erzherzogin Valerie versicherte Carl Theodor immer wieder, »es könne kein Zweifel über den vollständigen Irrsinn des Königs sein und trachtete Mama [also Elisabeth], die schrecklich aufgeregt und in einem Seelenzustand ist, der mich ganz traurig macht, zu beruhigen«.[43] Diese Versuche waren vergeblich. Ganz im Ge-genteil: Elisabeth war nun auch noch mit ihrer bayrischen Familie, sogar ihrem Lieblingsbruder, ernstlich zerstritten. Sie schwor sich sogar, nie mehr nach Bayern zu reisen:

Leb' wohl, mein schöner Heimatsee,
Du, meiner Kindheit Wiege,
Begrenzt von stolzer Bergeshöh',
Im Schoss der Alpenzüge.

Umrahmt von tiefem Buchengrün,
Geschmückt mit Schilf und Rosen,
Die träumend auf den Wellen zieh'n,
Wo Seelibellen kosen.

Du meiner Jugend Lust und Freud,
Mein Sehnen in der Fremde!
Mit schwerem Herzen ist es heut',
Dass ich mich von Dir wende.

Lebwohl, mein See! In deinen Schoss
Werf ich die Heimat heute
Und ziehe rast- und heimatlos
Aufs neue in die Weite![44]

Die Drohung, nicht mehr nach Bayern zu kommen, machte Elisabeth freilich nicht wahr – aber sie sah nun alles, was sie einst so geliebt hatte, mit kritischen Augen an. Selbst im bayrischen Familienkreis fühlte sie sich nun einsam, isoliert:

Die Möven, das sind meine Schwestern,
Die Adler sind Brüder mir;
Die einen verliess ich erst gestern,
Die andern sind weit von hier.

Hier gibt es so viele Personen,
Wir thuen auch so verwandt;
Doch meine gefiederten wohnen
Auf fernem Meere und Land.

Dort war ich einsam und verlassen
Und fühlt' mich doch nie allein;
Hier kann ich die Menge kaum fassen
Und fühl' mich ach! wie allein! ...

Familienglück! Wer kann's beschreiben?
Wer kann's besingen so wie ich?
Ein armes Opfer, muss ich treiben
Herum im Staub der Landstrass' mich.

Die Kinder schrei'n, die Spitze bellen,
Aus jedem Fenster tönt Clavier;
Und extra noch mein Ohr zu quälen,
Singt eine Dame Skalen hier.

Nun hab' ins Thal ich mich verkrochen;
Bin ich erlöst? O point du tout!
Die Sippschaft kommt mir nachgezogen
Und stört auch dort noch meine Ruh![45]

Nur Elisabeths Liebe zu ihrer Mutter Ludovika überstand die Differenzen ohne Schaden. Zum 80. Geburtstag der Herzogin Ende August 1888 schrieb die Kaiserin eines ihrer wärmsten und schönsten Gedichte:

Ich bitte Gott, Er möge gnädig senden
Dir manchen Sommer noch, wie du ihn liebst,
Wo Frische dir die Sonnenstrahlen spenden
Und Stunden du im Buchenhain verbliebst.
Nachts aber soll der Mond sein Antlitz wenden
Dir zu, wie Du entzückt mir jüngst beschriebst.
Wem die Natur so lieblich weiss zu blühen,
Vor dem wird lange noch das Alter fliehen![46]

(Ludovika starb 1892 im 84. Lebensjahr.)

Den Tod des »Königsvetters« beklagte Elisabeth noch nach Jahren, ja sie steigerte sich in eine melancholische Stimmung, die mit dem Ausmaß ihrer Freundschaft zu Ludwig in keinem Verhältnis mehr stand. Sie, die den lebenden Ludwig nur höchst selten gesehen hatte, trieb nun mit dem Andenken an den toten »Aar« einen Kult. In Erinnerung an Ludwig II. reiste die Kaiserin sogar (zum ersten und letzten Mal in ihrem Leben) 1888 nach Bayreuth, um einer Parsifal-Aufführung beizuwohnen. Ihre Reaktion auf die Musik war extrem gefühlsvoll: »Ich habe seitdem Heimweh, wie nach der Nordsee. Es ist etwas, von dem man wollte, daß es nie endet, daß es immer so fortgeht.«[47] Erzherzogin Valerie: »Mama war so entzückt, dass sie den Kapellmeister Mottl und die Darsteller des Parsifal und Amfortas zu sehen wünschte. . . ihre unpoetischen Erscheinungen nahmen etwas von der Illusion.«[48]
Auch mit Cosima Wagner sprach die Kaiserin ausführlich – vor allem über Ludwig II. Cosima Wagner sagte später zu Elisabeths Nichte Amélie, »sie habe noch nie solche Ergriffenheit gesehen wie bei Tante Sisi nach dem Parsifal«.[49] Auch Cosima Wagner erwähnte die Ähnlichkeit zwischen Ludwig II. und Elisabeth.

Mit dem Anwachsen ihrer spiritistischen Neigungen in den späten achtziger Jahren gewann Ludwigs Gestalt in Elisabeths Phantasie immer größere Bedeutung. Sie sprach wiederholt davon, daß der tote Ludwig ihr »erschienen« sei und mit ihr gesprochen habe.
In ihrer wachsenden Isolierung erschien ihr Ludwigs Schicksal als geradezu beneidenswert:

Und dennoch, ja dennoch beneide ich dich,
Du lebtest den Menschen so ferne,
Und, jetzt, da die göttliche Sonne dir wich,
Beweinen dich oben die Sterne.[50]

Der spiritistische Verkehr mit Ludwig II. brachte der Kaiserin Beruhigung und sogar eine Art Frömmigkeit, wie Valerie 1887 in ihrem Tagebuch schilderte: »Gottlob hat Mama all ihren vorjährigen Weltschmerz und ihre Zweifel gründlicher ausgekämpft als ich – ihr Vertrauen zu Jehova, dem sie sich damals nach des Königs Tod in die Arme geworfen, um Ruhe zu finden vor den Qualen, die sie verfolgten, ist unbedingt; alles führt sie auf seine Fügung und Leitung zurück, alles stellt sie ihm anheim. Noch nie habe ich Mama so fromm gekannt als seit jener Zeit – es macht mich glauben, dass ihr seelischer Umgang mit Heine und dem König von Gott zugelassen ist... Mamas Frömmigkeit ist aber anders als die der andern Menschen... schwärmerisch und abstrakt wie ihr Totencultus«.[51]

Und wenig später schrieb Valerie: »Seit ihrem innigen seelischen Verkehr ist Mama wirklich... ruhiger und glücklicher und hat im Sinnen und Dichten... eine befriedigende Lebensaufgabe gefunden.«[52] Auch Elisabeths Gedichte bestätigen, daß dieser spiritistische Verkehr mit dem toten »Königsvetter« ihr Trost und Beruhigung gab:

Jehova! Ich habe verzweifelt
An deiner Barmherzigkeit,
Da ich den Frevel gesehen,
Der jüngst einen Schwan entweiht.

Verzweifelt lief ich am Ufer
Und schrie hinaus in den See:
»Jehova hat uns verlassen,
Er spielt nur mit unserm Weh!«

Wo ist die Seele des Schwanes,
Den man im Wasser erwürgt?
Wo ist das ewige Leben,
Das man uns heilig verbürgt?

Und sieh', als die Nacht gekommen,
Da stieg ein Engel hervor
Aus weinenden Wasserfluten
Und flüstert' mir leise ins Ohr:

»Die Seele, die du verlangest,
Sie gleitet im grossen All;
Doch mit der deinen sich mengen,
Darf sie nun von Fall zu Fall.

Du sollst ihre Leiden teilen
Musst opfern ihr deine Ruh',
Bis eure Seelen einst eilen
Vereint der Ewigkeit zu«[53]

In ihren spiritistischen Neigungen wurde die Kaiserin von einer ihrer Jugendfreundinnen, Gräfin Paumgarten in München, bestärkt. In einem »ganz vertraulichen« Bericht an Bismarck enthüllte Fürst Eulenburg, was nur »wenige Eingeweihte« wußten: »Gräfin Paumgarten ist ein sogenanntes ›Schreibmedium‹. Sie hat die Fähigkeit, ›automatisch‹ zu schreiben, das heißt: ihre Hand wird von ›Geistern‹ geführt, während sie in einen traumartigen somnambulen Zustand verfällt. Gefragt, schreibt sie die Antwort der ›Geister‹ nieder. Die Kaiserin ist seit Jahren in Beziehungen zu diesem Medium. Sie benutzt Ihren Aufenthalt in München zu ›Sitzungen‹, aber Sie wendet sich auch mit schriftlichen Anfragen an die Gräfin, wenn sich Schwierigkeiten in Ihrem Leben zeigen.«[54]
Selbstverständlich stand Elisabeth mit ihren spiritistischen Interessen nicht allein. Geisterbeschwörungen mit Tischrücken und verschiedensten Medien waren in diesen Jahren geradezu eine Mode

der vornehmen Leute. Die berühmten Medien machten glänzende Geschäfte, wurden allerdings hin und wieder auch entlarvt – wie etwa das Medium Bastian, das ausgerechnet von Elisabeths Sohn, Kronprinz Rudolf, 1884 in einer Aufsehen erregenden Sitzung des Betruges überführt wurde. Rudolf gehörte zu den aktivsten Gegnern der spiritistischen Mode, schrieb auch eine Broschüre »Einige Worte über den Spiritismus«, die 1882 anonym erschien. Diese Aktivitäten des Kronprinzen richteten sich indirekt gegen seine Mutter Elisabeth, die freilich die antispiritistischen Schriften Rudolfs ebensowenig kannte wie seine anderen.

Auch Fürst Eulenburg fand die Tatsache, daß Kaiserin Elisabeth Spiritistin war, nicht außergewöhnlich. Für ihn (und für den Adressaten des Berichts, Fürst Bismarck) war nur die Frage von Bedeutung, ob Gräfin Paumgarten politischen Einfluß auf die Kaiserin habe oder nicht. Und in dieser Beziehung konnte Eulenburg den Reichskanzler beruhigen: »Unfug vermag ich das automatische Schreiben der Gräfin deshalb nicht zu nennen, weil sie bone fide handelt und ihr Charakter für ihre Ehrlichkeit bürgt. Auch benutzt die Gräfin ihre einflußreichen Beziehungen durchaus nicht für persönliche Zwecke. Daß aber der Glaube Ihrer Majestät an die Mittheilungen aus dem Geisterreich unter gewißen Umständen große Bedeutung haben kann, unterliegt wohl keinem Zweifel.«

Einmal nahm Sisi sogar ihre Tochter Marie Valerie zu einem solchen Besuch mit. Die nüchterne Fünfzehnjährige allerdings war von den spiritistischen Gesprächen alles andere als angetan und schrieb verwundert den folgenden Wortwechsel zwischen Elisabeth und Irene Paumgarten in ihr Tagebuch: Elisabeth bat die Freundin: »Lege uns heute Abend die Kaiserin Marianne zu Füßen« (Kaiserin Maria Anna war die 1884 gestorbene Gemahlin Kaiser Ferdinands I.). Darauf Irene Paumgarten: »O, die wandelt noch auf finsteren Pfaden.«[55]

In ihrem (bis heute unbekannten, aber von Marie Larisch zitierten) Tagebuch erklärte die Kaiserin ihre Neigung zu Spiritismus: »Ich gehöre nicht zu denen, deren geistige Sinne verschlossen sind. Und deshalb höre ich, besser gesagt, empfinde ich die Gedanken und

das mich betreffende Wollen meines Geistes. Deshalb sehe ich die blonde Else vom Rhein und Bubi [ihren früh gestorbenen Neffen Taxis], auch Max [Kaiser Maximilian von Mexiko] sah ich einmal, aber er hatte nicht die Kraft, mir zu sagen, was er offenbar sagen wollte... Diese Bilder kommen mir in wachem Zustand, ebenso wie die Erinnerung im Schlaf ›Traumgebilde‹ erweckt. Aber was ich in wachem Zustand sehe, sind keine Traumgebilde, keine Halluzinationen, wie gewisse Menschen, denen die Begriffe fehlen, behaupten und damit ein nichtssagendes Wort statt einer logischen Erklärung geben... Mir gewährt es große Befriedigung und eine tiefe Beruhigung in so mancher Stunde, daß ich mit jenseitigen Geistern in Verbindung treten kann. Doch die Menschen, mit geringen Ausnahmen, verstehen das nicht. Und was unwissende Menschen nicht verstehen, das erklären sie für Unsinn.«[56]
Auf jede mögliche Art versuchte die Kaiserin, Botschaften aus der anderen Welt, auch über die Zukunft zu erhalten und war höchst abergläubisch. Marie Larisch: »manchmal... schlug sie ein Weißei in ein Glas Wasser, und wir versuchten gemeinsam, Vorbedeutungen aus den Gestalten herauszulesen, die es annahm. So oft Elisabeth eine Elster sah, machte sie drei Verbeugungen vor ihr, und bei Neumond flehte sie um die Erfüllung langgehegter Wünsche. Die Kaiserin glaubte fest und steif an die Schutzgewalt des kalten Eisens und ging niemals an Nägeln oder verlorenen Hufeisen vorüber, ohne sie aufzuheben. Vor dem bösen Blick hegte sie eine unbändige Angst und fürchtete den unheilvollen Einfluß derer, die ihn besaßen.«[57]
Elisabeth glaubte auch an Weissagungen, wie etwa die des legendären Mönches von Tegernsee, dessen verfluchte Seele erst mit dem letzten des herzoglichen Stammes in Bayern erlöst sein würde. Wiederholt erzählte die Kaiserin, der Mönch habe ihr geweissagt: »Ehe hundert Jahre vergangen sind, ist unser Stamm erloschen!«[58] Worte, die angesichts einer beträchtlichen Anzahl von jungen Prinzen unwahrscheinlich klangen. (Die hundert Jahre sind inzwischen vergangen, und der Stamm der Herzöge in Bayern ist tatsächlich ausgestorben. Der jetzige Chef des Hauses, Herzog Max in Bayern, stammt aus dem königlichen Zweig und wurde vom

letzten männlichen Vertreter des herzoglichen Hauses adoptiert und als Erbe eingesetzt).

Nicht nur ihrer Tochter Valerie, sondern auch ihrer Nichte Marie Larisch erzählte Elisabeth von den »Erscheinungen« König Ludwigs. Einmal habe sie ein Geräusch wie Wassergurgeln gehört, als sie im Bett lag. »Allmählich erfüllte dieses sanfte Sickern das ganze Zimmer, und ich durchlebte alle Nöte des Ertrinkens. Ich röchelte und erstickte und rang nach Luft, dann schwand das Grauen, mit letzter Kraft setzte ich mich im Bett auf und atmete wieder frei. Der Mond war aufgegangen, und sein Schein erleuchtete das Zimmer mit Tageshelle. Da sah ich, wie die Tür sich langsam öffnete, und Ludwig kam herein. Seine Kleider waren schwer von Wasser, das an ihm herabtriefte und kleine Lachen auf dem Parkett bildete. Sein feuchtes Haar klebte um sein weißes Gesicht, doch es war Ludwig, wie er im Leben ausgesehen hatte.«

Es soll dann, wie Elisabeth ihrer Nichte weiter erzählte, zu einer Unterhaltung mit dem Geist Ludwigs gekommen sein, und Ludwig habe von einer Frau gesprochen, die verbrennt: ich weiß, daß es eine Frau ist, die mich geliebt hat, und bis ihr Geschick sich erfüllt, werde ich nicht frei sein. Doch nachher wirst du uns begegnen, und wir drei werden zusammen glücklich sein im Paradies.« Daß Marie Larisch diese Prophezeihungen auf den Tod der ehemaligen Verlobten Ludwigs, Sophie Alençon, im Jahre 1897 bei einem Brand deutete und auf den ein Jahr darauf folgenden Tod der Kaiserin, ist für das 1913 erschienene Buch nicht verwunderlich. Elisabeth an Marie Larisch: »Doch während ich sprach, verschwand die Gestalt; wieder hörte ich das Tropfen eines unsichtbaren Wassers und das Gurgeln des Sees gegen das Ufer. Entsetzen faßte mich, denn ich fühlte die Nähe der Schatten jener anderen Welt, die ihre gespenstischen Arme nach dem Trost der Lebenden ausstrecken.«[59]

Ab Mitte der achtziger Jahre sprach die Kaiserin wiederholt von Selbstmord. Vor allem das Wasser des Starnberger Sees, in dem Ludwig II. umgekommen war, besaß für sie eine starke Anziehungskraft, wie auch aus dem folgenden Gedicht: »Versuchung« zu ersehen ist:

> *. . . Ich sass und sah zu lange am Gestad,*
> *Berückend klang der grünen Wasser Rauschen,*
> *Zu lockend hat Versuchung sich genaht,*
> *Und zwang der Nyxen Worte mich zu lauschen.*
>
> *Und jede Welle flüstert leis mir zu:*
> *Vergönne doch in uns'rem grünen Grunde*
> *Dem müden Körper endlich Rast und Ruh;*
> *Der Seele Freiheit bringt dann diese Stunde.*
>
> *Mir dünkt, dass selbst die Sonne schmeichelnd spricht:*
> *Und steigst hinab du jetzo ohne Zagen,*
> *Bedeckt dein grünes Grab mein goldnes Licht –*
> *Dem Geiste aber wird ein hell'res tagen.*
>
> *Die Stunde der Versuchung ist gewichen*
> *Ein feiger Hund bin ich nach Haus geschlichen.*[60]

Sie verstieg sich zu makabren Phantasien:

> *Nun liegt mein Körper unten*
> *Im tiefsten Meeresgrund,*
> *Die Riffe dort, die bunten,*
> *Die rissen ihn noch wund.*
>
> *In meinen Zöpfen betten*
> *Die Seespinnen sich ein;*
> *Ein schleimig Heer Maneten**
> *Besetzt mir schon die Bein'.*
>
> *Auf meinem Herzen kriechet*
> *Ein Tier, halb Wurm, halb Aal;*
> *Die Fersen mir beriechet*
> *Ein Lobster-Kardinal.*

* Seepolypen

Es haben mir umschlungen
Medusen Hals und Arm;
Und Fische, alte, junge,
Die nähern sich im Schwarm.

An meinem Fingern saugen
Blutegel, lang und grau,
In die verglasten Augen
Stiert mir der Kabeljau.

Und zwischen meinen Zähnen
Klemmt sich ein Muscheltier.–
Kommt wohl die letzte Thräne
Als Perle einst zu dir?[61]

Die jüngste Kaisertochter Marie Valerie war einer der wenigen Menschen, die sich über die schlechte seelische Verfassung Elisabeths im klaren waren. Sie schrieb besorgt in ihr Tagebuch, wie heftig und verzweifelt die 48jährige Kaiserin zum Beispiel auf einen Ischiasanfall reagierte: »viel ärger als das Übel ist Mamas unbeschreibliche Verzweiflung und Hoffnungslosigkeit. Sie sagt, es sei eine Qual zu leben und deutete an, sie möchte sich umbringen. ›Dann kommst Du in die Hölle‹, sagte Papa. Und Mama antwortete: ›Die Höll' hat man ja schon auf Erden!‹« . . . Und die verstörte Siebzehnjährige beruhigte sich selber: »Dass sich Mama nie umbringen wird, dessen bin ich überzeugt, dass ihr das Leben zur Last ist und dass dies zu wissen, Papa ebenso unglücklich macht wie mich, darüber könnte ich stundenlang weinen.«[62]

11. Kapitel

Die Jüngerin Heines

Als die Kaiserin Mitte der achtziger Jahre ihren Reiterehrgeiz aufgab, erwarteten die Zeitgenossen, daß sie sich nun endlich an das »kaiserliche« Leben gewöhnen würde. Man hoffte, sie nun wieder häufiger in Wien zu sehen, nicht nur bei der höfischen Repräsentation, sondern auch bei der Erfüllung ihrer so lange vernachlässigten sozialen Pflichten. Diejenigen, die es gut mit ihr meinten, ihre Intelligenz und ihre politischen Ansichten schätzten, bedauerten ja schon seit langem, daß Elisabeth ihre nicht unbedeutenden Fähigkeiten vor der Öffentlichkeit verborgen hielt und deshalb kraß unterschätzt und als schöne sportslady abqualifiziert wurde.
Einer der glühendsten Bewunderer von Elisabeths Geistesgaben war nach wie vor Gyula Andrássy. Auch er bedauerte ihre Zurückhaltung und schrieb über sie ausgerechnet an ihren Obersthofmeister Baron Nopcsa folgende Zeilen (die sicherlich auch für Elisabeths Augen bestimmt waren): »Daß sie aber ihren großen Geist und ihr großes Herz, im Vergleich zu denen die berühmte Maria Theresia nur die Fähigkeiten einer guten Hausfrau besaß, so sehr zu verbergen sucht, als wenn es sich nicht geziemen würde, sie zu zeigen, vermag ich nicht genug zu bedauern.«[1]
Aber selbst diese lobhudelnden Worte verfehlten ihre Wirkung. Die Kaiserin fühlte sich nach wie vor als Privatperson und pflegte ihre Individualität so fern wie möglich von Wien. Marie Festetics entschuldigte ihre über alles geliebte Herrin: »ihre Sünden sind ja nur Unterlaßungssünden, und die Fehler sind, um sie klar zu nennen, Mangel an innerlicher Disziplin und nicht Maßhalten können – dadurch eben!!«[2] Deutlicher und wohlwollender ist es wohl kaum auszudrücken.
Kaiser Franz Joseph bemühte sich nach Kräften, seiner Frau das

Leben in Wien so angenehm wie möglich zu machen und ihren Ansprüchen gerecht zu werden. Da sie sich weder in der Hofburg noch in Schönbrunn, Laxenburg oder Hetzendorf wohlfühlte, baute er ihr Mitte der achtziger Jahre eine eigene Sommervilla inmitten des Lainzer Tiergartens, wo sie vom höfischen Leben völlig ungestört war. Es wurde ein Schlößchen ganz nach Elisabeths Geschmack, vom Ringstraßenarchitekten Hasenauer entworfen. Vor dem Haus steht eine Statue von Elisabeths griechischem Lieblingsgott Hermes (der der Villa auch den Namen »Hermesvilla« gab), auf dem Balkon eine Büste Heinrich Heines, im Stiegensaal eine Statue des »Sterbenden Achill«, ihres Lieblingshelden. Wände und Decken von Elisabeths Schlafzimmer waren voller Fresken mit Szenen aus ihrem Lieblingsdrama, dem »Sommernachtstraum« (nach Zeichnungen Makarts von dem jungen, damals noch unbekannten Gustav Klimt gemalt). Das Hauptgemälde an Elisabeths Prunkbett stellte Titania mit dem Esel dar – ein Scherz, der dem Kaiser wohl kaum gefallen haben dürfte. Die Wände des auch hier obligaten Turnzimmers waren voller Fresken mit antiken Gladiatorenkämpfen, ebenso ein Ausdruck von Elisabeths Griechenlandliebe wie die zahlreichen griechischen Kleinplastiken, mit denen sie sich in der Hermesvilla umgab.
Elisabeth schätzte an der Lainzer Villa, »Titanias Zauberschloß«, wie sie sie nannte, vor allem die Einsamkeit inmitten einer unberührten Waldlandschaft mit höchst zahlreichem Rotwild. Der Lainzer Tiergarten war mit einer Mauer umgeben. An den Toren standen Wachen. Kein Außenstehender bekam die Villa zu Elisabeths Zeiten zu Gesicht. Sie konnte stundenlang spazierengehen und das Wild beobachten (gegen die Wildschweine hatte sie stets Holzratschen bei sich, die die Tiere fürchteten) oder dichten:

Titania wandelt unter hohen Bäumen,
Mit weissen Blüten ist ihr Pfad bestreut,
Die Buchen rings, die alten Eichen keimen,
Es scheint der Wald ein Dom dem Mai geweiht.

Ein Dom durchweht von märchenhaften Träumen,
Ein Zauberort verborgen und gefeit;
Maiglöckchen läuten duftend süße Lieder,
Und goldne Falter schweben auf und nieder.

Die weisse Hirschkuh folgt Titanias Schritten,
Nicht flieh'n die wilden Mouffelons vor ihr,
Eichhörnchen ist vom Stamm herabgeglitten
Und grüsst die Königin im Forstrevier.

Der scheue Kuckuck ist nicht abgeritten,
Lauscht sie doch täglich seinem Rufe hier;
Die wilde Taube girret im Gezweige,
Und goldig geht ein Maientag zur Neige.

Im Mondlicht ruht Titania gern, dem blassen,
Ihr Lieblingsreh schaut dann zu ihr empor,
Wie ihre Arme zärtlich es umfassen;
Den wilden Eber krault sie hinterm Ohr;

Doch nie und nimmer werden zugelassen,
Die draussen an des Zauberwaldes Thor,
Um Einlass fleh'n mit Schreien und mit Scharren,
Die alten Esel und die jungen Narren[*].[3]

Gegen die modernen Sanitäreinrichtungen hatte die Kaiserin allerdings zunächst Bedenken, so gegen eingebaute Badezimmer (die es in den anderen Kaiserschlössern noch nicht gab). Denn da würden »ja so und so viele Badefrauen, welche die Wannen aufstellen und füllen mußten, um ihre Beschäftigung kommen«. Auch die Wassermuscheln auf den Gängen waren ihr ungewohnt. Der Architekt Hasenauer beobachtete einmal die Kaiserin, wie sie mit offensicht-

---

[*] Mit den »jungen Narren« meinte Elisabeth ihren jugendlichen Verehrer Alfred, der ihr schwärmerische Briefe schrieb und ihr auch auf manchen ihrer Reisen – in gemessener Entfernung – folgte. s. S. 407 ff.

lichem Vergnügen die Wasserhähne immer wieder auf- und zudrehte, weil sie so etwas noch nicht kannte.⁴

Als die Kaiserfamilie im Mai 1887 zum erstenmal in Lainz übernachtete, stöhnte Marie Valerie voller Heimweh nach Ischl: »Traurig legte ich mich in mein weißes Bett, das in einem unheimlichen Alkoven steht und von welchem ein höchst affektiertes pausbackiges Engelchen aus blauem Himmel und Wolken ... herabschaut.«

Auch mit den Prunkzimmern der Kaiserin war Valerie nicht zufrieden: »Mamas Zimmer haben den besten Willen, ungeheuer freundlich zu sein, sind mir aber in ihrem manirierten Rokoko zuwider. Ach – wären wir wieder daheim!«⁵

Valerie fand die Hermesvilla »eigentlich ungemütlich schön und modern und sieht uns und was wir bis jetzt gewohnt waren, gar nicht gleich.«⁶ Kaiser Franz Joseph reagierte wieder einmal hilflos, wie bei so manchem, was seine Frau sich ausgedacht hatte: »Ich werd mich immer fürchten, alles zu verderben.«

Aber Elisabeth dachte nicht daran, sich nun, da sie ein eigenes, einsam gelegenes Schloß besaß, häufiger in Wien aufzuhalten. Sie verbrachte nur wenige Tage des Jahres in dieser ihrer sündteuren »Hermesvilla« und strebte wieder hinaus: zwar nicht mehr zu den Reitjagden, nun aber zu langen Besichtigungsreisen vornehmlich ins Ausland.

Ganz unverkennbar befand sich Elisabeth in dieser Zeit in einer ernsten Krise. Sie näherte sich den fünfzig. Der Glanz ihrer Schönheit war verblichen. Sie versteckte ihr faltiges Gesicht hinter Fächern und Schirmen. Die einst lebenslustige »Königin hinter der Meute« hatte Ischias und schwere nervöse Störungen. Trotz ihrer vorzüglichen intellektuellen Anlagen war Elisabeth isoliert, einflußlos und unbefriedigt in jeder Beziehung. Ein letztes Mal noch raffte sie sich auf und versuchte diesem Leben einen Sinn zu geben, freilich nicht im Rahmen ihrer kaiserlichen Stellung oder ihrer Familie. Sie begann vielmehr mit einer Intensität sondergleichen zu dichten und zog bittere Bilanz aus ihrem Leben:

Verlassen (Gödöllö 1886)

In meiner grossen Einsamkeit
Mach' ich die kleinen Lieder;
Das Herz, voll Gram und Traurigkeit,
Drückt mir den Geist darnieder.

Wie war ich einst so jung und reich
An Lebenslust und Hoffen;
Ich wähnte nichts an Kraft mir gleich,
Die Welt stand mir noch offen.

Ich hab geliebt, ich hab gelebt,
Ich hab' die Welt durchzogen;
Doch nie erreicht, was ich erstrebt. –
Ich hab' und ward betrogen![7]

Elisabeth hatte die Hoffnung aufgegeben, bei ihren Zeitgenossen Verständnis zu finden. Sie verkehrte mehr denn je mit den Geistern der Toten und setzte all ihre Hoffnung auf die »Zukunftsseelen«, für die sie ihre Gedichte schrieb: Ihre Dichtungen aus den achtziger Jahren bestimmte sie (anders als ihre Jugendgedichte) zur Veröffentlichung. Als Drucktermin stellte sie sich das Jahr 1950 vor – also eine Zeit, wo niemand ihrer Zeitgenossen und auch sie selbst nicht mehr lebten. Wenigstens in der Nachwelt wollte Elisabeth erreichen, was die Zeitgenossen ihr verweigerten: Rechtfertigung, Verständnis, Nachruhm.
Die oft konfusen Freiheitshymnen in vielen dieser Gedichte entstanden nach dem Vorbild Heines. Sie waren auch als Trost für Bedrängte in fernen Zeiten gedacht. Einige Male wandte sich Elisabeth sogar direkt an die Menschen des 20. Jahrhunderts:

An die Zukunftsseelen

Ich wandle einsam hin auf dieser Erde,
Der Lust, dem Leben längst schon abgewandt;

Es theilt mein Seelenleben kein Gefährte.
Die Seele gab es nie, die mich verstand.

Wohl in der Jugend schwärmerischen Jahren
Wand Kränze ich um manches schöne Haupt;
Doch ach! Wie geist- und seelenlos gewahren
Muss ich sie jetzt, da sie die Zeit entlaubt!

Bin von Verwandten ich auch rings umgeben;
Sie steh'n dem Leibe nahe nur und Blut;
Zehnfach versiegelt bleibt mein inn'res Leben,
Meine Seele ein verschlossnes Gut.

Einst jagt' ich rastlos hin auf dieser Erde,
Eng ward mir selbst der weisse Pusztasand,
Das Meer trug mich und meine stolzen Pferde
Hinüber bis an Erins grünen Strand.

Fast ging die Seele mir dabei verloren;
Es war ein Rasen ohne Ruh und Rast;
Doch eine andre hatte sie erkoren,
Von dieser ward auf ewig sie umfasst.

Das Pferd, dies irdisch Kleinod meiner Seele,
Durch höhre Mächte ward es mir vertauscht;
Es trat das Flügelross an seine Stelle,
Und meine Seele flog nun wie berauscht.

Ich fliehe vor der Welt sammt ihren Freuden,
Und ihre Menschen stehen mir heut' fern;
Es sind ihr Glück mir fremd und ihre Leiden;
Ich wandle einsam, wie auf anderm Stern.

Was einst mich schmerzte, wurde mir nun teuer,
Zum Paradies ward die Verlassenheit;
Entfalten kann mein Geist die Schwingen freier,
Fremd sind ihm alle Erdenseelen heut'! . . .

Und voll ist meine Seele zum zerspringen,
Das stumme Sinnen ist ihr nicht genug,
Was sie bewegt, muss sie in Lieder bringen
Und diese senke ich nun in mein Buch.

Dies wird sie treu durch Menschenalter wahren
Vor Seelen, die sie heute nicht versteh'n;
Bis einst, nach langen, wechselvollen Jahren,
Die Lieder blühend aufersteh'n.

O, dass sie dann des Meisters* Ziel erreichten!
Ein Trost zu sein, euch, die ihr klagt und weint
Um solche, die im Freiheitskampf erbleichten
Um deren Haupt die Märtyrkrone scheint!

Ihr teuern Seelen jener fernen Zeiten,
Zu denen meine Seele heute spricht,
Gar oft wird sie die eueren begleiten,
Ihr lasst ins Leben sie aus dem Gedicht.[8]

Außerordentlich viel Sorgfalt verwendete Elisabeth auf die Sicherung ihrer Dichtungen für die Nachwelt. In den Wintern 1886 und 1887 ließ sie Abschriften der Gedichte anfertigen – und zwar unter strengster Geheimhaltung von zwei eigens aus Bayern angereisten Verwandten: Marie Larisch und deren (bürgerlicher) Cousine Henny Pecz. Die zunächst abenteuerlich anmutenden Erzählungen der Gräfin Larisch, diese Abschriften hätten als Manuskripte für einen geheimen Druck der Gedichte gedient[9], können inzwischen nicht mehr als Phantasien abgetan werden: Im literarischen Nachlaß der Kaiserin im Schweizer Bundesarchiv in Bern befinden sich neben den handschriftlichen Originalen der Gedichte wirklich bisher unbekannte anonyme Drucke zweier Gedichtbände, (»Winterlieder«, »Nordseelieder«), die mit den handschriftlichen identisch sind.
Elisabeth hinterlegte 1890 die Originale wie die Drucke in einer

---
* der »Meister« ist Heinrich Heine

versiegelten Kassette in der Hofburg mit der Verfügung, diese Kassette nach ihrem Tod ihrem Bruder Herzog Carl Theodor zu übergeben. Ihn wiederum bat sie, die Kassette aufzubewahren und nach Ablauf einer Frist von 60 Jahren an den Schweizer Bundespräsidenten weiterzugeben, was auch im Jahr 1951 geschah. Mit derselben Verfügung gab sie auch einigen ihrer Vertrauten – so dem »schönen Prinzen« Rudolf Liechtenstein – gedruckte Exemplare der Gedichte. Über den Nachlaß des Fürsten Liechtenstein in Brünn und die Österreichische Akademie der Wissenschaften in Wien gelangte 1951 je ein weiteres Exemplar der »Nordseelieder« und »Winterlieder« in die Schweiz.

(Wie viele Exemplare sich in anderen Händen befunden haben und verloren gegangen sind, wissen wir nicht. Daß sich auch im Nachlaß des Grafen Hans Wilczek je ein Druck befand, ist zu vermuten. Denn Wilczek war, nach durchaus glaubwürdigen Andeutungen der Gräfin Larisch, der Vermittler der Kaiserin. Elisabeth verhandelte nicht selbst mit der Druckerei (wie es ihr Sohn Rudolf in ähnlichen Fällen tat), sondern blieb völlig anonym. Leider ist das Archiv der Familie Wilczek in Seebarn 1945 von den Russen geplündert worden und keine weiteren Hinweise zu finden.)

Der Kassette an ihren Bruder Carl Theodor fügte die Kaiserin einen eigenhändigen Brief an die Person bei, die einmal diese Verse sichten und herausgeben würde:

»Liebe Zukunfts-Seele!

Dir übergebe ich diese Schriften. Der Meister hat sie mir dictirt, und auch er hat ihren Zweck bestimmt, nämlich vom Jahre 1890 an in 60 Jahren sollen sie veröffentlicht werden zum besten politisch Verurteilter u. deren hilfebedürftigen Angehörigen. Denn in 60 Jahren so wenig wie heute werden Glück u. Friede, das heisst Freiheit auf unserem kleinen Sterne heimisch sein. Vieleicht auf einem Andern? Heute vermag ich Dir diess nicht zu sagen, vieleicht wenn Du diese Zeilen liest – – Mit herzlichem Gruss, denn ich fühle Du bist mir gut,

Titania

geschrieben im Hochsommer des Jahres 1890 u. zwar im eilig dahinsausenden Extrazug.«[10] (s. Abbildung auf S. 610)

Diese komplizierten Verfügungen zeigen, welchen Wert die Kaiserin ihren Dichtungen beimaß und welche Hoffnungen sie auf die Veröffentlichung setzte: Verständnis der Nachwelt und Korrektur ihres Bildes in der Geschichte. Sie zeigen aber auch, wie sehr sie sich verfolgt fühlte, wie mißtrauisch sie war gegenüber den österreichischen Behörden und ihrer habsburgischen Verwandtschaft, der sie nicht die Loyalität zutraute, diese Gedichte treu zu verwahren. Auch Kaiser Franz Joseph wußte, wie wir aus all den Geheimniskrämereien schließen müssen, nichts von den geheimen Verfügungen seiner Frau für die »Zukunftsseelen«.

Elisabeth zeigte auch kein Vertrauen in die Stabilität der Monarchie. Ebenso, wie sie einen großen Teil ihres Vermögens (ohne Wissen des Kaisers) in die Schweiz zum Bankhaus Rothschild transferierte, um für den Fall einer Emigration gesichert zu sein, so gab sie auch das wertvollste, das sie der Nachwelt zu hinterlassen meinte – eben ihre Schriften und Gedichte – in die Schweiz, die sie in mehreren Gedichten als »Hort der Freiheit pries« und deren Staatsform, die Republik, ihr für die Zukunft sicherer schien als eine Monarchie.

Den Bestimmungszweck des durch die Edition einlaufenden Geldes wiederholte die Kaiserin in einem kurzen Begleitschreiben an den Schweizer Bundespräsidenten: »Der Ertrag soll ausschließlich verwendet werden für hilflose Kinder von politisch Verurteilten der österreichisch-ungarischen Monarchie nach 60 Jahren.«[11]

Die »Zukunftsseelen« haben es heute mit diesem Wunsch der Kaiserin nicht leicht. Denn wenn es auch ziemlich klar ist, daß Elisabeth mit diesem Wunsch Kritik an den politischen Verhältnissen der Donaumonarchie üben wollte, ist doch völlig ungewiß, welche Art von »politisch Verurteilten« sie meinte. Welche »politisch Verurteilten« gab es gerade 1890? Sozialisten, Anarchisten, Deutschnationale. Auf diese jedoch konnte Elisabeth sicherlich nicht anspielen. Meinte sie nicht wie so häufig vielleicht die Familien der ungarischen Revolutionäre 1848/49 gegen den österreichischen Zentralstaat? Und wie soll man deren Nachkommen heute noch finden?

Elisabeths Verfügungen zeigen jedoch: Sie war überzeugt von der

Qualität ihrer Verse (wenigstens bis zum Jahr 1890, als sie diese Bestimmungen traf). Daß diese Gedichte kaum mehr sind als dilettantische Reimereien einer gelangweilten, einsamen und unglücklichen Frau, war ihr nicht bewußt.

Fast ein volles Jahrzehnt konzentrierte sich Elisabeth auf ihre Dichtungen. In dieser Zeit wurde aus der Kaiserin Elisabeth von Österreich, Königin von Ungarn und Böhmen die Feenkönigin Titania, als die sie sich in ihren Gedichten bezeichnete. Ihr kaiserlicher Gemahl wurde, so unpassend das auch für Franz Josephs Persönlichkeit war, zum Feenkönig Oberon. Feen und Zwerge, vor allem aber die Gestalt des »Meisters« Heinrich Heine füllten Elisabeths Leben nun aus. Die Menschen ihres Reiches waren ihr ebenso fern wie die Probleme ihrer Familie, vor allem die ihres Sohnes, dessen trauriges Schicksal sich in diesen achtziger Jahren erfüllte – ohne daß seine Mutter davon Kenntnis nahm, ja überhaupt eine Ahnung von seinen Problemen hatte.

Nur wenige Vertraute wußten von den Gedichten der Kaiserin. Kaiser Franz Joseph konnte bei seinem aufs Praktische gerichteten Verstand mit den »Wolkenkraxeleien« seiner Frau nichts anfangen und reagierte freundlich-nachsichtig wie stets, wenn er eine ungewöhnliche Eigenart Elisabeths nicht verstand. Erzherzogin Marie Valerie, die wohl die meiste Zeit mit dem Anhören und Rezitieren der Gedichte ihrer Mutter zu tun hatte, hielt Elisabeth für eine große Dichterin, spöttelte andererseits aber auch gelegentlich über Sisis Drang, jede kleine Unstimmigkeit, jedes Ärgernis gleich in Gedichtform den »Zukunftsseelen« mitzuteilen. Es sei ein »gemeinsamer Familienzug alles der Nachwelt zu vermachen. Die wird uns wohl einst a funny family nennen.«[12] Sie klagte: »eigentümliches Leben das meiner Mutter – ihre Gedanken beschäftigt die Vergangenheit, ihr Streben die ferne Zukunft. Die Gegenwart ist ihr ein wesenloses Schattenbild, ihr grösster Stolz, dass niemand ahnt, dass sie eine Dichterin.«[13]

Zunächst sagte Elisabeth nämlich ihrem Mann nichts von ihren Dichtungen, sondern zeigte ihm nur die jugendlichen Reimereien der Erzherzogin Valerie, der sie einredete, ebenfalls eine begnadete Dichterin zu sein. Das junge Mädchen, das wohl eher Franz Josephs nüchternen Verstand geerbt hatte als den Schwärmersinn der Mutter, zögerte und schrieb etwas ratlos in ihr Tagebuch: »Mama will, dass ich mein Gedicht morgen Papa gebe, was mich unglücklich macht, denn es ist meine fixe Idee, dass es Papa affektiert findet zu dichten.«[14] Auch Gräfin Festetics schrieb über den Kaiser vorsichtig: »Die poetische Ader ist nicht sehr in ihm entwickelt.«[15]

Auch Gyula Andrássy war unter den wenigen Eingeweihten. Er nahm die Gedichte der Kaiserin zum willkommenen Anlaß für Komplimente und schrieb an Sisis Oberstofmeister Baron Nopcsa 1889: »Du weißt, welch hohe Meinung ich immer von ihrem Geist und Herzen hatte, aber seitdem ich einige ihrer Gedichte gelesen, ist diese Meinung bis zur höchsten Bewunderung gestiegen, und dazu, daß sich in ihr mit so viel Verstand, der selbst dem größten Manne zur Ehre gereichen könnte, so viel Gemüt vereint, kann ich kurz nur sagen, daß eine zweite solche Frau nicht auf der Erde existiert. Eines betrübt mich jedoch, und das ist, daß nur so wenige Menschen wissen, was sie ist. Ich möchte wünschen, daß die ganze Welt davon Kenntnis habe und sie so bewundere, wie es eine so seltene Persönlichkeit verdient.«[16]

Elisabeths Bruder, der Augenarzt Carl Theodor, sah diese neue Beschäftigung weit nüchterner und auch sorgenvoll mit an. Er fand die ihm gezeigten Gedichte zwar schön, warnte aber Elisabeth davor, »sich zu intensiv in die überspannten Ideen zu bohren, in denen sie lebt, denn er meint, durch diesen eingebildeten Seelenverkehr mit Heine könne sie ihre Nerven so überreizen, dass sie am Ende noch ›umschnappe‹«.[17] Im Familienkreis sprach Carl Theodor ungeniert über Sisi, »die gescheidt sei, aber einen ›entschiedenen Sporn‹ [bayrische Version von »Sparren«] habe«.[18]

Elisabeths Vater, Herzog Max, war seit jeher höchst kritisch gegenüber seinen Töchtern, auch gegenüber Elisabeth. Vor versammelter Familie las er beim Fest der diamantenen Hochzeit im September 1888 seine Lieblingsstelle aus einem soeben erschienenen Buch »Das nervöse Jahrhundert« von Mantegazza vor: »Die Nervosität der Nicht-Arbeitenden wird nur allmählich geheilt werden, sobald nämlich die Herzoge, Grafen und Barone ihren

Kindern beibringen werden, daß die Arbeit der beste Adelsbrief und zugleich der sicherste Weg zu einem langen und glücklichen Leben ist.«[19] Dieses Zitat war kurz danach in einem Jubelartikel zur diamantenen Hochzeit im Wiener Fremdenblatt nachzulesen – und glich einer öffentlichen Kritik an der Kaiserin. Das Verhältnis Elisabeths zu ihrem inzwischen kranken Vater war derart schlecht, daß sie noch nicht einmal zu seinem Begräbnis im November 1888 nach München fuhr – offiziell wegen ihrer angegriffenen Gesundheit.

Elisabeths Gedichte aus den achtziger Jahren (nach Rudolfs Tod 1889 hörte sie abrupt mit dem Dichten auf) haben einen Umfang von etwa 600 Druckseiten. Sie sind eine einzige große Hymne an den schwärmerisch verehrten »Meister« Heinrich Heine. Diese Verehrung ging über die übliche Liebe eines Literaturfreundes weit hinaus. Die Kaiserin kannte lange Passagen von Heine auswendig und beschäftigte sich auch intensiv mit dem Leben des Dichters. Mit ihm, dem 1856 in Paris Gestorbenen, glaubte Elisabeth sich eng verbunden, fühlte sich als seine Jüngerin, ja sie meinte sogar, der Meister diktiere ihr ihre Verse in die Feder. »Jedes Wort, jeder Buchstabe, was nur von Heine vorkommt, ist ein Juwel«, schrieb Elisabeth an ihre Tochter Valerie und bekannte, daß der Dichter »immer und überall mit mir ist«.[20]
Auch diese enge Beziehung zu dem geliebten toten »Meister« hatte Fluchtcharakter, nicht anders als das Reiten und die langen Reisen. Aus der unliebsam empfundenen Wirklichkeit floh die immer resignierter und einsamer werdende Elisabeth in das Reich der Träume:

>   An meinen Meister
>
>   *Ich eil' ins Reich der Träume,*
>   *Mein Meister, da bist Du,*
>   *Es jubelt meine Seele*
>   *Begeistert schon Dir zu.*
>
>   *Dein Geist hat mich geleitet,*

Beherrscht den ganzen Tag;
Ich fühlt', wie er gebreitet
Auf meiner Seele lag.

Er drang mit goldnen Worten
Bis in mein tiefstes Sein,
Und in mein Hirn da bohrten
Sich seine Lehren ein.

Auf schneebedeckten Pfaden
Ging ich wohl stundenlang;
Und welche Reize hatten
Für mich doch Stein und Hang!

Du warst ja mein Begleiter,
Hast mir so viel gesagt;
Ernst klang es oft, oft heiter,
Hab' stets es heimgebracht.

Noch lange jeden Abend
Steh ich vor Deinem Bild
Es in mein Herz begrabend,
Dass es die Qual dort stillt.

Und nun ins Reich der Träume!
Nur da ist endlich Ruh'
Für meine arme Seele;
Denn, Meister, da bist Du![21]

Elisabeths Flucht in die Träume ging so weit, daß sie fest davon überzeugt war, mit dem toten »Meister« spiritistischen Umgang zu haben. So schilderte sie zum Beispiel ihrer Tochter Marie Valerie eine solche Heine-Erscheinung in allen Einzelheiten. Sie habe eines Abends im Bett plötzlich das Profil Heines, wie sie es von einem der Porträts kannte, vor sich gesehen und dabei »die merkwürdige, ... aber angenehme Empfindung« gehabt, »als wollte diese Seele die ihrige lostrennen aus dem Körper. Dieser Kampf brauchte einige Sekunden, aber Jehova gestattete der Seele nicht, den Körper zu verlassen. Die Erscheinung verschwand und liess Mama trotz der Enttäuschung des Weiterlebens für lange Zeit eine beglückende Befestigung im Glauben, eine grössere Liebe zu Jehova und die Überzeugung, dass Heines Seele bei Ihm und ihr Umgang mit Mamas Seele von Ihm gestattet sei. Und Mama versichert noch heute und sagt, sie könne jeden Schwur leisten, dass dies wahr sei und sie die Erscheinung vollkommen wachend und mit ihren leiblichen Augen vor sich gesehen.«[22]

Gedichte wie das folgende sind nur als Ausdruck dieses Spiritismus zu erklären, der auch erotische Züge aufwies, wenn es um Heine ging:

An meinen Meister 5. März

> *Es schluchzt meine Seele, sie jauchzt und sie weint,*
> *Sie war heute Nacht mit der Deinen vereint;*
> *Sie hielt Dich umschlungen so innig und fest,*
> *Du hast sie an Deine mit Inbrunst gepresst.*
> *Du hast sie befruchtet, Du hast sie beglückt,*
> *Sie schauert und bebt noch, doch ist sie erquickt.*
> *O könnten nach Monden aus ihr auch erblüh'n*
> *So wonnige Lieder, wie Dir einst gedieh'n! –*
> *Wie würde sie hegen, die Du ihr geschenkt,*
> *Die Kinder, die Du, Deine Seele getränkt.*[23]

An den Meister

> *Nur einmal, einmal komme wieder,*
> *Dass ich Dich schau von Angesicht,*
> *O, schwebe einmal noch hernieder,*
> *Du meiner Seele Trost und Licht.*
>
> *Führ' sie zurück in Deine Bahnen,*
> *Eh' ihr die Welt ein Böses tut.*

Mein Herz durchzieht ein schlimmes Ahnen,
Mir fällend fast den stolzen Mut.[24]

Die Kaiserin sammelte Heine-Ausgaben, Heine-Porträts. Sie umgab sich mit Heine-Büsten. Sie besuchte Heines alte Schwester, Charlotte von Embden in Hamburg und Heines Grab in Paris, schrieb auch darüber ein Gedicht:

Sehnsucht

Seit ich an seinem Grab gestanden,
Bin ich von Gluten aufgezehrt;
Ich schmachte nach dem schlichten Hügel,
Und doch hat er mir nichts gewährt!

Mir war's, als müsst' ich etwas finden,
Ein Blümchen nur, o, kein Gebein,
Das wär' des Glücks zuviel gewesen!
Nur etwas, nur den kleinsten Stein.

Doch ziert den Hügel keine Blume,
Das dürre Gras birgt keinen Stein;
Ihn schmücket nur der gold'nen Sonne,
Der Sterne und des Mondes Schein.[25]

Wie vertraut sie mit Heines Dichtungen war, überraschte nur noch Außenstehende, wie den damals berühmten Rezitator Alexander Strakosch, der in Ischl auch Heines »Wallfahrt nach Kevelaer« vor der Kaiserfamilie vortrug. Allerdings ließ er dabei die Verse aus:

Nach Kevlaar ging Mancher auf Krücken,
der jetzo geht auf dem Seil;
Gar mancher spielt jetzt Bratsche,
Dem dort kein Finger war heil.

Auf Elisabeths Einwände erklärte er verlegen, »daß er die wunder-

bare Stimmung des Gedichtes durch die Ironie, welche aus jener Strophe blitzt, nicht habe zerreißen wollen.«[26] Wenn schon diese harmlosen Verse an dem Kaiserhof für nicht tragbar gehalten wurden, mag man sich den Skandal ausmalen, der entstanden wäre, wenn Elisabeths eigene Gedichte, die doch teilweise weit schärfer waren, bekannt geworden wären.
Elisabeth teilte auch die Vorlieben und Abneigungen ihres Meisters. Zum Beispiel interessierte sie sich für den hebräischen Dichter Jehuda ben Halevy, den Heine im »Romanzero« pries. Damals lebte in Wien einer der besten Halevy-Kenner, Professor Seligmann Heller. Unangemeldet und ohne nur eine einzige Zeile vorher mit dem Gelehrten gewechselt zu haben, tauchte Elisabeth eines Tages in Hellers Wohnung auf. Heller stand »im bequemen Hausrocke am Fenster und blickte auf die Straße, als er eine Equipage am Hause vorfahren und halten sah. Daß es ein Hofwagen war, sah der Kurzsichtige nicht; er scherzte nur zu seinem Sohne darüber, daß ein vornehmes Gefährte vor dem alten Vorstadthause halte und ob vielleicht ihm der vornehme Besuch gelte. Wenige Minuten später klopfte es an der Türe und vor dem überraschten Dichter und Gelehrten stand die Kaiserin. In der ihr eigenen einfachen Weise, die jede Verlegenheit sofort bannte, setzte sie Heller den Zweck ihres Besuches auseinander. Sie sprach von Jehuda ben Halevy, den sie nur aus den Versen Heines kenne, dessen Dichtungen sie aber an der Hand Hellers kennenlernen möchte.«
Seligmann Heller hielt der Kaiserin aus dem Stegreif einen Vortrag über Leben und Werk des hebräischen Poeten, erläuterte auch die Schwierigkeit, sich in die so gänzlich fremde Gedankenwelt zu versetzen. Die Kaiserin möge sich an das »ehrlich rühmende Urteil« Heines halten.[27]
Elisabeths Ruf als Heine-Kennerin war so groß, daß sie auch gelegentlich um Rat gebeten wurde, so etwa von einem Berliner Literaturhistoriker. Er wandte sich mit drei noch ungedruckten Gedichten Heines an die Kaiserin und bat sie um ihr Urteil, ob die etwas heiklen Verse veröffentlicht werden sollten oder nicht. Elisabeth antwortete in einem langen eigenhändigen Brief, erklärte

eines der drei Gedichte für nicht echt (womit sie Recht hatte, wie eine spätere Untersuchung ergab) und trat für die Edition der beiden anderen Gedichte ein: »denn Heine's Publikum sind die Völker der Erde und diese haben ein Recht, ihn ganz kennen zu lernen, zumal der Dichter selbst, unähnlich der Mehrzahl der anderen Poeten, jede Heuchelei verschmähte und sich stets so zu geben liebte, wie er war, mit all seinen Vorzügen und menschlichen Schwächen.«[28]

Elisabeths Verehrung für Heinrich Heine schloß die Beschäftigung mit anderen Dichtern nicht aus. Nach wie vor las sie begeistert die Shakespeare-Dramen, konnte ihr Lieblingsstück, den Sommernachtstraum, fast auswendig. Sie las mit Marie Valerie den »Faust« (und zwar ungekürzt, was damals für ein junges Mädchen wegen der »unmoralischen« Gretchentragödie für unpassend gehalten wurde). Ende der achtziger Jahre begann sie mit dem Studium des Altgriechischen, um Homer im Urtext lesen zu können, konzentrierte sich aber später auf die neugriechische Sprache. Zur Übung übersetzte sie zum Beispiel Shakespeares »Hamlet« aus dem Original ins Neugriechische, 1892 auch Texte von Schopenhauer, stöhnte aber: »Wenn der Tag nur noch einmal so lang wäre; ich kann nicht so viel lernen und lesen, wie ich es gerne möchte.«[29]
Als Begründung dafür, daß sie sich täglich stundenlang mit dem Griechischstudium befaßte und nicht locker ließ, bis sie die Sprache beherrschte, gab sie an: »Es ist so heilsam, sich mit etwas recht Schwerem plagen zu müssen, um darüber die eigenen Gedanken zu vergessen.«[30]
Wie beim Ungarischen, so bevorzugte Elisabeth auch beim Neugriechischen die Sprache des Volkes. Einem ihrer Vorleser begründete sie diese Vorliebe ganz nach Heines Art: »Der einzige Grund meines Vorzuges für die volkstümliche Sprache ist, daß ich die von neunzig Prozent der Bevölkerung gesprochene Sprache zu sprechen wünsche und nicht die der Professoren und Politiker. Wenn ich etwas verabscheue, so ist es die Verstellung in Gedanken, Schriften oder anderem.«[31]
Beim Spazierengehen begleitete sie ein griechischer Student, der

nicht nur griechische Konversation machen, sondern auch beim Gehen vorlesen mußte, was bei dem beträchtlichen Tempo der Kaiserin ein schwieriges Unterfangen war und Augenzeugen manchen erstaunten Blick entlockte. Auf die Frage an ihren Bruder Carl Theodor, warum er nicht auch das Spazierengehen nütze, um sich fremde Sprachen vorlesen zu lassen, erhielt Elisabeth die Antwort: »Man würde ja glauben, ich sei verrückt geworden.« Darauf Elisabeth: »Macht das etwas? Ist es denn nicht genug, wenn man selbst das Bewußtsein hat, es nicht zu sein?« Die bayrische Hofdame Marie Redwitz, die dieses Gespräch überliefert, kommentierte: »Damit hatte sie so vieles in ihrem Leben gedeutet. Sie tat, was sie freute und überließ es den anderen, zu glauben, was sie mochten. Bei all ihren Sonderlichkeiten war sie als Person einfach und vollkommen natürlich geblieben.«[32]

Die Liebe zu Griechenland war Wittelsbachische Familientradition. Elisabeths Onkel, König Ludwig I., war ebenso ein Griechenlandschwärmer wie sein Sohn Otto, der von 1832 bis 1862 König von Griechenland war. In dieser Zeit kamen viele Bayern nach Griechenland und gaben dem durch die lange türkische Besetzung verarmten Land persönliche und finanzielle Entwicklungshilfe. Auch Elisabeths Vater Herzog Max war ein guter Griechenlandkenner, nicht nur durch seine Reisen, sondern auch durch seine Beschäftigung mit der griechischen Geschichte und Literatur.

Elisabeths Griechenlandliebe war durch Kenntnisse der Sprache, der Mythologie und der Geschichte wohlfundiert. Einer ihrer Lieblingsdichter war Lord Byron, der wohl berühmteste ausländische Teilnehmer am griechischen Freiheitskampf. Elisabeth übersetzte viele Byron-Gedichte ins Deutsche, auch hierin ihren Meister Heinrich Heine nachahmend.

Wohl der beste deutschsprachige Griechenlandkenner der achtziger Jahre war der österreichische Konsul auf Korfu, Alexander von Warsberg, der durch seine Bücher, vor allem seine »Odysseischen Landschaften«, der Kaiserin bekannt war. 1885 bat sie ihn, sie auf ihren Reisen in Griechenland als wissenschaftlicher Führer zu begleiten. Der Oberstjofmeister erläuterte dem Schriftsteller vor der ersten Audienz ein wenig ängstlich, »ich möge mich kurz, concentrirt faßen; die Kaiserin vertrage nicht das viele Reden. So wurde ich vor sie gestellt. Sie säuselte mich an, knapp, nicht unartig; ich fand sie häßlich, alt, spindeldürr aussehend, schlecht angezogen und hatte den Eindruck, nicht eine Närrin, sondern eine Wahnsinnige vor mir zu haben, so daß ich förmlich traurig wurde.«

Der überkritische Warsberg änderte aber schon nach kürzester Zeit seine Meinung. Denn bei den Besichtigungen »war die Kaiserin eine andere Frau: gesprächig, formlos, gescheidt, geradezu bedeutend, intim, vorurtheilslos, kurz wie eine der bezauberndsten Erscheinungen, die mir im Leben begegnet. 4 Stunden ging ich neben oder – wenn der Fußsteig zu schmal war – immer unmittelbar hinter ihr, und machte sie mich unabläßig reden, daß mir der Kehlkopf Abends ganz entzündet war, und machte sie mir die merkwürdigsten, die aufrichtigsten Bemerkungen. Es ist das jedenfalls eine geistig sehr hochstehende Natur, die mich im höchsten Grade interessirt. Sie scheint das Bewußtsein ihrer Bedeutung zu haben und darin die Berechtigung zu finden, sich nicht geniren zu laßen. Es wäre auch sonst nicht zu begreifen, daß ihr der Kaiser so viel Rücksicht zollt.«[33]

Es dauerte nicht lang, und auch Alexander von Warsberg zeigte Symptome der Verliebtheit: »Sie ist bezaubernd liebenswürdig. Kann der Frau nicht widerstehen... Mir liegt nur an ihr, der Frau«, schrieb er 1888 in sein Tagebuch.[34]

Wo auch immer Elisabeth auftauchte in diesen Gegenden, wo es ja noch keine Touristen gab, erregte sie Aufsehen: eine hohe, überschlanke, dunkel gekleidete fremde Dame, die auch die schlechtesten Wege mit langen Schritten durchmaß, hinter sich den stets leidenden Gelehrten Warsberg und die schnaufende, dickliche Gräfin Festetics. Der griechische Volksmund nannte sie laut Warsberg »die Eisenbahn«[35] – und das war durchaus ein Ausdruck der Hochachtung, denn diese neue Errungenschaft des 19. Jahrhunderts war eben im Begriff, auch in Griechenland eingeführt und wegen des schier unglaublichen Tempos bestaunt zu werden.

Immer wieder gab es Schwierigkeiten mit Elisabeths Begleitern, so auch bei der mühsamen Besteigung des Sappho-Felsens. Warsberg hatte sich alles so schön ausgedacht. Vor zwanzig Jahren war er einmal auf diesen Felsen gestiegen und hatte dort einen Eremiten besucht, der in einer morschen Zelle hoch oben hauste. Seit Warsbergs letztem Besuch – zwanzig Jahre lang – hatte er keinen Fremden mehr gesehen: »Und nun war der zweite Besuch – die Kaiserin von Österreich!«, schrieb Warsberg stolz. »Ich forderte den Mönch auf, der schneeweiß langhaarig und langbärtig geworden ist, wieder wie damals wegweisend vor uns herzugehen, uns zur Stätte des Apollotempels und zur Stelle zu führen, wo sich Sappho hinabgestürzt. Ich habe das damals als die schönste Landschaft der Welt gesehen, nie einen glücklicheren Tag erlebt.« Weil der Sapphofelsen auch wegen der Schiffahrt interessant ist, erlaubte die Kaiserin einigen Seekadetten der »Miramar«, mitzugehen. Warsberg: »Dieses Rudel junger Leute schwatzte nun so und von so wenig zur Örtlichkeit passenden Dingen, daß irgend eine poetische Stimmung nicht möglich war. Da wir auf dem Sapphofelsen standen, flüsterte die Kaiserin mir zu, sie habe den Eindruck, in einem Eisenbahnrestaurant zu sein.« Warsberg »war schon längst ganz melancholisch schweigsam geworden, weil ich mir die Freude verdorben sah, die Kaiserin hier ganz so priesterlich weihevoll gestimmt umherführen zu können.«[36]

Von poetischer Stimmung ist auch im Bericht der Gräfin Festetics wenig zu bemerken: »Bis wir nach drei Stunden hinaufkamen, war es ganz trüb geworden und dann goss es, was es nur konnte, der Weg war glatt und schwer, wir besichtigten daher nur den Platz, von wo sie [Sappho] heruntersprang. Beim Aufstieg sahen wir nichts, da wir so rannten, als wenn wir in Gödöllö wären und mußten auf den Weg achten, um Hände und Beine nicht zu brechen.«[37] Briefe dieser Art gibt es Dutzende.

Unermüdlich folgte Elisabeth den Spuren ihrer griechischen Helden. Aus Ithaka schickte sie ihrer Tochter Valerie Zyklamen und schrieb dazu, sie sei morgens an der Stelle gewesen, »wo Odysseus an's Land ging und hier pflückte ich Dir die 2 Cyklamen ab. Gerade so wie in Korfu ist auch hier alles mit diesen Blumen voll.

Ithaka von Warsberg las ich unterwegs, conversire viel mit ihm, es ist die richtige Bildungsreise.«[38]
Kaiser Franz Joseph allerdings konnte sich nicht »vorstellen, was Du durch so viele Tage in Ithaca machst« und: »Es freut mich, daß Dir Ithaca so unendlich gefällt. Daß es nervenberuhigend und still ist, will ich glauben, aber daß es schöner wie Hallstatt sein soll, scheint mir unmöglich, besonders bei der mangelhaften südlichen Vegetation.«
Geradezu triumphierend kam Franz Joseph im nächsten Brief wieder auf Hallstatt zurück. Er konnte sich weder mit Ithaka noch mit Odysseus befreunden: »Ich habe doch recht gehabt, daß Ithaca sich mit Hallstatt nicht vergleichen läßt, denn der Erbprinz von Meiningen, der ganz Griechenland durchreiste und ein alt griechischer Schwärmer ist, hat mich versichert, daß die Insel ganz kahl und nichts weniger als schön ist.«[39]
1888 erklärte die Kaiserin ihrem Gatten, daß sie Griechenland »als Zukunftsheimat betrachtet«. Sie machte lange Schiffsreisen in der Ägäis, ließ sich sogar einen Anker in die Schulter eintätowieren, was der Kaiser als »eine furchtbare Überraschung«[40] ansah. Elisabeth wollte damit ihre unauslöschliche Liebe zum Meer beweisen.

Was die Kaiserin von zeitgenössischer Literatur hielt, wissen wir nicht. Bekannt ist nur ihre enge Verbindung mit zeitgenössischen ungarischen Schriftstellern, etwa Jokai und Eötvös. Von einer entsprechenden Beschäftigung mit deutschsprachigen zeitgenössischen Schriftstellern ist nichts bekannt – mit einer Ausnahme: Carmen Sylva, deren Erzeugnisse allerdings nur bedingt zur Literatur gerechnet werden können.
Carmen Sylva war der Dichtername der Königin Elisabeth von Rumänien, der Gattin Carols I., einer geborenen Prinzessin zu Wied, sechs Jahre jünger als Kaiserin Elisabeth. Sie hatte in den achtziger Jahren große Erfolge mit ihren französischen Dramen, deutschen Gedichten, rumänischen Märchen, Romanen, auch Laienpredigten, alles in einem pathetisch-aufgeregten Stil verfaßt.
Carmen Sylva wurde nun Elisabeths Vorbild. Bei der »Dichterfreundin« taute die sonst so scheue Elisabeth auf und ließ keinen

Zweifel daran, daß sie sie allen anderen Fürstlichkeiten vorzog. Auch die sechzehnjährige Kaisertochter Marie Valerie nahm an Sisis Bewunderung teil. Sie schrieb über Carmen Sylvas Besuch 1884 in Wien: »*Die* nennt man einen Blaustrumpf, denke ich mir, als ich die lachenden grossen grünen Augen, die noch mit jugendlicher Frische gefärbten Wangen, die schneeweissen auffallend schönen Zähne betrachte. O Carmen Sylva, wenn Du in den Herzen lesen kannst, dann musst Du wissen, dass die unsrigen von jener Stunde an Dein waren – Dein ohne Rückhalt.«

Valerie beschrieb die Erscheinung Carmen Sylvas: »Ihre Toilette war ein wenig merkwürdig. Unter dem grossen Pelzmantel hatte die Königin ein weites, fast schlafrockartiges Gewand aus sehr dunkelrotem Samt mit bunten Stickereien geziert und mit einer strickähnlichen Seidenschnur um die Taille befestigt. Sie trug einen geschlossenen Hut ... und hatte einen Schleier, über dem sie ihren Nasenzwicker aufgesetzt.«[41] Die rumänische Königin löste in der Wiener Gesellschaft Spott aus – ein Grund mehr für Elisabeth, sich gerade an sie besonders anzuschließen.

Viele Gedichte zeugen von Elisabeths Verehrung für Carmen Sylva, die »Schwester«, die »Freundin«. Für sie, die vor Heimweh nach dem Rhein oft kranke rumänische Königin, schrieb Elisabeth auch das folgende »Rheinlied« bei ihrem Besuch in Heidelberg 1884. (Im selben Jahr erschienen Carmen Sylvas Dichtungen »Mein Rhein«):

Wie bist du so lieblich, verführerisch schön,
Du grüner, du wonniger Rhein!
Mit deinen ruinenbeschatteten Höh'n,
Die Lenden umgürtet mit Wein.
Es glänzt deine Fläche gleich eitelem Gold
Im Nachmittag-Sonnengeschmeid,
Als König der Flüsse die Krone gezollt
Hat selbst auch die Sonne dir heut.

Und doch, Dein lachend' Bild schmerzt meine Seele,
Der Freundin denk' ich im fernen Ost;

> *Ich weiss, dass selbst an Pelleschs* reiner Quelle*
> *Das bittre Kräutlein »Heimweh« heimlich sprosst.*⁴²

Einige Male machte Elisabeth die lange Reise nach Rumänien zu Carmen Sylva:

> *Nicht den Hof wollt' ich besuchen,*
> *Auch zur Königin nicht gehn,*
> *Nur die Dichterin zu sehen*
> *Kam ich, Carmen Sylva suchen.*⁴³

Carmen Sylva las ihrer Verehrerin aus ihren letzten Werken, »Leidens Erdengang« und »Die Hexe« vor – bei dem gerade fertiggestellten Jagdkastell Pelesch, »an der Bergesquelle unter Bäumen, dort im Freien«, wie es Elisabeth in einem ihrer Gedichte schilderte:

> *Und sie liest mit hehren Gesten*
> *Märchen ihres Königreichs;*
> *Hörte je Titania gleiches,*
> *Weht's nicht wie aus grünen Ästen?*
>
> *»Leidens Erdengang« folgt diesen;*
> *O wie schön ist es gewoben!*
> *Staunen muss Titania, loben,*
> *Tränen auch sogar vergiessen.*
>
> *Doch der Glanzpunkt ist Dämonia**   * die Hexe
> *Mächtig rollen hier die Bilder,*
> *Jede Strophe bäumt sich wilder,*
> *Und der Schluss ist Non plus ultra.*
>
> *Vom Affekte hingerissen*
> *Ist antik fast ihr Gebahren;*

---

* Die Pelesch ist ein Wildbach in den Karpathen, an dessen Ufer der Wiener Architekt Doderer für die rumänische Königsfamilie das Kastell »Pelesch« baute.

Aus den weissen Mähnenhaaren
Hat den Kamm sie jetzt gerissen.

Diese flattern wild im Winde
Um die königliche Stirne;
»Heil dem produktiven Hirne,
Wo ich solche Schätze finde!

Schützling du und Kind der Musen
Hast Juwelen uns geschenkt!«
Ruft Titania, und ergriffen
Sinkt sie an der Freundin Busen.[44]

Die beiden Freundinnen hatten vieles gemeinsam: den Spiritismus, die Liebe zur griechischen Dichterin Sappho (über die Carmen Sylva eine poetische Erzählung schrieb), schließlich ihr distanziertes Verhältnis zu weltlichen Würden und zur monarchischen Staatsform. Carmen Sylva in ihrem Tagebuch: »Ich muß mit den Sozialdemokraten sympathisieren, besonders angesichts der Nichtstuerei und Verworfenheit der Vornehmen; diese ›Leutchen‹ wollen doch schließlich nur, was die Natur gibt: Gleichheit. Die republikanische Staatsform ist die einzig rationelle; ich begreife immer die törichten Völker nicht, daß sie uns noch dulden.«[45] Von Elisabeth gibt es ganz ähnliche Äußerungen (S. 505)
Carmen Sylva war auch eine der wenigen, die Elisabeths Liebe zu Heinrich Heine nicht nur akzeptierte, sondern verstand. Sie schrieb nach Elisabeths Tod: »Es war sehr natürlich, daß sie unter allen Dichtern Heine am liebsten haben mußte, weil er eben auch so verzweifelt ist über alle Unwahrheit der Welt und gar nicht genug Worte findet, um das Hohle darin zu geißeln! Sie konnte es unserer Stellung nicht verzeihen, daß wir so viel mit Schein und Unwahrheit zu tun haben und so schwer auf den Kern durchdringen können. Sie konnte es nicht überwinden, daß die Menschen uns olympisch sehen wollen und es nicht gern haben, daß wir weinen und seufzen wie sie. Sie haben uns hoch gestellt, damit wir immer lächeln sollen und ihnen das Gefühl der Sicherheit geben,

daß man auf Erden heiter sein kann. Aber darin eben liegt schon eine unerbittliche, grausame Lüge... Sie fand eben in Heine die Verachtung aller Äußerlichkeiten, die sie so tief empfand, sie fand die Bitterkeit, mit der ihr schweres, einsames Schicksal sich erfüllte, und den Schalk, der ihr selbst in dem Nacken saß und ihr so originelle und überraschende Äußerungen entlockte.«[46]

Als Monarchinnen hatten die beiden Frauen wenig Ähnlichkeit. Elisabeth von Rumänien war sich der Verantwortung ihrer Stellung wohl bewußt. Sie war tatkräftig und leistungswillig, trotz mancher realitätsferner Züge, die auch bei ihr kritisiert wurden. Sie profilierte sich in Rumänien durch ihre Volkslied- und Sagensammlung, die Förderung des rumänischen Volkstums – sie, die weiterhin ihre Dichtungen hauptsächlich in deutscher Sprache verfaßte. Bei ihrem Wiener Besuch schrieb sie Elisabeths junger Nichte Amélie ins Tagebuch:
»Aus eigner Kraft / Mit stiller Willensstärke /
Trotz Deiner Stellung Haft / Diene Du Gottes Werke
Mit heiliger Leidenschaft« – Zeilen, die wie eine Mahnung an die Namensschwester von Österreich klangen. Als Erläuterung sagte sie dazu: »Wir Fürsten müssen doppelt kämpfen gegen die Welt, damit die Menschen sehen, dass wir etwas leisten können.«[47]
Carmen Sylva unterstützte keineswegs Elisabeths Bestreben, sich allein der Phantasie, dem Dichten in Einsamkeit hinzugeben. Sie forderte ganz konkret auch Pflichterfüllung als Königin. Aber Elisabeth ließ sich in dieser Hinsicht sogar von der »Dichterfreundin« nicht beeinflussen. Unmißverständlich schrieb sie der Tochter Valerie: »Carmen Sylva ist sehr lieb, unterhaltend, interessant, aber sie steht mit den Füßen auf der Erde; sie könnte mich nie verstehen, ich aber sie ja, ich liebe sie. Sie erzählt und fabelt so gern, ihr ist es ein Genuß, und der König [Carol] ist derart prosaisch, daß geistig ein Abgrund zwischen ihnen liegt. Natürlich sagte sie dies nicht so rundweg, doch zog ich ihr das aus ihren Nasenlöchern.«[48]
Beide »Dichterköniginnen« waren in ihrer Ehe unausgefüllt und unglücklich – Grund genug, daß Carmen Sylva nach einem ausgie-

bigen Gespräch mit der Freundin beschloß, »übern Widersinn der Ehen zu« schreiben.[49]

Wo immer sie Gelegenheit fand, zeigte Elisabeth ihre Sympathie für selbstbewußte, gebildete Frauen, die ihre Lebensaufgabe nicht nur in der Familie erfüllten, wie es Brauch des bürgerlichen 19. Jahrhunderts war. Der Kaiser allerdings war durch diese Vorliebe seiner Frau im höchsten Maß verunsichert und schrieb zum Beispiel über den Besuch der bayrischen Schriftstellerin von Redwitz an Katharina Schratt: »Ich bin über diesen Besuch anfangs etwas erschrocken, da man sich einer solchen Dame gegenüber sehr zusammennehmen muß, um geistreich und gebildet zu erscheinen.«[50]

Und auch mit der stets überschwenglichen Königin von Rumänien konnte sich Franz Joseph ganz und gar nicht anfreunden. Einmal gestand er Frau Schratt unverblümt, Carmen Sylva habe ihm »die Nerven angegriffen ... Ich wurde natürlich immer kälter, fast unhöflich.«[51]

Elisabeths Bildungseifer, ihre philosophischen, literarischen und historischen Interessen entfernten sie erst recht von ihrem Mann und dem Wiener Hof – ganz ähnlich, wie es dem Kronprinzen ging. Die Wiener Gesellschaft war in dieser Zeit nicht nur ungebildet, sondern bildungsfeindlich. Ausländische Beobachter wußten darüber viel zu erzählen, so Hugo Graf Lerchenfeld: »Ich war manchmal starr, wenn ich in Wien erwachsene, ganz kluge Menschen über richtige Kindereien stundenlang mit größter Wichtigkeit reden hörte. Bis zu einem gewissen Grade erklärte ich mir diesen Mangel an ernster Lebensauffassung aus der Entfremdung vom öffentlichen Leben, in der der Adel von der Regierung gehalten wurde.«[52] In einer solchen Umgebung war eine hoch gebildete Frau wie Elisabeth mehr als ein Kuriosum. Sie war eine Provokation.

Ihre Neujahrswünsche an den Kaiser 1893 garnierte Elisabeth mit einem Schopenhauer-Zitat, worauf Franz Joseph zwar zubilligte, daß der Philosoph »in diesem Falle recht hat«, aber doch der alten Meinung blieb: »Sonst halte ich, wie Du richtig bemerktest, auf solche philosophische Werke nichts, die einen nur konfus ma-

chen.«⁵³ Franz Joseph setzte seinen ausführlichen Brief dann mit den üblichen Erörterungen über das Wetter fort.
Gesprächsstoff gab es immer weniger. Selbst die wenigen Tage und Wochen im Jahr, die Kaiser und Kaiserin unter einem Dach verbrachten – in weit voneinander entfernten Suiten – brachten keine Nähe, sondern demonstrierten die Verschiedenheit.

Fast alle Gedichte der Kaiserin sind Ausdruck von Weltflucht und Menschenverachtung, aber auch einer vollkommenen menschlichen Isolation.

Ja, wenn ich der Dachstein wäre,
Oh der grossen Herrlichkeit!
Schaute stolz auf alle Meere,
Trotzte Zeit und Ewigkeit.

Sinnverwirrend, schön und blendend,
Säss' ich da in hehrer Pracht,
Donnernde Lawinen sendend,
Boten meiner wilden Macht.

Liess den Blick auch abwärts gleiten
Auf die Seen, klein und gross,
Die sich um die Ehre streiten,
Meines Bilds in ihrem Schoss.

Und erst gar der Sonne Minnen,
Früh bis spät ihr tolles Glüh'n,
Grad als wäre sie von Sinnen,
Brennt und buhlt sie auf mich hin.

Und trotz allen heissen Küssen
Bleibt mein Eisherz starr und kalt;
Machtlos wird sie weichen müssen
Meines Frostes Allgewalt.

Vorwurfsvoll vor dem Versinken
Trifft ihr letzter Blick mich noch,
Lässt mich rosenrot erblinken,
Aber eisig bleib' ich doch!

Hätt' ich meine Weltschmerztage,
Meinen bösen alten Spleen,
Würde ich mit einem Schlage
Dichten Nebel um mich zieh'n.

Und ich zeig' den dummen Affen,
Juden, Christen tief im Thal,
Die nur zugereist zum Gaffen,
Meiner Schönheit keinen Strahl.

Doch die schönste aller Wonnen,
Könnte ich der Dachstein sein,
Den Verwandten wär' entronnen
Ich samt ihrer ganzen Pein.

Drum, was ich dem Gletscher neide,
Ist, dass er verwandtenlos,
Ahnet nichts vom bitt'ren Leide,
Blühend im Familienschoss.

Ja, wenn ich der Dachstein wäre,
O der grössten Herrlichkeit!
Scherte mich, auf meine Ehre
Nie mehr um gewisse Leut'.[54]

Mit vielen ihrer Gedichte versuchte sich Elisabeth an ihrer Umwelt zu rächen. Sie karikierte die Schwächen all jener, die ihre – wirklichen oder vermeintlichen – Feinde waren, vor allem der Wiener Aristokratie und der habsburgischen Verwandtschaft. Mit diesen höhnischen Versen wollte sie sich vor den »Zukunftsseelen« rechtfertigen. Sie sollten die Habsburgerfamilie nicht nur aus der höfi-

schen Geschichtsschreibung, sondern mit den Augen einer Kritikerin aus dem innersten Kreis kennenlernen. Elisabeth zeigt keinerlei Zugehörigkeitsgefühl für die aristokratische und höfische Gesellschaft. Sie erweist sich als Gegnerin ihrer eigenen Schicht, urteilt stets nur als Außenstehende – etwa so, wie Heinrich Heine geschrieben hätte, wenn er diese Menschen beobachtet hätte. Mehrmals gebraucht Elisabeth auch in diesen gegen die Auswüchse des aristokratischen Lebens gerichteten Versen die Wendung, »der Meister« habe sie ihr diktiert.
Die schonungslosesten Schilderungen der habsburgischen Familie Ende des 19. Jahrhunderts, in der Zeit des »fin de siècle« (der »fröhlichen Apokalypse«, wie Hermann Broch diese Zeit in Österreich nannte) finden wir somit ausgerechnet bei der Kaiserin dieses Reiches. Sie setzte allen jenen, von denen sie sich verfolgt fühlte (und das waren eigentlich alle Menschen in ihrer Wiener Umgebung), »Narrenkappen« mit Schellen auf, die sie noch lange nach ihrem Tod – eben bei den »Zukunftsseelen« – lächerlich machen sollten:

Klingellied

Wird mir die Welt zu bitter,
Die Menschen zu fatal,
So schwing' ich mich aufs Flügelross
Und mach mich von der Erde los;
Ich flieh' die bösen Zwitter
Und die Canaillen all'.

Ich lass sie wütig kläffen
Und giftig nach mir spei'n;
Ich wieg' mich oben hoch im Blau,
Kaum, dass ich noch die Erde schau,
Kein Schmutzpfeil wird mich treffen;
Die Luft ist hier zu rein.

Ich aber web' euch Kappen

Und näh' auch Schellen dran;
Als Narren geht ihr dann herum,
Man schaut sich lachend nach euch um;
Und seid ihr längst begraben,
Sie klingeln selbst noch dann.[55]

Nach Heinemuster kritisierte Elisabeth menschliche Torheiten wie Heuchelei, Unnatürlichkeit, Scheinkultur, Ordenssucht, Anmaßung. Wie Heine – und ihr Vater Max und ihr Sohn Rudolf – suchte und fand sie diese verhaßten Eigenschaften vor allem bei den Aristokraten. Sie stellte diesen, wie sie sagte, untätigen und vergnügungssüchtigen Menschen das harte Leben der Arbeitenden und Armen gegenüber:

Besuch

Es war mir ein Besuch gekommen,
Und segeln wollt' ich trotzdem doch;
So hab' ich ihn denn mitgenommen,
Die See ging so verlockend hoch.

Es plagten sich die armen Leute
Ganz schrecklich ab in unserm Boot;
Mit Mast und Segel lag im Streite
Der Wind, sie hatten ihre Not.

Es ist ein hartes, bittres Leben,
Das so ein armer Seemann führt;
Das Schicksal hat ihm nichts gegeben;
Karg ist der Lohn, der ihm je wird.

In schweren Stürmen, Ungewittern,
Und trotzend jeder Jahreszeit,
Muss er gefasst und ohne Zittern
Dem Tode zu stets kampfbereit.

Welch andres Los ist doch beschieden
An meiner Seite dem Hanswurst,
Fremd ist die Mühsal ihm hienieden,
Er weiss es nicht, was Hunger, Durst.

Er pflegt den Leib, den wohlgenährten,
Es kennt ihn jeglicher Salon,
Er tänzelt leicht dahin auf Erden,
Ein flatterhafter Papillon.

Ja, ungleich mahlen Gottes Mühlen:
Die müssen wir im Elend seh'n,
Der räkelt auf des Glückes Pfühlen
Und stinkt schon fast vor Wohlergeh'n.[*56]

In einem langen Gedicht »Was mir der Tegernsee erzählt« beklagte Elisabeth die Verschandelung der Landschaft durch neue Villen am Seeufer und nahm auch das zum Anlaß, um die arbeitenden Menschen zu preisen und die Aristokraten zu verhöhnen:

Statt der reichgezierten Villen,
Die hier mein Gestad' umstehn,
Waren kleine, fromme Hütten
Armer Fischer nur zu seh'n.

Besser waren auch die Fischer,
Ehrlich, arbeitsam und schlicht,
Als das Heer Aristokraten,
Das auf fauler Haut hier liegt.

In den reichen Equipagen
Zieh'n sie prunkhaft mir vorbei,
Damals nahten kluge Hirsche
Meinen Wassern ohne Scheu.[57]

---

* Anmerkung im Original: Spätere Note H. Heines im März 1854

Vor allem geißelte Elisabeth die Skandale innerhalb der Habsburgerfamilie. Die beiden ältesten Söhne Erzherzog Karl Ludwigs, Franz Ferdinand und Otto, lieferten ihr in den achtziger Jahren reichlich Stoff mit geschmacklosen Streichen, die dem Ansehen der Dynastie außerordentlich schadeten. Erzherzog Otto zum Beispiel (der Vater des späteren Kaisers Karl) warf bei einem Saufgelage die Bilder des Kaiserpaares aus dem Fenster. Ein anderesmal versuchte er, ebenfalls in volltrunkenem Zustand, seine Kumpane ins Schlafzimmer seiner sehr frommen Frau zu führen (um ihnen eine »Nonne« zu zeigen, wie er sagte), wurde aber von seinem Adjutanten daran gehindert. Elisabeth verband diese beiden Skandale in einem Gedicht:

Eine wahre Geschichte
Geschehen zu Klagenfurt im Jahre 1886

»Hollah! Habsburg! Was ist los?
Stierst Dir verzweifelt in den Schoss,
Und ringst die alten Hände,
Als nahte schon Dein Ende!«

»Wehe! wehe! Dass erleben
Musst' ich diesen Trauertag!
Weh, dass je mein Schoss gegeben
Den, der meine grösste Schmach!«

»Alte, lass das Lamentieren!
Sag mir lieber, was geschah;
Kann denn nichts mehr dich kurieren,
Sind schon gar die Russen nah?«

»Schwer bedrängt bin ich von aussen
Und von Feinden rings umstellt;
Doch daheim das wüste Hausen
Ist's, was meine Grösse fällt.

Meiner jüngern Söhne einer,
Hoch im Rang, doch in Conduite
Tief, wie niemals ein Gemeiner,
War's, der heut' mein Herz zerschnitt.«

In der Kneipe welch ein Toben,
Zechen und Pokalgeklirr!
Gibt das Beispiel doch von oben
Der Erzherzog-Offizier.

Tische, Stühle müssen springen
Und in tausend Trümmer geh'n,
Gläser rings in Scherben klingen,
Alles auf dem Kopfe steh'n!

»Nun zum Schluss sollst du auch fliegen,
Kaiser mir und Ohm zugleich,
Mit der Frau Gemahlin liegen
In dem Dreck dort unten weich!«

Sagt's, und beide Bilder flogen
Aus dem Fenster in den Kot
– Wenn die Fama nicht gelogen –
Zu des Bürgermeisters Not.

Doch hier endet nicht die Roheit
Der besoff'nen Heldenschar;
»Folgt mir«, ruft die trunk'ne Hoheit
»Reuen soll's euch nicht, fürwahr!

Führen will ich euch nachhause
In mein kaiserlich Quartier;
Und nach unserm guten Schmause
Seht ihr Schönes noch bei mir!

Dort, im leichten Nachtgewande,

Liegt im grossen Ehebett
Meine Frau vom Sachsenlande;
Und, auf Ehr', sie ist ganz nett!«

In die nächtlich leeren Gassen
Stürzen die Herrn Offizier;
Bald ertönen in den Strassen
Ihr Gejohl und Sporngeklirr.

Doch noch gibt es einen Braven,
Der da schützt mit seinem Leib
Gegen all die Hundesklaven
Das bedrohte junge Weib.

»Eintritt über meine Leiche
Gibt es nur in dies Gemach!
Eher sterb' ich, als ich weiche,
Fluch auf euch und eure Schmach!«

So beschwor die letzte Schandthat
Des Erzherzogs Adjutant.*   * Graf Dürkheim
Meiner Chronik ein Gedenkblatt,
Dankbar sei's nach ihm genannt.

Moral.
»Ihr lieben Völker im weiten Reich,
So ganz im geheimen bewundre ich euch:
Da nährt ihr mit eurem Schweisse und Blut
Gutmütig diese verkommene Brut!«[58]

1886 löste einer dieser beiden Erzherzöge (nach einigen Aussagen war es Franz Ferdinand, nach anderen sein jüngerer Bruder Otto) einen Skandal aus, der weithin bekannt wurde: Er sprang mit seinem Pferd über einen Sarg, der zum Friedhof getragen wurde. Elisabeth nahm auch dies zum Anlaß für ein langes Gedicht: »Eine wahre Begebenheit, geschehen zu Enns.« Sie beschrieb ausführlich den Trauerzug und dann den Reitertroß:

Es treffen jetzt die Reiter
Zusammen mit dem Zug;
Wär' auch der Weg nicht breiter,
Sie hätten Raum genug.

Doch winkt vom edlen Pferde
Der Chef dem Priester zu:
»Den Sarg hier auf die Erde
Lass, Priester, stellen Du«.

Er hat den hehren Sprossen
gekannt aus hohem Haus
Und teilt drum, unverdrossen,
Sogleich Befehle aus.

»Den Sarg nur schnell zur Erde;
Denn, wie Ihr alle seht,
Der Prinz steigt dann vom Pferde,
Zu widmen ein Gebet«.

Doch der setzt auf die Hanken
Dem edlen Vollblutgaul,
Spornt ihn jetzt in die Flanken,
Und macht ihn leicht im Maul.

Dann fliegt mit leichtem Satze
Er, hopp! über den Sarg;
Erbleichend bis zur Glatze
Der Priester kreischt: »Zu arg«.

Nachtrag

Sich mit falschen Federn schmücken,

> *Wird unehrlich stets genannt,*
> *Darum will ich frei bekennen,*
> *Dass dies Lied ich nicht erfand.*
> *Nur in Verse hab' gekleidet*
> *Ich, was unlängst erst geschah*
> *Und geheim nicht konnte bleiben,*
> *Da es mehr denn einer sah.*[59]

Dem Auserwähltheitsgefühl der Habsburger, das allein auf die hohe Geburt und nicht auf Leistung gegründet war, hielt die Kaiserin immer wieder die bürgerlichen Tugenden des liberalen Zeitalters entgegen: Arbeit, Leistung, die allein »unserer Sterne Schein« liefere. Zur Geburt einer kleinen Habsburgerin, eines Kindes Erzherzog Friedrichs, dichtete sie:

> *Heil! Zur sechsten Tochter, Heil!*
> *Heil dem Hause Habsburg! weil*
> *Seine Sprossen ungezählt,*
> *Sternengleich am Himmelszelt;*
> *Täglich mehrt sich ihre Zahl,*
> *Die bereits schon unnormal.*
> *Ängstlich nach dem Herrscherhaus*
> *Blickt das Volk: »Was wird wohl draus?«*
> *Himmelssterne glänzen mehr,*
> *Doch das kommt von oben her;*
> *Aber unsrer Sterne Schein,*
> *Muss durch uns geliefert sein.*[60]

Ganz ähnlich schrieb sie bei einem anderen Anlaß:

> *Doch selbst des Guten giebt's zu viel*
> *Manchmal auf dieser Erden,*
> *Bei Gott! Was soll aus dem Gewühl*
> *Aus Habsburgs Sprossen werden?*
>
> *Aus diesem teuren Ornament,*

Das jedes Land belastet,
Welches sich Monarchie benennt,
*(Ob dem das Volk dann fastet).*⁶¹

Wie Heinrich Heine stellte auch Elisabeth die Monarchie als Staatsform in Frage, erwies sich als überzeugte Republikanerin. Die bei Marie Larisch zitierten Tagebuchaufzeichnungen Elisabeths stimmen mit der Aussage der Gedichte völlig überein und sind glaubhaft: »Die schöne Phrase vom König oder Kaiser und seinem Volk! Ich habe ein merkwürdiges Gefühl. Warum soll das Volk, ich meine das arme, niedrige Volk uns lieben, uns, die wir im Überfluß, im Glanze leben, während die anderen bei schwerer Arbeit kaum das tägliche Brot haben und darben? Unsere Kinder in Samt und Seide – die ihrigen oft in Lumpen!
Sicherlich kann man nicht allen helfen, mag noch so viel geschehen, um Not zu lindern. Dennoch bleibt die Kluft! Unser gnädiges Lächeln kann sie nicht überbrücken.
Mich erfüllt ein Gruseln beim Anblick des Volkes. Jedem einzelnen möchte ich helfen, ja, oft möchte ich tauschen mit der ärmsten Frau. Aber das ›Volk‹ als Masse fürchte ich. Warum? Ich weiß es nicht. Und unsere ›Sippe‹! Die verachte ich mit all dem Firlefanz um uns herum.
Gerne möchte ich zum Kaiser sagen:
›Das beste wäre, Du bliebst zu Haus,
Hier im alten Kyffhäuser.
Bedenk ich die Sache ganz genau,
So brauchen wir keinen Kaiser!«⁶²
(Diese Verse sind Heine-Zitate aus dem berühmten Spottgedicht auf das Königtum, »Kobes I.«)
Elisabeths Auffassung wirkte bei ihren Kindern nach. Nicht nur Kronprinz Rudolf, sondern auch »die Einzige«, Erzherzogin Valerie, waren der Meinung, daß die »Republik die beste Staatsform sei« – und beriefen sich auf ihre Mutter Elisabeth.⁶³
Schon das erste Gedicht der »Winterlieder« Elisabeths zerstört die Legende von der unpolitischen Kaiserin gründlich. Elisabeth läßt darin – freilich in Traumform – unverkennbar ihren kaiserlichen

Gatten sprechen und charakterisiert ihn und seine Politik schonungslos. Es ist unwahrscheinlich, daß Franz Joseph diese Zeilen jemals zu Gesicht bekam. Elisabeths Schlußzeilen, daß man sie »ins Bründlfeld« (also in Wiens berühmte Irrenanstalt) sperren würde, wenn diese Zeilen bekannt würden, zeigt deutlich, daß sie sich über die Diskrepanz wohl im klaren war, die darin bestand, daß sich eine Kaiserin und Königin offen als Republikanerin bekannte.

Mein Traum

Ich war heut' Nacht ein Kaiser,
Doch freilich nur im Traum,
Dazu noch ein so weiser,
Wie's solchen gibt wohl kaum.

Nah an die fünfzig Jahre
sitz' ich schon auf dem Thron,
So dacht ich: sprech ich wahre,
Niemand hat was davon.

Wo liegt der Hund begraben?
War doch, weiss Gott, nie faul,
Musst' man fürs Heer was haben,
Nahm ich kein Blatt vors Maul.

Schliesslich sind doch Soldaten
Allein des Staates Stütz',
Denn, wo sie die nicht hatten,
Ging alles in die Pfütz.

That schön den Russen, Preussen,
Galt's meines Landes Wohl;
Ja, auf den Kopf sie sch . . . .n
Liess ich mir demutsvoll.

Mich fand das Morgengrauen
Stets an dem Arbeitstisch;
Gewissenhaft zu schauen
Pflegt ich nach jedem Wisch.

Es war seit früh'ster Jugend
Entsagen stets mein Los;
Ich lebte streng der Tugend
Nur im Familienschoss.

Wie endlos lange Stunden
Oft im Ministerrat
Ward mir der Geist geschunden
Durch Reden, dumm und platt.

Minister gingen, kamen,
Die ich all durchprobiert,
Nicht weiss ich ihre Namen,
Nur, dass sie mich blamiert.

Nur einer kam dazwischen,
Der macht das Staatsschiff flott;*
Liess leider ihn entwischen;
Nun herrscht die alte Not.

Nach langem Überlegen
Komm ich jetzt zum Entschluss,
Dass hier mit Gottes Segen
Etwas geschehen muss.

Das arme Landvolk schwitzet,
Bebaut mühsam sein Feld.
Umsonst! Gleich wird stibitzet
Ihm wiederum das Geld.

---

* damit ist Gyula Andrássy gemeint

Kanonen sind sehr teuer,
Wir brauchen deren viel,
Besonders aber heuer,
Wo Ernst wird aus dem Spiel.*

Wer weiss! Gäb's keine Fürsten,
Gäb' es auch keinen Krieg;
Aus wär' das teure Dürsten
Nach Schlachten und nach Sieg.

Vielleicht lässt sich was machen.
Doch mit »vereinter Kraft«,**
Dass man aus alten Sachen
Hier noch was Gutes schafft.

Drum aus den Republiken
Der grossen weiten Welt
Die Schädel all, die dicken,
Hab ich mir herbestellt.

Die müssen conferieren
Von Früh bis in die Nacht
Und mir dann referieren,
Was Völker glücklich macht.

Und sollten sie entscheiden
Die Republik muss sein,
So willige mit Freuden
In ihren Wunsch ich ein.

Sprech: »Meine lieben Kinder,
Ich zieh mich jetzt zurück,
Seid ihr nicht wahre Rinder,
Benützet ihr dies Glück.«

* Das Gedicht stammt aus der Zeit der Bulgarenkrisen 1885/87 und eines befürchteten österreichisch-russischen Krieges).
** Anspielung auf Franz Josephs Wahlspruch »Viribus unitis«

> *Den Traum, als ich erwachte,*
> *Hab keinem ich erzählt;*
> *Sonst sperren sie mich sachte*
> *Noch gar ins Bründlfeld.**64

An ähnlich auffallender Stelle steht ein anderes, ebenfalls politisches und auf den Kaiser bezogenes langes Gedicht (»Neujahrsnacht 1887«) am Ende des zweiten Bandes, der »Nordseelieder«. Auch dieses Gedicht stammt aus der Zeit der Bulgarienkrisen, einer Zeit, in der die Donaumonarchie – der alte, ehrwürdige Eichbaum – wieder einmal in seinem Bestand bedroht war. Von Westen her fürchtete man einen neuen deutsch-französischen Krieg, der auch Österreich-Ungarn, den Verbündeten des Deutschen Reiches, nicht unberührt gelassen hätte. Die »Endgericht«-Stimmung dieses Gedichtes hat deutliche Parallelen mit den politischen Schriften des Kronprinzen Rudolf um dieselbe Zeit. Bemerkenswert ist, daß Elisabeth auch in diesem Zusammenhang den kaiserlichen Gatten als »Pechvogel« darstellt (als den er sich auch selbst mehrmals bezeichnete).

> *Ich sah im Traume Gauen,*
> *So weit, so reich und schön,*
> *Umspült vom Meer, dem blauen,*
> *Bekränzt von Bergeshöh'n.*

> *Und mitten in den Gauen*
> *Ein hoher Eichbaum stand,*
> *Ehrwürdig anzuschauen,*
> *So alt fast wie sein Land.*

> *Es hatten Sturm und Wetter*
> *Ihm arg schon zugesetzt;*
> *Fast bar war er der Blätter,*
> *Die Rinde rauh, zerfetzt.*

---

* k.k. Irrenanstalt in Wien

Nur seine Krone oben
War noch nicht weggeweht,
Aus dürrem Reis gewoben,
Vergang'ner Pracht Skelett!

Ein Vogel sass dort unten,
»Pechvogel« nennt man ihn,
Wohl, weil sich manche Wunden
Durch seine Schwingen zieh'n.

In Ostnordost da türmte
Die schwarze Wolkenwand,
Von Westen aber stürmte
Ein roter Feuerbrand.

Wie Schwefel schien der Süden,
Denn dort im fahlen Licht
Urplötzlich Blitze glühten
Als naht das Endgericht.

Ich hört den Eichbaum krachen
Bis in sein tiefstes Mark,
Als würde er zerschlagen
Zu seinem eignen Sarg.

Der Baum muß endlich fallen,
Er hat sich überlebt;
Doch für den armen Vogel
Da hat mein Herz gebebt![65]

Elisabeth sah die Bitterkeit ihres kaiserlichen Gemahls nur zu deutlich, sein »banges Trauern« um die Zustände des Reiches in den späten achtziger Jahren. Sie war es aber auch, die ihn tröstete, auch hier wieder mit dem Hinweis auf die Nachwelt, die ihm sicherlich Gerechtigkeit widerfahren lassen werde:

So werden, wenn die Jahre längst entschwunden,
Noch leben Deine Thaten fort und fort;
Dass Du einst warst, wird dankbar nachempfunden,
Und segnen wird Dich noch manch' betend' Wort.[66]

Einem völlig Unbeteiligten, ihrem griechischen Vorleser Marinaky, gestand sie in den neunziger Jahren: »Wenn ich an ihn [den Kaiser] denke, bin ich bekümmert, daß es nicht in meiner Macht steht, ihm zu helfen. Ich verabscheue jedoch die moderne Politik und denke, daß sie voller Betrug ist. Sie ist nur ein Wettkampf, in dem der Listigste das beste Teil erhält zum Nachteil dessen der zögert, gegen sein Gewissen zu handeln. Heutzutage kommen Nationen und Privatleute nur vorwärts, wenn sie skrupellos sind.«[67]

Ähnlich äußerte sie sich gegenüber einem anderen Griechen, Konstantin Christomanos: »Ich habe auch zu wenig Respect vor der Politik und erachte sie eines Interesses nicht wert.« Über die Minister hatte sie ein abfälliges Urteil: »Ah, die sind nur dazu da, um zu fallen; dann kommen wieder andere«, sagte sie laut Christomanos »mit einem merkwürdigen Klange in der Stimme, der wie ein inneres Lachen war«. »Überhaupt ist das Ganze ein solcher Selbstbetrug! Die Politiker glauben, die Ereignisse zu führen und werden immer davon überrascht. Jedes Ministerium hat seinen Fall in sich, gleich vom ersten Augenblick an. Die Diplomatie ist nur dazu da, um von den Nachbarn irgend eine Beute zu ergattern. Aber alles, was auch geschieht, geschieht von selbst aus innerer Nothwendigkeit und Reife, und die Diplomaten constatiren nur die Thatsachen.«[68]

Mit großer Behutsamkeit nahm Elisabeth ihren Mann bei ihrer Kritik des Wiener Hofes aus. Sie achtete ihn, bedauerte ihn und stellte ihn nie in eine Reihe mit den habsburgischen Verwandten und den Höflingen. Auch in Elisabeths Gedichten bleibt Franz Joseph das, was er war: ein persönlich integrer, stets gutmeinender, pflichtbewußter Monarch, dem auch Elisabeth, die ihn so gut kannte wie niemand sonst, nichts Negatives nachsagen konnte und wollte.

Das kaiserliche Amt allerdings hielt Elisabeth für nichts als eine Last – eine sinnlose dazu. Denn unmißverständlich war sie der Meinung, daß die k.u.k. Monarchie (wie jede andere Monarchie auch) kaum mehr war als »vergang'ner Pracht Skelett«, einer längst überwundenen Zeit angehöre und den Menschen des 19. Jahrhunderts (wie den »Zukunftsseelen« ferner Zeiten) nicht mehr gemäß sei. Anläßlich der Enthüllung des Maria-Theresia-Denkmals an der Ringstraße im Mai 1888 konfrontierte sie die kaiserliche Ahnin mit der Franz Joseph-Zeit und ließ sie 108 Jahre nach ihrem Tod die Verse sprechen:

Ihr riefet mich heut herab zu Euch,
Doch was muss ich gewahren?
Der alte Zopf, er blieb sich gleich
Seit hundert und acht Jahren!

Ihr seid so stolz noch und borniert,
Wie zu den besten Zeiten,
Wo ich gepudert, hoch frisiert
Im Reifrock pflegt zu schreiten.

Doch in der Himmelsrepublik
Seit hundert und acht Jahren
Zu weilen war seither mein Glück
Hab' manches dort erfahren.

Statt Adels- Ordensrittern sah
Ich die des heilgen Geistes;
Dass sie mit Nutzen mir dort nah,
Mein Vorschlag er beweist es.

Ich rede nun zu Dir mein Sohn
Und Nachfolger im Reiche,
Der seit der früh'sten Jugend schon
Wie ich erstrebt das Gleiche.

Der seit Decenien treu sich quält,
Rastlos und ohne Zagen,
Und dem doch stets der Glücksstern fehlt
Seit seinen Jünglingstagen.

Befehle Deinem Militär
Die Waffen abzulegen,
Gib deinem Volke heut die Ehr',
Gewiss bringt es Dir Segen.

Und sieh', schon stürmt es froh herbei –
Herab mit den Tribünen,
Reisst, schlagt in Stücke sie entzwei,
Dass sie zu Tafeln dienen.

Bekränzt sie mit dem Buchenlaub,
Mit dem der grünen Eichen,
Auf! Schmückt euch selber mit dem Raub,
Ihr sollt heut Göttern gleichen!

Und alle, die sich breit gemacht,
Erst hier auf den Tribünen
Durch diese sei herbeigebracht
Ein Mahl nach Euren Sinnen.

Ihr, Habsburgs Sprossen! tretet vor
Aus Eures Zeltes Schatten,
Seid heute selber Dienerchor
Dem Volk von Gottes Gnaden.

Hat dies gezecht nach Herzenslust,
Dann geb' es Gott die Ehre,
Und stimme an aus voller Brust
Das Lied der Himmelschöre.
Magnificat anima mea Dominum.[69]

»Habsburgs Sprossen« als »Dienerchor« für das »Volk von Gottes Gnaden«: Krasser konnte Elisabeth ihre Meinung kaum ausdrükken – und krasser konnten die Gegensätze zur Zeit der Erzherzogin Sophie kaum sein.
Elisabeths Abstinenz von der Politik war ein Zeichen ihrer Verachtung. Sie hielt jede Art von Engagement für falsch: »Es gibt nämlich nichts Lächerlicheres als die menschlichen Begeisterungen. Gerade die Begeisterten sind die unerträglichsten Leute.« Ihre Skepsis ging bis zur Forderung völliger Inaktivität: »Man muss auf die That verzichten. Nur das Ungeschehene ist das Ewige.«[70]
Selbst dem technischen Fortschritt ihres Zeitalters konnte Elisabeths nichts Gutes abgewinnen: »Die Menschen glauben, dass sie die Natur und die Elemente beherrschen durch ihre Schiffe und Expresszüge. Im Gegentheil – die Natur hat jetzt die Menschen unterjocht. Früher hat man sich in einer abgeschlossenen Thalmulde, die man nie verliess, als Gott empfunden. Jetzt rollen wir als Globetrotters wie Tropfen im Meer, und wir werden es schließlich erkennen, dass wir nichts als solche sind.«[71]

Auch ihre Gedichte zeigen Elisabeths Natursinn, ihre Ablehnung alles Künstlichen, alles Menschenwerks. Weitaus die meisten ihrer Verse sind Naturgedichte. Schon die Titel der beiden gedruckten Bände weisen auf das große Vorbild Heine hin: »Nordseelieder« und »Winterlieder«. Elisabeth schrieb, ihr »Meister« habe sie in »die Mysterien der Natur« eingeführt. Die Natur wurde ihr zum Freund und Tröster, zum Fluchtort vor den Menschen und vor ihrer kaiserlichen Stellung. Es gibt lange Verse über den heimatlichen Tegernsee und den Starnberger See, die griechischen Inseln, die Nordsee, den Wald, das Meer und die Sterne, auch poesievolle Schilderungen von einsamen Bergwanderungen in der Umgebung von Ischl, vor allem über den Dachstein und den Jainzen. Marie Valerie: »der Jainzen ist ja Mamas Zauberberg, wo sie dichtet und träumt und selbst mich kaum mehr etwas erstaunen könnte.«[72]
Elisabeth nannte den Jainzen in einem ihrer Gedichte ihren »Felsgemahl«:

Auf Flügeln meiner Lieder
Steig ich den Berg hinan,
Und wieder, immer wieder
Zieht's mich dieselbe Bahn.

Für mich im Thal kein Bleiben;
Mein Berg ruft, unversäumt
Soll ich die Lieder schreiben,
Die ich heut' Nacht geträumt.

O könnt' ich sie nur geben,
Wie er sie mir dictiert,
Aus Tannenduft sie weben
Mit Gletschereis filtriert!

Aus Sonnengold sie spinnen
Mit Alpenrosenduft;
Doch ach! wie oft zerrinnen
Sie mir noch in der Luft!

Und ward ich recht geschunden
Dort, in dem fremden Thal,
Dann pflegt' er meine Wunden,
Mein Berg, mein Felsgemal.

Stets hab' ich Trost gefunden
An seinem treuen Stein
Nach all' der Drangsal unten,
Der grausen Not und Pein.[73]

Und immer wieder berief sich Elisabeth auf Heine:

Noch enger kann und inniger sich schmiegen
Nun an des Meisters Seele mich mein Geist,
Und streben, nach dem hohen Ziel zu fliegen,
Auf welches hin des Meisters Finger weist.

Dass er für diese Mission mich stähle,
Führt er mich in die ewige Natur;
Er zeigt mir die Mysterien ihrer Seele,
Und rastlos folge ich nun ihrer Spur.

Du stilles Leben unter hohen Bäumen,
Wo unbemerkt die Stunden flüchtig zieh'n!
Ich wandle hin in einem Wald von Träumen
Und ahne nicht, dass meine Jahre flieh'n.

Ich steh' am Strand, in Anbetung versunken,
Unendlich liegt vor mir das hohe Meer;
Die Seele tobt in mir, als wär' sie trunken,
Und donnernd jauchzt sie auf: Dort ist der Herr!

Dann tagelang auf hohem Berge liegen
In Dämm'rung gleicher Traumesseligkeit;
Die Seele formt aus bunten Wolkenzügen
Ein buntes Horoskop sich für die fernste Zeit.

Und wieder, wenn mein Schiff dann pfeilschnell gleitet
Auf saphirblauer See, dem Schwane gleich,
Die schneeig weissen Segel ausgebreitet,
So stolz und selbstbewusst in seinem Reich,

Da pfeift der Wind mir Zaubermelodien
Und wunderbare Märchen in das Ohr,
Bekannt kommt mir die Stimme wie aus frühen
Nun nebelhaft entfernten Tagen vor.

Und voll ist meine Seele zum zerspringen,
Das stumme Sinnen ist ihr nicht genug,
Was sie bewegt, muss sie in Lieder bringen
Und diese senke ich nun in mein Buch.[74]

Je mehr sich Elisabeth in ihre Phantasien einspann, je weltentrückter sie wurde, desto unmöglicher wurden ihr die Aufenthalte in Wien. Die Hermesvilla in Lainz war nur ein stets kurzweiliger Ruhepunkt. Mehr denn je suchte sie die Einsamkeit, mehr denn je zog es sie nach Griechenland. Auf der Insel Korfu suchte sie die Seelenruhe, die sie in Wien nicht fand:

> *Doch kehr' ich heim in deine Buchten,*
> *Wenn mir des Lebens Sturm missfällt.*
> *Was ich und meine Möven suchten,*
> *Hier find' ich's – Ruhe vor der Welt.*[75]

In vielen Gedichten schwärmte sie von Korfu, schilderte zum Beispiel ihre Ankunft im Hafen von Gasturi:

> *... Als rosig heut die Morgenröt erwacht,*
> *Da war aus fernem Ostland angekommen*
> *Die Fürstin. Manchen Tag und manche Nacht*
> *Kam über's Meer ihr stolzes Schiff geschwommen,*
> *Und wie es Egerias Küsten sich genaht,*
> *Da winkte froh erregt sie dem Gestade.*
>
> *Ihr stolzes Schiff verliess sie alsogleich,*
> *Und alles was sie dort mit Pracht umgeben,*
> *Den Hofstaat auch aus ihrem fernen Reich,*
> *Wies sie zurück, der Einsamkeit zu leben;*
> *Ein Leben stillem Sinnen nur geweiht,*
> *Wie es die ferne Heimat niemals beut.*
>
> *Da steht sie nun verlassen und allein*
> *In diesem weltentrückten kleinen Eden,*
> *Die Seele jubelt endlich frei zu sein*
> *Und sprengt entzückt die Ketten und die Fäden*
> *Und jeden bösen Traum, der sie umschlang,*
> *Ihr Trank sei Lethe, ihr Vergessen lang.*[76]

Hier auf Korfu ließ sich Elisabeth ein Schloß bauen, auf einem Hügel am Meer, gegenüber den albanischen Bergen, völlig abgeschlossen und uneinsehbar von der Umwelt, mit eigenem Landeplatz am Meer und eigenem Elektrizitätswerk.
Ein Architekt aus Neapel plante den Bau nach den präzisen Angaben Alexander von Warsbergs. Der Stil Pompejis sollte es sein, und die Überreste aus Pompeji und Troja, die im Museum von Neapel waren, gaben das Muster ab.
Dieses neue Schloß weihte Elisabeth ihrem griechischen Lieblingshelden Achill und gab ihm den Namen »Achilleion«, »weil er für mich die griechische Seele personificirt und die Schönheit der Landschaft und der Menschen. Ich liebe ihn auch, weil er so schnellfüßig war. Er war stark und trotzig und hat alle Könige und Traditionen verachtet und die Menschenmassen für nichtig gehalten, gut genug, um wie Halme vom Tode abgemäht zu werden. Er hat nur seinen eigenen Willen heilig gehalten und nur seinen Träumen gelebt, und seine Trauer war ihm wertvoller als das ganze Leben.«[77]
In ihrem Achilleion umgab sich Elisabeth mit den Büsten jener Dichter und Philosophen, die sie verehrte: Homer, Platon, Euripides, Demosthenes, Periander, Lysias, Epikur, Zeno, Byron, Shakespeare. Auch Apoll und die Musen erhielten als Kopien der Museumsstücke ihre Plätze in Elisabeths »Musengarten« und einem Säulengang aus weißem Marmor, dessen Wände mit Fresken über griechische Sagen bedeckt waren. Einige der Statuen stammten aus dem Besitz des Fürsten Borghese. Elisabeth zu Christomanos: »er ist bankerott geworden, und so musste er seine Götter veräußern. Sehen Sie, wie schrecklich es ist, heutzutage sind selbst Götter käufliche Sclaven des Geldes«[78] – wiederum eine Bemerkung nach dem Vorbild Heinrich Heines, und zwar speziell seines Aufsatzes »Die Götter im Exil«.
Der Wiener Maler und Makart-Schüler Franz Matsch malte für das Achilleion einen »Triumphierenden Achilles«, ein Riesengemälde in den Ausmaßen von acht Meter Länge und vier Meter Breite für das Treppenhaus. In den Vorgesprächen mit der Kaiserin wunderte sich der Maler, wie gut Elisabeth über die griechischen Ausgra-

bungen Schliemanns informiert war.⁷⁹ Elisabeth legte die Grundzüge des Bildes genau fest: sie wünschte sich Achill in Siegerpose auf seinem von Pferden gezogenen Wagen, die Leiche des erschlagenen Hektor hinter sich herschleifend, vor den Mauern des alten Troja. Matsch malte auch das Altarbild für die Schloßkapelle. Es stellte die Muttergottes als Schutzpatronin der Seefahrt dar, nach dem Muster der »Stella maris« in Marseille. Die kaiserliche Jacht »Miramar« ist darauf ebenfalls dargestellt.

Die meisten Plastiken waren Kopien nach antikem Vorbild. Selbst die Möbel wurden im pompejanischen Stil von neapolitanischen Handwerkern hergestellt. Ein Zugeständnis an die moderne Zeit wurde nur in Franz Josephs Wohnräumen gemacht: Er bekam moderne Möbel. »Der Kaiser liebt die griechischen Möbel nicht«, erklärte Elisabeth der Hofdame Gräfin Sztáray, »er hält sie für unbequem, was sie auch wirklich sind. Ich aber sehe sehr gerne diese edel geformten Gegenstände um mich, und da ich höchst selten sitze, ist es einerlei, ob sie bequem oder unbequem sind.«⁸⁰

Wieder nahm Elisabeth keine Rücksicht auf die österreichische Wirtschaft, ja sie provozierte die Wiener zusätzlich noch damit, daß sie all diese neapolitanischen Möbel, die für Griechenland bestimmt waren, erst einmal (für wiederum sehr viel Geld) ausgerechnet nach Wien schaffen und im Österreichischen Museum für Kunstgewerbe ausstellen ließ – als Vorbild für das weitaus höher entwickelte Wiener Kunstgewerbe. Der Direktor des Museums, Eduard Leisching, erzählte: »Wir mußten also notgedrungen einen Saal ausräumen lassen und die wenig erfreulichen Dinge ... zur Ausstellung bringen, was in den Kreisen von Industrie und Gewerbe, denen es gerade nicht sehr gut ging, Bestürzung und Mißfallen erregte.«

Elisabeth war nie eine eifrige Museumsbesucherin in Wien gewesen. Nun aber kam sie (unangemeldet, wie es ihre Art war), »durchschritt rasch die Säle, bis sie zu ihren Möbeln kam, lobte sie, entfernte sich aber rasch wieder mit der Bemerkung, daß es zu warm im Hause sei, was sie nicht vertrage; sie werde demnächst wiederkommen, was aber nie geschehen ist.«⁸¹ Auch diesmal verdeckte sie ihr Gesicht mit dem obligaten Fächer. Ihre Menschenscheu war inzwischen so groß geworden, daß sie sich noch nicht einmal mehr zu einem kurzen förmlichen Gespräch aufraffen konnte.

Noch vor Fertigstellung des Baus lud Elisabeth das junge Ehepaar Valerie und Franz nach Korfu ein. Valerie war vom landschaftlichen Reiz der Insel begeistert: »Ein herrlicher Fleck Erde, und wenn man Mama kennt und weiss, was sie an Schönheit, herrlichem Klima und stillem Frieden braucht für Leib und Seele, so kann man sich nur freuen über dieses herrliche Gasturi und diesen Fleck segnen! Von der Terrasse aus zeigte mir Mama den Durchblick durch zwei hohe dunkle Zypressen aufs freie Meer hinaus, in welchem sie an dieser Stelle begraben sein möchte.«[82]

Voll Stolz führte Elisabeth das junge Paar an ihre Lieblingsorte, sie zeigte ihnen Ithaka und dort »die kleine malerische Bucht, wo sich Telemachos, die aufgehende Sonne begrüßend, die Hände gewaschen hat«, dann Korinth, selbstverständlich Athen, die Akropolis im Mondenschein.

Am liebsten aber war sie im Achilleion allein. Die Morgendämmerung verbrachte sie stets im Säulengang und im Garten des Schlosses bei ihren antiken Götterstatuen, träumend und dichtend. Als einmal der griechische Vorleser Christomanos ebenfalls gegen fünf Uhr früh dort auftauchte, »näherte sie sich rasch wie ein schwarzer Engel, der ein Paradies zu vertheidigen hätte« und schickte ihn mit freundlichen Worten fort. Christomanos: »Ich entfernte mich schweigend; ich war erschreckt und wie traumverloren: mir war, als hätt' ich das Märchen von der Melusine erlebt.«[83]

Ab Ende der achtziger Jahre ließ sie sich kaum noch von den Hofdamen, sondern meistens von ihren griechischen Vorlesern auf ihren Wanderungen begleiten. Ob sie nun in Österreich, Ungarn, Frankreich, Holland, Italien, der Schweiz oder wo auch immer reiste – sie sprach mit ihrem Begleiter griechisch und ließ sich griechisch vorlesen. Wenn jemand fragte, woher sie stamme (denn sie wurde nur noch von wenigen Menschen erkannt), gab sie an, Griechin zu sein und verteidigte diese Antwort gegenüber dem Vorleser Marinaky: »Das ist, richtig betrachtet, keine Unwahrheit, denn ich habe Landbesitz in Griechenland und könnte naturalisiert werden.«[84] – Für die Kaiserin von Österreich und Königin von Ungarn und Böhmen ein erstaunlicher Ausspruch.

Ohne daß sie es wollte, geriet Elisabeth Ende der achtziger Jahre in den politischen Tagesstreit. Es ging um die Errichtung eines Heine-Denkmals in Düsseldorf. Selbstverständlich sagte die Kaiserin dem Comité ihre Unterstützung zu. Der größte Teil der Spenden zu diesem geplanten Denkmal in Form eines Loreley-Brunnens kam von ihr. Laut Abrechnung gab sie dafür 12950 Mark an den Berliner Bildhauer Ernst Herter (der auch die große Hermesstatue in Lainz und den »Sterbenden Achill« für Korfu für jeweils 24000 Mark schuf).[85] Zum öffentlichen Spendenaufruf für das Heine-Denkmal dichtete Elisabeth einige Gedichte, unter anderem:

Schluss zum Aufruf.

Die Linden werden Ehrenwache halten,
Umrauschend ihres Sängers Marmorbild,
Zu seinen Füssen werden sich entfalten
Die Rosen, deren Sehnen dann gestillt.
Es wird nicht ihre Glut am Stein erkalten,
Die rosig dankend seinen Fuss umhüllt,
Doch eines ganzen Volkes Dank zu bringen,
Dies kann der Nachtigall allein gelingen.

Und süsser noch soll ihre Stimme tönen
Aus Lindenbäumen Rosensträuchern jetzt
Ward doch erfüllt ihr träumerisches Sehnen,
Dem Meister wird sein Standbild doch gesetzt,
Dem Dichter all des Lieblichen und Schönen,
Das heute noch des Menschen Herz ergötzt.
(Variante: Den grausam oft des Lebens Dorn verletzt?)
Es will die Nachwelt ihm den Dank nun geben,
Ihm, dessen goldne Lieder ewig klingen, ewig leben.[86]

In ihrer Familie fand Elisabeth mit diesem ihrem »Aufruf« für das Heine-Denkmal offenbar keine Zustimmung, was ein weiteres Gedicht (»Antwort an...« zeigt, das vielleicht an den Kaiser gerichtet war:

> *Dass meinem »Aufruf« du nicht Lob geschenkt,*
> *Ja, dass du ihn sogar sehr schlecht gefunden,*
> *Es hat mich dies wahrhaftig nicht gekränkt,*
> *Ich hab' des Tadels Stachel nicht empfunden.*
> *In seine Seele hätt ich mich zu tief versenkt*
> *Und zu begeistert Ihm den Kranz gewunden?*
> *Der solche Kritik über mich verhängt,*
> *Der Arme bellt mir gut mit andern Hunden.*[87]

Elisabeths öffentliches Engagement für Heinrich Heine wurde zum öffentlichen Ärgernis und zu einer großen politischen Affäre in einer Zeit des wild aufschäumenden Antisemitismus. Denn die Entscheidung eines Denkmals für den Juden Heine, den Schöpfer des »Wintermärchens« und Kritiker deutscher Fürsten, wurde sowohl von Antisemiten als auch Deutschnationalen und Monarchisten als Provokation empfunden. Es gab Pressefehden und Demonstrationen gegen das Denkmal. Elisabeth wurde nun an die Seite der »Judenknechte« gestellt und mit ihnen zusammen angegriffen.

Der Führer der Alldeutschen, Georg Ritter von Schönerer, schimpfte zum Beispiel in einer Antisemiten-Versammlung (»Juden ist der Eintritt verboten«) über die »Untergrabung unverfälscht germanischen Wesens, deutscher Eigenart und deutscher Sitte« und bezog sowohl den Kronprinzen Rudolf (wegen dessen Beziehung zur »Judenpresse«) als auch Kaiserin Elisabeth in seine Kritik ein, selbstverständlich ohne Namensnennung. Aber wer mit den »maßgebendsten Factoren« gemeint war, »welche dem Andenken des jüdischen Dichters gedruckter Schändlichkeiten und Schamlosigkeiten zu einem Denkmale widmen wollen«, war ohnehin deutlich genug.[88]

Die »Unverfälschten Deutschen Worte«, die Zeitung der Alldeutschen, höhnten über Heine und Heine-Verehrer: »Mögen Juden, Judenknechte sich für diesen schamlosen Juden begeistern, wir Deutschen wenden uns mit Abscheu von ihm ab und rufen allen Stammesgenossen zu: Hier seht ihr, wie der Jude denkt, wie das ganze Judenthum für ihn eintritt, wie die Lärmtrommel für ihn gerührt wird und wie leider auch Deutsche dem Klange dieser jüdischen Trommel nachlaufen.«

Wegen der Pressezensur konnte die Zeitung nicht direkt die Kaiserin angreifen. Sie brachte aber eine Anmerkung der »Schriftleitung« und beschimpfte darin die »liberale Judenpresse«, »selbst eine höchst gestellte Frau in ihre Agitation einzubeziehen.« Somit war auch Elisabeth, wenn auch auf Umwegen (die damals jeder Zeitungsleser verstand) unter die »Judenknechte« eingereiht worden.[89]

Auch ohne Namensnennung war der folgende Satz eine scharfe Kritik, ja Rüge an der Kaiserin: »Haben wir in Wien, in Österreich, nicht genug Noth und Elend, nicht genug unverschuldet Hungernde und Frierende, für welche zu sorgen unsere erste bürgerliche Pflicht wäre?«[90]

Auch der französische Antisemit Edouard Drumont griff in seiner Schrift »La fin d'un monde« gleichzeitig Kronprinz Rudolf und Kaiserin Elisabeth wegen ihrer Judenfreundlichkeit an. Er kritisierte scharf Elisabeths Besuch bei Heines Schwester in Hamburg und zitierte ausführlich Heines makabres Hohn-Gedicht über die Habsburgerin Marie Antoinette. »Herrscher und große Herren lieben die Juden ... sie haben den geheimnisvollen Liebestrank getrunken, sie lieben die, die sie verspotten, diffamieren und verraten und haben nichts als Gleichgültigkeit für diejenigen, die sie verteidigen.«[91]

Die liberalen Zeitungen der Monarchie (im Antisemitenjargon »Judenblätter« genannt) zeigten ihre Genugtuung über die angeblich projüdische Haltung der Kaiserin, ja priesen Elisabeth in allen Tönen, wie zum Beispiel das »Wiener Tagblatt« (dessen Chefredakteur Moriz Szeps einer der engsten Freunde des Kronprinzen Rudolf war, was die Kaiserin nicht wußte): »Ein Märchen schien's, daß man Heinrich Heine in unserer Zeit ein Denkmal errichten wollte, und ein Wunder war's, entzückend und begeisternd wie die Märchenwunder des Orients, daß hohe und edle Frauen dem Andenken des Dichters ihre Sympathien zuwendeten. Ein leuchtendes Beispiel wurde gegeben, damit der Glaube an das Ideal nicht verlösche... Die Zeit ist nicht groß, ist nicht duldsam genug, um an einem Heinrich Heine das Unsterbliche zu ehren. Er soll und darf kein Denkmal in Deutschland finden, denn er war nicht – preußenfreundlich.«[92]

Doch Elisabeth dachte nicht daran, in den Tageskampf aktiv einzugreifen und für die Sache der Toleranz zu kämpfen, wie es sich Rudolf vorstellte. Sie hielt sich allen politischen Parteiungen fern, blieb unberührt sowohl von den Lobpreisungen als auch von den Schmähungen der Zeitungen. Es kümmerte sie einfach nicht, was die Öffentlichkeit über das Heine-Denkmal meinte, wie man ihre eigene Stellung beurteilte. Ihre Beziehung zu Heinrich Heine, wie auch immer sie beschaffen war, war für sie ausschließlich ihre persönliche Angelegenheit: »Die Journalisten rechnen es mir sehr hoch an, daß ich eine Verehrerin von Heine bin«, sagte sie zu Christomanos, »sie sind stolz darauf, daß ich Heine liebe, aber ich liebe an ihm seine grenzenlose Verachtung der eigenen Menschlichkeiten und die Traurigkeit, mit der ihn die irdischen Dinge erfüllten.«[93]

Kampflos wich Elisabeth zurück. Sie gab 1889 ihre Unterstützung für die Errichtung des Heine-Denkmals in Düsseldorf auf und zog sich angewidert zurück.

In den antisemitischen Zeitungen war später zu lesen, daß ein energischer Brief Bismarcks an den österreichischen Außenminister die Kaiserin zu diesem Schritt veranlaßt haben soll. In diesem Brief soll Bismarck »zwar in liebenswürdigster Weise, aber doch sehr deutlich« darauf hingewiesen haben, »welchen unangenehmen Eindruck auf die kaiserliche Familie die Begeisterung der Kaiserin Elisabeth für einen Poeten machen müsse, der das Haus Hohenzollern und das deutsche Volk stets nur verhöhnt, beschimpft und verspottet hat.«[94] Diese Aussage ist durch die diplomatische Korrespondenz nicht zu belegen, zeigt aber, wie sehr Elisabeths privates Engagement politisch interpretiert wurde. Her-

ters Heine-Denkmal, das für den Düsseldorfer Hofgarten bestimmt war, wurde später von Deutschamerikanern in New York aufgestellt. Es steht noch heute dort in einem Park an der Kreuzung der 161. Straße und der Mott Avenue.[95]
Die Kaiserin ließ sich nun ihr eigenes Heine-Denkmal bauen, auf Korfu, vor dem »Achilleion«. Sorgfältig prüfte sie die Porträts Heines, lud auch Heines Neffen Gustav Heine-Geldern ein, um zu hören, welches der Porträts das ähnlichste sei. Dann entschied sie sich für die Heine-Plastik des dänischen Bildhauers Hasselriis: sie stellte den kranken Heine dar in seinen letzten Lebensjahren, müde, mit hängendem Kopf und in der Hand einen Zettel mit den Versen:

> Was will die einsame Träne?
> Sie trübt mir ja den Blick –
> Sie blieb aus alten Zeiten
> In meinem Auge zurück.
> Du alte, einsame Träne,
> Zerfließe
> jetzunder auch ...

Diese Figur ließ die Kaiserin nun ausgerechnet in einen kleinen Tempel auf einer Anhöhe im Garten des Achilleions stellen.
Sogar ihr Obersthofmeister Baron Nopcsa war darüber entsetzt und fand es außerdem unpassend, daß »der Arme nur mit Hemd bekleidet ist (worüber sich Ihre Majestät aber unterhält)«, schrieb Gräfin Festetics und fügte leidgeprüft hinzu: »Ich finde, daß es doch so besser ist, als wenn er in griechischer Göttertoilette – das heißt nackt – wäre.«[96]
Dem Bildhauer sagte die Kaiserin bei der ersten Besichtigung: »Heine selbst würde mit diesem Platz zufrieden sein ... Denn hier ist alles, was er liebte! Die schöne Natur, der lachende Himmel über sich, die prächtige Umgebung, Palmen, Zypressen und Pinien. Dort die Gebirge und hier unten das Meer, das er so liebte, diesen einzigen, labungsvollen Frieden!«[97] Das sollte vor allem heißen, daß dieses Denkmal den Menschen entrückt war, die

Heine-Denkmal beim Achilleion auf Korfu

Heine ebensowenig schätzte, wie seine Jüngerin Elisabeth es tat. Allein die Natur, die Menschenferne, war der richtige Platz für ein Heine-Denkmal, so wie Elisabeth es sich vorstellte.
(Das Schicksal dieses privaten Heine-Denkmals nach Elisabeths Tod ist bemerkenswert: Die älteste Kaisertochter Gisela erbte das Achilleion und verkaufte das höchst unpraktische Schloß an den kaiserlichen Familienfonds, der es 1907 weit unter dem Gestehungspreis an Kaiser Wilhelm II veräußerte. Das erste, was Wilhelm tat, war, das Heine-Denkmal wegschaffen zu lassen – zum Jubel der antisemitischen Presse. Sie verkündete höhnisch »dem Volke Israel«, »daß der ›Mann mit der einsamen Träne‹ die längste Zeit auf die blaue Adria geblickt hat«.[98]
Die Statue wurde der Stadt Düsseldorf wie der Stadt Hamburg zum Kauf angeboten – vergeblich. Schließlich nahm sie ein Cafétier und stellte sie zu Werbezwecken zwischen zwei Türen seines Heine-Kaffeehauses. Heute hat das Denkmal einen würdigeren Platz im Jardin de Mourillon in Toulon gefunden. Der kleine Tempel allerdings, den Elisabeth ihrem »Meister« Heinrich Heine gebaut hatte, steht noch heute auf Korfu: statt Heine kommt nun der Kaiserin selbst die Ehre zu, unter diesem Tempeldach ein Denkmal zu haben.)

Anmerkung zur 9. Auflage: Elisabeths Gedichte sind inzwischen vollständig ediert in: »Kaiserin Elisabeth. Das poetische Tagebuch«. Herausgegeben von Brigitte Hamann, Verlag der Österreichischen Akademie der Wissenschaften, Wien 1984.

12. Kapitel

»Die Freundin« Katharina Schratt

In einer Galavorstellung des Wiener Stadttheaters zum 25jährigen Regierungsjubiläum im Dezember 1873 sah Kaiser Franz Joseph, ihm zur Seite die Kaiserin, die damals 20jährige Katharina Schratt zum erstenmal, und zwar in der vielbejubelten Rolle als Käthchen in »Der Widerspenstigen Zähmung«. Zehn Jahre lang sah er die Schauspielerin dann nicht mehr. Sie nahm inzwischen Engagements in Berlin und St. Petersburg an, heiratete 1879 den ungarischen Gutsbesitzer und späteren Konsul Nikolaus Kiss von Ittebe, bekam einen Sohn – Anton –, trennte sich von ihrem stets verschuldeten Ehemann, ließ sich aber nicht scheiden.
1883 war die Schratt, Bäckerstochter aus Baden bei Wien, auf dem Höhepunkt ihrer Schauspieler-Karriere angelangt: sie wurde ans k.k. Hofburgtheater engagiert. Schon ihr Debut war ein großer Erfolg. Sie spielte die jugendliche Naive, das »Lorle«, in dem heute unbekannten Stück »Dorf und Stadt« von Birch-Pfeiffer. Die Kaisertochter Erzherzogin Marie Valerie am 27. November 1883: »Eine Neue namens Schratt machte die Lorle, sie ist wunderschön, aber nicht so lieb wie die Wessely.«
Es war üblich, daß sich ein neuer Burgschauspieler persönlich für die Ernennung beim Kaiser bedankte. Das Burgtheater gehörte ja zum Hof und wurde aus kaiserlichen Privatmitteln unterhalten. Über diese erste Begegnung des 53jährigen Kaisers mit der 30jährigen Katharina Schratt gibt es mehrere Anekdoten. Laut Heinrich Benedikt sei Katharina Schratt höchst verlegen und unsicher gewesen und habe vor der kaiserlichen Audienz einen ihrer Freunde, Paul Schulz, um Rat gefragt, wie sie sich zu benehmen habe. Im Patentamt, dessen Präsident Paul Schulz war, habe sie ihr Auftreten genau einstudiert. Sie habe sich dort in einen Fauteuil gesetzt und die einstudierten Worte aufgesagt:

»Euer Majestät geruhten...«
Schulz unterbracht sie: »Die Beine darfst nicht wie jetzt kreuzen, du darfst dich überhaupt nicht setzen, sondern mußt stehen und nach dem Hofknicks Dein Sprücherl sagen.«
So vorbereitet, ging die Schratt zur kaiserlichen Audienz.
Katharina: »Euer Majestät geruhten...«
Der Kaiser: »Gnädige Frau, wollen Sie sich nicht setzen.«
Katharina: »Danke Majestät. Euer Majestät geruhten...«
Der Kaiser: »Ja, warum wollen Sie sich nicht setzen?«
Katharina: »Der Paul Schulz hat mir's verboten.«
Das Lachen des Kaisers soll bis in den Vorraum zu hören gewesen sein, zum größten Erstaunen der Adjutanten, Lakaien und der vielen auf ihre Audienz Wartenden, die derartige Töne von ihrem Kaiser ganz und gar nicht gewöhnt waren.[1]
Ob diese Anekdote nun stimmt oder nicht: jedenfalls hatte die Schratt Eindruck auf den Kaiser gemacht. Sie verlor ihre Angst und meldete sich kurze Zeit später wiederum zur Audienz. Diesmal kam sie als Beauftragte ihres Mannes, und es ging um Geld. Es war die erste von vielen, vielen Geldbitten in den nächsten Jahrzehnten – aber wohl die einzige, die unerfüllt blieb. Frau von Kiss, geb. Schratt wollte den Kaiser um eine Entschädigung für die ungarischen Güter der Familie Kiss bitten. Die Güter waren nach der Revolution von 1848 beschlagnahmt und erst 1867 zurückgegeben worden. Die Familie wollte nun die entgegangenen Erträge während der Zeit der Beschlagnahmung erstattet haben. Franz Joseph konnte diese Bitte, wie andere dieser Art, nicht erfüllen, sondern verwies Frau von Kiss an den ungarischen Ministerpräsidenten Tisza.[2]
Bald fiel auf, daß der Kaiser öfter als gewöhnlich ins Burgtheater ging, vor allem kein Stück versäumte, in dem die Schratt spielte. Sie wurde so etwas wie seine Lieblingsschauspielerin. Burgtheaterbesuche waren seit jeher eines der wenigen Vergnügen, die sich der Kaiser – oft mehrmals die Woche – gönnte. Er brauchte keinen Wagen zu benützen, denn das alte Burgtheater war mit der Hofburg verbunden (es stand auf dem heutigen Michaelerplatz). Er ging einfach, wenn er das Bedürfnis nach Unterhaltung verspürte,

den kurzen Weg hinüber, brauchte sich an keine festen Zeiten zu halten, denn er konnte jederzeit, ohne vom Publikum bemerkt zu werden, in die Kaiserloge gelangen und sie auch jederzeit wieder verlassen.

Zu einer weiteren persönlichen Begegnung zwischen Kaiser und Lieblingsschauspielerin kam es dann eine geraume Zeit nicht. Erst beim Industriellenball 1885 zog der Kaiser die Schratt auffallend lange ins Gespräch. Das heißt, daß er ihr mehr sagte als die üblichen kurzen Floskeln – was sofort auffiel und Anlaß zu Tratschereien gab.

Im August 1885 war die Schratt eine von vier Schauspielern, die zum hochpolitischen Treffen von Kremsier (S. 533) befohlen wurden, um dort vor dem russischen Zarenpaar und dem Kaiserpaar ihre Künste zu zeigen. Allen höfischen Gepflogenheiten zum Trotz wurden die Künstler nach ihrem Auftritt zum Souper gebeten – gemeinsam mit dem Kaiserpaar, dem Zarenpaar, den beiden Kronprinzen, den Ministern. Bei dieser Gelegenheit wurde Katharina Schratt auch der Kaiserin vorgestellt. Es ist durchaus möglich, daß Elisabeth diese völlig unorthodoxe Einladung angeregt hatte, um die Schratt kennenzulernen. Kronprinz Rudolf, der ebenfalls anwesend war, fand jedenfalls die Situation ungewöhnlich genug und schrieb an seine Frau etwas vorsichtig und unsicher: »um acht Uhr Theater, dann Souper mit Wolter, Schratt und Fräulein Wessely; es war merkwürdig.«[3]

Eines war sicher: der Kaiser hatte sich verliebt. Die Kaiserin, alles andere als eifersüchtig, begünstigte diese sich anbahnende Freundschaft. Ja, es ist sogar wahrscheinlich, daß diese bisher harmlose Schwärmerei des immerhin Mittfünfzigers für die um mehr als zwanzig Jahre jüngere verheiratete Frau niemals mehr geworden wäre ohne Elisabeths sehr energische Unterstützung.

Elisabeth strebte mehr und mehr aus Wien fort. Die ständige Einsamkeit, ja Vereinsamung des Kaisers, war unübersehbar. Wie wir aus ihren Gedichten wissen, litt Elisabeth deshalb an Schuldgefühlen. Aber andererseits war die kaiserliche Ehe zerrüttet. Die Eheleute hatten sich gar nichts zu sagen. Die peinliche Langeweile der Familienzusammenkünfte wird von allen Augenzeugen, auch den Hofdamen Festetics und Fürstenberg wie der Kaisertochter Marie Valerie bestätigt.

Elisabeth wollte ihren Liebhabereien leben: dem Dichten, dem Lesen, dem Griechischstudium, ihren immer weiteren und immer anspruchsvolleren Reisen. Vorher aber wollte sie die beiden Menschen, die ihr nahestanden: ihren Mann und ihre Lieblingstochter Marie Valerie versorgt und nicht allein wissen. Ebenso wie sie in dieser Zeit ganz sorgfältig für Valerie einen Mann suchte, so suchte sie für Kaiser Franz Joseph eine Gesellschafterin, Freundin oder wie auch immer man es nennen mag.

Damen der Aristokratie kamen von vorneherein nicht in Frage. Denn erstens hätten sie für die Kaiserin doch eine ernsthafte Gefahr werden können, und andererseits waren sie gewöhnlich mit so vielen Angehörigen des Hofes verwandt, daß es leicht zu politischen Einflüsterungen und Einflußnahmen hätte kommen können, was niemand – am allerwenigsten der Kaiser – wünschen konnte.

Die Wahl Katharina Schratts wurde nach langer sorgfältiger Überlegung von niemand anderem als der Kaiserin getroffen. Sicherlich – Franz Joseph hatte sich in die Schratt verliebt. Aber das war auch schon bei etlichen anderen Frauen vorgekommen, ohne daß die Kaiserin helfend und wegbereitend eingegriffen hätte. Jedenfalls übernahm Elisabeth im Mai 1886 die Initiative und beschloß, dem Kaiser ein Porträt Katharina Schratts zu schenken – eine recht eindeutige Geste. Der Maler Angeli wurde beauftragt, und die Kaiserin arrangierte ein Treffen im Atelier des Malers.

Der Kaiser an Angeli: »Mit Erlaubnis der Kaiserin möchte ich morgen um 1 Uhr in Ihr Atelier kommen, um das Bild der Frau Schratt zu sehen, welches Sie in ihrem Auftrage für mich malen.«[4]

Elisabeth tat noch ein übriges: sie, die allen Begegnungen mit Fremden sonst scheu auswich, begleitete den Kaiser in das Atelier. Hier trafen sie auf die ahnungslose Katharina Schratt, die gerade für Angeli Modell saß.

Diesem entscheidenden Treffen war durch die Anwesenheit Elisabeths jede Peinlichkeit genommen. Sie machte sich so zur Schirmherrin dieser Liebe ihres Mannes.

Zwei Tage später schickte der Kaiser der Schratt einen Smaragdring zum Dank dafür, »daß Sie sich der Mühe unterzogen haben, zu dem Angelischen Bilde zu sitzen. Nochmals muß ich wiederholen, daß ich mir nicht erlaubt hätte, dieses Opfer von Ihnen zu erbitten, und daß daher meine Freude über das theuere Geschenk nur umso größer ist. Ihr ergebener Bewunderer.«[5]
Franz Joseph war ein sehr schüchterner, ein wenig hilfloser Verehrer, der stets einen Grund fand, sich wegen irgendwelcher Lappalien entschuldigen zu müssen. Die Schratt dagegen war eine erfahrene Frau, die sich mit Männern, besonders mit hochgestellten, auskannte und den Kaiser erstaunlich schnell richtig zu behandeln verstand: mit Respekt, aber doch völliger Unbefangenheit. Franz Joseph an Katharina Schratt: »Wenn man so manche Arbeit, Sorge, so manchen Kummer hat, wie ich, so ist ein zwangloses, offenes und heiteres Aussprechen eine wahre Freude und deshalb sind mir die Augenblicke, die ich mit Ihnen zubringen darf, so unendlich werth.«[6]
Im Juli 1886 besuchte der Kaiser die Schratt zum erstenmal in ihrer Villa Frauenstein bei St. Wolfgang. Elisabeth war informiert. Kaum acht Tage später fuhr sie selbst an den Wolfgangsee. Sie nahm sogar die – völlig ahnungslose – Erzherzogin Marie Valerie mit, die diesen Besuch in ihrem Tagebuch festhielt und über die Schauspielerin schrieb: »sie zeigte uns das hübsche Haus, das sie gemietet... herzig und natürlich und sprach sehr unburgtheaterlich furchtbar wienerisch. Mit Geld, das wir von Frau Schratt ausgeliehen, fuhren wir im Dampfschiff zurück.«[7]
Wie man sieht, war Elisabeth so diskret, daß sie keine Hofdame zu diesem Besuch mitnahm, was höchst ungewöhnlich war und sie auch in die Schwierigkeit brachte, plötzlich ohne Fahrgeld für den Dampfer dazustehen. Denn grundsätzlich waren die Hofdamen für finanzielle Angelegenheiten zuständig, und Elisabeth hatte nie Geld bei sich.
Noch einigemale erhielt Katharina Schratt in diesem Sommer kaiserlichen Besuch, auch vom Kaiserpaar gemeinsam. Die Schratt avancierte dadurch offiziell zur »Freundin der Kaiserin«.
Es folgten kleine Aufmerksamkeiten: die Kaisertochter Marie

Valerie schenkte ihrem Vater Photographien Katharina Schratts für die Villa in Lainz. Elisabeth gab ein weiteres Porträt der Schratt in Auftrag. Franz Matsch malte die Schauspielerin in Franz Josephs Lieblingsrolle, der »Frau Wahrheit« aus einem beliebten, aber wenig anspruchsvollen Lustspiel.[8] Es wurde das Weihnachtsgeschenk für den Kaiser, und zwar ausgerechnet für seine Räume in Elisabeths »Hermesvilla«. In einem ihrer Gedichte spöttelte Elisabeth über den verliebten Eifer ihres Mannes »Oberon«, dieses Schratt-Porträt so oft wie möglich anzuschauen:

Aber in dem fernsten Zimmer,
Reich geziert mit Boiserien,
Liegt jetzt Ob'ron auf den Knien,
Starrend auf ein Bild noch immer,

Winkend aus dem goldnen Rahmen,
Lächeln ihm zwei blaue Sterne;
Ach! er hat sie nur zu gerne!
Flüstert leise ihren Namen.

Gross ist Oberons Entzücken,
Und das Bild ist gut getroffen;
Wohl thut ihn, gesteh'n wir's offen,
Nicht Titania draus beglücken.

Doch ist dies nicht wert des Lärmes;
Glück lebt nur in Phantasien,
Beiden sei darum verziehen,
Denkt da draussen Schutzgott Hermes.[9]

Die Schratt schenkte dem Kaiser ein vierblättriges Kleeblatt, brachte der Kaiserin und Marie Valerie am 1. März 1887 (wie von nun an jedes Jahr an diesem Tag) Veilchen nach Schönbrunn, die Glück bringen sollten. Marie Valerie schrieb in ihr Tagebuch: »Um ihr [der Schratt] Dankbarkeit zu beweisen, gingen wir in den 1. Akt des »Hüttenbesitzers« und zwinkerten vom Bankerl aus der schönen Claire [die die Schratt spielte] zu.«[10] (»Vom Bankerl«

Katharina Schratt als »Frau Wahrheit«

hieß, daß Elisabeth sich in der Kaiserloge des Burgtheaters auf eine Extrabank im äußersten Winkel setzte, wo sie zwar der Aufführung folgen konnte, vom Publikum aber nicht gesehen wurde. Das war die übliche Art Elisabeths, das Burgtheater zu besuchen, meistens nur für einen Akt. Der Grund für dieses merkwürdige Verhalten war wieder einmal ihre Menschenscheu und ihre Angst, Aufsehen zu erregen.)

Der Kaiser bedankte sich für die Veilchen der Schratt auf seine Art: zu jedem, auch noch so unbedeutenden Anlaß schickte er der Angebeteten Juwelen, die den Grundstock für eine der reichsten Juwelensammlungen der alten Monarchie bildeten. Sehr vorsichtig bat er sie um die Gunst, ihr immer wieder Geld schenken zu dürfen – für neue Kleider, für ihren durch die kaiserliche Freundschaft anspruchsvolleren Haushalt. Franz Joseph: »Auch kann ich Ihnen zu Ihrer Beruhigung sagen, daß ich meinen Kindern ihre Geburts- und Namenstags-Geschenke in Geld gebe.«[11] Bald gab es nicht nur immer wieder neue Ausstattungen der Schauspielerin zu bezahlen, sondern auch Spielschulden, die sie in Monte Carlo machte.

Nur mit den Rendezvous klappte es zunächst nicht. Jedes Treffen in der Öffentlichkeit wurde zur Nervenprobe. Beim Concordiaball 1887 zum Beispiel hatte der Kaiser nicht den Mut, die Schratt anzusprechen. Er konnte ihr nur schriftlich gestehen, sich zu ärgern, »daß ich nicht die Courage hatte, Sie am Balle anzusprechen. Allein ich hätte müssen die Sie umringenden Leute durchbrechen, während man von allen Seiten mit und ohne Operngukker beobachtet wird und überall Pressehyänen stehen, die jedes Wort aufschnappen, das man spricht. Ich habe mich halt nicht getraut, so sehr es mich auch zu Ihnen zog.«[12]

Wieder half die Kaiserin ihrem Mann aus den Nöten: Sie lud Katharina Schratt mehrmals nach Schönbrunn ein. Sie hatte auch die Idee, daß das Paar sich bei Ida Ferenczy treffen konnte. Denn Ida wohnte zwar innerhalb des Hofburgkomplexes, hatte aber einen eigenen, von Lakaien unbewachten Eingang zum Ballhausplatz 6. Die Schratt besuchte also ganz offiziell die »Vorleserin« und Freundin der Kaiserin, Ida Ferenczy, und traf dort Kaiser

Franz Joseph, der durch die Gänge der verwinkelten Hofburg ebenfalls dorthin kam. So machten diese Rendezvous kein Aufsehen. Wegen des Protokolls und der vielen Lakaien wäre ja ein Treffen in den kaiserlichen Gemächern der Hofburg kaum möglich gewesen, andererseits hätte auch ein Besuch des Kaisers in der (noch sehr bescheidenen) Wohnung der Schauspielerin Sensation gemacht.

Um die kaiserlichen Privatgemächer zu sehen, brauchte die Schratt die Intervention Elisabeths. Die Kaiserin selbst war es, die die »Freundin« zum erstenmal in die Wohnung ihres Mannes führte. Franz Joseph an die Schratt: »Wie freue ich mich, Ihnen meine Zimmer und das gewisse Fenster von innen zu zeigen, auf das Sie so oft die Gnade hatten, Ihre Blicke von Außen zu richten.«[13] Um sich überhaupt zu sehen, hatte das Paar nämlich verabredet, daß die Schratt zu bestimmten Zeiten über den Burgplatz ging. Sie schaute dann immer zum Fenster herauf, hinter dem der Kaiser stand und sie höflich grüßte. Das war lange Zeit neben den Burgtheater-Vorstellungen die einzige Möglichkeit für den Kaiser, seine Angebetete zu sehen.

Bedenkt man, mit welcher Eifersucht, mit welcher tiefen Enttäuschung die junge Elisabeth auf Abenteuer des jungen Kaisers reagiert hatte, wie sie sich zu geradezu hysterischen Anfällen hatte hinreißen lassen und fluchtartig die Familie verließ, kann man erkennen, wie grundlegend sich die Situation geändert hatte. Es war längst keine Liebe mehr, die die beiden Eheleute aneinanderband. Elisabeth hatte Mitleid mit dem einsamen Mann, mit dem sie nicht mehr zusammenleben wollte und konnte. Sie erwies sich als gute und großzügige Kameradin, agierte außerordentlich taktvoll, so zum Beispiel am Namenstag der Schratt im November 1887. Franz Joseph an seine Freundin: »An diesem Tage speiste ich mit der Kaiserin und Valerie allein und war sehr erstaunt, Champagnergläser auf dem Tische stehen zu sehen, da wir uns gewöhnlich den Luxus dieses Weines nicht gönnen. Die Kaiserin klärte mich auf, daß sie den Champagner bestellt habe, damit wir auf Ihr Wohl trinken können, was denn auch in der herzlichsten Weise geschah. Das war eine gelungene und hübsche Überraschung.«[14]

So konnte die Liebesgeschichte zwischen dem Kaiser und der Schauspielerin weiter gedeihen. Im Februar 1888 kam es zur beiderseitigen »Erklärung« und Versicherung des Kaisers an Frau Schratt: »Sie sagen, daß Sie sich beherrschen werden, auch ich werde es thun, wenn es mir auch nicht immer leicht wird, denn ich will nichts Unrechtes thun, ich liebe meine Frau und will ihr Vertrauen und ihre Freundschaft für Sie nicht mißbrauchen.«[15]
Alle Sorgen der Schratt, die Kaiserin könne etwas gegen sie haben, zerstreute Franz Joseph guten Gewissens: »Die Kaiserin hat sich... wiederholt auf das günstigste und liebevollste über Sie ausgesprochen, und ich kann Ihnen die Versicherung geben, daß sie Sie sehr lieb hat. Wenn Sie diese herrliche Frau näher kennen würden, würden Sie gewiß von gleichen Gefühlen erfüllt werden.«[16]
Elisabeth zeigte ihre Sympathie nach Kräften, so auch stets, wenn die Schratt an irgendeiner Unpäßlichkeit litt. Franz Joseph an Frau Schratt: »Die Kaiserin ist sehr bekümmert wegen Ihnen, sie behauptet sogar, mehr wie ich, was aber positiv nicht wahr ist. So oft ich ihr Zimmer betrete, fragt sie mich nach neuen Nachrichten von Ihnen und da kann ich allerdings nicht immer mit solchen dienen, da ich doch nicht so unbescheiden und zudringlich sein kann, beständig bei Ihnen fragen zu lassen.«[17]
Und: »Auch die Kaiserin war entsetzt über Ihre gestrige Ausfahrt und hält mir beständig vor, daß ich allein die Schuld tragen werde, wenn Sie ernstlich krank würden.«[18]
Und: »Die Kaiserin läßt Sie bitten, ja kein kaltes Meerbad in dieser Jahreszeit zu nehmen, dagegen empfiehlt sie Ihnen Bäder von warmem Seewasser und dann Abschütten mit kaltem.«[19]

So sehr Elisabeth diese Liebesbeziehung ihres Mannes auch unterstützte, so hieß das nicht, daß Katharina Schratt ihr wirklich so überaus sympathisch und liebenswert war, wie sie es Franz Joseph versicherte. In ihren Gedichten fand Elisabeth reichlich suffisante Töne. Die Verliebtheit ihres Mannes war ihr, wenn schon nicht Anlaß zur Eifersucht, so doch zu Spott, wie zum Beispiel in einem langen Gedicht »Gespräch auf dem Schönbrunner Parterre«. Dort unterhalten sich zwei Statuen, Ceres und Perseus, über »ein liebend Paar«, das häufig im Schönbrunner Schloßpark vor ihnen einherspazierte:

> »›Pst!‹ ruft plötzlich freudig Ceres,
> ›Sieh das Paar, das sich dort naht,
> So viel Glut, beim Zeus, ich schwör' es,
> Ein verliebtes Aug' nur hat.
>
> Liebe leiht dem Alter Schwingen,
> Ist das Haupt auch glatt und kahl;
> Amors Pfeile tiefer dringen
> In ein altes Herz zumal.
>
> An den weissen Backenhaaren
> Streift er mit der Hand entlang,
> Jugendlich ist sein Gebaren
> Und elastisch leicht der Gang.
>
> Doch in ihrem Aug' zu lesen
> Fällt mir schwerer schon fürwahr . . .‹«

Das lange Gedicht schließt mit den vielsagenden Versen:

> Übrigens ›Quod licet Jovi‹
> Ist ein weiser alter Spruch;
> So viel sag' ich jedem Bovi.–
> Doch nun wisset ihr genug[20]

Und im Mai 1888 schrieb sie über ihren verliebten Ehemann:

Abendgang

> Achtundfünfzig Winter zogen
> Spurlos nicht ob deinem Haupt.
> Denn sie haben ihm die Fülle
> Blonder Locken längst geraubt.

509

Achtundfünfzig Jahre bleichen
Deines Backenbartes Zier.
In der Abendsonne leuchtet
Er wie eitel Silber schier.

In der Abendsonne aber
Schreitest seelig du einher,
Sänke sie doch dir zuliebe
Heute später in das Meer.

Denn es wandelt dir zur Seite
Deines Herzens Königin,
Thalia's holde Tochter ist es,
Sie umstrickte deinen Sinn.

Achtundfünfzig Winter zogen
Spurlos deinem Herz vorbei,
Schlägt es doch wie ein verliebter
Kuckuck heut, im Monat Mai![21]

Das häufige verliebte Fragen Franz Josephs, wo sich »die Freundin« wohl gerade aufhalte, zerrte gelegentlich an Elisabeths Nerven. Franz Joseph an Katharina Schratt: »Die Kaiserin findet, daß es zwar eine Ehre sein mag, meine Freundin zu sein, aber assomant [tödlich langweilig], wegen meiner beständigen Nachfragen nach Ihrem Aufenthalte.«[22]

Als einmal Fürst Albert Thurn und Taxis die kaiserliche Familie in der Hermesvilla besuchte, sah er im Appartement des Kaisers ein Gemälde der Schratt, die er nicht kannte.

Elisabeth leichthin: »Wie g'fallt dir die?«

Taxis: »Schauderhaft kommun sieht sie aus.«

Ein helles Gelächter der Kaiserin folgte diesem Ausspruch, und selbst der Kaiser mußte, ob er wollte oder nicht, einstimmen.[23]

In Elisabeths Gedichten wurde nun Kaiser Franz Joseph nicht mehr nur mit dem Namen »Oberon« bedacht (als Pendant zu »Titania«), sondern auch mit »König Wiswamitra«. Dies war jener legendäre indische König, der eine Kuh (»Sabala«) liebte und der als solcher auch bei Heinrich Heine vorkommt. In Anlehnung an die Heine'schen Spottverse schrieb Elisabeth im Sommer 1888 ein Naturgedicht voll Heimweh nach der bayrischen Heimat in einer ruhigen, elegischen Stimmung, die sie abrupt beendete:

> *Da weckt sie lautes Rasseln*
> *Im Thal aus ihrer Ruh';*
> *Der König Wiswamitra*
> *Kehrt heim von seiner Kuh.*
> *O König Wiswamitra,*
> *O welch' ein Ochs bist du!*[24]

(Die letzten beiden Zeilen sind Zitate aus Heines »Buch der Lieder«).[25]

Marie Larisch überliefert in einem ihrer Bücher ein Hohngedicht Elisabeths auf Katharina Schratt und deren Sucht, die Kaiserin in allem nachzuäffen. Dieses Gedicht ist wahrscheinlich echt. Elisabeth nahm es aber nicht in ihre Gedichtsammlung auf.

> Trost (Schönbrunn 188...)
>
> *Dein dicker Engel kommt ja schon*
> *Im Sommer mit den Rosen.*
> *Gedulde Dich, mein Oberon!*
> *Und mach nicht solche Chosen!*
>
> *Sie bringt sich mit ihr Butterfaß,*
> *Und läßt sich Butter bereiten,*
> *Sie macht mit Cognac die Haare naß*
> *Und lernt am End noch reiten.*
>
> *Sie schnürt den Bauch sich ins Korsett,*
> *Daß alle Fugen krachen.*
> *Hält sich gerade wie ein Brett*
> *Und »äfft« noch andre Sachen.*

> *Im Häuschen der Geranien,*
> *Wo alles so fein und glatt,*
> *Dünkt sie sich gleich Titanien,*
> *Die arme dicke Schratt.*[26]

Weit nüchterner schrieb die Kaiserin in ihr für die Nachwelt bestimmtes Gedichtbuch:

> *Was Ob'ron treibt, das kümmert nicht Titanien,*
> *Ihr Grundsatz ist: Einander nicht genieren.*
> *Frisst einer Disteln gerne und Kastanien,*
> *Sie selber will sie ihm sogar offriren.*[27]

Für die Tatsache, daß Elisabeth ihm die Freundschaft mit der Schratt »offrirte«, war jedenfalls Kaiser Franz Joseph seiner Frau zeitlebens dankbar.

Im August 1888 kam Katharina Schratt schon nach Ischl, um dort das Kaiserpaar zu treffen. Die zwanzigjährige Erzherzogin Marie Valerie schrieb mißbilligend in ihr Tagebuch: »Nachmittag zeigten Mama, Papa und ich der Frau Schratt den Garten... sie ist wirklich einfach und sympathisch, aber doch habe ich eine Art Groll, obwohl sie ja nichts dafür kann, dass Papa diese Freundschaft für sie hat, aber die bösen Menschen reden davon und können nicht glauben, wie kindlich Papa diese Sache auffasst, wie rührend er auch hierin ist. Aber von ihm sollte man eben nicht einmal reden – das tut mir leid und ich finde, Mama hätte darum diese Bekanntschaft nicht so unterstützen sollen.«[28]

Aber selbst Marie Valerie sah deutlich, wie gut dem Kaiser die Freundschaft mit Katharina Schratt tat: »Sie ist so gemütlich, dass man sich endlich heimlich fühlen muss – ich begreife, dass ihr ruhiges sehr natürliches Wesen Papa sympathisch ist.«[29]

Nach der Tragödie von Mayerling erwies sich Franz Josephs Freundschaft zu Katharina Schratt als wahrer Segen, vor allem für Elisabeth, die nun ganz aus Wien wegstrebte. Die Schratt nahm ihr ihre Schuldgefühle und die Sorge um den tief gebeugten Kaiser ab, ja sie war nun der einzige Lichtblick seines traurigen Lebens.

Elisabeth zu ihrer Schwägerin Marie José: »Ich muß fort. Aber Franz allein lassen – ausgeschlossen. Doch – er hat die Schratt – die sorgt für ihn wie sonst niemand und gibt auf ihn acht.« Und: »Bei der Schratt kann er sich ausruhen.«[30]

Harmlose Plaudereien im immer eleganter werdenden Salon der Schratt, ein wenig Wärme und Menschlichkeit, die der Kaiser bisher so wenig erfahren hatte, keine philosophischen Diskurse, kein Spiritismus und keine Poesie, sondern höchst irdische, unkomplizierte und nicht anstrengende Themen, beim Frühstück mit Kaffee und Kipferln – das war es, was dem Kaiser in den nächsten Jahren Trost und Erheiterung gab.

1889 siedelte sich die Schratt in Wien neben dem Schloßpark von Schönbrunn an, und in Ischl kaufte sie eine Villa neben der kaiserlichen Sommervilla. Dies hatte laut Franz Josephs Worten »den Vortheil der Nähe, welche es mir ermöglicht, Sie mit Ihrer Erlaubniß viel öfter zu besuchen, auch will die Kaiserin Ihnen den Schlüssel zu einer kleinen Thüre geben, durch welche Sie in unseren Garten gelangen können, ohne durch eine Gasse von Ischl gehen zu müssen.«[31]

Inzwischen hatte auch die Kaisertochter Marie Valerie die Zusammenhänge durchschaut. Sie nahm es ihrer Mutter Elisabeth sehr übel, diese Beziehung zu protegieren: »O, warum hat Mama die Sache selbst so weit getrieben! . . . aber ändern kann und darf man jetzt natürlich nichts daran, ich muss, obwohl es Franz [ihrem Verlobten] peinlich ist, wieder mit ihr [der Schratt] zusammen kommen und darf mir nichts merken lassen.«[32] Mißbilligend sah die sehr fromme und sittenstrenge junge Erzherzogin mit an, wie es die Kaiserin war, die immer wieder die Schauspielerin einlud und sich in der Öffentlichkeit mit ihr zeigte – mit und ohne Begleitung des Kaisers –, um so diese Beziehung als harmlos und ehrenhaft hinzustellen.

Katharina Schratt wurde sogar die große Ehre zuteil, im kleinsten Familienkreis – nur Kaiser, Kaiserin, Erzherzogin Marie Valerie – in der Hofburg zu dinieren, und das nicht gerade selten. Die Kaiserin, die sich mehr denn je weigerte, an den offiziellen Hofdiners teilzunehmen, die vor allem den höfischen Adel – mit dem lupenreinen Stammbaum der 16 aristokratischen Ahnen – mit Verachtung strafte, exponierte sich nicht unbeträchtlich mit diesen intimen Diners. Eine Schauspielerin am habsburgischen Familientisch – das war noch nie vorgekommen. Außerdem muß man bedenken, daß Katharina Schratt ja keineswegs ledig, sondern verheiratet war, was zusätzlich Stoff für Tratschereien an diesem katholischen Hof gab.

Erzherzogin Marie Valerie litt bei diesen Diners wahre Qualen: »Frau Schratt dinierte mit uns (zu viert), machte mit uns einen Spaziergang und blieb bis Abend. Ich kann nicht sagen, wie peinlich mir solche Nachmittage sind, wie unbegreiflich, dass Mama dieselben eher gemütlich findet.«[33]

Die Liebe ihres Mannes zu Katharina Schratt war für Elisabeth, so eigenartig das auch immer klingen mag, eine Beruhigung, sogar gelegentlich eine Freude, so als sie Ende 1890 an Valerie schrieb: »Man darf sich auf nichts freuen und auch nichts Gutes erwarten. Das Leben hat genug Bitterkeit. Doch der póka [der ungarische Ausdruck für Truthahn, ein Deckname Franz Josephs] ist heute abends glücklich, ich bestellte die Freundin auf $^1/_2$ 7 Uhr zur Ida, um ihr ein paar Reiseerinnerungen zu erzählen. Auch heute spazierten wir in Schönbrunn. So gut ist es, in dieser dunklen, traurigen und verlassenen Burg endlich ein glückliches Gesicht zu sehen und der Poká ist heute abends wirklich kreuzfidel.«[34]

Endlich auch hatte das Kaiserpaar einen Gesprächsstoff, und Elisabeth konnte ihre Tochter über die eheliche Harmonie beruhigen: »Es geht, da wir fast immer nur über die Freundin oder Theater reden.«[35]

Andererseits gab es auch für Franz Joseph und Frau Schratt viel über Elisabeth zu reden. Der Kaiser war in ständiger Sorge und wußte oft nicht einmal, wo sich seine Frau auf ihren weiten Reisen gerade befand. Franz Joseph an Katharina Schratt 1890: »Wie glücklich wäre ich, wenn ich meine Angst für die Kaiserin mit Ihnen besprechen und Trost bei Ihnen finden könnte.«[36] Elisabeth sandte der Schratt regelmäßig Grüße, so auch aus Arcachon. Franz Joseph an Frau Schratt: die Kaiserin »wünscht, daß ich Ihnen beiliegende Karte schicken soll, da sie meint, der Anblick derselben könnte ihnen Lust machen, nach Arcachon zu gehen, aber nur nicht jetzt, setze ich hinzu.«[37] Inzwischen hatte auch der Kaiser bemerkt, wie sehr seine Freundin seine Frau imitierte und fürchtete zu Recht, nun wolle auch Katharina Schratt auf Reisen gehen und kaum mehr nach Wien zurückkommen.

Die Freundschaft zur Schratt brachte auch Probleme mit sich. Die hohen Spielschulden, die immensen Geldausgaben der Schauspielerin, spielten zwar überhaupt keine Rolle. Franz Joseph zahlte bereitwillig, ebenso, wie er es bei seiner Frau zu tun gewöhnt war. Aber die Freunde Katharina Schratts baten immer wieder um ihre Intervention beim Kaiser. Und meistens ließ sie sich nicht lange bitten. Die Direktion des Burgtheaters hatte ihre liebe Not. Denn gegen den Willen der Schratt gab es kaum noch eine Rollenbesetzung oder eine Stückauswahl.

Der deutsche Botschafter Fürst Eulenburg (der klugerweise auch ein gutes, ja freundschaftliches Verhältnis zur Schratt unterhielt und damit prompt den Kaiser eifersüchtig machte), schrieb 1896 an Kaiser Wilhelm II.: »Im Theater herrscht sie natürlich unumschränkt, und man kriecht auf allen Vieren, wenn sie kommt, der Intendant nicht ausgeschlossen.« Die berühmte Schauspielerin Stella Hohenfels wolle wegen der ständigen Zurücksetzungen durch die Schratt Wien verlassen – ebenso wie ihr Mann, der Burgtheater-Direktor Alfred Berger. Eulenburg: »Es ist ein ganz sonderbarer Zustand! Wie ich höre, drängen sich alte Freunde der Frau Kathi mehr und mehr vor, und dieser Einfluß macht sich bei der Hofverwaltung unangenehm fühlbar.« Dann aber deutete er das Hauptproblem an: »Baron Kiß – Kathis Mann – ist auch eine Unbequemlichkeit. Man hat ihn nach Venezuela gebracht, wo er sich entsetzlich langweilt. Er hat den dringenden Wunsch, nach Europa zurückzukommen, was um so erklärlicher ist, als man ihm alle Schulden bezahlt hat. Es wäre klüger gewesen, dieses zu unterlassen.«[38]

1892 erhielt der damals zwölfjährige Toni Kiss, der Sohn der Schratt, einen anonymen Brief mit diffamierenden Äußerungen über seine Mutter und ihre Beziehungen zum Kaiser. Die Polizei konnte den Verfasser des Briefes nicht ausfindig machen. Es herrschte große Aufregung. Auch hier wieder vermittelte die Kaiserin: sie lud den kleinen Toni zu sich in die Ischler Kaiservilla ein, spazierte mit ihm im Garten und sprach »auf das liebevollste von seiner Mutter, wie sehr sie ihr zugetan sei, sie schätze, und er sie lieben und verehren müsse, und daß nur böse Menschen derlei Unwahrheiten ersinnen könnten«. Jahrelang ließ sie dem Buben Bäckereien und Süßigkeiten aus der Hofkonditorei schicken, um auch damit ihre Sympathie zu Mutter und Sohn zu beweisen und weiteren Tratschereien entgegenzutreten.[39]

Trotz größter Vorsicht und Wohlwollens seitens der Kaiserin konnte doch eine solche Liebesaffäre nicht unbemerkt bleiben. Graf Hübner 1889: »Alle großen und kleinen Übel scheinen sich auf der Kaiserfamilie zu vereinen und auch über unser armes Österreich herabzukommen. Der Kaiser ist nach wie vor unter dem Charme einer Schauspielerin vom Burgtheater. Die Schratt, schön und blöd, die, wie man behauptet, anständig lebt in der Intimität des Kaisers. Die Kaiserin, die, wie man sagt, diese Liaison arrangiert hat, die man platonisch nennt, die aber in der Öffentlichkeit keineswegs so beurteilt wird, und die auf jeden Fall lächerlich ist – und die junge Erzherzogin Valerie. Diese dumme Geschichte schadet dem Kaiser sehr in der Meinung der Bourgeoisie und des Volkes.«[40]

Der deutsche Botschafter Fürst Philipp Eulenburg: »Psychologisch ist die hiesige Kaiserfamilie allerdings interessant. Wer die Persönlichkeiten nicht alle in ihrer Eigenart kennt, wird dieses eigentümliche Verhältnis zwischen Kaiserpaar, Schauspielerin und Töchtern nicht begreifen«.[41]

Valerie gesteht in ihrem Tagebuch, »dass sie einen grundlosen Groll gegen Frau Schratt zu überwinden habe – ob, weil sie eine Schauspielerin sei???« Darauf Valeries Bräutigam: »Nein, ob sie eine Schauspielerin, ein Ballettmädel oder eine Fürstin XY ist, bleibt sich ganz gleich, wenn sie eine anständige Person ist – das glaub ich auch – und an der Sache ist ja auch nichts – – aber – aber wenn man mir davon spricht, dann kann ich nicht sagen: nein! – Und vom Kaiser soll man nicht sprechen.«[42]

Wenn es um Franz Josephs Beziehung zu Katharina Schratt ging, wagte die sonst so brave Tochter Kritik und gestand ihrem Tagebuch, »wie peinlich mir Papas oft rauhe, widersprechende Art mit Mama, seine kurzangebundenen Antworten sind... Wenn ich wohl auch weiss, dass es durchaus nicht schlecht gemeint ist, so begreife ich doch, daß Mamas Blick in die Zukunft düster ist.« Der Gedanke, Franz Joseph könnte im Umgang mit der Burgschauspielerin weniger rauh sein als mit der Kaiserin, kränkte Marie Valerie zutiefst: »Ich wollte, ich bräuchte nie mehr mit der guten Frau zusammenzukommen und Papa hätte sie nie gesehen.« Unter diesen Umständen bedeutete es für die Kaisertochter geradezu eine Demütigung, die Schratt bei der Begrüßung und bei der Verabschiedung zu küssen, wie es auch Elisabeth zu halten pflegte, »aber ich fürchte, Papa zu kränken, wenn ichs einmal aufgebe.«[43]

Valeries Klagen häuften sich: »Dass ich Papa nicht mehr wie ehmals im innersten meines Herzens stets recht geben kann, das ist für mich das Bitterste – so unschuldig die Sache ja auch ist. O, warum hat Mama diese Bekanntschaft herbeigeführt, und wie kann sie noch sagen, dass ihr dieselbe eine Beruhigung ist! ... Dass zwei so edle Charaktere wie meine Eltern so irren und sich oft gegenseitig unglücklich machen können.«[44]

Und nach einem trostlosen Weihnachtsfest 1889 in der Hofburg schrieb Marie Valerie: »O lieber Gott, wie traurig ist unser für Uneingeweihte so schön scheinendes Familienleben, dass Mama und ich froh sind, wenn wir ruhig allein sein können. Ich weiss nicht warum, aber das hat in diesem Jahr erschreckend zugenommen. – Papa hat so wenig Interessen mehr und ist – soll ichs sagen – so viel schwerfälliger und kleinlicher geworden... Zusammensein meiner Eltern fortwährend aus kleinen, aber unglaublich aufreibenden Peinlichkeiten zusammengesetzt. – Mama klagt mir ständig ihr Leid. Und ich sehe Papa nicht mehr mit den Augen schwärmender Begeisterung an.«[45]

Prinz Leopold von Bayern, der Gatte der ältesten Kaisertochter Gisela, versuchte sie zu beruhigen. Er fände die Schrattsache »sehr natürlich«, erklärte er der aufgeregten Valerie und fügte hinzu:

»Der Franz [Erzherzog Franz Salvator, Valeries Bräutigam] ist halt noch gar so unschuldig.«[46]

Je herzlicher die Beziehung des Kaisers zu der Schauspielerin wurde, desto weniger sah sich die Kaiserin veranlaßt, in Wien zu sein. Marie Valerie: »Mama immer gedrückter. Ihr Los am schwersten, wenn sie mit Papa ist. Opfer ihres Beisammenseins verliert an Notwendigkeit in dem Maß, als die unglückliche Freundschaft zur Schratt zunimmt.«[47]

Man mag sich Valeries peinliche Berührtheit leicht ausmalen, als die Kaiserin sie 1890 aufforderte, »falls sie stürbe, ... Papa zuzureden, Schratt zu heiraten.«[48]

Nur im Ausland plädierte Elisabeth für Zurückhaltung, so etwa, als das Kaiserpaar und die Schratt 1894 zur selben Zeit in Cap Martin wohnten. Franz Joseph an Frau Schratt: »Als die Kaiserin den Wunsch schrieb, Sie hier zu sehen, war das nicht eine Phrase oder das Gefühl des Mitleides, wie Sie meinten, sondern die wahre Sehnsucht nach Ihnen, die sie während der ganzen Reise erfüllte.« Ein Treffen in Cap Martin hielt Elisabeth jedoch trotzdem nicht für günstig: ‹Von Incognito ist hier natürlich keine Rede, man ist von einer Menge Leute beständig beobachtet, es wimmelt von Neugierigen und von hohen Herrschaften und wir fürchten, daß unsere Beziehungen zu Ihnen einer boshaften Kritik unterzogen werden könnten. Bei uns zu Hause hat man fast allgemein die Art unserer Freundschaft verstehen gelernt, hier im Auslande und an diesem leider nicht stillen, sondern sehr besuchten und bewegten Orte ist es etwas anderes. Die Kaiserin, die immer das richtigste Urteil hat, findet, daß das Alles uns alten Leuten nichts schaden würde, aber ihr ist es vor Allem um Sie und Toni zu thun.«[49]

Außerdem war Elisabeth zunehmend der Meinung, daß es für die Schauspielerin ein Opfer bedeuten müsse, mit dem immer resignierter werdenden Kaiserpaar zusammenzutreffen. Franz Joseph aus Cap Martin an Frau Schratt in Monte Carlo 1897: »Ich deutete der Kaiserin leise an, daß Sie uns doch noch einmal besuchen könnten, worauf sie sagte: Die Arme! Sie meint nämlich immer, daß es Ihnen sehr unbequem und unangenehm sein müsse, Ihre

Unterhaltung in Monte Carlo zu unterbrechen, um sich mit uns alten Leuten hier zu langweilen.«[50]

Einige Male kam es zu Zerwürfnissen zwischen Franz Joseph und Katharina Schratt. Und immer war es die Kaiserin, die ausglich und beschwichtigte, die verärgerte Schratt aus ihrem Schmollwinkel herausholte. Der Kaiser war durch diese Differenzen derart belastet, daß seine Umgebung stets die Schratt wieder herbeisehnte – so schwierig war der Umgang mit ihm in diesen Zeiten. Hier verhielt sich Franz Joseph genau so wie bei Elisabeth: Er war der Bittende, der stets Unterlegene und Nachgiebige. Fürst Eulenburg berichtete über diese Hintergründe stets ausführlich an Kaiser Wilhelm II.: »Das lustige Geplauder von Frau Kathi über die großen und kleinen Miseren der Kulissenwelt, über die Hunderln und Vögerln und die Haushaltsereignisse seiner Freundin hat ihm gefehlt... Er braucht auch die Attraktion der schönen Weiblichkeit Frau Kathis, über die er in unschuldvollster Weise gebietet. Kurz und gut: es ging nicht länger ohne sie. Das scheint auch die Kaiserin behauptet zu haben, die bereits zweimal Ärgernisse ähnlicher Art, wie die jetzt eingetretenen, ausgeglichen hat.«[51]

Allerdings konnte auch Elisabeth zeitweilig nicht ganz verbergen, daß sie sich trotz allem zurückgesetzt fühlte. Bei einem der letzten Spaziergänge mit Franz Joseph und der »Freundin« vor ihrem Tod zeigte sie dies mit dem ihr eigenen makabren Humor. Sie sprachen, wie so häufig in dieser Zeit, vom Tod, und zwar von Elisabeths Tod. Elisabeth: »Ach, da wäre niemand so, als der Ritter Blaubart froh.« Der Kaiser war über dieses kleine Zitat ärgerlich und sagte abwehrend: »Geh, red' nicht so.«[52] (Katharina Schratt erzählte dies nach Elisabeths Tod dem deutschen Botschafter Fürst Eulenburg.) Aber immerhin: Elisabeth erreichte mit ihrem jahrelangen Einsatz für das ungleiche Paar, daß sich die Tratschereien in Grenzen hielten. Bis heute ist zum Beispiel kein Beweis für ein »Verhältnis« der beiden zu finden, so perfekt waren auch Elisabeths Diskretion und ihr Schutz. Die Frage, ob der Ruf der Kaiserfamilie durch diese ungewöhnliche Beziehung gelitten habe oder nicht, ist – wenigstens zum größten Teil – zu verneinen, ein eindeutiger Erfolg Elisabeths.

Wie entscheidend wichtig die Kaiserin für diese Beziehung zwischen Kaiser und Schauspielerin war, konnte man erst nach ihrem Tod richtig erkennen. Denn nun, da die Schratt nicht mehr offiziell als »Freundin der Kaiserin« am Hof ein- und ausgehen konnte, wurde ihre Stellung fast unhaltbar. Eine Heirat, die die Beziehung hätte legalisieren können, war nicht möglich, da ja die Schratt immer noch (nach katholischem Recht, und das war hier das entscheidende) rechtmäßig verheiratet war. Valerie 1899: »Lossagen wird er sich nie und nimmer von ihr, und heiraten kann er sie ja leider nicht, denn sie ist ganz rechtmäßig verheiratet.«[53]
Zwei Jahre nach Elisabeths Tod kam es zu einer ernsten, monatelangen Verstimmung zwischen dem Paar. Der Kaiser erklärte seiner Tochter Valerie »fast mit Tränen, sie [die Schratt] arbeite schon seit Mamas Tod an diesem Entschluß [sich vom Kaiser zu trennen], da sie das Gefühl habe, seither nicht mehr gehalten zu sein, ihre Stellung sei keine richtige.«[54]
Angesichts des kaiserlichen Kummers versuchten viele Mittelsleute, eine Versöhnung zu bewerkstelligen und die Schratt aus ihrem Schmollwinkel in der Schweiz nach Wien zurückzuholen. In der »Neuen Freien Presse« erschien ein vieldiskutiertes freches Inserat: »Kathi kehre zurück – alles geordnet – Zu Deinem unglücklich verlassenen Franzl.« Burgtheaterdirektor Berger schrieb an den deutschen Botschafter, »seit dem Tode einer allerhöchsten Dame [also Elisabeths] hätte... eine Nuance gefehlt, die bis dahin alles anders, vornehmer gestaltet hätte«, womit er vollauf Recht hatte.[55]
Die Peinlichkeiten um Katharina Schratt nach Elisabeths Tod waren immens und schadeten dem kaiserlichen Ansehen. Außerdem tat nun die Schauspielerin das gleiche, was ihr großes Vorbild, die Kaiserin, getan hatte, wenn sie gekränkt war: sie verließ immer wieder auf längere Zeit Wien und ließ sich lange vergeblich bitten, die gewohnten Schönbrunner Spaziergänge wieder aufzunehmen. Einen dieser ernsten und langen Zwiste beendete ausgerechnet Franz Josephs Appell an die »Liebe zu ihr [Elisabeth], das Letzte, was uns noch verbindet«.[56]
Der gutgemeinte Versuch Valeries, ihren Vater zu einer Heirat mit »Tante Spatz«, also einer Schwester Elisabeths (der verwitweten

Gräfin Mathilde Trani) zu überreden, damit die Schratt wieder »die Freundin von Papas Frau« sein könne[57], zeigt die Verfahrenheit der Situation, nachdem die schützende Hand Elisabeths nicht mehr auf dieser späten Liebe ihres Mannes ruhte.
Als Nikolaus Kiss im Mai 1909 starb, war der Kaiser 79 und die Schratt fast 56 Jahre alt. Die Beziehung war inzwischen (wie die nun ungekürzt vorliegenden Briefe Franz Joseph zeigen) zwar freundlich, aber doch distanzierter als zu Elisabeths Zeiten.
Der Wiener Tratsch beschäftigte sich trotzdem immer wieder (freilich erst seit 1909, als die Möglichkeit dazu bestand) mit einer heimlichen Eheschließung. Doch fehlen die Beweise, und auch die Briefe und Tagebücher der Angehörigen geben keinerlei Hinweise darauf. Jedenfalls blieben die beiden bis an Franz Josephs Lebensende bei der altvertrauten Anrede »Sie« und sahen sich nur noch selten. Finanziell hatte der Kaiser die Schratt schon lange vor seinem Tod glänzend gesichert.

13. Kapitel

Rudolf und Valerie

»Wenn Mama die Kraft und Grösse ihrer Natur dazu angewandt hätte, um mit heiterm Mut und steter Beharrlichkeit zu kämpfen ums Glück, wenn sie nicht allzuoft in missverstandenem Stolz geschwiegen hätte, statt Papas Herz durch Liebe und Wärme zu öffnen, wenn sie sich nicht gleich bei jeder ersten kleinen, vielleicht oft aus Unbedachtsamkeit geschehenen Kränkung in so vielen Menschen, die sie einst liebte, getäuscht gewähnt hätte – da wäre vielleicht dieser grosse wahre Schmerz doch nicht mit so tausendfacher Bitterkeit getränkt«.[1]

Dies schrieb die jüngste Kaisertochter Marie Valerie nach dem Tod des Kronprinzen Rudolf in ihr Tagebuch. Sie deutete damit an, daß die Tragödie von Mayerling einen ihrer Ausgangspunkte auch in der unglücklichen Ehe des Kaiserpaares hatte und daß Elisabeths Schmerz wohl auch deshalb »mit so tausendfacher Bitterkeit getränkt« war, weil sie sich selbst nicht unschuldig am Unglück ihres Sohnes fühlen konnte.

Die beiden ältesten Kaiserkinder Gisela und Rudolf wuchsen praktisch ohne Mutter auf. Elisabeth war derartig erfüllt von ihren Sorgen und Kümmernissen, daß sie den Kindern nur wenig Zeit widmete und ihnen weder Wärme noch Sicherheit gab. Sie betrachtete ihre beiden Ältesten als Ziehkinder der Erzherzogin Sophie, und das genügte, um das Verhältnis zwischen Mutter und Kindern nachhaltig zu stören.

Freilich – wenn Elisabeth kurzfristig am Wiener Hof auftauchte, zeigte sie sich als starke (wenn auch höchst eigenwillige) Persönlichkeit mit einer solchen Anziehungskraft, daß schon der kleine Kronprinz sie anhimmelte – nicht wie eine Mutter, eher wie eine schöne Märchenfee, die sein graues, pflichterfülltes Leben als Kronprinz auflockerte.

Wie keine der Schwestern war Rudolf der Erbe seiner Mutter und nicht seines Vaters. Temperament und Begabung, Phantasie, Lebhaftigkeit, Sensibilität, Witz, schnelle Auffassungsgabe – das alles hatte er mit Elisabeth gemein. Marie Festetics über den Fünfzehnjährigen: »Dem Kronprinzen leuchteten die Augen. Er war ganz seelig mit seiner Mutter zu sein, die er anbetet ... er hat viel von seiner Mutter, hauptsächlich Ihren Charme, neben den braunen Augen«.[2]

Sein Leben lang war Rudolf seiner Mutter dafür dankbar, daß sie sich 1865, in seiner großen seelischen und gesundheitlichen Krise, so vehement für ihn eingesetzt hatte. (S. 183). Elisabeth war es, die den damals Siebenjährigen von dem gehaßten Erzieher Gondrecourt befreite, ihm weitere Quälereien ersparte und unter dem neuen Erzieher Latour eine seelische und körperliche Erholung bewirkte. Daß sie diesen Wechsel nur durch erhebliche Familienstreitigkeiten und nur gegen den Widerstand der höfischen Umgebung durchsetzen konnte, wußte schon der kleine Kronprinz sehr gut. Der von Elisabeth ausgewählte Kronprinzen-Erzieher Latour war für das Kind ein zärtlich geliebter Vaterersatz, der ihm darüber hinaus eben jene liberalen Ansichten nahebrachte, die auch Elisabeth für sich entwickelte. Über die Person Latours waren sich Mutter und Sohn sehr nahe, auch wenn sie kaum direkten Kontakt miteinander hatten.

Die betont bürgerliche, ja antihöfische Erziehung entfernte den Kronprinzen von seiner aristokratischen Umwelt. Sie baute Fronten auf, die sich in Zukunft als unüberwindbar erwiesen. Rudolf hatte von klein auf die schwere Hypothek zu tragen, der Sohn seiner Mutter Elisabeth – und ihr außerdem noch so ähnlich – zu sein. Alle Widersacher der Kaiserin (und deren gab es am Hof viele) sahen in Rudolf eine Gefahr aufwachsen – vor allem die Gefahr, einen »revolutionären«, »bürgerlichen«, »antiklerikalen«, »antiaristokratischen« Kaiser nach dem Vorbild Elisabeths zu bekommen. Und diese Gefahr (die bei größeren Kreisen der Bevölkerung allerdings als Hoffnung galt) bestand durchaus.

Der damals achtjährige Rudolf war ausgerechnet in Elisabeths politisch aktivster Zeit, nach der Niederlage von Königgrätz, während ihrer Verhandlungen in Budapest an der Seite seiner Mutter. Hier in Ungarn lernte der Kronprinz Gyula Andrássy kennen, jenen Politiker, den er zeitlebens verehrte und der für sein politisches Weltbild ebenso wichtig war wie für das seiner Mutter. Diese wenigen Wochen in Budapest neben der Mutter und Andrássy – Franz Joseph war ja in Wien – waren aus Rudolfs Sicht die schönste Zeit, die er je mit der Mutter verlebte (S. 237 ff.).

Doch Elisabeths Einsatz für ihren Sohn 1865 und die gemeinsamen Wochen in Budapest blieben Episoden. 1868 wurde die jüngste Kaisertochter Marie Valerie geboren, Elisabeths »Krönungsgeschenk« an Ungarn. Und nun stand der um zehn Jahre ältere Kronprinz abseits. Elisabeth entwickelte eine geradezu hysterische Mütterlichkeit für ihre »Einzige«, deren Erziehung sie selbst in die Hand nahm und die sie nun auf fast alle Reisen mitnahm.

Die älteste Tochter Gisela heiratete mit siebzehn Jahren nach Bayern. Ihre Beziehung zur Mutter war weiterhin kühl. Der Kronprinz blieb in Wien, war aber so gut wie ausschließlich seinen Lehrern und Erziehern überlassen. Die angeschwärmte schöne Mutter beschäftigte sich nicht mit ihrem Sohn. Ihr Denken kreiste um die kleine Tochter Valerie, gegen die der ältere Bruder eine große Eifersucht entwickelte. Er behandelte die Kleine schroff und unfreundlich. Valerie ihrerseits fürchtete sich vor dem großen Bruder. Dies nun bewog Elisabeth, sich wie eine Gluckhenne ganz auf die Seite der Jüngsten zu stellen und den Sohn noch mehr abzulehnen.

Die Kaiserfamilie war selten vollzählig beisammen. Elisabeth war meistens auf Reisen, nahm auch kaum je an den Familiendiners teil. Eltern und erwachsene Kinder trafen eigentlich nur zu den hohen Feiertagen wie Weihnachten oder Kaisers Geburtstag zusammen, stets umgeben von einer erheblichen Anzahl von Hofdamen und anderen Angehörigen des Hofes. Jedes Mitglied der Kaiserfamilie hatte seinen eigenen Haushalt. Zwischen den verschiedenen Haushalten gab es Eifersüchteleien und Streitigkeiten. Familiäre Intimität konnte unter diesen Umständen so gut wie nie entstehen. Es herrschte Fremdheit und meist, wie Erzherzogin Valerie überlieferte, peinliche Befangenheit. Es hätte einer besonderen Initiative von seiten Elisabeths bedurft, hier den ersten Schritt zu tun, um dem Sohn entgegenzukommen. Sie tat dies aber ebensowenig wie Kaiser Franz Joseph.

So blieb Rudolf nicht nur am Hof, sondern auch innerhalb des engsten Familienkreises isoliert. Niemand kannte seine Probleme. Man beobachtete den Thronfolger mit respektvoller Scheu und mit Mißtrauen. Valerie gestand einmal einem bayrischen Verwandten, sie wohne zwar mit Rudolf unter einem Dach, sehe ihn aber oft monatelang nicht.[3] Und die älteste Kaisertochter Gisela, die das herzlichste Verhältnis zum Bruder hatte, bemerkte bei einem Besuch in Wien überrascht, »es betrachte ihn eigentlich die ganze Familie als eine Respektsperson«. Valerie darauf: »Der Arme! Es ist leider auch wirklich wahr.«[4] Von einem Vertrauensverhältnis, so wie es zwischen Elisabeth und Valerie bestand, konnte bei Rudolf und seiner Mutter nie die Rede sein.

Die Heirat Rudolfs mit der belgischen Königstochter Stephanie verschlechterte das familiäre Klima zusätzlich. Vor allem Elisabeth verharrte in ihrer Abneigung gegen ihre Schwiegertochter. Doch als sich die junge Stephanie für Repräsentationsaufgaben interessiert zeigte, ja sich sogar in der Öffentlichkeit wohl fühlte und die allgemeine Aufmerksamkeit genoß, sah Elisabeth die Gelegenheit, einen Großteil der repräsentativen Pflichten einfach an ihre (ja erst 17jährige) Schwiegertochter weiterzugeben. Stephanie gab in ihrem Memoiren Elisabeths Worte wieder: »Diese Sklaverei, diese Marter, wie sie die Pflichten ihrer Stellung nannte, sei ihr verhaßt ... Sie war der Ansicht, daß Freiheit jedes Menschen Recht sei. Ihre Vorstellung vom Leben glich einem schönen Feentraum von einer Welt ohne Gram und Zwang.«[5]

In ihren Gedichten offenbarte Elisabeth große Antipathie gegen die Schwiegertochter, die Äußerlichkeiten und Formalitäten über alles schätzte (was ihrer Ehe mit dem unkonventionellen Kronprinzen nicht gut bekam). Elisabeth verhöhnte das „mächtig Trampeltier«, mit den »langen falschen Flechten«, »listig lauernden« Augen:

Und den Stolz in seinen Zügen
Trägt es selbst als Trampeltier;
Volksgejohl ist sein Vergnügen,
Vivat! Slàva! Sein Plaisir.

Darum zieht's in allen Städten,
Märkten feierlich herum;
Voraus muss der Tambour treten;
Aufgepasst! Nun kommt's, bum, bum![6]

Durch ihr häufiges Auftreten in der Öffentlichkeit stellte die junge Stephanie einige Male die Kaiserin in den Schatten, ganz ähnlich wie dies viele Jahre vorher ihre Tante Charlotte, die Gattin Max von Mexikos, getan hatte (die nun seit vielen Jahren in geistiger Umnachtung in einem belgischen Schloß dahindämmerte). Immer wieder machte Elisabeth Anspielungen auf diese einst so verhaßte Schwägerin, wenn sie Stephanie kränken wollte:

Gutes kam nie von dem Stamme,
Der sich hier auch festgesetzt,
Wo genannt wird dieser Name,
Wird geschürt und wird gehetzt.[7]

Daß sich Stephanie als überzeugte Freundin der hohen Aristokratie erwies und ihrerseits Elisabeths mangelndes Pflichtgefühl kritisierte, machte das Verhältnis zwischen Schwiegermutter und Schwiegertochter eisig.
Das Kronprinzenpaar fand auch beim Kaiser keinen Rückhalt. Es herrschte Fremdheit zwischen den Generationen und keine Familiarität. Valerie 1884: »Wie anders, wie freundlich, aber geniert ist Papa mit ihnen [Rudolf und Stephanie] gegen mich! Gewiss ist auch das der Grund von Rudolfs Eifersucht«.[8]
Rudolf buhlte geradezu um die Gunst seiner Mutter, entwickelte die gleichen Vorlieben und Abneigungen wie sie. Bis in Einzelheiten ahmte er sie nach. Elisabeth liebte zum Beispiel große Hunde, die ihr bis in die kostbarsten Salons folgten – zum ständigen Ärger

des Kaisers. Auch der Kronprinz umgab sich mit Hunden, zog um 1880 sogar in Prag eine Hundezucht auf und beschäftigte sich vor allem mit Wolfshunden. Elisabeths Tierliebe wurde beim Kronprinzen zu einer eingehenden und ernsthaften Beschäftigung mit der Zoologie – Spezialfach Ornithologie. Als Ornithologe machte Rudolf ausgedehnte Forschungsreisen per Schiff, vor allem mit seinem väterlichen Freund Alfred Brehm (an dessen »Tierleben« er auch mitarbeitete). Er zeichnete den Gelehrten derartig aus, daß die Offiziere des Schiffes sich darüber belustigten[9] – ganz ähnlich wie die Mannschaft des »Greif« sich darüber mokierte, daß die Kaiserin ihren archäologischen Führer durch Griechenland, Alexander von Warsberg, mit Dankbarkeit und Huld geradezu überschüttete.

Der Kaiser erlaubte zwar seiner Frau sehr großzügig, ihren Liebhabereien nachzugehen. Seinem Sohn, dem Kronprinzen, dagegen erfüllte er nicht den sehnlichsten Wunsch, auf die Universität zu gehen und als ordentlicher Student Naturwissenschaften zu studieren. Ein Studium galt für Habsburger in dieser Zeit als ausgeschlossen und nicht standesgemäß (im Gegensatz zu den Hohenzollern: der Rudolf gleichaltrige Prinz Wilhelm, der spätere Wilhelm II. wurde von seinen liberalen Eltern geradezu gedrängt, an der Universität Bonn zu studieren, was der junge Mann mit nicht übergroßer Begeisterung und ohne Abschluß tat. Auch die Wittelsbacher hielten die Beschäftigung mit den Wissenschaften für nicht so abwegig: immerhin war Elisabeths Lieblingsbruder, Carl Theodor, der Chef der herzoglichen Familie, ein auch in Fachkreisen anerkannter Augenarzt). Doch Kaiser Franz Joseph bestand darauf, daß sein Sohn Soldat werden müsse. Rudolfs Hang zur Wissenschaft und zur Schriftstellerei betrachtete der Kaiser als »Wolkenkraxeleien« – ganz ähnlich, wie er Elisabeths Liebe zur schönen Literatur kommentierte.

Rudolf mußte als Ornithologe Autodidakt bleiben, brachte es aber trotzdem zu einem erstaunlich großen und auch heute noch von Fachleuten anerkannten wissenschaftlichen Werk[10], freilich ohne daß seine Eltern Anteil genommen hätten. Als Soldat zeichnete er sich viel weniger aus – zur Enttäuschung des kaiserlichen Vaters.

Der Kronprinz arbeitete auch an politischen Denkschriften, schrieb insgeheim politische Leitartikel im »Demokratischen Organ«, dem Neuen Wiener Tagblatt, unter seinem Freund Moriz Szeps. Die Gemeinsamkeiten Rudolfs mit Elisabeth gingen so weit, daß Kaiserin wie Kronprinz ihre Schriften beziehungsweise Gedichte in anonymen Drucken etwa zur selben Zeit in der Staatsdruckerei herstellen ließen, jeweils in nur wenigen Exemplaren. Allerdings wußte der eine nichts vom anderen. Um so erstaunlicher ist eine weitere Ähnlichkeit zwischen Mutter und Sohn: Rudolf verfaßte (unvollendete und im Manuskript erhaltene) »Reisebilder« nach ausdrücklichem Heineschen Vorbild, während Elisabeth ihre beiden Gedichtbände nach Heine »Nordseelieder« und »Winterlieder« nannte.

Auch Elisabeths antiaristokratische Haltung ging auf ihren Sohn über. Rudolf schrieb als Neunzehnjähriger sein erstes anonymes Pamphlet, »Der österreichische Adel und sein constitutioneller Beruf«, und geißelte darin – in den Hauptvorwürfen gar nicht anders als seine Mutter – die nicht durch Arbeit und Leistungen erworbenen Vorrechte des Adels.[11] Elisabeth kannte diese 48 Seiten starke Schrift ihres Sohnes nicht – ebensowenig wie der Kaiser. Rudolf hatte eine solche Scheu, ja Angst vor seinen Eltern, daß er es nicht wagte, ihnen seine Schriften zu zeigen.

Elisabeths Antiklerikalismus, ihre sehr selbstbewußte Einstellung gegenüber den Dogmen der katholischen Kirche, sind ebenfalls bei Rudolf zu finden. Selbst ihre Begeisterung für die republikanische Staatsform ging – ohne daß sie es wußte – auf den Kronprinzen über. Fürst Khevenhüller über den 20jährigen Rudolf: »Er schwazte viel uncongruentes Zeug von Freiheit und Gleichheit, schimpfte über den Adel, er sei ein überwundener Standpunkt und wünschte sich als schönste Stellung Präsident einer Republik zu sein!«[12]

Und wenn Elisabeth damit rechnete, einmal ins Schweizer Exil gehen zu müssen (und eine solche »Pension« sogar für wünschenswert hielt), so spielte auch Rudolf mit dem Gedanken einer möglichen bürgerlichen Existenz: »Wenn man mich hier fortjagt, trete ich in die Dienste einer Republik, wahrscheinlich in die Dienste

Frankreichs«, bekannte er seinem journalistischen Vertrauten Berthold Frischauer.[13]

Auch die politischen Ansichten Elisabeths übertrugen sich – auf welchen Umwegen auch immer – voll und ganz auf ihren Sohn. Andrássy war das große politische Ideal des Kronprinzen – ein Ideal, das er nie verleugnete. Elisabeth wie Rudolf sahen in Andrássy den großen Mann, der Österreich-Ungarn aus den Kalamitäten der alten Zeit in eine neue, moderne, liberale Welt führen könne. Der neunzehnjährige Rudolf sagte zum Beispiel zu Marie Festetics, »er danke alle Tage dem lieben Gott, daß Andrássy da sei. Denn nur so lange er da ist, würde Alles gut gehen«.[14] Die erste politische Denkschrift des 22jährigen Kronprinzen war eine einzige Lobeshymne auf Andrássy.[15]

Ebenso einhellig, wie sie die Person und Politik Andrássys verteidigten, verurteilten Elisabeth und Rudolf den Ministerpräsidenten Graf Eduard Taaffe. Er war ein Jugendfreund des Kaisers und kam nach dem Fiasko der Liberalen 1879 an die Regierung. Zwischen ihm und Andrássy gab es keine Verständigungsmöglichkeit: Kurz nach Taaffes Regierungsantritt bat Andrássy aus gesundheitlichen Gründen um seine Demission, die ihm sofort gewährt wurde – was er nicht erwartet hatte. Er hatte sich bitten lassen wollen, Außenminister zu bleiben. Damit hätte er seine Position gegenüber seinem Erzfeind Taaffe gestärkt und eine Chance gehabt, den Machtkampf zu gewinnen.

Jedermann am Hof rechnete in dieser Situation damit, daß die Kaiserin jetzt, als es um Andrássy ging, ihre Reserve gegenüber der Politik aufgeben und eingreifen würde. Franz Josephs jüngerer Bruder, Erzherzog Karl Ludwig, erwähnte im Juni 1879 dem Grafen Hübner gegenüber, »daß die Kaiserin sich gänzlich an der Politik desinteressiert und die Reitschule sie gänzlich absorbiert. Nichtsdestoweniger setzt ihre ganz Andrássy ergebene Umgebung ihm zu dienen durch gelegentliches Intervenieren der Kaiserin zu seinen Gunsten fort«.[16]

So zeigte Elisabeth ihre Gegnerschaft gegen die Regierung Taaffe damit, daß sie 1879 mit dem Kaiser den kranken Andrássy besuchte. Hübner: »Das ist eine Demonstration von seiten der Kaiserin, die natürlich Taaffe entmutigt«. Die Ärzte rieten Andrássy zu einer Kur in Gleichenberg, »aber die Kaiserin (!!), sein letzter aber mächtiger Rückhalt, rät Ischl, wohin er auch gehen wird«, schrieb Hübner.[17] Der Hintergedanke war, daß es in Ischl zu einem Treffen zwischen dem Kaiser und Andrássy in entspannter Atmosphäre kommen und Andrássy eine Chance haben würde, die Demission rückgängig zu machen. Andrássy folgte Elisabeths Rat. In Ischl kam es auch zu einer Unterredung mit dem Kaiser, aber von Rückberufung war nicht die Rede. Andrássys Zeit als k.u.k. Außenminister lief Ende 1879 ab.

Um seine Freundschaft zu Andrássy zu demonstrieren und das gemeinsame Werk, den deutsch-österreichischen Bündnisvertrag, zu unterschreiben, kam Fürst Bismarck im Herbst 1879 nach Wien. Hübners bissiger Kommentar zu dem glänzenden Ereignis des Bismarck-Besuches: »Das ist das ganze grosse Feuerwerk, das Andrássy am Schlusse seines Ministeriums im Stile eines Melodramas oder eher eines Zirkus Franconi hat abbrennen lassen«. Allerdings kam es auch bei dieser Gelegenheit zu deutschnationalen Demonstrationen vor Bismarcks Quartier, dem Hotel Imperial, und Hübner vergaß nicht, in seinem Tagebuch zu erwähnen, »daß sich der Kaiser über die öffentlichen Ovationen, die man Bismarck dargebracht, geärgert hat«.[18]

Nachfolger Andrássys wurde Baron Haymerle, der aber schon nach kurzer Zeit plötzlich starb. Nun, als es wieder einen neuen Außenminister zu berufen galt und Andrássys Gesundheit sich wieder gebessert hatte, brachte die Kaiserin wieder den Namen Andrássy aufs Tapet. Freilich war zu wenig Zeit zur Vorbereitung einer neuen Andrássy-Dienstzeit gewesen. Der mächtigste Politiker, der auch des kaiserlichen Vertrauens sicher sein konnte, war mehr denn je Ministerpräsident Graf Eduard Taaffe, der Andrássy in seinem Kabinett nicht brauchen konnte. Die Zeit des Liberalismus, die Andrássy verkörperte, war in Österreich vorbei. Taaffe herrschte mit den Bauern, den Klerikalen, den Tschechen (dem sogenannten »eisernen Ring«) und konnte und wollte einen liberalen, überdies noch ungarischen Außenminister, der Freimaurer war, nicht tolerieren.

Marie Festetics, nach wie vor glühende Andrássy-Verehrerin, schrieb pessimistisch in ihr Tagebuch: »wenn Andrássy jetzt wirklich nicht kömmt! ich sage – er kömmt dann nicht mehr – und bis Alles recht verfahren ist, weiß Gott – was dann? Die Kaiserin hat dasselbe Gefühl wie ich. Sie laßen ihn dann nicht mehr hinein. Jetzt ließ Gott keine Zeit zur Vorarbeit!«[19]

Die Nicht-Berufung Andrássys (Graf Kálnoky wurde neuer Außenminister) war also auch für die Kaiserin eine Niederlage. An der neuen Politik des Grafen Taaffe entzweite sich die kaiserliche Familie: Kaiser Franz Joseph unterstützte Taaffe mit der vollen Autorität der Krone, Kaiserin Elisabeth und Kronprinz Rudolf, die beide überzeugte Liberale waren, lehnten ihn ab.

Rudolfs politische Schriften und seine Privatbriefe sind voll von negativen Äußerungen über Taaffe und dessen Politik: »Der gute Graf Taaffe ist und bleibt derselbe, der er immer war, ein leichtsinniger Schwindler, der noch großes Unheil anstiften kann«, schrieb Rudolf zum Beispiel im Oktober 1879 an seinen ehemaligen Erzieher Latour.[20] Und immer wieder klagte er über die »Verfassungsfeindlichkeit« und die Rücknahme liberaler Errungenschaften unter Taaffe: »In Deutschland und bei uns rühren sich Rückschritt und Ultramontanismus recht ordentlich ... Was im langen Ringen erworben wurde, der Begriff eines modernen Culturstaates, ist bei uns in Gefahr.« Rudolf drückte sich kaum weniger kraß aus als seine Mutter: »Eine ekelhafte Strömung herrscht jetzt in Mittel-Europa, eine Zeit, in der sich Pfaffen und hohe Trotteln im Dr ... ihrer eigenen Dummheit herumwälzen!«[21]

Elisabeth gebrauchte ähnliche Ausdrücke, wenn auch in Poesie verpackt. Sie warf Taaffe vor, den ihrer Meinung nach zu gutmütigen Kaiser skrupellos auszunützen. Franz Joseph verliere durch die Taaffe-Politik seine Popularität. Elisabeth beklagte sich bei ihrer Hofdame Festetics: »Der Kaiser war populär wie wenige Monarchen ... Unantastbar war er – stand über Allen in erhabener Würde, die ein Theil seines ›Ichs‹ war und nun? nun – steht ›Er‹ am Abgrund großer Complicationen und ist ein Werkzeug nur in der Hand eines leichtsinnigen Acrobaten, der oben bleiben will und ihn als Balancierstange benützt!« Und Elisabeth wünschte

sich: »Wäre ich ein Mann – ich würde hintreten und die Wahrheit sagen. Er könnte ja dann noch immer thun was er will – aber wißen müßte er, wie gespielt wird mit seiner hohen Würde«.[22]
Diese Sätze zeigen deutlich, wie sehr sich die Zeiten seit 1867 geändert hatten. Es war inzwischen so, daß sich Elisabeth nicht mehr traute, ihre politische Meinung offen zu sagen. Wenn schon sie so eine Furcht vor einem offenen Wort hatte, dem der Kaiser offensichtlich nicht zugänglich war, wieviel schwerer mußte es dann dem jungen Kronprinzen fallen, mit dem Kaiser über Grundfragen der österreichischen Politik sprechen zu wollen!
Elisabeth wie Rudolf sahen nach Andrássys Demission 1879 kaum mehr einen positiven Zug an der österreichisch-ungarischen Außenpolitik. Rudolf: »Niemals war Österreich so stark, glücklich und geachtet, wie während der Jahre, in denen Andrássy an der Spitze der Politik stand, und trotzdem mußte dieser hervorragende Mann fallen; denn der Kampf gegen unfaßbare, unsichtbare Gegner ist unmöglich«.[23]
Die Kaiserin schrieb in dieser Zeit, ohne die Meinung ihres Sohnes zu kennen, noch Drastischeres über »das dicke Eslein«, den neuen k.u.k. Außenminister, Graf Gustav Kálnoky, und den »edlen Gaul« Andrássy:

An meinen Ehgemal

Sag' an, mein trauter Ehgemal,
Was willst du wohl bezwecken?
Mir däucht, zur allgemeinen Qual
Bleibt schier Dein Fuhrwerk stecken.

Das Es'lein, das Du vorgespannt,
Es kann schon nimmer weiter;
Zu tief hat sich's im Dreck verrannt;
O, wär' es nicht gescheidter,

Du fingest jenen edlen Gaul
Dort, auf der freien Weide,
Und zwängest ihm den Zaum in's Maul,
Nicht morgen, nein noch heute.

> *Schon einmal riss er aus dem Dreck*
> *Dir den verfahr'nen Karren,*
> *D'rum jag' Dein dickes Es'lein weg*
> *Eh' man Dich hält zum Narren.*[24]

Elisabeths wie Rudolfs Meinung über die k.u.k. Außenpolitik äußerte sich auch 1885 beim Treffen von Kremsier, jener freundschaftlichen Zusammenkunft Kaiser Franz Josephs mit dem russischen Zaren Alexander III., bei der es um die Balkanpolitik ging. Sowohl Kaiserin Elisabeth als auch Kronprinz Rudolf waren bei diesem Kremsierer Treffen anwesend, und beide nahmen die dort demonstrierte österreichisch-russische Freundschaft nur mit Hohn zur Kenntnis, nicht anders als der traditionelle Russenfeind Andrássy.

Überdeutlich zeigte Elisabeth ihre Antipathien gegen Rußland und speziell gegen die Zarenfamilie, die sie als Affen darstellte:

> Kremsier
> *O Muse! Was sagst du wohl zu Kremsier?*
> *Mein Pegasus wird hier zum Höckertier!*
> *Ja, wahrlich, als Kameel nur kann er tragen*
> *Die Affen all', die seinen Buckel tragen,*
> *Ein Pavian thront als Höchster majestätisch*
> *Im fremden Rock, gar ernst und gravitätisch;*
> *Ein grosses Tier aus Asias weitem Lande,*
> *Fühlt er sich selbstbewusst trotz seiner Bande.*
> *Die kleine Äffin, dem Gemahl zur Seite,*
> *Die knickst gar lieb auf all' die johlend' Leute.*
> *Zwei Äfflein, wie der Vater wohlgelungen,*
> *Erscheinen auch als Militärs, die Jungen.*
> *Ein ganzes Heer von decorierten Affen,*
> *Das gibt sich grinsend, schnatternd viel zu schaffen.*
> *In Frack und Uniform sind hier Makaken.*
> *Mit Ordensband, voll Schnurren und voll Schnacken;*
> *Manch' Diplomaten – Eslein freut die Bande,*
> *Dem Doppelaar gereicht sie nur zur Schande;*

Das Stück ist aus – Slava! Sie sollen leben!
Die Schüssel schnell, ich muss mich übergeben.[25]

Rudolf hatte einen ähnlich schlechten Eindruck. Er schrieb aus Kremsier an seine Frau Stephanie: »Der Kaiser von Rußland ist colossal dick geworden, Großfürst Wladimir und Frau sowie auch die Kaiserin sehen alt und abgelebt aus. Die Suiten und besonders die Dienerschaft sind fürchterlich; mit den neuen Uniformen sind sie wieder ganz asiatisch geworden. Zur Zeit des verstorbenen Kaisers [Alexander II.] waren die Russen wenigstens elegant, und einzelne der Herren der Umgebung sahen sehr vornehm aus. Jetzt ist es eine schrecklich gemeine Gesellschaft«.[26]
Vor allem aber mißtrauten Kaiserin und Kronprinz den russischen Friedens- und Freundschaftsbeteuerungen (im Gegensatz zum Kaiser und seinem Außenminister Kálnoky). Rudolf schrieb an seinen ehemaligen Erzieher Latour: »Im Balkan kocht es wieder sehr stark, es bereiten sich weitverzweigte Bewegungen vor; am Ballplatz weiß man wenig darüber und behandelt die Sachen mit souverainer Dummheit. Rußland benützt die so kurzsichtige Ministerschaft Kálnokys und die sogenannte Annäherung zu Österreich, um ungeniert Comités zu bilden, Gelder, Waffen, etc. etc. nach Bulgarien, Rumelien, Macedonien, Serbien und selbst Bosnien zu schicken«.[27]
Elisabeth sah Österreich-Ungarn bedroht wie einen Hasen auf der Jagd und schrieb nach der Zusammenkunft in Kremsier ein Gedicht »Hallali«:

Mir armen müden Hasen,
Wie thut die Ruhe wohl!
Bis sie das Horn nicht blasen,
Rühr ich mich keinen Zoll.

Ich strecke alle Viere,
Die Zung' hängt mir heraus –
Es war'n zu grosse Thiere;
Noch juckt im Pelz die Laus.

Hier unter den Charmillen,
Wo ich mich tief verkroch,
Werd ich vielleicht erzielen
Ein bißchen Ruhe doch.

Es haben russ'sche Hunde
Mir gar arg zugesetzt;
Ich fühl' mich noch zur Stunde
Wie fast kaputt verhetzt.

Doch heisst's die Löffel spitzen,
Erschallt dreimal: ›G-wehr raus!‹
Nehm statt dem müssig Sitzen
Ich flugs wieder Reissaus.[28]

Die Skepsis der Kaiserin und des Kronprinzen gegenüber den russischen Friedensbeteuerungen in Kremsier erwies sich schon bald als nur zu berechtigt. In den Bulgarienkrisen der folgenden Jahre war mehr von Krieg als von Frieden die Rede. Rußland und Österreich standen sich als Feinde gegenüber. Elisabeth höhnte in einem ihrer Gedichte, diesmal an die Adresse des russischen Botschafters in Wien, Prinz Labanoff:

Denken Sie noch, Prinz Labanoff,
An die Tage in Kremsier,
Wo wir an dem Kardinalshof*
Lebten flott und in Plaisir?

Ja, wir krochen Ihrem Zaren
In die Nasenlöcher schier;
Und doch thut er sich gebaren
Gegen uns jetzt wie ein Thier.[29]

---

* Ort der Zusammenkunft war die Sommerresidenz des Erzbischofs von Olmütz in Kremsier

Die Kaiserin und der Kronprinz warfen Außenminister Kálnoky vor, gegenüber Rußland wie dem Deutschen Reich zu wenig selbstbewußt, ja geradezu demütig zu sein und arglos in die von Bismarck und dem Zaren ausgelegten Fallen zu tappen. (Daß sich der österreichische Bündnispartner Deutschland 1887 im streng geheim gehaltenen »Rückversicherungsvertrag« mit dem Zarenreich hinter Österreichs Rücken einigte, gab dem Mißtrauen Elisabeths wie Rudolfs im nachhinein recht.)
Elisabeth bezog in ihre politische Kritik durchaus auch ihren kaiserlichen Gemahl ein, den sie in einem ihrer Gedichte sprechen ließ:

> *That schön den Russen, Preussen,*
> *Galt's meines Landes Wohl;*
> *Ja, auf den Kopf sie sch . . . n*
> *Liess ich mir demutsvoll.*[30]

Diese Verse waren dem Kronprinzen unbekannt. Und Elisabeth kannte nicht die entsprechenden sarkastischen Sätze ihres Sohnes über die Kálnoky-Politik: »Bismarck drückt des Kálnoky Hand, verhandelt aber mit Rußland, als ob unser auswärtiges Ministerium auswärtig hieße, weil es sich in Berlin und nicht in Wien befindet«.[31] Selbst Gyula Andrássy, der Schöpfer des deutsch-österreichischen Bündnisses und berühmte Bismarck-Freund, rückte in den Balkankrisen deutlich von der Bismarck-Politik ab und kritisierte nun recht scharf die seiner Meinung nach zu weitgehenden Konzessionen Österreich-Ungarns an das Deutsche Reich.

Auch in ihrer Haltung gegenüber dem Dreibund-Partner Italien waren sich Elisabeth und Rudolf (und Andrássy) einig:

> *In dem Lande der Verräter,*
> *Wo der Tiber klassisch fliesst,*
> *Wo den ewig blauen Äther*
> *Träum'risch die Cypresse grüsst,*

> *An des Mittelmeers Gestaden,*
> *lauert man,*
> *Uns zu zwicken in die Waden,*
> *Geht der Krieg mit Russland an.*[32]

Und Rudolf in einem »Offenen Brief« an Kaiser Franz Joseph unter dem Pseudonym eines »Julius Felix«: »Sie wissen, daß Italien ein offener Feind ist, welcher sans gêne von Südtyrol, von Triest und Dalmatien wie ein Dieb spricht, der einen Streich beabsichtigt, oder wie ein lachender Erbe, der auf den Tod des alten Verwandten spitzt, und Sie, Majestät, verbünden sich mit ihm! So muß denn Österreich stets den Betrogenen spielen?«[33]

Andrássy bekämpfte vehement die Politik seines Nachfolgers Kálnoky und bemühte sich nach Kräften (und mit Unterstützung der Kaiserin und des Kronprinzen), wieder das Außenministerium zu übernehmen. Er verfaßte politische Memoranden, in denen er zu einer selbstbewußteren Haltung Österreich-Ungarns aufrief – auch und besonders gegenüber dem deutschen Bündnispartner: »Das blinde Hinternachlaufen sei bei Deutschland nicht angebracht; er, Graf Andrássy, habe dies besser verstanden; der Reichskanzler sei deshalb auf so gutem Fuß mit ihm gewesen, weil er ihm oft die Wahrheit gesagt; auch habe sich Deutschland in der Orient-Politik seiner [Andrássys] Führung überlassen etc. . . . Beispielsweise behauptete der ehemalige Minister des Äußeren, unser Bündniß sei sowohl vom Grafen Kálnoky als auch vom deutschen Reichskanzler verdorben worden und deutete an, daß zu seiner Zeit Deutschland viel intensiver für Österreich eingetreten sein würde als jetzt«, heißt es in einem Bericht des deutschen Botschafters nach Berlin.[34]

Genau auf dieses Thema kam auch die Kaiserin in einem ihrer Gedichte zu sprechen, das keinen Zweifel mehr an ihrer Haltung läßt:

> *Übern Löffel man barbiert*
> *Kálnoky, den kleinen, dicken,*
> *In Berlin ganz ungeniert.*

Und die wichtigen Traktate,
Die Andrássy einst gemacht,
Hat, wenn ich nicht falsch errate,
Bismarck heimlich umgebracht«.[35]

Während Kaiser Franz Joseph und sein Außenminister Kálnoky den deutschen Freundschaftsbeteuerungen vertrauten, waren Kaiserin und Kronprinz (beide beeinflußt von Andrássy) entrüstet über die ihrer Meinung nach unehrliche und schlechte Behandlung, die Österreich-Ungarn durch den deutschen Bündnispartner erfuhr.

Zu diesen Differenzen trug auch die betont nationalistische Rede des Fürsten Bismarck gegen die Polen Ende Januar 1886 bei, die die Nationalitätenprobleme zwischen Deutschen und Slawen auch in Österreich-Ungarn weiter verschärfte. Denn Bismarck nahm in seiner Rede auch auf Österreich-Ungarn Bezug. Er sagte den Polen in Deutschland den Kampf an, proklamierte ein rigoroses Ausweisungsprogramm, das darin gipfelte, daß er dem polnischen Adel riet, nach Galizien, also in die unter österreichischer Herrschaft stehenden polnischen Gebiete, zu übersiedeln – immer mit dem Unterton, die Polen seien für das Deutsche Reich nicht gut genug, aber für das sowieso schon durch das Slawentum heruntergekommene Österreich-Ungarn akzeptabel. Diese Feinheiten wurden in Österreich sehr wohl verstanden – von der slawischen Bevölkerung mit Grimm, von den Deutschnationalen mit Jubel, der in einer Huldigungsadresse des Deutschen Klubs des österreichischen Abgeordnetenhauses an den deutschen Reichskanzler gipfelte.

Nach dieser Bismarck-Rede (die außerdem einige wenig freundliche Bemerkungen über Österreichs Lage im Jahre 1866 enthielt) stellte Kaiserin Elisabeth (und keineswegs Kaiser Franz Joseph, der das peinliche Thema vermied) den deutschen Botschafter während eines Soupers zur Rede. Prinz Reuß schrieb darüber nach Berlin: »Ihrer Majestät Besorgniß, daß in der Rede etwas Unfreundliches für Österreich gelegen habe, habe ich sehr entschieden bekämpft... Ich habe sie gebeten, da sie sich für die Sache

interßire, sie sich die Mühe geben möchte, den ganzen Wortlaut der Rede zu lesen; da würde sie selbst sehen, daß nicht ein Funken von Unfreundlichkeit gegen Österreich darin enthalten sei.«
Der folgende Satz zeigte aber deutlich, wie angebracht Elisabeths Mißtrauen gegen die Bismarck-Politik dieser Zeit war, schrieb doch der deutsche Botschafter weiter: »Ich halte die ganze Episode für nützlich, weil dadurch doch mancher duselnde Österreicher zum Nachdenken gebracht wurde. Schließlich haben sie doch nur geschrien, weil sie sich getroffen fühlten.«[36] Trotz aller Dementis war doch klar, daß die Bismarck-Rede eine massive Kritik an der österreichischen Nationalitätenpolitik enthielt.
Es war eine eitle Hoffnung der deutschen Politik, daß ausgerechnet die Kaiserin für einen Einfluß im deutschfreundlicheren Sinn zu gewinnen wäre. Niemand anderer als Elisabeths Bruder, Herzog Ludwig in Bayern, bot sich jedoch in Berlin an, Vermittlerdienste zu leisten, als Ende der achtziger Jahre Schwierigkeiten im deutsch-österreichischen Bündnis auftauchten. Er gab in Berlin an, »daß Seine erlauchte Schwester Deutschland treu ergeben sei« und war »überzeugt, daß Höchstdieselbe im Augenblick der Gefahr Ihre Stimme in unserem und der österreichischen Dynastie Interesse zu erheben und geltend zu machen verstehen werde«. Herzog Ludwig machte sich sogar erbötig, »im gegebenen Moment nach Wien zu eilen, um ... Ihrer Majestät genau die Richtungen zu bezeichnen, gegen welche Höchstdieselbe aufzutreten haben würde. Herzog Ludwig fügte bei, daß Sein erlauchter Schwager [Kaiser Franz Joseph] zwar Rathschläge der Kaiserin nicht liebe, denselben aber Sich in der Regel füge«.[37]
Auch der deutsche Botschafter Prinz Reuß, der in dieser Angelegenheit um Rat gefragt wurde, war überzeugt, »daß wir [das Deutsche Reich] in einem schlimmen Fall auf die Sympathie der Kaiserin rechnen können ... Sie weiß, daß ich diese Überzeugung habe, und hat man mir auch zu verstehen gegeben, daß ich mich darin nicht täusche. Vorkommendenfalls würde Herzog Ludwig daher zu benutzen sein«.[38] Daß Elisabeth inzwischen (wie Andrássy und Kronprinz Rudolf) die deutsche Politik immer negativer beurteilte, wußte man in Berlin nicht, ebensowenig wie es Elisa-

beths ältester Bruder Ludwig wußte. Daß eine solche Intervention eines Verwandten in deutschfreundlichem Sinne bei Elisabeth kaum Erfolg gehabt hätte, wird aus ihren Gedichten deutlich.
Allerdings gab vor allem Elisabeths Verhalten beim Staatsbesuch des jungen deutschen Kaisers Wilhelm II. im Herbst 1888 in Wien Anlaß für Mißverständnisse. Auch hier offenbarte sie ihre politische Meinung, die in Berlin jedoch als Deutschfreundlichkeit mißverstanden wurde: Wilhelm II. fühlte sich bemüßigt, die österreichische Innenpolitik damit zu kritisieren, daß er den österreichischen Ministerpräsidenten Grafen Taaffe bei der Verleihung des »Schwarzen-Adler-Ordens« überging und damit öffentlich brüskierte. Elisabeth, seit jeher eine Intimfeindin Taaffes, ließ sich dazu hinreißen, dem Grafen Herbert Bismarck, der den deutschen Kaiser begleitete, für diese Brüskierung des österreichischen Ministerpräsidenten anerkennende Worte zu sagen. Herbert Bismarck schrieb aus Wien an seinen Vater, den deutschen Reichskanzler: »Am auffallendsten wurde ich von der Kaiserin ausgezeichnet; sie will Taaffe damit ärgern, den sie für gefährlich hält. Noch heute nach dem Frühstück reichte sie wieder mir allein von allen die Hand und ließ Dich erneut grüßen«.[39]
Da Ministerpräsident Taaffe in Berlin (und nicht minder bei den Deutschnationalen in Österreich) wegen seiner Slawenfreundlichkeit verhaßt war, faßte man diese so offensichtliche Parteinahme der Kaiserin in deutschnationalem Sinne auf – was nicht der Wahrheit entsprach. Denn Elisabeth kritisierte Taaffe vor allem deshalb, weil er der Hauptantipode Gyula Andrássys war.
Daß Elisabeth auch in diesen Tagen Kontakt mit Andrássy hatte und auch ihm »ihre Genugtuung über Taaffes Nichtdekorierung« ausdrückte, wissen wir aus einem weiteren Brief des Grafen Herbert Bismarck. Er schrieb nach Berlin, daß die Kaiserin Andrássy »nach wie vor sehr wohl will« und ihm (Andrássy) wörtlich gesagt habe: »Endlich einmal hat einer doch die Courage, gegen Taaffe aufzutreten, nach dieser avanie wird er doch wohl gehen müssen?« Worauf Andrássy geantwortet habe: »leider wäre es noch nicht so weit. Kaiser Franz Joseph soll etwas bekniffen über Taaffes Ignorierung sein. Andrássy meinte aber, das schade gar nichts: keiner

der hiesigen Minister habe den Mut, dem Kaiser die Wahrheit zu sagen, weil sie allzumal Postenkleber seien; über das Verhalten unseres Kaisers [also Wilhelms II.] würde Franz Joseph aber doch nachdenken«.[40] Doch diese Spekulationen gingen nicht auf: der Kaiser unterstützte nun erst recht seinen Ministerpräsidenten und dachte gar nicht daran, dem deutschen Druck nachzugeben. Auch Kronprinz Rudolf reagierte patriotisch und setzte sich in dieser Situation für seinen Erzfeind Taaffe ein. Nur die Kaiserin stellte ihre persönliche und politische Antipathie gegen Taaffe über ihr österreichisches Solidaritätsgefühl. Von einem Deutschnationalismus, wie ihn die Kaisertochter Marie Valerie vertrat, war aber Elisabeths Verhalten selbst in dieser Situation weit entfernt. Wie meistens, reagierte sie rein persönlich. Ihre politischen Anschauungen, so liberal sie im großen und ganzen auch waren, entsprangen doch eher Gefühlsstimmungen als einer durchdachten Überzeugung, wie dies beim Kronprinzen der Fall war.

In Situationen wie diesen fand auch Kronprinz Rudolf kritische Worte über seine Mutter. Vor allem verübelte er ihr ihre Untätigkeit. Schon 1881 schrieb Rudolf an seinen ehemaligen Erzieher (und glühenden Elisabeth-Anhänger) Latour: »Es hat eine Zeit gegeben, wo die Kaiserin oft, ob mit Glück das will ich dahingestellt sein lassen, sich um die Politik gekümmert hat und mit dem Kaiser über ernste Dinge, geleitet von Ansichten, die den seinen diametral entgegengesetzt waren, gesprochen hat. Diese Zeiten sind vorüber. Die hohe Frau kümmert sich nur mehr um den Sport; so ist jetzt auch dieser Einlaß fremder und im großen Ganzen eher liberal angehauchter Meinungen verschlossen«.[41]
Mit Enttäuschung, Zorn und Eifersucht reagierte der Kronprinz auf Elisabeths übertriebene Begeisterung für den Reitsport. Einigemale machte sich dieser Zorn Luft und verursachte ernsthafte Konflikte zwischen Mutter und Sohn, so vor allem, als es um die Person Bay Middletons ging. (S. 346ff.)
Rudolf kritisierte auch Elisabeths Neigung zum Spiritismus. Eine der anonymen Broschüren, die aus seiner Feder im Druck erschienen, war die antispiritistische Streitschrift »Einige Worte über den

Spiritismus« 1882. Er widerlegte darin mit großer Beredsamkeit die Geistererscheinungen, das Tischrücken, Hellsehen und ähnliche in der aristokratischen Gesellschaft jener Zeit hochmoderne spiritistische Unternehmungen. Unter Anleitung seines verehrten Lehrers Carl Menger bediente sich Rudolf in dieser Widerlegung voll Stolz naturwissenschaftlicher Methoden. 1884 ging die Meldung durch die österreichische Presse, daß ausgerechnet Kronprinz Rudolf eines der berühmtesten Medien der Zeit, Bastian, in einer Séance entlarvt und lächerlich gemacht habe.[42]

Diese sehr vorsichtige und von Elisabeth wahrscheinlich gar nicht wahrgenommene Opposition entstand aus Rudolfs enttäuschter Liebe zu seiner Mutter, zumal er in den achtziger Jahren, zur Zeit der Taaffe-Regierung und eines anwachsenden neuen Konservativismus, politisch und persönlich mehr und mehr in die Isolation geriet. Kaiser Franz Joseph beschränkte sich inzwischen bei seinem immer selbstbewußter auftretenden Sohn auf ganz bestimmte Gesprächsthemen: die Jagd, das Militär und familiäre Angelegenheiten. Politik wurde nicht berührt, worüber Rudolf sich immer wieder beklagte. Elisabeth vermittelte kein einziges Mal zwischen dem Kaiser, auf den sie nach wie vor großen Einfluß hatte, und dem Thronfolger, der ihr politisch so überaus nahe stand. Es gibt keinen Hinweis darauf, daß sie jemals ein Gespräch mit Rudolf über seine Probleme geführt hätte. Die gespannten Familienverhältnisse waren auch in diplomatischen Kreisen wohlbekannt. Nach einem Geheimbericht »entbehren die persönlichen Beziehungen zwischen dem Monarchen und Seinem Sohne jenes Charakters von Herzlichkeit, welcher sonst im höchsten Familienkreise herrscht. Seine Majestät der Kaiser Franz Joseph beobachtete wider Seine sonstige Gewohnheit dem Kronprinzen gegenüber eine gewiße äußerliche Strenge, um demselben stets die Gränzen vor Augen zu halten, welche der Erzherzog in Wort und Urtheil zu überschreiten geneigt sei. Bezeichnend ist, daß beide Majestäten [also auch Elisabeth] in Ihrem Urtheil über deren erleinsten Sohn übereinstimmen«.[43]

Nur bei Rudolfs 1883 geborener Tochter Erzsi ging der Kaiser aus sich heraus – ganz im Gegensatz zu Elisabeth, die sich mit ihren

Enkelkindern so gut wie nie abgab und auch keinerlei großmütterlichen Stolz zeigte. Bei einem Besuch in Laxenburg, wo das Kronprinzenpaar wohnte, ließ sich Franz Joseph von der kleinen Erzsi den Bart zausen, sie durfte sogar mit seinen Orden spielen, wie Marie Valerie voller Bewunderung für den Vater in ihr Tagebuch schrieb.⁴⁴ Die wenigen offiziellen Familientreffen waren von Zwistigkeiten und Eifersüchteleien überschattet, so auch zum Beispiel Elisabeths fünfzigster Geburtstag zu Weihnachten 1887. Valerie klagte in ihrem Tagebuch über die »peinliche Ungemütlichkeit«, hervorgerufen durch den schwelenden Familienzwist, für den ihrer Meinung nach Rudolf verantwortlich war.⁴⁵

Über die Schwierigkeiten in der Kronprinzenehe etwa ab 1886 war bald ganz Wien unterrichtet – nur das Kaiserpaar nicht. Gräfin Festetics: »Aber in diesen Kreisen erfährt man von den wichtigen Dingen immer selbst erst zuletzt etwas. Das ist das Traurige im Leben hochgestellter Personen«. Aber auch als Elisabeth endlich von dem Zwist erfuhr – und zwar durch Marie Festetics – dachte sie nicht daran, einzugreifen, zu vermitteln oder zu besänftigen, sondern schob wieder einmal die längst verstorbene Schwiegermutter Sophie als Entschuldigung vor: »Ich fühle selbst, daß Rudolf nicht glücklich ist«, sagte sie zu Gräfin Festetics. »Mitunter habe ich überlegt, was ich thun könnte. Aber ich scheue mich einzugreifen, denn ich habe selbst unter meiner Schwiegermutter so namenlos gelitten, daß ich nicht den Vorwurf auf mich laden möchte, ähnliche Schuld zu tragen«.⁴⁶ Daß die Verhältnisse in diesem Fall ganz anders lagen, bedachte Elisabeth nicht. Und Gräfin Festetics war derart rücksichtsvoll und vorsichtig, daß sie es nicht wagte, weiter in sie zu dringen.

Auch Rudolfs schwere Krankheit im Frühjahr 1887 war für Elisabeth kein Grund zu besonderer Sorge. (Nach offizieller Version litt der Kronprinz an einem Blasenleiden und Rheuma, es dürfte sich aber um eine schwere Gonorrhöe gehandelt haben, die sich fortan ausbreitete, auch die Gelenke und die Augen in Mitleidenschaft zog und den Kronprinzen in tiefe Melancholien stürzte.⁴⁷) Niemand wagte es, die kaiserlichen Eltern über den immer haltloser werdenden Lebenswandel des Kronprinzen aufzuklären –

über seine riskanten politischen Unternehmungen der letzten zwei Jahre wußten ohnehin nur sehr wenige Menschen Einzelheiten.*

Das Paradoxe war nur, daß der Sohn, um den sich Elisabeth kaum kümmerte, ihr in den wichtigsten Dingen so ähnlich war, die überschwenglich geliebte Tochter Marie Valerie dagegen ganz andere Bahnen einschlug. Sie hatte eher das Temperament ihres Vaters geerbt, war ruhig im Urteil, fromm, nüchtern und stand – ebenso wie die älteste Kaisertochter Gisela – den Phantasien ihrer Mutter eher hilflos gegenüber. Das wichtigste aber: Dieses »ungarische« Kind, auf der Ofener Königsburg geboren, von ungarischen Lehrern erzogen, faßte schon als Halbwüchsige eine große Abneigung gegen Ungarn. Schüchtern bat zum Beispiel die Fünfzehnjährige ihren Vater, gelegentlich mit ihr nicht ungarisch (wie Elisabeth es wünschte) zu sprechen, sondern auch deutsch. Über Franz Josephs gutmütige Einwilligung war sie überglücklich.[48]
Valeries Ungarnhaß kulminierte in ihrer Abneigung gegen Gyula Andrássy. Die Tratschereien über die Beziehungen zwischen ihm und der Kaiserin, die vielen anzüglichen Bemerkungen über das »ungarische Kind« konnten nicht unbemerkt bleiben und mußten bei dem Kind Spuren hinterlassen. Wiederholt schrieb sich Valerie in ihrem Tagebuch den Haß gegen Andrássy von der Seele, so 1883: »Diner zu Ehren Andrássys, es war mir eine Pein, ihm den Triumph zu gönnen, daß er hörte, daß ich ungarisch sprach«.[49]
Und 1884: »Ich gab ihm mit großer Patzigkeit die Hand ... Seine zuwidere Familiarität ekelt mich so an, dass ich diesem Menschen gegenüber fast unwillkürlich einen kalten, ja beinahe höhnischen Ton anschlage. Gewiss hasst er mich ebenso wie ich ihn, ich hoffe es wenigstens«.[50]
Selbstverständlich traute sich Marie Valerie nicht, diesen ihren Ungarnhaß auch in Gegenwart der Kaiserin zu offenbaren. Mit der Mutter sprach sie weiterhin nur Ungarisch. Auch ihre Korrespondenz war in ungarischer Sprache.

---

* Für weitere Informationen sei auf die Biographie: Brigitte Hamann, Rudolf Kronprinz und Rebell, Wien 1978, verwiesen.

Valeries Ungarn- und auch Slawenhaß steigerte sich mit der Zeit in einen geradezu militanten Deutschnationalismus. Und dieser Deutschnationalismus hatte sogar anti-österreichische Züge, so seltsam das bei einer habsburgischen Kaisertochter auch klingen mag.
Valeries Tagebuch vermittelt manchmal den Eindruck, als habe auch Elisabeth dieser Auffassung zugestimmt. Doch Elisabeths Gedichte bestätigen diese Angaben ganz und gar nicht. Elisabeth beurteilte das deutsche Problem aus bayrischer und österreichischer Sicht, mit starken Aversionen gegen »die Preußen«. Wenn sie deutschfreundlich (aber nicht preußenfreundlich) war, so war sie das im Sinne des Jahres 1848, ganz anders als ihre Tochter Valerie, die eine Einigung aller deutschen Stämme unter Führung Berlins und unter Mißachtung der »österreichischen Idee« herbeisehnte – ganz im Gegensatz zu den Auffassungen des betont »österreichischen« und »anti-preußischen« Kronprinzen Rudolf. Die junge Erzherzogin gebrauchte die Begriffe »preußisch« und »deutsch« als geradezu identisch und sah in dem jungen Deutschen Kaiserreich unter Wilhelm II. das Machtzentrum eines großdeutschen Nationalreiches.
So sehr sich Elisabeth und Rudolf in weltanschaulichen Fragen einig waren, so sehr unterschied sich die junge Erzherzogin von ihnen. Sie war betont katholisch – im Gegensatz zu Rudolf – und blieb ihr Leben lang den Vorschriften und Dogmen der katholischen Kirche bis in Einzelheiten mit großem Eifer verpflichtet. Sie verabscheute jede Art von Liberalismus und machte sich große Sorgen um das ewige Heil der Kaiserin, die sich selbstbewußt ihre eigenen religiösen Anschauungen entwickelte, ohne auf die Vorschriften der Kirche Rücksicht zu nehmen – auch hierin ganz das Vorbild für ihren Sohn.
Elisabeths übertriebene, ja hysterisch wirkende Mutterliebe für Marie Valerie erregte nicht nur manchen Spott der Hofgesellschaft und die glühende Eifersucht des Kronprinzen, sondern sie wurde auch der jungen Erzherzogin mitunter lästig, vor allem wenn sie sie in Konflikte mit ihrem überschwenglich geliebten Vater, Kaiser Franz Joseph, stürzte. Valerie nach einer peinlichen Szene zwi-

schen ihren Eltern, als es wieder einmal um ihr, Valeries, Wohl ging und der Kaiser wie meistens nachgegeben hatte: »Am liebsten wäre ich vor ihm hingefallen und hätte seine väterlichen kaiserlichen Hände geküsst, während ich gegen Mama – Gott verzeih mirs – einen momentanen Groll empfand, da mich ihre ungezügelte Liebe und übertriebene, unbegründete Sorge in so peinliche falsche Stellungen bringt«.[51]

Die Fünfzehnjährige verehrte ihren Vater und war überglücklich, still dabeisitzen zu dürfen, wenn er am Schreibtisch saß und seine Akten bearbeitete. Marie Valerie: »Ich sass eine gute Stunde ganz mäuschenstill neben ihm, während er rauchend arbeitete. Es müssen wichtige Dinge gewesen sein, denn er schaute nur einmal auf, und zwar um zu bemerken ›Du musst Dich aber schrecklich langweilen‹, worauf ich natürlich stürmisch antwortete ›O nein Papa; es ist so gut dazusitzen...‹ ›Ein schönes Vergnügen‹, sagte er und arbeitete weiter. Der Arme! Wie ich ihn so geduldig vor diesem Stoss Schriften sitzen sah, ohne ein Wort der Klage... wie ein jeder Mann im Staat die Mühen und Sorgen immer von sich schiebt, immer höher und höher, bis endlich alles zum Kaiser kommt – und er, der es nicht mehr höher schieben kann, nimmt alles an und arbeitet alles geduldig durch, sich um das Wohl eines jeden selbst bekümmernd. Das ist doch schön, einen solchen Vater zu haben.«[52]

Die Rückkehr der Kaiserin wenig später beeinträchtigte dieses herzliche Verhältnis: »die ideale Gemütlichkeit jener unvergesslichen Tage in Schönbrunn ist vorbei – jetzt, wo Mama da ist, traue ich mich nicht, ihn zu erheitern und halbverstohlen meine Liebe zu zeigen wie damals«.[53]

Obwohl die Kaiserin nie einen Zweifel darin ließ, daß nur die Liebe zu Marie Valerie sie noch an den Wiener Hof band, zeigte sie doch Verständnis, als die Tochter heiratsfähig wurde und sich Bewerber einstellten, so Friedrich August, Kronprinz von Sachsen, Prinz Miguel von Braganza und andere. Marie Valerie war ein höchst vernünftiges Mädchen, das sehr genau zu unterscheiden wußte zwischen einer rein dynastischen »Partie«, die sie (mit

Elisabeths vehementer Unterstützung) strikt ablehnte und einer Liebesehe, die sie sich – ebenfalls von ihrer Mutter unterstützt – sehnlichst wünschte.

Valerie hatte in dieser Situation in ihrer Mutter eine Freundin und Vertraute. Gemeinsam begutachteten die beiden die Bewerber um Valeries Hand. So kam auch Prinz Alfons aus Bayern zu Besuch nach Wien, und sofort hatte Valerie das Gefühl, von Alfons »wie eine Kuh auf dem Viehmarkt« taxiert zu werden. Alfons bestritt die Unterhaltung mit einem Gespräch über Pferde, vor allem über die verschiedenen Arten, sie zu schirren und einzuspannen, was Mutter und Tochter reichlich langweilte. Schließlich übernahm Elisabeth die Initiative und führte den penetrant bayrisch sprechenden Alfons aufs Glatteis: »Du gehst gewiss nur in Operetten und schläfst in klassischen Stücken ein? Im Circus bist du aber wohl immer wach? Du bist gewiss lieber in der Stadt als am Land? Da ist dirs zu einsam und langweilig, nicht wahr?«

Valerie beobachtete diese Konversation scharf und machte sich in ihrem Tagebuch über den Verehrer lustig, der den ironischen Fragen der Kaiserin nicht gewachsen war: »Ahnungslos stimmte er von Herzen allen Fragen bei und ging so vollständig auf den Leim, dass Amélie [Valeries etwa gleichaltrige Cousine und Freundin, eine Tochter Herzog Carl Theodors in Bayern] und ich die grösste Mühe hatten, nicht herauszuplatzen. Er scheint seelengut zu sein, macht mir aber keinen Eindruck«.[54]

Auch als es ernst wurde und Valerie sich verliebte, blieb Elisabeth die Verbündete ihrer Tochter. Der Auserwählte war Erzherzog Franz Salvator aus dem toskanischen Zweig der Familie – eine Wahl, die dem Kaiser vor allem wegen der nahen Verwandtschaft zunächst nicht behagte. Franz war unerfahren, sehr jung und äußerst schüchtern. Es war die Kaiserin, die das Paar zusammenbrachte. Sie arrangierte ein »zufälliges« Treffen der beiden im Burgtheater.

Marie Valerie hielt folgende Szene in ihrem Tagebuch fest: Nachdem Franz am Vorabend zu schüchtern gewesen war, in die kaiserliche Loge zu kommen, klappte es erst beim zweiten Versuch mit dem geplanten Treffen. »Zehn Minuten nach sieben gingen Mama und ich hinab«, schrieb Valerie. »Wie ich zappelte ... Nun schleicht Mama leise zur Bogentür [der Kaiserloge] und macht auf. Dort sitzt Franz allein in ein Eck gedrückt, erkennt aber Mama erst, als sie mit dem Finger winkend leise: ›Komm‹ sagt. Er springt heraus – ich stehe draussen hinter Mama ... er beantwortet all ihre Fragen, ohne mit einem Auge nach mir zu sehen – ganz der alte ... Endlich wendet sich Mama gegen mich: ›Nicht wahr? die Valerie ist gewachsen?‹ ›Ja, schon wieder gewachsen‹ und gibt mir mit einem so seligen Gesicht die Hand, dass mir das Herz aufgeht und ich fühle, es sei alles gut, furchtbar gut«.[55]

Bis zur Verlobung des jungen Paares zu Weihnachten 1888 dauerte es noch zwei Jahre. Elisabeth bestand darauf, daß Valerie nichts überstürzte: »Denn einmal kommt doch im Leben der meisten Frauen der Moment, wo sie sich verlieben. Darum sei ich es Franz und mir selbst schuldig«, schrieb Valerie in ihr Tagebuch, »andere junge Männer kennen zu lernen, damit ich dem ›Rechten‹ nicht erst dann begegne, wenn es zu spät sei«.[56]

Der Widerstand des Kaisers gegen diese Verbindung war leicht zu beheben, da sich Elisabeth so entschieden für Valerie einsetzte. Der Kronprinz dagegen hatte noch lange Einwände gegen Erzherzog Franz Salvator, der ihm nicht bedeutend genug war. Ob Valerie diese Einwände ihres Bruders nicht übertrieb, sei dahingestellt. Jedenfalls waren die Beziehungen der beiden Geschwister in dieser Zeit sehr gespannt. Da Elisabeth ihrerseits jeden Kummer von ihrer Jüngsten fernhalten wollte und hysterisch auf jede Komplikation reagierte, war das Verhältnis zu ihrem Sohn, das noch nie herzlich gewesen war, nun völlig gestört. Sie betrachtete ihn als Feind ihres Lieblings Marie Valerie – und das war das Ärgste, das ihm passieren konnte. Daß Rudolf in dieser Zeit ganz andere Probleme hatte als die Liebesgeschichte seiner jüngsten Schwester, wußte die Kaiserin nicht.

Selbst bei den wenigen Treffen zwischen Mutter und Sohn ging es stets um die Zukunft Valeries, so auch bei der Enthüllung des Maria-Theresien-Denkmals am 13. Mai 1888 in Wien, bei dem sowohl Kaiserin als Kronprinz anwesend waren. (S. 483) Am Abend zuvor hatte es Krawalle gegen das Haus Habsburg und für einen Anschluß Deutschösterreichs an das Deutsche Reich gegeben. Der Kronprinz war mit seinem Wagen zufällig in die Demonstration geraten und dadurch schwer deprimiert, auch in seinem Glauben an die Zukunft Österreichs erschüttert.[57] Selbst der Kaiserin fiel auf, wie schlecht Rudolf aussah, doch sie hatte für ihn nur die eher förmliche Frage: »Bist du krank?« Worauf er antwortete, ohne auf seine Verstrickungen einzugehen: »Nein, nur müde und nervös«. Daß seine Mutter kaum geeignet war, ihm aus seinen Problemen herauszuhelfen, ja überhaupt diese zu verstehen, sah wohl auch der Kronprinz inzwischen ein. Denn in ihrer versponnenen, realitätsfernen Art legte sie ihm wieder einmal (wie jedesmal, wenn sie ihn bei offiziellen Treffen zufällig traf) das Wohl der jüngeren Schwester ans Herz: »Ich bin ein Sonntagskind, stehe in Verbindung mit der anderen Welt und kann Glück und Unglück bringen«, sagte sie dem schwerkranken und schwer depressiven Rudolf, ohne auf ihn einzugehen: »Darum erinnere dich an den 13. Mai.« Rudolf konnte darauf kaum etwas anderes antworten, als zu versichern: »Ich werde Valerie nie etwas Böses tun, Mama«.[58] Das Unglück des Kronprinzen, der schon bald konkrete Selbstmordpläne faßte, nahm ungehindert seinen Lauf.

Weil sie selbst sich mit nichts anderem beschäftigte als mit dem Wohl ihrer Lieblingstochter, deutete Elisabeth das ernste, verschlossene Gesicht Rudolfs meist als Feindschaft gegen die arme, kleine Valerie. Mutter und Tochter steigerten sich gegenseitig in eine Angst vor einem zukünftigen Kaiser Rudolf hinein – und das zu einem Zeitpunkt, als Rudolfs Glaube an die Zukunft der Donaumonarchie und an sich selbst längst erloschen war.

Neben dieser Kronprinzentragödie nehmen sich Elisabeths Gedichte über die angeblich verfolgte Tochter geradezu lächerlichmakaber aus:

> An mein Kind
> *Deine Tränen seh' ich fliessen,*
> *Weiss welch' bittere es sind;*
> *Denn, was dir das Herz zerrissen,*
> *Schmerzt mich tiefer noch, mein Kind.*

Sollst auch du, so jung an Jahren,
Schon zu deinem harten Leid
All die Schlechtigkeit erfahren,
Der uns unser Stand geweiht!

Suche keinen Trost von aussen,
Schliess dein Herz vor andern zu!
Hässlich wüten die da draussen
Und vergiften deine Ruh'.

Höre nicht auf ihre Reden,
Folge deinem guten Sinn!
Da, wo sie am ärgsten schmähten,
War das Beste oft dahin.

Gerne wollten sie verspielen
Deines ganzes Lebens Glück;
Ihren Vorteil zu erzielen,
Scheuen sie vor nichts zurück.

Ja gern möchten sie verdrängen
Dich vom Platz, der dir gebührt;
Über dich ein Los verhängen,
Das dich in die Fremde führt.

Und mit eigenem Gelichter
Wird der Platz dann ausgefüllt;
Ist der Schleier doch kein dichter,
Der ihr Treiben uns verhüllt.

Doch, dass kalten Hohn gelesen
In des Bruders Aug' du hast,
Ja, mein Kind, das ist's gewesen,
Was so schmerzlich uns erfasst.[59]

Die Diskussionen berührten sogar schon Erbschaftsfragen. Valerie vertraute ihrem Tagebuch an, wie unerträglich der Gedanke sei, »das geliebte Ischl«, also die Kaiservilla, einmal in Rudolfs und Stephanies Besitz zu wissen. Sie fand die Vorstellung »so arg, daß ich die geliebte Villa eher anzünden möchte«. Elisabeth beruhigte sie mit dem Hinweis, daß die Sache längst mit dem Kaiser besprochen sei und nicht Rudolf, sondern Valerie die Kaiservilla erben würde (was dann auch geschah).[60]

Die Kaiserin tat alles, um die geliebte Tochter auch für die Zeit nach Franz Josephs Tod sicherzustellen, wobei sie ein großes Mißtrauen, ja eine Abneigung gegen Rudolf zeigte. Valerie: »Bei einer Promenade in Schönbrunn sprechen Mama und ich von Rudolf als Mensch, als einstiger Kaiser, als möglicher Schwager Franzens [Valeries Verlobtem]. Mama meint, er würde Franz unterdrücken, in seiner militärischen Laufbahn hindern«. Als Lösung dieser Zukunftsprobleme schlug Elisabeth vor: »Wenn er [Franz] ein Charakter ist, wie ich ihn Dir wünsche ... so wird er sich solche Unterdrückung nicht gefallen lassen, sondern in deutschen Diensten seine Fähigkeiten entwickeln«, also aus Österreich fortgehen. »Mama möchte Franz die Idee geben, wenn der Krieg zwischen Deutschland und Frankreich früher ausbricht als der unsrige mit Russland, als Volontär in die deutsche Armee zu treten, bis ihn die Pflicht hierher zurückruft. Das würde ihm Ruhm erwerben ... Da wird sich zeigen, ob er ein Mann ist oder nur ein Erzherzog«.[61]

Elisabeth, die mit ihrem hochbegabten einzigen Sohn Rudolf nie ein politisches Gespräch führte, befragte den Auserkorenen ihrer Tochter über seine politische Meinung. Es kam zu folgender Diskussion zwischen Elisabeth und dem zwanzigjährigen Erzherzog Franz Salvator, aufgezeichnet in Valeries Tagebuch:

Elisabeth fragte, ›gegen wen er lieber zöge: Deutsche, Russen, Italiener?‹ ›Einerlei.‹

Mama: ›Wenn's gegen die Deutschen geht, traurig ... Brüder ...‹

Franz: ›Aber auf ihre Freundschaft kann man sich nicht verlassen, ich kann die Preussen nicht leiden, berechnend, unzuverlässig.‹

Mama: ›Dass sie den Vorteil für ihr Land suchen und die Tüchtig-

keit dazu haben, kann man ihnen eigentlich nicht vorwerfen...
und nicht alle Deutschen seien Preussen...‹
Und dann erzählte Mama, wie fromm und tüchtig Westfalen, frisch und gebildet Rheinländer, Badener, Württemberger, wie Lernen und Discutieren so ganz anders als bei uns, wo's schlaff und ohne Einheit und feste Ordnung hergeht.«
Elisabeth sagte dann noch, es sei eine »solche Freude, die Russen zu bekämpfen, denn die hasse ich und die Italiener auch... Die Italiener sind falsch und feig«[62], eine Bemerkung, die dem aus der Toskana stammenden Italiener Franz kaum gefallen haben dürfte.
Elisabeth erzählte auch dem Kronprinzen von den Auswanderungsplänen des jungen Paares. Rudolf war entsetzt über den Einfall, der Schwiegersohn des österreichischen Kaisers gehe in deutsche Dienste über, weil die Kaiserin von Österreich die Zustände in ihrem eigenen Land für zu ungünstig hielt. Rudolf zu Valerie: »Papa [also der Kaiser] würde das nie zugeben und es wäre von der verderblichsten Wirkung auf die ganze Armee«. Wenn ein Studium im Ausland schon unbedingt für nötig gehalten würde, schlage er, Rudolf, eher die Artillerieschule in Woolwich vor.[63] Das jedoch stürzte den Bräutigam in spe erst recht in Verzweiflung, da er kein Englisch konnte.
Der Auswanderungsplan der Kaisertochter Valerie wurde so etwas wie eine fixe Idee Elisabeths, deren Logik heute schwer nachzuvollziehen ist. Sie zeigte aber, wie stark Elisabeths Antipathie gegen Österreich war. Am 5. Mai 1888 hielt Erzherzogin Marie Valerie in ihrem Tagebuch eine typische Reaktion Elisabeths fest: »Franz sprach über die Verkommenheit der Verhältnisse bei uns«, hieß es dort und: »Natürlich machte Mama dies Urtheil sehr glücklich«.
Marie Valerie, die immer mehr ins deutschnationale Fahrwasser geriet, deutete Elisabeths Vorstellungen in ihrem Sinne und redete dem unschlüssigen Bräutigam ebenfalls mit folgenden, für eine habsburgische Kaisertochter überraschenden Argumenten zur Auswanderung zu: »Vor allem sind wir Deutsche, dann Österreicher und erst in 3. Linie Habsburger. Das Wohl des deutschen Vaterlandes muss uns vor allem am Herzen liegen – wenn es

gedeiht, ists einerlei, ob unter Habsburg oder Hohenzollern«.
Den Einwänden ihres Bräutigams entgegnete sie: »Darum hast Du Unrecht zu sagen, dass Du im Dienste Kaiser Wilhelms in fremdem Dienste wärst. – Deutsch ist deutsch und das Vaterland geht vor die Familie«.[64] Mit dieser Auffassung gab es nun wirklich keine Verständigungsmöglichkeit mehr mit dem Bruder Rudolf, der ein betonter, ja fanatischer Österreicher war und in Wilhelm II. seinen Hauptwidersacher sah.

Die Kaiserin aber machte Valerie das Leben auch nicht leichter, sobald die Verlobung in greifbare Nähe rückte. Nun klagte sie, »sie hasse die Menschen überhaupt und die Männer besonders mehr denn je«, schrieb Marie Valerie, »wenn ich heirate, wolle sie in die Wildnis«. Und wenig später: »Mama sagte, wenn ich je heirate, werde sie sich nie mehr freuen, mich zu sehen, sie sei wie manche Tiere, die ihre Jungen verlassen, sobald jemand sie angerührt hat«.[65]

Franz Josephs Reaktion auf diese Anwandlungen laut Valerie: »Wenn Mama melancholisch wird, macht es ihn ungeduldig«.[66] Inmitten der Gefühlsaufwallungen in seiner Familie blieb der Kaiser ruhig, sachlich, trocken, was wiederum Elisabeth reizte.

Auch in den Gesprächen mit dem zukünftigen Schwiegersohn äußerte Elisabeth immer wieder Todesgedanken: »Musst nicht wie viele Leute glauben, ich wolle die Valerie an Dich verheiraten, damit sie in meiner Nähe bleibt. Wenn sie heiratet, ist es einerlei, ob sie nach China geht oder in Österreich bleibt – für mich ist sie ja doch verloren. Aber ich habe auf Dich, auf Deinen Charakter, die Liebe für sie Vertrauen und wenn ich heute sterbe, so könnte ich nur beruhigt sein, wenn ich die Valerie Dir überlasse«.[67]

In ihren privaten Aufzeichnungen allerdings war Elisabeth weit kühler, was den neuen Schwiegersohn betraf:

> An mein Kind
> *Verliebt, verliebt! u. folglich dumm;*
> *Ich kann dich nur bedauern.*
> *Lang geh' ich schon hienieden um,*
> *Mich macht die Liebe schauern.*

Doch meinem treuen Rate bleibt
Dein Ohr taub u. verschlossen,
Was Knospen in dem Herzchen treibt,
Das will nun blüh'n und sprossen.

Was nutzt es, dass ich Mutter ward,
Und dir zu Lieb entsagte
Dem Leben, wo nach Feenart
Ich wild die Welt durchjagte?

Fort zieht es dich aus meiner Näh'
Zu jenem blassen Knaben,
Trotzdem ich ehrlich dir gesteh',
Ich möchte ihn nicht haben.

Du siehst im Geiste um dich her
Der Kinder zwölf schon wogen.
Zwölf Rotznäschen liebst du dann mehr
Als mich, die dich verzogen.

Die Lieb' ist dumm, die Lieb' ist blind!
So steht's im Schicksalsbuche,
Du musst nun ebenfalls, mein Kind,
Dich beugen diesem Fluche.

Ich aber breite trauernd aus
Die weiten weissen Schwingen,
Und kehr' ins Feenreich nach Haus –
Nichts soll mich wieder bringen.[68]

Alle Befürchtungen wegen Rudolfs angeblicher Feindseligkeit waren hinfällig, als ihm Elisabeth im Dezember 1888 die konkrete Nachricht von Valeries Verlobung gab. Valerie über Rudolfs unerwartete Reaktion: »Unfreundlich war er aber keineswegs und so fühlte ich mich ermutigt, zum erstenmal in meinem Leben die Arme um seinen Hals zu werfen... Armer Bruder, er hat doch

auch ein warmes, liebebedürftiges Herz, denn er umschloss und küsste mich mit der ganzen Innigkeit wahrer Bruderliebe – und wieder und noch einmal zog er mich an sein Herz, und man fühlte, dass es ihm wohltat, dass ich ihm die Liebe zeigte, die solange fast erstickt war vor Angst und Scham. Mama bat ihn, immer gut für mich, für uns zu sein, wenn wir einmal von ihm abhängig sind, und er schwur und beteuerte es einfach und warm. Da machte sie ihm das Kreuz auf die Stirn und sagte, der liebe Gott werde ihn dafür segnen und er werde ihm Glück bringen – sie versicherte ihn ihrer Liebe und er küsste ihr heftig die Hand und tief ergriffen. Ich dankte ihm und umschloss Mama und ihn in einer Umarmung, indem ich fast unbewusst sagte: »So sollten wir immer sein!«[69]
Gräfin Festetics schilderte noch eine weitere gefühlvolle Szene und zwar am Heiligen Abend: Der Kronprinz sei seiner Mutter um den Hals gefallen »und brach in ein langes, nicht zu stillendes Schluchzen aus, durch das sie tief erschreckt wurde«. Die Hofdamen und Adjutanten, die unmittelbar nachher an den Weihnachtsbaum gerufen wurden, »fanden die Mitglieder des kaiserlichen Hauses noch verweint und gerührt«.[70]
An diesem seinem letzten Weihnachtsfest zeigte der Kronprinz wieder einmal seine große Verehrung für seine Mutter. Der Streit um die Errichtung eines Düsseldorfer Heine-Denkmals war vorausgegangen (S. 493), und Rudolf, der ebenso wie Elisabeth von den Antisemiten angegriffen wurde, dachte nun, in seiner schwärmerisch geliebten Mutter einen Bundesgenossen gefunden zu haben, einen Mitkämpfer für die Sache der Liberalen, gegen die Deutschnationalen und Antisemiten. Außerdem fühlte er sich auch in dieser Angelegenheit als Widerpart des ihm verhaßten jungen Wilhelm II., der auf der Seite der Heine-Gegner war.
Um seiner wegen des Heine-Denkmals öffentlich angegriffenen Mutter seine Verehrung zu beweisen, kaufte er in Paris elf Autographe Heines zu einem horrenden Preis und legte sie der Kaiserin 1888 unter den Weihnachtsbaum. Doch die Kaiserin war mit der Verlobung ihrer Tochter Valerie derartig beschäftigt, daß sie dieses Geschenk Rudolfs gar nicht in der Weise würdigte, wie es sich dieser vorgestellt hatte.

Daß der (erst dreißigjährige) Kronprinz häufig von seinem nahen Tode sprach, nahm niemand recht ernst. Bezeichnenderweise äußerte er diese Todesgedanken auch nicht gegenüber Familienmitgliedern, sondern vor allem gegenüber der Hofdame seiner Mutter, Marie Festetics. Diese aber wiederum war zu rücksichtsvoll für die überaus sensible Kaiserin, um ihr auch nur die kleinste Andeutung darüber zu machen. Die Hofdame nachher: »Man legte auch seinen Äußerungen, daß es mit ihm zu Ende gehe, nicht die Bedeutung bei, die ihnen zukam und erinnerte sich ihrer erst später«.

Als der Historiker Heinrich Friedjung 1909 die Gräfin interviewte und die vielen Entschuldigungen hörte, die sie für Elisabeth bereit hatte, wendete er genau das ein, was jedem auffallen muß, der sich mit der Tragödie von Mayerling beschäftigt. Friedjung: »Ich konnte mich nicht enthalten, der Gräfin Festetics zu sagen, daß ich, so tief mich ihre Mitteilungen auch erschütterten und von Mitgefühl für die Kaiserin erfüllten, es doch nicht begreifen könnte, wie eine Mutter von dem tiefen Gefühl der Kaiserin in Unkenntnis dessen bleiben konnte, was den Kronprinzen bewegte und nicht wisse, auf welche Abwege er geraten war. Da sagte mir die Gräfin, indem sie eine öfters gemachte Bemerkung nachdrücklich wiederholte: Sie dürfen nie vergessen, daß Personen höchsten Ranges ganz anders leben als alle anderen Menschen, daß sie weniger erfahren und daß sie eigentlich sehr unglücklich zu nennen sind, weil die Wahrheit nur selten und nie ganz zu ihnen dringt«.[71]

Die Tragödie von Mayerling am 30. Januar 1889 traf also die kaiserliche Familie unerwartet. Die Kaiserin war es, die als erste informiert wurde. Graf Hoyos, Rudolfs Jagdgefährte aus Mayerling, kam mit der Todesmeldung mitten in Elisabeths Griechischlektion, als sie gerade Homer las. Hoyos erwähnte auch eine zweite Leiche: die eines jungen Mädchens namens Mary Vetsera. Der Kronprinz sei von ihr vergiftet worden, anschließend habe sie sich selbst vergiftet.

Es ist erstaunlich, mit welcher Disziplin und Gefaßtheit die sonst so überempfindliche Kaiserin diese Situation meisterte. Sie entzog sich keiner der Pflichten, die auf sie warteten. Sie war es, die den Kaiser informierte. Erzherzogin Marie Valerie: »Elastisch tritt er ein, gebrochen, gesenkten Hauptes verläßt er das Zimmer«. Dann ging Elisabeth in die Wohnung Ida Ferenczys. Sie wußte, daß dort wie verabredet Katharina Schratt auf den Kaiser wartete. Sie führte selbst die Schauspielerin zum Kaiser, weil sie wußte, daß nur die Freundin dem Tiefgebeugten Trost bringen konnte.

Dann ging die Kaiserin weiter zu ihrer Lieblingstochter Marie Valerie, schrak aber zusammen, als deren erste Vermutung war, Rudolf habe sich umgebracht. Elisabeth zu Valerie: »Nein, nein, das will ich ja nicht glauben, es scheint so wahrscheinlich, so sicher, daß ihm das Mädchen Gift gegeben hat«.[72] Die Unklarheit dauerte an.

Valerie holte nun Rudolfs Witwe Stephanie zum Kaiserpaar. Stephanie schilderte diese Szene in ihren Memoiren: »Der Kaiser saß in der Mitte des Raumes, die Kaiserin, dunkel gekleidet, schneeweiß und starr im Gesicht, war bei ihm. In meinem fassungslosen, erschütterten Zustand glaubte ich, daß man mich wie eine Verbrecherin ansah. Ein Kreuzfeuer von Fragen, auf die ich einesteils nicht antworten konnte, anderenteils nicht antworten durfte, ging auf mich nieder«.[73]

Inzwischen war auch Baronin Helene Vetsera auf der verzweifelten Suche nach ihrer Tochter bis in das Vorzimmer Ida Ferenczys vorgedrungen und ließ sich mit ihrer Bitte, die Kaiserin zu sprechen, nicht abweisen: »Ich habe mein Kind verloren, nur sie kann es mir wiedergeben«, schluchzte sie, ahnungslos, daß ihr Kind bereits tot war. Ida bat zuerst den Oberhofmeister Baron Nopcsa, die Baronin zu informieren. Dann ging die Kaiserin zu Helene Vetsera, die sie aus vergnüglichen Zeiten kannte: von Pferderennen in Ungarn, Böhmen und England, inmitten einer ausgelassenen, oberflächlichen Gesellschaft. Helene Vetsera hatte stets Anbeter um sich geschart, darunter zuweilen dieselben Männer wie Elisabeth, vor allem den Grafen Nikolaus Esterházy. Helene Vetsera hatte in den siebziger Jahren auch dem noch kaum erwachsenen Kronprinzen deutliche Avancen gemacht – allem

Anschein nach erfolgreich.[74] Ihr Ruf war nicht der beste. Und nun stand sie, aufgelöst vor Angst, eine verzweifelte Mutter, vor der Kaiserin.

Die folgende Szene schilderte die dabei anwesende Ida Ferenczy später der Erzherzogin Valerie, die sie in ihr Tagebuch aufnahm: »Ihre Majestät steht voll Hoheit vor der erregten Frau, die ihr Kind fordert, spricht mit sanfter Stimmer zu ihr. Sie sagt ihr, daß das Mädchen tot sei. Da bricht Vetsera in lauten Jammer aus: Mein Kind, mein schönes Kind!

Aber wissen Sie, sagt Ihre Majestät mit lauterer Stimme, daß auch Rudolf tot ist? Vetsera taumelt, fällt vor Ihrer Majestät nieder und umfängt ihre Knie. Mein unglückliches Kind, was hat sie getan? Das hat sie getan!! Also auch sie faßte es so auf und glaubte, wie Ihre Majestät, das Mädchen habe ihn vergiftet. Noch einige Worte, dann verläßt Ihre Majestät die Vetsera mit den Worten: ›Und jetzt merken Sie sich, daß Rudolf an Herzschlag gestorben ist!‹«[75]

Am nächsten Tag erst erfuhr das Kaiserpaar vom Leibarzt Dr. Widerhofer, wie das Liebespaar wirklich gestorben war. Widerhofer sah (laut Aufzeichnung Valeries) das »Mädchen ausgestreckt im Bette, offene Haare über Schultern, eine Rose in den gefalteten Händen – Rudolf in halbsitzender Position, der Revolver seiner erstarrten Hand entfallen am Boden, im Glase nur Cognac. Er legte Leiche zurück, längst erkaltet, der Schädel geborsten, die Kugel bei einer Schläfe hinein, andere heraus. Gleiche Wunde bei Mädchen. Beide Kugeln fanden sich im Zimmer«.[76] Elisabeths Kommentar: »Der grosse Jehova ist furchtbar, wenn er vernichtend einhergeht wie der Sturm«.[77]

Die Leiche des Kronprinzen wurde zunächst in seiner Wohnung in der Hofburg aufgebahrt. Elisabeth besuchte ihren toten Sohn am Morgen des 31. Januar, küßte ihn auf den Mund. Erzherzogin Valerie: »Er war so schön und lag so friedlich, das weisse Leintuch bis zur Brust heraufgezogen und rings mit Blumen bedeckt. Der leichte Verband an seinem Kopf entstellte ihn nicht – noch waren seine Wangen und Ohren gerötet mit dem gesunden Rot der Jugend – der unstete, oft bittere höhnische Ausdruck, der ihm im Leben oft eigen, war einem friedlichen Lächeln gewichen – so schön war er mir noch nie vorgekommen – er schien zu schlafen und ruhig, glücklich zu sein«.

Beim gemeinsamen Diner im selben Zimmer, wo sich zu Weihnachten noch die selten herzliche Familienszene abgespielt hatte, verlor die Kaiserin (»zum ersten Mal«, wie Valerie überliefert) die Fassung und fing bitterlich an zu weinen. Auch Rudolfs Witwe Stephanie und seine fünfjährige Tochter Erzsi waren dabei anwesend. Das Verhältnis zwischen Elisabeth und ihrer Schwiegertochter besserte sich durch das gemeinsame Unglück keineswegs. Im Gegenteil: sowohl Elisabeth wie Valerie gaben der Kronprinzessin einen Teil der Schuld an Rudolfs Unglück. Stephanie ihrerseits »bat uns alle immer wieder um Verzeihung, denn da fühlte sie wohl, dass ihr Mangel an Hingebung mitgewirkt, um Rudolf zu diesem Schauderhaften zu treiben«.

Die Kaiserin ließ ihren Haßgefühlen gegen die Schwiegertochter freien Lauf, sagte, »sie schäme sich ihrer vor den Leuten. Wenn man diese Frau recht kennenlernt, so muss man Rudolf entschuldigen, dass er für die Herzensleere des Heims auswärts Zerstreuung und Betäubung suchte. Gewiss – er wäre nicht so geworden, hätte er ein anderes Weib gehabt, das ihn verstanden«.

Zwei Jahre nach Mayerling schleuderte die Kaiserin ihrer Schwiegertochter Stephanie die Worte entgegen: »Du hast Deinen Vater gehaßt, Du hast Deinen Mann nicht geliebt und du liebst auch Deine Tochter nicht!«[78] Elisabeth mochte mit diesen Vorwürfen Recht haben. Wie gewöhnlich sah sie aber immer nur die Fehler der anderen, ihre eigenen nie. Denn daß der unglückliche Rudolf nicht nur bei seiner Frau, sondern auch bei seiner Mutter keine Liebe gefunden hatte, bedachte Elisabeth bei dieser ihrer Schuldaufrechnung nicht.

Rudolf hinterließ einige Abschiedsbriefe, gab aber darin keinen Grund für seinen Selbstmord an. Der längste der Briefe war der an die Mutter Elisabeth. Rudolf bekannte sich darin »nicht würdig, seinem Vater zu schreiben«, wie Erzherzogin Valerie überlieferte. Das Mädchen Mary bezeichnet er hier als »reinen Engel..., der ihn hinüberbegleitet« und äußerte den Wunsch, »neben ihr in Heiligenkreuz begraben zu sein«[79] ein Wunsch, der unerfüllt blieb.

Ida Ferenczy, die als eine der wenigen den Abschiedsbrief kannte, erzählte, Rudolf habe »nur aus Furcht vor dem grausigen Unbekannten Mädchen als Begleiterin mitgenommen auf grausigen Gang, sie hat ihm Mut gemacht, ohne sie hätte er es vielleicht nicht gewagt, aber nicht wegen ihr«.[80] (Der genaue Wortlaut dieses Briefes ist nie bekannt geworden. Der Brief befand sich nach Elisabeths Tod unter jenen privaten Papieren, die Ida Ferenczy auf Wunsch der Kaiserin vernichtete. Auch Erzherzogin Marie Valerie überlieferte den Wortlaut in ihren Aufzeichnungen nicht.)

An seine jüngste Schwester Valerie schrieb Rudolf einen kurzen Brief mit den höchst pessimistischen Zeilen: »Wenn Papa einmal die Augen schließt, wird es in Österreich sehr ungemütlich. Ich kenne, was dann folgt, nur zu genau und gebe Euch den Rat, dann auszuwandern«.[81] Er, der Mutter und Schwester gegenüber den Wert Österreich-Ungarns so nachdrücklich verteidigt hatte, schloß sich nun in seinem Abschiedsbrief ihrer düsteren Prognose an. Marie Valerie bemerkt dazu in ihrem Tagebuch: »Sonderbar ist es, dass er erst neulich Mama sagte, wenn je Franzi (also der nächste Thronfolger, Franz Ferdinand) zur Regierung käme, so ginge es nicht mehr«. Ebenso wie seine Mutter Elisabeth hatte Rudolf also die Hoffnung auf eine glückliche Zukunft der Donaumonarchie aufgegeben – sicherlich eines der vielen Motive für sein Ende in Verzweiflung und Schuld.

Noch deutlicher drückte sich Elisabeth aus. Marie Valerie schrieb in ihr Tagebuch: »Übrigens glaubt Mama, dass sich Österreich überhaupt nicht mehr halten wird, wenn Papa nicht mehr ist, der durch die Macht seines makellosen Charakters und aufopfernde Güte die widersprechendsten Elemente eint . . . Nur die Liebe zu Papa halte die Völker Österreichs zurück, offen zu bekennen, wie sehr sie sich nach dem großen deutschen Vaterland zurücksehnen, aus dem sie verbannt sind«.[82]

In der kaiserlichen Familie herrschte Weltuntergangsstimmung. Mit Rudolfs Tod schien Österreich-Ungarns Zukunft gestorben. Als in der Nacht, nachdem der Kronprinz in die Hofburg gebracht worden war, ein starker Sturm tobte, der an den Fenstern rüttelte, »dass die alte Burg in allen Fugen krachte und ächzte«, bemerkte die zwanzigjährige Kaisertochter Marie Valerie: »Mama hat recht – sie hat sich überlebt«, womit sie nicht nur die Hofburg, sondern die ganze Donaumonarchie meinte.

Elisabeth riet ihrer Tochter sogar davon ab, sich jemals in Wien anzusiedeln. Valerie: »nichts soll mich an Wien binden, eine Heimat habe ich nur in Papa ... wenn er nicht mehr ist, dann habe ich keine Heimat mehr in Österreich und will auch keine mehr haben«. Sie könne sich nicht in den Gedanken finden, unter einem Kaiser Franz (Ferdinand) zu leben und »unser Leben auf dem faulen Wiener Boden in dieser schwülen, ungesunden moralischen Atmosphäre zuzubringen«.[83] Diese Meinung hatte die zwanzigjährige Erzherzogin von niemand anderem als von ihrer Mutter der Kaiserin übernommen.

Die Kaisertochter betrachtete nicht mehr Österreich-Ungarn als ihr Vaterland, sondern Deutschland, ein gemeinsames, erträumtes Reich aller Deutschen. Valeries Freundin Amélie: »Valerie, die einst so für Österreich schwärmte, hat nun kaum mehr ein Heimatgefühl. Glaubt an keine große Zukunft mehr für ihr Vaterland. Nur am Kaiser hängt sie noch mit großer Liebe«.[84]

Wie gegensätzlich das Kaiserpaar auf Rudolfs Ende reagierte, hielt Erzherzogin Valerie in ihrem Tagebuch fest: »Papas fast überirdisch fromme, klaglose Ergebung, Mamas starrer Schmerz mit ihrem Glauben an Prädestination, ihr Weh, dass es ihr baierisch-pfälzisches Blut war, das Rudolf zu Kopf gestiegen, dies alles ist so unsagbar bitter mit anzusehen«.[85] Um eine kirchliche Beerdigung des Selbstmörders möglich zu machen, war ja das Gutachten der Ärzte nötig, Rudolf sei geisteskrank gewesen – ein Gutachten, das für Kaiser Franz Joseph ein Trost war, für Elisabeth dagegen eine neue Pein. Denn zu nahe fühlte sie selbst seit jeher die Gefahr des Wahnsinns, um jetzt nicht persönlich getroffen zu sein oder wenigstens ihre wittelsbachische Familie, ihr »Blut« als eine der Ursachen der Tragödie zu empfinden. Als sie vor Rudolfs Beisetzung ihren Lieblingsbruder Carl Theodor traf, überschüttete sie sich mit Selbstvorwürfen: »Hätte nur der Kaiser niemals ihr elterliches Haus betreten, sie niemals gesehen! Was wäre ihm und ihr alles erspart geblieben!«[86]

Die Begründung, Rudolf sei seiner Sinne nicht mächtig gewesen, als er die Bluttat beging, beruhigte dagegen den Kaiser, weil sie Rudolfs Schuld milderte. Der kaiserliche Leibarzt Dr. Widerhofer, der beide Leichen in Mayerling sah, tat alles, um diese Version zu bekräftigen. Marie Valerie: »Widerhofer sagt, er [Rudolf] sei eben an Verrücktheit gestorben wie ein anderer an einer anderen Krankheit. Dieser Gedanke ists, glaube ich, der Papa aufrecht erhält«. Aber selbst Marie Valerie zweifelte an dieser so bequemen Erklärung für die Tragödie in Mayerling: »Aber ich glaube nicht, dass diese Ansicht eine erschöpfende Wahrheit über das ganze Unglück ist«.[87]

Rudolfs Tod folgten schwere Differenzen mit den bayrischen Verwandten. Denn es stellte sich heraus, daß Elisabeths Lieblingsnichte, Gräfin Marie Larisch (die Tochter ihres Bruders Ludwig) Vermittlerdienste zwischen dem Kronprinzen und Mary Vetsera geleistet hatte. Es kam in Wien zu Auftritten zwischen der Kaiserin und ihren Brüdern. Marie Larisch wurde vom Hof verbannt. Trotz flehentlicher Bitten, sich rechtfertigen zu dürfen, wurde sie nicht mehr empfangen.

Der schon schwerkranke Andrássy war es, der auch in diesen Tagen der Kaiserin als treuer Freund beistand und in ihrem Auftrag die Gräfin Larisch aufsuchte, um Hintergründe der Tragödie zu erfahren. An eine pure Liebesgeschichte konnte Elisabeth nicht glauben, ein politischer Grund wurde zwar vermutet (und Andrássy fragte die Gräfin auch darüber aus), doch wußte niemand Einzelheiten.[88] Die politischen Aktivitäten des Kronprinzen waren derart geheim gewesen, andererseits hatte sich Elisabeth nie, wirklich niemals für die Probleme ihres erwachsenen Sohnes interessiert, daß nun völlige Unklarheit herrschte. Rudolf war ein Fremder in der Kaiserfamilie gewesen, ein Einsamer, verzweifelt in völliger Isolation. Die einzige und einfachste Erklärung für sein trostloses Ende war nun die Aussage der Ärzte, daß er im Zustand der Geistesverwirrung Hand an das Mädchen und sich gelegt hatte.

Hatte sich Elisabeth in den ersten Tagen nach der Todesnachricht bemerkenswert tapfer gehalten, so verschlechterte sich ihr Zustand im Laufe des Frühjahrs 1889. Der deutsche Botschafter berichtete nach Berlin, Elisabeth »giebt sich fortwährend dem Grübeln über den Vorfall hin, macht Sich Vorwürfe und mißt dem ererbten Wittelsbacher Blut die geistige Verwirrung Ihres beklagenswerten Sohnes bei«.[89] Sie haderte mit sich und dem Schicksal, fühlte sich zum Unglück geboren.

Das tragische Ende Rudolfs rückte dabei immer mehr in den Hintergrund. Dieser Selbstmord, dessen Beweggründe Elisabeth nie kennenlernte, bildete für sie mehr und mehr den Anlaß, über ihr eigenes Leben nachzugrübeln – und zu verzweifeln.

Nun erbte eine andere habsburgische Linie den Thron. Darin sah Elisabeth einen weiteren, ja den größten Triumph ihrer verhaßten Wiener Umgebung. Elisabeth zu Valerie nach Rudolfs Beisetzung: »Jetzt haben doch all diese Menschen, die von der ersten Stunde meines Herkommens so viel Böses über mich gesagt, die Beruhigung, dass ich vorübergehen werde, ohne eine Spur in Österreich zu hinterlassen«.[90]

Es kann der Kaiserin auch kaum verborgen geblieben sein, daß sowohl in Hofkreisen wie in der Diplomatie Vorwürfe gegen sie laut wurden. Die Frau des belgischen Gesandten de Jonghe: »Diesmal ist die Landesmutter die Hauptschuldige. Dächte sie weniger an sich und mehr an ihre Pflichten, so hätten wir diese vergangene Katastrophe nicht gehabt«.[91]

Graf Alexander Hübner schrieb, wohl die allgemeine Stimmung richtig treffend, in sein Tagebuch: »es ist nicht der geringste Zweifel, daß das Publikum größten Anteil an dem Schmerz des Kaisers nimmt, sich wenig um die Tränen der Kaiserin und gar nicht um jene der Erzherzogin Stephanie kümmert«.[92] Wie um alle diese Vorwürfe zu entkräften, drückte Kaiser Franz Joseph in ritterlicher Weise öffentlich seinen Dank an Elisabeth aus: »Wieviel ich in diesen schweren Tagen Meiner innigstgeliebten Frau, der Kaiserin, zu danken habe, welch' große Stütze Sie Mir gewesen, kann ich nicht beschreiben, nicht warm genug aussprechen. Ich kann dem Himmel nicht genug danken, daß Er Mir eine solche Lebensgefährtin gegeben hat. Sagen Sie dies nur weiter; je mehr Sie es verbreiten, umsomehr werde Ich Ihnen danken«, schrieb er zum

Beispiel als Dank für die Beileidsbekundungen des Reichsrates.[93] Und an die Freundin Katharina Schratt schrieb Franz Joseph fünf Tage nach Rudolfs Tod: »Wie kann ich der erhabenen Dulderin, der wahrhaft großen Frau anders gedenken, als mit einem Dankgebete zu Gott, der mir so viel Glück beschieden hat«.[94]

Nach Rudolfs Tod verstärkten sich Elisabeths spiritistische Neigungen. Schon wenige Tage nach seiner Beisetzung versuchte sie Kontakt mit dem Toten aufzunehmen und ging eines Abends heimlich in die Kapuzinergruft. Erzherzogin Marie Valerie: »Die Gruft ist ihr unsympathisch, und sie hatte gar keine Lust hinabzugehen, aber ihr wars, als riefe sie eine innere Stimme, und sie tat es in der Hoffnung, Rudolf könne ihr erscheinen und ihr sagen, ob er dort nicht begraben sein wolle«. (Rudolf hatte ja in seinen Abschiedsbriefen darum gebeten, gemeinsam mit Mary Vetsera auf dem Friedhof von Heiligenkreuz begraben zu werden, was der Kaiser nicht erlaubte.) Marie Valerie: »Darum schickte sie auch den Pater, der geöffnet hatte, fort, schloss die eiserne Tür der Gruft, die nur durch einige Fackeln bei Rudolfs Sarg erhellt war und kniete bei demselben nieder. Der Wind stöhnte und die von den welken Kränzen herabfallenden Blumen knisterten wie leise Schritte, so dass sie sich öfter umsah – aber es kam nichts«.
Elisabeths Kommentar über die Geister, die ihr in der Kapuzinergruft nicht erschienen: »Sie dürfen ja nur kommen, wenn der große Jehova sie lässt«.[95]
Auch später bemühte sich Elisabeth immer wieder, mit ihrem toten Sohn in spiritistischen Verkehr zu treten, um von ihm die Gründe für seine Tat zu erfahren. Dies blieb in der Wiener Gesellschaft kein Geheimnis und lieferte Anlaß zu neuerlichem Tratsch. Noch 1896 erzählte man sich in Wien (laut Bertha von Suttner) »verschiedenes von Kaiserin Elisabeth. Unter anderem: Es seien Geistermitteilungen (vermutlich in spiritistischer Séance) gemacht worden, daß der Ort, wo Kronprinz Rudolf weilt, ärger ist als die Hölle und daß ihm kein Beten nützt; darüber die Kaiserin verzweifelt«.[96]
In der Krisensituation nach Rudolfs Tod zeigte sich, wie sehr sich

die Kaiserin vom katholischen Glauben entfernt hatte. Marie Valerie machte sich große Sorgen darüber: »Mama ist eigentlich nur deistisch. Sie betet den gewaltigen Jehova an in Seiner vernichtenden Kraft und Größe; dass Er aber Bitten Seiner Geschöpfe erhört, glaubt sie nicht, weil – sagt Sie – von Anfang aller Zeiten her alles vorausbestimmt und der Mensch machtlos ist gegen diese ewige Prädestination, deren Grund eben nur Jehovas unerforschlicher Wille ist. Vor Ihm ist Sie ja der kleinsten Mücke gleich – wie könnte Ihm etwas an Ihr liegen«.[97]

Eines Nachts besuchte die Kaiserin mit ihrer Tochter die Sternwarte in Wien und philosophierte darüber, wie klein und nichtig doch die Menschen angesichts des Weltalls seien. Marie Valerie: »Begreife Mamas Auffassung, dass der einzelne Mensch nichts sei in den Augen des Herrn, der diese ungezählten Welten erschaffen hat... aber sie ist zu trostlos und zu verschieden vom Christentum«.[98] Elisabeth zur Tochter Valerie: »Rudolf hat meinen Glauben totgeschossen«.[99]

Laut Valerie hatte die Kaiserin »schon von Jugend auf das Gefühl und jetzt sei es ihr zur Gewißheit geworden, dass der grosse Jehova sie in die Wildnis führen wolle, wo sie ihre alten Tage als Einsiedlerin ganz Ihm geweiht, in Betrachtung und Anbetung Seiner göttlichen Herrlichkeit zubringen solle«.[100]

Auch ihrer jungen Nichte Amélie erklärte Elisabeth, sie könne nicht »kirchlich glauben. Sonst müsse sie denken, Rudolf sei verdammt... Der glücklichste Mensch sei jener, der sich am meisten Illusionen macht«. Amélie antwortete darauf, »das Glück liege in der Tätigkeit, die dem Nebenmenschen zugute kommt«. Elisabeths Reaktion auf diese Bemerkung war bezeichnend für sie: »Tante Sisi findet das schön, aber die Menschen interessieren sie zu wenig, als daß sie ihr Glück darin finde. Das ist vielleicht der Schlüssel zu vielem, was einem sonst bei Tante Sisi unerklärlich erscheint«.[101]

Elisabeths Meinung über Rudolfs Tod schwankte. Einmal sagte sie zu Amélie, Rudolf »war doch der größte Philosoph. Er hat alles gehabt, Jugend, Reichtum und Gesundheit und hat alles verlassen«. Zu andern Zeiten sah sie seinen Selbstmord »als eine solche

Schande an, dass sie vor allen Menschen ihr Gesicht verbergen möchte«.[102]

Elisabeths Stimmung wurde immer trostloser, ihre Nerven immer überspannter. Valerie: »Mama macht mir jetzt oft sehr Sorge ... Sie sagt, Papa sei darüber hinaus und ihr stets zunehmender Schmerz falle ihm zur Last, er verstehe sie nicht und beklagt den Tag, da sie ihn [Franz Joseph] zu seinem Unglück' sah. Keine Macht der Welt kann Mama von einer solchen Idee abbringen.«[103]

Dagegen bemerkten selbst Fernerstehende wie die Frau des belgischen Gesandten de Jonghe eine ungewohnte Heiterkeit des Kaisers: »Die Fröhlichkeit des Kaisers ist jedermann aufgefallen; dazu: lebhafter Blick, energievolles Benehmen, mehr als je plaudernd. War seine Haltung gezwungen? Man könnte es glauben, es jedenfalls hoffen«.[104] Der Kaiser lebte in seiner Liebe zu Katharina Schratt auf, wurde ausgeglichener, ja bisweilen sogar humorvoll und kam mit Hilfe dieser späten Liebe leichter über die Katastrophe seines Sohnes hinweg.

Elisabeth strebte von Wien fort, hatte aber andererseits ein schlechtes Gewissen, ihren Mann in dieser traurigen Situation allein zu lassen. Marie Valerie: »Mama sagt, sie sei es der Welt schuldig ..., Papa nicht ganz allein zu lassen ..., auch wenn sie durchs Bleiben verrückt werde – denn Papa geht ihr so auf die Nerven, was ich trotz aller Liebe für ihn, Mamas Charakter und seinen Mangel an Verständnis für denselben kennend, begreife. Mir wird wirklich oft bang für Mama, wenn sie vor lauter Aufregung zu lachen anfängt, vom Narrenhaus spricht usf. Wenn ich sie dann beschwöre, etwas für ihre Gesundheit zu tun, sagt sie: ›Wozu? Für Papa wäre es eine Erleichterung, wenn ich stürbe und Du wirst dann im Glück mit Franz nicht durch den Gedanken an mein trauriges Leben gestört‹«.[105]

Auch bei einem Besuch des Kaiserpaares in München im Dezember 1889 fiel das schlechte Einvernehmen zwischen Kaiser Franz Joseph und seiner Frau auf. Amélie: »Wie so oft in früheren Zeiten konnte ich nun wieder bemerken, daß Tante Sisi und Franz Joseph sich, ohne es zu wollen, so leicht gegenseitig verletzen. Er kann ihre außergewöhnliche, feurige Natur nicht verstehen, während ihr für seinen einfachen Charakter und praktischen Verstand das Verständnis abgeht. Und doch liebt er sie so sehr«.[106]

Die inzwischen 22jährige Kaisertochter Marie Valerie mußte hilflos all die täglichen Reiberei miterleben. Sie, die durch die immer wichtigere Position Katharina Schratts zunehmend gegen den kaiserlichen Vater aufgebracht wurde, schrieb verständnisvoll im Herbst 1889 in ihr Tagebuch: »War es immer schwer, mit Papa nur halbwegs ein Gespräch aufrecht zu erhalten, so ists, seitdem ihn das schwere Leid dieses Winters getroffen, fast unmöglich ... Ich begreife, dass solch ein Beisammensein, so ohne jeden Berührungspunkt als nur ihren Schmerz – und auch der so verschiedener Art – Mama drückt. Sie ist dann viel trostloser, als wenn wir allein sind ... wenn sie vorausdenkt und noch jahrelang dies Leben vor sich sieht.«[107]

Valerie hatte Sehnsucht »hinaus aus dieser traurigen Atmosphäre in einen gesünderen Wirkungskreis«.[108] Die Misere der elterlichen Ehe belastete sie schwer. »Ich sage mir mit tiefstem Weh, dass dies schwere Leid, statt die Eltern ... einander näher zu bringen, sie noch mehr entfremdet hat (weil keines des andern Schmerz versteht)«.[109]

Gerade in dieser Zeit tiefster Verzweiflung kamen beunruhigende Nachrichten über den hoffnungslosen Gesundheitszustand Gyula Andrássys. Er starb nach langem Leiden im Februar 1890. Elisabeth besuchte seine Witwe in Budapest und sagte zu Valerie, »erst jetzt wisse sie, was sie an Andrássy gehabt; zum 1. Mal fühle sie sich ganz verlassen, ohne jeden Ratgeber und Freund«.[110]

Wieder drei Monate später – im Mai 1890 – eilte Elisabeth ans Sterbebett ihrer Schwester Helene Thurn und Taxis nach Regensburg. Valerie verzeichnete die letzte Unterhaltung der beiden Schwestern:

»Tante Néné, die gar nicht ans Sterben glaubte, freute sich, Mama zu sehen und sagte ihr ›Old Sisi‹ – sie und Mama sprachen fast immer englisch zusammen.

›We two have hard puffs in our lives‹ sagte Mama.

›Yes, but we had hearts‹, antwortete Tante Néné«.[111]

Seit dem für beide lebensentscheidenden Ischler Sommer waren 37

Jahre verstrichen. Beide Schwestern hatten ihr Leben in Pracht und Glanz geführt, in immensem materiellen Reichtum und immenser innerer Leere. Nach einer kurzen glücklichen Ehe war Helene mehr als zwanzig Jahre Witwe gewesen. Ihr Geist war von Depressionen und Melancholien getrübt. Die letzten Worte Helenes machten auf die Kaiserin großen Eindruck: »Ach ja, das Leben ist doch ein Jammer und ein Elend«.

Elisabeths wachsende Todessehnsucht bedrückte alle Augenzeugen, die Familie wie die Hofdamen. Valerie: »Mama wird wohl nie mehr, die sie ehemals war; sie neidet Rudolf den Tod und ersehnt ihn Tag und Nacht.«[112] Einen Monat später: »Mama sagt, sie sei zu alt und müde zu kämpfen, ihre Flügel seien verbrannt und sie begehre nur Ruhe. Die edelste Tat wäre es, wenn alle Eltern jedes neugeborene Kind sogleich töten würden«.[113]

Im Oktober 1889 erging ein Rundschreiben an die österreichischen Vertretungen im Ausland mit dem Wunsch der Kaiserin, von Glückwünschen zu ihren Namens- und Geburtstagen Abstand zu nehmen, und zwar »nicht bloß für die nächste Zukunft, sondern für alle Zeit«.

Am Ende des Trauerjahres 1889 verschenkte die Kaiserin alle ihre farbigen Kleider, Schirme, Schuhe, Tücher, Taschen und alles, was Schmuck und Putz war, an ihre beiden Töchter Gisela und Valerie. Sie behielt nichts als schlichte Trauerkleider und ließ sich auch in Zukunft – bis an ihr Lebensende – nicht mehr bewegen, wieder ein farbiges Kleid zu tragen.[114] Das einzige Zugeständnis war ein einfaches perlgraues Kleid bei Valeries Hochzeit und zur Taufe des ersten Valerie-Kindes, der kleinen Elisabeth (Ella).

Auch ihren Schmuck verschenkte sie, all die vielen Perlen, Smaragde, Diamanten. Der Großteil davon ging an die beiden Töchter und die Enkelin Erzsi. Aber auch die Verwandtschaft wurde bedacht, so die bayrische Schwägerin Marie José, die eine Brosche bekam mit der Bemerkung: »Es ist ein Andenken an die Zeit, wo ich gelebt habe«.[115] Als »Mater dolorosa«, stets in schwarz gekleidet, wollte die Kaiserin die ihr noch verbleibenden Lebensjahre verbringen, abseits allen höfischen Prunkes. Der deutsche Botschafter in Wien kommentierte dies: »Auch diese bedauerlichen

Eigenthümlichkeiten trägt der Kaiser mit großer Resignation und Geduld«.[116]

Als weiteren Schicksalsschlag empfand Elisabeth die Heirat ihrer Lieblingstochter Valerie: »Mama ist wie betäubt von tiefer Melancholie und umso mehr, als sie nie begreifen kann, wie man sich die Ehe wünschen und von derselben Gutes erwarten kann«.[117] Elisabeth ließ keinen Zweifel daran, daß sie »die Ehe widernatürlich findet«, wie die junge Braut in ihr Tagebuch schrieb.[118] Für Valerie, die den nüchternen Sinn ihres Vaters besaß und sich auf die Ehe freute, war diese melancholische, exaltierte Mutter eine große Seelenbelastung: »Mamas zu grosse Liebe lastet oft auf mir wie eine unabtragbare Schuld; ich werfe mir Undank vor und erschrecke vor dem Gedanken, dass mir das glückliche Heim – so scheint mir wenigstens – nicht wirklich abgehn wird, wenn ich es verlasse«.[119]

Für keinen anderen Menschen hatte sich Elisabeth zeitlebens derart engagiert wie für diese ihre jüngste Tochter, ihre »Einzige«. Und gerade diese litt unter der übergroßen Zuneigung, stellte Vergleiche zwischen Vater und Mutter an und gab mehr und mehr dem Vater recht. Erschöpft von den Aufregungen und Seelenqualen, die Elisabeth stets verursachte, pries Valerie Franz Josephs »rührende, fast kindliche Seelenreinheit, aus der er trotz allem Trost und Ruhe zu schöpfen weiss. Wie hätte dies Herz Mamas düstere, stürmische Seele ergänzen können, wie glücklich hätte sie sein können trotz aller seiner kleinen Fehler und Schwächen«. Und Valerie, die sich sehr gewissenhaft auf ihre Ehe vorbereitete, kam auf ihr »ursprüngliches, nur hier und da bezweifeltes Gefühl zurück, dass es Mama ist, die ihr Glück versäumte, wohl durch die Verhältnisse, aber nicht durch des teuern Vaters Schuld. Ich hoffe, diese Gedanken sind nicht unrecht – aus ihnen schöpfe ich die tiefsten Lehren für mein eigenes Leben«.[120]

Die Hochzeit Marie Valeries mit Erzherzog Franz Salvator fand Ende Juli 1890 in der Ischler Pfarrkirche statt. Elisabeth wie Valerie hatten sich alle höfischen Zeremonien verbeten, wie sie noch bei den Hochzeiten Giselas und Rudolfs in Wien selbstverständlich gewesen waren. Es gab noch nicht einmal eine Brautmesse – nur eine stille Messe im kleinsten Kreis vor der Trauung. Auch das war ein ausdrücklicher Wunsch der Kaiserin, die die übliche feierliche Brautmesse für »zu lang« hielt. Unter den Kranzljungfern war auch die kleine Erzsi, die knapp siebenjährige Tochter des Kronprinzen. Anton Bruckner, den die junge Erzherzogin hoch verehrte und auch förderte, spielte die Orgel.

Valeries Glück war unübersehbar. Sie war das einzige Kind des Kaiserpaares, das ohne höfische Rücksichten und aus Liebe heiratete. Ohne Elisabeths Mithilfe wäre dies nicht möglich gewesen. Elisabeth, untröstlich wegen des Verlustes ihrer Lieblingstochter, ermahnte Valeries Schwiegermutter, Erzherzogin Marie Immaculata, noch am Hochzeitstag, das junge Paar nicht in den Flitterwochen zu besuchen »und sich in nichts zu mischen«.[121]

Viele zärtliche Briefe Elisabeths gingen nun von allen Reisen nach Schloß Lichtenegg zu Erzherzogin Valerie, wie gewohnt in ungarischer Sprache: »mein innig geliebtes Täubchen!«. Sie bete beim großen Jehova: »Nehme er, der Große, Allmächtige mein kleines Täubchen in seinen Schutz mit dem zusammen, den Sie lieben und gebe er Ihnen die kleinen Täubchen auch zur rechten Zeit. Jetzt werde ich in der Messe noch darum speziell beten, obgleich es mir gegen den Strich geht«.[122]

Elisabeths Besuche bei ihrer Tochter waren jedoch nur spärlich und kurz. Immer wieder verwies sie darauf, daß eine Schwiegermutter nur das Glück eines jungen Paares störe. Zu Valerie, die sie immer drängte, doch länger in Lichtenegg zu bleiben, sagte sie, »gerade weil es ihr hier so gut gefalle, dürfe sie sich nicht daran gewöhnen. Die Seemöve passe nicht ins Schwalbennest, und ihr sei ein ruhig glückliches Familienleben nicht bestimmt!«[123]

Die Kaiserin verharrte in ihrer Meinung, nun alle ihre Kinder verloren zu haben.

14. Kapitel

Die Odyssee

Mit der Heirat ihrer Lieblingstochter Marie Valerie war für Elisabeth der Zeitpunkt gekommen, auf den sie sich schon vorbereitet hatte: »Habe ich erst einmal keine Verpflichtungen mehr gegen meine Valerie und ist diese versorgt und glückliche Frau mit recht vielen Kindern, was sich mein ›Kedvesem‹ [ungarischer Ausdruck für Liebling] immer wünscht, dann bin ich frei und dann beginnt mein ›Mövenflug‹«. Und: »Durch die ganze Welt will ich ziehen, Ahasver soll ein Stubenhocker gegen mich sein. Ich will zu Schiff die Meere durchkreuzen, ein weiblicher ›Fliegender Holländer‹, bis ich einmal versunken und verschwunden sein werde«.[1]

Ihr einziger Sohn war tot. Ihr einziger Freund Andrássy war tot. Der Kaiser war zufrieden in der Freundschaft zu Katharina Schratt, die Tochter Valerie glücklich in ihrem Heim, in dem sich nach und nach neun Kinder einstellten. Kaiserin Elisabeth war nun eine Frau in den Fünfzigern. Ihre Schönheit war dahin: »Sobald ich mich altern fühle, ziehe ich mich ganz von der Welt zurück. Es gibt nichts ›Grauslicheres‹, als so nach und nach zur Mumie zu werden und nicht Abschied nehmen zu wollen vom Jungsein. Wenn man dann als geschminkte Larve herumlaufen muß – Pfui! Vielleicht werde ich später immer verschleiert gehen, und nicht einmal meine nächste Umgebung soll mein Gesicht mehr erblicken«.[2]

Diese Voraussage machte Elisabeth wahr. Niemals mehr ließ sie sich porträtieren – weder von einem Maler noch von einem Photographen. Niemals mehr ging sie ohne Fächer oder Schirm aus, hinter denen sie ihr faltiges, wettergegerbtes, mageres Gesicht versteckte. Der schwarze Fächer und der weiße Schirm wurden, wie Elisabeths griechischer Vorleser Christomanos schrieb, zu »treuen Begleitern ihrer äußeren Existenz«, ja »fast zu Bestandtheilen ihrer körperlichen Erscheinung«. »In ihrer Hand sind sie nicht das, was sie bei anderen Frauen bedeuten, sondern nur Embleme, Waffen und Schilde im Dienste ihres wahren Wesens... Nur das äußerliche Leben der Menschen als solches will sie damit abwehren, es an sich selbst nicht zur Geltung kommen lassen, ›den Herdengesetzen entwickelter Thierchen‹ sich nicht beugen; ihr inneres Schweigen will sie unentweiht hüten; die verschlossenen Gärten der Trauer, die sie in sich birgt, will sie nicht verlassen«.[3]

Elisabeth verließ Österreich, so oft und solange sie konnte und reiste immer zielloser umher. Der Kaiser wagte nur sehr vorsichtige Einwände gegen die ständige Abwesenheit seiner Frau: »wenn Du glaubst, daß es für Deine Gesundheit nothwendig ist, will ich schweigen, obwohl wir Heuer seit Frühjahr nie länger als einige Tage beisammen waren«, schrieb er schon im Oktober 1887.[4] In den neunziger Jahren hielt sich die Kaiserin in Wien höchstens wenige Wochen des Jahres auf, und auch diese verbrachte sie nicht etwa mit sozialer Arbeit oder Repräsentation, sondern in völliger Abgeschiedenheit in der Hermesvilla in Lainz.

In politische Angelegenheiten mischte sich Elisabeth schon seit Jahren nicht mehr ein. Sie ließ auch nicht den geringsten Zweifel daran, daß sie mit diesen Dingen nicht mehr behelligt werden wollte. Als der ungarische Ministerpräsident Tisza 1893 seinen Freund, Baron Nopcsa, um eine Intervention der Kaiserin zugunsten Ungarns bat, traute sich Nopcsa noch nicht einmal, der Kaiserin diese Bitte Tiszas vorzutragen und antwortete Ida Ferenczy, die sich ebenfalls nach Kräften einsetzte: »Auch den zweiten Brief Tiszas bekam ich, weiß nicht, wozu er mir schrieb. Ihre Majestät, wie Sie es selbst wissen, mischt sich in die Politik nicht hinein, wie soll sie auf ihren Gemahl einwirken, daß er den Ungarn nicht zürnen möge. In diesem Punkt können sich die Ungarn nur selbst helfen, ich antworte dem Tisza nicht, da ich mit so was nicht vor Ihre Majestät treten kann«.[5]

Selbst die Kaisertochter Valerie erhoffte sich von Elisabeth immer wieder eine politische Einflußnahme, so in der Frage der Reform der Ehegesetze in Ungarn: Ein ziviles Ehegesetz »sei doch direkt

gegen die Religion. Die Konstitution könne ihn [den Kaiser] doch unmöglich zwingen, gegen seinen eigenen Willen und seine Überzeugung zu handeln«, schrieb Valerie verzweifelt in ihr Tagebuch. Doch ihr Versuch, die Kaiserin zu einer Einflußnahme zu bewegen (nachdem ihr eigener diesbezüglicher Vorstoß beim Kaiser gescheitert war), blieb erfolglos.[6] Daß Elisabeth (ganz abgesehen davon, daß sie nichts mehr mit Politik zu tun haben wollte) sicherlich nicht in kirchlichem, antiliberalen Sinne intervenieren würde, war der Kaisertochter erstaunlicherweise nicht klar. Ausländische Beobachter dagegen kannten die liberale Anschauung der Kaiserin auch in Kirchenfragen sehr genau, waren sogar von der selbstbewußten Haltung Elisabeths gerade in dieser Frage sehr beeindruckt, wie etwa der deutsche Botschafter in Rom, der nach einem Gespräch mit der Kaiserin deren »Klarheit des Urtheils« rühmte und an Wilhelm II. nach Berlin schrieb: »Namentlich in Bezug auf das Verhältnis der katholischen Kirche zum Österreichisch Ungarischen Staate soll die Kaiserin in ihrem Urtheile eine Objektivität und Schärfe bekunden, die den Botschafter in Erstaunen gesetzt hat. Er beklagte, daß die hohe Frau mit Ihren Ansichten in Wien nur dann hervortrete, wenn Sie darum befragt werde; Sie treffe dann aber auch stets den Nagel auf den Kopf«. Randbemerkung des jungen Wilhelm II. zu diesem Bericht: »sie eine der politisch am klarsten und objectivsten denkenden Fürstinnen des Jahrhunderts«.[7] Dieser Meinung waren auch – wenige – andere Zeitgenossen, wie Gyula Andrássy. Gerade diese Wohlmeinenden bedauerten Elisabeths völligen Rückzug aus der Politik und ihre wachsende Melancholie und Menschenangst. Erzherzogin Valerie beklagte, daß Elisabeths »Lebensweise überhaupt immer weniger mit der anderer Menschen vereinigt werden kann ... Wann wird endlich die Zeit kommen, da Mama einsehen wird, daß sie anders leben sollte, um dem lieben Gott einst Rechenschaft zu geben über ihre Talente?«[8]
Franz Josephs Diener hatten den Eindruck, Elisabeth wolle ihren Gatten absichtlich kränken. So schilderte zum Beispiel der Leibkammerdiener Ketterl: »In Gödöllö bekam der Kaiser seine Gattin, selbst wenn sie unter einem Dache wohnten, nur selten zu

Gesicht. Wollte Franz Josef sie morgens besuchen und ging er ohne Anmeldung zu ihr hinüber, erklärten die diensthabenden Geister Ihrer Majestät, die Kaiserin schlafe noch! Manchmal war die hohe Frau schon in den Bergen, von wo sie erst abends mit ihrer unglücklichen Hofdame zurückkehrte und, jetzt todmüde, den Kaiser erst recht nicht empfing. So kam es vor, daß der Kaiser oft zehn Tage lang umsonst zu ihr hinüberging. Wie peinlich das vor dem Personal war, kann sich jeder denken; mir tat der hohe Herr oft in der Seele leid«.[9] Inzwischen betrachteten sehr viele Menschen Franz Josephs Beziehung zu Katharina Schratt mit Wohlwollen und gönnten dem alten, immer resignierter werdenden Herrn die Plauderstündchen bei der »Freundin«.

Auch auf ihren Reisen benahm sich die Kaiserin immer seltsamer. Selbst die überaus loyale Hofdame Gräfin Marie Festetics klagte in einem Brief aus Korfu der daheimgebliebenen Ida Ferenczy (und zwar schon im November 1888, also vor der großen seelischen Erschütterung durch die Tragödie von Mayerling): »Es drückt mich, liebe Ida, was ich hier sehe und höre. Ihre Majestät ist zwar immer lieb, wenn wir beisammen sind und redet wie einst. Sie ist aber nicht mehr die Alte – ein Schatten liegt über ihrer Seele. Nur diesen Ausdruck kann ich gebrauchen, da man bei einem Menschen, der aus Bequemlichkeit oder Unterhaltung alles schöne und edle Gefühl unterdrückt und verneint, nur sagen kann, es sei Bitterkeit oder Zynismus! Glaube mir, blutige Tränen weint mein Herz!«

Und dann gab Marie Festetics einige Beispiele für Elisabeths Benehmen: »Dabei macht sie Dinge, dass dem Menschen nicht nur das Herz, sondern auch der Verstand stehen bleibt. Gestern früh war schlechtes Wetter, trotzdem fuhr sie mit dem Segler hinaus. Um 9 Uhr begann es schon zu gießen und bis 3 Uhr nachmittags dauerte der furchtbare von Donner begleitete Guß. Während der ganzen Zeit segelte sie um uns herum, saß am ›Deck‹ – hielt den Regenschirm über sich und war ganz naß. Dann stieg sie irgendwo aus, bestellte ihren Wagen hin und wollte in einer fremden Villa übernachten. Du kannst Dir vorstellen, wie weit wir sind – gottlob, der Arzt begleitet sie überall hin. Aber noch großartigere Sachen kommen vor«.[10]

Diese Angewohnheit, einfach in fremde Häuser zu gehen, noch dazu, ohne nur ein einziges Wort zu sagen oder zu erklären, was sie eigentlich wolle, wurde in den neunziger Jahren zu einer Manie. Selbst dem Kaiser war diese Eigenart seiner Frau bekannt, schrieb er ihr doch 1894 nach einem Zwischenfall in Nizza, als eine alte Frau die Fremde davonjagte, die in ihr Haus eindringen wollte: »Ich bin froh, daß Deine Nizzaer Indigestion so rasch vorüber gegangen ist und daß Du dort von der alten Hexe nicht auch Prügeln bekommen hast, aber es wird doch noch einmal dazu kommen, denn man dringt den Leuten nicht so uneingeladen in die Häuser«.[11]

Uneingeladen und unangemeldet tauchte sie auch an verschiedenen europäischen Höfen auf, um sich ihrer Repräsentationspflichten auf eine sehr sonderbare und höchst unhöfliche Art zu entledigen. 1891 fuhr sie zum Beispiel in Athen von der Bahn aus direkt zum königlichen Schloß und fragte den ersten Diener, der ihr entgegenkam, auf griechisch, ob die Majestäten zu Hause seien. Sie war in Reisekleidung und hatte nur ihre Tochter Valerie als Begleitung bei sich. Der Diener erkannte die Damen nicht und sagte ihnen, wenn sie eine Audienz haben wollten, müßten sie sich beim Obersthofmeister melden. Daraufhin gab sich die Kaiserin zu erkennen. Valerie: »Doch waren sie [König Georg I. und seine Gemahlin] wirklich nicht zuhause und so fuhren wir ins kronprinzliche Palais, um dort auf die gleiche Weise einen Überfall zu machen«. Dort trafen sie auf die bedauernswerte Kronprinzessin Sophie, die der Landessprache nicht kundig war und Elisabeths griechischer Konversation nicht folgen konnte.[12] Um ihr eine Lektion zu erteilen, wechselte Elisabeth nicht auf deutsch über, sondern blieb beim neugriechischen.

Ähnliche Überfälle mußten auch andere gekrönte Häupter hinnehmen, so der König der Niederlande und Kaiserin Friedrich, die Mutter Wilhelms II., die auf einem Schloß nahe Bad Homburg zurückgezogen wohnte. Elisabeth mochte die hochintelligente, aber verbitterte Witwe des »99-Tage Kaisers« Friedrich III. sehr gerne und wollte sie mit einem Besuch beehren – an einem heißen Sommertag, selbstverständlich unangesagt und ohne Begleitung

einer Hofdame. Der Wachposten allerdings arretierte die fremde Dame, die angab, die Kaiserin von Österreich zu sein. Kaiserin Friedrich wurde mit der alarmierenden Meldung aufgeschreckt, die Kaiserin Elisabeth sitze auf der Wache. Der Zwischenfall schien Elisabeth sogar Spaß zu machen, denn sie wirkte gar nicht ärgerlich, als der verstörte Hofmarschall sie auslöste – sie nahm die Episode als Anlaß zum Lachen.[13]
Dagegen erwies sie einer Größe von gestern, der ehemaligen Kaiserin Eugénie von Frankreich überaus formell ihre Reverenz. Eugénie lebte zurückgezogen als Witwe in Cap Martin an der Riviera. Elisabeth wies ihre Begleitung an, der Exkaiserin alle Ehren zu erweisen, die ihr ehemals gebührten. Erzherzogin Valerie war beeindruckt und pries Eugénies »Charme, obwohl man ihr die einstige Schönheit kaum mehr ansieht. Ihr Benehmen äußerst einfach. Man würde ihr kaum ihre wechselvolle Vergangenheit ansehen, so wenig trägt sie Schmerz oder gefallene Größe zur Schau«.[14]
Die beiden Damen machten gemeinsame Ausfahrten und Wanderungen in der Gegend von Cap Martin. Eugénie über Elisabeth: »Es war, als ob man mit einem Gespenst zusammen fuhr, denn ihr Geist schien in einer anderen Welt zu weilen. Selten sah sie, was um sie herum vorging, auch bemerkte sie es kaum, wenn sie von denen, die sie erkannten, gegrüßt wurde. Tat sie es, so erwiderte sie den Gruß mit einem eigenartigen Zurückwerfen des Kopfes anstatt mit der üblichen Verbeugung«.[15]
Auch auf ihren Reisen zeigte die Kaiserin, wie sehr sie jede Art von Etikette verabscheute. Marie Festetics an Ida Ferenczy aus Genua: »Unter uns gesagt, gestern empfing Ihre Majestät den einfachen Kommandanten des deutschen Schulschiffes, trotzdem sie bis jetzt Admirale, hohe Würdenträger (Militär, Civil und Geistlichkeit) von Spanien, Frankreich und Italien abgewiesen hat. Mich ärgert dies, da ich mich vor den Zeitungen fürchte«.[16]
Die österreichischen Diplomaten, so zum Beispiel 1891 in Kairo, hatten keinen Erfolg mit dem Vorschlag, die Kaiserin möge an offiziellen Veranstaltungen teilnehmen. »Die Kaiserin hatte jedoch die Gnade mir zu gestatten, ihr ... eine Vorstellung von arabischen Schlangenbändigern, Taschenspielern und Wahrsagern offe-

rieren zu dürfen«, schrieb der österreichische Geschäftsträger in Kairo an den Außenminister und fügte hinzu, daß Elisabeths »durchschnittliche Marschleistung per Tag ca. 8 Stunden beträgt«[17] – wohlgemerkt in Ägypten!
Ein Versuch, 1891 wieder auf einem Ball zu erscheinen, mißlang. Erzherzogin Valerie: »Viele Damen sollen geschluchzt haben, und das Ganze glich trotz Diamanten und bunten Federn mehr einem Begräbnis als einem Faschingsfest. Mama selbst war in tiefster Crêpe-Trauer«.[18]
1893 erschien Elisabeth noch einmal auf dem »Ball bei Hof«. Der Geologe Eduard Sueß schilderte dieses Fest: »Alles alte kaiserliche Pracht. Jeder Armleuchter scheint seine Erlebnisse erzählen zu wollen. Hart an der Türe zu dem innersten Saale steht in seiner roten Husarenuniform der Zeremonienmeister Graf Hunyady mit dem langen weißen Stab, und wie an einem Ecksteine strömt an ihm eine Milchstraße von jugendlicher Schönheit vorüber, die ganze Schar der neuen weiblichen Generation des Adels, die ihrer Kaiserin huldigen will, alles weiß und ohne anderen Schmuck als die eigene Anmut. In der Mitte des Saales aber zwei schwarze Gestalten, die immer trauernde Kaiserin mit ihrer Oberstbofmeisterin, und es war, als würden alle die strahlenden Brillanten, mit denen die umstehenden Mütter sich geschmückt, vor diesem tiefen, glanzlosen Schmerz verlöschen und als würde jedem der tief sich verbeugenden jungen Wesen gesagt, wieviel Herrlichkeit und wieviel Kummer das Leben zu vereinigen imstande ist«.[19]
Die Anwesenheit der Kaiserin bei den Hofbällen wäre aus gesellschaftlichen Gründen wichtig gewesen. Denn die jungen Mädchen aus der Aristokratie mußten, bevor sie in die Gesellschaft eingeführt wurden, der Kaiserin vorgestellt werden. So war es Tradition am Wiener Hof. Durch ihre Weigerung, diese gesellschaftlichen Ereignisse mitzumachen, brachte die Kaiserin das streng geordnete Gefüge der Wiener Gesellschaft nicht wenig durcheinander.
Über die Frage, welche Erzherzogin die Kaiserin bei festlichen Anlässen zu vertreten habe, gab es bald Eifersüchteleien und Zank. Rudolfs Witwe Stephanie war höchst unbeliebt. Franz Josephs jüngerer Bruder Karl Ludwig stellte Ansprüche für seine Frau, die

schöne Erzherzogin Maria Theresia, nun rechtmäßig die (stellvertretende) erste Dame am Hofe zu sein. Elisabeths Stelle am Hof wurde also bereits zu ihren Lebzeiten vergeben. Der Hof rechnete nicht mehr mit ihr – und das völlig zu recht, denn sie ließ ja keinen Zweifel daran, daß sie höfische Pflichten verabscheute. Über die negativen Auswirkungen dieser Abstinenz diskutierten die Höflinge, aber auch die ausländischen Diplomaten, wie der deutsche Botschafter: »Der Kaiser leidet am meisten unter dieser Isolierung Höchstseiner Gemahlin; Ihm allein fällt die ganze Last der Repräsentation zu. Der Begriff eines kaiserlichen Hofes verschwindet, und die Beziehungen zwischen dem Hofe und der Hofgesellschaft werden immer lockerer werden«.[20]

Manche Kenner der Verhältnisse konnten sich des Eindruckes nicht erwehren, daß Rudolfs Tod nicht der wahre Grund für Elisabeths Abwesenheit von Wien war, sondern nur ein Vorwand, eine Entschuldigung vor der Welt.

Elisabeths Irrfahrten quer durch Europa, im eigenen Salonwagen der Eisenbahn oder mit den kaiserlichen Jachten, dem »Greif« oder der »Miramar«, waren für ihre Hofdamen, vor allem die inzwischen kränkliche Gräfin Festetics, eine wahre Marter. Marie Festetics in einem von vielen Klagebriefen: »Ich sitze hier auf dem schaukelnden Schiff in der fremden Welt – allein. Auch dies wird vergehen, aber es ist schwer, mit fröhlichem Gesicht dem zuzuschauen. Ich habe Heimweh«.[21] Sie schrieb in ihren Briefen viel von Unwettern, »Donner, Sturm und Regen wie am jüngsten Tag« – und endlosen Besichtigungstouren.

Bei ihren stundenlangen Wanderungen nahm die Kaiserin auch nicht die geringste Rücksicht auf das Wetter. Sie liebte die Naturgewalten und verstand die Empfindlichkeit ihrer Begleiter überhaupt nicht. Immer wieder kam es zu fast grotesken Szenen, so als sich die Reisegesellschaft vor Korfu bei »gewaltigem Nordostwind« auf die »Miramar« einschiffen mußte. »In ihrer Todesangst«, wie Alexander von Warsberg berichtete, flüchteten zwei der Kammerfrauen in eine Ecke. Elisabeth, unberührt von Sturm und Wellengang, wollte die beiden ausgerechnet in dieser Situation dazu zwingen, »den herrlichen Sonnenuntergang, die Farben auf dem Gebirge hinter Patras zu bewundern, bis die armen Geschöpfe in Jammerlaute ausbrachen, sie sähen gar nichts als die fürchterlichen Wellen«.[22]

Besonders schwer fiel es der stets seekranken Hofdame Festetics, auch auf dem Schiff, bei welchem Wetter auch immer, neben ihrer Herrin hin- und herzuwandern, weil Elisabeth nicht still sitzen konnte. Marie Festetics nach einer solchen Schiffsreise in der Ägäis im November: »Zwei Wochen lang am offenen Meer zu wandern, in der jetzigen Zeit, ist kein Vergnügen«.[23]

Dieselbe Elisabeth, die in Wien über jeden kühlen Lufthauch stöhnte, erwies sich auf ihren Reisen als höchst unempfindlich gegen schlechtes Wetter. Marie Festetics: »Ihre Majestät ging von Wien weg, weil sie die Kälte nicht verträgt, und gerade die schlechtesten sechs Wochen verbringen wir an den kältesten Stellen, sie ging auch bei solchem Wetter aus, daß der Wind ihr den Schirm zweimal umgedreht und den Hut vom Kopf heruntergerissen hat«.[24]

Bei stürmischer See ließ sie sich auf dem Schiffsdeck sogar an einen Stuhl anbinden: »Ich thue dies wie Odysseus, weil mich die Wellen locken«, erklärte sie dem Griechen Christomanos.[25]

Manchmal verschonte Elisabeth ihre Hofdamen und nahm ihren jeweiligen griechischen Vorleser mit auf ihre Sturm- und Regenwanderungen. Konstantin Christomanos, der kleine bucklige Philosophiestudent, begleitete sie einmal im Schönbrunner Park im Dezember, bei nassem Schneetreiben. Sie mußten ständig über große Wasserlachen springen:

»Wie Frösche jagen wir in den Tümpeln«, sagte die Kaiserin. »Wir sind wie zwei verfluchte Seelen, die in der Unterwelt irren. Für viele Leute wäre jetzt hier die Hölle ... Mir ist so ein Wetter am liebsten. Denn es ist nicht für die anderen Menschen. Ich darf es ganz allein genießen. Es ist eigentlich nur für mich da, wie die Theaterstücke, die sich der arme König Ludwig allein vorspielen ließ. Nur ist es hier draußen noch großartiger. Es könnte eigentlich noch tolleren Sturm geben, dann fühlt man sich so nahe allen Dingen, wie in Conversation«.[26]

Die Sehnsucht, ihre unruhige Seele den wilden Naturgewalten auszusetzen, sich »wie ein Atom« inmitten des Alls zu fühlen, durchzog die letzten zehn Lebensjahre Elisabeths und ist auch dem folgenden »Gebet« an ihren Gott Jehova zu entnehmen:

> *Es steigt meine Seele vom Boote heraus*
> *Und kniet auf den schwellenden Wogen,*
> *Die haben wie dröhnendes Orgelgebraus*
> *Sie unwiderstehlich angezogen.*
>
> *Jehova! der mächtig Du Meere erschufst*
> *Und dieses Atom, meine Seele,*
> *Von Bergen zu Meeren, bis Du sie nicht rufst,*
> *Irrt rastlos vom Fels sie zur Welle.*
>
> *Jehova! Du schufst diese Erde zu schön!*
> *Drum hat meine Seele kein Bleiben;*
> *Sie dürstet noch schönere Welten zu seh'n,*
> *Die ferne im Äthermeer treiben.*
>
> *Jehova! o lass meine Seele bald knien*
> *Auf goldenem, lichten Planeten;*
> *Wenn unten die Meere vorüber dann zieh'n,*
> *Wird jauchzend sie auf zu Dir beten.*[27]

In vielen Gedichten gestaltete sie diese ihre religiösen Gefühle, wie in diesem:

> *Es schwingt sich meine Seele jubelnd auf*
> *Und preist im hohen Äther laut den Herrn;*
> *Er, der bestimmt von jeher ihren Lauf,*
> *Hiess folgen sie dem lichten Morgenstern.*
> *Oft sinkt sie auch vernichtet in den Staub,*
> *Jehova's Werke sind zu mächtig schön!*
> *In ihrem Nichts sind sie der Zweifel Raub,*
> *Und wagt nicht mehr zu ihm hinauf zu seh'n.*

> *Dann wieder kniet die Seele im Gebet*
> *Auf wilden Wogen weit im hohen Meer;*
> *Im Sturmesbrausen, das sie rings umweht,*
> *Ist ihr, als zöge nah' vorbei der Herr.*
> *Doch in der dumpfen Kirche ist sie kaum,*
> *Stösst, gleich der Schwalbe, sie schon oben an,*
> *Bewusstlos und verdummt im engen Raum,*
> *Stürzt sie herab, die frei nur atmen kann.*[28]

Und noch ein anderes Beispiel:

> Gott ist alles. 28. April
> *Ich wandle hin in Gottes Licht*
> *Und in Jehovas Schatten,*
> *Ich werf mich auf mein Angesicht*
> *An Seines Meers Gestaden,*
>
> *Ich bet' Ihn an im grossen All,*
> *Ich atme Ihn im Äther,*
> *Ich hör Ihn in der Wogen Fall;*
> *Und durch den Sturmwind geht Er.*[29]

Aber Ruhe brachte auch dieses religiöse Naturerleben nicht. Elisabeth strebte fort, wo auch immer sie war, und erklärte dem Griechen Christomanos: »Das Leben auf dem Schiffe ist viel schöner als jedes Ufer. Die Reiseziele sind nur deswegen begehrenswert, weil die Reise dazwischen liegt. Wenn ich irgendwo angekommen wäre und wüsste, dass ich nie mehr mich davon entfernen würde, würde mir der Aufenthalt in einem Paradiese zur Hölle. Der Gedanke, einen Ort verlassen zu müssen, rührt mich und lässt mich ihn lieben. Und so begrabe ich jedesmal einen Traum, der zu rasch vergeht, um nach einem neuen zu seufzen«.[30] Elisabeths Leben wurde zu einer Flucht, einer Flucht nicht mehr vor einer wirklich oder vermeintlich feindlichen Umwelt, sondern vor allem vor dem eigenen Ich, vor der ständigen Unruhe ihrer Seele.

»Das Einzige, was ihr bleibe, sei viel Studieren in einer schönen

Gegend«, sagte Elisabeth bei einem ihrer Bayern-Besuche zu ihrer Nichte Amélie. »Am liebsten wäre ihr gewesen, wenn ihr Schiff jetzt bei einem starken Sturm untergegangen wäre. Nachdem sie überlegt, dass alle anderen an Bord überlebte Existenzen seien, durch deren Tod ihre Angehörigen wenig verlieren würden, betete sie ›zum grossen Jehova‹, er möge das ganze Schiff zugrunde gehen lassen.«[31]

Die hektische Unruhe Elisabeths warf auch ihre Schatten auf den Bau des Achilleions auf Korfu. Gräfin Festetics klagte: »Ihre Majestät ist täglich willkürlicher und bequemer und ist immer anspruchsvoller – sie möchte sich gerne den Himmel auf der Erde schaffen ... Ihre Majestät bildet sich ein, daß man für Geld auch einen Garten wie ein Kastell bauen kann, ist ganz verzweifelt, daß die Bäume noch immer nicht grün sind. Sie sieht vor sich den Garten von Miramar, der heuer wirklich prachtvoll war und deshalb ihre Unzufriedenheit.«[32]

Auch dieser griechische Besitz machte Elisabeth nicht seßhaft. Kaum war das Schloß fertig, strebte sie schon wieder fort, ganz ähnlich, wie sie es bei der Hermesvilla getan hatte, die ihr auch nicht mehr sonderlich gefiel. So sehr sie sich auch ein »Heim« wünschte, so sehr widerstrebte ihr die Ruhe in ihm:

> *Doch Liebe, die muss frei sein,*
> *Darf kommen und darf geh'n;*
> *Ein Schloss wär' wie ein Eh'ring,*
> *Die Lieb hätt' kein Besteht'n ...*
>
> *Eine Möve bin ich von keinem Land,*
> *Meine Heimat nenne ich keinen Strand,*
> *Mich bindet nicht Ort und nicht Stelle;*
> *Ich fliege von Welle zu Welle.*[33]

Sie redete sich plötzlich ein, für ihre Tochter Valerie Geld zu brauchen und deshalb das Achilleion verkaufen zu müssen. »Ich werde sogar mein privates Silbergeschirr mit meinem Delphin darauf mitverkaufen; vielleicht nimmt es dann ein Amerikaner. Ich habe einen Agenten in Amerika, der mir diesen Rath gab«, erklärte sie dem erstaunten Christomanos.[34]

Der Kaiser wies sie auf die drohenden Unannehmlichkeiten hin: »Wenn ich auch schon seit einiger Zeit merkte, daß Dich Dein Haus in Gasturi [auf Korfu] nicht mehr freut, seit es fertig ist, so war ich doch durch Deinen Entschluß, es jetzt schon zu verkaufen, etwas erstaunt und ich glaube, daß Du Dir die Sache doch noch überlegen solltest«. Den Vorschlag Elisabeths, den Erlös für Marie Valerie zu brauchen, ließ der Kaiser nicht gelten: »Valerie und ihre wahrscheinlich zahlreichen Kinder werden auch ohne den Erlös für Dein Haus nicht verhungern und es wird sich doch ganz sonderbar machen und zu keinen angenehmen Bemerkungen Anlaß geben, wenn Du gleich, nachdem Du die Villa mit so vieler Mühe, mit so vieler Sorgfalt und mit so vielen Kosten gebaut, so Vieles hintransportiert hast, nachdem noch in aller letzter Zeit ein Terrain dazu gekauft wurde, plötzlich den ganzen Besitz losschlagen willst. Vergesse nicht, welche Bereitwilligkeit die griechische Regierung bewiesen hat, um Dir zu dienen, wie von allen Seiten Alles mitwirkte, um Dir angenehm zu sein und Dir Freude zu machen und nun war Alles umsonst.« Ein angemessener Preis sei sowieso nicht zu erzielen, da das Haus auch schon reparaturbedürftig sei »und doch wird es viel Staub aufwirbeln«. Elisabeth solle sich die Sache noch überlegen.

»Für mich hat Deine Absicht auch eine traurige Seite«, schrieb Franz Joseph weiter, »Ich hatte die stille Hoffnung, daß Du, nachdem Du Gasturi mit so vieler Freude, mit so vielem Eifer gebaut hast, wenigstens den größten Theil der Zeit, welche Du leider im Süden zubringst, ruhig in Deiner neuen Schöpfung bleiben würdest. Nun soll auch das wegfallen und Du wirst nur mehr reisen und in der Welt herum irren«. Er sehe »mit unendlicher Ungeduld« einem Wiedersehen entgegen.[35]

Trotz dieser ernsten Einwände geschah aber wieder, was Elisabeth sich wünschte: das »Achilleion« wurde, nachdem es gerade fertig eingerichtet war, wieder ausgeräumt. Die teuren nachgemachten Möbel wurden nach Wien gebracht und in verschiedenen Schlössern und Depots untergebracht, weil sich die Kaiserin nicht mehr

dafür interessierte. Ein Käufer wurde nicht gefunden.
Noch einmal hatte Elisabeth den Plan, sich ein Haus zu bauen, und zwar in San Remo, gab diesen Plan aber bald wieder auf. Sie zog es nun vor, in Hotels zu wohnen. Aber auch hier gab es wegen ihrer hohen Ansprüche ständig Probleme. Da sie nur zu oft unangemeldet mitten in der Saison mit einer stattlichen Begleiterzahl ankam und eine große Anzahl von Zimmern, ja bisweilen ein ganzes Hotel beanspruchte, mit eigenem Eingang und hunderterlei komplizierten Vorsichtsmaßregeln, um sich vor Neugierigen zu schützen, war sie bald gefürchtet, was den Hofdamen, so auch Gräfin Festetics, keineswegs verborgen blieb: »Ihre Majestät ist jedes Jahr anspruchsvoller, und hier kann man beim bestem Willen nicht alles herbeischaffen; die Menschen staunen über uns, daß ich ganz erröte«, schrieb Marie Festetics an die in Ungarn gebliebene Ida Ferenczy 1892 aus Interlaken.[36]
Ida Ferenczy, die beste Freundin und »Vorleserin« Elisabeths, machte alle diese Reisen wegen ihrer schwachen Gesundheit nicht mit. Gräfin Festetics war zu Beginn der neunziger Jahre auch schon krank und müde: »Wo wir in 2 – 3 Tagen sein werden, wissen wir nicht. Ich verstehe, daß der Mensch die Wärme sucht, aber daß man im Winter drei Monate am Schiff verbringt, muß man wohl ein besonderes Gusto haben. Wohin wir fahren, weiß eigentlich nicht einmal Ihre Majestät«.[37] Die Hofdame fand an all den Reisen keinen Genuß. Sie schrieb aus Spanien: »Sevilla ist schön und interessant, doch wenn ich sehe, wie Ihre Majestät lebensüberdrüssig und müde ist, habe ich keine Freude daran. Bis jetzt wußte ich nicht, wie schwer es ist, seine Pflicht zu erfüllen«.[38]
Nach mehr als zwanzig jähriger anstrengender Tätigkeit als Hofdame der Kaiserin wurde Marie Festetics schließlich durch die weitaus jüngere und sportlichere Gräfin Irma Sztáray, ebenfalls eine Ungarin, ersetzt. In Irma Sztárays Begleitung irrte die Kaiserin in ihren letzten Jahren durch Europa. 1890 machte sie etwa folgende Reisen: nach Ischl, Feldafing, Paris, Lissabon, Algier, Florenz und Korfu. Nicht selten änderte sie kurzfristig ihr Reiseziel und stiftete damit Verwirrung. Die Post wurde ihr »poste restante« an jene Häfen geschickt, wo sie (laut Wiener Informatio-

nen, die oft nicht stimmten) anlegte. Die Adressatin war fast immer ein Pseudonym. So schickte zum Beispiel im Oktober 1890 der kaiserliche Generaladjutant Graf Paar die Briefe Kaiser Franz Josephs an »Mrs. Elizabetha Nicholson – Chazalie« (»Chazalie« hieß Elisabeths Schiff auf dieser Reise) postlagernd nach »Arcachon, La Coruña, Oporto, Oran, Algier, Toulon, Gibraltar, San Remo, Marseille, Monaco, Cannes, Mentone und Livorno . . . und endlich auch eine kleine Kiste. . . nach Gibraltar«. Elisabeths Oberthofmeister Baron Nopcsa mußte dann jeweils bei den betreffenden Konsulaten nachforschen, »ob an einem dieser Orte Post liegengeblieben ist und sie zurücksenden«.[39] Dies ist nur ein kleines Beispiel für die täglichen Schwierigkeiten, die sich aus Elisabeths Reisen jahrelang ergaben.

Das Gefolge der Kaiserin lernte dabei viel von der Welt kennen. Einer der griechischen Vorleser, M. C. Marinaky, zum Beispiel, war 1895/96 zehn Monate in Elisabeths Dienst, und zwar im Mai und Juni in der Hermesvilla bei Wien, im Juli im ungarischen Kurort Bartfeld, im August in Ischl, im September in Aix-les-Bains und Territet, im Oktober in Gödöllö, im November in Wien, von Dezember bis Februar in Cap Martin, im März in Cannes, Neapel, Sorrent, Korfu.

In den anderen Jahren sah es nicht anders aus. Manche Reiseziele entsprangen einem plötzlichen Impuls Elisabeths und waren mit der österreichischen Politik nicht zu vereinbaren. Der deutsche Botschafter wußte etwa über Elisabeths Florenz-Reise 1890 zu berichten, daß »Kaiser Franz Joseph nicht gewünscht, daß Ihre Majestät überhaupt italienischen Boden betritt. Es lag dies auch nicht im Reiseplan, aber die Entschlüße der hohen Frau sind zuweilen nicht vorher genau zu kennen«.[40]

Zwei Jahre später schrieb der deutsche Botschafter nach einer Unterredung mit Kaiser Franz Joseph nach Berlin: »Es ging aber aus all Seinen Äußerungen hervor, wie wenig Er selbst von den Plänen höchst Seiner Gemahlin weiß, und welch geringen Einfluß Er auf deren Reise-Entschlüsse hat. . . Ich sage nichts Neues, wenn ich allerunterthänigst bemerke, daß diese langen Abwesenheiten der Kaiserin von der Heimat für den Kaiser nicht erfreulich sind, und daß dieselben im Lande sehr ungern gesehen und leider scharf verurtheilt werden«.⁴¹

Und immer wieder fuhr Elisabeth nach München, an die Stätten ihrer Kindheit. Gräfin Sztáray berichtet: »Langsam dahinschreitend, gingen wir durch die Stadt; wir wollten nichts Neues, nichts Überraschendes sehen; dieser Besuch galt ganz der Vergangenheit, den Erinnerungen. Wir blieben bald vor einem altertümlichen Palaste, bald vor einem alten Gebäude stehen, bei einer Baumgruppe, deren Äste sich seither ausgebreitet hatten, bei einem Blumenbeete, das schon damals geblüht. Die Kaiserin ... wußte von jedem etwas zu erzählen, etwas Liebes aus alten, guten Zeiten«. Niemals verließ sie München, ohne vorher noch das Hofbräuhaus besucht zu haben, inkognito selbstverständlich und sich »fein bürgerlich« benehmend, wie sie sagte. Jedesmal ließ sie sich und ihrer Hofdame ein Krügel Bier vorsetzen (mit je einem Liter Inhalt).⁴²
Bei allen diesen Reisen lehnte die Kaiserin polizeiliche Bewachung ab. Doch angesichts der wachsenden Anarchistengefahr bestanden manche Regierungen darauf, ihr Polizeiagenten folgen zu lassen – auch gegen ihren ausdrücklichen Willen. Einer dieser geplagten Agenten, Anton Hammer aus Karlsbad, erzählte: »Kolossale Arbeit hatten wir mit der Kaiserin Elisabeth. Niemand durfte sie ansehen. In der einen Hand hielt sie einen Schirm, in der anderen den Fächer. Dazu kamen noch ihre plötzlichen Spaziergänge, einmal um drei Uhr früh, dann wieder vormittags ging sie in den Wald. Man mußte immer auf Posten sein. Dabei hatte ich den strengsten Befehl erhalten, daß jeder Schritt der Kaiserin so zu bewachen sei, daß sie nichts bemerke«. Oft genug, wenn Elisabeth einen der Agenten bemerkte, flüchtete sie über Zäune und Seitenwege, um die Bewachung abzuschütteln. Dann gab es für die Agenten große Unannehmlichkeiten, weil sie ihrem Auftrag nicht nachgekommen waren, die Kaiserin zu begleiten. Hammer: »Fünf Stunden mußten wir ihr nachpirschen. Immer in etwa zweihundert Meter Entfernung, Bäume oder Felsen als Versteck benutzend«.⁴³
Die Neugierde, einen Blick auf die einstmals schönste Frau zu werfen, war überall groß. Wie sehr Legende und Wirklichkeit auseinanderklafften, überliefern manche Augenzeugen, so auch

Fürst Alfons Clary-Aldringen, der die Kaiserin als kleiner Bub 1896/97 in Territet am Genfer See sah. Er war mit seiner Schwester in den Bergen hinter dem Hotel, das die Familie Clary und die Kaiserin gemeinsam bewohnten. Als sie die schwarze, schmale Gestalt der Kaiserin sahen, stellten sich die Kinder ihr in den Weg »und siehe da, weil kein Erwachsener in der Nähe war, öffnete die Kaiserin diesmal nicht ihren Fächer! Meine Schwester machte einen Knicks und ich meinen schönsten Bückling; sie lächelte uns freundlich zu – aber ich war wie aus den Wolken gefallen, denn ich sah ein mir uralt vorkommendes Gesicht voller Runzeln.«
Als die Kinder ihrer Großmutter von der Begegnung erzählten, sagte sie feierlich: »Kinder, vergeßt nie diesen Tag, an dem ihr die schönste Frau der Welt gesehen habt!« Alfons Clary: »Auf meine naseweise Antwort: ›Aber Großmama, ihr Gesicht ist ja voller Runzeln!‹ erhielt ich eine saftige Ohrfeige«.[44]
Selbst wir heute kennen Elisabeths Altersgesicht nicht – es gibt kein Bild von ihr. Im Gedächtnis ihrer Zeitgenossen wie ihrer Nachwelt blieb sie so, wie alle Bilder sie zeigen: eine schöne junge Frau. Diese, von ihr selbst aufgebaute Legende verdüsterte allerdings Elisabeths letzte Lebensjahre. Denn nun hatte sie vor anderen Menschen auch deshalb Angst, weil sie ihr wahres Gesicht sehen könnten.
Nur sehr, sehr wenige Menschen kannten die Kaiserin noch in diesen letzten Jahren. Für zufällige Augenzeugen waren Begegnungen mit ihr in dieser Zeit höchst enttäuschend, wie für die Schauspielerin Rosa Albach-Retty, die Elisabeth und die Hofdame Gräfin Sztáray 1898 in einem kleinen Landgasthaus in Ischl beobachtete. Da ja Elisabeths wahres Aussehen unbekannt war, erkannte die Retty die beiden Damen nicht sofort. Die eine war »offensichtlich in Trauer, denn sie trug zum schwarzen, hochgeschlossenen Kleid schwarze Schnürstiefel und einen schwarzen Hut, dessen dichter Schleier aufgeschlagen über der breiten Krempe lag«. Es war die Kaiserin. Die andere, jüngere und hell gekleidete Dame, die Hofdame Gräfin Sztáray, ging kurz in die Gaststube und ließ Elisabeth allein am Tisch zurück. Rosa Albach-Retty: »Elisabeth schaute sekundenlang vor sich hin, griff dann

mit der linken Hand nach ihrem Gebiß, nahm es heraus, hielt es seitlich über den Tischrand und spülte es mit einem Glas Wasser ab. Dann schob sie es wieder in den Mund. Das alles geschah mit so viel graziöser Nonchalance, vor allem aber derart blitzschnell, daß ich zunächst meinen Augen nicht trauen wollte«.[45]

Von den vielen Tratschereien über die krankhaft wirkende Unrast Elisabeths sei hier nur ein Beispiel angeführt, das Bertha von Suttner überliefert. Gräfin Ernestine Crenneville habe ihr erzählt: »Ich weiß noch, wie wir eines Tages nach einem kleinen Diner bei der Kaiserin beisammen saßen, ein ganz kleiner Kreis. Erzherzogin Valerie, der Herzog von Cumberland und ich. Ein paar Hofdamen abseits. Die Kaiserin war sehr schweigsam und traurig. Plötzlich ruft sie: ›Ach, hinaus! Hinaus ins Grüne, in die Ferne ...‹ Erzherzogin Valerie springt auf: ›Um Gottes Willen, Mama ...‹ Der Herzog von Cumberland fällt begütigend ein: ›Sie haben recht, Majestät!‹ und leise zur Tochter: ›Nur nie allein lassen, nie allein!‹«[46]

Schon drei Monate nach Rudolfs Tod ging die Nachricht durch die europäische Presse, bei der österreichischen Kaiserin sei der Wahnsinn ausgebrochen. Das Berliner Tageblatt zeichnete in einem erstaunlich gut informierten Artikel den Weg dieser Krankheit nach, die dezent (und wohl auch zutreffend im Gegensatz zu den anderen Meldungen, die schlechthin Irrsinn angaben) als »hochgradiges Nervenleiden« umschrieben wurde: »Für diejenigen, welche mit den Verhältnissen am österreichischen Hofe vertraut sind, hat diese Nachricht nichts Überraschendes. Die Extravaganzen der unglücklichen Kaiserin, ihre immer stärker sich kundgebende Scheu vor allem öffentlichen Auftreten, ihr menschenscheues Wesen, welches dem des unglücklichen Baiern-Königs Ludwig so sehr ähnlich ist, ließ längst befürchten, daß es früher oder später einmal zu einer Katastrophe kommen würde. Es wäre demnach ein Irrtum, wollte man das entsetzliche Ende des Kronprinzen Rudolf als die Ursache des Leidens hinstellen; dasselbe hat längst bestanden und griff langsam und stetig um sich«.[47]

Auf die in allen großen europäischen Zeitungen kolportierten

Krankheitsgeschichten der Kaiserin hin erschienen selbstverständlich in den österreichischen Zeitungen energische Dementis: Die Kaiserin habe lediglich neuralgische Schmerzen. Der Nervenarzt Professor Krafft-Ebing (derselbe, der Elisabeths Schwester Sophie Alençon behandelt und interniert hatte) sei nicht gerufen worden.[48]

Immer wieder und bei immer neuen, meist harmlosen Anlässen war in den neunziger Jahren in der internationalen Presse von einer Geisteskrankheit Elisabeths die Rede. Die Mailänder Zeitung »Secolo« schrieb 1893: »Die Kaiserin und Königin Elisabeth leidet am beginnenden Irrsinn. Allabendlich quälen sie Halluzinationen. Ihre fixe Idee ist ergreifend. Sie glaubt, daß Kronprinz Rudolf noch ein Kind und bei Ihr wäre. Zu ihrer Beruhigung mußte man Ihr eine Wachspuppe anfertigen lassen, welche sie ununterbrochen mit Küssen und Tränen bedeckt«.[49]

Diese Sensationsmeldungen waren jedoch weit übertrieben. Ganz im Gegenteil: gerade als diese Meldungen kursierten und Kaiser Franz Joseph seine angeblich irrsinnige Frau in Territet besuchte, war Elisabeths Stimmung gut. Marie Festetics schrieb über das Treffen des Kaiserpaares: »Ihre Majestät [Elisabeth] ist besonders gut gelaunt, und auch er glänzt im Glück. Ihre Majestät freute sich wirklich auf ihren Gemahl und kann nur sagen, daß der Herr ganz in ihrer Tasche steckt«.[50]

Das Kaiserpaar entspannte sich bei langen Spaziergängen und Einkäufen, ständig von Journalisten umlagert. Die Schweizer Zeitung »Der Bund« vermerkte genau die Einkäufe in Territet: »So bestellte der Kaiser eine größere Quantität Villenuvewein, der ihm besonders mundete, und 10 000 Grandson- und Vevey-Zigarren; die Kaiserin machte eine Bestellung Viviser- und Villeneuver Bretzeln«.[51]

Und auch Elisabeths Briefe nach Bayern aus dieser Zeit zeigten eine ausgeglichene Gemütsstimmung. Elisabeth: »Ich bin froh, dass der Kaiser endlich einmal eine kleine Vakanz hat und nirgends könnte er sie besser geniessen wie eben in einer Republik. Er ist gut aufgelegt, geniesst seine Freiheit, die schöne Gegend und die ausgezeichnete Kost.«[52] (Die Kaisertochter Valerie allerdings fand

den Aufenthalt des Vaters »in einer Republik« keineswegs so erstrebenswert und schrieb vor Franz Josephs Abreise in ihr Tagebuch: »Nicht ohne Besorgnis sahen wir ihn fast ohne Begleitung und ohne jede Sicherheitsmaßregel in das als Aufenthalt der Nihilisten und Sozialisten verrufene Land reisen«.[53])
Aber die ständigen Nachrichten über einen angeblichen Irrsinn der Kaiserin kamen auch nicht von ungefähr. Denn sie führte sich bei ihren Reisen derartig ungewöhnlich auf, ihre Menschenscheu hatte derartige Ausmaße angenommen, daß unbeteiligte Beobachter leicht auf den Gedanken kommen konnten, es mit einer Verrückten zu tun zu haben, wenn sie ihr auf ihren ständigen Fluchtwegen begegneten oder gar ihr zu folgen versuchten (was stets höchst ungewöhnliche Reaktionen Elisabeths auslöste). Gräfin Festetics: »Bei uns ist alles außerordentlich. Ihre Majestät ist einfach, nur daß sie das, was die Menschen von vorne, sie von hinten, was ein anderer von rechts – sie von links beginnt. Daraus entstehen dann die Schwierigkeiten«.[54]
Auch die bayrischen Verwandten sahen zwar Elisabeths eigenartige Gewohnheiten, traten aber den Gerüchten über eine angebliche Geisteskrankheit entgegen. Marie von Redwitz, eine der bayrischen Hofdamen, faßte die Meinung der Verwandten zusammen und schrieb, Elisabeth »war von jeher merkwürdig und folgte ganz ihren Grillen und Wünschen, jetzt kam noch Menschenscheu und Melancholie dazu. Wer von begabten Menschen, die uneingeschränkt jede Freiheit genießen, ist ganz normal? Die Kaiserin war, wie wir alle, das Produkt der Verhältnisse«.[55]
Das Hauptproblem war Elisabeths Hoffnungslosigkeit, ein Wesenszug, der in der bayrisch-herzoglichen Linie häufig vorkam. Elisabeths Großvater Herzog Pius hatte als Einsiedler in tiefster Menschenscheu, ja Menschenangst seine letzten Lebensjahre zugebracht. Elisabeths Schwestern, vor allem Helene Thurn und Taxis, aber auch Sophie Alençon und die beiden »italienischen Schwestern« waren im Alter melancholisch. Auch Elisabeth fand in ihren letzten drei bis vier Lebensjahren keinen Kontakt mehr mit anderen Menschen, selbst ihre Lieblingstochter Valerie klagte 1895: »Mamas Lebensweise läßt immer weniger Zusammensein übrig...

drückende Atmosphäre... Oft wissen wir kaum, was wir zusammen reden sollen«.[56]

Wenn Elisabeth jedoch sprach, dann laut Valerie »nur die traurigsten Dinge«. Sie beklagte ihr unglückliches Schicksal und war von solcher Trostlosigkeit, daß sich die fromme Valerie um ihr ewiges Heil sorgte und inständig für eine »Bekehrung« der Mutter betete.[57] Als sich Valeries sehnlichster Wunsch nach einem Kind erfüllte und sie schwanger war, reagierte die Kaiserin bitter. Valerie: »Sie seufzt über meinen Zustand, es wird ihr schwer, ein Glück mitzuempfinden, das sie merkwürdigerweise trotz ihrer eigenen Mutterliebe für mich gar nicht verstehen kann. – Im Übrigen fand ich Mama in trostloser Stimmung, mehr in sich abgeschlossen und verbitterter denn je... Sie sagte mir, ... es scheine ihr die Geburt jedes neuen Menschen ein Unglück, daß man ja doch nur im Leiden seine Bestimmung erfüllt«. Auf Valeries Anregung, doch einmal einen Arzt zu konsultieren, hatte Elisabeth nur die Antwort: »Ach, Ärzte und Priester sind doch solche Esel«, ein Ausspruch, der die fromme Valerie sehr kränkte.[58]

Selbst der Kaiser klagte mehrmals, so auch gegenüber seinem Generalstabschef Baron Beck, über den schlechten Zustand der Kaiserin, »ihre überreizten Nerven, ihre zunehmende Rastlosigkeit, ihre Extravaganzen, ihr schwerkrankes Herz«. Doch immer waren bei Franz Joseph »Töne inniger Besorgtheit« bei diesen Klagen.[59]

Valerie 1897: »Wollte sie nur herauskommen aus dieser großen Einsamkeit, sich für irgend etwas interessieren, um auf andere Gedanken zu kommen – ich bin überzeugt, das würde viel zu ihrer Besserung beitragen. So aber hängt sie nur ihren trüben Gedanken nach, und kommt sie mit jemandem zusammen, so wird wieder nur von der Gesundheit gesprochen!«[60]

Elisabeths Hauptinteresse in diesen letzten Jahren bestand in ihrer schwindenden Gesundheit. Immer noch machte sie ihre Hungerkuren. Immer noch beklagte sie jede kleine Gewichtszunahme. Der Arzt Dr. Viktor Eisenmenger untersuchte die Kaiserin in den neunziger Jahren in Territet: »Ich fand bei der sonst gesunden Frau ziemlich starke Hautanschwellungen, besonders an den Knö-

cheln. Ein Zustand, den die Ärzte damals sehr selten zu sehen bekamen und der erst im Krieg zu einer traurigen Berühmtheit kam. Hungerödem!« Diätvorschläge lehnte Elisabeth strikt ab.[61]
Die Kammerdienerin Marianne Meissl schickte in dieser Zeit rührende Briefe an Ida Ferenczy, aus denen ebenfalls hervorgeht, daß Elisabeth zunehmend unter Hungerödemen litt: »Ihre Majestät wird ja nicht stärker, nur ist Ihre Majestät leider so aufgetrieben besonders des Morgens, auch sind die Augen wieder so angeschwollen und so ist der ganze Körper, ich bin manchmal schon ganz desparat, hoffe jedoch, wenn die Karlsbader Cour vorüber sein wird, alles besser ist. Ihre Majestät wird dann recht zusammen fallen, so wie es sich Ihre Majestät wünscht, aber jetzt muß ich sagen, ist Ihre Majestät recht zu bedauern, da sie sich so aufregt«.[62]
In einem anderen dieser Klagebriefe schrieb Marianne Meissl: »Dr. Kerzl [der kaiserliche Leibarzt] sagt immer, wenn nur diese verdammte Waage nicht wäre, wer die Ihrer Majestät angeraten hat, soll dieser und jener holen, einen solchen Zorn hat er über die Waage, no dagegen erreicht er nichts, die ist und bleibt«.[63]
Auch eine andere Dienerin, Marie Henike, erwähnte die Torturen, denen sich die Kaiserin freiwillig unterwarf, so »Dampfbäder und darauf 7 Grad Vollbad, das würde vielen Menschen eine Ohnmacht machen, den Tod bringen. Ihre Majestät gibt auch zu, immer Ohrensausen darauf gehabt zu haben«. Dann gab es die »Schwitzcour – jeden Abend sehr warm angezogen einigemale den Berg schnell heraufgehen ... Das war auch gegen das Dickwerden – Ihre Majestät sah immer so abgehetzt aus!!« Elisabeths Gewicht wurde hier mit 93,20 Pfund (also 46,6 kg.) angegeben: »In Cap Martin vor 2 Jahren nach Abschwellen der Beine 87 [Pfund]!!« – wohlgemerkt bei einer Körpergröße von 172 cm.[64]
Auch der Kaiser litt unter Elisabeths ständigem Jammer wegen ihres Gewichts und beklagte sich mehrmals darüber bei Katharina Schratt (die zwar ebenfalls ständig neue Hungerkuren nach Elisabeths Vorbild machte, aber ihre rundliche Figur damit nicht verbesserte). 1894 zum Beispiel klagte er, die Kaiserin sei »bekümmert, daß sie wieder zu dick wird, da sie seit sie Carlsbader Wasser trinkt und nur von schwarzem Kaffee, kaltem Fleisch und Eiern

lebt, bedeutend an Gewicht zugenommen hat. Das ist schon der höhere Rappel!«[65] Seine »süße, geliebte Seele« – wie er immer noch seine Frau in den Briefen ansprach – beschwor der Kaiser, ihre Abmagerungsideen nicht der »Freundin« nahezubringen. Elisabeth hatte etwa 1897 die Absicht, »in der Villa Hermes zwei Badekabinen, eine für Dich und eine für die Freundin bauen zu lassen, in welchen Ihr geröstet oder abgebrannt werden sollt. Es wäre doch schrecklich, wenn Du, nach den traurigen Erfahrungen, welche Du mit den Dampfbädern gemacht hast, wieder eine neue ähnliche Kur unternehmen und auch die Freundin, die jeden medicinischen Unsinn mitmacht, mit ins Verderben stürzen würdest!«[66] Und an Frau Schratt schrieb Franz Joseph 1897 vor einem Treffen mit Elisabeth vorsichtshalber: »Wenn Sie über das leider recht schlechte Aussehen derselben erschrecken sollten, so bitte ich Sie, es nicht zu zeigen, auch mit der Kaiserin nicht zu viel über Gesundheit zu sprechen, sollte das aber nicht zu vermeiden sein, ihr Muth zu machen, vor allem aber ihr keine neue Kur und kein neues Mittel anzurathen. Sie werden die Kaiserin sehr matt, sehr leidend und besonders in sehr deprimierter Stimmung finden. Wie bekümmert ich bin, können Sie sich denken«.[67]

Mit dem wenigen, was Elisabeth überhaupt noch aß, war sie sehr heikel. Ein besonderes Problem stellte die tägliche Milch dar. Gute Milch zu bekommen, war sogar in Wien schwierig. Wiederholt schickte die Kaiserin deshalb von ihren Reisen Kühe für den Kaiser nach Wien. So kamen zum Beispiel im April 1896 gleich zwei Kühe in Wien an, die eine aus der Bretagne und die andere aus Korfu, womit auch vieles über Elisabeths rege Reisetätigkeit ausgesagt ist.[68] Die Kaiserin betrieb sowohl in Schönbrunn wie im Lainzer Tiergarten je eine eigene Meierei mit ihren Lieblingskühen und nahm auch – jedenfalls auf die Schiffsreisen – meist zwei Milchkühe und eine Ziege mit, um stets frische gesunde Milch zu haben. Die Sorge um diese – ja nicht seetüchtigen Tiere – stellte für Elisabeths Begleitung eine Belastung dar. Denn von deren Gesundheit hing auch die der Kaiserin ab, die sich nun fast ausschließlich von Milch und Eiern ernährte.

Man muß bedenken, daß das Hauptreiseziel der Kaiserin, die

griechischen Inseln und Süditalien, noch keinerlei organisierten Fremdenverkehr mit entsprechenden Hotels hatte, die Kaiserin auch stets die einsamsten Plätze bevorzugte. Deshalb mußten die Lebensmittel zum Großteil aus Wien mitgenommen werden. Und wenn auch die Anzahl der Begleiter längst nicht mehr so groß war wie zur Zeit der englischen Jagden, so belief sie sich doch auch noch jetzt auf mindestens zwanzig Personen, nicht gerechnet die stattliche Schiffsmannschaft. Für sie alle mußte gesorgt sein. Erst in den letzten zwei Lebensjahren beschränkte sich die Kaiserin auf Eisenbahnfahrten und auf Hotels in touristisch erschlossenen Gegenden wie der Schweiz und der Riviera.

Ein einzigesmal zeigte sich die Kaiserin in diesen ihren letzten Lebensjahren öffentlich in einer Repräsentationsrolle: bei der Tausendjahrfeier Ungarns 1896. Es gab kaum jemanden, der sie noch erkannte, so hatte sie sich geändert: »ein schwarzes weibliches Haupt, ein neues, ein unbekanntes tieftrauriges Antlitz, dessen Lächeln bloß wie ein blasser Reflex wirkte. Ihr Gruß ist freundlich, doch mechanisch... Dieses Antlitz sondert sich sozusagen vollkommen ab«, schrieb die ungarische Zeitung »Magyar Hírlap«.[69] Wie gewöhnlich versteckte Elisabeth auch hier ihr Gesicht ständig hinter einem schwarzen Fächer.

Fürst Philipp Eulenburg, der deutsche Botschafter in Österreich-Ungarn, schilderte den Glanz dieses Festes, vor allem die Festmesse in St. Mathias – eben dort, wo Elisabeth 1867 die größten Stunden ihres Lebens verbracht hatte: bei der Krönung ihres Mannes zum König von Ungarn. Nun erschien sie inmitten der Festfreude und des Luxus als Mater dolorosa. Eulenburg: »Über allen Eindrücken des Zaubers dieser Messe, die sich wohl kaum jemals zu solchem Bilde der Schönheit und des Glanzes wiederholen wird, bleibt jedoch der tragische Eindruck einer unter tiefem schwarzen Schleier verborgenen hohen Frau bestehen – der Kaiserin Elisabeth. Umgeben von dem bunten strahlenden Glanz des versammelten ›Erzhauses‹ in der erhöhten Loge, saß diese verschleierte, vollkommen schwarze Gestalt. Profan ausgedrückt: wie ein Tintenfleck auf einem sehr schönen bunten Gemälde«.[70]

1897 erschütterten wüste Nationalitätenkämpfe während der Badeni-Krise die Monarchie – von der Kaiserin gab es dazu keine Reaktion. Zu Beginn des Jubiläumsjahres 1898, der fünfzigjährigen Regierungsfeier Franz Josephs, mußte in Prag das Standrecht verhängt werden wegen nicht mehr zu kontrollierender Nationalitätenkämpfe – die Kaiserin blieb teilnahmslos. Es gab soziale Not in den großen Städten wie in den Dörfern der Monarchie. Elisabeth nahm es wie stets nicht zur Kenntnis. Die jüngste Kaisertochter Valerie sah die Untätigkeit ihrer Mutter mit Sorge: »Wie anders würde Mama Leben und Leiden auffassen, könnte sie nur einmal den Wert der Zeit und Tätigkeit erkennen!«[71]

Ihren letzten Winter 1897/98 verbrachte die nun sechzigjährige Kaiserin an der französischen Riviera in Krankheit und Melancholie. Wieder besuchte Franz Joseph seine Frau für zwei Wochen, doch er sagte später zum deutschen Botschafter, daß durch die Sorge um den Gesundheitszustand der Kaiserin »der ganze Aufenthalt in Cap Martin verdorben worden sei ... Auch scheint der Verkehr mit der hohen Frau mehr als sonst durch Ihre große Nervosität gestört zu werden«.[72] Im Februar 1898 schrieb Elisabeth ihrem Mann, »daß sie lebt und sich fühlt als ob sie 80 Jahre alt wäre«.[73]

Erzherzogin Valerie sah ihre Mutter erst im Mai 1898 in Bad Kissingen wieder: »Mama sieht furchtbar schlecht aus. Doch sagen alle, es gehe ihr hier besser ... Nach Allem, was ich hier höre, war Mamas Winter noch schlechter, als wir wußten ... all der Jammer dieses armen, trostlosen Lebens, nun gesteigert durch Alter und Kränklichkeit und immer noch ohne das tröstende Licht, das allein hinweghelfen könnte über all das Elend«, womit Valerie wieder die Religiosität meinte, die Elisabeth nach wie vor fehlte.[74]

Immer wieder sprach Elisabeth furchtlos, ja voll Sehnsucht von ihrem Tod und stürzte die Tochter von einem Kummer in den anderen. Valerie schrieb nach einer solchen Unterredung im Mai 1898, also vier Monate vor Elisabeths Tod, in ihr Tagebuch: »Sie sprach über die Zukunft, falls sie vor Papa sterben würde. Gott verhüte dieses Unglück und das, was Mama in Verwirrung aller Begriffe für Papa wünscht!« (Damit war der wiederholte Wunsch

Elisabeths gemeint, Franz Joseph solle nach ihrem Tod Katharina Schratt heiraten.) Valerie: »Andernteils gibt mir ihre Furchtlosigkeit vor dem Tode die Zuversicht, dass sie vor Gott nicht schuldig in ihrem furchtbaren Unglauben, weil sie dessen schweres Unrecht nicht ahnt, nicht wissentlich Gott beleidigt ... sonst müßte sie selbst erschrecken vor den furchtbaren Dingen, die sie sagt. Ich frug sie – nach ihren Äußerungen, daß mit dem Tod alles aus sei – ob sie denn auch nicht mehr an Gott glaube? ›O ja, an Gott glaube ich, so viel Unglück und Leiden kann nicht durch blossen Zufall entstehen. Er ist mächtig, erschreckend mächtig und grausam – aber ich klage nicht mehr‹«. Valeries Hinweise auf Gottes Barmherzigkeit fanden keinen Widerhall.[75]

Valerie war untröstlich: »die tiefe Traurigkeit, die Mama früher doch nur zeitweilig umfing, verläßt sie jetzt nie mehr. Da gibt es keinen, auch nur vorübergehenden Sonnenblick mehr – alles ist düster, trostlos. Die beiden Worte: hoffen und sich freuen hat Mama für immer aus ihrem Leben gestrichen, sagt sie. Ihre physische Kraft war eben ihre größte Freude – und diese Kraft hat sie verlassen«.[76]

Elisabeths einstmals schwebender Gang war nun langsam und müde. Lange Wanderungen konnte sie nicht mehr machen. Es blieb meistens bei Rundgängen in den Kurorten von Kissingen, Gastein, Karlsbad, Nauheim und Einkaufsgängen, bei denen sie vor allem Kinderspielzeug für die vielen Enkelkinder kaufte.

Im Sommer 1898 traf sich das Kaiserpaar für zwei Wochen in Ischl, wohin auch Erzherzogin Valerie kam. Elisabeth war »gedrückt wie immer«, und Valerie kritisierte »die melancholische Wirkung des Hoflebens, dies Ausgeschlossensein von allen natürlichen Verhältnissen, an das man sich immer wieder gewöhnen muß, wenn man auch selbst darin aufgewachsen war. Was muß Papas sonstiges Leben sein, dass er das hiesige gemütlich und genußreich findet?«[77]

Nach Elisabeths Abfahrt nach Nauheim war Valerie noch einige Wochen Gast ihres Vaters in Ischl und fühlte starke Gewissensbisse: »Es macht mich so traurig, und doch vermag ich es nicht zu ändern, daß das Beisammensein mit Papa mir ein Zwang ist wie mit dem fremdesten Menschen«.[78] Sie verstand sehr wohl, daß die übersensible Elisabeth es nicht lange bei ihrem Mann aushielt, schob allerdings der Schwiegermutter Erzherzogin Sophie (die immerhin schon 26 Jahre tot war) nach wie vor die Schuld an all dem Familienelend zu: »Noch nie so wie heuer hier schien mir das verknöcherte Hofleben erdrückend . . . legt es sich doch hemmend zwischen die innigsten Familienverhältnisse, gestaltet dieselben statt zu ungezwungener Freude nur zu unbeschreiblichem Zwang. Wenn das die Wirkung von Großmama Sophies System ist, mag es ihr wohl ein bitteres Fegefeuer bereiten . . . dies entsetzliche Hofleben, das Papa die Fähigkeit künstlich geraubt hat, einfachen, ungezwungenen Verkehr zu genießen«.[79]

Die Kur in Bad Nauheim besserte Elisabeths Stimmung keineswegs: »Schlecht gelaunt und traurig bin ich, und die Familie kann froh sein, daß sie von mir weit entfernt ist. Ich habe das Gefühl, dass ich mich nicht mehr zusammenklauben werde«, schrieb sie Ende Juli an die Tochter.[80]

Von Nauheim aus reiste sie in die Schweiz. Valerie: »es zog sie den ganzen Sommer schon so unwiderstehlich in die Schweiz, sie wollte noch die lieben Berge, Wärme und Sonnenschein genießen und hat sie genossen mit dem Gefühl gebesserter Gesundheit«.[81] Elisabeth liebte den Genfersee: »Es ist ganz die Farbe vom Meer, ganz wie das Meer«. Von den Schweizer Städten zog sie seit jeher Genf vor: »Es ist mein liebster Aufenthalt, weil ich da ganz verloren gehe unter den Kosmopoliten: das gibt eine Illusion von dem wahren Zustande der Wesen«, sagte sie einmal zu Christomanos[82], der jeden ihrer Sätze eifrig niederschrieb und überlieferte.

Elisabeths Vorliebe für die Schweiz (wo sie ja auch ein nicht unbeträchtliches Privatvermögen und ihren literarischen Nachlaß hinterlegte) bildete sich erst in den letzten Jahren heraus. In den achtziger Jahren hatte sie noch recht distanzierte Verse geschrieben, auf das freizügige Schweizer Asylrecht für Anarchisten anspielend:

> *Schweizer, Ihr Gebirg ist herrlich!*
> *Ihre Uhren gehen gut;*
> *Doch für uns ist höchst gefährlich*
> *Ihre Königsmörderbrut«.*[83]

In diesen ihren letzten Lebensjahren jedoch vermochte sie auch die Anarchistengefahr nicht zu erschrecken: sie sehnte den Tod herbei. Gefahren hatten geradezu eine Anziehungskraft auf die lebensmüde Kaiserin. Trotz energischer Empfehlungen der Schweizer Polizei lehnte sie auch jetzt jede Überwachung durch Polizeiagenten ab.[84]

Elisabeth wohnte – wie schon einigemale – in Territet bei Montreux, wo sie eine vierwöchige Kur machen wollte. Von hier aus machte sie am 9. September 1898 mit Gräfin Sztáray einen Ausflug nach Pregny, um Baronin Julie Rothschild zu besuchen, die Gattin Adolphe Rothschilds aus Paris und Schwester der Wiener Rothschilds, Nathaniel und Albert. (Von einer Freundschaft mit Julie Rothschild konnte allerdings nicht die Rede sein. Elisabeths Schwester, die Exkönigin Marie von Neapel, bestritt ihre hohen Lebenshaltungskosten mit Rothschild-Geldern und beehrte die gesellschaftlichen Aufsteiger dafür mit ihrer königlichen Gesellschaft. Elisabeths Besuch in Pregny, der erste seit Jahrzehnten, war ein Dienst, den sie ihrer Schwester erwies.) Die drei Damen nahmen ein Déjeuner, machten einen Rundgang durch den prächtigen alten Park, besuchten die Orchideenzucht und machten französische, sehr angeregte Konversation. Elisabeth fühlte sich, was Gräfin Sztáray bestätigte, bei diesem Besuch wohl.

Selbstverständlich wahrte die Kaiserin auch bei diesem Ausflug ihr Inkognito. (Sie reiste unter dem Namen einer Gräfin von Hohenembs.) Denn die Tatsache, daß die Kaiserin und Königin von Österreich-Ungarn zur Zeit der größten Antisemitenkrawalle rund um den Pariser Dreyfus-Prozeß ausgerechnet ein Mitglied der Familie Rothschild besuchte, hätte sonst sicherlich Anlaß zu Schlagzeilen gegeben.

Nach dreistündigem Besuch fuhr Elisabeth mit ihrer Hofdame nach Genf, wo sie übernachtete, um am nächsten Tag zurück nach

Montreux zu fahren. Hier in Genf, das sie sehr gut kannte, besuchte die Kaiserin ihre Lieblingskonditorei und kaufte für ihre Enkelkinder Spielzeug ein, zog sich dann wie immer sehr früh zurück. Auch im Hotel war sie als Gräfin von Hohenembs eingeschrieben. Aber der Hotelier wußte von früheren Aufenthalten her, welch prominenter Gast bei ihm abgestiegen war.

Am nächsten Morgen brachte eine Genfer Zeitung die Meldung, Kaiserin Elisabeth von Österreich sei im Hotel »Beau Rivage« abgestiegen. Wer die Zeitung informiert hatte, wurde nicht geklärt. Doch war diese Meldung für Elisabeths Leben entscheidend: Ein Mitglied der »Königsmörderbrut«, der italienische Anarchist Luigi Lucheni, hatte sich auf eine »große Tat« vorbereitet. Er hatte das Mordinstrument gekauft – eine Feile, die er dreieckig messerscharf geschliffen hatte. Aber das vorgesehene Opfer, Prinz Henri von Orléans, Thronprätendent von Frankreich, war nicht wie geplant nach Genf gekommen. Lucheni hatte auch kein Fahrgeld, um nach Italien zu fahren und sein liebstes Opfer, König Umberto von Italien, zu erdolchen. So kam ihm die Zeitungsmeldung gerade recht. Lucheni hatte sein Opfer gefunden. Denn Elisabeth erfüllte die Hauptvoraussetzung, zum Mordopfer Luchenis ausersehen zu werden: sie war Aristokratin (Lucheni haßte alle Aristokraten), und sie war so prominent, daß die Mordtat Aufsehen erregen würde.

Der 25jährige Anarchist lauerte seinem Opfer auf, beobachtete am 10. September das Kommen und Gehen vor dem Hotel, die Feile im rechten Ärmel versteckt. Um ein Uhr vierzig Mittags wollte die Kaiserin mit dem Linienschiff von Genf nach Montreux zurückfahren. Der Diener war mit dem Gepäck schon vorausgegangen, von Lucheni beobachtet.

In Begleitung Irma Sztárays, wie immer schwarzgekleidet, in der einen Hand den Fächer, in der anderen den Sonnenschirm, ging die »Gräfin von Hohenembs« zur Bootanlegestelle, nur wenige hundert Meter vom Hotel entfernt. Auf diesem Weg lauerte Lucheni. Als die beiden Damen auf seiner Höhe angelangt waren, stürzte er sich auf sie, schaute blitzschnell noch unter den Sonnenschirm, um sich zu vergewissern, und stach zu. In einem anatomi-

schen Atlas hatte er sich vorher genau informiert, wo das Herz sitzt. Er traf genau.
Elisabeth fiel rücklings zu Boden. Die Wucht des Sturzes wurde aber durch ihre schweren aufgesteckten Haare gelindert. Der Täter floh, wurde von Passanten festgehalten und zur Polizei gebracht. Daß er ein Mörder war, wußte man anfangs nicht. Denn die fremde Dame stand gleich nach dem Schlag wieder auf, dankte in deutsch, französisch und englisch allen jenen, die ihr geholfen hatten. Man säuberte ihr verschmutztes Kleid. Der Hotelportier, der Zeuge der Tat war, bat die beiden Damen, doch zurückzukommen, doch Elisabeth lehnte ab. Sie wollte zum Schiff.
Schnellen Schrittes, denn die Zeit bis zur Abfahrt war knapp, gingen die Damen zur Anlegestelle. Elisabeth auf ungarisch zur Gräfin Sztáray: »Was wollte dieser Mann denn eigentlich?« Gräfin Sztáray: »Der Portier?«
Elisabeth: »Nein, jener andere, jener furchtbare Mensch!«
»Ich weiß es nicht, Majestät, aber er ist gewiß ein verworfener Bösewicht«.
»Vielleicht wollte er mir die Uhr wegnehmen?« mutmaßte die Kaiserin.[85]
Hundert Meter etwa gingen die Damen vom Tatort zum Schiff. Erst auf dem Schiff, das gleich ablegte, brach Elisabeth zusammen. Man dachte an eine Ohnmacht wegen des erlittenen Schreckens. Erst als man ihr das Mieder öffnete, um ihr die Brust zu reiben, sah man einen winzigen bräunlichen Fleck und ein Loch auf dem Batisthemd. Erst jetzt wurde das Ausmaß des Unglückes sichtbar.
Der Kapitän wurde informiert – auch er wußte nicht, daß die Kaiserin von Österreich unter den Passagieren war. Das Schiff eilte zurück. Aus Rudern und Samtsesseln wurde eine Tragbahre improvisiert, die Kaiserin darauf gebettet und eilends ins Hotel zurückgebracht. Dort konnte der Arzt nur noch den Tod feststellen.

Elisabeth war ohne Schmerzen hinübergegangen. Die Tatsache, daß sie ihre tödliche Verwundung gar nicht bemerkte und noch hundert Meter schnellen Schritts weitergehen konnte, erklärten

Herzspezialisten mit der Kleinheit der Wunde: Das Blut floß nur sehr langsam in den Herzbeutel und legte daher erst langsam die Herztätigkeit still. Nach außen floß nur ein einziger Blutstropfen. Daher dachten auch einige Augenzeugen zunächst an einen Blutegelbiß.

Inzwischen wurde der Mörder einem ersten Verhör unterzogen. Er war in Hochstimmung und voll Stolz auf seine Tat, die er mit keinem anderen teilen wollte: er betonte, ein Einzeltäter zu sein und den »Ruhm« der Tat für sich allein beanspruchen zu können. Er sah die Mordtat als Höhepunkt seines Lebens an und wünschte sich die Todesstrafe. Als Motiv gab er wiederholt den einen Satz an: »Nur wer arbeitet, darf essen!«

Er selbst war mehrmals als arbeitsscheues Individuum festgenommen worden und hatte ein trauriges Leben geführt: im Findelhaus von seiner unehelichen Mutter im Stich gelassen, von einem Heim ins andere gebracht, von einer Pflegefamilie in die andere abgeschoben. Arbeit als Hilfsarbeiter beim Eisenbahnbau. Militärzeit bei der italienischen Kavallerie in Nordafrika – das war seine größte Zeit. Dann wenige Monate Diener im Haus eines italienischen Herzogs, der ihn entließ. Dann Gelegenheitsarbeiter auf der Walz. Nur wenige Tage seines Lebens hatte er in der österreichisch-ungarischen Monarchie verbracht: in Fiume, Triest, Budapest und Wien. Doch dies blieb für sein politisches Weltbild ohne Bedeutung. Es spielten nicht etwa italienische Nationalitätenprobleme der Monarchie bei seinem Tatmotiv mit: Er war den Ideen des internationalen Anarchismus verhaftet, die er in der Schweiz kennenlernte. Auch zur Kaiserin Elisabeth gab es keine Beziehung. Er kannte sie aus der Zeitung. Sie war ein gekröntes Haupt, dessen Ermordung Schlagzeilen machen und den Namen Lucheni berühmt machen sollte.

Vor Gericht hatte Lucheni dann noch einmal einen großen Auftritt. Sein Name stand in den Zeitungen: Er wurde zu lebenslanger Haft verurteilt. Dann war es still um ihn: nach elfjähriger Haft nahm sich Luigi Lucheni 1910 in seiner Zelle das Leben. Er erhängte sich an seinem Gürtel. Kaum jemand nahm Notiz davon.[86]

Dieser Aufsehen erregende, gewaltsame Tod in Genf war wie eine Erlösung für eine tief unglückliche, seelenkranke und körperlich schwache Frau, deren Weggang kaum eine Lücke hinterließ. Wenn auch der Schock der Todesnachricht für die engere Familie schlimm genug war, so tröstete sich doch zum Beispiel Erzherzogin Marie Valerie: »Nun ist es gekommen, wie sie es immer wünschte, rasch, schmerzlos, ohne ärztliche Beratungen, ohne lange, bange Sorgentage für die Ihren«. Valerie erinnerte sich an die Verse Elisabeths: »Und wenn ich einmal sterben muß, so legt mich an das Meer« und an die wiederholte Bemerkung der Kaiserin zur Gräfin Sztáray, der Genfer See habe »ganz die Farbe vom Meer, ganz wie das Meer«.[87]

Elisabeths Dichterfreundin Carmen Sylva fand für dieses Ende passende Worte, als sie darauf hinwies, daß es »nur für die Welt« entsetzlich gewirkt habe, für Elisabeth aber »schön und still und groß im Anblick geliebter, großer Natur, schmerzlos und friedlich« war. »Es ist nicht allen Menschen angenehm, im Kreise zahlreicher Leidtragender den Geist aufzugeben und von allen möglichen Zeremonien noch im Sterben umgeben zu sein. Manche sterben gern noch schön für die Welt, das hätte ihr gar nicht ähnlich gesehen. Sie wollte gar nichts sein für die Welt, auch im Sterben nicht. Sie wollte einsam sein und auch ebenso unbemerkt die Welt verlassen, durch die sie so oft dahingeschritten war, Ruhe suchend, in ihrem rastlosen Drängen nach Höherem und Vollkommenerem«.[88]

Auch die Reaktion des Kaisers auf den plötzlichen Tod seiner Frau war weniger dramatisch, als es die Zeitungen wissen wollten. Erzherzogin Valerie schrieb über ihr Wiedersehen mit dem Vater kurz nach der Todesnachricht, er habe geweint: »Aber fassungslos war er auch da nicht, und bald darauf wieder ruhig wie damals nach Rudolfs Tod. Wir gingen zusammen in die Sonntagsmesse und dann durfte ich diesen ganzen ersten Tag fast ununterbrochen bei ihm verbringen, neben seinem Schreibtisch sitzend, während er arbeitete wie sonst, mit ihm die von Genf kommenden genaueren Nachrichten lesend, ihm helfend, die Kondolenzbesuche der Fa-

milienmitglieder zu empfangen«. Und drei Tage später: »Er arbeitet alle Tage ununterbrochen wie immer, selbst alles bestimmend, was dem hergebrachten Ceremoniell zufolge zu geschehen hat«. Wiederholt sagte er: »Wie kann man eine Frau ermorden, die keinem je etwas zuleide getan hat«.[89]
Niemand aber zweifelte an Franz Josephs Worten, die er zum Grafen Paar sagte: »Sie wissen nicht, wie ich diese Frau geliebt habe«.[90]
Am 15. September kam die Leiche in der Wiener Hofburg an, umgeben vom ganzen Pomp des Kaiserreiches. Selbstverständlich war keine Rede davon, Elisabeths Wunsch zu erfüllen, »am Meer, am liebsten auf Korfu« begraben zu werden, ebensowenig wie Rudolfs letzter Wunsch respektiert worden war, in Heiligenkreuz neben Mary Ruhe zu finden. Wie einst Rudolf, so wurde nun auch Elisabeth in der Burgkapelle aufgebahrt, allerdings (im Gegensatz zu Rudolf) im geschlossenen Sarg.
Um diese Aufbahrung kam es zu Streitigkeiten: Es war nämlich ein Wappen zu sehen mit der Aufschrift: »Elisabeth, Kaiserin von Österreich«. Der Protest aus Ungarn kam prompt: warum nicht auch »Königin von Ungarn«? War das nicht die einzige Würde, die Elisabeth geliebt hatte? Am selben Abend veranlaßte das Zeremonienamt den gewünschten Zusatz. Nun kam der Protest aus Böhmen. War Elisabeth nicht auch (wenn auch ungekrönte) Königin von Böhmen gewesen? Ganz ähnliche Komplikationen gab es dann wegen der (zu knappen) Sitze in der Kapuzinerkirche. Ausgerechnet die Abordnung des ungarischen Reichstages hatte keine Plätze mehr erhalten und witterte nun wieder eine besondere Wiener Feindseligkeit gegen Ungarn.
Die Erschütterung und Trauer in Wien konnte sich mit jener um den Kronprinzen nicht messen. Graf Erich Kielmannsegg: »Es wurden ihr nur wenige Tränen nachgeweint«.[91] Nicht um die Kaiserin trauerte man, sondern um den neuerlichen Schicksalsschlag, der den inzwischen 68jährigen Kaiser getroffen hatte. Eine Welle der Zuneigung brandete auf, als am 14. September der kaiserliche Dank »An meine Völker!« veröffentlicht wurde:

An Meine Völker!

Die schwerste, grausamste Prüfung hat Mich und Mein Haus heimgesucht.

Meine Frau, die Zierde Meines Thrones, die treue Gefährtin, die Mir in den schwersten Stunden Meines Lebens Trost und Stütze war — an der Ich mehr verloren habe, als Ich auszusprechen vermag, ist nicht mehr. Ein entsetzliches Verhängniß hat sie Mir und Meinen Völkern entrissen.

Eine Mörderhand, das Werkzeug des wahnwitzigen Fanatismus, der die Vernichtung der bestehenden gesellschaftlichen Ordnung sich zum Ziele setzt, hat sich gegen die edelste der Frauen erhoben und in blindem, ziellosem Haß das Herz getroffen, das keinen Haß gekannt und nur für das Gute geschlagen hat.

Mitten in dem grenzenlosen Schmerze, der Mich und Mein Haus erfaßt, angesichts der unerhörten That, welche die ganze gesittete Welt in Schauder versetzt, bringt zunächst die Stimme Meiner geliebten Völker lindernd zu Meinem Herzen. Indem Ich Mich der göttlichen Fügung, die so Schweres und Unfaßbares über Mich verhängt, in Demuth beuge, muß Ich der Vorsehung Dank sagen für das hohe Gut, das Mir verblieben: Für die Liebe und Treue der Millionen, die in der Stunde des Leidens Mich und die Meinen umgibt.

In tausend Zeichen, von Nah und Fern, von Hoch und Nieder, hat sich der Schmerz und die Trauer um die gottselige Kaiserin und Königin geäußert. In rührendem Zusammenklang ertönt die Klage Aller über den unermeßlichen Verlust als getreuer Wiederhall dessen, was Meine Seele bewegt.

Wie Ich das Gedächtniß Meiner heißgeliebten Gemalin heilig halte bis zur letzten Stunde, so bleibt Ihr in der Dankbarkeit und Verehrung Meiner Völker ein unvergängliches Denkmal für alle Zeiten errichtet.

Aus den Tiefen Meines bekümmerten Herzens dank' Ich Allen für dieses neue Pfand hingebungsvoller Theilnahme.

Wenn die Festklänge, die dieses Jahr begleiten sollten, verstummen müssen, so bleibt Mir die Erinnerung an die zahllosen Beweise von Anhänglichkeit und warmem Mitgefühl die werthvollste Gabe, welche Mir dargebracht werden konnte.

Die Gemeinsamkeit unseres Schmerzes schlingt ein neues, inniges Band um Thron und Vaterland. Aus der unwandelbaren Liebe Meiner Völker schöpfe Ich nicht nur das verstärkte Gefühl der Pflicht auszuharren in der Mir gewordenen Sendung, sondern auch die Hoffnung des Gelingens.

Ich bete zu dem Allmächtigen, der Mich so schwer heimgesucht, daß Er Mir noch Kraft gebe, zu erfüllen, wozu Ich berufen bin. Ich bete, daß Er Meine Völker segne und erleuchte, den Weg der Liebe und Eintracht zu finden, auf dem sie gedeihen und glücklich werden mögen.

Schönbrunn, am 16. September 1898.

Franz Joseph m. p.

Die nächsten Wochen brachten die Ordnung des Nachlasses. Niemand, am allerwenigsten der Kaiser, hatte eine Ahnung gehabt, daß die Kaiserin ein beachtliches Vermögen besaß – ohne die Immobilien über 10 Millionen Gulden in soliden Papieren angelegt. Es stellte sich heraus, daß sie »alljährlich den größten Teil ihrer Apanage und Nadelgelder fruchtbringend angelegt hatte, während der Kaiser ihre Extravaganzen bestreiten mußte«.[92]

In ihrem Testament vermachte Elisabeth ihren beiden Töchtern Gisela und Valerie je zwei Fünftel, ihrer Enkelin Elisabeth (der Tochter Rudolfs) ein Fünftel eines unerwartet, ja, wie Valerie in ihr Tagebuch schrieb, »erschreckend großen Vermögens«.[93]

Valerie war – ungeachtet der großen Geldgeschenke zu Elisabeths Lebzeiten – weitaus besser gestellt als ihre ältere Schwester Gisela. Denn sie erhielt noch ein Vorlegat von einer Million Gulden und außerdem die Hermesvilla, während Gisela sich mit dem – inzwischen leerstehenden und ausgeräumten – Achilleion begnügen mußte. Die Hermesvilla war laut Erbteilungsausweis 185 000 Gulden wert, hatte aber einige Millionen gekostet. Sie war bewohnbar und lag nahe der Hauptstadt. Das Achilleion dagegen lag weit ab, war reparaturbedürftig und unbewohnbar. Sein Buchwert betrug nur 60 000 Gulden, obwohl der Bau weit über zwei Millionen gekostet hatte. Die jährliche Wartung allein kostete 50 000 Gulden.[94]

In den zeitgenössischen Zeitungen war viel von der sagenhaften Schmucksammlung der Kaiserin zu lesen. Man schätzte diese privaten Juwelen – Geschenke des Kaisers, aber auch mancher befreundeter Souveräne, wie des türkischen Sultans und des Schahs von Persien – auf einen Wert von vier bis fünf Millionen Gulden. Aus der Verlassenschaftsabhandlung ist nun zu ersehen, daß Elisabeth diesen sagenhaften Schmuck längst verschenkt und sich so gut wie nichts behalten hatte. Der Gesamtwert des vorgefundenen Schmuckes betrug nur 45 950 Gulden.[95]

Weder die kostbaren Hochzeitsgeschenke – allein drei Diamantendiademe – waren noch vorhanden, noch die berühmte dreireihige Perlenkette, das kaiserliche Geschenk zu Rudolfs Geburt. Alles hatte Elisabeth verschenkt, auch ihre berühmten Smaragde und die

Diamantensterne für ihre Haarflechten, die durch das Winterhalter-Porträt so bekannt waren. Das wertvollste Stück ihres Nachlasses war der Sternkreuzorden (im Wert von 12000 Gulden), der zurückgestellt werden mußte, dann ein Diadem mit schwarzen Perlen für 4500 fl. – übrigens das einzige Diadem. Schwarze Perlen waren für die höchst abergläubische Elisabeth ein Unglückssymbol gewesen – nun stellten sie den einzigen Wert ihres Schmuckes dar. Außerdem gab es noch 184 kleine Schmuckstücke – Kämme, Trauerschmuck, viele billige Broschen, Knöpfe, Kreuze und Uhren. Diese Schmuckschatulle der Kaiserin von Österreich und Königin von Ungarn zeigt deutlich Elisabeths Verachtung weltlicher Werte und ihre Resignation.

Briefe wurden relativ wenige vorgefunden: »Die meisten wichtigen Briefe hat Mama verbrannt oder – wie jetzt leider auch Rudolfs letzten Brief – verbrennen lassen.« – und zwar durch die langjährige engste Vertraute, Ida Ferenczy. Von Franz Josephs Briefen in den vielen Jahren, ja Jahrzehnten der Trennung waren nur einige aus den sechziger Jahren erhalten und alle Briefe seit etwa 1891. Aus dieser Tatsache ersah die Kaisertochter Valerie »mit Rührung« ... »wie das Verhältnis zwischen meinen Eltern ein immer besseres, innigeres wurde, wie in den letzten Jahren selbst vorübergehende Mißstimmungen nicht mehr vorkamen«.[96] Das hieß, daß sich das Ehepaar erst von dem Zeitpunkt an besser vertrug, als es getrennt war und die Beziehung Franz Josephs zur Schratt mit Billigung Elisabeths fest gegründet war.

Schon wenige Tage nach der Beisetzung seiner Frau nahm Franz Joseph die gewohnten Spaziergänge mit Katharina Schratt wieder auf. Erzherzogin Valerie schrieb voll Verlegenheit in ihr Tagebuch: »Jeden Morgen macht Papa seinen Spaziergang mit Schratt, die ich auch wiederholt sehen und umarmen mußte – nicht von Herzen – aber doch halte ich sie für eine in sich selbst, das heißt abgesehen von den Menschen, die an ihr hängen, harmlose treue Seele. – Mit Angst denke ich an Mamas mir gegenüber oft ausgesprochenen Wunsch, wenn ich sterbe, solle Papa die Schratt heiraten. Ich will mich jedenfalls passiv verhalten, kann mich in Anbetracht Papas wahrer Freundschaft für sie nicht kalt gegen sie benehmen, fände es unrecht und grausam, Papa diesen Trost zu verbittern – aber mitzuhelfen, finde ich nicht meine Pflicht«[97] – die Antipathie der Kaisertochter gegen die Freundin war bald hofbekannt.

Im Familienkreis Valeries aber fand der Kaiser weder Trost noch Entspannung. Peinlichkeit breitete sich bei seinen Besuchen aus, unter der die Kaisertochter zutiefst litt und klagte: »nicht wissen, ob man von unserm Unglück oder von zerstreuenden Dingen reden soll, sich vergeblich bemühen, Gesprächsthemen letzterer Art zu finden, wünschen, daß sich die Kinder natürlich zeigen ... und doch zittern, daß ihr Geschrei Papa irritieren könnte – ihn bald in dumpfe Traurigkeit versinken, bald nervös sehen ... Wie verstehe ich jetzt, daß der Umgang mit Papa Mama schier erdrückte. Ja, es ist schwer, mit Papa zu sein, da er einen eigentlichen Gedankenaustausch nie gekannt hat. Ich weiß, wie tief er fühlt und leidet und stehe machtlos vor all diesem Weh, mit keinem anderen Mittel als der althergebrachten Schablone«.[98]

Auch Generaladjutant Graf Paar stöhnte über den kaiserlichen Familienkreis in Wallsee und sagte, »die Langeweile dort sei kaum auszuhalten, denn niemand getraue sich ein Wort zu sagen, und so stocke die Konversation bei Tisch und abends fast gänzlich«.[99]

Franz Joseph war selbst im Kreis seiner Enkelkinder die unnahbare Majestät, vor der man sich fürchtete. Er hatte noch nicht einmal hier die Fähigkeit und das Bedürfnis, ein harmloses familiäres Gespräch zu führen.

Valerie hatte ihrer Mutter früher mehrmals vorgeworfen (freilich nur in Gedanken, zu sagen traute sie sich das nie), den Vater nicht gut genug zu behandeln, ihre Pflichten als Ehefrau zu vernachlässigen. Darüber empfand sie nun tiefe Reue. Denn auch ihr fiel der Umgang mit Franz Joseph nun alles andere als leicht: »Die Prüfung, die ich im Umgang mit Papa nun selbst finde, ist die Strafe für die Schroffheit von damals«, schrieb sie voll Reue gegenüber ihrer Mutter in ihr Tagebuch.[100]

Der »ekle Hof« ging ihr nun ebensosehr auf die Nerven wie einst ihrer Mutter. Das habsburgische Familienleben mit den vielen erzherzoglichen Rivalitäten und Vorrechten erbitterte sie, und ihr wurde »wieder recht klar, daß eine Natur wie Mama diese Art des Familienlebens nur als unerträglichen Zwang auf leere Komödie empfinden mußte«.[101]

Wie damals nach Rudolfs Tod seine engsten Freunde am Hof geradezu geächtet wurden, so schlecht behandelte man nun auch die wenigen Vertrauten der Kaiserin. Selbst Erzherzogin Valerie, die stets Eifersucht gegenüber den Hofdamen der Mutter, vor allem aber gegen Ida Ferenczy, empfunden hatte, war nun empört und bedauerte die »arme Ferenczy, gebrochen durch die Behandlung, welche sie und alle Getreuen Mamas durch den Hof erfahren. Papa wird natürlich alles anders dargestellt... So rächt sich der Hof an der jahrelang still und fruchtlos Gehaßten, so müssen sie nun büßen für Alles, was sie zwar unwissend, aber doch schwer verschuldet... Diese feindlichen Lager – eine Partei der andern würdig – bilden den ›Hof‹. Wie sollte ich nicht alles darein setzen, die Kinder fernzuhalten von einem solchen Kreis!«[102]

Die »Partei« der Kaiserin machte es der Familie aber auch nicht gerade leicht, so als Elisabeths ehemaliger Griechischlehrer Barker der Kaisertochter Valerie beschrieb, »wie er mittels Tischrücken etc. spiritistischen, aber durchaus nicht wohltuenden Verkehr mit Mama gehabt«. Daraufhin konsultierte Valerie einen Geistlichen, der das alles für »teuflischen Spuk« erklärte.[103]

Im Dezember 1898 wurde das fünfzigjährige Regierungsjubiläum Kaiser Franz Josephs gefeiert, verhalten und von der Trauer gedämpft, von schweren Nationalitätenkämpfen überschattet. Valerie über ihren Vater: »Und in alledem steht er noch aufrecht, vir simplex et justus [ein einfacher und gerechter Mann], nur darauf bedacht, Tag für Tag treu und unermüdlich, selbstvergessen nur für andre sorgend, seine schweren Pflichten zu erfüllen.«[104]

Mit der Zukunft der Monarchie aber haderte die Kaisertochter. Elisabeth hatte sie zur »Republikanerin« gemacht wie einst den Kronprinzen Rudolf. Nun, nach Elisabeths Tod berief sich Valerie auf das Beispiel ihrer Mutter: »Da ist eben mein vielleicht hochverräterischer Unglaube an Österreichs Bestand und dessen einziges Heil im Haus Habsburg. Das ist der wahre Grund, warum ich mich nicht erwärmen kann für eine Sache, die ich eben für verloren

halte. Ich gebe zu, daß dies Ansichten sind, die ich von Mama angenommen – aber jede neue Erfahrung bestätigt mir stets mehr und mehr ihre Richtigkeit... Nach ihm [Franz Joseph] möge kommen, was am geeignetsten ist, neue bessere Verhältnisse zu schaffen«.[105]
Erstaunliche Worte wahrlich für die Tochter Kaiser Franz Josephs, die Enkelin der Erzherzogin Sophie, die Urenkelin des »guten« Kaisers Franz I. verständlich nur durch das Beispiel jenes fremden Elementes am Wiener Kaiserhof: die Kaiserin selbst.

Fast ein halbes Jahrhundert lang – von 1854 bis 1898 – war Elisabeth Kaiserin und Königin eines problemgeladenen Reiches in einer Zeit des Niederganges. Sie tat nichts, diesen Niedergang zu verlangsamen. Sie war keine Frau der Tat wie ihre Nachfolgerin Zita, die den Zusammenbruch erleben mußte. Resignation, Rückzug ins Private, ja in die Dichtung, schließlich in die Einsamkeit – das war Elisabeths Antwort auf die Forderung nach Pflichterfüllung, wie ihr kaiserlicher Gatte sie so unermüdlich seinen Untertanen vorlebte.
Verrücktheit? Weisheit? Einsicht in das Unvermeidliche? Oder nur einfach Bequemlichkeit und Laune? Das fin de siècle der Donaumonarchie wird geradezu Person in Elisabeth, die sich weigerte, als Kaiserin zu leben und sich statt dessen als Feenkönigin fühlte und dichtete:

> *Nicht soll Titania unter Menschen gehen*
> *In diese Welt, wo niemand sie versteht,*
> *Wo hunderttausend Gaffer sie umstehen,*
> *Neugierig flüsternd: »Seht, die Närrin, seht!«*
> *Wo Mißgunst neidisch pflegt ihr nachzuspähen,*
> *Die jede ihrer Handlungen verdreht,*
> *Sie kehre heim in jene Regionen,*
> *Wo ihr verwandte schön're Seelen wohnen.*

> Liebe Zukunfts-
> Seele!
> Dir übergebe
> ich diese Schrif-
> ten. Der Meister
> hat sie mir
> dictirt, und
> auch er hat
> ihren Zweck
>
> mir gut.
>
> Titania
>
> Geschrieben im
> Hochsommer des
> Jahres 1890
> u. zwar in eite
> dahinsausenden
> Extrazug.

Erste und letzte Seite von Elisabeths Brief an die »Zukunftsseelen«, (verkleinert). (Vollständiger Text S. 447)

Quellenverzeichnis

Die Hauptquellen sind in folgenden Abkürzungen zitiert:

Albrecht	= Ungarisches Staatsarchiv Budapest. Nachlaß des Erzherzogs Albrecht. Zitiert nach der Mikrofilmaufnahme im Haus-, Hof- und Staatsarchiv Wien nach Rollennummer
Amélie Er.	= Nachlaß Sexau. Erinnerungen der Herzogin Amélie von Urach an ihre Großmutter Ludovika. Abschrift
Amélie Tgb.	= Nachlaß Sexau. Tagebuch der Herzogin Amélie von Urach. Teilweise Abschrift
Bern	= Schweizer Bundesarchiv Bern. Politische Berichte des Schweizer Gesandten in Wien: E 2300 Wien
Bourgoing	= Jean de Bourgoing (Hg.), Briefe Kaiser Franz Josephs an Frau Katharina Schratt. Wien 1949
Braun	= Haus-, Hof- und Staatsarchiv Wien. Nachlaß des Staatsrats Baron Adolf von Braun
Crenneville	= Haus-, Hof- und Staatsarchiv Wien. Nachlaß des Grafen Franz Folliot de Crenneville
Elisabeth	= Schweizer Bundesarchiv Bern. Literarischer Nachlaß der Kaiserin Elisabeth von Österreich: J I. 64
Festetics	= Széchényi-Bibliothek Budapest, Handschriftensammlung. Tagebuch der Gräfin Marie Festetics
Fürstenberg	= Familienarchiv Fürstenberg in Weitra/Waldviertel. Briefe der Landgräfin Therese an ihre Familie
Grünne	= Familienarchiv Grünne in Dobersberg/Waldviertel. Briefe der Kaiserin Elisabeth an Karl Graf Grünne
Hübner	= Historisches Institut der Universität Padua. Tagebuch des Grafen Alexander von Hübner
Khevenhüller	= Haus-, Hof- und Staatsarchiv Wien. Depot Khevenhüller. Tagebuch des Fürsten Carl Khevenhüller-Metsch
N. Corti	= Haus-, Hof- und Staatsarchiv Wien. Nachlaß Egon Caesar Conte Corti, Materialien zur Elisabeth-Biographie
N. Sexau	= Bayerische Staatsbibliothek, Handschriftensamm-

	lung. Nachlaß Richard Sexau. Materialien zur Biographie des Herzogs Carl Theodor in Bayern
Nostitz	= Georg Nostitz – Rieneck, Briefe Kaiser Franz Josephs an Kaiserin Elisabeth, 2 Bde., Wien 1966
Rudolf	= Haus-, Hof- und Staatsarchiv Wien. Familienarchiv, Nachlaß Kronprinz Rudolf
Scharding	= Carlo Scharding, Das Schicksal der Kaiserin Elisabeth, Privatdruck o. O., o. J. (mit Briefen der Gräfin de Jonghe an ihre Familie)
Schnürer	= Franz Schnürer (Hg.), Briefe Kaiser Franz Josephs I. an seine Mutter 1838–1872, München 1930
Sophie	= Haus-, Hof- und Staatsarchiv Wien. Nachlaß der Erzherzogin Sophie. Tagebuch
Valerie	= Nachlaß Sexau. Tagebuch der Erzherzogin Marie Valerie. Teilweise Abschrift

Anmerkungen

Anmerkungen zu Kapitel 1 (S. 19–59)

[1] N. Sexau. Ludovika an Marie von Sachsen. 7. 4. 1853
[2] Briefwechsel des Generals Leopold von Gerlach mit dem Bundestags-Gesandten Otto von Bismarck, Berlin 1893, 35 (Ofen, 25. 5. 1852)
[3] Ad. Schmidl, W. F. Warhanek, Das Kaiserthum Österreich, Wien 1857, VI
[4] Österreichische Rundschau 15. 9. 1910
[5] N. Corti. An die Fürstin Metternich
[6] Sophie. An Erzherzog Ludwig. Wien, 9. 12. 1849
[7] GHA. München N. Max II. Schönbrunn, 12. 7. 1849
[8] Heinrich Friedjung, Österreich von 1848 bis 1860 II. Berlin 1912, 257
[9] Egon Caesar Conte Corti, Mensch und Herrscher, Wien 1952, 102
[10] ebda. 103
[11] Amélie Er.
[12] Aloys Dreyer, Herzog Maximilian in Bayern, München 1909, 32. Dort auch die weiteren Informationen über Max.
[13] N. Sexau. Gespräch mit Fürst Thurn und Taxis am 27. 7. 1938, dort auch das nächste Zitat
[14] Amélie Er.
[15] Egon Caesar Conte Corti, Elisabeth, Wien 1934, 20
[16] Schnürer, 207
[17] Der ausführliche Brief Sophies wurde in der Reichspost 22. 4. 1934 ediert. Auch die weiteren Zitate stammen aus der Reichspost
[18] Corti, Mensch 121
[19] Amélie Er.
[20] Von Maria Theresia zu Franz Joseph. II. Teil: Selbstbiographie des Feldmarschall Leutnant Hugo Freiherr von Weckbecker, Berlin 1929, 195
[21] Amélie Er. Dort auch die folgenden Informationen über Ludovika und Sophie
[22] Hans Flesch-Bruningen (Hg), Die letzten Habsburger in Augenzeugenberichten, Düsseldorf 1967, 33
[23] N. Sexau. Ludovika an Auguste von Bayern. Ischl, 19. 8. 1853
[24] Valerie, 21. 8. 1889
[25] Hübner. Resumé 1853

[26] Corti, Elis. 30
[27] Weckbecker 196
[28] Sophie 19. 8. 1853
[29] ebda. 21. 8. 1853
[30] ebda.
[31] N. Sexau. Ludovika an Auguste v. Bayern. Ischl, 26. 8. 1853
[32] GHA München, N. Max II. Ischl, 22. 8. 1853
[33] Corti, Mensch 126
[34] Hermann von Witzleben und Ilka von Vignau, Die Herzöge in Bayern, München 1976, 197 ff.
[35] Festetics, Possenhofen, 19. und 17. 9. 1872
[36] Schnürer, 208 ff.
[37] N. Sexau. Ludovika an Marie von Sachsen, 10. 12. 1853
[38] ebda. 3. 12. 1853
[39] Max Falk, Erinnerungen, Pester Lloyd 12. 9. 1898
[40] Corti, Elisabeth 42
[41] Scharding, 55 Bericht 9. 9. 1853
[42] N. Sexau. An Marie von Sachsen. 16. 12. 1853
[43] Schnürer 213, Wien, 20. 9. 1853
[44] ebda. 210, Schönbrunn, 15. 9. 1853
[45] GHA München N. Therese von Bayern, an Auguste von Bayern 8. 10. 53
[46] Schnürer 215 f. München, 17. 10. 1853
[47] ebda. 216
[48] Amélie Er.
[49] Scharding 96
[50] Sophie 14. 12. 1853
[51] Schnürer 219, München, 27. 12. 1853
[52] ebda. 220 f.
[53] N. Sexau. 29. 12. 1853
[54] Schnürer 221, München, 13. 3. 1854
[55] Richard Kühn (Hg.) Hofdamen-Briefe um Habsburg und Wittelsbach, Berlin 1942, 341 ff.
[56] Friedrich Walter (Hg.), Aus dem Nachlaß des Freiherrn Carl Friedrich Kübeck von Kübau, Graz 1960. 134. 18. 1. 54
[57] HHStA. Wien, FA 4. 3. 54
[58] HHStA. Wien, OMeA. Franz Joseph an Liechtenstein 21. 4. 54
[59] Schnürer 222
[60] ebda 223, München, 16. 3. 1854

[61] Sophie 8. 4. 1854
[62] HHStA. Wien OMeA 134/8
[63] SStA. Dresden. Briefe der Königin Marie von Sachsen an Fanny von Ow. Dresden, 1. 10. 1853
[64] Richard Sexau, Fürst und Arzt, Graz 1963, 54
[65] Schnürer, 217. München, 17. 10. 1853
[66] Elisabeth. Winterlieder 243

Anmerkungen zu Kapitel 2 (S. 60–102)

[1] Anton Langer, Dies Buch gehört der Kaiserin. Eine Volksstimme aus Österreich. Wien 1854, 1
[2] ebda. 8 und 11
[3] ebda, 21
[4] Tschudy von Glarus, Illustrirtes Gedenkbuch, Wien 1854, 28. Dort auch eine detaillierte Beschreibung der Festlichkeiten
[5] HHStA. Wien. OMeA 1854, 140/24
[6] Weckbecker, 204
[7] Tschudy 43
[8] Konstantin von Wurzbach,
[9] Österreichs Jubeltage, Wien 1854. 3. Heft, 9
[10] Scharding 52 f., Bericht vom 25. 4. 54
[11] Eugen d'Albon, Unsere Kaiserin, Wien 1890, 36–39
[12] Tschudy 51
[13] Jean de Bourgoing, Elisabeth 6
[14] Amélie Er.
[15] Österreichs Jubeltage 12
[16] Friedrich Walter (Hg), Aus dem Nachlaß des Freiherrn Carl Friedrich Kübeck von Kübau, Graz 1960, 141
[17] Sophie. 24. 4. 1854 franz.
[18] Hellmuth Kretzschmer, Lebenserinnerungen des Königs Johann von Sachsen, Göttingen 1958, 71
[19] Sophie 27. 4. 54
[20] Festetics, Ischl, 15. 10. 1872
[21] Sophie 27. 4. 54
[22] Sexau. Ludovika an Auguste von Bayern. Wien, 27. 4. 1854
[23] Hübner 27. 4. 1854
[24] Sexau. Possenhofen, 18. 6. (1854)

25 Egon Caesar Conte Corti, Elisabeth. Die seltsame Frau, Wien 1934, 53
26 N. Corti
27 Corti, Elisabeth 54 f.
28 N. Corti
29 Festetics 15. 10. 1872
30 Sophie 5., 11. 5. und andere.
31 Amélie-Er.
32 Festetics 15. 10. 1872
33 SStA. Dresden. Marie von Sachsen an Fanny von Ow. 6. 5. 1854
34 GHA. München. N. Max II. Schönbrunn, 22. 5. 1854
35 Valerie 30. 5. 1881
36 (Festetics 14. 6. 1873. ung.
37 Weckbecker 204
38 Wiener Zeitung 19. 6. 1854
39 ebda. 8. 6. 1854
40 ebda. 11. 6. 1854
41 Fürstenberg. Tagebuch Therese Fürstenbergs
42 Wiener Zeitung 17. 6. 1854
43 Erzählungen des Hofkaplans Dr. Hasel in Wiener Tagblatt, 15. 9. 1898
44 Sophie 15. 6. 1854
45 N. Sexau. Possenhofen, 25. 6. (1854)
46 Valerie 3. 6. 1898
47 Heinrich Laube, Nachträge zu den Erinnerungen. Ausgewählte Werke, Bd. 9, Leipzig 1909, 434
48 Corti, Elisabeth 56
49 Schnürer 227 f. Laxenburg, 17. 7. 1854
50 N. Sexau.
51 ebda. Possenhofen, 30. 6. 1854
52 Richard Sexau, Fürst und Arzt. Dr. med. Herzog Carl Theodor in Bayern. Wien 1963, 61
53 N. Sexau an Marie von Sachsen
54 ebda. an Auguste von Bayern. Ischl, 8. 9. 1854
55 Egon Caesar Conte Corti, Mensch und Herrscher, Wien 1952, 149
56 Festetics 14. 6. 1873 Orig. Ung.
57 Schnürer, 232. 8. 10. 1854
58 ebda.
59 Walter, Kübeck 155 und 153
60 Richard Charmatz, Minister Freiherr von Bruck. Leipzig 1916, 113
61 Grundlegend über diese finanziellen Transaktionen: Harm-Hinrich

Brandt, Der österreichische Neoabsolutismus, Staatsfinanzen und Politik. Göttingen 1978
[62] Valerie 26. 12. 1887
[63] Schnürer, 232. Schönbrunn, 8. 10. 1854
[64] ebda. 233
[65] Weckbecker 204
[66] N. Corti
[67] Briefwechsel von John Lothrop Motley, Berlin 1890, Bd. 1, 168, 142 und 133

Anmerkungen zu Kapitel 3 (103–141)

[1] Elisabeth, Nordseelieder 55 f.
[2] ebda. Winterlieder 73 f.
[3] Richard Kühn (Hg.), Hofdamen-Briefe um Habsburg und Wittelsbach, Berlin 1942, 351 (6. 3. 1855)
[4] Sophie 5. 3. 1855fr.
[5] N. Sexau. An Therese von Bayern. Wien, 22. 3. 1855
[6] Festetics 26. 6. 1872 ung.
[7] Eugen d'Albon, Unsere Kaiserin, Wien 1890, 176
[8] Wiener Tagblatt 15. 9. 1898
[9] Schnürer 256 (18. 9. 1856)
[10] Festetics 2. 6. 1872
[11] Ernst II. von Sachsen-Coburg-Gotha, Aus meinem Leben und aus meiner Zeit, II, Berlin 1888, 174
[12] Bern. 21. 12. 1860
[13] Corti, Elisabeth 74
[14] Egon Caesar Conte Corti, Unter Zaren und gekrönten Frauen, Wien 1936, 111
[15] Corti, Elisabeth 68
[16] Schnürer 259 (4. 12. 1856)
[17] Daniel Freiherr von Salis-Soglio, Mein Leben. Stuttgart 1908, I, 79
[18] Corti, Elisabeth 70
[19] Schnürer 259 (4. 12. 1856)
[20] ebda. 264 (2. 3. 1857)
[21] Richard Sexau, Fürst und Arzt, Graz 1963, 79 f..
[22] Schnürer 267 (Ofen, 19. 5. 1857)
[23] Crenneville Ofen, 9. 5. 1857

[24] Schnürer 267, Ofen, 19. 5. 1857
[25] ebda. 270
[26] N. Sexau. an Auguste von Bayern 23. 7. 1857
[27] Schnürer 280 (Wien, 3. 11. 1857)
[28] Sophie 4. 8. 1857 fr.
[29] N. Sexau. München, 30. und 31. 12. 1857
[30] ebda. 27. 7. 1858
[31] ebda. an Marie von Sachsen 21. 11. 1857
[32] ebda. Possi, 5. 8. 1857
[33] ebda. an Sophie 15. 5. 1858
[34] Wiener Zeitung 23. 8. 1858
[35] Wiener Zeitung 26. 8. 1858
[36] Sämtliche Werke, hg. Sauer Abt. I, Bd. 12/1. Teil, Wien 1937, 92
[37] N. Sexau, München 12. 3. 1859
[38] Sophie 13. 1. 1859 fr.
[39] N. Sexau, 23. 1. 1859
[40] Marie Louise von Wallersee, Die Heldin von Gaeta, Leipzig 1936, 16
[41] N. Sexau, an Marie von Sachsen, 27. 1. 1859
[42] nach Wallersee 17f.
[43] N. Sexau, an Marie von Sachsen, 2. 3. 1860
[44] Wiener Zeitung, 29. 4. 1859
[45] Bern 19. 5. 1859
[46] ebda. Beilage zu obigem Bericht
[47] Sophie 9. 5. 1859 fr.
[48] Schnürer 292, 16. 6. 1859
[49] Sophie 28. 5. 1859 fr.
[50] Khevenhüller Résumé 1859
[51] Schnürer 292, Verona, 16. 6. 1859
[52] Joseph Redich, Kaiser Franz Joseph von Österreich, Berlin 1929, 243
[53] FA. Nischer-Falkenhof. Tagebuch der Leopoldine Nischer
[54] Grünne, o. D. 1859
[55] N. Sexau, an Marie von Sachsen 3. 6. 1859
[56] Nostitz Bd. 1, 10 f. Verona, 2. 6. 1859
[57] ebda. 11
[58] N. Sexau
[59] Joseph Karl Mayr (Hg.), Das Tagebuch des Polizeiministers Kempen von 1848 bis 1859, Wien 1931, 515, 6. 6. 1859
[60] ebda. 4. 9. 1859, 532 f.
[61] Roger Fulford (Hg.), Dearest Child, London 1964, 286. Die Anmer-

kung Nr. 1 auf dieser Seite betreffend die Königin von Neapel muß auf Marie (und nicht Therese) korrigiert werden.
[62] Nostitz I, 14 Verona, 7. 6. 1859
[63] ebda 16, Verona 7. 6. 1859
[64] Redlich 245
[65] Ernst II. Coburg, II, 499
[66] Heinrich Laube, Nachträge zu den Erinnerungen, Ausgewählte Werke Bd. 9, Leipzig 1909, 433
[67] Das Volk. 25. 6. 1859. Die Schlacht bei Solferino
[68] Nostitz I, Verona, 26. 6. 1859
[69] Ernst II. Coburg, II, 500 f.
[70] N. Sexau Possenhofen, 1. 7. 1859
[71] Nostitz, I, 33. Verona. 5. 7. 1859
[72] Weckbecker, 216
[73] Nostitz I, 30
[74] ebda. 28 Verona, 27. 6. 1859
[75] ebda. 25. Villafranca 23. 6. 1859
[76] ebda. 35, Verona, 8. 7. 1859
[77] N. Sexau 20. 10. 1859
[78] Nostitz I, 35, Verona, 8. 7. 1859
[79] Bern, 13. 7. 1859
[80] Joseph Karl Mayr, Das Tagebuch des Polizeiministers Kempen (September bis Dezember 1859). Historische Blätter. 4. Heft. 1931, 88
[81] ebda. 106. 22. 12. 1859
[82] N. Sexau. Possenhofen, 11. 11. 1859
[83] Schnürer 294 f. Laxenburg, 1. 9. 1859
[84] N. Sexau, Possenhofen 11. 11. 1859
[85] Neues Wiener Tagblatt, 6. 11. 1875
[86] Grünne. Schönbrunn, 2. 11. 1859
[87] BStB München Hss. an Amalie von Thiersch 1. 3. 1860

Anmerkungen zu Kapitel 4 (S. 142–188)

[1] Crenneville 29. 1. 1860
[2] Fürstenberg. Tagebuch
[3] Grünne. Possenhofen, 3. 8. 1860
[4] Egon Caesar Conte Corti, Anonyme Briefe an drei Kaiser, Salzburg 1939, 132

[5] Schnürer 300. Schönbrunn, 2. 10. 1860
[6] ebda.
[7] Sophie 31. 12. 1860 fr.
[8] Die Entfernung beträgt etwa 20 km
[9] Albrecht, Rolle 32. Wien, 11. 11. (1860)
[10] ebda. 4. 11. 1860
[11] ebda. 6. 11. 1860
[12] Sophie 31. 10. 1860 fr.
[13] N. Sexau. Possenhofen, 11. 11. 1860
[14] Albrecht Rolle 32, Wien, 18. 11. 1860
[15] N. Sexau. an Marie von Sachsen 19. 11. 1860
[16] N. Corti.
[17] N. Sexau. 5. 1., 17. und 16. 3. 1861
[18] Crenneville, Funchal, 2. 1. 1861
[19] Corti, Elisabeth. 101 f.
[20] N. Corti
[21] N. Sexau. an Marie von Sachsen 12. 4. 1861
[22] FA. Nischer-Falkenhof Wien.
[23] Crenneville, Funchal, 21. 12. 1860
[24] Grünne. Funchal, 19. 12. 1860
[25] Albrecht. Rolle 32. 21. 2. 1861
[26] Grünne Funchal, 19. 12. 1860
[27] ebda. Funchal, 25. 2. 1861
[28] ebda. Funchal, 1. 4. 1861
[29] Sophie. 15. 2. 1861 fr.
[30] N. Sexau. 21. 5. 1861
[31] N. Corti, Wien, 21. 6. 1861
[32] N. Sexau. 17. 6. 1861
[33] ebda. Possenhofen, 24. 6. 1861
[34] Sophie. 18., 21. und 22. 6. 1861 fr.
[35] Albrecht. Rolle 32. 24. 6. 1861
[36] Crenneville 25. 6. 1861
[37] Albrecht. Rolle 32. Weilburg, 31. 7. 1861
[38] Festetics 3. 11. 1872
[39] ebda. 15. 10. 1872 ung.
[40] N. Sexau. Possenhofen, 10. 8. 1861
[41] Grünne, Corfu, 22. 8. 1861
[42] N. Sexau. an Marie von Sachsen. 10. 8. 1861
[43] ebda.

[44] ebda. Possenhofen, 13. 9. 1861
[45] Schnürer 206. Laxenburg, 30. 9. 1861
[46] Albrecht. Rolle 32, Weilburg, 3. 9. 1861
[47] N. Sexau. Possenhofen, 22. 8. 1861
[48] Schnürer 305, Laxenburg, 30. 9. 1861
[49] Schnürer 308 f. Korfu, 16. 10. 1861
[50] Crenneville. 17. 10. 1861
[51] Elisabeth, Winterlieder 236 ff.
[52] Sophie 27. 10. 1861
[53] Sophie 27. 1. 1862
[54] N. Sexau. München, 27. 2. 1862
[55] N. Corti, Bericht vom 28. 1. 1862
[56] N. Corti.
[57] N. Sexau. an Erzherzogin Sophie. Venedig, 25. 4. 1862
[58] ebda. Venedig, 3. 5. 1862
[59] Sisis Fotosammlung ist auszugsweise publiziert in: Sisis Familienalbum (Bibliophile Taschenbücher Nr. 199) und Sisis Schönheitsalbum (Nr. 206) beide Dortmund 1980. und Sisis Künstleralbum (Nr. 266) Dortmund 1981 ausgewählt und eingeleitet von Brigitte Hamann
[60] Die Presse 26. 6. 1862
[61] Otto Ernst (Hg.) Franz Joseph I. in seinen Briefen, Wien 1924, 120 f. 6. 9. 1862
[62] Morgen-Post 29. 7. 1862 S. 2
[63] Morgen-Post 29. 1. 1863
[64] Die Presse 1. 7. 1862
[65] ebda. 10. 7. 1862
[66] Fürstenberg 30. 8. und 1. 9. 1867
[67] ebda. 8. 12. 1865
[68] SStA. Dresden. an Fanny von Ow 7. 2. 1863
[69] N. Sexau. an Auguste von Bayern. Possi, 5. 9. 1862
[70] Marie Louise von Wallersee, Die Heldin von Gaeta, Leipzig 1936, 88 und 93
[71] Morgen-Post 14. 10. 1862
[72] Crenneville 14. 7. 1862
[73] SStA. Dresden. an Fanny von Ow. 31. 12. 1862
[74] Crenneville. Possenhofen, 18. 7. 1862
[75] Schnürer 313, 25. 8. 1862
[76] Morgen-Post 15. 8. 1862
[77] Corti, Elisabeth 113

78 Albrecht Rolle 32, Weilburg 16. 8. 1862
79 Corti, Elisabeth 114
80 Morgen-Post 12. 8. 1862
81 Sophie 27. 8. 1862
82 Fürstenberg. 30. 8. 1867
83 Crenneville Große Korrespondenz 3. o. O. o. D.
84 N. Sexau. Ludovika an Sophie 6. 3. 1863
85 Corti, Elisabeth 115
86 N. Corti, 28. 9. 1862
87 Egon Caesar Conte Corti, Wenn, Wien 1954, 160
88 Crenneville 2. 4. 1864
89 Valerie 31. 10. 1889
90 Sophie 24. 3. 1864
91 Schnürer 333 f. Schönbrunn, 2. 8. 1864
92 Crenneville an seine Frau 26. 8. 1864
93 Dr. Constantin Christomanos, Aufzeichnungen über die Kaiserin. in: Die Wage 17. 9. 1898
94 Brigitte Hamann, Rudolf Kronprinz und Rebell, Wien 1978, 27
95 Festetics 30. 6. 1882
96 N. Sexau (bei Corti, Elisabeth, ein wenig abweichend zitiert)
97 Sophie 22. 4. 1865 fr.
98 StBW. Hss. N. Friedjung. Gespräch mit Marie Festetics am 29. 12. 1910
99 Crenneville. Salzburg, 5. 8. 1865
100 ebda. Wien, 9. 10. 1865
101 Rudolf. Kt. 18 Ofen, 16. 12. 1865
102 AA. Bonn. Österreich Wien, 28. 12. 1865
103 Valerie 25. 10. 1889

Anmerkungen zu Kapitel 5 (S. 189–215)

1 freundliche Mitteilung von Prinzessin Ghislaine Windischgrätz, laut einem minutiös und jahrelang geführten Maß- und Wiegebuch der Kaiserin.
2 Sophie 1. 5. 1855 fr.
3 ebda. 6. 4. 1860 fr.
4 Joseph Karl Mayr (Hg.), Das Tagebuch des Polizeiministers Kempen von 1848 bis 1859, Wien 1931

[5] Crenneville 17. 10. 1861
[6] Rudolf Kt. 18. Zürich, 1. 9. 1867 ung.
[7] Die Presse 11. 6. 1868
[8] Corti, Elisabeth, 111
[9] Brigitte Hamann, Vorwort zu »Sisis Schönheitenalbum«, Dortmund 1980, 7
[10] ebda., 8
[11] Princesse Pauline de Metternich-Sandor, Eclairs du Passé, Wien 1922, 63
[12] Elisabeth, Winterlieder 28 f.
[13] Corti, Elisabeth 326
[14] Sophie. Dresden, 10. und 11. 2. 1864
[15] SStA. Dresden. Marie von Sachsen an Fanny von Ow 18. 3. 1865
[16] Briefwechsel von John Lothrop Motley, Berlin 1890, Bd. 1, 174
[17] ebda. 227 f.
[18] Egon Caesar Conte Corti, Wenn. Graz 1954 159 f.
[19] Gesammelte Schriften von Hellmuth Graf Moltke, Bd. VI, Berlin 1892, 435 und 439
[20] Roger Fulford (Hg.), Dearest Mama. London 1968, 266. Berlin, 8. 9. 1863
[21] Scharding, 93
[22] Festetics 5. und 25. 3. 1874
[23] Wiener Tagblatt 14. und 17. 9. 1898
[24] Morgen-Post 27. 4. 1863
[25] Sophie 28. 4. 1863
[26] Constantin Christomanos, Tagebuchblätter, Wien 1899, 84
[27] Corti, Elisabeth 356 f.
[28] Irma Gräfin Sztáray, Aus den letzten Jahren der Kaiserin Elisabeth, Wien 1909, 40 f.
[29] Elisabeth, Winterlieder 229
[30] Christomanos 58–62
[31] Maria Freiin von Wallersee, Meine Vergangenheit, Berlin 1913, 27
[32] Fürstenberg. Wien, 18. 1. 1866
[33] Wallersee, 53
[34] Fremden-Blatt 8. 12. 1864
[35] Crenneville. Franz Joseph an Crenn. 8. 12. 1864
[36] Christomanos, 90 f. und 108
[37] Marie Louise von Wallersee, Kaiserin Elisabeth und ich, Leipzig 1935, 204

[38] Hübner 31. 10. 1881
[39] Valerie 15. 10. 1882
[40] Kaiser Wilhelm II., Aus meinem Leben 1859–1888, Berlin 1929, 87
[41] Festetics Ischl, 21. 6. 1872
[42] Elisabeth, Winterlieder 135 f.
[43] Carmen Sylva, Die Kaiserin Elisabeth in Sinaia, Neue Freie Presse 25. 12. 1908
[44] Festetics 14. 9. 1879

Anmerkungen zu Kapitel 6 (S. 216–280)

[1] Amélie Er.
[2] Schnürer 328. Schönbrunn, 20. 10. 1863
[3] Max Falk, Erinnerungen, Pester Lloyd 12. 9. 1898
[4] Corti, Elisabeth. 125
[5] ebda. 130
[6] N. Corti. 15. 11. 1864
[7] Crenneville. 27. 10. 1864
[8] N. Corti. Wien, 3. 6. 1866
[9] Kákay Aranyos II., Graf Julius Andrássy, Leipzig 1879, 74
[10] ebda. 109
[11] Hübner 21. 8. 1878
[12] Morgen-Post 9. 1. 1866
[13] Eduard von Wertheimer, Graf Julius Andrássy. Sein Leben und seine Zeit. Bd. I. Stuttgart 1910, 214 passim
[14] Morgen-Post, 10. 1. 1866
[15] Crenneville. an seine Frau 4. 2. 1866
[16] ebda. 31. 1. 1866
[17] Schnürer 351, Ofen, 17. 2. 1866
[18] HHStA. N. Braun. Tagebuch 2. 2. 1866
[19] Schnürer 350, Ofen, 17. 2. 1866
[20] Crenneville. Wien, 9. 2. 1866
[21] ebda. Ofen, 15. 2. 1866
[22] ebda. Ofen, 27. 2. 1866
[23] Budapest. Országos Leveltar, o. D.
[24] ebda.
[25] N. Corti. Wien, 13. 4. 1866
[26] Schnürer 352, Schönbrunn 3. 5. 1866

27 N. Corti. Schönbrunn, 2. 6. 1866
28 Schnürer 351
29 Corti, Elisabeth 147
30 ebda.
31 Rudolf Kt. 18. 29. 6. 1866
32 ebda.
33 ebda.
34 N. Corti. Wien, 1. 7. 1866
35 Rudolf Kt. 1, 1. Juli 1866
36 ebda. 4. Juli 1866
37 Fürstenberg 6. Juli 1866
38 Gordon A. Craig, Königgrätz, Wien 1966, 11
39 Sophie 6. Juli 1866
40 N. Sexau. Ludovika an Sophie 13. 9. 1866
41 Sophie 4. 7. 1866
42 Fürstenberg 8. 7. 1866
43 nach Budapester Tagblatt zitiert bei Nolston, 13
44 Erinnerungen an Dr. Max Friedländer, Wien 1883, 165. 15. Juli 1866
45 Bern. Bericht aus Wien 20. 7. 1866
46 Sophie 11. 7. 1866
47 Fritz Reinöhl, Die Panik nach Königgrätz. Neues Wiener Tagblatt, 4. 3. 1933 Wochenendausgabe
48 Manr. Konyi, Die Reden des Franz Deák, VIII, 763
49 Corti, Elisabeth 154 f.
50 ebda. 155 f.
51 Nostitz I., 38. Wien, 15. 7. 1866
52 Wertheimer I, 217. 16. 7. 1866
53 Nostitz I, 39. 17. 7. 1866
54 Nostitz I, 41. Wien, 18. 7. 1866
55 Nostitz I, 44 f. Wien, 20. 7. 1866
56 Sophie. 11. 7. 1866
57 ebda. 14. 7. 1866
58 Fürstenberg. Ischl, 23. 7. 1866
59 Nostitz I, 45 f. Wien, 21. 7. 1866
60 ebda. 25. Juli 1866
61 ebda. 49. Wien, 23. 7. 1866
62 Sophie. 29. 7. 1866
63 Nostitz I, 53. Wien, 27. 7. 1866
64 ebda. 54. Schönbrunn, 28. 7. 1866

[65] Fürstenberg Schönbrunn, Ischl, 27. 7. 1866
[66] Nostitz I, 53, 28. 7. 1866
[67] Wertheimer I, 222
[68] ebda. 223
[69] Nostitz I, 55 Schönbrunn, 4. 8. 1866
[70] ebda. 56. Schönbrunn, 6. 8. 1866
[71] ebda. 57 f. Schönbrunn, 7. 8. 1866
[72] ebda. 54. Schönbrunn, 28. 7. 1866
[73] ebda. 58. Schönbrunn, 9. 8. 1866
[74] ebda. 60. Schönbrunn, 10. 8. 1866
[75] ebda.
[76] Fürstenberg. Ischl, 18. 8. 1866
[77] Nostitz I, 61. Schönbrunn, 20. 8. 1866
[78] ebda. 63. Schönbrunn, 22. 8. 1866
[79] Wertheimer I, 245
[80] Pester Lloyd 12, 9. 1898
[81] so auch in der Morgen-Post 2. und 6. 12. 1862
[82] Dies und das folgende aus den Erinnerungen Max Falks, Pester Lloyd, 12. 9. 1898
[83] N. Corti 21. 3. 1867
[84] Széchényi-Bibliothek Budapest Hss. Ischl, 4. 8. 1867 ung.
[85] ebda. Buda. 19. 4. 1869 ung.
[86] Corti, Elisabeth 173 f.
[87] Nostitz I, 428. Ofen, 31. 12. 1894
[88] Sophie 12. 1. 1867
[89] Fürstenberg. Ischl, 1. 11. 1866
[90] Sophie im Oktober 1866
[91] Wallersee, Elisabeth 256
[92] HHStA. I. B. 1867. Register unter Erzherzog Albrecht Nr. 443, 1016, 1080, 1755, 1831, 2350. skartiert. Über Erzherzog Albrecht: Brigitte Hamann, Erzherzog Albrecht – die graue Eminenz des Habsburgerhofes. in: Festschrift für Rudolf Neck, Wien 1981, 32–43
[93] Wertheimer I, 271
[94] Sophie 7. 2. 1867
[95] Corti, Elisabeth, 171
[96] ebda. 21. 3. 1867
[97] HHStA. Kab. A. Geh. Akten 17. 1. 2. 1867
[98] Fragmente aus dem Nachlasse des ehemaligen Staatsministers Grafen Richard Belcredi. In: Die Kultur. 1905, 413

99 Wertheimer I, 273
100 Sophie 6. 2. 1867
101 Hübner 10. 7. 1878 und 5. 1. 1888
102 Sophie 11. 3. 1867
103 Crenneville. an seine Frau 13. 3. 1867
104 Falk-Erinnerungen
105 Juliana Zsigray, Königin Elisabeth, Budapest 1908, ung.
106 Corti, Elisabeth 16. 5. 67
107 Pester Lloyd 23. 5. 1867
108 Ludwig Ritter von Przibram, Erinnerungen eines alten Österreichers, Stuttgart 1910, I, 185 f.
109 Pester Lloyd 7. 6. 1867
110 N. Corti, 29. 5. 67
111 Crenneville. an seine Frau 7. 6. 1867
112 Helene Erdödy, Lebenserinnerungen, Wien 1929, 154
113 Pester Lloyd 8. 6. 1867
114 ebda. 13. 6. 1867
115 Przibram, 187
116 ebda. 180
117 Bern 9. 6. 1867
118 Przibram 187 f.
119 Scharding 293
120 Przibram 184 f.
121 Bern, Bericht vom 14. 6. 1867
122 Crenneville. an seine Frau 11. 6. 1867
123 Pester Lloyd 8. 6. 1867
124 Bern, Bericht vom 22. 4. 1868
125 ebda.
126 Wallersee, Kaiserin Elisabeth, 255
127 Sophie 22. 4. 1868
128 Festetics, 8. 3. 1874
129 Pester Lloyd 28. 4. 1868
130 Albrecht Rolle 33, Wien, 28. 4. 1868
131 Crenneville. 6. 1868
132 Neues Wiener Tagblatt 18. 6. 1868
133 Crenneville an seine Frau. Wien 14. 6. 1868
134 Neues Wiener Tagblatt 10. 6. 1868
135 Fürstenberg Ischl, 29. 7. 1868
136 Crenneville, an seine Frau. Wien, 20. 6. 1868

[137] Festetics 2. 6. 1872
[138] ebda. 30. 4. 1874
[139] Fürstenberg Ischl, 20. 8. 1869
[140] N. Corti. 30. 4. 1869
[141] Orszagos Leveltár Budapest, o. D.
[142] Neues Wiener Tagblatt 3. 3. 1870
[143] N. Corti. 31. 7. 1869 ung.
[144] Festetics 15. 10. 1872
[145] HHStA. N. Braun. Brief vom 3. Okt. 1876
[146] aus der umfangreichen Literatur hier nur die drei Sammelbände unter demselben Titel:
Der österreichisch-ungarische Ausgleich von 1867. 1) hg. vom Forschungsinstitut für den Donauraum, Wien 1967. 2) Bd. 20 aus der Buchreihe der Süddeutschen Historischen Kommission, München 1968 und 3) von Ludovit Holotík, Bratislava 1971

Anmerkungen zu Kapitel 7 (S. 281–325)

[1] Fürstenberg 3. 7. 1867
[2] BStB. München Hss. Sophie an Oskar von Redwitz, Wien, 15. 2. 69
[3] Fürstenberg 30. 8. 1867
[4] ebda. Possenhofen, 30. 8. 1867
[5] Sophie 2. 9. 1867
[6] Fürstenberg Possenhofen, 2. 9. 1867
[7] Sophie 29. 8. 1867
[8] Corti, Elisabeth 184
[9] Fürstenberg Ischl, 19. 8. 1867
[10] Hans Wilczek erzählt seinen Enkeln Erinnerungen aus seinem Leben, Wien 1933, 76
[11] ebda. 74
[12] Prinz Kraft zu Hohenlohe-Ingelfingen, Aus meinem Leben, I. Berlin 1906, 369
[13] Fürstenberg Possenhofen, 30. 8. 1867
[14] Rudolf Kt. 18 31. 3. 1865
[15] ebda.
[16] Festetics 13. 3. 1872
[17] ebda. 19. 9. 1872
[18] Fürstenberg. Ischl, 23. 8. 1867

[19] ebda. Wien, 9. 3. 1868
[20] ebda. Ischl, 1. 8. 1869
[21] Festetics 14. 2. 1872 fr.
[22] ebda. 17. und 19. 9. 1872
[23] Crenneville 25. 3. 1869
[24] Hans Christoph Hoffmann, Walter Krause, Werner Kitlitschka, Das Wiener Opernhaus, Wiesbaden 1972, 410 ff. Der Salon der Kaiserin brannte 1945 aus und konnte nicht mehr restauriert werden.
[25] Scharding, 106
[26] Festetics 2. 2. 1883
[27] ebda. 13. 1. 1874
[28] Corti. Meran 18. 11. 1871
[29] William Unger, Aus meinem Leben, Wien 1929, 152
[30] Maria Freiin von Wallersee, Meine Vergangenheit, Berlin 1913, 59 f.
[31] Khevenhüller 3. 5. 1888
[32] Elisabeth, Winterlieder 20 f.
[33] Sophie 27. 7. 1870 fr.
[34] ebda. 5. 8. 1870
[35] ebda. 25. 8. 1870
[36] N. Corti. Ischl, 16. 7. 1870
[37] ebda. Neuberg, 10. 8. 1870
[38] Elisabeth. Nordseelieder 124
[39] Sophie 25. 9. 1870
[40] ebda. 5. 10. 1870
[41] Festetics 4. 7. 1871
[42] ebda. 2. 2. 72
[43] Meraner Zeitung 12. 4. 1903
[44] Festetics 23. 2. 1872 ung.
[45] ebda. 17. 3. 1872
[46] ebda. 21. 4. 1873
[47] ebda. 27. 9. 1878
[48] Elisabeth, hss.
[49] zuletzt Heinrich Lutz, Österreich-Ungarn und die Gründung des Deutschen Reiches, Frankfurt 1979
[50] Sophie 31. 12. 1871
[51] N. Corti. Wien, 12. 3. 1874
[52] ebda. Wien 24. 4. 1872
[53] GHA München. N. Leopold von Bayern. Meran, 17. 2. (1872)
[54] Festetics 8. 4. 1872

[55] Schnürer, 385. Ofen, 8. 4. 1872
[56] Sophie 7. 4. 1872
[57] N. Leopold. Ofen, 7. 4. 1872
[58] Sophie 23. 4. 1872
[59] Festetics 25. 5. 1875
[60] Richard Sexau, Fürst und Arzt, Graz 1963, 242
[61] Festetics 17. 4. 1872
[62] ebda. 28. 5. 1872
[63] Bern. 29. 5. 1872
[64] Hübner 28. 5. 1872
[65] Festetics 2. 6. 1872
[66] Sexau 19. 3. 1862
[67] Festetics 2. 6. 1872
[68] ebda. 15. 10. 1872
[69] ebda. 9. 12. 1872
[70] ebda. 28. 12. 1873
[71] Valerie 24. 12. 1890
[72] Fürstenberg, Ischl, 20. 7. 1874
[73] ebda. 3. 5. 1882
[74] Festetics 21. 4. 1873
[75] ebda. 21. 4. 1873
[76] ebda. 23. 4. 1873
[77] NWT 21. 4. 1873
[78] N. Corti. München, 12. 1. 1874
[79] Rudolf Kt. 18 Ischl, 24.
[80] GHA München N. Leopold von Bayern. Ofen, 9. 1. 1874
[81] Festetics 21. 5. 1873
[82] ebda. 4. 5. 1873
[83] ebda. 21. 5. 1873
[84] ebda. 29. 5. 1873
[85] ebda. 4. 6. 1873
[86] Crenneville 3. 6. 1873
[87] Crenneville an seine Frau. 5., 4. und 7. 6. 1873
[88] ebda. 9. 5. 1873
[89] ebda. 25. 6. 1873
[90] ebda. 26. 6. 1873
[91] ebda. 6. 7. 1873
[92] Festetics 14. 7. 1873
[93] ebda. 8. 6. 1873

⁹⁴ Corti, Elisabeth 245
⁹⁵ Crenneville 28. 7. 1873
⁹⁶ NWT 3. und 2. 8. 1873
⁹⁷ NWT 31. 7. 1873
⁹⁸ NWT 8. 8. 1873
⁹⁹ NWT 9. 8. 1873
¹⁰⁰ Festetics 9. 8. 1873
¹⁰¹ NWT 9. 8. 1873
¹⁰² Crenneville 21. 9. 1873
¹⁰³ Festetics 23. 9. 1873
¹⁰⁴ Bern 7. 12. 1873
¹⁰⁵ Fremden-Blatt 30. 11. 1873
¹⁰⁶ Festetics 3. 12. 1873
¹⁰⁷ Fremdenblatt 2. 12. 1873
¹⁰⁸ NWT 3. 12. 1873
¹⁰⁹ Festetics 3. 3. 1874
¹¹⁰ ebda. 4. 3. 1875
¹¹¹ ebda. 14. 8. 1873

Anmerkungen zu Kapitel 8 (S. 326–372)

¹ N. Corti
² Scharding 140
³ Maria Freiin von Wallersee, Meine Vergangenheit, Berlin 1913, 43, 49 und 40
⁴ N. Sexau. Gespräch mit Geheimrat von Müller 23. 9. 1938
⁵ Ketterl 39
⁶ N. Corti. Gödöllö, 26. 1. 1875
⁷ Beide Briefe bei Roger Fulford (Hg.), Darling Child, London 1976, 145 Osborne, 2. August 1874 und Sandown, 3. August 1874.
⁸ N. Corti. Ventnor, 2. 8. 1874
⁹ ebda. Steephill Castle 15. 8. 1874
¹⁰ ebda. Claridges Hotel. 22. 8. 1874
¹¹ ebda. und das folgende Steephill Castle 28. 8. 1874
¹² Corti, Elisabeth 270, Ventnor 13. 9. 74
¹³ N. Corti. Isle of Wight, 18. 8. 1874
¹⁴ Festetics 26. 8. 1874
¹⁵ ebda. 15. 1. 1874

[16] ebda. 18. 1. 1874
[17] ebda. 15. 12. 1872
[18] Corti, Elisabeth 273 f.
[19] Crenneville 3. 7. 1875
[20] HHStA. Wien. k. u. k. Generaldirektion des ah. Familienfonds. Reservatakten 1892
[21] N. Corti Sassetôt 4. 8. 1875
[22] ebda. 27. 8. 1875
[23] Corti, Elisabeth 279
[24] Festetics 8. 8. 1875
[25] N. Corti. 16. und 22. 9. 1875
Aus diesem Unfall der Kaiserin schlug eine Gräfin Zanardi Landi (The secret of an Empress, London 1914) Kapital, indem sie behauptete, Elisabeth habe in Sassetôt heimlich ein Kind auf die Welt gebracht, Gräfin Marie Larisch (die nicht in Sassetôt dabei war) griff diese Geschichte auf: Marie Louise von Wallersee, vormals Gräfin Larisch, Kaiserin Elisabeth und ich, Leipzig 1935, 303 ff.
Aus den detailliert geführten Tagebüchern der Gräfin Festetics und der Erzherzogin Marie Valerie, auch den Erinnerungen des ebenfalls in Sassetôt anwesenden Bischofs Hyazinth Rónay, ist dies eindeutig in das Reich der Fabel zu verweisen. Der Tagesablauf der Kaiserin ist aus den zeitgenössischen französischen Zeitungen genau nachzuprüfen. Tausende sahen sie täglich beim Baden im Meer und waren auch Zeugen ihrer Reiterkunststücke. Wie kann sie da im neunten Monat schwanger gewesen sein? Daß der kaiserliche Leibarzt Dr. Widerhofer diese Frankreichreise mitmachte, war ausdrücklicher Wunsch des Kaisers, da man wegen Elisabeths Waghalsigkeit ständig einen Unfall befürchtete und nicht auf fremde Ärzte angewiesen sein wollte. Die Quellenlage zum Sassetôt-Aufenthalt ist gut und weist keine Lücken und keinerlei Vertuschungsversuch auf. Der Reitunfall steht außer Frage. s. auch Corti, Elisabeth 282.
[26] Frdl. Mitteilung von Dr. Michael Habsburg-Salvator, Persenbeug
[27] NWT 14. 9. 1875
[28] Crenneville Kwassnitz, 20. 9. 1875
[29] Festetics 29. 9. 1875
[30] ebda. 15. 10. 1875
[31] ebda. 15. 7. 1872
[32] N. Corti. 5. 3. 1876
[33] Festetics 8. 10. 1876

[34] N. Corti. an Ida Ferenczy 16. 3. 1876
[35] ebda. Easton Neston 20. 3. 1876
[36] John Welcome, Die Kaiserin hinter der Meute, Wien 1975, 99
[37] Festetics 15. 3. 1876
[38] Scharding 162
[39] Wallersee, Vergangenheit, 47 f.
[40] Corti, Elisabeth 299
[41] Rudolf Kt. 16. an Latour 3. 12. 1877
[42] Khevenhüller 4. 12. 1881
[43] abgedruckt in Brigitte Hamann (Hg.), Kronprinz Rudolf, Majestät ich warne Sie. Wien 1979, 19–52, Zitat S. 33
[44] Festetics Februar 1878
[45] ebda. 4. 1. 1878
[46] ebda. Februar 1878
[47] Corti, Elisabeth 300
[48] N. Sexau. Cottesbrook 3. 2. (1878)
[49] N. Corti. 26. 7. 1869
[50] DStB Berlin. Sammlung Preußischer Kulturbesitz. Sammlung Darmstaedter Lc 18. 7. 7. 1878
[51] Fürstenberg Isch, 13. 8. (1877)
[52] Festetics 1. 7. 1880
[53] N. Corti. Schönbrunn, 26. 5. 1878
[54] Corti, Elisabeth 301
[55] Festetics 18. 9. 1878
[56] ebda. 20. 9. 1878
[57] Hübner 8. 1. 1879
[58] ebda. 24. 7. 1878
[59] Coronini an Crenneville 26. 4. 1876
[60] ebda. 25. 11. 1878 und 22. 1. 1879
[61] Festetics 14. 2. 1880
[62] Corti, Elisabeth 290 f. 29. 5. 1876
[63] N. Corti. Summerhill, 11. 2. (1880)
[64] Welcome 190. Summerhill, 22. 2. 1879
[65] Festetics 20. 3. 1879
[66] N. Corti, Summerhill, 16. 3. 1879
[67] Festetics 22. 3. 1879
[68] Corti, Elisabeth 307
[69] Wiener Zeitung 24. und 25. 4. 1879
[70] Wallersee, Elisabeth, 170

[71] Die Große Politik der europäischen Kabinette 1871–1914 Bd. 3, Berlin 1927, 42. (5. 9. 1879)
[72] Festetics 28. 12. 1880
[73] Corti, Elisabeth 312
[74] Wallersee, Elisabeth 64. Dort auch das folgende Zitat
[75] Festetics 21. 7. 1880
[76] N. Corti. Summerhill, 29. 2. 1880
[77] Wallersee, Vergangenheit 73
[78] Elisabeth, Winterlieder 140–146. Dieser Besuch fand laut Festetics-Tagebuch am 6. 3. 1882 statt.
[79] Corti, Elisabeth, 316
[80] Festetics 13. 3. 1880
[81] Welcome 285
[82] N. Corti. an Ida Ferenczy 1881
[83] Festetics 19. 4. 1882
[84] ebda. 6. 1. 1874
[85] ebda. 11. 4. 1882
[86] Elisabeth, Winterlieder 20
[87] ebda. 1 f.
[88] Valerie 15. 9. 1882
[89] Festetics 18. 9. 1882
[90] Valerie 20. 9. 1882
[91] NFP 28. 6. 1882
[92] Hübner 1. 1. 1882
[93] Festetics 24. 4. 1882
[94] Valerie 9. 8. 1885
[95] Festetics 20. 9. 1882
[96] Freiherr Robert Lucius von Ballhausen, Bismarck-Erinnerungen, Stuttgart 1920, 398. 24. 10. 1887
[97] Wallersee, Elisabeth 210
[98] N. Corti. Amsterdam, 6. 6. 1884. an Ida Ferenczy

Anmerkungen zu Kapitel 9 (S. 373–411)

[1] Festetics 15. 10. 1872
[2] ebda. 6. 2. 1872
[3] ebda. 21. 6. 1878
[4] ebda. 21. 1. 1875

5 ebda. 6. 2. 1874
6 N. Corti Ofen, 14. 4. 1869
7 ebda. Gödöllö, 30. 4. 1869
8 ebda. 31. 1. 1867
9 ebda. 18. 12. 1868
10 ebda. 6. 9. 1868
11 ebda. Jan. 1870
12 ebda. 8. 7. 68 und 22. 6. 1867
13 Elisabeth, Nordseelieder, 138
14 Elisabeth, Nordseelieder 37
15 ebda. 42
16 ebda. 120
17 ebda. 121
18 Elisabeth, Winterlieder 61
19 Elisabeth, Nordseelieder 63 f.
20 Elisabeth, Winterlieder 94 f.
21 StBW. Hss. N. Friedjung. Gespräch mit Marie Festetics am 6. 3. 1913
22 zu ihrer Nichte Amelie. Valerie 3. 9. 1908
23 Maria Freiin von Wallersee, Meine Vergangenheit, Berlin 1913, 93 f.
24 hier zitiert nach den im N. Corti erhaltenen Berichten Pachers, etwas abweichend bei Corti, Elisabeth 254 ff.
25 Elisabeth, Nordseelieder 95
26 Corti, Elisabeth 233
27 Elisabeth, Nordseelieder 96
28 ebda. 97 f.
29 Corti, Elisabeth 350 f.
30 Elisabeth, Nordseelieder, 61
31 Elisabeth hss, schon bei Corti, Elis., 384 f.
32 Festetics 9. 1. 1874
33 Marie Louise von Wallersee, vormals Gräfin Larisch, Kaiserin Elisabeth und ich, Leipzig 1935, 60 ff.
34 ebda. 59. Eine längere und schwächere Version dieses Gedichtes bei Elisabeth, Winterlieder 206–209
35 Hübner 23. 5. 1876
36 Wallersee, Elis. 202
37 Constantin Christomanos, Tagebuchblätter, Wien 1899, 98 f.
38 Elisabeth, Nordseelieder 24 f. Titanias Klage
39 ebda. 60 f.
40 Wallersee, Elis. 307

⁴¹ Elisabeth, Winterlieder 91
⁴² ebda. Nordseelieder 57 ff.
⁴³ N. Corti. 23. 3. (1885)
⁴⁴ Elisabeth, Nordseelieder 25 f.
⁴⁵ Elisabeth, Winterlieder 86
⁴⁶ Elisabeth, Nordseelieder 59
⁴⁷ Valerie 4. 9. 1891
⁴⁸ Elisabeth, Winterlieder 59. An Sophia I.
⁴⁹ ebda. 97 f. An Sophia. Ein Lebensbild II.
⁵⁰ Amélie Tgb. 22. 8. 1888
⁵¹ Bourgoing, 251. Ofen, 6. 3. 1892
⁵² ebda. 254
⁵³ Christomanos 75 f.
⁵⁴ Diese Verse und die Zusammenstellung »Titania und Alfred« befinden sich im handschriftlichen, unnummerierten Teil des Nachlasses in Bern
⁵⁵ N. Corti. Barcelona, 6. 2. 1893

Anmerkungen zu Kapitel 10 (S. 412–439)

¹ Richard Sexau, Fürst und Arzt, Graz 1963, 131
² Aus fünfzig Jahren. Erinnerungen des Fürsten Philipp zu Eulenburg-Hertefeld, Berlin 1925, 130
³ Luise von Kobell, Unter den ersten vier Königen Bayerns, München 1894, 241
⁴ Scharding 191. Ludwig an Graf Dürckheim 8. 1. 1877
⁵ Marie Louise von Wallersee, vormals Gräfin Larisch, Kaiserin Elisabeth und ich, Leipzig 1935, 74 f.
⁶ Philipp Fürst zu Eulenburg-Hertefeld, Das Ende Ludwigs II. und andere Erlebnisse, I, Leipzig 1934, 96
⁷ Oskar Freiherr von Mitis, Das Leben des Kronprinzen Rudolf, neu hg. von Adam Wandruszka, Wien 1971, 225, 9. 3. 1878
⁸ N. Sexau. Ludwig an seine Braut Sophie München, 28. 4. 1867
⁹ N. Sexau, Ludwig an von der Pfordten 19. 7. 1865
¹⁰ GHA München. Schönbrunn, 11. 12. (o. J.)
¹¹ Rudolf Kt. 18 31. 3. 1865
¹² N. Sexau. Ludovika an Sophie 18. 4. 1866
¹³ Sexau, 170 f. 3. 7. 67

[14] Sexau 174
[15] Gottfried von Böhm, Ludwig II., König von Bayern, 2. Berlin 1924, 402
[16] N. Corti
[17] Festetics 21. 9. 1872
[18] Otto Gerold, Die letzten Tage Ludwigs II. Zürich 1903
[19] N. Corti. Steephill Castle 26. 9. 1874
[20] Festetics 18. 1. 1874
[21] Rudolf Kt. 18. Berg, 28. 8. 1873
[22] ebda. Hohenschwangau, 28. 11. 1875
[23] Elisabeth, Nordseelieder 99
[24] Elisabeth hss. dort Gedicht und Brief
[25] Elisabeth, Nordseelieder 110
[26] ebda. 108
[27] Festetics 18. 1. 1874
[28] Valerie 4. 6. 1885
[29] Elisabeth, Nordseelieder 109
[30] Constantin Christomanos, Tagebuchblätter, Wien 1899, 92 f.
[31] Valerie 13. 12. 1902. Gespräch mit Graf Dürckheim
Dieser Quelle ist wohl der Vorzug zu geben vor einem Brief des Fürsten Philipp Eulenburg an Herbert Graf Bismarck am 5. August 1886, der auf Münchner Tratsch fußte und den angeblichen Fluchtplan Elisabeths mit Ludwig II. behandelte: »Sie wollte zu Gudden fahren und ihn bitten, mit dem König ¼ Stunde alleine spazieren gehen zu dürfen – was dieser unzweifelhaft erlaubt haben dürfte. Dann wollte sie mit dem König entfliehen. – Das wäre eine schöne Schweinerei geworden!« Die schlechte seelische Verfassung Elisabeths nach Ludwigs Tod war in München bekannt. Laut Eulenburg »fiel die Kaiserin in eine Verzweiflung, die an Wahnsinn grenzte«. Philipp Eulenburgs Politische Korrespondenz. hg. von John C. G. Röhl. Bd. 1. Boppard 1976, 191
[32] Valerie 16. 6. 1886
[33] Berliner Tageblatt 21. 4. 1889
[34] N. Corti. Feldafing, 10. 6. 1886
[35] Amélie 14. 6. 1886 und 23. 5. 1887
[36] Valerie 20. 6. 1886
[37] Elisabeth, Nordseelieder 108 f.
[38] ebda. 100 f.
[39] ebda. 114

[40] Winterlieder 89 f.
[41] AA Bonn. Österreich 86. Nr. 1 geheim. 20. 5. 1891
[42] Valerie 10. 6. 1886
[43] Valerie 19. 6. 1886
[44] Elisabeth, Nordseelieder 102 f.
[45] Elisabeth Winterlieder 148–151 »Kreuther Stimmungslieder«
[46] ebda. 178
[47] Amelie 23. 8. 1888
[48] Valerie 19. 8. 1888
[49] Amelie 21. 3. 1889
[50] Elisabeth, handschriftl. 1888 »Dem todten Aar«
[51] Valerie 18. 5. 1887
[52] Valerie 18. 6. 1887
[53] Elisabeth, Nordseelieder 116 f.
[54] AA Bonn Österreich 86. Nr. 1 Bd. 2. München 2. 5. 1888
[55] Valerie 21. 6. 1884
[56] Wallersee, Elisabeth. 252
[57] Maria Freiin von Wallersee, Meine Vergangenheit, Berlin 1913, 82
[58] Wallersee, Elisabeth 164
[59] Wallersee, Vergangenheit 123 ff.
[60] Elisabeth hs.
[61] Elisabeth, Nordseelieder 132 f.
[62] Valerie 20. 12. 1885

Anmerkungen zu Kapitel 11 (S. 440–498)

[1] Wertheimer III, 338
[2] Festetics 6. 1. 1883
[3] Elisabeth hss. »Titania und Alfred«
[4] Karl Hasenauer in Neues Wiener Journal 6. 4. 1930
[5] Valerie 25. 5. 1887
[6] Valerie 24. 5. 1886
[7] Elisabeth, Nordseelieder 141
[8] Winterlieder 99, ff.
[9] Wallersee, Elisabeth, 5 f., auch Valerie 10. 12. 1887
[10] Elisabeth. Beilage zu den Gedichten
[11] ebda.
[12] Valerie 4-. 4. 1887
[13] Valerie 23. 8. 1887

14 Valerie 3. 7. 1884
15 Festetics 19. 8. 1882
16 Wertheimer III, 338 7. 7. 1889
17 Valerie 23. 8. 1887
18 Amelie Tgb. 27. 6. 1887
19 Allgemeine Deutsche Biographie. Maximilian in Bayern
20 N. Corti. Gödöllö, 11. 11. 1886
21 Elisabeth, Winterlieder 12 f.
22 Valerie 26. 8. 1889 (mit der Bemerkung: »vor drei Jahren«)
23 Elisabeth, Winterlieder 39
24 Elisabeth, hss.
25 Elisabeth, Nordseelieder, 85
26 Wiener Tagblatt 27. 12. 1888
27 Vossische Zeitung 5. 6. 1907
28 Wiener Tagblatt 15. 9. 1898
29 N. Corti. an Valerie. Korfu, 29. 10. 1888
30 Marie Freiin von Redwitz, Hofchronik 1888–1921. München 1924, 69
31 Dr. M. C. Marinaky, Ein Lebensbild der Kaiserin Elisabeth hg. Carlo Scharding, o. J. o. O., 47
32 Redwitz, 108 f.
33 N. Braun. Corfu, 4. 11. (1885)
34 N. Corti. 1. 12. 1888
35 N. Braun. Corfu, 22. 10. o. J.
36 N. Braun. Corfu, 22. 10. (1888)
37 N. Corti. an Ida Ferenczy. Corfu, 18. 10. 1888
38 N. Corti, 30. 10. 1887
39 Nostitz I. 190 (1. 11. 1887), 192 (6. 11. 1887) und 194 (9. 11. 1887)
40 Valerie 3. 12. 1888
41 Valerie 11. 11. 1884
42 Elisabeth, Winterlieder 147
43 ebda. 83
44 ebda. 78
45 Eugen Wolbe, Carmen Sylva, Leipzig 1933, 137
46 Carmen Sylva, Die Kaiserin Elisabeth in Sinaia. NFP 25. 12. 1908
47 Amelie 11. 11. 1884
48 N. Corti. Mehadia, 2. 5. 1887
49 Elisabeth, Winterlieder 84
50 Bourgoing 186. Gödöllö 29. 11. 1889
51 ebda. 354. Ofen, 1. 10. 1897

[52] Hugo Graf Lerchenfeld-Koefering, Erinnerungen und Denkwürdigkeiten 1843–1925. Berlin 1935, 134f.
[53] Nostitz I., 267. Wien, 6. 1. 1893
[54] Elisabeth, Nordseelieder 117ff.
[55] Winterlieder 174
[56] ebda. 124f.
[57] ebda. 154f.
[58] ebda. 23ff.
[59] ebda. 161f.
[60] ebda. 215
[61] Elisabeth, hss. »Das Fest des 30. Mai 1888«
[62] Wallersee, Elisabeth 253
[63] Valerie 27. 11. 1888
[64] Elisabeth, Winterlieder 1–4
[65] Nordseelieder 142ff.
[66] Winterlieder 173
[67] Marinaky 55
[68] Christomanos 71f.
[69] Elisabeth, hss. »Das Fest des 30. Mai 1888«
[70] Christomanos 109
[71] Christomanos 134
[72] Valerie 6. 9. 1885
[73] Elisabeth, Nordseelieder 112f.
[74] Winterlieder 100f.
[75] Elisabeth hss.
[76] Elisabeth hss.
[77] Christomanos 157f.
[78] Christomanos 154
[79] NFP 29. 4. 1934
[80] Irma Gräfin Sztáray, Aus den letzten Jahren der Kaiserin Elisabeth, Wien 1909, 83
[81] Eduard Leisching, Ein Leben für Kunst- und Volksbildung, hg. von Robert A. Kann und Peter Leisching, Wien 1978, 130f.
[83] Christomanos 221f.
[82] Valerie 18. 3. 1891
[84] Marinaky 38
[85] Namensindex der Ausgaben Elisabeths in den Reservatakten des allerhöchsten Familienfonds. HHStA. Wien
[86] Elisabeth, hss.

[87] Winterlieder 213
[88] Brigitte Hamann, Rudolf Kronprinz und Rebell, Wien 1978, 406
[89] 6. Jahrgang, Nr. 9, 115
[90] ebda. 6. Jg. Nr. 4, 44
[91] Edouard Drumont, La fin d'un monde, Paris 1889, XII
[92] Wiener Tagblatt 15. 9. 1888
[93] Christomanos 238
[94] Deutsches Volksblatt 2. 8. 1907 Kaiser Wilhelm und Heine
[95] Gerhart Söhn, Heinrich Heine in seiner Vaterstadt Düsseldorf, Düsseldorf 1966, 53
[96] N. Corti. an Ida Ferenczy Corfu, 11. 10. 1891
[97] NWT 9. 5. 1926. Julius Kornried, Kaiserin Elisabeth und Heinrich Heine
[98] Deutsches Volksblatt 2. 8. 1907

Anmerkungen zu Kapitel 12 (S. 499–521)

[1] Heinrich Benedikt, Damals im alten Österreich, Wien 1979, 90 f.
[2] Bourgoing, 43
[3] Prinzessin Stephanie Prinzessin von Belgien, Fürstin von Lonyay, Ich sollte Kaiserin werden Leipzig 1935 152
[4] Bourgoing, 44
[5] ebda. 45. 23. 5. 1886
[6] ebda. 60. Wien, 21. 4. 1887
[7] Valerie 14. 7. 1886
[8] NFP 29. 4. 1934. Franz von Matsch, Als Maler bei Kaiserin Elisabeth
[9] Elisabeth, Winterlieder 88 f.
[10] Valerie 1. 3. 1887
[11] Bourgoing 56. 17. 2. 1887
[12] ebda. Wien, 7. 2. 1887
[13] ebda. 121. Wien, 6. 12. 1888
[14] ebda. 75. Gödöllö, 29. 11. 1887
[15] ebda. 85. Ofen, 14. 2. 1888
[16] ebda. 101. Villa bei Lainz 1. 6. 1888
[17] ebda. 225. Wien, 30. 12. 1890
[18] ebda. 250. Wien, 13. 2. 1892
[19] ebda. 273. 4. 3. 1893
[20] Elisabeth, Winterlieder 35 f.

21 Elisabeth hss.
22 Bourgoing 274. 5. 3. 1893
23 N. Sexau. Gespräch mit Fürst Taxis am 27. 7. 1938
24 Elisabeth, Nordseelieder 112
25 Heinrich Heine, Sämtliche Werke. Buch der Lieder I, 130 f.
26 Wallersee, Elisabeth 309
27 Elisabeth hss.
28 Valerie 4. 8. 1888
29 Valerie 9. 6. 1889
30 N. Sexau. Gespräch mit Herzogin Marie José in Bayern. 27. 8. 1938
31 Bourgoing 143. Ofen, 16. 2. 1889
32 Valerie Juni 1889
33 Valerie 7. 5. 1890
34 N. Corti. Wien, 6. 12. 1890
35 N. Corti. Wien, 17. 12. 1890
36 Bourgoing 218. Mürzsteg, 4. 10. 1890
37 ebda. 215. Teschen, 5. 9. 1890
38 Fürst Philipp zu Eulenburg-Hertefeld, Erlebnisse an deutschen und fremden Höfen, Leipzig 1934, II 205
39 Bourgoing 263
40 Hübner 28. 10. 1889
41 Eulenburg II, 200
42 Valerie 2. 6. 1889
43 Valerie 21. 7. 1889
44 Valerie 4. 11. 1889
45 Valerie 26. 12. 1889
46 Valerie 18. 11. 1889
47 Valerie 5. 12. 1889
48 Valerie 28. 5. 1890
49 Bourgoing 289, Cap Martin 2. 3. 1894
50 ebda. 345. Cap Martin, 10. 3. 1897
51 Eulenburg II, 213
52 Eulenburg II, 199
53 Valerie 11. 7. 1899
54 Valerie 28. 8. 1890
55 Eulenburg II, 226
56 Bourgoing 426. Juni 1901
57 Valerie 6. 7. 1899

Anmerkungen zu Kapitel 13 (S. 522–570)

[1] Valerie 4. 2. 1890
[2] Festetics 13. 5. 1874
[3] Richard Sexau, Fürst und Arzt. Graz 1963, 346
[4] Valerie 4. 5. 1886
[5] Prinzessin Stephanie von Belgien, Fürstin von Lonyay, Ich sollte Kaiserin werden. Leipzig 1935, 95 f.
[6] Elisabeth, Winterlieder 169
[7] Elisabeth, Winterlieder 30 f.
[8] Valerie 29. 5. 1884
[9] Schriftenverzeichnis des Kronprinzen Rudolf bei Brigitte Hamann, Rudolf, Kronprinz und Rebell, Wien 1978, 523–526
[10] Brigitte Hamann, Das Leben des Kronprinzen Rudolf nach neuen Quellen. Masch. schr. Diss. Wien 1978, 224–264
[11] die Adelsschrift ist vollständig publiziert in: Brigitte Hamann (Hg.) Rudolf. Majestät ich warne Sie. Geheime und private Schriften. Wien 1979, 19–52
[12] Hamann, Rudolf 103
[13] ebda.
[14] Festetics 21. 10. 1877
[15] publiziert bei Hamann, Majestät, 55–78
[16] Hübner 12. 6. 1879
[17] Hübner 18. und 19. 6. 1879
[18] Hübner 24. und 25. 9. 1879
[19] Festetics, 3. 11. 1881
[20] HHStA. N. Rudolf Kt. 16 Prag, 28. 10. 1879.
[21] Prag, 16. 1. 1881. Hamann, Rudolf, 139 f.
[22] Festetics 3. 1. 1882
[23] Hamann, Rudolf 303
[24] Elisabeth hss.
[25] Elisabeth, Nordseelieder 53
[26] Stephanie, Ich sollte Kaiserin werden, 152. Kremsier, 25. 8. 1885
[27] 23. 7. 1885. Hamann, Rudolf 295
[28] Elisabeth, Nordseelieder 4 f.
[29] Elisabeth, Winterlieder 20
[30] Elisabeth, Winterlieder 1–4
[31] Hamann, Rudolf 353
[32] Elisabeth, Winterlieder 20

[33] Hamann, Rudolf 351. Die Broschüre ist zur Gänze publiziert bei Hamann, Majestät, 191–227
[34] Bonn A. A. Österreich 91. Bd. 1. Wien, 23. 10. 1886. über Andrássy Hamann Rudolf 301 ff.
[35] Elisabeth, Winterlieder, 20
[36] Bonn. A. A. Österreich 70 geheim. Wien, 5. 2. 1886
[37] Bonn. A. A. Österreich 86. Nr. 1 Bd. 1 geheim. 8. 3. 1887
[38] Die geheimen Papiere Friedrich von Holsteins, Bd. 3 Göttingen 1961, 189. 30. 3. 1887. Die dortige Anmerkung Nr. 7 muß auf »Herzog Ludwig in Bayern« korrigiert werden.
[39] Walter Bußmann, (Hg.), Staatssekretär Graf Herbert von Bismarck, Göttingen 1964 524. Wien, 5. 10. 1888
[40] ebda. 528. 9. 10. 1888
[41] Oskar Freiherr von Mitis, Das Leben des Kronprinzen Rudolf, neu hg. von Adam Wandruszka, Wien 1971, Prag, 2. 12. 1881
[42] Hamann, Rudolf 173 f.
[43] Bonn. A. A. Österreich 86 Nr. 1 Bd. 1 geheim 8. 3. 1883
[44] Valerie 3. 6. 1884
[45] Valerie 24. 12. 1887
[46] StbW Hss. N. Friedjung. Gespräch mit Gräfin Marie Festetics am 23. 3. 1909
[47] Fritz Judtmann, Mayerling ohne Mythos, Wien 1968, 18 ff.
[48] Valerie 18. 8. 1883 und andere
[49] N. Corti. Valerie 17. 11. 1883
[50] Valerie 11. 11. 1884
[51] Valerie 17. 8. 1884
[52] Valerie 30. 5. 1884
[53] Valerie 13. 6. 1884
[54] Valerie 24. 6. 1886
[55] Valerie 6. 12. 1886
[56] Valerie 25. 5. 1887
[57] Hamann, Rudolf, 408 ff.
[58] Corti Elis. 401
[59] Elisabeth, Winterlieder 30 f.
[60] Valerie 23. 5. 1887
[61] Valerie 6. und 7. 2. 1887
[62] Valerie 22. 5. 1887
[63] Valerie 13. 5. 1888
[64] Valerie 4. 3. 1889

65 Valerie 6. 8. und 6. 9. 1888
66 Valerie 23. 12. 1888
67 Valerie 16. 9. 1887
68 Elisabeth, hss.
69 Valerie 16. 12. 1888
70 N. Friedjung Gespräch mit M. Festetics am 23. 3. 1909
71 ebda.
72 alle Valerie-Zitate über Mayerling am 8. 2. 1889
73 Stephanie, 203
74 Hamann, Rudolf, 109 f.
75 Corti, Elisabeth 419 f.
76 N. Corti, Abschrift aus Valerie-Tagebuch
77 Valerie 8. 2. 1889
78 N. Friedjung. Gespräch mit Marie Festetics 23. 3. 1909
79 Sexau, 352
80 Valerie nach N. Corti
81 Valerie 29. 6. 1890
82 Valerie 18. 2. 1889
83 Valerie 17. 2. 1889
84 Amelie 30. 11. 1889
85 Valerie, 8. 2. 1889
86 Sexau 351
87 Valerie 21. 8. 1889
88 Maria Freiin von Wallersee, Meine Vergangenheit. Berlin 1913, 234 ff.
89 AA Bonn. Österreich 86 geheim. 6. 3. 1889
90 N. Corti. Valerie 18. 2. 1889
91 Scharding 301, 23. 6. 1890
92 Hübner 3. 2. 1889
93 Wiener Zeitung, 6. 2. 1889
94 Bourgoing 133. Wien, 5. 2. 1889
95 Valerie 10. 2. 1889
96 Bertha von, Suttner Lebenserinnerungen, Berlin 1979, 376
97 Valerie 24. 5. 1889
98 Valerie 17, 6. 1890
99 Valerie 8. 12. 1889
100 Valerie 15. 2. 1889
101 Amelie 30. 7. 1890
102 Amelie 4. 12. 1890
103 Valerie 24. 2. 1889

[104] Scharding 301. 24. 2. 1889
[105] Valerie 12. 3. 1889
[106] Amélie 4. 12. 1889
[107] Valerie 25. 10. 1889
[108] Valerie 1. 2. 1890
[109] Valerie 4. 2. 1890
[110] Valerie 21. 2. 1890
[111] Valerie 19. 5. 1890
[112] Valerie 30. 4. 1889
[113] Valerie 24. 5. 1889
[114] Valerie 9. 12. 1889
[115] Amélie 4. 2. 1891
[116] AA Bonn. Österreich 86. 28. 1. 1890
[117] Valerie 23. 7. 1890
[118] Valerie 28. 5. 1890
[119] Valerie 14. 7. 1890
[120] Valerie 5. 7. 1890
[121] Valerie 31. 7. 1890
[122] N. Corti. Elisabeth an Valerie Gasturi, 22. 4. 1891
[123] Valerie 26. 1. 1891

Anmerkungen zu Kapitel 14: (571–609)

[1] Wallersee Elisabeth 46
[2] ebda. 45 f.
[3] Konstantin Christomanos, Tagebuchblätter, Wien 1899, 104 f.
[4] Nostitz I, 188. Wien, 29. 10. 1887
[5] N. Corti. Villefranche, 14. 2. 1893
[6] Valerie 14. 9. 1894
[7] AA Bonn Österreich 86. Nr. 1 Bd. 3. Rom, 21. 11. 1890
[8] Valerie 4. 8. 1894
[9] Cissy von Klastersky, Der alte Kaiser, wie nur einer ihn sah. Wien 1929, 41
[10] N. Corti Corfu, 11. 11. 1888
[11] Nostitz, I. 391. 10. 4. 1894
[12] Valerie 23. 3. 1891
[13] NWJ 3. 7. 1932. Artikel von F. Pagin
[14] Valerie 23. 4. 1892

15 Harold Kurtz, Eugénie, Tübingen 1964, 423
16 N. Corti. Genua, 29. 3. 1893
17 HHStA. P. A. Kairo, 23. 11. 1891
18 Valerie 14. 1. 1891
19 Eduard Suess, Erinnerungen, Leipzig 1916, 411
20 A. A. Bonn. Österreich 86. Nr. 1. Wien, 12. 5. 1890
21 N. Corti, Corfu, 18. 10. 1888
22 HHStA. N. Braun. Corfu, 22. 10. o. J.
23 N. Corti, Corfu, 20. 11. (1888)
24 N. Corti, Genua, 29. 3. 1893
25 Christomanos 129
26 Christomanos 65 ff.
27 Elisabeth, Winterlieder 120
28 Elisabeth, Winterlieder 166
29 Elisabeth, Winterlieder 61 f.
30 Christomanos 133
31 Amélie Tgb. 4. 12. 1890
32 N. Corti. an Ida Ferenczy. Corfu, 11. 10. 1891
33 Elisabeth, Nordseelieder 5 und 7
34 Christomanos 165
35 Nostitz I, 307 f. Wien, 6. 4. 1893
36 N. Corti. 13. 9. 1892
37 N. Corti. an Ida Ferenczy. Messina, 4. 12. 1892
38 E. Corti. 18. 1. 1893
39 HHStA. Adm. Reg. F1/57. Wien, 24. 10. 1890
40 AA. Bonn. Österreich 86. Nr. 1. Reuss an Wilhelm II. 29. 10. 1890
41 AA Bonn. Österreich 86 Nr. 1 Bd. 6 Wien, 2. 1. 1893
42 Irma Gräfin Sztáray, Aus den letzten Jahren der Kaiserin Elisabeth, Wien 1909, 203
43 N. Corti. Zeitungsausschnitt: Fritz Seemann, Der Mann, der Könige überwachte
44 Alfons Clary-Aldringen, Geschichten eines alten Österreichers. o. J. 114
45 Rosa Albach-Retty, So kurz sind hundert Jahre, München 1979, 123 f.
46 Suttner, Erinnerungen 343
47 Berliner Tageblatt 21. 4. 1889. ähnlich auch im Matin 12. und 17. 4. und Gaulois 13. 4. 1889
48 Wiener Tagblatt 26. 4. 1889
49 übersetzt und dementiert in Magyar Hirlap 11. 3. 1893

[50] N. Corti. an Ida Ferenczy 14. 3. 1893
[51] Der Bund 22. 3. 1893
[52] N. Sexau. an Marie José in Bayern. Territet, 2. 3. 1893
[53] Valerie 21. 2. 1893
[54] N. Corti. an Ida Ferenczy 14. 4. 1893
[55] Redwitz 68 f.
[56] Valerie 27. 7. 1895
[57] Valerie 25. 2. 1897
[58] Valerie 15. 8. 1891
[59] Edmund von Glaise-Horstenau, Franz Josephs Weggefährte, Wien 1930, 400
[60] N. Corti, Cap Martin, 24. 2. 1897
[61] Viktor Eisenmenger, Erzherzog Franz Ferdinand, Zürich o. J. 77
[62] N. Corti. Cap Martin, 20. 12. 1895
[63] N. Corti. Biarritz, 2. 1. 1897
[64] N. Corti. Biarritz, 22. 12. 1896
[65] Bourgoing 304. Ofen, 29. 12. 1894
[66] Nostitz II. 307 Schönbrunn, 8. 9. 1897
[67] Bourgoing 344. Cap Martin, 3. 3. 1897
[68] N. Corti. Sztáray an Ida Ferenczy. Corfu, 7. 4. 1896
[69] Magyar Hirlap 3. 5. 1896
[70] Philipp zu Eulenburg-Hertefeld, Erlebnisse an deutschen und fremden Höfen, Leipzig 1934, 80
[71] Valerie 16. 12. 1897
[72] A. A. Bonn. Österreich 86 Nr. 1. Bd. 9 Wien, 26. 3. 1897
[73] Bourgoing 359. Ofen, 28. 2. 1898
[74] Valerie 8. 5. 1898
[75] Valerie 11. und 12. 5. 1898
[76] Valerie 13. 5. 1898
[77] Valerie 2. 7. 1898
[78] Valerie 22. 7. 1898
[79] Valerie 25. 8. 1898
[80] N. Corti. Nauheim, 25. 7. 1898
[81] Valerie 7. 9. 1898
[82] Christomanos 209 f.
[83] Elisabeth, Winterlieder 21
[84] BB Bern. Polit. Department 2001/801 Zürich, 4. 5. 1898
[85] Sztáray, 245
[86] Näheres über das Attentat bei Brigitte Hamann, Der Mord an Kaiserin

Elisabeth. in: Leopold Spira (Hg.) Attentate, die Österreich erschütterten, Wien 1981, 21–33. und Maria Matray und Answald Krüger, Der Tod der Kaiserin Elisabeth von Österreich, München 1970.
[87] Valerie 7. 9. 1898
[88] Carmen Sylva, Die Kaiserin Elisabeth in Sinaia. Neue Freie Presse 25. 12. 1908
[89] Valerie 10. und 13. 9. 1898
[90] Glaise-Horstenau, 400
[91] Erich Graf Kielmannsegg, Kaiserhaus, Staatsmänner und Politiker, Wien 1966, 106
[92] Kielmannsegg 105
[93] Valerie 20. 9. 1898
[94] HHStA. Wien. Reservatakten der Direktion des Familien Fonds 1898
[95] ebda.
[96] Valerie 3. 10. 1898
[97] Valerie 20. 9. 1898
[98] Valerie 27. 9. 1898
[99] Kielmannsegg 93
[100] Valerie 9. 4. 1899
[101] Valerie 25. 7. 1900
[102] Valerie 7. 10. 1898
[103] Valerie 16. 1. 1899
[104] Valerie 2. 12. 1898
[105] Valerie 18. 1. 1900

Abkürzungen

AA	= Archiv des Auswärtigen Amtes, Bonn
BAB	= Schweizer Bundesarchiv Bern
BStB	= Bayerische Staatsbibliothek, München
DStB	= Deutsche Staatsbibliothek, Berlin
ebda.	= ebenda
FA	= Familienarchiv
fr.	= im Original französisch
GHA	= Geheimes Hausarchiv, München
Hg.	= Herausgeber
HHStA.	= Haus-, Hof- und Staatsarchiv, Wien
hss.	= handschriftlich
Hss.	= Handschriftensammlung
I. B.	= Informationsbüro
Kt.	= Karton
N.	= Nachlaß
NFP	= Neue Freie Presse
NWT	= Neues Wiener Tagblatt
o. D.	= ohne Datum
OMeA	= Obersthofmeisteramt
o. O.	= ohne Ort
SStA	= Sächsisches Staatsarchiv, Dresden
StbW	= Stadtbibliothek Wien
ung.	= im Original ungarisch

Register

Adelgunde, Prinzessin von Bayern 75
Albach-Retty, Rosa, Schauspielerin 587f.
Albrecht, Erzherzog 118, 148, 177, 230, 232, 234, 257f., 262, 265, 275, 300, 367
Alençon, Ferdinand, Herzog von 405f., 417
Alençon, Sophie s. Sophie
Alexander II. Zar 176, 315, 501, 534
Alexander III. Zar 533 ff.
Alexander, Prinz von Hessen 101, 116
Alexandra, Prinzessin von Wales 331, 333
Alfons, Prinz von Bayern 547
Alfons XII., König von Spanien 333
Allen, Stallmeister 335, 338
Almássy, Gräfin 219, 222
Amadeo I., Könvg von Spanien 333
Amalie, Königin von Sachsen 77
Amalie, Königin von Griechenland 160
Amalie, Prinzessin von Coburg 302f.
Amélie, Herzogin in Bayern 282, 407, 426, 432, 464, 547, 561, 565, 566f., 582
Andrássy, Graf Gyula, k. u. k. Außenminister 1871–79, 119, Kap. 6, 297f., 299ff., 306, 321, 328, 352, 355, 367, 377, 382f., 388f., 398, 410, 425, 440, 450, 478 A, 524, 529–533, 536ff., 539, 540f., 544, 562, 567, 571, 573
Andrássy, Katinka 224, 266, 276, 567
Angeli, Heinrich Maler 502f.
Angerer, Photograph 193
Angerer, Fanny s. Feifalik
Anna, Prinzessin von Preußen, sp-Landgräfin von Hessen 25
Arenberg, Prinzessin Amalie Luise 44
Augusta, Dte. Kaiserin 316
Auguste, Prinzessin von Bayern 312
Bach, Alexander Frh. von, Innenminister (1849–59) 118, 140
Badeni, Graf Kasimir, Min.-Präs. (1895–97) 595
Baltazzi-Brüder 333f.
Baltazzi Baron Hektor 334
Barker, Frederic 608
Bastian, Medium 435, 542
Batthyány, Graf Edmund 269
Batthyány, Graf Elemer 326, 327, 328
Batthyány, Graf Ladislaus 269
Batthyány, Graf Ludwig, ung. Ministerpräsident 223, 258, 327
Beck-Rzikowski, Friedrich, Baron. Generalstabschef 591
Beckmann, Friedrich, Burgschauspieler 100
Belcredi, Graf Richard, Min.-Präsident 1865 259f.
Bellegarde, Graf Gustav 297, 308, 376
Bellegarde, Paula s. Königsegg
Benedek, Ludwig von, Oberkommandierender in Königgrätz 222, 232
Benedikt, Heinrich, Historiker 499
Berger Alfred, Burgtheaterdirektor 515, 520
Bethlén, Graf 236f.
Beust, Ferdinand Graf, öst. Reichskanzler 1867–71 250f., 260, 261, 262, 299f.
Bismarck, Herbert Graf, Staatssekretär 540
Bismarck, Otto Fürst, deutscher Reichskanzler 21, 91, 178f., 232, 236, 238, 245, 250, 283, 286, 299f.,

651

352, 359, 434, 435, 495, 530, 536, 537 ff., 540
Bombelles, Charles Graf 396
Borghese, Fürst 489
Braun, Adolf Baron, Staatsrat 279
Brehm, Alfred, Zoologe 349, 527
Broch, Hermann 468
Bruck Karl Frh. von, öst. Finanzminister (1855–60) 99, 140
Bruckner, Anton, Komponist 570
Buol-Schauenstein, Graf Karl, öst. Außenminister 31, 49, 74, 140
Byron, Lord 457
Carl I., König von Württemberg 316
Carl Theodor, Herzog in Bayern, Augenarzt. Elisabeths Bruder 47, 84, 96, 117, 144, 145, 164, 169, 173, 198, 282, 296, 412, 426, 429 f., 447, 450, 457, 527, 547, 561
Carol I., König von Rumänien 460, 464
Cavour, Graf Camillo 115, 129
Charlotte, Erzherzogin 121, 177 f., 191, 249, 254 f., 282, 364, 526
Christomanos, Konstantin 179, 205, 206 f., 211 f., 397, 407, 410 f., 424, 482, 489, 491, 495, 571 f., 579, 581, 583, 597
Clary-Aldringen, Graf Alfons 587
Corti, Egon Caesar Conte, Historiker 15, 150 f., 383
Crenneville, Graf Franz Folliot de, Generaladjutant 119, 142, 161, 171, 172, 179, 186, 191 f., 211, 228 f., 230, 262, 266, 267, 272, 276, 288, 297, 305, 315 f., 318 f., 321, 336, 339, 354
Crenneville, Gräfin Ernestine 588
Cumberland, Herzog von 588
Deák, Franz 221, 222 f., 225, 230, 239, 242, 243, 245, 247, 261, 266, 277
Disraeli, Benjamin engl. Premierminister 361
Doderer, Wilhelm Architekt 462 A.

Drumont, Edouard, franz. Schriftsteller 494
Dudley, Lady 332
Dunant, Henri, Gründer des Roten Kreuzes 135
Ebergenyi, Agotha 377
Eisenmenger, Dr. Viktor, Arzt 591 f.
Eduard Albert, Prinz von Wales, als König Eduard VII. 316, 331, 333, 361, 395 f.
Elisabeth von Bayern, Gemahlin Kaiser Ferdinands III. 89
Elisabeth, Königin von Rumänien (Carmen Sylva) 214, 460–465, 602
Elisabeth, Erzherzogin (Erzsi), Tochter des Kronprinzen Rudolf 542 f., 559, 568, 570, 605
Elisabeth, Erzherzogin (Ella), Tochter der Erzherzogin Valerie 568
Elisabeth, Prinzessin von Bayern, Tochter Giselas 312
Elisabeth, Prinzessin von Bayern 173
Elisabeth, Erzherzogin 24
Elise, Königin von Preußen 25, 32, 33, 39, 91, 236
Embden, Charlotte von, Schwester Heinrich Heines 454, 494
Engels, Friedrich 136
Eötvös, Josef, ung. Schriftsteller u. Politiker 252 ff., 256, 263, 277, 460
Erdödy, Gräfin Helene 267
Ernst II. Herzog von Sachsen-Coburg-Gotha 114, 135, 136
Esterházy, Graf Moritz, öst. Minister 240
Esterházy, Graf Nikolaus 118 f., 327, 328, 330, 344 f., 386, 393 f., 557
Esterházy, Gräfin Sophie, Oberthofmeisterin 40, 68, 75, 87, 97, 100, 134, 148, 163 f., 324
Eugénie, Kaiserin der Franzosen 66, 194, 195, 224, 283–286, 393, 576
Eulenburg-Hertefeld, Fürst Philipp, dt.

Botschafter in Wien 413 f., 434 f., 515, 516, 519, 594
Falk, Max, ung. Schriftsteller u. Politiker 219, 251–154, 256, 262 f., 277
Feifalik, Fanny, geb. Angerer, Friseurin 203–207
Feifalik, Hugo 205, 383
Ferdinand I., Kaiser von Österreich 21, 23, 36, 50, 68, 87, 90 f., 92, 146, 227, 336, 370, 435
Ferdinand II., König von Neapel-Sizilien 127
Ferdinand III., röm.-dt. Kaiser 89
Ferdinand Maximilian, Erzherzog s. Maximilian
Festetics, Gräfin Marie, Hofdame 45, 78, 86, 97, 113, 159, 182, 184, 203, 205, 213, 214, 276 f., 279, 288, 291 f., 297 ff., 301, 302, 303, 304 f., 306, 308 f., 310 f., 313 ff., 316, 320, 321, 323, 324 f., 332, 334, 338, 340, 342, 343, 346 ff., 351, 352 f., 355 ff., 359, 360, 361, 364 f., 367, 369, 371 f., 374 f., 382, 394, 418 f., 423, 440, 450, 458 f., 496, 502, 523, 529, 531, 543, 555, 556, 574, 576, 578 f., 582, 585, 589 f.
Ferenczy, Ida, Vorleserin 210, 218, 223, 227, 230 ff., 237, 251 f., 256, 262, 277 f., 279, 298, 301, 312, 317, 347, 383 f., 386 f., 388, 394, 411, 506 f., 514, 557 f., 560, 572, 574, 576, 584, 592, 606, 608
Festetics, Graf Tassilo 341
Dr. Fischer, Arzt 125, 133, 164 f., 166, 168, 170, 175, 179, 187
Franz I. Stephan, röm.-deutscher Kaiser 66
Franz I (II.) Kaiser von Österreich 26, 36, 68, 124, 609
Franz II., König von Neapel-Sizilien 123, 126, 128 f., 145, 146, 156, 170, 172, 334, 415

Franz Ferdinand, Erzherzog 471–474, 560, 561
Franz Joseph I. Kaiser, ist wegen der Häufigkeit des Vorkommens nicht in das Register aufgenommen
Franz Carl, Erzherzog 21, 23, 26, 36, 67, 85, 97, 139, 167, 303, 307
Franz Salvator, Erzherzog 491, 513, 516, 518, 547–555, 569 f.
Friedjung, Heinrich, Historiker 556
Friedrich, Erzherzog 475
Friedrich August, König von Sachsen 91
Friedrich August, Kronprinz von Sachsen 546
Friedrich Wilhelm IV., König von Preußen 91
Friedrich Wilhelm, Kronprinz von Preußen (Friedrich III.) 301, 313 f., 527, 575
Fulda, Ludwig, Schriftsteller 407
Fürstenberg, Landgräfin Therese, Hofdame 90, 143, 169, 208, 235, 236, 244, 246, 249, 276, 277, 282 f., 287 f., 309 f., 351, 502
Gabillon, Helene, Burgschauspielerin 203
Garibaldi, Giuseppe, ital. Freiheitskämpfer 115, 127, 144, 145, 146
Georg I., König von Griechenland 575
Georg, König von Sachsen 19
Gisela, Erzherzogin, verh. Prinzessin von Bayern 107, 111 f., 119 ff., 124, 132, 145, 152, 158, 174, 180 f., 234, 237 f., 249, 267, 273, 287, 297, 301–304, 311 ff., 340, 429, 498, 517, 522, 524, 544, 568, 569, 605
Gisela, Königin von Ungarn 107
Glaser, Dr. 405 ff., 423
Gondrecourt, Graf Leopold 181 ff., 185, 186, 523
Gortschakow, Fürst Alexander, russ. Außenminister 315

Grillparzer, Franz 125, 419
Grünne, Carl Graf, Generaladjutant 38, 40, 87, 94, 131, 132, 138, 140f., 142, 145f., 159f., 221, 235, 253, 314, 154ff.
Gurniak, Alfred Edler von Schreibendorf 407–410, 442
Gyulai, Graf Franz, General 131, 140
Halevy, Jehuda ben, hebräischer Dichter 455
Hammer, Anton, Polizeiagent 586
Hasenauer, Karl Frh. von, Architekt 441, 442f.
Hasselriis, Bildhauer 496
Haymerle, Baron Heinrich, k. u. k. Außenminister 1879 530
Heine, Heinrich 309, 386, 397, 400, 433, Kap. 11, 528, 555
Heine-Geldern, Gustav 486, 511
Helene, Herzogin in Bayern, verh. Erbprinzessin von Thurn und Taxis 20, 26, 29, 31–47, 58, 80, 81, 122, 160f., 174, 189, 198, 282f., 287, 423, 567f., 590
Heller, Seligmann 455
Henike, Marie, Kammerdienerin 592
Herter, Ernst, Bildhauer 492, 495f.
Hess, Baron Heinrich, General 140, 210
Hildegard, Erzherzogin 75, 177
Hohenfels, Stella, Burgschauspielerin 515
Homoky, Prof. 218
Horváth, Michael, Bischof 258
Hoyos, Graf Joseph 556
Hübner, Graf Alexander, Öst. Botschafter in Paris 38, 79f., 212, 225, 261, 306, 353, 354, 370, 396, 516, 529f., 563
Hunyady, Graf Imre 153f., 191, 218, 398
Hunyady, Graf Koloman, Oberzeremonienmeister 577

Hunyady, Gräfin Lili, verh. Walterskirchen, Hofdame 153, 191f., 218, 221
Hüttemann, Gustav, Zirkusdirektor 329f.
Isabella II., Königin von Spanien 316
Jahn, Friedrich, Turnvater 174
Jellačić, Joseph Frh. von, General 74
Johann, König von Sachsen 19, 77, 244
Jokai, Moriz, ung. Dichter 460
de Jonghe d'Ardoye, Gräfin 48, 73, 270, 289f., 326, 344, 563, 566
Joseph II. Kaiser 93, 146, 238
Kálnoky, Graf Gustav, k. u. k. Außenminister 531–538
Karl I., Kaiser 471
Karoline Augusta, Witwe Kaiser Franz I. 26, 68
Károlyi, Gräfin 276
Karl Ludwig, Erzherzog 30, 32, 38, 84, 369, 471, 529, 577f.
Kempen, Baron Johann, Polizeiminister (1852–59) 134, 139, 140, 190
Dr. Kerzl, Joseph Leibarzt 592
Ketterl, Eugen, Kammerdiener 573f.
Khevenhüller-Metsch, Fürstin Edina 294
Khevenhüller-Metsch, Fürst Karl 131, 294, 348, 528
Kielmannsegg, Graf Erich 603
Kinsky, Fürst Ferdinand 341
Kiss de Ittebe, Anton 499, 515f., 518
Kiss de Ittebe, Nikolaus Baron 499, 500, 515, 521
Klapka, Georg, Ung. Revolutionsgeneral 238, 271
Klenze, Leo, Architekt 45
Klimt, Gustav, Maler 441
Königsegg, Gräfin Paula, geb. Bellegarde, Oberhofmeisterin 68, 97, 164, 171, 236f., 241f., 251, 276
Kossuth, Ludwig, ung. Revolutionär 22f., 46, 223, 264, 267, 271

Krafft-Ebing, Prof. Richard, Mediziner 405, 589
Kübeck, Baron Karl, Politiker 76, 99
Labanoff, Prinz 535
Lamberg, Gräfin 68
Langford, Lord 360
Larisch, Gräfin Marie s. Wallersee
Larisch, Graf Georg 351
Larisch, Graf Hans 341
Larisch, Graf Heinrich 341, 346, 394 f.
Latour von Thurmburg, Joseph 151, 182, 185 f., 234 f., 523, 531, 534, 541
Laube, Heinrich, Burgtheaterdirektor 94, 135
Legrenzi, Josef, Kammerdiener 97
Leopold II., röm. dt. Kaiser 93
Leopold II., König der Belgier 315, 559
Leisching, Eduard, Direktor des Kunstgewerbemuseum 490 f.
Leopold, Prinz von Bayern 302 f., 312, 517
Lerchenfeld-Köfering, Graf Hugo 465
Lewinsky, Joseph, Burgschauspieler 204
Libenyi, Johann, Attentäter 22 f.
Liechtenstein, Prinz Rudolf 327, 328, 341, 360, 366, 447
Liszt, Franz, Komponist 268
Lobkowitz, Fürst, Obersthofmeister 68, 92
Loiset, Emilie, Kunstreiterin 329
Lucheni, Luigi, Attentäter 599 ff.
Ludovika, Herzogin in Bayern Kap. 1, 69, 76 ff., 79, 80, 92, 95 f., 105, 106, 107, 120, 121 f., 123, 125, 126 f., 128, 133, 136 f., 138, 140, 144, 149, 150, 151, 152, 156 f., 158, 160 f., 163 ff., 169, 170, 171, 174, 189, 218, 232, 236, 282, 286, 302, 303, 330, 332, 393, 412, 415, 416, 417, 429, 431 f.
Ludwig I., König von Bayern 63, 192 f., 412, 457

Ludwig II., König von Bayern 42, 333, 371, 405, Kap. 10, 579, 588
Ludwig, Herzog in Bayern 127 f., 144, 296, 328, 539 f., 562
Ludwig Viktor, Erzherzog 84, 97, 193, 198 f., 243, 244, 245, 307, 313, 416
Luise, Prinzessin von Coburg 405
Luitpold, Prinzregent von Bayern 302, 329, 428 ff.
Mac Mahon, Patricede, franz. Präsident 340
Mailáth, Graf Georg, Hofkanzler 239 f.
Mailáth, Graf Joahann, Historiker 46 f., 118, 218
Makart, Hans, Maler 293, 358, 441, 489
Malatesta, Graf 176
Mantegazza, Paolo, Anthropologe und Schriftsteller 450 f.
Margherita, Königin von Italien 212
Maria, russ. Zarin 176, 501
Maria Anna, Kaiserin 90, 92, 317, 435
Maria Josepha, Erzherzogin 471
Maria Theresia, Kaiserin 66, 67, 69, 93, 238, 310, 440, 483 ff.
Maria Theresia, Erzherzogin 578
Marie, Königin von Bayern 110, 422 f.
Marie, Königin von Neapel-Sizilien 122 f., 126 ff., 134, 144, 145, 156, 170 ff., 187, 192, 211 f., 275, 287 f., 296, 321, 330, 333 ff., 340 f., 346 ff., 405, 415, 423, 590, 598
Marie, Königin von Sachsen 31, 32, 34, 39, 52, 55, 80, 85, 91, 92, 95, 136 f., 170, 171, 199, 234
Marie Annunziata, Erzherzogin 297
Marie Antoinette, Königin von Frankreich 494
Marie Immaculata, Erzherzogin 570
Marie José, Herzogin in Bayern 513, 568
Marie Rainer, Erzherzogin 93, 148

Marie Valerie s. Valerie
Marinaky, M. C., griech. Vorleser 482, 491 f., 585
Mathilde, Herzogin in Bayern, verh. Gräfin Trani 96, 133, 145, 170 f., 187, 275, 279, 287 f., 423, 520, 590
Mathilde, Erzherzogin 265
Matsch, Franz, Maler 489 f., 504
Maximilian, Erzherzog, Kaiser von Mexiko 36, 67, 84, 106, 117, 121, 136, 147, 158, 167, 177 f., 191, 238 f., 244, 249, 255, 281 ff., 304, 436, 526
Maximilian I., König von Bayern 26, 110
Maximilian II., König von Bayern 27, 41, 42, 51, 56, 63, 110, 122, 412
Max, Herzog in Bayern 26–29, 35 f., 41, 42, 44 f., 53, 67, 75 f., 90, 123, 144, 166, 169, 170, 171 f., 187, 211 f., 329, 330, 350, 417, 436, 450 f., 457, 469
Max Emanuel, Herzog in Bayern 286, 296, 302
Mazzini, Giuseppe, ital. Freiheitskämpfer 22
Meiningen, Erbprinz von 460
Meissl, Marianne, Kammerdienerin 592
Mendel, Henriette, verh. Baronin Wallersee 128, 328
Menger, Carl, Nationalökonom 346, 542
Mensdorff-Pouilly, Graf Alexander, Außenminister 135
Mensdorff, Gräfin Aline 245
Metternich, Fürst Clemens, Staatskanzler 23, 132, 194
Metternich, Fürstin Pauline 194–198, 286, 393
Metternich, Fürst Richard 194
Metzger, Prof. 372
Middleton, Bay 341–348, 353 f., 360 f., 365, 366, 372, 394 f., 398 f., 541

Miguel, Prinz von Braganza 35
Miguel, Prinz von Braganza, Sohn des vorigen 546
Moltke, Graf Helmuth 201
Montenegro, Fürst von 315
Montez, Lola Tänzerin 63, 193
Motley, John Lothrop, amerik. Gesandter in Wien 101 f., 200
Mottl, Felix, Dirigent 432
Napoleon I. 36
Napoleon III., Kaiser der Franzosen 66, 99, 113 f., 129, 136, 138 f., 146, 224, 233, 243 f., 249, 255, 283–286, 296
Nasr- es-Din, Schah von Persien 317–321, 350
Nikolaus I., Zar 30, 41, 53, 98
Nischer, Leopoldine, Vorsteherin der kaiserl. Kindskammer 98, 108, 132 f., 158
Nobili, Graf 151, 152
Nopcsa, Baron Franz, Obersthofmeister 301, 372, 374, 411, 425, 440, 450, 496, 557, 572, 585
Nugent, General 74
Van der Nüll, Eduard Architekt 289
Olga, Königin von Württemberg 316
Orléans, Prinz Henri von 599
Otto, König von Bayern 42, 418, 422 f., 429
Otto, König von Griechenland 160, 457
Otto, Erzherzog 471–474
Ottokar, König von Böhmen 124
Paar, Graf Eduard, Generaladjutant 585, 603, 607
Pacher von Theinburg, Friedrich 383–393, 398
Paumgarten, Gräfin Irene 434 f.
Pecz, Henny 446
Petzold, Elise, Kunstreiterin 329
Philipp, Herzog von Württemberg 416
Pilat, Kammerfrau 105
Pius IX., Papst 254 f., 348

Pius, Herzog in Bayern 42, 423, 590
Prokesch-Osten, Baron Anton, Orientalist 279
Przibram, Ludwig von 265, 269, 270, 271
Radetzky, Joseph Graf, Feldmarschall 30, 74, 117
Rauscher, Othmar Ritter von, Fürsterzbischof von Wien 67, 73 f.
Rechberg, Graf Louis 151
Rechberg, Graf Johann, öst. Außenminister (1859–64) 157
Redlich, Josef, Historiker 131
Redwitz, Marie von, Hofdame u. Schriftstellerin 457, 465, 590
Reichstadt, Herzog von. Napoleon II. 36
Renz, Ernst, Zirkusdirektor 329
Renz, Zirkus 80, 126, 287, 329
Reuss, Prinz Heinrich VII. deutscher Botschafter in Wien 538 f.
Ronay, Hyazinth, Bischof 338
Rothschild, Familie 197, 330, 334, 336, 448, 588
Rothschild, Adolphe 588
Rothschild Albert 588
Rothschild, Ferdinand 343
Rothschild, Julie 588
Rothschild, Nathaniel 588
Rudigier, Franz Josef, Bischof 111
Rudolf, Kaiser 124
Rudolf, Kronprinz 124 f., 132, 158, 165, 174, 180–187, 192, 231, 233 f., 237 f., 241, 249, 253, 258, 273, 281, 286, 287, 297, 303, 312, 316, 318, 320, 323, 339, 345–348, 349, 351, 364 f., 367, 396, 410, 414, 415, 419 f., 426, 435, 449, 451, 465, 469, 476, 480, 493 f., 501, Kap. 13, 571, 578, 588, 589, 602, 603, 605, 505, 508
Rustimo, Rudolph 350 ff., 419 ff.
Salm, Graf Hugo, böhm. Landmarschall 262

Schliemann, Heinrich, Altertumsforscher 490
Schmidl, Kammerfrau 383
Schönerer, Georg Ritter von, Führer der Alldeutschen 493 f.
Schopenhauer, Arthur 179, 309, 414, 456
Schratt, Katharina 377, 403, 407, 411, 465, Kap. 12, 557, 564, 566, 567, 571, 574, 592 f., 596, 606
Schulz, Paul, Präsident des Patentamtes 499 f.
Schwager, Maler 46
Schwanthaler, Ludwig, Bildhauer 28
Schwarzenberg, Fürst Edmund 262
Seeburger, Dr. Johann Leibarzt 87, 119, 125, 133, 139
Shakespeare, William 100, 424, 456
Siccardsburg, August Siccard von, Architekt 289
Sidonie, Prinzessin von Sachsen
Skoda, Dr. Josef 147 f., 157
Sophie, Erzherzogin Kap. 1 bis 4, 190, 193, 195, 201, 204, 215, 216 f., 218, 221, 229, 232, 236, 237 f., 242, 243, 244, 245, 249, 255, 257, 258, 259, 261, 262, 274, 278, 281 ff., 286, 288, 295 f., 297, 300, 302 f., 304–308, 311, 317, 324, 357, 396, 414, 410, 485, 522, 543, 597, 609
Sophie, Erzherzogin, Tochter des Kaiserpaares 104–107, 111–116, 118 ff.
Sophie, Herzogin in Bayern, verh. Ale 211 f., 286 f., 287 f., 405 f., 415–418, 423, 437, 589, 590
Sophie, Königin von Griechenland 575
Stephan I., König von Ungarn 107
Stephan Viktor, Erzherzog 266
Stephanie, Kronprinzessin 56, 364 f., 367, 370, 525 f., 534, 543, 551, 557, 559, 563, 577
Strakosch, Alexander, Schauspieler 454 f.

Strauß, Johann 79, 198
Sueß, Eduard, Geologe u. Politiker 577
Suttner, Bertha von, Schriftstellerin 564, 588
Sylva, Carmen s. Elisabeth von Rumänien
Széchényi, Graf Stefan 253
Szeps, Moriz, Jounalist 253, 319, 339 f., 494 f., 528
Sztáray, Gräfin Irma, Hofdame 206, 490, 584, 587, 598 ff., 602
Taaffe, Graf Eduard, Ministerpräsident 1897–93 529 ff., 540 f., 542
Teck, Herzog von 332
Tegetthoff, Wilhelm von, 244
Telepy, Karl Maler 269
Therese, Erzherzogin 148, 149, 153, 158 f., 173, 275
Throckmorton, Mary, 374
Thun, Graf Friedrich 91
Thurn und Taxis, Fürst Friedrich, Obersthofmeister der Kaiserin 92
Thurn und Taxis, Fürst Albert 510
Thurn und Taxis, Prinzessin Helene, Hofdame 153
Thurn und Taxis, Erbprinz Maximilian 122, 282 f.
Tisza, Graf Koloman, ung. Ministerpräsident 301, 500, 572
Trani, Graf Luigi 170
Tschudi von Glarus, Schweizer Gesandter in Wien 70
Umberto, König von Italien 212, 265, 599
Unger, William, Maler 293
Valerie, Erzherzogin 86, 93, 100, 107, 187 f., 209, 212, 273–277, 288, 297, 302, 304, 310, 325, 329, 331, 332, 337, 338, 341, 351, 360, 365, 368 f., 370, 373, 374, 375, 384, 405, 418, 425, 426, 430, 432, 433, 435, 437, 439, 443, 449 f., 502, 503 ff., 507, 512, 513 f., 516 ff., 520, Kap. 13. 571, 572 f., 575 f., 577, 582 f., 588, 589 ff., 595 ff., 602, 605, 606–609
Vetsera, Baronin Helene 334, 557 f.
Vetsera, Baronesse Mary 556 ff., 559 f., 562, 564, 603
Viktor Emanuel, König von Italien 146, 321
Viktoria, Königin von Großbritannien und Irland 134, 150, 177, 200, 202, 310, 331 f., 333, 341, 343, 355 f., 357, 361 ff.
Viktoria, Kronprinzessin von Preußen, Kaiserin Friedrich 177, 200, 202, 301, 314 f., 331, 527, 575 f.
Wagner, Cosima 432
Wagner, Richard 416, 419, 432
Wallersee, Baronin Marie, verh. Gräfin Larisch 128, 208, 212, 294, 328 f., 351, 358, 360, 372, 373, 383, 384, 393, 394 f., 398, 413, 435, 436, 437, 446, 447, 476, 511, 562
Warsberg, Alexander von, Schriftsteller 279, 411, 457–460, 489, 527, 578
Weber, Carl Maria von 289, 370
Weckbecker, Baron Hugo von, Flügeladjutant 33 f., 38 f., 68, 87, 94, 100
Welden, Karoline Freifrau von 97 f., 181, 182
Welden, Ludwig Baron von, Feldzeugmeister 97
Wessely, Josefine, Burgschauspielerin 499, 501
Widerhofer, Dr. Hermann, Leibarzt 185, 558, 562
Wilczek, Hanns Graf 284 f., 447
Wilhelm I. Deutscher Kaiser 25, 232, 235 f., 245, 296, 321, 359, 372
Wilhelm II. Deutscher Kaiser 123, 498, 515, 519, 527, 540 f., 545, 553, 555, 573, 575
Wilhelm III., König der Niederlande 575
Wilhelm, Erzherzog 118, 234, 367, 389

Windischgrätz, Alfred Fürst, General 74
Windischgrätz, Gräfin Mathilde, Hofdame 148f., 153
Winterhalter, Franz Xaver, Maler 199, 606
Wladimir, russ. Großfürst 315, 534
Wolter, Charlotte, Burgschauspielerin 204, 501
Zang, August, Chefredakteur 167
Zehkorn, Hofkonzipist 97
Zichy, Graf Edmund 269
Zita, Kaiserin 609

Abbildungsnachweis

ÖNB, Porträtsammlung Nr. 1, 12, 13, 14, 15, 17, 19, 20, 21, 22, 23, 24, 25, 28, 29, 30, 35, 36, 37, 39, 41, 43, 44, 45, 46, 47, 48, 51, 52, 53, 54, 56, 58, 59, 60, 61, 62, S. 176, 199, 285, 292, 307
ÖNB, Druckschriftensammlung S. 604
Haus-, Hof- und Staatsarchiv Wien S. 43, 505
Historisches Museum der Stadt Wien Nr. 18
Hofburg, Kaiserappartements Nr. 32, 33
Nischer-Falkenhof Nr. 11, 26, S. 108, 350
Szöts Nr. 42
Münchner Stadtmuseum Nr. 2, 3, 6, 7, 8, 9
Széchényi-Bibliothek, Handschriftensammlung, Budapest Nr. 55
Schweizer Bundesarchiv Bern S. 610
»Sisis Familienalbum«, hg. Werner Bokelberg, Bibliophile Taschenbücher Nr. 199. Dortmund 1980 Nr. 10, 27, 38
privat Nr. 4, 5, 16, 31, 34, 40, 49, 50, 57, 63, 64, 65, 66, 67, 68, 69, 70, 71, 72, S. 61, 220, 497

Franz I. (II)
Kaiser von Österreich
(1768–1835)
2. Ehe: Maria Therese v. Neapel-Sizilien

Ferdinand I.   Franz Carl   Sophie
(1793–1875)   (1802–1878)   (1805–1872)

weitere Geschwister:
Marie Luise ⚭ Napoleon I.
Leopoldine ⚭ Pedro I. v. Brasilien
u. a.

Franz Joseph und seine Brüder:

1. Ferdinand Max (1832–67)
Kaiser von Mexiko
⚭ Charlotte von Belgien
kinderlos

2. Carl Ludwig (1833–96)
1. ⚭ Margarete v. Sachsen
2. ⚭ Annunziata v. Neapel-Siz.
3. ⚭ Marie Theresia v. Braganza

3. Ludwig Viktor
(1842–1919)
unverh.

aus 2. Ehe:
a) Franz Ferdinand Thronfolger
(1863–1914)
(keine ebenbürtigen Nachkommen)
b) Otto (1865–1906)
⚭ Maria Josepha von Sachsen

Karl I. (1887–1922)
⚭ Zita v. Bourbon-Parma
1916–1918 letzter Kaiser von
Österreich und König von
Ungarn usw.

Max I.
König von Bayern
(1756–1825)
2. Ehe: Karoline von Baden

Pius
Herzog in Bayern
(1786–1837)
⚭ Amalie Arenberg

Ludovika
(1808–1892)

Max in B.
(1808–1888)

weitere Geschwister:
Ludwig I. von Bayern
Königin Marie von Sachsen
Königin Amalie von Sachsen
Königin Elise von Preußen
u. a.

Elisabeth und ihre Geschwister:

1. Ludwig (1831–1920)
   ⚭ Henriette Mendel

   Baronin Marie Wallersee
   (Gräfin Larisch)

2. Helene (1834–1890)
   ⚭ Maximilian Erbprinz
   Thurn und Taxis

3. Carl Theodor (1839–1909)
   1. ⚭ Sophie von Sachsen
   2. ⚭ Marie José von Braganza

   aus 1. Ehe: Amélie Urach

4. Marie (1841–1925)
   ⚭ König Franz II. von
   Neapel-Sizilien

5. Mathilde (1843–1925)
   ⚭ Luigi Trani

6. Sophie (1847–1897)
   ⚭ Ferdinand von Alençon

7. Max Emanuel (1849–1893)
   ⚭ Amalie v. Sachsen-Coburg

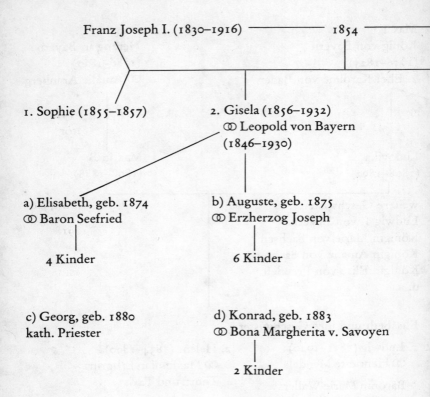

Elisabeth, Herzogin in Bayern (1837–98)

3. Rudolf (1858–1889)
⊙ Stephanie von Belgien
(1864–1945)

Elisabeth (Erzsi)
geb. 1883
⊙ 1. Otto Prinz Windisch-
grätz
geschieden
⊙ 2. Leopold Petznek

4 Kinder aus erster Ehe

4. Marie Valerie (1868–1924)
⊙ Erzh. Franz Salvator
(1866–1939)

a) Elisabeth (Ella)
geb. 1892
⊙ Georg Graf Waldburg-Zeil

b) Franz Carl 1893–1918

c) Hubert, geb. 1894
⊙ Rosemary Prinzessin
Salm-Salm

d) Hedwig, geb. 1896
⊙ Bernhard Graf zu
Stolberg-Stolberg

e) Theodor, geb. 1899
⊙ Marie Waldburg-Zeil

f) Gertrud, geb. 1900
⊙ Georg Waldburg-Zeil

g) Marie, geb. 1901
unverh.

h) Klemens, geb. 1904
⊙ Elisabeth Rességuier

i) Mathilde, geb. 1906
⊙ Ernst Hefel

zahlreiche Nach-
kommenschaft

Biographien

Brigitte Hamann
Elisabeth
Kaiserin wider Willen. 660 Seiten mit 57 Fotos. SP 990

Das übliche süße Sisi-Klischee wird man in diesem Buch vergeblich suchen: Elisabeth, Kaiserin von Österreich, Königin von Ungarn, war eine der gebildetsten und interessantesten Frauen ihrer Zeit; eine Königin, die sich von den Vorurteilen ihres Standes zu befreien vermochte. Häufig entfloh sie der verhaßten Wiener »Kerkerburg«, weil sie nicht bereit war, sich von den Menschen »immer anglotzen« zu lassen. Statt dessen war sie monatelang auf Reisen, lernte Sprachen und trieb – im Rittersal der Hofburg! – Sport. Schon vor dem Attentat war sie eine legendäre Figur geworden.

Meine liebe, gute Freundin!
Die Briefe Kaiser Franz Josephs an Katharina Schratt aus dem Besitz der Österreichischen Nationalbibliothek. Herausgegeben und kommentiert von Brigitte Hamann. 560 Seiten mit zahlreichen Abbildungen. SP 2228

Rudolf
Kronprinz und Rebell. 534 Seiten mit 35 Abbildungen. SP 800

»... ein Buch, das keineswegs nur historisch interessierte Leser fesseln kann, sondern auch eine reiche Fundgrube für psychologisch Interessierte bedeutet, weil Rudolfs späteres unglückliches Schicksal hier ganz klar und eindeutig aus den katastrophalen äußeren Umständen seiner Kindheit und Erziehung erklärt wird.«
Wochenpresse, Wien

Kronprinz Rudolf »Majestät, ich warne Sie...«
Geheime und private Schriften. Herausgegeben von Brigitte Hamann. 448 Seiten. SP 824

Diese Schriften geben einen aufschlußreichen Einblick hinter die Kulissen der k.u.k. Monarchie.

»Hier kommt der Kronprinz unmittelbar zu Wort... Es spricht ein erschütternd wirkender Zeuge für eine sich ausweglos abzeichnende Lage, die der sensible Prinz offenbar schon sehr früh erkannt hatte und nicht ändern konnte.«
Die Presse, Wien

SERIE PIPER

SERIE PIPER

Biographien

Thea Leitner
Habsburgs verkaufte Töchter
*272 Seiten mit 16 Abbildungen.
SP 1827*

Thea Leitner bringt in ihrem Bestseller eine unbekannte Seite der europäischen Geschichte zur Sprache, nämlich die Biographien Habsburger Prinzessinnen, die schon im Kindesalter der Politik verschrieben wurden. Ihre Wünsche und Gefühle hatten keinen Platz. Obwohl von Kindesbeinen an über sie verfügt wurde, waren sie als erwachsene Frauen keineswegs passive Opfer ihrer Herkunft. Im Gegenteil, unter ihnen gab es eine Reihe brillanter Politikerinnen, teils klüger und geschickter als die Herren des Hauses Habsburg.

Habsburgs vergessene Kinder
*288 Seiten mit 34 Abbildungen.
SP 1865*

Thea Leitner verfolgte die Spuren von Nachkommen des Erzhauses, die von der Geschichtsschreibung bislang kaum beachtet wurden. Dabei stieß sie auf Menschen »mit ihren Ängsten und Leidenschaften und Verstrickungen, ihren heroischen Höhepunkten und ihren abgrundtiefen Nöten«.

Skandal bei Hof
Frauenschicksale an europäischen Königshöfen. 320 Seiten. SP 2009

Vor dem Hintergrund europäischer Politik eröffnen diese erschütternden Tragödien ein Gesellschaftsbild, das die Skandale heutiger gekrönter Häupter als harmlose Geschichten erscheinen läßt.

Fürstin, Dame, Armes Weib
Ungewöhnliche Frauen im Wien der Jahrhundertwende. 352 Seiten mit 38 Abbildungen. SP 1864

Die sechs hier porträtierten Frauen aus dem Wien der Jahrhundertwende stammen aus höchst unterschiedlichen sozialen Kreisen. Kennzeichnend für sie ist jedoch die Tatsache, daß jede dieser Frauen das ihr vorgezeichnete Lebensmuster modifizierte oder sogar sprengte – auch um den Preis der Gefährdung der eigenen Person.

Biographien

Dirk Van der Cruysse
»Madame sein ist ein ellendes Handwerck«

*Liselotte von der Pfalz – eine deutsche Prinzessin am Hof des Sonnenkönigs. Aus dem Französischen von Inge Leipold.
752 Seiten. SP 2141*

Ein unvergleichliches Bild ihrer Zeit hat Liselotte von der Pfalz in ihren 60000 Briefen hinterlassen. In diesen Universalreportagen beschreibt sie ihr Leben am Hof ihres Schwagers, des Sonnenkönigs Ludwig XIV., freimütig, spöttisch, oft derb. Die Intrigen und Ränkespiele, die politischen Krisen und die glänzenden Feste bei Hof fanden in »Madame«, der Tochter des Kurfürsten Karl Ludwig von der Pfalz, eine kluge und geistreiche Beobachterin.

»Van der Cruysses Werk berichtet so frisch, wie es seinem Objekt zukommt.«
Die Zeit

»Dirk Van der Cruysse gelang es in bravouröser Weise, diese ungewöhnliche Frau zu rehabilitieren.«
Die Welt

Friedrich Weissensteiner
Franz Ferdinand

*Der verhinderte Herrscher.
246 Seiten mit 77 Abbildungen.
SP 1532*

Eine bekannte Figur auf der geschichtlichen Bühne ist Franz Ferdinand vor allem durch seinen Tod. Die Schüsse von Sarajewo haben den Plänen ein gewaltsames Ende gesetzt, die dieser markanteste Kopf der ausgehenden Donaumonarchie für sein Land entworfen hatte.

Friedrich Weissensteiner
Die rote Erzherzogin

*Das ungewöhnliche Leben der Tochter des Kronprinzen Rudolf.
228 Seiten mit 27 Abbildungen.
SP 1527*

Friedrich Weissensteiner
Reformer, Republikaner und Rebellen

Das andere Haus Habsburg-Lothringen. 320 Seiten. SP 1954

Die »anderen« Habsburger, das sind die Aufklärer und Liberalen im Erzhaus seit Joseph II.

SERIE PIPER

SERIE PIPER

Biographien

Burkhard Nadolny
Louis Ferdinand
Das Leben eines preußischen Prinzen. 332 Seiten. SP 1741

Louis Ferdinand, kunstsinniger Liebling der Frauen und weitblickender Politiker, fiel 1806 im Alter von 34 Jahren im Krieg gegen Frankreich. Laut Nadolny war der schöne Prinz der erste Star der neuen Geschichte. Eine überzeugende Deutung des Lebens und Wesens Louis Ferdinands.

Heinz Ohff
Der grüne Fürst
Das abenteuerliche Leben des Hermann Pückler-Muskau. 327 Seiten mit 30 Abbildungen. SP 1751

Ein luxusverwöhnter, exzentrischer Snob, der Duelle focht und mehr Liebschaften hatte als Casanova; ein Abenteurer, der zu Pferd halb Afrika durchquerte, von höchstem Adel, aber republikanisch gesinnt, begabter Autor, genialer Gartenarchitekt: So jemanden wie den Fürsten Pückler-Muskau hat es im Deutschland des 19. Jahrhunderts nicht noch einmal gegeben.

Heinz Ohff
Ein Stern in Wetterwolken
Königin Luise von Preußen. Eine Biographie. 493 Seiten mit 34 Abbildungen. SP 1548

Zahllose Legenden ranken sich um das Leben Königin Luises von Preußen, die schon zu ihren Lebzeiten außergewöhnliche Popularität genoß: Schön und lebenslustig, charmant und wenig gebildet mußte sie bereits als junge Frau zusammen mit ihrem Mann, Friedrich Wilhelm III., in schwierigen Zeiten den Thron besteigen und starb mit vierunddreißig Jahren in der Blüte ihres Lebens. Bedeutende Zeitgenossen wie Kleist und von Arnim waren ihre Bewunderer, und Napoleon nannte sie respektvoll seine »ärgste Feindin«. Heinz Ohff zeichnet in seiner Biographie das Bild einer Frau zwischen Legende und Historie und vermittelt zugleich einen lebendigen Eindruck der damaligen Zeit.

»Ein lesenswertes, kluges Buch.«
Die Presse

Biographien und Lebensberichte

Susanna Agnelli
Wir trugen immer Matrosenkleider
Aus dem Italienischen von Ragni Maria Gschwend. 244 Seiten. SP 726

Jelena Bonner
In Einsamkeit vereint
Meine Jahre mit Andrej Sacharow in der Verbannung. 320 Seiten. SP 1522

»Ein mutiges Buch, es entlarvt, prangert an, und wenn es Privates preisgibt, dann ohne es zur Schau zu stellen...«
Norddeutscher Rundfunk

Lena Christ
Erinnerungen einer Überflüssigen
Mit einem Nachwort von Eva Maria Volland. 253 Seiten. SP 1633

Ulla Fölsing
Marie Curie
Wegbereiterin einer neuen Naturwissenschaft. 120 Seiten mit 22 Abbildungen. SP 724

Jewgenia Ginsburg
Marschroute eines Lebens
Aus dem Russischen von Swetlana Geier. 383 Seiten. SP 462

Von der gleichen Autorin ist lieferbar:
Gratwanderung
Aus dem Russischen von Nena Schawina. Vorwort von Heinrich Böll. Nachwort von Lew Kopelew und Raissa Orlowa. 512 Seiten. SP 293

»Ich tauche auf aus einer Lektüre, die mich für Tage in einen weit entfernten Archipel entführt hat, in den Archipel Gulag von Kolyma, am Ochotskischen Meer im nordöstlichen Sibirien gelegen, eine Strafkolonie, furchtbarer noch als sie ein Kafka beschreiben konnte, in der zeitweilig mehrere hunderttausend politische Häftlinge gelebt, geschuftet, gelitten haben und Zehntausende umgekommen sind, hauptsächlich bei der Arbeit in Goldbergwerken.«
Horst Bienek, Die Zeit

Ralf Georg Reuth
Goebbels
Eine Biographie. 759 Seiten mit 33 Schwarzweißfotos. SP 2023

»Alles in allem liefert Reuth einen neuerlichen Beweis dafür, daß die in der linken Historiker-Ecke verpönten Biographien sehr wohl einen historischen Erkenntniszweck erfüllen können.«
Der Spiegel

SERIE PIPER

Richard Friedenthal

Goethe
Sein Leben und seine Zeit.
660 Seiten. SP 248

Diese Biographie ist das Ergebnis einer lebenslangen Beschäftigung Richard Friedenthals mit Goethe. Lebendig, geistreich und spannend geschrieben, gibt sie frische Impulse zu einer neuen Auseinandersetzung mit dem »Titanen aus Weimar«.

»Friedenthal zeigt – verstehend, aber nicht beschönigend, die Dinge, wie sie wirklich sind... und siehe da, statt zu verlieren, gewinnt der Betrachtete noch an Vielfalt und Plastizität. Der Autor begreift sein Gegenüber als ein Geschichtsphänomen: Nicht der Heroisierte, sondern der Zeitgenosse beschäftigt die Phantasie... Mit der Leidenschaft eines geborenen Enzyklopädisten gibt er ihm den Hintergrund des Dixhiutième. Das ist eine befreiende Tat!«
Walter Jens

Luther
Sein Leben und seine Zeit.
681 Seiten mit 38 Abbildungen.
SP 259

»Daß Friedenthals Luther-Biographie in einem lebendigen, brillanten Stil geschrieben ist, mit einer erstaunlichen, anschaulich erzählten und dadurch niemals aufdringlichen Kenntnis des ungeheuren historischen Stoffes, versehen mit zahlreichen anekdotischen Einzelzügen, geistreichen Pointen und interessant aufgesetzten Lichtern – das schämt man sich bei einem Autor von dieser Qualität fast zu erwähnen.«
Heinz Zahrnt

»Diese Biographie liest sich so romanhaft fesselnd, sie verführt so unwiderstehlich, im Ozean der Geschichte zu baden, wie dies bisher wohl noch kein Luther-Buch tat.«
Frankfurter Allgemeine Zeitung

Der Eroberer
Ein Cortes-Roman. 367 Seiten.
SP 870

Die meisterlich gehandhabte Form des historischen Romans macht es Friedenthal möglich, die Zeit der Konquistadoren und die Umstände dieser Expedition dem Leser spannend nahezubringen.

Die Welt in der Nußschale
Roman. 427 Seiten. SP 517

»Die Welt in der Nußschale«, das ist ein Internierungslager für Deutsche, die der Kriegsausbruch 1939 in England überrascht hat.

Einmalige Bilder einer einzigartigen Frau

Amalthea

Elisabeth war eine der interessantesten Frauengestalten ihrer Zeit. Nicht die Repräsentation, sondern die Verwirklichung ihrer selbst war das Ziel. Mit Erfolg hielt sie verborgen, was ihre Persönlichkeit ausmachte.
Die fast 300 Bilder dieses Bandes stammen aus öffentlichen und privaten Sammlungen sowie zeitgenössischen Illustrierten.